늦어서 고마워
Thank You for Being Late

THANK YOU FOR BEING LATE
Copyright ⓒ 2016 by Thomas L. Friedman
All rights reserved.

Korean Translation Copyright ⓒ 2017 by Book21 Publishing Group
Korean translation rights arranged with Creative Artists Agency
through EYA Co., Ltd.

이 책의 한국어판 저작권은 EYA Co., Ltd를 통해
Creative Artists Agency와 독점 계약한 ㈜북이십일에 있습니다.
저작권법에 의하여 한국 내에서 보호받는 저작물이므로
무단전재와 무단복제를 금합니다.

THANK YOU FOR BEING LATE

늦어서 고마워

토머스 프리드먼 지음 | 장경덕 옮김

21세기북스

● 이 책은 나의 일곱 번째 책이다. 누가 알 겠는가, 내 마지막 책이 될지. 나는 1989년 『베이루트에서 예루살렘까지』를 내고 나서 지금까지 이 여정을 스승이자 벗인 특별한 사람들과 함께하는 행운을 누렸다. 내가 첫 책을 낼 때부터 거의 매번 함께해 준 이들도 많았다. 그들은 여러 해 동안 많은 시간을 들여 수많은 책과 칼럼을 놓고 토론하며 내가 어떤 사안을 깊이 생각할 수 있도록 도와주는 엄청난 후의를 베풀었다. 그들에게 이 책을 바친다. 네이엄 바니어, 스티븐 P. 코언, 래리 다이아몬드, 존 도어, 야론 에즈라히, 조너선 걸래시, 켄 그리어, 할 하비, 앤디 카스너, 에이머리 러빈스, 글렌 프리킷, 마이클 만델바움, 크레이그 먼디, 마이클 샌델, 조지프 사순, 그리고 도브 사이드먼이 그들이다. 그들의 지적 역량은 굉장했고 후의는 보기 드문 것이었으며 그들의 우정은 나에게 축복이었다.

한국의 독자들에게

두려워하지 말고 계속 나아가라

한국의 독자와 친구 들을 책을 통해 만나게 되어 기쁘다! 나의 새 책 『늦어서 고마워』 한국어판이 출간된다니 참으로 설렌다.

1장에서 이야기하겠지만, 나는 영어를 영어로 옮기는 일을 좋아하기 때문에 언론계에 몸담았다. 나는 복잡한 주제들을 잡아서 낱낱이 분해하는 일을 한다. 그렇게 함으로써 내가 먼저 그 주제를 이해한 다음 다른 이들에게 설명할 수 있기 때문이다. 세계가 갈수록 더 복잡하게 얽히고 있는 오늘날, 이와 같은 일종의 번역 작업은 그 어느 때보다 중요해졌다. 이 책을 쓴 건 바로 그 때문이다.

나는 의견을 어떻게 칼럼으로 쓰는지 설명하면서 이야기를 시작한다. 하나의 칼럼은 세 가지 기본 요소로 이루어진다. 그 요소들은 다음과 같은 물음으로 드러낼 수 있다. 첫째, 당신이 고취하려는 철학과 가치는 무엇인가? 둘째, 당신이 생각하는 세계를 바꾸는 가장 큰 힘이 무엇인가? 즉 내가 책에서 '대기계'라고 일컫는 것이 어떻게 작동하며, 그것이 어떻게 더 많은 것들을, 더 많은 곳에서, 더 오랜 시간 동안, 더 다양한 방식으로 바꾸고 있다고 생각하는가? 셋째, 당신은 사람들과 문화에 관해 무엇을 배웠는가? 다시 말해, 대기계는 사람과 문화에 어떻게 영향을 미치고, 사람과 문화는 반대로 대기계에 어떤 영향을 준다고 생각하는가? 이 세 가지를 잘 엮으면 독자의 머릿속에 불을 밝혀주거나 가슴에 불을 지펴주는 좋은 칼럼을 쓸 수 있다.

그렇다면 나는 오늘날 대기계가 어떻게 작동한다고 생각하는가? 동시에 진행되는 세 가지 기하급수적인 가속화가 갈수록 더 많은 것들을 더 많은 곳에서 더 오랫동안 더 다양한 방식으로 바꿔놓고 있다고 본다. 그리고 세계를 바꾸는 가장 큰 세 가지 힘을 '대시장'과 '대자연' 그리고 '무어의 법칙'으로 요약한다. 대시장은 페이스북, 페이팔, 알리바바, 트위터, 아마존, 무크와 클라우드 컴퓨팅으로 표현되는 디지털 세계화의 가속화를 보여준다. 대자연은 기후변화, 생물 다양성의 훼손, 인구 증가의 가속화를 나타낸다. 그리고 마이크로칩의 속도와 힘이 약 2년마다 두 배로 불어난다는 무어의 법칙은 끊임없는 기술 발전을 상징한다.

무어의 법칙으로 요약할 수 있는 기술 발전은 이 세 가지 힘이 한꺼번에 가속화하는 데 큰 역할을 한다. 기술 발전은 세계화를 진전시키고 연결성을 높여주며, 진전된 세계화는 기후 변화를 촉진하는 동시에 해법을 찾는 데에도 도움을 준다. '기술의 변곡점, 2007년'이라는 제목을 단 2장에서 나는 그 해에 세계가 어떻게 근본적인 변혁을 겪었는지 설명한다. 2007년은 왜 특별한가? 2006년 후반부터 2007년 말까지 아이폰이 출시되고, 페이스북이 학교를 벗어나 전 세계로 확산되고, 트위터, 킨들, 안드로이드, 깃허브, 하둡, 체인지가 나오고, VM웨어가 공개되고, 에어비앤비와 IBM 왓슨이 만들어지고, 인체 게놈 염기서열 분석 비용이 급격히 떨어지고, 클라우드 컴퓨팅이 시작되고, 태양광 발전이 날개를 달고, 셰일가스 시추 기술인 수압파쇄법이 확산되고, 구글이 유튜브를 사들이고, 인텔이 무어의 법칙을 이어가기 위해 마이크로칩에 비실리콘 소재를 도입했기 때문이다. 그 15개월은 참으로 놀라운 시기였다. 그렇다면 그때는 왜 아무도 그걸 알아채지 못했을까? 그 답은 2008년에 글로벌 경제가 엄청난 침체에 빠졌던 데서 찾을 수 있다. 우리의 물리적 기술은 2007년 전후에 급속히 발전했지만 우리에게 필요한 사회적·정치적 변화와 규제 개혁은 2008년에 갑자기 얼어붙고 말았다. 우리는 아직도 그 괴리에서 벗어나지 못하고 있다.

나는 여러 갈래의 가속화가 세계를 그저 조금 달라지게 하는 데 그치지 않고 완전히 뒤바꿔놓고 있다고 주장한다. 그것은 특히 정치와 지정학, 윤리, 일터, 공동체에 근본적인 변화를 불러오고 있다. 책의 앞부분은 이러한 여러 가속화 현상을 그려내며, 뒷부분은 우리가 이 가속의 시대에 가장 많은 혜택을 얻어내고 최악의 충격을 완화하려면 그 다섯 가지 영역을 어떻게 다시 생각해야 하는지를 이야기한다. 책을 읽은 후에 당신은 다시는 이 세계를 예전과 같은 눈으로 보지 않게 될 것이다.

그렇다면 이 모든 것이 한국의 젊은이와 근로자에게 의미하는 건 무엇인가? 한마디로 평균의 시대는 끝났다는 것이다. 오늘날에는 점점 더 많은 기계가 육체적인 일뿐만 아니라 인지적인 일에서도 평균을 뛰어넘어 점점 더 높은 수준의 능력을 발휘할 수 있다. 예컨대 IBM의 인지 컴퓨터 왓슨은 최근 인간과 협업해 아이튠스에서 판매할 노래를 만들었다.

모든 중산층 일자리는 여러모로 압박을 받고 있다. 그 일은 갈수록 높은 수준으로 끌어올려지고 있으며 더 많은 기술과 인간적인 접촉이 요구되고 있다. 그 일은 또한 자꾸만 다른 데로 빠져나가고 있다. 우리는 더 많은 기계와 로봇, 혹은 인도나 중국 노동자들과 그 일을 놓고 경쟁해야 한다. 그리고 그 일은 점점 더 쓸모가 없어지고 있다. 우리가 가진 지식과 기술은 어느 때보다 빠르게 낡은 것이 되고 만다.

이런 변화를 가장 잘 관리하는 국가, 기업, 개인은 '평생학습' 체제를 기꺼이 받아들인다. 대학에서 4년 동안 공부하며 앞으로 30년간 일하는 데 필요한 지식을 쌓는다는 생각은 이제 낡은 것이 되었다. 나는 대학을 졸업했을 때 일자리를 '찾아야' 했다. 그러나 지금은 나의 딸들에게 일자리를 '발명해야' 한다고 말한다. 딸들은 운 좋게 첫 일자리를 얻을 수도 있겠지만 그 자리를 지키고 일을 하면서 성장하고 소득을 늘려가기 위해서는 변화의 속도에 맞춰 그 일을 계속해서 재발명해야 할 것이다.

이처럼 달라진 세계에서 가장 좋은 일자리는 어떤 것인가? 내가 보기에 앞으로 가장 많은 보상이 따를 최고의 일자리는 내가 '공감형 기술직 STEMpathy job'이라고 일컫는 것이다. 이는 STEM(과학, 기술, 공학, 수학) 능력과 인간의 오래된 공감empathy 능력을 결합하는 일이다. 기계들이 더 잘할 수 있는 일과 가슴을 가진 인간이 가장 잘할 수 있는 일을 결합하는 능력은 다른 무엇보다 높은 가치를 지닐 것이다. 이는 기계가 하는 일을 다른 인간에게 연결해주고 그들이 이 세계를 더욱 잘 헤쳐 나갈 수 있도록 도와주는 일이다. IBM의 왓슨이 암에 관해 발표된 '모든' 의학 논문들을 읽었다면 나는 왓슨에게 '가장 적합한 질문'을 할 수 있고 그 답을 나에게 전해줄 수 있는 '인간'인 의사나 간호사를 원할 것이다.

이처럼 빠르게 변화하는 세계에서 가장 잘나가는 기업들은 몇 가지 공통점을 갖고 있다. 첫째, 그들은 매일 아침 이렇게 묻는다. "우리는 어떤 세계에 살고 있는가? 이 세계를 변화시키는 가장 중요한 흐름은 무엇인가? 어떻게 그 흐름에서 가장 많은 것을 얻어내고 최악의 충격을 줄일 수 있는가?" 둘째, 그들은 지치지 않는 호기심을 갖고 있으며 편집증적인 면모를 보인다. 셋째, 그들에게는 영감을 주는 리더들이 있다. 젊은이들은 특히 사명을 갖고 일하는 사람들과 최고경영자에게 끌린다. 넷째, 그들은 평생학습을 요구하며 이를 위한 자원을 창출한다.

그렇다면 진로를 찾는 한국의 젊은이들에게 내가 해줄 수 있는 조언은 무엇일까? 나는 무엇보다 다음과 같은 말을 해주고 싶다.

낯선 땅에서 기회를 찾는 이민자처럼 생각하고 갈망하라. 그리고 항상 장인처럼 생각하고 자신이 하는 일에 대해 특별한 자부심을 가져라.

링크트인의 공동창업자인 리드 호프먼은 이렇게 말했다. "늘 '베타 테스트' 상태에 있어라." 새로운 소프트웨어가 거듭되는 시험을 거치면서 향상될 수 있듯이, 언제나 끊임없이 개선될 수 있는 상태를 유지하라는 말이다. 호프먼은 실리콘밸리에서 유일한 욕설은 '끝났다finished'는 말이라는 걸 기억하라고 했다. 만약 당신이 스스로 최종적으로 완성된 제품이라고 생각한다면 당신은 그야말로 끝나버린 존재라는 뜻이다. 언제나 자신을 85퍼센트쯤 개발되었지만 끊임없이 향상시키고 개선하며 개조할 필요가 있는 상태라고 생각하라.

그리고 언제나 PQ+CQ > IQ 부등식을 기억하라. 만약 내가 높은 열정지수passion quotient와 호기심지수curiosity quotient를 가진 젊은이를 만난다면, 나는 높은 지능지수intelligent quotient를 가진 사람 대신 그를 선택할 것이다.

마지막으로, 언제나 기업가적으로 생각하라. 회사에서 당신의 일이나 역할이 무엇이든 끊임없이 기업가적으로 사고하고 언제나 기존의 분야에서 갈라져 나와 새로운 분야의 사업을 시작할 길을 찾아라.

당신이 이 책에서 배울 몇 가지가 있다면 바로 이런 것들이다. 한국의 독자들처럼 활기가 넘치고 높은 야망을 가진 이들에게 이 책은 대단히 유익할 것이라고 감히 말할 수 있다.

다시 한 번 독자들에게 감사하며,
2017년 7월 메릴랜드 주 베세스다에서
토머스 L. 프리드먼

대담__ 장경덕이 묻고 토머스 프리드먼이 답하다

가속의 시대, 태풍의 눈에서 춤을 추어라

토머스 프리드먼 「뉴욕타임스」 칼럼니스트가 『늦어서 고마워』 한국어판 출간을 한 달가량 앞둔 2017년 5월 말 취재차 서울에 온 길에 이 책을 우리말로 옮긴 장경덕 「매일경제신문」 논설위원을 만났다. 두 사람은 책의 주제에 관한 대화를 나누고 집필과 번역 과정의 뒷이야기도 들려주었다. 프리드먼은 특유의 활력과 기지가 넘치는 모습으로 가속의 시대에 우리가 지금 해야 하는 것들에 대해 말했다. 독자들이 책을 더 깊이 이해하는 데 도움이 될 만한 내용을 간추려 소개한다. [편집자 주]

장경덕(이하 장): 이 책을 쓰는 데 얼마나 걸렸나요?
토머스 프리드먼(이하 톰): 3년 걸렸습니다. 사실 나는 책을 쓰지 않습니다. 책을 발견하지요. 그 일은 직관으로 시작됩니다. 마치 큰 화강암으로 조각상을 만들 때처럼, 조금씩 쪼아내면 손이 나오고 팔꿈치가 나오고 무릎이 나오는 것과 같습니다. 그러면 더 깎아내면서 각 부분을 연결하지요. 그러기까지 한동안 시간이 걸립니다. 책을 쓰는 과정을 비유적으로 말하자면 이렇습니다. 먼저 열한 달 동안 내가 무엇에 관

해 쓰는지 알아내려고 노력하면서 씁니다. 일단 그걸 알아내고 나면 열두 번째 달에 완전히 다시 씁니다. 그렇게 하면 처음부터 끝까지 일직선으로 관통하는 논리로 이야기를 할 수 있지요. 지금까지 모든 책을 그렇게 썼습니다. 이 책은 너무나 복잡한 문제들을 다루고 있습니다. 기술과 공동체가 어떻게 연결되는 것인지 모든 걸 알아내는 데 시간이 많이 걸렸습니다. 사실 나는 상당히 아날로그적인 사람입니다. 그런데 디지털 기술 혁명에 관한 책을 썼네요.

장: 당신은 '영어를 영어로 옮기는' 저널리스트입니다. 책을 쓸 때 무엇이 가장 어려웠나요?

톰: 이 정도 두께의 책을 쓰면 온갖 기술적인 문제에 부딪히지요. 책을 준비하면서 정말 많은 사람을 인터뷰했습니다. 기후학자, 과학기술자, 교육자도 만났지요. 가장 어려운 건 내가 그들의 말을 정확히 인용했는지 일일이 본인에게 확인하는 일입니다. 내가 아무리 정확하게 받아 적더라도 당초 그들의 말이 부정확했거나 기억이 잘못된 것일 수도 있지요. 가능한 한 그런 일을 피하려고 애씁니다. 그러자면 그들이 자신의 말을 인용한 부분을 꼼꼼히 볼 수 있게 해야 합니다. 이 책은 누군가의 잘못을 캐려는 탐사보도가 아닙니다. 그러므로 취재원의 생각이 가장 잘 표현되는 것이 중요합니다. 이 책을 쓸 때 어깨를 다쳐 두 달 동안 타이핑을 잘 못 했습니다. 6주 동안은 전혀 자판을 칠 수 없었어요. 사실 어깨가 너무 아파 인터뷰 상대에게 내 노트북 컴퓨터를 넘겨주고 직접 타이핑해달라고 부탁하기도 했지요. 하지만 무엇도 나를 멈추게 할 수는 없었어요.

장: 지금 같은 가속의 시대에는 태풍의 눈 속에서 춤을 춰야 한다고 했

지요? 태풍의 눈은 무엇이며 우리는 어떻게 그런 안전지대를 만들 수 있을까요?

톰: 가속의 시대에 가장 적합한 지배 구조는 무엇일까요? 오늘날 미국의 중앙정부는 마비돼 있습니다. 지나치게 당파적인 정치 탓이지요. 그런 정부는 신뢰가 없기 때문에 빠르게 움직일 수 없습니다. 정부는 오직 신뢰의 속도로만 움직일 수 있지요. 개별 가족은 가속적인 변화에 맞서기에는 너무 약합니다. 나는 가속의 시대에 사람들에게 안정감과 추진력을 줄 수 있는 태풍의 눈은 건강한 지역 공동체라고 주장합니다. 이 공동체는 사람들 가까이서 충분한 신뢰를 얻을 수 있습니다. 그래서 사람들이 서로 연결돼 있고 보호받고 존중받는다고 느낄 수 있는 기반이 되지요. 상대적으로 작은 나라인 한국에서는 중앙정부가 가장 높은 신뢰를 받을 수도 있겠지요. 하지만 미국에서는 연방정부보다는 주 정부를, 주 정부보다는 지방정부를 더 신뢰합니다. 미국에서는 역사적으로 지역 공동체들이 지배 구조의 핵심에 있었습니다. 18세기 정치철학자 에드먼드 버크가 '작은 집단들'이라고 부른 공동체가 그것이지요.

장: 인공지능 '알파고'에 세계 최고의 바둑기사가 완패했지요. 우리는 인공지능과 로봇이 일자리를 모두 빼앗아갈까 봐 두려워하고 있습니다. 이런 때 우리는 개인적으로, 그리고 사회적으로 무엇을 해야 할까요?

톰: 로봇은 그렇게 하도록 허용하는 사람에게만 이깁니다. 나는 '손에서 머리로, 그리고 가슴으로'라는 칼럼을 쓴 적이 있습니다. 사람들은 처음에 손으로 일합니다. 농업과 제조업이 그런 일이지요. 그다음에는 머리로 일을 합니다. 서비스업과 화이트칼라의 일이 그렇지요. 이

제 갈수록 더 많은 사람이 가슴으로 일할 겁니다. 지금도 그렇고 앞으로도 로봇이 가질 수 없는 한 가지가 있다면 그건 바로 사람들이 가슴속에 간직하는 '마음'이지요. 2015년에 미국에서 가장 빨리 성장한 레스토랑 체인은 페인트나이트Paint Nite라는 곳이었습니다. 바에 모인 어른들이 미술가가 그려준 윤곽에 따라 그림을 그리면서 함께 어울리는 곳입니다. 그런 미술가의 일자리가 생길 거라고 누가 생각이나 했을까요? 미국에서 가장 널리 퍼진 질병은 심장병도, 암도, 당뇨병도 아니고 사람들이 느끼는 고립감이라고 합니다. 이는 사람의 가슴과 가슴을 이어주는 일이 거대한 산업이 될 수 있다는 걸 말해줍니다. 앞으로 사람들의 정신을 채워주는 일은 엄청나게 큰 비즈니스가 될 겁니다. 말들이 투표를 할 수 있었다면 자동차는 없었을 것입니다. 만약 변화의 시대에 상처를 입은 이들이 미래를 지배하게 된다면 변화는 없을 겁니다. 물론 상처 입은 사람은 생각보다 많습니다. 우리는 그들을 돌봐야 합니다. 지금은 그 일을 충분히 하고 있지 않지요. 하지만 우리는 지금 전환기에 있습니다. 이런 때는 어느 쪽이 더 나은지 알기가 어렵지요. 나는 인간이 무한히 창의적이라고 생각합니다. 한국에서 여론조사를 한번 해보면 어떨까요? 매일 오전 9시부터 오후 5시까지 공장이나 사무실에서 재미없는 일을 반복적으로 하는 걸 정말로 즐기는 이들이 과연 얼마나 될까요? 매일 같은 시간 동안에 책상에 묶여 있는 일자리가 과연 얼마나 대단한 것일까요? 아직 우리가 알지 못하는 저쪽 세상이 더 나을 수도 있습니다. 어떻게 하더라도 변화를 막을 수는 없지요. 개인적으로, 그리고 사회적으로 가속의 시대에 대한 적응력을 최대한 높이는 수밖에 없습니다.

장: 기술은 기하급수적으로 발전하지만 우리의 적응력은 점진적으로 나

아질 뿐입니다. 우리가 아무리 빨리 달려도 여전히 기술 변화의 속도를 따라잡을 수 없을 것 같습니다. 사회적 기술을 발전시키고 신뢰를 쌓고 공동체를 건설하는 건 시간이 걸릴 수밖에 없으니까요.

톰: 바로 그 때문에 나는 인공지능을 똑똑한 도우미로 바꿔야 한다고 주장합니다. 우리는 적응력을 가속적으로 높이기 위해 인공지능을 어떻게 활용할 것인가 늘 생각해봐야 합니다. 실제로 그와 관련해 정말 많은 혁신이 이뤄지고 있습니다. 그것만 갖고도 이 책의 한 장이 아니라 따로 책을 한 권 쓸 수도 있었지요. 사실 어떤 것을 새로 발명할 필요는 전혀 없습니다. 당신이 무슨 생각을 하고 있든 이미 미국의 공동체들은 그 일을 하고 있습니다. 자유롭고 창의적인 사람들이 가속의 시대에 적응력을 높일 놀라운 도구들을 생각해내고 있지요. 우리는 그것들을 널리 알리고 확산시켜야 합니다.

장: 당신은 가속의 시대를 살아가는 우리들의 앞날에 대해 상당히 낙관적인 것 같습니다. 낙관의 근거는 무엇인가요?

톰: 약을 쓰지요. 하하. 농담입니다. 나는 미국을 낙관적으로 보려면 물구나무를 서라고 말하곤 합니다. 미국은 아래서 위로 보면 위에서 아래로 볼 때보다 훨씬 더 나아 보이기 때문이지요. 물론 나는 환상을 갖지는 않습니다. 나는 그리 순진하지 않습니다. 사실 미국에는 실패하는 공동체들이 적지 않습니다. 공동체의 바닥이 꺼지는 곳이지요. 하지만 바로 그 이웃에 번영하는 공동체들이 있습니다. 그러한 공동체들은 공통적으로 변화에 대한 적응력을 높이기 위해 복합적인 협력 시스템을 갖고 있습니다. 기업은 공립학교들과 동반자 관계를 맺고 글로벌 경제의 요구를 실시간으로 전달해줍니다. 시민단체와 자선단체는 형편이 어려운 이들에게 보충학습 기회와 실험교육 프로젝

트를 제공하며 협력 시스템에 동참합니다. 그리고 지방정부는 공공 부문과 민간 부문의 파트너십을 촉진합니다. 비전을 갖고 '우리 지역의 바람직한 특성은 무엇이며 그 특성을 어떻게 배양할 것인가'를 생각하지요. '지금 같은 세계에서 어떻게 번영할 것인가, 우리 지역은 그 세계에 어떻게 적응할 것인가'를 고민하는 것이지요. 사람들은 꽤 잘 적응하고 있습니다. 나는 그래서 낙관적일 수 있습니다. 맨정신으로도 말이죠.

장: 고립주의 색채가 강한 도널드 트럼프 대통령의 집권을 보고 덜 낙관적으로 바뀌지 않았나요?

톰: 당연히 걱정스럽습니다. 트럼프는 점잖지 못한 사람입니다. 미국은 이 정도로 점잖지 못한 대통령과 함께한 적이 없습니다. 그는 무엇이든 제대로 읽지를 않습니다. 어떤 사안에 대한 그의 결정은 심층적인 조사를 바탕으로 한 것이 아닙니다. 그는 이 시대에 우리가 생각할 수 있는 최악의 대통령입니다. 지금 같은 가속의 시대에는 많은 사람이 두려움을 갖고 있습니다. 두려운 이들은 스트롱맨strong man에 관심을 갖게 되지요. 지금은 스트롱맨의 시기입니다. 터키와 필리핀, 러시아, 헝가리에 그런 지도자들이 있습니다. 이런 때일수록 강력한 공동체를 가진 나라들만이 번영할 수 있습니다. 나는 어느 나라가 더 번영할지 내기를 한다면 터키보다 훨씬 먼저 한국에 걸 것입니다. 다양한 사람이 하나로 뭉쳐서 평화적으로 대통령을 탄핵할 수 있는 공동체는 한국 사회의 건강함을 보여주는 것입니다. 그것을 과소평가해서는 안 됩니다.

장: 당신은 언제나 혁명의 다음 날이 정말로 중요하다고 지적했지요.

톰: 한국의 촛불혁명이 흥미로운 건 최근 정치적 격변을 겪은 나라들 중 튀니지를 빼면 '벗어날 자유'뿐만 아니라 '행동할 자유'를 얻은 유일한 사례이기 때문입니다. 둘 다 혁명의 진행 과정이 아날로그적이었다는 점도 흥미롭습니다. 사람들이 집에서 트위터만 하는게 아니라 직접 문밖으로 나가 한겨울의 거리에서 매일 서로 접촉하며 신뢰를 구축했지요. 정치인들이 그걸 보았고 사람들의 목소리를 진지하게 받아들이기로 마음먹은 것입니다. 정말로 놀라운 일이지요. 한국인들은 평화적으로 민주적인 혁명을 이뤘습니다.

장: 당신은 '세계는 평평하다'고 했습니다. 그 선언은 세계가 갈수록 불평등해지고 있다는 주장들과 배치되는 것이 아닌가요?

톰: 사람들은 세계가 평평하다고 한 내 말을 흔히 경제적 혹은 지정학적 진술로 오해합니다. 어떤 사람들은 이 말을 경제적으로 평등하다는 뜻으로 생각합니다. 그래서 빌 게이츠는 우리보다 100만 배나 더 버는데 어떻게 평등하냐고 반론을 제기하지요. 또 어떤 사람들은 세계가 평평해지면 국민국가와 정치적 위계질서가 아예 사라질 거라고 생각합니다. 나는 그런 뜻으로 평평하다는 말을 쓰지 않았습니다. 우리가 더 많은 사람이 올라타는 새로운 플랫폼을 만들었다는 뜻이었습니다. 그것은 더 많은 이와 더 다양한 방식으로 서로 연결되고 경쟁하고 협력하는 플랫폼이지요. 나는 이제 평등한 기회를 가진 사람들을 더 많이 만납니다. 하지만 그것이 결과의 평등을 의미하지는 않습니다. 평평하다는 말을 사람들은 저마다 다른 의미로 받아들입니다. 세계는 뾰족하다거나 울퉁불퉁하다거나 둥글다거나 갑자기 바뀐다거나 뒤틀려 있다고 주장하는 수많은 책이 나왔지요.

장: 글로벌 엘리트가 집결하는 스위스 다보스에서 반세계화 시위대가 맥도날드 유리창을 부수는 걸 본 적이 있습니다. 세계화의 참모습을 파헤친 『렉서스와 올리브나무』를 출간한 후 세계화의 흐름은 어떻게 달라졌나요?

톰: 나도 그 시위를 기억합니다. 그 맥도날드를 참 좋아했는데……. 세계화 덕분에 혜택을 본 사람들은 잘 모르지만 세계화로 상처를 입은 이들은 시위자들이 어떤 사람들인지 정확히 알지요. 세계화 여부를 투표에 부쳐 진행한다면 매우 위험할 겁니다. 왜냐하면 이득을 얻는 이들은 그걸 챙기느라 바빠서 신경 쓸 겨를이 없겠지만 상처를 입는 이들은 무엇이 문제인지 정확히 알기 때문이지요. 세계화에는 긍정적인 면과 부정적인 면이 다 있습니다. 정치가 할 일은 긍정적인 면을 활용해 최대한 많은 혜택을 이끌어내면서 부정적인 면 때문에 상처 입은 사람들을 보호하는 것입니다. 미국인들은 일자리 대부분을 멕시코 사람들때문에 잃은 게 아닙니다. 마이크로칩 때문에 잃은 것이지요. 「뉴욕타임스」 워싱턴 사무실에 안내원이 있었습니다. 지금은 없어요. 멕시코 사람이 그녀의 일자리를 빼앗아간 게 아닙니다. 보이스메일이나 마이크로칩이 가져간 것이지요. 마이크로칩은 눈으로 보기도 어렵고 직접 부딪히기도 어렵습니다. 그래서 사람들은 손쉽게 멕시코 이민자를 비난하는 쪽을 택하지요. 사실 멕시코 이민자들은 미국 사회에 기여하는 게 더 많습니다. 세금을 내고 일자리를 늘리고 소비 수요를 창출하지요. 그걸 사람들에게 설명하는 건 매우 어렵습니다. 대부분의 정치인은 너무 게으르거나 겁에 질려 있어 그렇게 하지 못합니다. 우리는 환태평양경제동반자협정이라는 사상 최고의 무역협정을 맺었습니다. 그러나 트럼프는 대통령 업무를 시작한 첫날 그걸 내던지고 말았어요. 한 번 읽어보지도 않고 말이죠.

장: 이 책은 참으로 깊은 통찰을 담은 거대한 칼럼입니다. 지금 같은 가속의 시대에 개인과 기업, 국가가 번영할 수 있는 길을 탐구하는 모든 이에게 귀중한 지혜와 영감을 줄 수 있다고 생각합니다. 기술과 시장, 환경의 변화가 한꺼번에 가속화하는 시대에 적응해야 하는 우리는 누구나 낙오에 대한 불안과 공포를 느끼고 있습니다. 그럴수록 다른 일을 잠시 멈추고 일터와 정치, 그리고 공동체를 다시 곰곰이 생각해봐야 한다는 당신의 주장에 공감하게 됩니다. 우리가 공동체의 진정한 가치를 되살린다면 태풍의 눈에서 춤을 출 수 있게 되리라는 당신의 낙관론은 많은 이에게 용기를 줄 것입니다. 포용의 정신을 실천하고, 신뢰의 토양을 쌓고, 도덕적 혁신을 이루며 시민적 이상주의를 재창조해야 한다는 당신의 주장은 한국 사회에도 깊은 울림을 줄 것입니다. 그건 어떻게 보면 지나치게 순진한 것 같지만 사실은 가장 현실적인 대안일 수 있습니다. 당신은 전 세계를 누비며 지구촌을 움직이는 가장 영향력 있는 지도자들의 이야기를 생생하게 전해주었습니다. 그리고 지금 이 세계를 뒤집어엎고 있는 가장 중요한 힘들을 일반 대중의 귀에도 쏙쏙 들어오게 설명해주었지요. 격변의 소용돌이 속에서 어찌할 바를 몰라 하는 많은 이들에게는 이 책이 바로 당신이 말한 '똑똑한 도우미'가 될 수 있다는 생각이 드는군요.

톰: 이 책은 내가 생각하고 느끼는 것을 많이 담고 있지요. 내가 쓴 첫 번째 책인 『베이루트에서 예루살렘까지From Beirut to Jerusalem』를 가장 좋아하지만 이 책도 정말 좋아합니다. 이 책이 독자들에게 많은 영감을 줄 수 있기를 바랍니다. 감사합니다.

CONTENTS

한국의 독자들에게 두려워하지 말고 계속 나아가라 · 6
대담 가속의 시대, 태풍의 눈에서 춤을 추어라 · 11

제1부 통찰을 위한 시간

01 멈추어 생각하다 · 27
    칼럼니스트의 작은 힘   머리에는 영감의 빛을, 가슴에는 열정의 불을

제2부 가속의 시대

02 기술의 변곡점, 2007년 · 49
    혁신의 속도   적응의 속도

03 무어의 법칙-기하급수적으로 발전하는 컴퓨팅 기술 · 74
    고든 무어   센서: 어림짐작은 더 이상 필요 없다
    빅테이터: 저장장치와 기억장치의 혁신   소프트웨어: 복잡성 감추기
    네트워킹: 광대역 통신과 이동성   AT&T의 도박
    어윈 제이컵스: 휴대폰의 사나이   클라우드

04 슈퍼노바-연결하고 통합하고 한계를 넓히는 클라우드의 힘 · 148

복잡성에서 벗어나다
이보다 더 좋을 순 없다
설계자들
월마트의 혁신

세계는 액체처럼
왓슨의 마법
우리는 어떻게 서로를 믿는가
바트맨의 스타트업

05 대시장-폭발하는 세계화 · 197

연결인가, 섹스인가?
'대전환'은 어디로든 전파된다
우정은 국경을 넘어
마음을 녹이는 디지털

대전환
금융의 흐름에 '대전환'이 이뤄질 때
대규모 접촉
벽을 쌓지 말고 발판을 깔아라

06 대자연-검은 코끼리가 나타났다 · 253

기후어 배우기
대가속
많고 많고 많은 것의 힘

우리의 에덴동산
지구한계
레인 룸

제3부 혁신의 시대

07 역동적 안정성을 유지하라 · 293
틈새를 조심하세요

08 인공지능을 똑똑한 도우미로 · 315
새로운 사회계약
복합적 해법
새 교육과정의 발진
똑똑한 조언자 칼리지보드
똑똑한 알고리듬
인공지능과 일자리의 변화
AT&T의 지능적 도움
인공지능 도우미
영리한 건물 관리인
혁명이 온다

09 통제냐 혼돈이냐 · 374
지정학의 홀로세
마다가스카르
세네갈과 니제르
파괴자들
새로운 힘의 균형
무기냐 교육이냐
억제와 무력화
평균적인 국가의 시대는 끝났다
시리아
불평등한 자유
외로운 늑대들
증폭시키고, 억제하고, 무력화 하라
닭, 텃밭 그리고 웹
캡틴 필립스

10 대자연이라는 정치적 멘토 · 451
대자연의 킬러 앱
낯선 자들과 부딪혔을 때 적응하기
주인 정신의 문화
대자연의 정당
문화와 정치
다양성 끌어안기
연방주의 바로 세우기

11　사이버 세계의 신 · 508
관리되지 않는 영역들　　　　　　황금률
밤이 물러가고 새날이 온다

12　태풍 한가운데에서 춤추기 · 538
세인트루이스파크 이야기　　　　물속에 뭔가 있다
얼어붙은 선민　　　　　　　　　세인트주이시파크
공적인 공간　　　　　　　　　　중산층이 만든 도시
우리의 정치적 선조들　　　　　　물속에 있었던 그것

13　사회적 혁신은 어떻게 가능한가 · 611
신뢰를 구축하는 일　　　　　　　세인트소말리아파크
사갈과 잠잠　　　　　　　　　　혁신은 작은 꾸러미들로 온다
아이태스카 프로젝트　　　　　　식탁에 둘러앉기

제4부 신뢰의 닻

14　이상적 공동체를 위하여 · 663
미네소타에서 나무가 자란다

감사의 말 · 672
찾아보기 · 682

일러두기
−외국 기업 및 단체를 비롯해 인명, 지명, 독음은 외래어표기법에 따랐으나 실제 발음이나 통용되는 표기와 지나치게 동떨어진 경우 절충하여 표기했다.
−거리, 무게, 온도 등의 서구식 단위는 우리나라 독자에게 친숙한 단위로 환산해서 표기했다.

제1부

통찰을 위한 시간

Thank You

for Being Late

01 멈추어 생각하다

언론계에 들어오는 이들에게는 저마다 다른 동기가 있다. 그들은 흔히 이상주의적이다. 그중에는 탐사 보도를 하는 기자, 특정 분야를 전담하는 기자, 속보 뉴스를 다루는 기자도 있고 해설을 주로 하는 기자도 있다. 내 경우에는 언제나 후자가 되기를 열망했다.

나는 영어를 영어로 옮기기를 좋아해서 언론계에 들어왔다. 그래서 복잡한 주제를 선택해서 분해하는 걸 좋아한다. 그것이 중동 문제든 환경이나 세계화, 혹은 미국 정치 문제든 먼저 내가 그 문제를 이해한 후 독자가 더 잘 이해하도록 돕는 일이다. 민주주의는 유권자들이 세상이 어떻게 돌아가는지 알고 현명하게 정책을 선택할 수 있을 때에만 작동할 수 있다. 그럴 때 선동가나 이념에 열광하는 자들, 혹은 아무리 좋게 봐도 유권자를 혼란에 빠트리고 최악의 경우 의도적으로 유권자를 오도하는 음모론 광신자들에게 유권자들이 쉽게 희생되지 않을 수 있다. 나는 2016년 미국 대통령 선거를 지켜보면서 마리 퀴리가 한 말이 옳다고 느꼈다. 퀴리는 이렇게 말했다. "인생에서 두려워해야 할 건 아무것도 없다. 그것은 이해의 대상일 뿐이다. 지금은 더 많은 걸 이해해야 할 때다. 우리의 두려움을 줄일 수 있도록."

오늘날 많은 사람들이 두려움과 불안을 느끼는 건 당연하다. 이 책에서 나는 지금 우리가 역사적으로 가장 큰 변곡점이 되는 시대를 살아가고 있다고 주장한다. 독일의 대장장이이자 인쇄업자인 요하네스 구텐베르크가 유럽에서 인쇄술 혁명을 일으켜 종교개혁의 길을 닦은 후 지금까지 이토록 큰 변곡점은 없었을 것이다. 지구상의 가장 강력한 세 가지 힘, 즉 기술, 세계화, 기후변화는 한꺼번에 가속화하고 있다. 그에 따라 우리 사회와 일터, 지정학은 뒤바뀌고 있으며 우리는 그것들을 새롭게 구상할 필요가 있다.

우리가 지금 경험하는 것처럼 그토록 많은 영역에서 한꺼번에, 그리고 급속하게 변화가 이루어질 때 우리는 그 모든 것들에 쉽게 압도될 수 있다. IBM의 인지 솔루션과 리서치 담당 부사장 존 켈리 3세John E. Kelly III는 나에게 이렇게 말한 적이 있다. "인간으로서 우리는 선형적인 세계에 삽니다. 거리와 시간, 속도가 직선인 세계지요." 그러나 오늘날 기술 발전은 '지수적인 곡선'을 그린다. 켈리는 이렇게 설명한다. "우리가 유일하게 지수적인 변화를 경험하는 것은 자동차의 가속 페달을 밟거나 갑자기 브레이크를 세게 밟아 속도를 줄일 때뿐입니다. 그런 일이 일어날 때 우리는 짧은 시간 동안 상당히 불확실하고 불편하게 느끼지요." 그런 경험은 한편으로는 신나는 일일 수도 있다. "와, 내가 단 5초 만에 정지 상태에서 시속 100킬로미터로 가속했어."라고 생각할 수도 있다. 그러나 오랜 여행을 하면서 계속 가속하기를 바라는 사람은 없을 것이다. 켈리는 지금 우리의 여행이 바로 그런 것이라고 주장한다. "많은 사람들이 그와 같이 언제나 가속 상태에 있다는 느낌을 받습니다."

이런 때는 공황 상태에 빠지거나 뒤로 물러서기보다는 의식적으로 잠시 멈춰서 곰곰이 생각해볼 필요가 있다. 이는 사치를 부리거나 기분 전환을 하는 것이 아니다. 우리를 둘러싼 세계를 더 잘 이해하고 생산적인 관계를 맺을 가능성을 높이는 방식이다.

어떻게 그럴 수 있을까? LRN의 최고경영자이면서 내 친구이자 스승인 도브 사이드먼Dov Seidman은 이렇게 주장한다. "당신이 어떤 기계의 정지 버튼을 누르면 기계는 멈춰섭니다. 그러나 인간에게 정지 버튼을 누르면 무언가를 시작합니다. 당신은 멈춰 서서 곰곰이 생각하기 시작하고, 당신의 전제를 다시 생각하기 시작하며, 무엇이 가능한지 다시 구상하기 시작하고, 무엇보다 당신이 가장 깊이 간직하고 있는 믿음을 다시 연결하기 시작합니다. 일단 그 일을 하고 나면 더 나은 길을 재구상하기 시작할 수 있지요."

사이드먼은 가장 중요한 건 '당신이 멈춘 사이 무엇을 하느냐는 것'이라고 덧붙였다. "'멈출 때마다 나는 듣네'라고 한 랠프 월도 에머슨(19세기 미국 시인이자 사상가—옮긴이)이 이를 가장 훌륭하게 표현했지요."

잠시 멈추는 것, 내가 이 책에서 하려는 이야기를 이보다 더 잘 압축해서 표현하는 말은 없다. 나는 여러 해 동안 「뉴욕타임스」에 일주일에 두 번씩 칼럼을 쓰며 마치 회전목마 위에서 정신없이 돌아가듯이 일했는데 이제 그곳에서 내려와 역사상 본질적인 전환점으로 보이는 것을 보다 깊이 생각해보려는 것이다.

내 자신이 정확히 언제 일상의 회오리바람에서 벗어났다고 선언했는지는 기억하지 못한다. 그러나 2015년 초 어느 날 그런 일이 일어났다. 그것은 완전히 뜻밖에 발견한 것이었다. 나는 주로 워싱턴 D.C.의 「뉴욕타임스」 사무실 근처에서 아침 먹을 시간에 정기적으로 친구들을 만나고 공직자나 분석가, 외교관 들을 인터뷰한다. 혼자 아침을 먹으며 시간을 낭비하지 않고 더 많이 배우며 하루를 채우려는 내 나름의 일하는 방식이다. 그런데 아침 시간 워싱턴 D.C.의 도로와 지하철 교통 사정은 늘 예측할 수 없기 때문에 가끔 약속한 사람이 10~20분 늦게 도착하기도 한다. 그들은 예외 없이 허둥지둥 도착해 자리에 앉으며 사과의 말을 쏟아낸다. "지하철이 늦어져서……." "도로가 막혀서……." "내 알람이 울리지 않아서……." "우리 아이가 아파서……."

그러던 중 하루는 내가 손님이 늦는 것에 전혀 개의치 않는다는 걸 깨달았다. 그래서 나는 이렇게 말했다. "아니에요. 사과하실 필요 없어요. 사실은 늦게 와서 제가 고맙습니다!"

나는 상대방에게 '당신이 늦게 왔기 때문에 내 자신을 위한 시간을 낼 수 있었다'고 설명했다. 나는 몇 분 동안 그냥 앉아서 생각할 수 있는 시간을 '찾아냈다'. 나는 옆 테이블에 앉은 커플의 말을 엿듣고(재미있었다!) 로비의 사람들을 구경하면서(멋진 모습이었다!) 즐거워하고 있었다. 그리고 무엇보다 그렇게 잠시 멈춘 사이 내가 며칠 동안 씨름해왔던 몇 가지 생각을 정리했다. 그러니까 그들이 사과할 필요는 없었다. 그래서 이렇게 말한 것이다.

"늦게 와서 고맙습니다."

나는 처음에는 별 생각 없이 그 말을 했다. 그러나 비슷한 일이 또다시 있고 나서는 계획하거나 예정하지 않은 그 몇 분의 시간을 갖는 게 기분 좋게 느껴진다는 걸 깨달았다. 그리고 기분이 좋아지는 건 나 혼자만이 아니었다! 나는 그 까닭을 알았다. 다른 많은 사람들처럼 나도 현기증 나는 변화의 속도에 압도되고 지쳤다는 걸 느끼고 있는 중이었다. 스스로에게 (그리고 내 손님들에게) 속도를 좀 늦출 수 있도록 할 필요가 있었으며, 트위터에 올리거나 사진을 찍거나 누군가와 공유할 필요 없이 내 생각에 홀로 잠길 기회가 필요했다. 내가 손님들에게 약속에 늦은 건 아무 문제가 안 된다고 안심시킬 때마다 그들은 처음에는 미심쩍

어하는 표정을 보였지만 그다음에는 갑자기 뭔가를 깨닫고 이렇게 말한다. "무슨 뜻인지 알겠어요. '늦어서 고맙다'고 했지요? 아이고, 뭘요."

목사이자 작가인 웨인 뮬러Wayne Muller는 깨달음을 주는 책 『안식일Sabbath』에서 사람들이 그에게 얼마나 자주 "나는 너무 바쁘다."고 말하는지 들려준다. "우리는 다른 사람들에게 적지 않은 자부심을 갖고 이 말을 한다. 마치 우리가 기진맥진한 게 상이라도 받을 일인 것처럼, 그리고 스트레스를 참고 견디는 능력이 진정한 덕성을 표시하는 것처럼 말이다. (중략) 우리가 친구나 가족과 함께하지 못하는 것, 저녁노을을 바라볼 시간을 갖지 못하는 (혹은 언제 해가 넘어가는지도 아예 모르는) 것, 단 한 차례도 숨을 고르지 않고 우리의 의무를 해치우는 것, 이런 것들이 성공적인 삶의 모범처럼 돼버렸다."

나는 차라리 멈추는 법을 배우려 한다. 편집자이자 작가인 리언 위절티어Leon Wieseltier는 내게 이렇게 이야기한 적이 있다. 과학기술자들은 '과거에는 우리가 달리 선택할 길이 없었기 때문에 참고 견디는 것이 하나의 덕성으로 여겨졌을 뿐'이라고 생각하는 경향이 있다고. 과거에는 모뎀이 너무 느리거나 초고속 인터넷이 연결되지 않았기 때문에, 혹은 우리가 휴대폰을 최신 아이폰으로 업그레이드하지 않았기 때문에 어떤 일을 하는 데 더 오래 기다려야 했다. 위절티어는 이렇게 말한다.

"이제 기술적으로 기다리는 건 쓸데없는 일이 되었으므로 과학기술자들은 인내가 필요없다는 태도를 보입니다. 그러나 옛사람들은 인내 속에 지혜가 담겨 있으며 지혜는 인내에서 나온다고 믿었지요. (중략) 인내는 단순히 속도를 내지 않는다는 말이 아닙니다. 그것은 깊이 생각하고 사색할 수 있는 여유입니다. 오늘날 우리는 그 어느 때보다 많은 정보와 지식을 만들어내고 있지만 지식은 우리가 숙고할 수 있을 때에만 좋은 것이지요."

잠시 멈춤으로써 향상시킬 수 있는 건 지식뿐만이 아니다. 다른 인간들과 단순히 더 빠르게 연결되는 데 그치지 않고 더 깊고 더 좋은 관계를 맺기 위해 신뢰를 쌓는 능력 또한 향상된다고 사이드먼은 말한다.

"깊은 관계를 만들어가는 능력, 즉 사랑하고 배려하고 신뢰하며 공유하는 가치를 바탕으로 자발적인 공동체를 구축하는 능력은 인간이 지닌 가장 독특한 역량 가운데 하나입니다. 이는 사람을 자연이나 기계와 구분 짓는 가장 중요한 특징이지요. 더 빠른 것이 더 나은 건 아닙니다. 나는 당연히 내 손주들을 생각하는 사람이지, 치타가 아닙니다."

그러므로 한 번의 멈춤이 이 책을 쓰는 계기가 된 건 우연이 아니다. 그 멈춤은 내가 많고 많은 장소 가운데 한 주차장에서 어쩌다 갖게 된 만남, 그리고 내가 평소처럼 서둘러 그곳을 떠나지 않고 별난 부탁을 하며 내게 다가온 한 낯선 이와 관계를 맺기로 한 결정에 따른 것이었다.

칼럼니스트의 작은 힘

2014년 10월 초였다. 친구와 약속이 있어 베세스다의 하얏트리젠시 호텔 지하 공용주차장에 차를 세웠다. 호텔 안에 있는 식당에서 친구와 아침을 마친 후 주차장에 세워둔 차를 찾아서 출구로 나갔다. 주차요금소의 직원에게 내 주차 티켓을 건네주자 그는 티켓을 들여다보지도 않고 먼저 나를 살펴보았다.

"당신이 누군지 알아요." 늙수그레한 남자가 따뜻한 미소를 지으며 외국인 억양으로 말했다.

"아, 예." 나는 얼른 대답했다.

"당신의 칼럼을 읽는답니다." 그가 말했다.

"아, 예." 나는 빨리 집으로 가고 싶다는 생각을 하며 대답했다.

"제가 늘 동의하는 건 아닙니다." 그가 또 말했다.

"아아, 그렇다면 제 칼럼을 늘 찾아 읽는다는 말이군요."

나는 그렇게 몇 마디 말을 더 나누었고, 거스름돈을 챙긴 후 주차장을 나섰다. 그리고 집으로 가는 길에 생각했다. '주차장 직원이 「뉴욕타임스」의 내 칼럼을 찾아 읽는다는 말을 듣는 건 기분 좋은 일이군.'

일주일쯤 지난 뒤 다시 같은 주차장에 차를 세웠다. 내 사무실에서 업무를 본 뒤 그 주차장에서 차를 찾아 나가려는데 주차요금소에서 지난번의 그 직원을 다시 만났다.

나는 그에게 주차 시간이 찍힌 티켓을 건네주었다. 그는 이번에는 거스름돈을 내주기 전에 먼저 이렇게 말했다. "프리드먼 씨, 저도 글을 씁니다. 블로그도 갖고 있지요. 한번 보시겠습니까?"

"그 블로그를 어떻게 찾을 수 있죠?" 내가 물었다. 그러자 그는 평소 영수증을 인쇄하는 데 쓰는 조그맣고 하얀 종이에 웹 주소를 적었다. 그는 '오다나비닷컴odanabi.com'이라고 적힌 종이를 거스름돈과 함께 건네주었다.

나는 호기심이 생겨 그 블로그에 한번 들어가 봐야겠다는 생각을 하며 주차장을 떠났다. 그런데 집으로 가는 길에 내 생각은 금세 다른 쪽으로 흘러갔다. "이럴 수가! 그 주차장 직원은 이제 내 경쟁자잖아! 주차장 직원이 자기 블로그도 갖고 있다니! 더구나 칼럼니스트라니! 도대체 지금 무슨 일이 벌어지고 있는 거야?"

나는 집에 도착해 그의 블로그를 찾아보았다. 그의 글들은 영어로 씌어 있었고 그가 떠나온 에티오피아의 정치와 경제 문제에 초점을 맞추고 있었다. 그 사이트는 인종과 종교가 다른 공동체들 사이의 관계, 에티오피아 정부의 비민주적 행위, 그리고 세계은행이 아프리카에서 하는 몇 가지 활동을 집중적으로 다루고 있었다. 그 블로그는 디자인이 잘 돼 있고 민주주의를 강력히 지지하는 성향을 드러내고 있었다. 영어는 나쁘진 않았지만 완벽하지도 않았다. 그 주제는 큰 흥미를 끌지 못했으므로 나는 그 블로그에 오래 머물지 않았다.

그러나 그 주 내내 나는 그 주차관리원에 관해 생각했다. 어떻게 블로그를 하게 됐을까? 제대로 교육을 받은 게 분명한 그 남자는 낮에는 주차장 요금 징수원으로 일하지만 밤이면 자기 블로그에 글을 쓴다. 블로그는 그에게 생기를 불어넣는 주제들, 즉 에티오피아 사회와 민주주의에 관해 전 세계를 상대로 이야기하고 지구촌의 대화에 참여할 수 있도록 해주는 무대다. 이는 우리 세계에 대해 무엇을 말해주는가?

그에 관해 더 많이 알아볼 필요가 있다고 생각했다. 한 가지 문제가 있다면 내가 그의 개인 이메일 주소를 갖고 있지 않다는 것이었다. 그 주차관리원에게 접촉할 수 있는 길은 한 가지뿐이었다. 날마다 출근할 때 지하철을 타고 가면서 그 공용주차장에 차를 세우고 우연히 그와 다시 맞닥뜨릴 수 있기를 기대하는 것이었다.

며칠 동안 헛걸음을 한 끝에 애쓴 보람이 있었다. 어느 날 아침 내가 아주 일찍 주차장에 도착했을 때 블로거이면서 주차관리원인 그가 주차 요금 부스 안에 있었다. 나는 티켓을 뽑는 기계 앞에 멈춘 다음 주차장에 차를 대고 밖으로 나와 그에게 손을 흔들었다.

"안녕하세요. 당신 이메일 주소 좀 알 수 있을까요? 당신과 이야기를 나누고 싶어서요."

그는 종이쪽지 하나를 찾아 주소를 쓴 다음 내게 주었다. 나는 그의 이름이 아옐레 Z. 보지아라는 걸 알게 됐다. 바로 그날 저녁 나는 보지아에게 이메일을 보내 그가 살아온 배경과 블로그를 시작한 동기에 대해 물었다. 그리고 나는 '21세기에 관한 글쓰기'를 주제로 책을 쓸까 생각 중이며 다른 사람들은 어떻게 블로그를 하고 의견을 쓰는 세계에 들어왔는지를 알고 싶다고 말했다.

그는 2014년 11월 1일에 나에게 이메일로 이렇게 답장을 보냈다. "내가 오다나비닷컴에 처음으로 글을 올린 날이 곧 블로그를 하기 시작한 날입니다. (중략) 블로그에 글을 쓰기 시작한 것은 내가 태어난 나라 에티오피아에 나를 괴롭히는 많은 문제들이 있었기 때문입니다. 나는 그 문제들에 대해 개인적으로 깊이 생각해보고 싶었습니다. 그래서 일하는 틈틈이 그 일을 하고 있기 때문에 당신의 연락에 바로 답장을 보낼 수 없더라도 양해해주시기 바랍니다. 아옐레."

11월 3일에 나는 다시 그에게 이메일을 보냈다. "당신은 이 나라로 오기 전에 에티오피아에서 무슨 일을 했나요? 그리고 당신을 가장 괴롭히는 문제들은 무엇인가요? 급하게 답장을 보낼 필요는 없습니다. 톰."

그는 그날 바로 답장을 보내왔다. "우리는 확실히 서로에게 도움을 줄 수 있을 것 같군요. 당신은 어떤 문제들이 나를 괴롭히는지 알고 싶어 하고, 나는 어떻게 하면 내가 목표로 하는 독자층과 더 광범위한 대중을 상대로 내 관심사들에 관해 소통할 수 있을지 당신에게 배우고 싶습니다."

나는 즉시 그에 대한 답을 보냈다. "아옐레, 좋습니다. 서로에게 도움이 되는 이야기를 나누도록 하죠! 톰." 나는 보지아가 자신의 삶에 관한 이야기를 들려준다면 어떻게 칼럼을 쓰는지에 관해 내가 아는 모든 걸 그와 나누겠다고 약속했다. 우리는 주차장 근처의 피츠 커피숍에서 만났다. 그는 창가의 작은 테이블에 앉아 있었다. 머리가 희끗희끗한 그는 콧수염을 기르고 녹색 털목도리를 두르고 있었다. 우리가 피츠의 가장 훌륭한 커피를 마시는 동안 그가 먼저 자신이 어떻게 블로그에 칼럼을 쓰기 시작했는지 이야기했고 그다음에는 내가 약속한 이야기를 했다.

우리가 처음 만났을 때 63세였던 보지아는 오랫동안 재위한 에티오피아 황제의 이름을 딴 하일레 셀라시에 1대학에서 경제학 학사 학위를 받고 졸업했다고 밝혔다.

보지아는 에티오피아 최대 민족으로 자신들의 언어를 갖고 있고 기독교 정교를 믿는 오로모Oromo족 출신이다. 그는 대학에서 오로모 인권 운동가로 활동하던 시절부터 에티오피아의 민주화라는 흐름 속에서 오로모인들의 문화와 열망을 고취해왔다고 설명했다.

보지아는 "내 모든 노력은 에티오피아의 모든 국민이 자신이 어느 민족에 속해 있든지 간에 그걸 자랑스러워하고 시민권을 가진 자랑스러운 에티오피아인이 될 수 있도록 하는 데 맞춰져 있습니다."라고 말했다. 그러한 보지아의 노력은 에티오피아 정권의 노여움을 샀기 때문에 그는 2004년에 정치적 망명을 해야 했다.

그는 교육받은 이민자의 자존감을 갖고 있으며 밤에 진지하게 블로그 활동을 하기 위해 주차장에서 일을 하며 돈을 벌고 있었다. "나는 단지 글쓰기 그 자체를 위해서 글을 쓰는 게 아닙니다. 글 쓰는 기술을 배우고 싶지만 그보다 중요한 건 글을 통해 널리 알려야 할 대의입니다."

보지아는 오다나비닷컴이라는 자신의 블로그 이름을 에티오피아 수도 아디스아바바 근처의 도시 이름에서 따왔다고 한다. 이 도시는 요즘 오로미아 지방정부의 행정과 문화 중심지가 되고 있는 곳이다. 처음에는 나즈레트닷컴Nazret.com 아이얀투닷넷Ayyaanntu.net 아디스보이스닷컴AddisVoice.com과 오로모족 사이트인 가다닷컴Gadaa.com 같은 에티오피아의 다양한 웹 플랫폼에서 글쓰기를 시작했지만 그 사이트의 속도는 계속 진행 중인 토론에 참가하려는 그의 열정을 따라가지 못했다. 그는 이렇게 설명했다. "내 견해를 표명할 기회를 준 그 웹사이트들에 고마운 마음을 갖고 있지만 그것들은 너무 느렸어요. 그래서 경제적인 제약을 받으면서 주차장에서 일하는 나로서는 정기적으로 생각을 쏟아내기 위해 나만의 웹사이트를 개설해야 했지요." 그의 사이트는 블루호스트닷컴Bluehost. com이 적은 수수료를 받고 열어준 것이다.

에티오피아의 정치판은 극단주의자들이 지배하고 있다고 보지아는 덧붙였다. "열린 이성을 지닌 중도 진영이 설 자리는 없어요." 그가 미국에서 인상적으로 느끼고 에티오피아에도 전파하고 싶었던 건 '사람들이 자기 권리를 위해 싸울 뿐만 아니라 다른 사람들의 관점도 존중하는 방식'이다(보지아와 같이 분열된 나라에서 이민을 와서 지하 주차장에서 일하는 외국인의 눈으로 봐야 오늘날의 미국이 정치적 논쟁을 통해 사람들을 더 가깝게 결속시킬 수 있는 나라로 보이는지도 모르겠다. 하지만 나는 그의 낙관주의를 좋아한다!).

그는 자신이 주차요금소에서 거스름돈만 내주고 있다고 해도 사람들이 어떻게 스스로를 표현하고 자기 의견을 전달하는지 관찰하려고 늘 노력한다고 말했다. "미국에 오기 전에는 〈미트 더 프레스Meet the Press〉(NBC의 주간 시사 프로그램—옮긴이)를 진행했던 팀 루서트Tim Russert에 관해 들어본 적이 없어요. 나는 루서트를 잘 모르지만 내가 그의 프로그램을 찾아보기 시작했을 때 그것이 일종의 전염성을 갖고 있는 것 같았어요. 루서트가 대화에 끼어들 때는 사람들을 극단적인 방식으로 밀어붙이지 않아요. 그는 사실관계를 밝히는 데는 무자비하지만 다른 사람들의 감정을 대단히 존중합니다. 따라서 그가 토론을 끝낼 때면 우리는 그때마다 그가 중요한 정보를 주었다고 느끼고, 인터뷰한 사람의 마음속에 뭔가를 불러일으켰다고 느껴요."

팀 루서트가 이 말을 들었더라면 좋아했을 것이다.

나는 보지아가 개설한 블로그를 읽는 이들이 얼마나 되는지 물었다. 그는 다달이 이슈에 따라 독자가 늘었다 줄었다 하지만 꾸준히 읽는 독자들이 있다고 알려주었다. 그리고 웹 메트릭스Web metrics에 따르면 자신의 글이 약 30개국에서 읽히고 있다고 덧붙였다. 그러고는 이렇게 말했다. "당신이 어떤 식으로든 내가 웹사이트를 관리하는 걸 도와줄 수 있다면 정말 좋겠어요." 그는 지난 8년 동안 주차장에서 일주일에 35시간씩 보낸 건 '최소한의 생계'를 위한 활동일 뿐이고 자신의 삶의 에너지는 자신이 개설한 블로그에서 나온다고 했다.

나는 도울 수 있는 일이 있으면 기꺼이 돕겠다고 약속했다. 누가 웹메트릭스를 아는 주차관리원의 부탁을 거절할 수 있겠는가! 나는 그에게 낮에는 주차관리원을 하면서도, 비록 독자는 그리 많지 않을지라도 워싱턴에 앉아서 30개국에서 읽히는 블로그에 글을 쓰는 느낌이 어떤지 물었다.

"이제야 작은 힘을 갖게 됐다고 느낍니다." 보지아는 주저 없이 대답했다. "요즘 나는 과거에 시간을 낭비했다는 후회를 하고 있어요. 3~4년쯤 전에, 이곳저곳에 글을 보내지 않고 곧바로 개인 블로그를 만드는 데 집중했더라면 지금쯤 더 많은 독자를 모을 수 있었을 겁니다. 하지만 나는 내가 하고 있는 일에 대단히 만족합니다. 내 나라를 돕는 뭔가 긍정적인 일을 하고 있거든요."

머리에는 영감의 빛을, 가슴에는 열정의 불을

그래서 다음 몇 주에 걸쳐 나는 보지아에게 이메일로 내가 어떻게 칼럼을 구성해가는지 알려주는 메모를 두 차례 보냈다. 그런 다음 내가 하고자 하는 말을 그가 이해했는지 확인하기 위해 그를 다시 만났다. 내 조언이 보지아에게 얼마나 도움이 됐는지 알 수 없지만 나는 그와 만나면서 기대한 것 이상으로 많은 것을 배웠다.

첫째, 내가 보지아의 세계에 아주 조금 들어가본 것만도 놀라운 경험이었다. 10년 전만 해도 우리 둘에게는 공통점이 거의 없었을 텐데 이제 우리는 어떤 의미에서는 동료가 됐다. 우리 둘은 각자 우선순위에 둔 것들을 독자에게 더 널리 알리고, 전 지구적인 토론에 참여하며 세계를 우리가 바라는 길로 움직이게 하기 위한 길을 가고 있었다. 우리는 또한 둘 다 더 큰 흐름의 일부였다. 도브 사이드먼은 이렇게 말했다.

"우리는 지금보다 더 많은 사람들이 역사를 만들고 기록하고 알리고 확장하는 걸, 그것도 이 모든 일을 동시에 해내는 것을 본 적이 없습니다. 지난 시대에는 역사를 만들려면 군대가 필요했고, 그것을 기록하려면 촬영 스튜디오나 신문이 필요했으며, 그걸 널리 알리려면 선전가가 있어야 했습니다. 그러나 지금은 누구나 물결을 만들어낼 수 있습니다. 이제 누구든 컴퓨터 자판을 두드리는 것만으로도 역사를 만들 수 있지요."

보지아는 바로 그런 일을 하고 있었다. 예술가와 작가는 태곳적부터 달밤에 그 일을 했다. 오늘날 새로운 건 이제 훨씬 더 많은 사람들이 그런 일을 할 수 있고, 자신이 설득력 있는 글을 쓴다면 그 일을 통해 더 많은 이들과 접촉할 수 있고, 그들이 정말로 이야기할 게 있다면 더 빨리 전 세계에 전할 수 있으며, 그렇게 하는 데 돈이 더 적게 든다는 점이다.

보지아와의 거래에서 약속한 걸 이행하기 위해 나는 자기 의견을 쓰는 기술에 관해 예전에 그랬던 것보다 더 깊이 생각해봐야 했다. 그를 만난 건 내가 17년 동안 취재기자 생활을 한 후 거의 20년째 칼럼니스트로 글을 쓰고 있을 때였다. 그와의 만남 때문에 나는 어쩔 수 없이 잠시 멈추고 취재 기사를 쓰는 것과 자기 의견을 쓰는 것이 어떻게 다른지, 그리고 어떻게 해야 칼럼이 '울림을 갖는지'를 말로 표현해야 했다.

보지아에게 두 차례 보낸 메모에서 나는 칼럼을 쓰는 데 정해진 공식은 없고, 그걸 배울 수 있는 강좌도 없으며, 모든 이들이 각각 다르게 칼럼을 쓰고 있다고 설명했다. 그러나 내가 가르쳐줄 수 있는 몇 가지 일반적인 지침들은 있었다. 취재기자라면 보이는 것과 복잡한 것을 설명하는 데, 그리고 뚫고 들어갈 수 없는 것과 감춰진 것을 밝혀내고 드러내기 위해 사실을 파헤치는 데 초점을 맞춰야 한다. 어떤 대가가 따르더라도 말이다. 기자는 두려워하거나 어느 편을 들지 않고 공평하게 정보를 전달하기 위해 존재한다. 스트레이트 뉴스(논평 없이 사실을 전달하는 뉴스―옮긴이)는 흔히 엄청난 영향력을 갖지만 그 영향력은 언제나 뉴스가 얼마나 많은 정보를 알려주고 드러내고 설명하느냐에 직접적으로 비례한다.

하지만 의견을 쓰는 건 다르다. 칼럼니스트거나 보지아와 같은 블로거라면 목적은 단지 정보를 전달하는 게 아니라 영향을 미치거나 반응을 불러일으키는 것이다. 어떤 관점을 매우 설득력 있게 주장해서 독자가 문제를 달리 생각하거나 더 강력히 혹은 새롭게 느끼게 하는 것이다.

바로 그 때문에 칼럼니스트로서 나는 불을 때는 일이나 불을 밝히는 일을 하고 있다고 보지아에게 설명했다. 모든 칼럼이나 블로그는 독자들의 머릿속에 전깃불을 켜거나 그들의 마음속에 감정의 불을 지펴야 한다. 다시 말해 독자가 어떤 문제를 새롭게 보도록 그 문제를 비춰주거나, 아니면 어떤 문제에 관해 더 강렬하게 느끼거나 다르게 행동하도록 반응을 촉발해야 한다. 이상적인 칼럼은 이 두 가지 일을 함께 하는 것이다.

그렇다면 어떻게 그런 빛이나 열을 만들어낼 수 있는가? 의견은 어디에서 나오는가? 나는 의견을 쓰는 모든 이들이 분명히 그에 대해 다른 답을 줄 것이라고 믿는다. 짧게 답하자면 칼럼의 아이디어는 어디에서든 튀어나올 수 있다. 어떤 신문 제목을 보고 갑자기 이상하다는 느낌을 받을 수도 있고, 낯선 이의 간단한 몸짓, 지도자의 감동적인 연설, 어린이의 순진한 물음, 학교에서 총을 쏘는 잔인한 행동, 난민의 비통한 이야기에서도 칼럼 아이디어를 얻을 수 있다. 어떤 것도 빛이나 열을 만들어내기 위한 날것의 재료가 될 수 있다. 모든 건 자신의 견해를 떠받치기 위해 어떻게 생각을 연결하고 통찰을 드러내 보이느냐에 달려 있다.

하지만 더 일반적으로 말하자면 칼럼 쓰기는 화학적인 합성과 같다. 그것은 반드시 스스로 만들어내야 하기 때문이다. 칼럼은 속보 뉴스처럼 저절로 주어지지 않는다. 칼럼은 창조돼야 한다.

이 화학적 합성은 보통 세 가지 기본 성분, 즉 글쓴이의 가치, 우선순위, 그리고 열망을 섞는 것이다. 이 세계의 가장 큰 기어와 도르래들로 움직이는 거대한 힘들이 어떻게 사건들을 만들어가고 있다고 생각하는가, 그리고 그 큰 힘들이 사람들에게 영향을 미칠 때 그들이 어떻게 반응하는지 또는 반응하지 않는지를 보면서 사람들과 문화에 관해 무엇을 배웠는가?

여기서 말하는 가치와 우선순위, 그리고 열망은 자신이 가장 관심을 갖는 것들, 그리고 가장 철저히 이행되기를 바라는 것들을 의미한다.

그 일단의 가치는 무엇을 말할 것인가 하는 문제뿐 아니라 무엇이 중요하고 의견을 낼 만한 가치가 있는 것인가를 판단하는 데 도움이 된다. 의견을 쓰는 사람으로서 생각을 바꾸는 건 괜찮다. 문제는 아무 생각이 없는 것이다. 아무것도 지지하지 않거나 모든 것을 지지하는 것, 또는 오로지 쉽고 안전한 것들만을 지지하는 것은 문제다. 의견을 쓰는 사람은 무엇을 지지해야 하는지 또는 반대해야 하는지에 관한 생각을 명확한 기준 아래서 분명하게 드러내야 한다. 당신은 자본주의자인가, 아니면 공산주의자인가, 혹은 자유지상주의자, 케인스주의자, 보수주의자,

자유주의자, 신보수주의자, 마르크스주의자 중 어느 쪽인가?

나는 이 세계의 큰 기어와 도르래를 이야기하고 있다. 이는 내가 '대기계the Machine'라고 부르는 것에 관한 이야기다(유명한 헤지펀드 투자가로 세계 경제를 '하나의 기계'로 묘사한 레이 달리오Ray Dalio에게 경의를 표한다). 의견을 쓰는 사람이 되려면 늘 대기계의 작동 방식에 대한 자신의 가설을 세워둘 필요가 있다. 왜냐하면 글쓴이의 기본적인 목적은 자신의 가치를 내세우고 그 방향으로 그 기계를 움직이는 것이기 때문이다. 대기계가 어떻게 작동하는지에 대한 자신의 이론을 갖고 있지 않다면 대기계를 자신의 신념과 맞지 않는 방향으로 밀고가거나 아니면 아예 움직이지 못할 것이다.

나는 또한 사람과 문화를 말하고 있다. 대기계가 움직일 때 서로 다른 사람들과 문화가 어떤 영향을 받게 되는지, 그리고 그들이 그에 반응할 때는 거꾸로 대기계에 어떤 영향을 미치는지를 이야기하는 것이다. 칼럼은 궁극적으로 사람들에 관한 것이다. 사람들이 말하고 행동하고 미워하고 희망을 품는 희한한 일들에 관한 것이다. 나는 칼럼에 필요한 정보를 얻기 위해 자료를 모으는 것을 좋아한다. 하지만 결코 잊지 말아야 할 게 있다. 다른 사람과 대화하는 것 역시 자료다. 가장 큰 반응을 얻는 칼럼은 거의 언제나 숫자가 아닌 사람들에 관한 것이다. 인류 역사상 가장 많이 팔린 책도 사람들에 관한 이야기를 모은 것이라는 점을 결코 잊지 말아야 한다. 그것은 성경이라고 부르는 책이다.

나는 보지아에게 가장 효과적인 칼럼들은 이 세 가지 성분(자신의 가치, 우선순위, 열망)을 함께 비비고 섞는 데서 나온다고 강조했다. 자신이 무엇을 옹호하는지를 알려주는 일단의 가치를 갖지 않고서는 효과적인 논평가가 될 수 없다. 도브 사이드먼은 나에게 탈무드에 나오는 말을 상기시키기를 좋아한다. "가슴에서 나오는 것이 가슴으로 들어간다."는 말이다. 자신의 가슴에서 우러나오지 않은 것은 결코 누군가의 가슴에 젖어들지 못할 것이다. 관심을 촉발하려면 관심이 필요하다. 공감을 불러일으키려면 먼저 공감해야 한다. 우리가 사는 세상을 만들어가는 가장 큰 힘들을 '주제'로 삼고 그것들에 대해 어떻게 영향을 미칠 수 있는지 이해하지 않고서는 효과적인 칼럼을 쓸 수 없다. 대기계에 대한 글쓴이의 견해는 결코 완벽하거나 불변하는 것이 아니다. 그 견해는 늘 세상이 변화하고 글쓴이가 새로운 정보를 얻게 됨에 따라 마치 건물을 짓고 또다시 짓듯이 계속해서 발전시켜가야 한다. 그러나 독자들에게 "이런 행동이 이런 결과를 낳는 까닭은 대기계의 기어와 도르래가 이런 식으로 작동하기 때문"이라고 설득력 있게 설명해주지 못하면 독자가 어떤 일을 하도록 설득하기는 대단히 어렵다. 마지막으로, 나는 보지아에게 실존하는 사람들에게서 정보와 영감을 얻지 않고서는 결코 독자들에게 감동을 주는 논평 칼럼을 쓸 수 없을 것이라고 말해주었다. 그 칼럼은 단지 추상적인 원칙들을 옹호하는 것이어서는 안 된다.

자신의 가치 체계가 대기계의 작동 방식에 대한 분석, 그리고 그것이 사람과 문화에 미치는 영향에 대한 이해와 결합하면 글쓴이는 자신의 견해를 형성하기 위해 모든 종류의 상황에 적용할 수 있는 세계관을 갖게 된다. 데이터 분석가가 의미 있는 패턴을 찾아내는 데 그 모든 체계화되지 않은 자료와 소음을 꿰뚫어볼 수 있는 알고리듬이 필요한 것과 똑같이 의견을 쓰는 이는 열과 빛을 만들어내기 위한 세계관이 필요하다.

그러나 나는 그 세계관을 새롭고 적합하게 유지하려면 끊임없이 글을 쓰고 배워야 하며 오늘날에는 어느 때보다 그런 노력이 필요하다고 보지아에게 조언했다. 누구든 지금처럼 빠르게 변하는 세계에서 지난날의 실험을 통해 입증된 기존의 공식이나 교조주의에 의존하면 문제를 불러올 것이다. 실제로 이 세계가 더 긴밀하게 얽히고 복잡해짐에 따라 세상을 보는 렌즈를 더 넓히고 더 많은 관점들을 종합하는 것이 더욱 중요해졌다.

이 문제에 대한 내 생각은 미국 국방대학교에서 전략을 가르치는 린 웰스Lin Wells에 깊이 영향을 받았다. 웰스에 따르면 어느 한 가지 이론의 경직적인 틀에만 매달려 이 세계를 설명하거나 그에 대해 의견을 낼 수 있다고 생각하는 건 비현실적이다. 웰스는 어떤 문제를 생각하는 세 가지 방식을 묘사했다. '상자 안에서 생각하기, 상자 밖에서 생각하기, 그리고 아무 상자가 없는 곳에서 생각하기'가 그것이다. 오늘날의 문제들에 관해 생각할 때 유일하게 지속가능한 방식은 '상자 없이 생각하는 것'이라고 그는 주장한다.

물론 이것이 아무런 의견을 갖지 않는다는 의미는 아니다. 그보다는 대기계가 어떻게 작동하는지 평가하기 위해 당신이 의존하는 서로 다른 학문 분야와 당신의 호기심에 제한을 두지 않는다는 뜻이다. 웰스는 이러한 접근법을 '철저히 포괄적인 것'이라고 말한다. 이는 내가 이 책에서 채택하는 접근방식이며, 관련된 사람과 절차, 학문 분야, 조직, 그리고 기술을 가능한 한 많이 분석에 포함시키는 이유다. 이런 것들은 흔히 따로 떨어져 있거나 분석에서 완전히 배제되는 요소들이다. 예를 들어 오늘날 지정학의 본질적인 변화를 이해하는 유일한 방법은 컴퓨터 통신, 환경, 세계화, 인구 구조에서 나타나는 변화를 함께 버무리는 것이다. 이렇게 하는 것 외에 오늘날의 변화를 완전히 입체적으로 그려낼 방법은 없다.

이런 내용들이 내가 보지아에게 메모를 써주고 함께 커피를 마시면서 해준 조언이다. 나는 그와의 우연한 만남에 떠밀려서 하기 전까지는 내 자신의 글쓰기 기술에 대해, 그리고 어떻게 감동을 주는 칼럼을 쓸 수 있는지에 대해 이토록 깊이 생각해본 적이 없다. 내가 그와 관계를 맺으려 잠시 멈추지 않았다면 급속한 변화의 시대에 이 세계를 이해하기 위한 내 사고의 틀을 스스로 분해하고 검토한 다음 다시 조립해보는 일을 결코 하지 않았을 것이다.

그 경험을 하자 당연히 내 머릿속은 윙윙거리며 돌아가기 시작했다. 그리고 보지아와 만나면서 나는 그에게 생각해보라며 던졌던 것과 같은 질문을 스스로에게 던졌다. 나의 가치는 무엇이며 그것들은 어디에서 왔는가? 나는 오늘날 세계를 움직이는 기계가 어떻게 작동한다고 생각하는가? 그리고 서로 다른 사람들과 문화가 대기계에 어떤 영향을 받고 어떻게 반응하고 있는지에 관해 나는 무엇을 배웠는가?

바로 이것이 내가 잠시 멈춘 사이에 묻기 시작한 것들이며 이 책의 나머지 부분은 그 물음에 대한 내 대답이다.

제2부에서 나는 세계를 움직이는 기계가 지금 어떻게 작동한다고 생각하는지, 더 많은 것들을 더 많은 곳에서 더 많은 방식으로 더 많은 시간 동안 새롭게 만들어가는 가장 큰 힘들에 관해서 내가 어떻게 생각하는지를 밝힌다. 한 가지 힌트가 있다. 오늘날에는 기술과 세계화, 기후변화가 서로 맞물려 돌아가며 동시에 가속화하면서 대기계를 굴러가게 하고 있다.

제3부는 이처럼 가속화하는 힘들이 사람과 문화에 어떤 영향을 미치는지 이야기한다. 다시 말해 그 힘들이 일터와 지정학, 정치, 윤리적 선택, 그리고 공동체를 어떻게 바꿔놓는지를 다룬다. 내가 자라나고 내 자신의 가치가 형성된 미네소타 주의 작은 도시에 관한 이야기도 포함된다.

제4부는 이 모든 것에서 내가 이끌어낸 결론을 밝힌다.

요컨대 이 책은 오늘날 세계에 관한 하나의 거대한 칼럼이다. 전 세계의 변화를 촉진하는 핵심적인 힘들을 명확히 밝히고 그런 힘들이 서로 다른 사람들과 문화에 어떤 영향을 미치는지 설명하는 걸 목표로 한다. 그리고 내가 보기에 그런 힘들을 관리하는 데 가장 적합한 가치와 대응 전략은 무엇인지를 밝히는 것을 목표로 한다. 이는 가장 많은 곳에서 가장 많은 사람들을 위해 그 힘들로부터 가장 많은 혜택을 이끌어내기 위해, 그리고 그 힘들이 불러올 가장 모진 충격을 완화하기 위해 필요한 것이다.

우리는 다른 사람과 이야기하기 위해 잠시 멈추면 어떤 결과가 나타날 수 있는지 전혀 알 수 없다. 긴 이야기를 풀어놓기 위해 보지아는 그의 블로그의 틀을 잡았고 나는 이 책의 틀을 잡았다. 이 책을 '역사상 가장 거대한 변화의 순간 중 하나인 이 가속의 시대에 복원력을 갖추고 번영할 수 있는 길로 이끄는 한 낙관주의자의 안내서'라고 생각해주기 바란다. 기자로서 나는 흔히 하나의 이야기나 역사상의 한 시기를 되짚어보며 다시 글을 쓸 때는 처음에는 전혀 보지 못한 것들을 발견하게 된다는 사실에 계속해서 놀란다. 이 책을 쓰기 시작하면서 나는 오늘날 대기계를 돌리는 기술의 변곡점이 '그다지 특별하지 않을 것 같은 해'인 2007년에 나타났다는 걸 분명히 알게 됐다.

도대체 2007년에 무슨 일이 벌어졌는가?

제2부
가속의 시대

Thank You

for Being Late

/ 02 /   기술의 변곡점, 2007년

넷스케이프Netscape와 구글, 아마존을 밀어준 전설적인 벤처 자본가 존 도어John Doerr는 정확한 날짜를 기억하지는 못한다. 단지 그가 기억하는 건 스티브 잡스가 2007년 1월 9일 샌프란시스코 모스콘 센터의 무대에 올라 애플이 모바일 전화기를 다시 발명했다고 선언하기 바로 전이었다는 것뿐이다. 하지만 도어는 그 전화기를 처음 본 순간을 결코 잊지 못할 것이다. 그는 벗이자 이웃인 잡스와 함께 팰로앨토에 있는 학교에서 잡스의 딸이 뛰는 축구 시합을 보고 있었다. 시합이 계속될 때 잡스는 도어에게 뭔가를 보여주고 싶다고 말했다.

도어는 그때를 이렇게 회상했다. "스티브는 청바지 주머니에 손을 넣어 처음 만든 아이폰을 꺼냈어요. 그러고는 이렇게 말하더군요. '존, 이 기기 때문에 회사가 파산할 뻔했어요. 이번 일은 우리가 한 것 중 가장 어려운 일이었어요.' 그래서 내가 그 기기의 제원을 물어보았지요. 스티브는 그것은 주파수 대역이 다른 다섯 개의 무선통신장치와 강력한 정보처리 능력, 고용량 램, 기가비트급 대용량 플래시메모리를 갖고 있다

고 말했습니다. 그토록 작은 기기에 그렇게 많은 플래시 메모리가 들어 있다는 이야기는 들어본 적도 없었어요. 그는 또 그 기기에는 버튼이 없으며 모든 일을 소프트웨어를 써서 할 거라고 하더군요. 그리고 '우리는 하나의 기기 안에 세계 최고의 미디어 플레이어, 세계 최고의 전화기, 그리고 인터넷에 접속하는 세계 최고의 방식을 다 구현할 것'이라고 말했습니다. 기기 하나로 이 세 가지를 모두 할 수 있다는 말이었지요."

도어는 즉시 제3의 개발자들이 이 기기를 위해 애플리케이션을 만들어내는 걸 지원할 펀드를 시작하겠다고 나섰지만 당시 잡스는 흥미를 보이지 않았다. 잡스는 외부자가 그의 놀라운 전화기와 얽히는 걸 원치 않았다. 그래서 애플 자체적으로 앱을 개발할 생각이었다. 하지만 1년 후 잡스는 마음을 바꿨고 그 펀드가 출범했으며 모바일 전화 애플리케이션 산업도 폭발적으로 성장했다. 스티브 잡스가 아이폰을 소개한 순간은 기술 발전의 역사에서, 그리고 세계 역사에서 여러 점을 연결하는 중추와도 같은 것이었다.

와인 업계에서 품질이 뛰어난 포도가 수확되는 빈티지 연도가 있듯이 역사에서도 빈티지 연도가 있는데 2007년이 그런 해다. 왜냐하면 2007년에는 단지 아이폰만 모습을 드러낸 게 아니라 그해를 전후로 해서 수많은 기업이 무리 지어 나타났기 때문이다. 이 새로운 기업들과 혁신이 함께 어우러져 사람과 기계가 소통하고 창조하고 협력하고 생각하는 방식을 바꿔놓았다. 그해 하둡Hadoop이 등장한 덕분에 컴퓨터 저장 용량이 폭발적으로 늘어났으며 그에 따라 누구나 빅데이터를 활용할 수 있게 되었다. 2007년에는 또한 소프트웨어 제작과 협력을 위한 깃허브GitHub라는 오픈소스 플랫폼 위에서 소프트웨어 개발이 시작됐다. 그 덕분에 소프트웨어의 능력이 엄청나게 확장되었고, 넷스케이프 창업자 마크 앤드리슨Marc Andreessen의 말마따나 소프트웨어가 세계를 먹어치우기 시작했다. 그동안 대학 캠퍼스와 고등학교로 사용자를 한정했던 소셜 네트워크 사이트인 페이스북은 2006년 9월 26일 13세 이상이면서 이메일 주소를 가진 모든 사람에게 사이트를 개방하고 전 세계로 나아가기 시작했다. 마이크로 블로그 업체 트위터는 더 큰 스타트업 기업의 일부였지만 2007년에 자신만의 별도 플랫폼으로 떨어져 나와 역시 세계적으로 자라나기 시작했다. 가장 인기 있는 사회운동 사이트인 체인지Change.org도 2007년에 나타났다.

구글은 2006년 말 유튜브를 사들였고 2007년에는 안드로이드를 출범시켰다. 모바일 기기를 위한 개방형 플랫폼인 안드로이드는 애플의 iOS에 대한 대안적인 운영체제로 스마트폰이 세계적으로 확산되는 것을 도울 터였다. 아이폰에 독점적으로 연결성을 제공하는 AT&T는 '소프트웨어 기반 네트워크'에 투자해 스마트폰 혁명으로 생겨난 그 모든 무선통신 전송량을 처리하는 능력을 급속히 확대했다. AT&T에 따르면 이 회사의 전국적인 무선통신 네트워크로 전송되는 모바일 데이터의 양은 2007년 1월부터 2014년 12월까지 10만 퍼센트 넘게 증가했다.

2007년에는 또한 온라인 서점 아마존이 킨들을 내놓았다. 퀄컴Qualcomm의 3세대(3G) 이동통신 기술 덕분에 킨들을 이용하면 어디서든 눈 깜짝할 새 수천 권의 책을 내려받을 수 있게 됐으며 이는 전자책의 혁명을 불러왔다. 그해 샌프란시스코의 한 아파트에서는 에어비앤비에 대한 착상이 이뤄졌다. 2006년 말에는 전 세계의 인터넷 사용자가 10억 명을 넘어섰는데 이는 하나의 티핑 포인트가 된 것으로 보인다. 2007년에는 팔란티어테크놀로지Palantir Technologies가 첫 플랫폼을 출범시켰다. 이 회사는 무엇보다 정보를 다루는 이들이 건초 더미에서 바늘을 찾을 수 있도록 돕기 위해 빅데이터 분석 기법과 증강된 정보 분석 기법을 활용하는 선도적인 기업이다. 팔란티어의 공동 창업자인 알렉산더 카프

Alexander Karp는 이렇게 설명했다. "컴퓨터의 정보처리 능력과 저장 용량이 커지면서 우리가 예전에는 이해하지 못했던 것들에서 많은 의미를 찾아낼 수 있는 알고리듬을 만들어내는 수준에 이르렀습니다." 마이클 델Michael Dell은 2005년에 숨 가쁘게 뛰어야 했던 델의 최고경영자 자리를 넘겨주고 한 걸음 물러나 이사회 의장 일만 하기로 결심했다. 하지만 2년 후 그는 그렇게 물러나는 것이 시기적으로 좋지 않았다는 점을 깨달았다. "나는 변화의 속도가 정말로 빨라지는 걸 볼 수 있었습니다. 나는 우리가 이 모든 새로운 것을 할 수 있다고 깨달았지요. 그래서 2007년에 경영 일선으로 돌아왔습니다."

2007년에는 또한 뉴욕 요크타운 하이츠에 있는 IBM의 왓슨연구소에서 의미 분석 및 통합 부서를 이끄는 데이비드 페루치David Ferrucci와 그의 팀이 왓슨이라는 인지 컴퓨터를 만들기 시작했다. 히스토리오브인포메이션 웹사이트HistoryofInformation.com를 보면 왓슨이 "심층적인 질문과 답변, 심층 분석, 그리고 컴퓨터의 자연언어 이해 능력의 한계를 넘기 위해 설계된 특수 목적 컴퓨터 시스템"이라고 쓰여 있다. 그리고 "왓슨은 기계학습machine learning과 인공지능을 결합한 최초의 인지 컴퓨터가 됐다."는 설명이 나온다.

2007년에 인텔은 처음으로 마이크로칩에 하이케이high-k/메탈 게이트metal gate(트랜지스터 게이트 전극과 절연체를 말한다)로 알려진 비실리콘 소재를 도입했다. 대단히 기술적인 이 선택은 엄청나게 중요한 것이었다. 비실리콘 소재는 마이크로프로세서의 다른 부분에 이미 쓰이고 있었다. 하지만 그 소재를 트랜지스터에 도입한 것은 '마이크로칩의 능력이 대략 2년마다 두 배로 늘어날 것으로 기대한다는' 무어의 법칙Moore's law이 정보처리 능력의 기하급수적인 성장으로 가는 경로를 계속해서 따라갈 수 있도록 도움을 주었다. 실제로 그 당시에는 전통적인 실리콘 소재 트랜지스터로는 무어의 법칙이 벽에 부딪혔다는 염려가 있었다.

"무어의 법칙이 한계에 이르렀다고 많은 이가 생각하고 있을 때 비실리콘 소재로 가는 길을 연 것은 그 법칙이 다시 힘을 얻도록 팔뚝에 주사를 한 방 놓은 것과 같았지요." 그 당시 인텔의 소재 디자인 팀에서 일했고 지금은 하버드 엔지니어링·응용과학 스쿨에서 컴퓨터 과학을 가르치는 사다시반 샹카르Sadasivan Shankar는 이렇게 말했다.

실리콘밸리에서 취재하는 「뉴욕타임스」 기자 존 마코프John Markoff는 2007년 1월 27일 인텔이 뚫은 돌파구에 대해 논평하면서 이렇게 표현했다. "세계 최대 칩 제조 업체인 인텔은 정보화 시대의 기초적인 벽돌을 완전히 바꾸어놓음으로써 더 빠르고 에너지 효율성이 높은 새로운 세대의 프로세서로 가는 길을 닦았다. 이 회사의 연구원들은 이러한 진전이 40여 년 전 인텔이 현대적인 집적 회로 트랜지스터의 길을 연 후 실리콘 칩 제조에 쓰이던 소재에 가져온 가장 큰 변화를 보여준다고 말했다."

지금까지 이야기한 모든 것들 덕분에 2007년은 또한 '청정에너지 혁명의 시작'이 되는 해였다. 미국 에너지부에서 2006년부터 2008년까지 에너지 효율과 재생에너지 담당 차관보를 지낸 앤디 카스너Andy Karsner는 말했다. "만약 2005년이나 2006년에 누군가가 자신의 예측 모형으로 2007년에는 청정 기술과 재생에너지가 어디에서 나올 것인지 알아냈다고 말했다면, 그는 거짓말을 한 겁니다. 왜냐하면 2007년에는 태양에너지, 풍력, 바이오 연료, LED 조명, 에너지 효율적인 빌딩, 그리고 전기 자동차 분야에서 가속적인 발전이 시작된 해이기 때문이지요. 그건 마치 하키 스틱 모양과 같은 가파른 상승 곡선을 그리는 순간이었어요."

마지막으로, 그러나 결코 중요성이 덜하지 않은 변화로 2007년에 DNA 염기서열 분석에 들어가는 비용이 극적으로 떨어졌다는 사실을 들 수 있다. 이는 바이오 기술 산업이 당시 막 폭발적으로 늘어나고 있던 그 모든 정보처리와 데이터 저장 능력을 활용해 새로운 분석 기법과 플랫폼으로 옮겨 갔기 때문에 가능했다. 미국 국립인체게놈연구소 사이트_{www.genome.gov}에 따르면 이러한 변화는 유전공학 분야에서 하나의 전환점이 되었으며 "지난 몇 년 동안 이루어진 DNA 염기서열 분석 기술의 급속한 발전"으로 이어졌다. 2001년에는 단 한 사람의 게놈을 분석하는 데 1억 달러가 들었다. 2015년 9월 30일 과학 전문지「포퓰러 사이언스」는 이렇게 전했다. "개인 유전자 분석 업체인 베리타스 제네틱스_{Veritas Genetics}는 어제 이 회사의 기술이 획기적인 단계에 이르렀다고 발표했다. 아직은 제한적이지만 꾸준히 확대되고 있는 개인 유전자 분석 프로그램에 참가하는 이들은 단 1,000달러로 자신의 게놈 전체를 분석한 결과를 받아볼 수 있다." 다음 두 쪽에 걸쳐 나오는 세 개의 그래프가 보여주듯이 2007년은 분명히 여러 기술 분야에서 하나의 전환점이었다.

지금까지 기술은 언제나 단계적인 변화를 거쳐왔다. 정보처리를 위한 칩과 소프트웨어, 정보 저장을 위한 칩, 네트워킹, 센서를 비롯해 컴퓨터의 역량을 결정하는 모든 요소는 대체로 하나의 집단으로서 함께 발전해가는 경향을 보인다. 이들의 역량이 향상돼 어느 수준에 이르면 모두 함께 어우러져 하나의 플랫폼으로 발전하는 경향이 있으며, 그 플랫폼이 점차 향상돼 일련의 새로운 역량을 갖게 되고 이는 새로운 표준이 되는 것이다. 메인 프레임 컴퓨터에서 시작해 데스크톱 컴퓨터로, 노트북 컴퓨터로, 모바일 애플리케이션을 가진 스마트폰으로 기술이 발전하면서 각 세대의 기술은 갈수록 더 쓰기 쉽고 보다 자연스러워졌다. 메인 프레임 컴퓨터가 처음 나왔을 때 그것을 사용하려면 컴퓨터과학 학위가 필요했다. 하지만 오늘날 스마트폰은 어린아이들이나 글을 못 읽는 이들도 쓸 수 있다.

그러나 기술이 단계적으로 변화해가는 가운데서도 2007년 전후에 탄

[도표 2-1] 게놈 하나의 DNA 염기서열 분석에 들어가는 비용

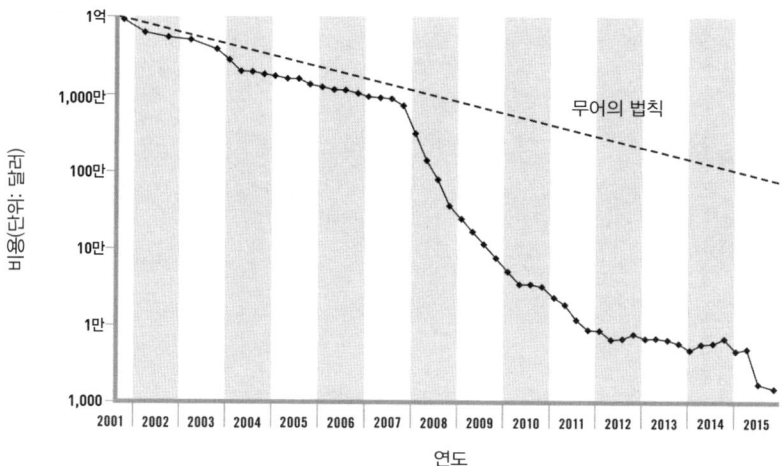

자료: 미국 국립인체게놈연구소

[도표 2-2] 1963~2014년 미국 바이오 기술 분야 특허 부여 건수

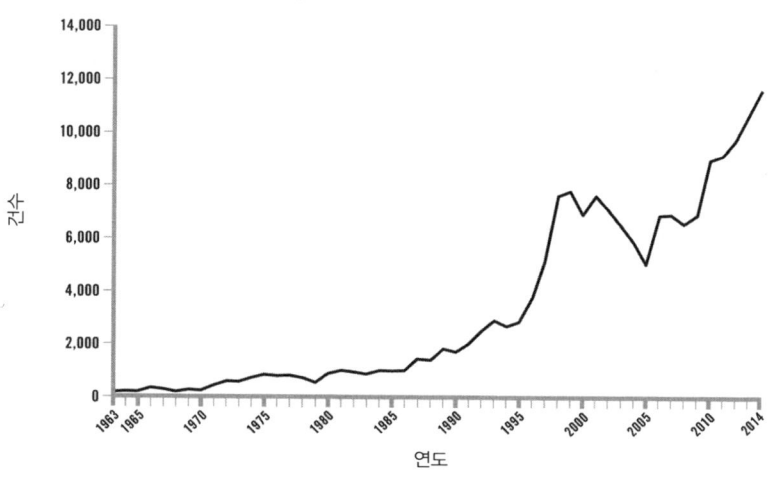

자료: 미국 특허상표국(Patent and Trademark Office)

[도표 2-3] 태양광 발전의 성장

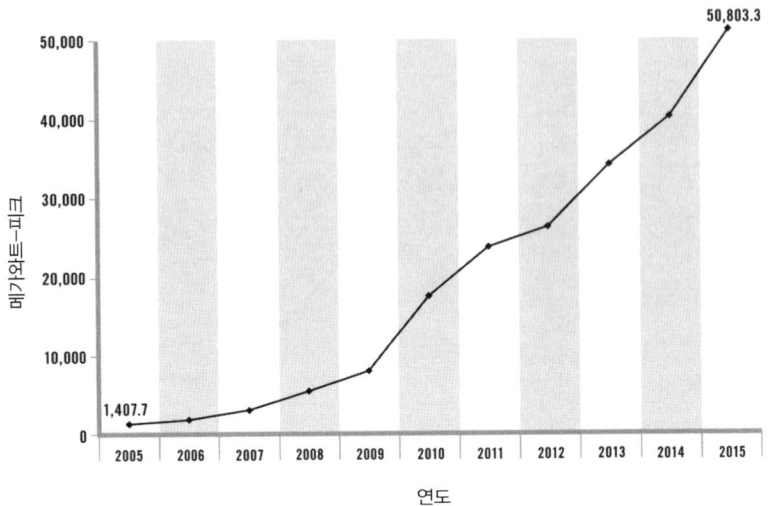

자료: SVP 마켓 리서치(SVP Market Research) 폴라 민츠(Paula Mints) 제공

생한 플랫폼은 역사상 가장 큰 폭으로 약진한 것이었다. 그 플랫폼은 우리 삶과 상거래, 그리고 정부의 모든 면에 걸쳐 서로 연결하고 협력하고 새로운 것을 창조할 수 있도록 새로운 역량을 확장시켰다. 우리는 갑자기 수많은 것을 디지털화할 수 있게 됐고, 그 모든 디지털 데이터를 담아낼 엄청난 저장 용량을 갖게 됐다. 또한 그 데이터를 통찰할 수 있게 해줄 더욱 빠른 컴퓨터와 훨씬 더 혁신적인 소프트웨어를 많이 갖게 됐으며, 그에 따라 (가장 거대한 다국적기업들부터 인도의 가장 조그만 농장에 이르기까지) 수많은 조직과 개인이 전 세계 어느 곳에서든 손에 든 스마트폰으로 그 통찰을 이용할 수 있고 그 과정에 기여할 수 있게 됐다.

이런 기술이 오늘날 대기계를 작동시키는 가장 중요한 엔진이다. 그것은 우리가 알아채지 못하는 사이에 대단히 빠르게 다가온다. 2004년에 나는 당시 대기계를 움직이는 가장 큰 힘이라고 생각했던 것들에 관해 책을 쓰기 시작했다. 다시 말해 어떻게 세계가 점점 더 고도로 연결되면서 더 많은 곳에서 보다 많은 사람이 이전보다 적은 돈으로 훨씬 더 수월하게 다른 많은 사람과 경쟁하고 연결하고 협력할 수 있는 기회를 갖게 되는지를 밝히는 책이었다. 나는 그 책에 『세계는 평평하다: 세계는 지금 어디로 가고 있는가?The World Is Flat: A Brief History of the Twenty- First Century』라는 제목을 붙였다. 이 책의 첫 판은 2005년에 나왔고, 2006년에 2.0판으로, 2007년에 3.0판으로 고쳐 썼다. 이후에는 내가 칼럼니스트로서 당분간 버틸 수 있게 해줄 꽤 확고한 사고의 틀을 구축했다고 생각하면서 고쳐 쓰기를 멈췄다.

하지만 그건 아주 잘못된 생각이었다! 사실 2007년은 생각하기를 멈추기에는 아주 안 좋은 해였다. 내가 최근에 낸 책은 마이클 만델바움Michael Mandelbaum과 함께 쓴 『미국 쇠망론: 10년 후 미국, 어디로 갈 것인가?That Used to Be Us: How America Fell Behind in the World It Invented and How We Can Come Back』인데 나는 2010년 그 책을 쓰려고 앉는 순간 상황이 얼마나 안 좋은지 처음으로 깨달았다. 그 책에서도 이야기한 것처럼 내가 집필을 시작했을 때 맨 처음 한 일은 2004년에 책을 쓸 때는 어떤 생각을 하고 있었는지 스스로에게 상기시키려고 『세계는 평평하다』 초판을 다시 꺼내본 것이었다. 나는 책을 스르륵 넘겨 찾아보기가 나온 쪽을 편 다음 손가락으로 쭉 훑어 내렸다. 그리고 찾아보기에 '페이스북'이 나오지 않는다는 걸 곧바로 알아차렸다! 그렇다. 내가 2007년에 세계는 평평하다며 정신없이 돌아다니고 있을 때 페이스북은 아직 존재하지도 않았고, 트위터는 어떤 의성어였고, 클라우드cloud는 아직 하늘에만 있었고, 4G는 주차 공간이었고, '애플리케이션'은 대학에 보내는 지원서였고, 링크트인LinkedIn은 거의 알려지지 않아 대부분의 사람들이 일종의 감옥이겠거니 생각했으며, 빅데이터는 어떤 유명한 랩 스타를 일컫는 것으로 들렸고, 스카이프Skype는 인쇄 과정의 오류로 보였다. 이 모든 기술이 내가 『세계는 평평하다』를 쓰고 나서야 꽃을 피웠으며 그중 대부분은 2007년쯤 만개했다.

그래서 몇 년 후 나는 대기계가 작동하는 방식에 대한 내 견해를 새롭게 정리하기 시작했다. 결정적인 자극이 된 건 내가 2014년에 읽은 한 권의 책이다. MIT 경영대학 교수인 에릭 브린욜프슨Erik Brynjolfsson과 앤드루 맥아피Andrew McAfee가 쓴 『제2의 기계 시대: 인간과 기계의 공생이 시작된다The Second Machine Age: Work, Progress, and Prosperity in a Time of Brilliant Technologies』라는 책이다. 그들은 첫 번째 기계 시대는 1700년대 증기기관 발명과 함께 시작된 산업혁명의 시대라고 밝혔다. 맥아피는 한 인터뷰에서 이렇게 설명했다. "그 시대에는 인간의 근력을 증강시키기 위한 동력 시스템이 전부였지요. 그 시대에 잇달아 나온 발명들은 갈수록 더 많은 동력을 전달했습니다. 그러나 그것들은 하나같이 사람이 의사 결정을 해야 돌아가는 시스템이었어요." 그러므로 그 시대의 발명들은 실제로 인간의 통제와 노동을 '더 중요하고 값진' 것으로 바꿔놓았다.

크게 보면 인간의 노동과 기계는 보완적인 것이었다고 맥아피는 덧붙였다. 그러나 브린욜프슨은 제2의 기계 시대에 우리는 인지능력이 필요한 일, 그리고 증강된 동력을 어디에 사용할지 결정하는 통제 시스템을 훨씬 더 많이 자동화하기 시작했다면서, 오늘날 인공지능을 갖춘 기계는 사람보다 더 나은 결정을 내릴 수 있는 경우가 많다고 지적했다. 따라서 소프트웨어로 가동되는 기계와 인간은 갈수록 더 서로를 보완하는 게 아니라 대체하게 될 수 있다.

그걸 가능하게 하는 원동력으로서 유일한 건 아니지만 핵심적인 힘은 무어의 법칙이 보여주듯이 정보처리 능력이 가속적으로 늘어난 것이라고 저자들은 주장했다. 이 법칙은 인텔의 공동 창업자 고든 무어

Gordon Moore가 1965년에 처음 상정한 이론으로 마이크로칩의 속도와 능력, 다시 말해 정보처리와 연산 능력이 대략 해마다 두 배로 늘어날 것으로 보는 것이다. 칩이 새로운 세대로 바뀔 때마다 단지 약간만 더 돈을 들이면 된다. 무어는 나중에 그 능력이 2년마다 두 배로 늘어날 것으로 보았는데 무어의 법칙은 50년 동안 그 패턴을 벗어나지 않았다.

이런 유형의 기하급수적 성장을 설명하기 위해 브린욜프슨과 맥아피는 어떤 왕이 체스 게임을 발명한 남자에게 너무나 감탄한 나머지 어떤 상이라도 내리겠다고 제안한 유명한 전설을 상기시켰다. 체스 발명가는 그가 원하는 건 자기 가족을 먹일 충분한 쌀뿐이라고 말했다. 왕이 쌀을 얼마나 주면 좋겠느냐고 묻자 그 남자는 왕에게 단지 체스판의 첫 번째 칸에 쌀 한 톨을 놓은 다음 그다음 칸에 두 톨을 놓고, 그다음 칸에는 네 톨을 놓는 식으로 한 칸씩 건널 때마다 그 전 칸의 두 배씩 양을 늘려 쌀을 받게 해달라고 요청했다. 왕은 동의했다. 브린욜프슨과 맥아피는 이처럼 63차례에 걸쳐 두 배씩 늘려가면 쌀의 양이 엄청나게 불어나 대략 1,800경 톨이 된다는 걸 왕이 미처 깨닫지 못했다고 지적했다. 이것이 바로 기하급수적인 증가의 힘이다. 무엇이든 50년 동안 해마다 두 배씩 늘려가다 보면 나중에는 대단히 많은 양을 얻게 되고 마지막에는 이전에는 전혀 본 적이 없는 아주 파격적인 숫자들을 보게 된다.

저자들은 무어의 법칙이 이제 막 '체스판의 후반부'에 접어들었다고 주장했다. 그 후반부에서는 기술 발전이 너무나 빠르고 큰 폭으로 이뤄져 힘과 성능 면에서 우리가 예전에 보았던 어떤 것과도 근본적으로 다른 현상들이 나타나기 시작한다. 스스로 달리는 자동차와 스스로 생각하면서 체스나 〈제퍼디!〉 퀴즈, 혹은 체스보다 엄청나게 더 복잡하고 2,500년 역사를 지닌 바둑에서도 어떤 인간이든 이길 수 있는 컴퓨터가 그 예다. 맥아피는 변화의 크기와 가속도가 한꺼번에 높아질 때 바로 그런 일이 벌어진다며 우리는 아직 정말로 놀라운 변화를 봤다고 할 수도 없다고 말했다.

그래서 어느 한 차원에서 보면 오늘날 대기계에 대한 내 관점은 끊임없이 가속화하는 무어의 법칙이 기술 발전에 어떤 영향을 미쳤는지 근본적인 통찰을 보여준 브린욜프슨과 맥아피의 어깨 위에서 형성된 것이다. 하지만 나는 오늘날 세계를 움직이는 대기계가 그보다 훨씬 더 복잡한 것이라고 생각한다. 왜냐하면 체스판의 후반부에 이른 건 단지 순수한 기술의 변화뿐만이 아니기 때문이다. 다른 두 가지 거대한 힘, 즉 대시장the Market과 대자연Mother Nature 역시 가속화하고 있다.

'대시장'은 내가 세계화의 가속화를 압축해 표현할 때 쓰는 말이다. 세계화가 가속화한다는 건 다시 말해 상거래와 금융, 신용, 사회적 네트워크, 그리고 일반적인 연결성의 전 세계적인 흐름들이 시장과 미디어, 중앙은행, 기업, 학교, 지역사회, 그리고 개인을 그 어느 때보다 긴밀하게 엮어주고 있다는 뜻이다. 그 결과로 나타나는 정보와 지식의 흐름은 서로 연결될 뿐만 아니라 서로에게 의존하도록 세계를 변화시키고 있다. 지나치게 연결되고 상호의존적인 세계에서는 이제 누구든 다른 누군가의 행동에 상처를 받기 쉽다. 이는 어디에서나 마찬가지다.

그리고 '대자연'은 내가 기후변화와 인구 증가, 그리고 생태적 다양성의 감소를 짧게 줄여 표현할 때 쓰는 말이다. 이러한 것들 역시 체스판 후반부로 넘어오면서 모두 가속화하고 있다.

여기에서도 나는 다시 다른 이들의 어깨 위에 서 있다. 나는 '가속의 시대'라는 말을 캔버라에 있는 오스트레일리아 국립대학교의 기후변화 전문가이면서 연구자인 윌 스테펀Will Steffen이 이끄는 한 팀의 과학자들이 처음으로 만든 일련의 그래프에서 도출했다. 당초 2004년에 출간된 책 『글로벌 환경 변화와 지구: 압력받는 행성Global Change and the Earth System: A Planet

Under Pressure』에 나온 이 그래프들은 1750년부터 2000년까지, 특히 1950년 이후 기술적·사회적·환경적인 변화가 지구에 미치는 영향이 어떻게 가속화하고 서로 상승작용을 하는지를 보여주었다. 이 과학자들은 2005년에 이 모든 변화가 한꺼번에 전 지구를 휩쓸고 인간과 지구의 생물물리학적 지형을 바꿔버리는 전체적이고 포괄적이며 서로 맞물려 있는 변화의 특성을 나타내려 '대가속Great Acceleration'이라는 말을 만들어냈다. 그 그래프들을 새롭게 고친 것들이 2015년 3월 2일 「인류세 리뷰Anthropocene Review」(인류세란 인류 때문에 지구환경이 변하는 지금의 지질학적 시대를 일컫는다—옮긴이)에 실렸다. 그 그래프들은 이 책 265~266쪽에 나온다.

스톡홀름복원력센터Stockholm Resilience Centre의 전략 담당 이사이면서 대가속팀의 일원인 오언 가프니Owen Gaffney는 이렇게 설명했다. "우리가 그 프로젝트를 시작했을 때는 1750년부터 2000년까지 변화 추세를 보여주면서 가속화 현상에 관한 자료를 처음으로 출간한 지 10년이 지난 뒤였어요. 우리는 그 그래프들을 2010년까지 연장해 추세가 조금이라도 달라졌는지 보려고 했습니다. 추세는 실제로 달라졌어요. 더욱 가속화한 것이지요."

이처럼 대시장과 대자연, 그리고 무어의 법칙이 동시에 가속화해 이제 우리 스스로도 발견할 수 있는 '가속의 시대'를 만들어가고 있다는 것이 이 책의 핵심적인 주장이다. 이런 것들이 오늘날 대기계를 움직이는 중요한 톱니바퀴들이다. 이들 세 가지 가속화는 서로에게 영향을 미치는 동시에 현대적인 삶의 모든 측면을 바꿔놓는다. 가속화하는 무어의 법칙은 세계화의 가속화를 부추기고 가속화하는 세계화는 기후변화가 가속화하도록 추동한다. 그리고 가속화하는 무어의 법칙은 또한 기후변화와 다른 여러 가지 도전에 대한 잠재적 해법을 찾도록 추동한다.

마이크로소프트에서 전략과 연구 분야 수장을 지낸 슈퍼컴퓨터 설계자 크레이그 먼디Craig Mundie는 이런 순간을 간단한 물리학 용어로 정의한다. "속도의 수학적 정의는 1차 미분입니다. 가속도는 2차 미분이지요. 그러므로 속도는 가속도에 따라 더 올라가거나 떨어집니다. 지금 우리가 살고 있는 세계에서 가속도는 높아지고 있는 것으로 보입니다. 이게 의미하는 건 단지 변화의 속도가 높아지는 것이 아니라는 점입니다. 속도의 변화율 또한 갈수록 높아진다는 뜻이지요. (중략) 그리고 변화율이 결국 적응할 수 있는 능력을 넘어서면 당신은 '변위적 혼란dislocation'에 빠지게 됩니다. '파괴적 혼란disruption'은 누군가가 영리한 일을 해서 당신이나 당신의 회사를 쓸모없는 것으로 만들 때 벌어지는 것입니다. '변위적 혼란'은 환경이 전체적으로 너무나 빨리 바뀌어서 모두가 그 변화를 따라갈 수 없다고 느낄 때 나타나는 것입니다."

그것이 바로 지금 일어나고 있는 일이다. 도브 사이드먼의 말을 들어보자. "세계는 단지 겉모양만 빠르게 바뀌고 있는 것이 아니라 그 구조도 극적으로 변화하고 있습니다. 세계는 다른 방식으로 작동하기 시작했으며 여러 분야에서 동시에 그런 일이 벌어지고 있지요. 이 구조적인 변화는 우리가 스스로를, 그리고 우리의 리더십이나 기관, 사회, 윤리적 선택을 바꿔나갈 수 있는 능력에 비해 더 빠르게 일어나고 있습니다."

실제로 변화 속도의 증가와 우리의 적응 능력 사이에 불일치가 있다. 시민들이 이와 같은 가속화에서 최대한 많은 것을 얻어내고 가속화가 불러올 최악의 충격을 흡수할 수 있도록 우리가 학습과 훈련 체계, 경영 시스템, 사회 안전망, 그리고 정부 규제를 개발하는 능력은 그 변화를 따라가지 못하는 것이다. 앞으로 살펴보겠지만 이러한 불일치는 오늘날 선진국이든 개발도상국이든 할 것 없이 정치와 사회를 휘젓는 혼란의 중심에 있다. 이는 전 세계 어디에서든 가장 중요한 지배 구조상의 도전일 것이다.

혁신의 속도

이러한 현상을 나에게 가장 생생하게 그려준 이는 구글의 자율주행차를 만들고 여러 가지 혁신을 주도하는 연구개발 조직 '구글 X'의 최고경영자 에릭 '애스트로' 텔러Eric 'Astro' Teller다. 참으로 적절하게도 구글 X에서 텔러의 공식 직함은 '문숏 캡틴Captain of Moonshots'이다(본래 달 탐사선 발사를 뜻하는 문숏은 여기서 실험적인 프로젝트를 의미한다—옮긴이). 매일 사무실에 나와 동료들과 실험적인 프로젝트를 만들어내는 것이 임무의 전부인 누군가를 상상해보라. 다른 사람들이 공상과학 소설에나 나올 법하다고 여기는 것들을, 우리가 살아가고 일하는 방식을 바꿀 제품과 서비스로 만들어내는 일만 하는 누군가를 말이다. 그의 할아버지는 수소폭탄을 설계한 물리학자 에드워드 텔러이고, 외할아버지는 노벨경제학상을 탄 제라르 드브뢰다. 사람들 말대로 그는 좋은 유전자를 타고났다. 우리는 쇼핑몰을 개조한 구글 X 본부의 한 회의실에서 만났다. 텔러는 롤러블레이드를 타고 인터뷰 장소에 왔는데 이는 그가 매일 밀어닥치는 미팅 일정을 따라잡는 방법이다.

텔러는 뜸 들이지 않고 곧바로 설명에 들어갔다. 그는 무어의 법칙과 아이디어의 흐름이 한데 어우러져 가속화하면서 인간의 적응 능력을 시험할 정도로 변화의 속도가 빨라지는 과정을 설명했다.

텔러는 먼저 노란색 작은 3M 메모장을 꺼내면서 이야기를 시작했다. "한 그래프 안에 곡선이 두 개 있다고 생각해보세요." 그런 다음 Y축에는 '변화율' X축에는 '시간'을 표시한 그래프 하나를 그렸다. 그러고는 첫 번째 곡선을 그렸는데 가파른 지수 곡선 모양이었다. 그 곡선은 처음에는 평평하게 시작해 조금씩 올라가다 마지막에는 그래프의 오른쪽 위로 치솟는 모습이 마치 하키 스틱 같았다. "이 선은 과학의 진보를 나타냅니다." 그가 말했다. 그 선은 처음에는 완만하게 올라가다 예전에 이뤄진 혁신을 바탕으로 다시 혁신이 이뤄지면서 기울기가 가팔라지기 시작하며, 그다음에는 하늘로 수직 상승하기 시작한다.

그 선 위에는 어떤 것들이 있을까? 인쇄기, 전신, 수동식 타자기, 텔렉스, 메인 프레임 컴퓨터, 첫 워드프로세서, PC, 인터넷, 노트북 컴퓨터, 모바일 전화기, 검색, 모바일 앱, 빅데이터, 가상현실, 인체 게놈 염기서열 분석, 인공지능, 그리고 자율주행 자동차의 도입을 생각해보자.

1,000년 전에는 과학과 기술의 진보가 너무나 더디게 이루어져 세계가 극적으로 다르게 보이고 느껴지려면 100년이 걸릴 수도 있었다고 텔러는 설명했다. 예를 들어 기다란 활이 개발돼 13세기 말 유럽에서 군용으로 쓰일 때까지는 몇 세기가 걸렸다. 만약 당신이 12세기에 살았다면 당신의 기본적인 생활은 11세기에 살았을 경우와 그다지 다르지 않았을 것이다. 그리고 그것이 무엇이든 유럽과 아시아의 주요 도시에 도입된 변화들은 아프리카나 남아메리카에 도달하는 건 고사하고 같은 나라의 시골 지역에 이르는 데도 시간이 얼마나 걸릴지 알 수 없었을 것이다. 어떤 것도 한 번에 전 세계로 퍼져나가지 않았다.

그러나 1900년이 되자 이러한 기술적이고 과학적인 변화의 과정은 '속력을 더 내기 시작했고' 그 궤적을 그리는 곡선은 가팔라지기 시작했다. "왜냐하면 기술은 그 자신의 어깨 위에 서기 때문이지요. 발명에서 각각의 세대는 그 전에 나온 여러 발명을 바탕으로 발전할 수 있기 때문입니다. 그래서 1900년에 이르자 불편하다고 느낄 만큼 세상이 바뀌도록 기술적 진보의 큰 걸음을 내딛는 데에는 20년에서 30년쯤 걸리게 되었지요. 자동차와 비행기 발명을 생각해보세요."

그다음에는 곡선의 기울기가 거의 수직으로 바뀌기 시작했고 모바일 기기, 광대역 통신, 그리고 (우리가 곧 이야기할) 클라우드 컴퓨팅이 한 데 어우러지면서 거의 그래프 밖으로 뚫고 나가게 되었다. 이러한 여러 가지 발전은 혁신의 수단들을 지구상의 더 많은 사람에게 퍼뜨려 그들이 더 멀리, 더 빠르게, 그리고 더 싸게 변화를 이끌어갈 수 있게 했다.

"각 기술이 과거 기술들의 어깨 위에 서면서 변화에 필요한 시간이 갈수록 줄어들었어요. 2016년에 이른 지금은 그 시간이 너무 짧아져서 뭔가가 도입되고부터 그것이 곳곳으로 퍼져나가 세계가 불편하리만큼 달라질 때까지 5~7년밖에 안 걸리게 됐습니다." 그는 이렇게 덧붙였다.

그렇다면 이런 과정은 어떻게 느껴질까? 세계화에 관해 내가 처음으로 낸 책 『렉서스와 올리브나무The Lexus and the Olive Tree』에서 나는 로런스 서머스Lawrence Summers가 해준 이야기를 썼다. 그 일화는 우리가 어디에서 왔으며 어디로 가고 있는지 핵심을 말해주는 것이었다. 1988년, 마이클 듀카키스Michael Dukakis의 대통령 선거운동을 돕고 있던 로런스 서머스는 시카고에 연설을 하러 갔다. 그는 공항으로 마중 나온 차를 타고 행사장으로 갔는데, 차에 몸을 밀어 넣었을 때 뒷자리에 부착된 전화기 하나를 발견했다. 서머스는 이렇게 말했다. "나는 1988년 당시 내 차 안에 무선전화기가 있는 건 꽤 멋진 일이라고 생각했어요. 그래서 아내에게 전화를 걸어 전화기가 있는 차 안이라고 말해주었지요." 그는 또 아내 외에도 생각나는 모든 이와 통화했고 그들은 모두 서머스처럼 흥분했다.

그로부터 불과 9년 후 서머스는 서아프리카에 있는 나라 코트디부아르로 출장을 가게 됐는데 그때는 그가 재무부 부장관이었다. 코트디부아르의 주요 도시 아비장에서 강 상류 쪽으로 떨어져 있는 한 마을이 미국의 원조로 깨끗한 물을 길을 우물을 갖게 됐는데 서머스는 그 준공 행사에 참석하러 갔다. 하지만 서머스가 가장 생생하게 기억하는 것은 따로 있었다. 그 마을에서 돌아오는 길에 그가 하류로 내려가려고 통나무 속을 파내 만든 카누에 발을 들여놓았을 때 코트디부아르 관리가 그에게 휴대폰을 건네주며 "워싱턴에서 물어볼 것이 있답니다."라고 말하는 것이었다. 9년 전 서머스는 시카고에서 무선전화기를 갖춘 차를 탄 것을 자랑했지만 이제는 아비장의 통나무 카누 뒷자리에서 무심코 모바일 전화를 쓰게 된 것이다. 변화는 단지 속도가 빨라지기만 한 것이 아니라 이제 전 세계적인 규모로 일어나고 있었다.

적응의 속도

바로 이런 것들이 지금 과학적·기술적 진보의 과정에서 진행되는 일이다. 그러나 텔러는 나에게 보여줄 그래프를 아직 다 그리지 않았다. 그는 두 개의 선을 그리겠다고 했는데 이제 그 두 번째 선을 그릴 차례였다. 이 곧은 선은 아주 오래전에 과학적 진보를 나타내는 선 위쪽에서 출발했지만 그 후 다른 선보다 훨씬 완만하게 올라갔다. 이는 너무나 완만해서 오르막 기울기를 거의 알아볼 수 없을 정도였다.

텔러는 그 선이 인간이 개인과 사회 차원에서 환경 변화에 적응하는 속도를 보여준다고 했다. 이 선과 경쟁하는 곡선이 있다는 건 좋은 점이라고 설명했다. 환경 변화는 (모바일 연결성과 같은) 기술적인 변화일 수 있고, (지구가 뜨거워지거나 식는 것과 같은) 지리학적·물리학적 변화일 수도 있다. 그것은 또한 사회적 변화일 수도 있다(이곳 미국에서 인종 간 결혼이 용인되지 않았던 시대가 있었다는 사실은 그동안 많은 사회적 변화가 있었음을 보여준다). "이들 중요한 변화 중 많은 것이 사회가 이끌어가는 것들이며 우리는 그런 변화에 적응해왔습니다. 어떤 변화는 다소 불편하기도 했지만 어쨌든 우리는 적응했지요."

사실 우리는 지난 몇 세기 동안 글을 읽을 수 있는 사람들이 늘어나고 지식이 확산된 덕분에 변화에 적응하는 데 조금 더 빨라졌는데 이는 좋은 일이다. 텔러는 우리의 적응 속도가 빨라지고 있다며 1,000년 전에는 새로운 것에 적응하려면 아마도 두 세대나 세 세대가 걸렸을 것이라고 말했다. 1900년이 되자 적응하는 데 걸리는 시간이 한 세대로 줄었다. 텔러는 이제 우리의 적응력이 너무나 높아져 새로운 것에 익숙해지는 데 10년이나 15년밖에 안 걸린다고 말했다.

하지만 그것만으로는 충분하지 않다. 텔러는 오늘날 과학적·기술적 혁신(나는 동성 간 결혼 같은 새로운 아이디어도 이러한 혁신에 포함시킬 것이다)의 속도는 보통 사람들과 사회구조가 그에 적응하고 충격을 흡수할 수 있는 능력을 뛰어넘을 수 있다고 말했다. 그런 생각을 갖고 텔러는 그래프에 커다란 점 하나를 찍었다. 그는 급속히 가팔라지는 기술 곡선이 적응력을 나타내는 비교적 완만한 선과 교차하는 지점 바로 위에 그 점을 찍었다.

그는 그곳에 '우리의 현재 위치'라고 적었다. 이 책을 위해 다시 그린 그래프는 도표 2-4와 같다.

그 점은 중요한 사실 하나를 보여준다고 텔러는 설명했다. 인간과 사회가 끊임없이 변화에 적응해왔지만 이제 기술 변화의 속도는 너무나 빨라지고 있어서 대부분의 사람들이 변화를 흡수할 수 있는 평균적인 속도를 넘어서버렸다. 우리 가운데 많은 이가 그 속도를 더 이상 따라갈 수 없다.

텔러는 이것이 바로 우리가 문화적인 불안을 느끼는 이유라고 말했다. "이는 또한 우리가 매일매일 새롭게 접하게 되는 모든 기술에서 충분히 혜택을 받지 못하도록 가로막고 있습니다. (중략) 내연 엔진이 발명되고 나서 수십 년 동안(대량생산된 자동차들이 거리에 홍수처럼 쏟아지기 전에) 교통법규와 관습은 점진적으로 자리를 잡아갔지요. 이들 법규와 관

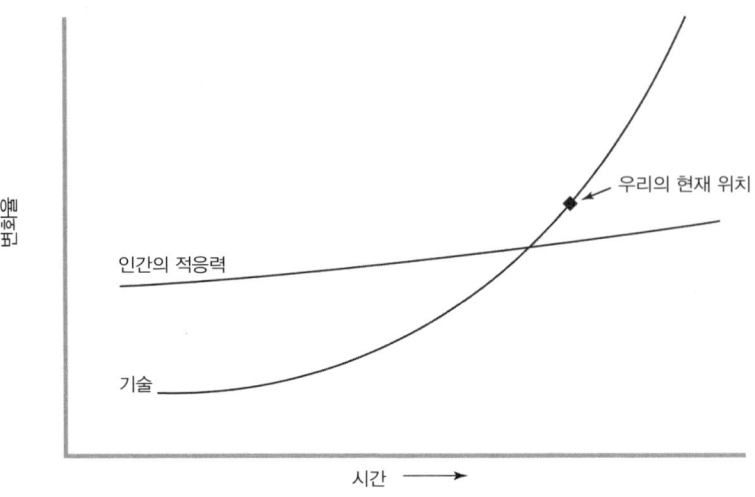

[도표 2-4] 기술 변화의 속도와 인간의 적응력 I

습들 가운데 많은 것이 오늘날에도 계속해서 우리에게 도움이 되고 있습니다. 그리고 한 세기가 지나는 동안 우리는 충분한 시간을 갖고 고속도로와 같이 새롭게 만들어진 것들에 적합한 법규를 만들었지요. 그러나 지금은 과학의 발전이 우리가 도로를 이용하는 방식을 근본적으로 뒤바꿔놓고 있습니다. 입법자들과 지방자치단체들은 그 변화를 따라가려고 허둥거리고 있고, 기술 기업들은 낡아빠지고 때로는 터무니없는 법규 때문에 애를 태우고 있으며, 대중은 어찌해야 할지 확신을 갖지 못하고 있습니다. 스마트폰 기술은 우버가 뜨도록 해주었지만 세계가 자동차 공유를 어떻게 규제해야 할지 생각해내기도 전에 자율주행 자동차가 그 규제들을 쓸모없게 만들어버릴 것입니다."

이는 정말로 큰 문제다. 빠른 것이 정말로 빨라질 때 적응하는 것이 느려지면 당신은 정말로 느려진다. 그리고 갈피를 못 잡게 된다. 이는 마치 우리 모두가 공항에서 무빙워크 위를 걷고 있는데 시속 8킬로미터로 움직이던 보도가 주위의 다른 모든 것은 거의 그대로 있는데도 갑자기 시속 40킬로미터로 빨라지는 것과 같다. 그렇게 되면 많은 사람이 정말로 혼란에 빠진다.

사회를 위한 기술적 기반이 5~7년 안에 뒤집힐 수 있는데 우리가 그에 적응하는 데 10~15년이 걸린다면 어떻게 될까? 이 경우 우리는 세계가 변화하는 만큼 빠르게 적응할 수 없기 때문에 통제력을 잃었다고 느낄 것이라고 텔러는 설명했다. 그 변화에 익숙해질 무렵이 되면 그건 더 이상 지배적인 변화도 아닐 것이며 우리는 이미 그와 다른 새로운 변화를 겪고 있을 것이라는 말이다.

많은 사람에게 이는 현기증 나는 일이다. 우리는 로봇 수술이나 유전자 편집, 복제, 인공지능 관련 기술 발전에 관해 듣고 있지만 이러한 발전이 우리를 어디로 이끌어갈지 전혀 모르기 때문이다.

"우리 중 누구도 이처럼 다양한 분야 가운데 한 가지 이상을 깊이 이해할 능력을 갖지 못합니다. 인간의 지식을 모두 합하면 어느 한 개인의 학습 능력을 멀찌감치 앞지르지요. 그리고 이들 분야의 전문가들조차 앞으로 10년 또는 한 세기 동안 무슨 일이 일어날지 예측할 수 없습니다." 텔러는 이렇게 설명했다. "새로운 기술이 미래에 실현해줄 잠재력이나 미래에 나타날 듯하지 않은 부정적 영향에 대한 명확한 지식을 갖지 않고서는—모든 부작용으로부터 우리 스스로를 보호하면서도—여러 중요한 발전을 촉진할 규제의 밑그림을 그리는 건 거의 불가능합니다."

다시 말하자면 이렇다. 이제 우리가 새로운 기술을 이해하고 사회를 보호하기 위한 새로운 법률과 규제를 확립하는 데 10~15년이 걸린다면, 5~7년 안에 그 기술이 부상했다 사라질 때 어떻게 그것을 규제할 수 있다는 말인가? 이건 정말 큰 문제다.

변화가 더 느리게 찾아오던 세계를 위해 구축된 체계의 한 예로서 특허권을 보자. 특허권에 대한 표준적인 합의는 이런 것이다. "우리가 당신의 아이디어에 대해 20년 동안(특허권 부여에 들어간 시간을 빼고) 독점권을 갖도록 해주겠다. 그 대신 특허권이 끝난 후에는 사람들이 그 정보를 알 수 있게 해야 한다." 그러나 텔러는 이렇게 묻는다. "만약 새로운 기술이 대부분 4~5년이 지난 다음에는 쓸모가 없어지는데 당신이 특허를 받기까지 4~5년이 걸린다면 어떻게 될까요? 그렇게 되면 특허는 기술의 세계에서 점점 더 무의미해지겠지요."

또 하나의 큰 문제는 교육 방식이다. 우리는 어린 시절과 성인 시절 초기에 12년이나 그 이상 학교에 다니면 대개 교육이 끝난다. 그러나 변화의 속도가 이토록 빨라질 때 평생 일할 역량을 갖는 유일한 길은 평생학습에 참여하는 것이다. 2016년 미국 대통령 선거 때 부각된 문제이지만 '스무 살이 되어 노동시장에 참여하면서도 앞으로 평생학습을 해야 할 거라는 생각을 하지 않는 사람들'이 헤아릴 수 없을 만큼 많다. 그들은 평생학습을 해야 한다는 걸 좋아하지 않는다고 텔러는 덧붙였다.

텔러는 이 모든 것이 우리 사회구조가 변화의 속도를 따라가는 데 실패하고 있다는 신호라고 말했다. 모든 것이 정해진 방식으로만 따라잡기를 계속하고 있는 것처럼 느껴진다. 그렇다면 우리는 무엇을 해야 하는가? 우리는 확실히 기술적 진보를 늦추거나 규제를 포기하기를 원하지 않는다. 텔러는 그와 같은 변화에 대한 적절한 대응은 우리 사회의 적응 능력을 향상시키려고 노력하는 것뿐이라고 말했다. 그것만이 우리가 기술에 대한 사회 전반의 불안에서 벗어나는 길이다. 그는 이렇게 주장했다. "우리는 발전하는 기술을 거부하며 밀어낼 수도 있고, 아니면 인류가 새로운 도전에 직면했음을 인정할 수도 있습니다. 그 도전은 우리가 변화의 속도를 따라갈 수 있도록 사회제도와 각종 수단을 새롭게 만들어야 한다는 뜻입니다. 첫 번째 대안, 다시 말해 기술 진보를 늦추려는 시도는 우리가 불편하게 여기는 변화에 대한 가장 쉬운 해법처럼 보입니다. 하지만 인류는 스스로 불러온 여러 가지 재앙적인 환경문제에 부딪히고 있습니다. 마치 모래에 머리를 처박고 있는 것처럼 현실을 외면하면 그 결과가 좋지 않을 것입니다."

그는 이어 우리는 적응 능력을 조금이라도 향상시킬 수 있으며 그것만으로도 중요한 차이를 만들어낼 수 있다고 말했다. 그런 다음 텔러는 자신의 그래프로 돌아가 적응력 선과 함께 움직이지만 더 빠르게 올라가는 점선 하나를 그렸다. 그 선은 우리가 변화를 더 현명하게 관리할 뿐만 아니라 더 빨리 배우는 상황을 가정한 것이었다. 따라서 그 선은 과학과 기술 발전을 보여주는 선과 더 높은 지점에서 교차한다.

인류의 적응력을 향상시키는 일의 90퍼센트는 '학습을 최적화하는 것'이라고 텔러는 주장한다. 다시 말해 기술적 혁신의 특성들을 우리의 문화와 사회구조에 적용하는 것이다. 모든 기관은 계속해서 더 날쌔져야 하며 재빨리 실험하고 실수에서 배우는 데 주저해서는 안 된다. 그것이 최근 몇 년 동안 많은 개선을 이룬 특히 당국이든 아니면 정부의 다른 주요한 규제 당국이든 마찬가지다. 새로운 규제들이 수십 년 동안 지속되리라고 기대하기보다는 그들이 사회를 위해 일하는 방식을 끊임없이 재평가해야 한다. 대학들은 이제 기존의 교육과정을 뒤엎는 실험을 하고 있다. 어떤 과정에는 '사용 기한'까지 정하면서 그들의 교육과정이 변화하는 속도를 훨씬 더 빨리 그리고 자주 따라잡을 수 있도록 하려는 것이다. 정부의 규제도 그와 비슷한 접근 방식을 택할 필요가 있다. 그들은 기술 분야의 혁신가들만큼 혁신적이어야 한다. 정부는 무어의 법칙과 같은 속도로 움직여야 한다.

텔러는 "혁신은 실험과 학습, 지식의 응용, 그리고 성공과 실패에 대

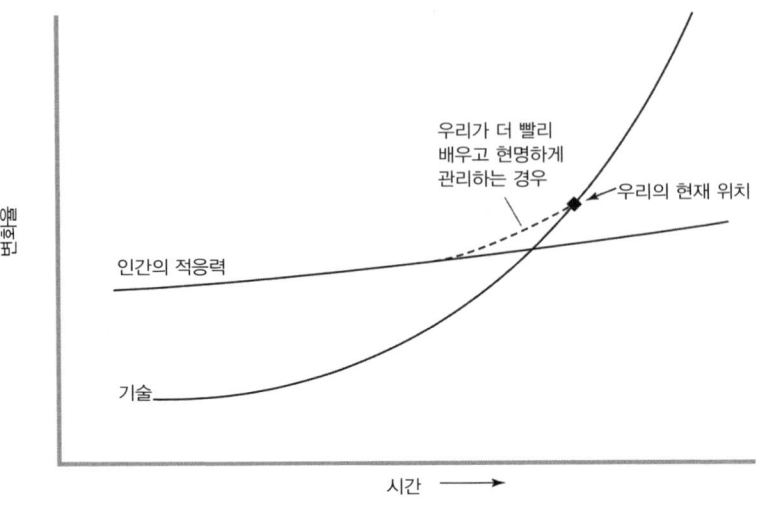

[도표 2-5] 기술 변화의 속도와 인간의 적응력 Ⅱ

한 평가로 이어지는 사이클이라며, 그 결과가 실패로 드러나면 이는 단지 그 사이클을 다시 시작할 이유가 될 뿐"이라고 말했다. 구글 X의 좌우명 가운데 하나는 '빨리 실패하라'는 것이다. 텔러는 그의 팀원에게 이렇게 말한다. "나는 여러분이 이번 달에 얼마나 진전을 이뤘는가에 관심이 없습니다. 내 일은 여러분의 일이 향상되는 속도를 높이는 것입니다. 우리는 어떻게 하면 같은 실수를 할 때 들이는 시간과 비용을 절반으로 줄일 수 있을까요?"

요컨대 혁신의 주기가 갈수록 짧아지고 적응하는 법을 배울 시간이 갈수록 줄어드는 지금 우리가 경험하고 있는 것은 가끔씩 불안정해지는 것과 끊임없이 불안정한 상태에 있는 것의 차이라고 텔러는 말했다. 정적인 안정성의 시대는 이미 지나가버렸다는 것이다. 그리고 이렇게 덧붙였다. "이는 우리가 새로운 유형의 안정성을 가질 수 없다는 뜻은 아닙니다. 그러나 그 새로운 유형의 안정성은 역동적 안정성$_{\text{dynamic stability}}$이어야 합니다. 자전거를 탈 때와 같이 가만히 서 있을 수는 없지만 일단 움직일 때 더 쉬워지는 존재의 방식이 있지요. 이는 우리에게 자연스러운 상태가 아닙니다. 하지만 인류는 이런 상태로 존재하는 법을 배워야 합니다. 그렇게 하면 우리는 신기하게도 다시 평온을 찾을 수 있을 것입니다. 하지만 그러자면 상당한 재학습이 필요합니다. 우리는 확실히 자녀들에게 역동적 안정성을 얻는 법을 가르치지 않고 있지요."

그러나 미래 세대가 그들 자신의 균형을 찾고 번영하기를 바란다면 우리는 그 일을 더욱더 많이 할 필요가 있다. 다음 네 개의 장은 오늘날 대기계의 작동 방식을 규정하는 무어의 법칙과 대시장, 그리고 대자연의 근본적인 가속화에 관해 이야기한다. 텔러가 말한 역동적 안정성을 확보하려면 우리는 이러한 힘들이 어떻게 세계를 바꿔놓고 있는지, 그 힘들이 왜 2007년을 전후해 특히 더 역동적으로 바뀌었는지를 이해해야 한다.

/ 03 /

무어의 법칙
―기하급수적으로 발전하는 컴퓨팅 기술

삶은 사람들이 연결될 때 변화한다. 삶은 모든 것이 연결될 때 변화한다.
―퀄컴의 좌우명

인간의 머리로 이해하기 가장 어려운 것들 가운데 하나가 기하급수적으로 성장하는 힘이다. 어떤 것이 여러 해 동안 계속해서 두 배씩, 세 배씩, 혹은 네 배씩 불어나면 그 숫자가 얼마나 커질 수 있는지, 그렇게 되면 어떤 일이 벌어질지 이해하기란 힘들다. 그래서 인텔의 최고경영자 브라이언 크르자니크Brian Krzanich는 무어의 법칙이 미치는 영향을, 다시 말해 마이크로칩의 성능이 2년마다 두 배씩 50년 동안 늘어나면 어떤 일이 일어날지 설명할 때면 늘 다음과 같은 예를 든다. 1971년에 나온 인텔의 1세대 마이크로칩 인텔 4004를 2015년에 인텔이 시장에 내놓은 6세대 마이크로칩 인텔 코어 프로세서와 비교해보면, 인텔의 6세대 칩은 1세대 칩에 비해 성능이 3,500배나 뛰어나고, 에너지 효율성이 9만 배나 높고, 생산 비용은 약 6만분의 1에 불과하다. 이를 좀 더 실감 나게 이야기하기 위해 인텔의 공학자들은 만약 1971년형 폭스바겐 비틀의 성능이 무어의 법칙을 따르는 마이크로칩과 같은 속도로 향상됐다면 어떤 일이 일어났을까를 대략적으로 계산해보았다.

그들이 내놓은 숫자는 이렇다. 오늘날 그 비틀은 시간당 약 48만 킬로미터로 달릴 수 있을 것이다. 1갤런의 연료로 320만 킬로미터를 갈 수 있는 그 차를 만드는 데 드는 비용은 단 4센트에 불과할 것이다! 또한 인텔의 공학자들은 만약 자동차의 연료 효율성이 무어의 법칙과 같은 속도로 향상된다면 대략 휘발유 한 통을 갖고 평생 동안 차를 몰 수 있을 것이라고 추산했다.

그동안 끊임없이 비선형적 가속화의 길을 치달은 건 마이크로칩의 연산 능력뿐만이 아니었다. 컴퓨터의 다른 모든 구성 요소 역시 그랬다. 오늘날 모든 컴퓨팅 기기는 다섯 가지 기본적인 구성 요소를 갖고 있다. (1) 연산을 하는 집적 회로 (2) 정보를 저장하고 검색하는 기억장치 (3) 한 컴퓨터 안에서, 그리고 컴퓨터들 사이에 소통이 이뤄질 수 있게 해주는 네트워크 시스템 (4) 서로 다른 컴퓨터들이 개별적으로, 그리고 집단적으로 수많은 과업을 수행할 수 있도록 해주는 소프트웨어 애플리케이션 (5) 센서, 즉 카메라와 다른 소형 감지장치들이 그것이다. 센서는 동작과 언어, 빛, 열, 습기, 그리고 소리를 탐지해 그중 어떤 것이든 다시 불러내서 들여다볼 수 있도록 디지털 데이터로 바꿔주는 장치다.

놀랍게도 무어의 법칙에는 여러 사촌이 있다. 이 장은 이 다섯 가지 구성 요소들 모두가 어떻게 끊임없이 가속화하고 결국 지금 우리가 '클라우드'라고 부르는 무언가로 어우러지는지 설명한다. 그리고 이런 것들이 어떻게 우리를 새로운 곳, 다시 말해 과학과 기술의 변화 속도가 보통 인간과 사회가 적응할 수 있는 속도를 능가한다는 뜻으로 애스트로 텔러가 그린 바로 그 점으로 데려가는지를 이야기한다.

고든 무어

집적 회로라고도 하고 마이크로프로세서라고도 하는 마이크로칩 이야기부터 시작해보자. 마이크로칩은 컴퓨터의 모든 프로그램과 기억장치가 돌아가도록 하는 장치다. 사전을 보면 마이크로프로세서는 하나의 실리콘칩 위에 설치한 아주 작은 연산장치 같은 것이라고 설명할 것이다. 그래서 그것을 줄여서 부르는 이름이 '마이크로칩' 또는 '칩'이다. 마이크로프로세서는 전류의 흐름을 켰다 껐다 할 수 있는 조그만 스위치인 트랜지스터로 만든 것이다. 마이크로프로세서의 연산 능력은 그 트랜지스터들이 실제로 얼마나 빨리 스위치를 켜고 끌 수 있는가, 그리고 하나의 실리콘칩 위에 얼마나 많은 트랜지스터를 얹을 수 있는가에 달려 있다.

트랜지스터가 발명되기 전에 개발 초기의 컴퓨터 설계자들은 전구 같은 진공관에 의존했다. 진공관은 오래된 텔레비전의 뒷부분에서 보았던 것과 같은 종류로 연산이 이뤄지도록 전기를 켜고 끄는 스위치 구실을 했다. 따라서 그것들을 만드는 건 아주 느리고 힘든 일이었다.

그러나 1958년 여름, 갑자기 모든 게 바뀌었다. 노벨상 공식 사이트는 텍사스인스트루먼트$_{\text{Texas Instruments}}$사의 엔지니어 잭 킬비$_{\text{Jack Kilby}}$가 이 문제에 대한 해결책을 찾아냈다고 설명한다.

킬비의 아이디어는 모든 구성 요소와 칩을 반도체 소재의 한 토막$_{\text{monolith}}$으로 만든다는 것이었다. (중략) 1958년 9월 그는 최초의 집적 회로를 완성했다. (중략) 한 토막의 소재로 모든 부품들을 만들고 그 위에 그것들을 연결하는 데 필요한 금속을 하나의 층으로 덧붙이자 더 이상 개별적인 부품을 따로 만들 필요가 없어졌다. 더 이상 전선과 부품을 손으로 조립할 필요가 없어진 것이다. 이에 따라 그 회로를 더 작게 만들 수 있게 됐으며 제조 공정을 자동화할 수 있게 됐다.

반년 후에 로버트 노이스Robert Noyce라는 또 다른 엔지니어가 집적 회로에 관한 자신의 구상을 제안했다. 킬비의 회로가 지닌 문제점들을 멋지게 해결하고 하나의 실리콘칩 위에 모든 부품이 더욱 매끄럽게 서로 연결되도록 하는 아이디어였다. 이렇게 해서 디지털 혁명이 탄생했다.

노이스는 이 칩을 개발하기 위해 1957년에 고든 무어를 포함한 몇몇 엔지니어와 함께 페어차일드반도체Fairchild Semiconductor를 (그리고 나중에는 인텔을) 공동으로 창업했다. 캘리포니아 공과대학 물리화학 박사 학위를 갖고 있던 무어는 페어차일드에서 연구개발 실험실을 맡는 이사가 될 터였다. 이 회사의 위대한 혁신은 한 토막의 실리콘 결정 위에 아주 작은 트랜지스터들을 화학적으로 찍어내는 공정을 개발해 훨씬 더 쉽게 그 크기를 조절하고 대량생산에 더 적합하게 만든 것이다. 프레드 캐플런Fred Kaplan이 자신의 책 『1959년: 모든 것이 바뀐 해1959: The Year Everything Changed』에서 지적했듯이 무엇보다 달 탐사 로켓과 미니트맨 대륙간탄도미사일 개발 같은 정부의 대규모 개발 프로그램이 없었더라면 마이크로칩은 도약하지 못했을지도 모른다. 로켓이나 미사일은 모두 아주 작은 노즈콘(로켓이나 미사일 앞쪽의 뾰족한 부분—옮긴이) 안에 복잡한 유도 시스템을 집어넣어야 한다. 미국 국방부의 수요는 그러한 마이크로칩 생산에 규모의 경제를 만들어내기 시작했다. 이를 처음으로 알아챈 이가 고든 무어였다.

"무어는 아마도 마이크로칩을 화학적으로 찍어내는 페어차일드의 방식이 그 칩을 더 작고 믿을 만하게 만들고 전통적인 전자회로보다 더 적은 에너지를 쓰게 만들 뿐만 아니라 그 칩을 생산하는 비용을 떨어트릴 것이라는 점을 처음으로 깨달은 사람일 것이다." 컴퓨터역사박물관이

펴내는 잡지 「코어」의 2015년 특별호에서 데이비드 브록David Brock은 이렇게 지적했다. "1960년대 초에는 전 세계 반도체 업계가 모두 실리콘 마이크로칩을 만드는 페어차일드의 방식을 채택했으며, 군사 분야, 특히 항공우주 컴퓨팅 분야에서 그 칩을 사주는 시장이 부상했다."

나는 2015년 5월, 무어의 법칙 50주년을 기념해 샌프란시스코의 익스플로라토리엄에서 무어를 인터뷰했다. 당시 무어는 86세였지만 그 자신을 움직이는 모든 마이크로프로세서는 확실히 엄청나게 효율적으로 작동하고 있었다. 1964년 말 「일렉트로닉스」는 무어에게 잡지의 35주년 기념호에 앞으로 10년 안에 반도체 부품 산업에 무슨 일이 벌어질지 예측하는 글을 써달라고 요청했다. 그래서 그는 자신의 노트를 꺼내 그때까지 무슨 일이 일어났는지 훑어보았다. 페어차일드는 그때까지 하나의 칩에 하나의 트랜지스터를 얹는 데서 출발해 대략 8개의 소자(트랜지스터와 레지스터)가 들어가는 칩을 만드는 수준으로 발전했다. 당시 곧 출시될 예정이던 새로운 칩은 대략 그 두 배인 16개의 소자를 갖는 것이었고, 그들의 실험실에서는 30개의 소자를 갖는 칩을 시험하고 있었다. 그리고 어떻게 그 숫자를 60개로 늘릴 수 있을지를 구상하고 있었다! 이 모든 걸 시간대별로 표시하자 그 숫자가 해마다 두 배로 늘어나는 게 분명해졌다. 그래서 그는 기고문을 쓰기 위해 어림짐작을 한 다음 해마다 숫자가 두 배로 증가하는 추세가 적어도 10년 동안은 계속될 것이라고 예측했다.

그는 1965년 4월 19일 자 「일렉트로닉스」에 '집적 회로에 더 많은 부품 밀어넣기'라는 제목으로 실린, 지금은 유명해진 기고문에서 이렇게 밝혔다. "부품 제조 비용을 최소화하는 집적도는 지금까지 해마다 대략 두 배로 늘었다. (중략) 이러한 추세가 적어도 10년 동안 거의 일정하게 유지될 것이라고 믿지 않을 까닭은 없다." 무어의 친구로 캘리포니아 공과대학의 기계공학 교수인 카벌 미드Carver Mead는 나중에 이를 '무어의 법칙'으로 불렀다.

무어는 나에게 이렇게 설명했다. "그때까지 나는 집적 회로를 줄곧 지켜보고 있었습니다. 당시에 집적 회로는 몇 년밖에 안 된 정말로 새로운 것이었어요. 그리고 매우 비쌌지요. 그것이 왜 결코 싸지지 않으리라고 보는지를 놓고 많은 논쟁이 있었어요. 실험실의 책임자라는 위치에서 나는 그 기술이 하나의 칩에 더욱더 많은 것을 집어넣는 방향으로 나아갈 것이며 이는 전자제품들을 갈수록 덜 비싸게 만들 것이라고 생각하기 시작했습니다. (중략) 그것이 그렇게 금방 비교적 정확한 예측으로 밝혀지리라고는 전혀 생각하지 못했어요. 그러나 나는 일반적인 추세가 그 방향으로 가리라는 것을 알았고 전자제품의 비용을 낮추는 게 왜 중요한지 그 이유를 대야 했지요."

처음에 한 예측은 10년 앞을 내다보는 것이었다. 이는 하나의 집적 회로에 들어가는 소자가 약 60개에서 6만 개로 10년 동안 1,000배 늘어난다는 추정이었다. 그 추정은 사실로 나타났다. 그러나 무어는 그 속도가 유지될 수 없을 것 같다고 생각했고, 그래서 1975년에 그의 예측을 새롭게 고쳐 대략 2년마다 집적도가 두 배로 늘어나고 집적 회로의 가격은 거의 같은 수준으로 유지될 것이라고 말했다. 이 예측도 계속해서 맞아떨어졌다.

"비슷한 무언가가 50년 동안 계속된다는 사실은 정말로 놀라운 것입니다." 무어가 말했다. "그러니까 우리 눈에 늘 보이는 온갖 장애물이 있었지만, 우리가 다음 발걸음을 내딛지 못하도록 막아서는 장애물에 가까이 가게 되면 공학자들이 그것들을 피해 돌아갈 길을 찾아냈지요."

무어의 1965년 기고문 중에서 또 다른 놀라운 점은 이처럼 끊임없이 개선되는 마이크로칩 덕분에 가능해진 일들에 대한 그의 예측 중 상당

[도표 3-1] 인텔 프로세서가 보여주는 무어의 법칙

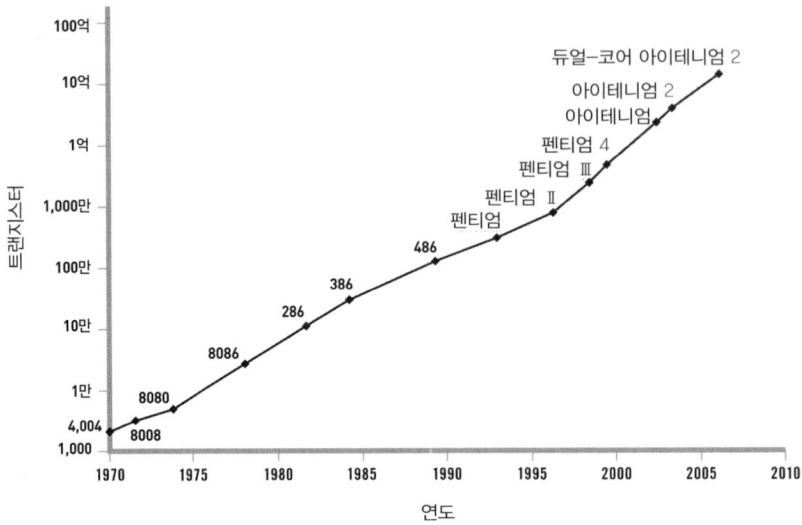

수가 정확히 맞아떨어졌다는 점이다.

집적 회로는 가정용 컴퓨터와 같은 놀라운 것들이 나올 수 있게 해줄 것이다. 아니면 적어도 중앙 컴퓨터에 연결된 단말기는 가능해질 것이다. 자동차에 대한 자동제어와 개인이 들고 다닐 수 있는 커뮤니케이션 장비도 가능할 것이다. 디스플레이만 있으면 지금도 전자 손목시계를 만들 수 있을 것이다. (중략) 전화기를 이용한 커뮤니케이션에서 디지털 필터의 집적 회로는 다중통신장비의 채널을 분리해줄 것이다. 집적 회로는 또한 전화기 회로를 바꿔 데이터처리 기능을 수행할 것이다.

컴퓨터는 더 강력해지고 완전히 다른 방식으로 구성될 것이다. (중략) 지금 있는 것과 비슷한 기계들은 더 낮은 비용으로 제작되고 더 빨리 교체될 것이다.

무어는 개인용 컴퓨터와 무선전화, 자율주행차, 아이패드, 빅데이터, 그리고 애플 워치를 예견했다고 해도 좋을 것이다. 나는 그가 놓친 건 전자레인지로 튀기는 팝콘뿐이라고 농담을 했다. 나는 무어에게 그가 집에 가서 아내 베티에게 "여보, 사람들이 내 이름을 따서 법칙의 이름을 지었어."라고 말한 건 언제냐고 물었다.

그는 이렇게 대답했다. "처음 20년 동안 나는 무어의 법칙이라는 말을 입에 담지 못했어요. 말하기가 거북했지요. 그건 법칙이 아니었어요. 결국 나는 그 말에 익숙해졌고 이제 태연하게 말할 수 있게 됐습니다."

그럼 그가 무어의 법칙을 예측했듯이 자신이 예측했다면 좋았을 텐데 실제로는 하지 못한 것이 있을까? 그에게 물어보았다.

"나는 인터넷이 얼마나 중요해졌는지를 보고 놀랐습니다. 인터넷은 그저 또 하나의 그다지 중요하지 않은 통신 네트워크로서 특정한 문제들을 푸는 데 쓰일 것같이 보였습니다. 나는 그것이 온 세상에 새로운 기회의 창을 열어주리라는 걸 깨닫지 못했어요. 그걸 예측했더라면 좋았을 텐데요."

무어의 법칙이 작동하는 멋진 사례들이 하도 많아 가장 마음에 드는 한 가지를 고르기는 힘들다. 그중 하나는 작가 존 란체스터John Lanchester가 2015년 3월 15일 「런던 리뷰 오브 북스」에 쓴 '로봇들이 온다'라는 글에서 들려준 이야기다. 그는 "1992년 미국과 러시아의 핵실험 유예에 대응해 미국 정부가 1996년 ASCIAccelerated Strategic Computing Initiative(가속화된 전략적 컴퓨팅 계획)라는 프로그램을 시작했다."고 썼다. 핵실험이 중지됨에 따라 안전을 위해 오래된 무기가 어떻게 낡아가는지 알아낼 복잡한 컴퓨터 시뮬레이션을 돌릴 수 있는 능력, 그리고 합의된 유예 조건을 어기지 않으면서 새로운 무기를 설계할 수 있는 능력이 필요해졌다. 그런 목적을 이루기 위해 다음과 같은 일이 필요했다고 란체스터는 밝혔다.

ASCI 프로그램에는 기존의 컴퓨터가 제공할 수 있는 것보다 더 많은 연산 능력이 필요했다. 그에 따라 미국 정부는 ASCI 레드라는 컴퓨터 제작을 의뢰했다. 이는 1테라플롭teraflop 이상의 연산을 처리할 수 있는 첫 슈퍼컴퓨터로 설계된 것이었다. 플롭flop은 부동 소수점 연산floating point operation(복잡한 계산을 할 수 있도록 소수점 위치를 컴퓨터가 자동으로 조정하는 방식―옮긴이), 다시 말해 소수점이 있는 숫자들이 포함된 계산이다(이진수나 0이 많은 숫자를 계산하는 것보다 훨씬 더 어렵다). 1테라플롭은 그런 계산을 1초에 1조 번 하는 것이다. 일단 레드가 만들어져 1997년부터 최고 속도로 가동되자 그 능력이 엄청났다. 이 슈퍼컴퓨터의 성능은 1.8테라플롭의 연산을 할 수 있을 정도였다. 이는 18 뒤에 열한 개의 0이 따르는 숫자다. 레드는 대략 2000년 말까지 세계에서 가장 강력한 슈퍼컴퓨터였다.

나는 어제서야 레드를 이용했다. 아니, 실제로 레드를 이용한 게 아니라 1.8테라플롭을 연산할 수 있는 기계를 한번 다뤄보았다. 레드와 맞먹는 이 기계는 플레이스테이션 3라 불리는 것이다. 이 기계는 소니가 2005년에 세상에 내놓고 2006년에 시판한 게임기다. 레드는 테니스 코트보다 조금 작고, 800가구가 쓰는 양의 전기를 쓰며, 제작 비용은 5,500만 달러가 들었다. 플레이스테이션 3는 텔레비전 아래 알맞게 들어가는 크기며 보통의 전기 소켓을 통해 가동되고, 200파운드 아래로 살 수 있다. 1.8테라플롭의 연산을 처리할 수 있는 컴퓨터는 당초 연산 가능성의 가장 먼 한계에 이르기 위해 세계에서 가장 부유한 정부만이 만들 수 있었던 무언가에서 불과 10년 새 10대 청소년들이 크리스마스트리 밑에서 발견할 수 있는 무언가로 바뀌었다.

이제 체스판의 후반부에 진입한 무어의 법칙은 얼마나 더 멀리 갈 수 있을까? 마이크로칩은 앞서 말했듯이 그냥 칩이라고도 하며 아주 조그만 스위치인 트랜지스터들로 이루어져 있다. 이들 스위치는 전자가 흘러갈 수 있는 파이프 구실을 하는 아주 작은 구리 전선으로 연결돼 있다. 칩이 작동하는 방식을 보자. 먼저 하나의 칩 위에 있는 여러 구리 전선을 통해 흐르도록 전자를 가능한 한 빠르게 밀어 넣는다. 하나의 트랜지스터에서 다른 트랜지스터로 전자를 보내는 건 특정 스위치를 켰다 껐다 해서 연산 기능을 수행하며 계산을 하도록 신호를 보내는 것이다. 새로운 세대의 마이크로칩이 나올 때마다 해결해야 할 과제는 전자를 더욱더 가느다란 전선으로 밀어 넣고 더 많아지고 작아진 스위치가 보다 빠르게 그 전자의 흐름을 이었다 끊었다 하게 만드는 것이다. 그렇게 해서 가능한 한 적은 비용을 들여, 작은 공간에서, 적은 에너지와 열로 더 많은 연산 능력을 만들어내는 것이다.

"그 일도 언젠가는 중단될 수밖에 없겠지요. 어떤 기하급수적인 성장도 지금처럼 영원히 지속될 수는 없습니다." 무어가 말했다. 그러나 우리는 아직 그 단계에 이르지 않았다.

이 업계는 지난 50년 동안 줄곧 트랜지스터의 크기를 대략 50퍼센트 줄이면서 제조 비용은 거의 같은 수준으로 유지함으로써 같은 값에 두 배의 트랜지스터를 제공하거나 같은 수의 트랜지스터를 절반의 비용으로 제공하는 새로운 방법을 찾아냈다. 이는 트랜지스터의 크기를 줄이고 전선을 더 가늘고 촘촘히 만들었기 때문에 가능한 일이었다. 어떤 경우에는 그러한 기하급수적인 성장이 대략 24개월마다 제 궤도를 유지할 수 있도록 새로운 구조와 소재를 생각해내야 했다. 한 가지만 예를 들어 보자. 가장 초기 단계의 집적 회로는 한 층의 알루미늄 전선 파이프를 사용했다. 오늘날에는 열세 개 층의 구리 파이프를 쓴다. 나노 단위의 제조 기술로 각 층을 다른 층 위에 얹는 것이다.

인텔의 최고경영자 브라이언 크르자니크는 나에게 말했다. "나는 사람들이 10여 차례나 무어의 법칙이 끝났다고 예측하는 걸 보았습니다.

우리가 3미크론(1미크론은 1,000분의 1밀리미터, 즉 0.001밀리미터) 크기로 작업을 할 때 사람들은 이렇게 물었지요. '어떻게 그보다 작게 만들 수 있다는 말인가? 우리는 과연 그런 장치들을 다 설치할 만큼 필름 두께를 충분히 얇게 만들고 그토록 작은 특성을 알아볼 만큼 빛의 파장을 줄일 수 있겠는가?' 하지만 그때마다 우리는 돌파구를 찾았습니다. 그건 해보기 전에는 결코 분명히 알 수 없는 것이지요. 그리고 처음에 돌파구를 마련해줄 거라며 제시됐던 해법들이 언제나 그 답은 아니었습니다. 그러나 그때마다 우리는 그다음 장벽을 뚫고 나갔지요."

사실을 말하자면 되풀이되는 무어의 법칙 중 지난 두 차례는 2년이 아니라 2년 반 가까이 걸려 이뤄졌으며 그래서 그 속도가 약간 줄어들었다고 크르자니크는 밝혔다. 그렇다고 해도 기하급수적인 성장이 1년마다 이뤄지는지, 2년마다 혹은 3년마다 이뤄지는지와 상관없이 중요한 건 마이크로칩의 끊임없는 비선형적 개선 덕분에 우리가 계속해서 기계와 로봇, 전화기, 시계, 소프트웨어, 그리고 컴퓨터를 더 똑똑하고, 빠르고, 작고, 싸고, 효율적으로 만들고 있다는 사실이다.

"우리는 인간의 눈으로 볼 수 있는 것보다 훨씬 더 작은 14나노미터의 세대에 이르렀습니다." 크르자니크는 인텔의 최신 마이크로칩에 관해 이렇게 설명했다. "그 칩의 크기는 당신 손톱만 할 텐데 그 위에 10억 개가 넘는 트랜지스터가 올라갑니다. 우리는 어떻게 10나노미터까지 갈지 꽤 잘 알고 있고 7나노미터, 심지어 5나노미터까지 가는 데에도 필요한 답을 대부분 알고 있습니다. 5나노미터 너머에 대해서는 사람들이 온갖 구상을 내놓으며 생각을 거듭하고 있습니다. 그러나 우리는 지금까지 늘 이런 식으로 헤쳐 나왔지요."

인텔의 기술과 생산 담당 부사장인 빌 홀트Bill Holt는 무어의 법칙이 지속될 수 있도록 하는 책임을 맡은 사람이다. 칩 조립 공장은 팹fab(조립을 뜻하는 패브리케이션fabrication의 준말―옮긴이)이라고도 하는데 홀트의 안내로 오리건 주 포틀랜드에 있는 인텔의 칩 조립 공장을 둘러보면서 나는 창문을 통해 클린룸을 들여다보았다. 그곳에서는 하루 24시간 로봇들이 하나의 제조 공정에서 다른 공정으로 칩을 옮겨 가는 동안 흰 무균복을 입은 남자들과 여자들이 그 로봇들이 기분 좋게 일하고 있는지 점검하고 있었다. 홀트 역시 무어의 법칙이 수명을 다해가고 있다고 믿는 사람들을 참지 못한다. 홀트는 지금 에너지를 더 적게 쓰고 열을 더 적게 발생시키는 트랜지스터들을 하나의 칩에 더 많이 채워 넣기 위해 새로운 소재를 갖고 이토록 많은 연구를 하고 있으므로 10년 안에 '뭔가'가 나와 다음 세대의 무어의 법칙으로 이끌 것으로 확신한다고 말한다.

그러나 새로운 소재가 발견되지 않는다 하더라도 그것이 끝은 아니다. 처음부터 마이크로칩의 정보처리 능력은 단지 실리콘뿐만 아니라 소프트웨어의 발전 덕분에 향상됐다는 점을 잊지 말아야 한다. 크레이그 먼디는 이렇게 말했다. "더 강력한 칩은 더 정교한 소프트웨어를 만들 수 있게 해주고, 더 정교한 소프트웨어 중 어떤 것들은 다시 칩 그 자체를 더 빠르게 만드는 데 쓰입니다. 칩 그 자체의 집적도가 높아짐에 따라 새로운 설계를 통해 그 모든 복잡성을 최적화하는 데 쓰이는 것이지요."

이처럼 칩 설계와 소프트웨어 쪽에서 찾은 돌파구가 서로 힘을 보태주기 때문에 요즘 인공지능 분야에서도 획기적인 진전을 이루기 위한 발판이 마련됐다. 요즘 기계들은 전에는 생각할 수도 없었던 규모와 속도로 데이터를 받아들이고 처리할 수 있기 때문에 그것들은 이제 우리의 생물학적 두뇌만큼 패턴을 인식하고 학습할 수 있다.

그러나 이 모든 건 첫 번째 마이크로칩과 무어의 법칙으로 시작됐다. 홀트는 이렇게 결론지었다. "지금까지 수많은 사람이 수도 없이 무어의 법칙의 종말을 예측했지만 다들 각기 다른 이유를 댔습니다. 그들 모두를 아우르는 단 한 가지 공통점은 그들 모두가 틀렸다는 것이지요."

센서: 어림짐작은 더 이상 필요 없다

당신이 누군가를 가리켜 '소화전처럼 멍청하다'거나 '쓰레기통같이 우둔하다'고 말할 수도 있는 시절이 있었다. 하지만 나는 더 이상 그런 표현을 쓰지 않을 것이다.

기술적 가속화의 결과 가운데 대단히 중요하지만 사람들이 예상하지 못했을 수도 있는 것이 여기에 있다. 소화전과 쓰레기통이 갈수록 똑똑해지고 있는 것이다. 예를 들어 텔로그$_{Telog}$ 수압 측정기를 생각해보자. 소화전에 부착된 이 장치는 수압을 무선으로 그 지역 설비 업체의 데스크톱 컴퓨터에 곧바로 알려줌으로써 소화전이 터지거나 고장 나는 사고를 크게 줄여준다. 이와 비슷한 사례로 빅벨리$_{Bigbelly}$사가 만든 쓰레기통을 들 수 있다. 센서가 달린 이 쓰레기통은 쓰레기를 비워야 할 때를 무선으로 알려주므로 쓰레기를 수거하는 이들은 작업 경로를 최적화할 수 있고 도시는 더 적은 비용으로 더 깨끗해질 수 있다. 그렇다. 이제 쓰레기를 수거하는 사람도 기술 근로자가 됐다. 이 회사의 웹사이트에는 이렇게 나와 있다. "빅벨리 용기는 각각 너비 63.5센티미터, 길이 68센티미터, 높이 126.5센티미터이며, 내장된 태양전지 판을 이용해 전동 압축기를 구동함으로써 쓰레기 부피를 대폭 줄이고 더 푸르고 깨끗한 거리를 조성하도록 돕습니다. (중략) 이 용기는 내장된 클라우드 컴퓨팅 기술을 이용해 디지털신호로 쓰레기 수거 담당자들에게 쓰레기 수용량이 한계에 이르러 즉각적인 주의가 필요하다는 걸 알립니다."

이 쓰레기통은 대입수학능력시험도 칠 수 있을 것이다!

소화전과 쓰레기통이 이토록 똑똑해진 건 또 하나의 가속화 덕분이다. 이는 컴퓨터 그 자체와 직접 관련된 건 아니지만 오늘날 컴퓨터로 할 수 있는 일을 확장하는 데 결정적인 요인이 된다. 그것은 바로 각종 센서 기술이다. 왓이스닷컴WhatIs.com은 센서를 이렇게 정의한다. "센서는 물리적 환경으로부터 입력되는 어떤 유형의 정보를 탐지하고 그에 반응하는 장치다. 특정 입력 정보는 빛, 열, 동작, 습기, 압력이나 다른 수많은 환경적인 현상 중 하나다. 출력 정보는 일반적으로 인간이 읽을 수 있는 표시로 변환된 신호이며, 이는 센서가 있는 곳에 표시되거나 추가적인 정보처리나 해독을 위해 네트워크를 통해 다른 곳으로 전송된다."

각종 센서의 소형화가 가속화한 덕분에 우리는 이제 네 가지 감각, 즉 시각, 청각, 촉각, 그리고 미각을 디지털화할 수 있으며 다섯 번째로 후각을 디지털화하는 문제를 연구하고 있다. 무선으로 연결된 소화전의 압력 감지장치는 설비 업체에 수압이 너무 높거나 낮은 때를 알려주는 디지털 정보를 만들어낸다. 온도 감지장치는 온도계에 든 액체의 팽창과 수축을 탐지해 온도를 알아볼 수 있는 디지털 정보를 만들어낸다. 동작 감지장치는 극초단파, 초음파나 광선 같은 규칙적인 에너지 흐름을 내보내다가 사람이나 자동차, 혹은 동물이 그 경로에 들어와 흐름을 방해할 때는 디지털신호를 보낸다. 요즘 경찰은 자동차에서 반사되는 전파를 감지하는 장치로 속도를 측정하며 건물에 음파를 반사시켜 총이 발사된 위치를 알아낸다. 컴퓨터에 있는 빛 감지장치는 일하는 곳의 빛의 밝기를 측정한 다음 그에 따라 스크린의 밝기를 조절한다. 핏비트Fitbit는 당신이 얼마나 많이 걸었는지, 얼마나 멀리 갔는지, 얼마나 많은 칼로리를 태웠는지, 그리고 팔다리를 얼마나 힘차게 움직였는지를 측정하는 감지장치들이 어우러진 것이다. 당신의 휴대폰에 내장된 스틸카메라와 비디오카메라는 어디에서든 이미지를 포착해 어디로든 전송한다.

환경을 감지하고 이를 디지털 데이터로 바꿀 수 있는 우리의 능력이 이처럼 어마어마하게 확대된 건 소재과학과 나노 기술 분야에서 돌파구를 찾았기 때문에 가능했다. 이 과학과 기술 덕분에 우리는 그토록 작고, 싸고, 똑똑하고, 열과 추위를 잘 견디는 센서들을 만들 수 있었으며, 그것들을 언제든 쉽게 설치하고 착용해 극한의 조건 아래서도 스트레스를 측정하고 그 데이터를 전송할 수 있게 됐다. 이제 우리는 심지어 그것들을 그릴 수도 있다. 3D 잉킹inking이라는 공정을 이용해 어떤 기계, 빌딩 혹은 엔진의 어떤 부분에도 그릴 수 있는 것이다.

나는 센서의 세계를 더 잘 이해하고 싶어서 캘리포니아 주 샌 라몬에 있는 제너럴일렉트릭의 거대한 소프트웨어센터를 찾아가 이 회사의 최고디지털책임자인 빌 러Bill Ruh를 인터뷰했다. 지금은 실리콘밸리에 큰 기지를 두고 있는 제너럴일렉트릭은 이제 소프트웨어 기업으로서의 면모가 강해졌다. 이는 주로 이 회사의 모든 산업 장비에 각종 센서들을 설치하는 능력이 가속적으로 확대된 덕분이다. 이제 세탁기는 잊어버리고 지능형 기계를 생각하라. 어디에나 센서를 설치하는 제너럴일렉트릭의 능력은 '사물인터넷IoT, Internet of Things'이라고도 알려진 '산업용 인터넷'을 실현하는 데 도움을 주고 있다. 모든 '사물'이 센서를 갖추고 언제든 자신의 상태를 어떻게 느끼는지 알려주도록 함으로써 그에 따라 그들의 작업을 즉시 조정하거나 예측할 수 있게 하는 것이다. 러는 사물인터넷이 일종의 신경조직을 만들어내 인간이 변화의 속도를 따라갈 수 있도록 하며 대량의 정보를 이용하기 쉽게 해준다고 말한다. 또한 사물인터넷은 기본적으로 모든 사물을 똑똑하게 만들어준다고 설명했다.

제너럴일렉트릭은 15만 개 이상의 의료 장비, 3만 6,000개의 제트엔진, 2만 1,500개의 기관차, 2만 3,000개의 풍력 터빈, 3,900개의 가스터빈, 2만 700개의 석유 가스 장비에서 데이터를 모은다. 이 모든 것이 매순간 자신의 상태를 어떻게 느끼는지 무선으로 제너럴일렉트릭에 보고한다.

러는 이와 같은 새로운 산업 신경조직은 당초 소비자 부문의 발전 덕분에 가속적으로 발전했다고 주장했다. 카메라가 장착되고 GPS 기능을 갖춘 스마트폰이 그 예다. 21세기에 스마트폰이 산업인터넷 발전에 미친 영향은 20세기에 달 탐사 로켓 발사가 산업 발전을 자극한 것과 같다. 스마트폰은 서로 맞물려 있는 일련의 기술과 소재를 개발하는 데 대약진을 이끌어 그 모든 것을 더 작고 똑똑하고 싸고 빠르게 만들었다. 스마트폰 덕분에 각종 센서가 너무 싸져서 점점 더 확산될 수 있었고 그로 인해 어디에나 센서를 설치할 수도 있게 되었다고 러는 말했다.

그리고 이제 이 센서들은 우리가 과거에는 결코 얻지 못했던 세밀한 정보들을 쏟아내고 있다. 이 모든 센서가 중앙의 데이터뱅크에 자료를 보내고 갈수록 강력해지는 소프트웨어 애플리케이션이 그 데이터에서 패턴을 찾는다. 그러면 우리는 돌연 뚜렷하지 않은 약한 신호들도 볼 수 있고 그것들이 아직 문제를 일으키기 전에 그 패턴들을 알아볼 수 있다. 그러면 이런 정보는 거꾸로 한 바퀴 돌아가며 예방적인 조치로 이어질 수 있다. 쓰레기통을 가장 알맞은 시간에 비우거나 소화전이 터져 많은 비용이 들기 전에 압력을 조절할 때 우리는 시간과 돈, 에너지를 절약하고 생명을 구하는 것이다. 일반적으로 이야기하자면 인류의 삶을 지금까지 상상할 수 있었던 것보다 더 효율적으로 만드는 것이다.

러는 이렇게 설명했다. "과거의 접근 방식은 '상태 기반 관리$_{\text{condition-based maintenance}}$'로 불렸습니다. 예를 들어 뭔가가 더러워 보이면 씻으라고 하는 식이지요. 그에 비해 '예방적 관리$_{\text{preventive maintenance}}$'는 예컨대 1만 킬로미터를 주행할 때마다 오일을 갈라고 하는 식이었습니다. 험하게 운전했는지 아닌지는 상관하지 않았지요." 새로운 접근 방식은 '예측적 관리predictive maintenance'와 '처방적 관리prescriptive maintenance'다. 우리는 언제 자동차 타이어나 엔진, 트럭의 배터리, 터빈의 날개, 혹은 다른 장치를 갈아야 하는지 거의 정확히 예측할 수 있다. 또한 다른 환경에서 작동하는 특정 엔진에 어떤 세정제가 가장 효과적인지 정확히 지시할 수 있다.

과거에는 제너럴일렉트릭이 물리학을 이용해 세계 전체를 모형화하고, 그것을 바탕으로 모든 일이 어떻게 이뤄지는지 통찰을 얻을 수 있다는 기계공학자의 믿음을 바탕으로 돌아갔다고 러는 덧붙였다. 그는 이렇게 설명했다. "그들의 기본적인 생각은 가스터빈과 연소 기관이 어떻게 작동하는지 정확히 알면 물리학 법칙을 활용해 '이것은 이런 식으로 돌아가고 이런 때 고장이 난다'고 말할 수 있다는 것이었습니다. 전통적인 기계공학계에는 데이터가 많은 걸 제공할 수 있다는 믿음이 없었지요. 그들은 데이터를 물리학 모형들을 검증하는 데 이용하고 그 모형에 따라 행동했습니다. 이곳에 있는 새로운 유형의 데이터 과학자들은 이렇게 말합니다. '이제 패턴을 찾고 발견하기 위해 물리학을 이용할 필요가 없습니다.' 인간의 머리로 찾아낼 수 없는 패턴들이 있습니다. 초기에는 신호가 너무 약해 사람들이 그걸 보지 못하기 때문이지요. 그러나 이제 우리가 이 모든 정보처리 능력을 갖게 되면서 그와 같은 신호들이 당신 앞에 그냥 튀어나옵니다. 일단 그 약한 신호를 포착하게 되면 그것이 뭔가가 고장이 나거나 효율이 떨어지는 초기 조짐이라는 게 분명해집니다."

과거에 우리가 약한 신호들을 탐지하려면 직관을 써야 했다고 러는 덧붙였다. 노련한 근로자들은 미약한 데이터를 어떻게 처리해야 하는지 알았다. 그러나 이제 빅데이터를 활용해 훨씬 더 미세한 것까지 감지할 수 있게 됨에 따라 "우리는 건초 더미에서 바늘을 찾는 걸 예외가 아니라 표준이 되도록 할 수 있습니다. 그리고 인간 근로자를 기계로 보강해 그들이 동료처럼 일하면서 미약한 신호들을 처리하고 하루아침에 30년 경력의 베테랑처럼 되게 할 수 있지요."라고 러는 말했다.

생각해보자. 과거에는 공장 현장에서 기계가 어떻게 돌아가는지 알 수 있는 직관을 가지려면 보통 그곳에서 30년 정도 일하면서 기계가 내는 미세하게 다른 소리의 특징을 감지할 수 있어야 했다. 완전히 정상이 아닐 수도 있다고 말해주는 소리 말이다. 이는 약한 신호다. 하지만 이제 각종 센서 덕분에 경력이 적은 근로자도 근무 첫날 아무런 직관도 없이 그 약한 신호를 탐지할 수 있다. 그 센서들은 신호를 퍼뜨려줄 것이다.

지식을 훨씬 더 빨리 창출하고 적용할 수 있는 능력을 활용해 우리는 인간들뿐만 아니라 소들에게서도 뭔가를 최대한 얻어낼 수 있다. 마이크로소프트 클라우드·엔터프라이즈 사업부의 데이터그룹 상무인 조지프 시로스$_{Joseph\ Sirosh}$는 목장의 농부들도 어림짐작으로 일하던 시대는 끝났다고 설명한다. 그의 일은 비트$_{bit}$와 바이트$_{byte}$를 다루는 꽤 지적인 일 같다. 그러나 내가 감지 기술의 가속화에 관해 배우려고 시로스와 마주 앉았을 때 그는 대단히 오래된 일을 예로 들며 나에게 설명했다. 그는 '연결된 소'에 관해 이야기했다.

시로스가 한 이야기는 이런 내용이다. 일본의 낙농업자들이 그 나라 컴퓨터 업계의 거인인 후지쯔를 찾아가 질문 하나를 던졌다. 귀사의 기술로 큰 목장의 암소들이 번식에 성공할 확률을 높여줄 수 있는가? 암소들이 발정으로 흥분 상태가 지속되는 시간은 아주 짧다. 성적 수용성과 번식력이 있어서 성공적으로 인공수정을 할 수 있는 시간은 대략 21일 주기이며, 한 차례에 12~18시간 동안 이어진다. 이 시간은 주로 밤에 오는 경우가 많다. 이 때문에 소규모 농가에서 수많은 소를 지켜보고 하나 하나 인공수정을 할 가장 좋은 시간을 찾아내는 건 극히 어렵다. 그 일을 잘 해낼 수 있다면 확실히 암소 한 마리 한 마리가 연중 끊이지 않고 우유 생산을 계속해 낙농가들은 농장의 두당 생산을 극대화할 수 있다.

후지쯔가 생각해낸 해법은 무선신호로 농장과 연결되는 보수계(걸음 수를 세는 장치—옮긴이)를 소에 채우는 것이었다. 그 데이터는 마이크로소프트의 클라우드 플랫폼 애저$_{Azure}$에서 가동되는 규호 사스$_{GYUHO\ SaaS}$라는 기계학습 소프트웨어로 전송됐다. 후지쯔 연구팀은 젖소의 걸음 수가 크게 늘어나면 95퍼센트 확률로 발정기가 시작됐다는 신호임을 확인했다. 어떤 소가 흥분 상태라는 걸 알아낸 규호 시스템은 이를 모바일 전화기에 보내는 문자 경보로 농부들에게 알려주어 가장 알맞은 시간에 인공수정을 할 수 있도록 해준다.

시로스는 말했다. "암소가 언제 발정하는지 알아내는 간단한 비결이 있다는 게 드러났습니다. 바로 걸음 수를 확인하는 것이지요. 이는 AI$_{Artificial\ Intelligence}$(인공지능)가 AI$_{Artificial\ Insemination}$(인공수정)를 만나는 순간입니다."

이 시스템을 쉽게 이용할 수 있게 됨에 따라 농부들은 그들의 가축 수를 늘리는 것뿐만 아니라—시로스는 암소들의 임신율이 크게 높아졌다고 말했다—시간을 절약하는 데에도 큰 성과를 거두었다. 이는 농부들이 흥분 상태의 소를 확인하기 위해 자신의 눈과 직감, 비싼 일꾼, 또는 농사용 달력에 의존하던 상황에서 해방시켜주었다. 그들은 절약한 노동력을 다른 생산적인 일에 쓸 수 있게 되었다.

시로스는 소들에게 채운 센서에서 만들어진 모든 데이터가 훨씬 더 중요한 또 다른 통찰을 보여주었다고 밝혔다. 후지쯔의 연구팀은 인공수정에 적합한 열여섯 시간 중에서도 첫 네 시간 안에 수정을 하면 암송아지를 얻을 확률이 70퍼센트이고 그다음 네 시간 안에 수정을 하면 수

송아지가 나올 확률이 높아진다는 사실을 발견했다. 이는 농부가 '암소와 수소의 비율을 필요에 따라 조절할 수 있게' 해주었다.

그 데이터는 계속해서 더 많은 통찰을 쏟아냈다고 시로스는 말했다. 소의 발걸음 패턴을 분석함으로써 농부들은 8가지 다른 질병을 초기에 탐지해 치료할 수 있게 됐으며, 이에 따라 소 떼의 건강을 전반적으로 크게 향상시키고 수명을 늘릴 수 있었다. 시로스는 약간의 재주로 심지어 농업과 같은 가장 오래된 사업까지 바꿔놓을 수 있다고 결론지었다.

목장의 농부들이 소에 센서를 채움으로써 재주꾼이 될 수 있었다면 각종 센서를 장착한 기관차는 더 이상 우둔한 열차가 아니라 바퀴 달린 정보 기술 시스템이 되었다. 이 기관차는 30미터마다 열차 선로의 상태를 감지하고 전파할 수 있게 됐다. 기관차는 선로의 경사도를 감지해 그 지형에서는 1마일(1.6킬로미터)씩 나아갈 때마다 에너지가 얼마나 필요한지 알아볼 수 있다. 그렇게 함으로써 내리막일 때는 연료를 조금 덜 내보내며, 일반적으로 어떤 한 지점에서 다음 지점까지 갈 때 연료 효율성과 속도를 극대화할 수 있는 것이다. 이제 모든 제너럴일렉트릭 기관차에 카메라가 장착되어 있어 커브를 돌 때마다 기사가 어떻게 운전하는지 더 잘 관찰할 수 있다. 제너럴일렉트릭은 또한 더운 날에 기관차를 120퍼센트 가동해야 한다면 어떤 부품들을 정비해야 할지를 안다.

"우리는 이러한 신경조직을 끊임없이 강화하고 훈련시키고 있으며 모두가 그 데이터에서 도움을 받고 있습니다." 러는 이렇게 말했다. 그러나 센서와 소프트웨어를 갖고 할 수 있는 일은 이와 같이 어떤 사실을 알아내는 일 뿐만이 아니다. 어떤 것의 기능을 바꾸는 일 또한 센서와 소프트웨어를 함께 활용해서 할 수 있는 것이다. 러는 이렇게 설명했다. "오늘날 우리는 더 이상 성과를 향상시키기 위해 모든 제품에 물리적인 변화를 가할 필요 없이 단지 소프트웨어만 바꾸면 됩니다. 오래된 기관차 하나를 잡아서 그 안에 각종 센서와 소프트웨어를 설치하기만 하면 갑자기 예측 정비를 할 수 있게 되고, 최적의 속도로 선로를 오르내리도록 운전해 연료를 절약할 수 있으며, 모든 열차의 운행 일정을 가장 효율적으로 짜고 주차까지 더 효율적으로 할 수 있지요." 오래된 기관차가 못 하나, 나사 하나 바꾸지 않아도 갑자기 더 빠르고, 싸고, 똑똑해지는 것이다. 러는 이렇게 덧붙였다.

"센서 데이터와 소프트웨어를 활용해 기계를 효율적으로 만들 수 있습니다. 마치 새로운 세대의 기계를 만들어낸 것처럼 보일 정도로 효율성이 높아진 것이지요. 공장 안에서 당신은 자신이 일하고 있는 쪽만 보기 때문에 마치 터널에 있는 것처럼 시야가 좁을 수 있습니다. 그러나 그 기계가 당신 대신 망을 봐준다면 어떨까요? 다시 말해 우리가 모든 것에 카메라를 설치한 덕분에 모든 기계가 눈과 귀를 갖게 된다면 어떨까요? 우리는 오감을 이야기합니다. 사람들이 아직 깨닫지 못하고 있는 건 우리가 기계들에 오감을 부여해 지금 동료들과 상호작용을 하는 것과 같은 방식으로 기계가 인간과 상호작용하도록 할 것이라는 점입니다."

그렇게 하면 그곳에 돈이 생긴다. 제너럴일렉트릭의 최고경영자인 제프 이멀트Jeff Immelt는 2015년 10월 매킨지 앤드 컴퍼니와 한 인터뷰에서 그렇게 하면 돈이 생겨도 아주 많이 생긴다고 설명했다.

철도 회사의 최고경영자들은 누구나 당신에게 자사의 열차 '선단'의 속도를 알려줄 수 있을 겁니다. 그 속도가 예를 들어 시속 20마일에서 25마일 사이라고 합시다. 이는 보통 한 기관차가 하루에 운행하는 거리의 시간당 평균값을 말하는 것입니다. 시간당 평균 22마일을 가는 건 그다지 좋아 보이지는 않습니다. 그리고 평균 23마일과 22마일의 차이는 예컨대 노퍽 서던Norfolk Southern사의 경우 연간 순익에 2억 5,000만 달러의 값어치가 있습니다. 회사에는 엄청난 금액이지요. 이는 '시간당' 1마일입니다. 그러므로 모든 건 운행 일정을 얼마나 더 잘 짜느냐에 달려 있습니다. 이는 정지 시간을 얼마나 줄이느냐에 달려 있지요. 이는 모두 바퀴 고장을 얼마나 줄이느냐, 시카고를 얼마나 빨리 통과하느냐에 좌우됩니다. 모두 분석 기법에 관한 문제들이지요.

AT&T의 최고전략책임자인 존 도너번John Donovan은 우리는 하루하루 갈수록 더 많은 '디지털 배기가스를 디지털 연료'로 바꾸고 있으며 더욱더 빠르게 통찰을 얻어내고 이를 적용하고 있다고 설명했다. 미국 백화점 왕 존 워너메이커는 20세기 초 소매업과 광고 분야의 개척자였다. 그는 이런 유명한 말을 한 적이 있다. "내가 광고에 쓴 돈의 절반은 헛되이 쓰였다. 문제는 그것이 어느 쪽 절반인지 모른다는 것이다." 하지만 오늘날에는 꼭 그런 것만은 아니다.

당시 연방거래위원회Federal Trade Commission의 최고기술책임자였던 라타냐 스위니Latanya Sweeney는 2014년 6월 16일 미국공영라디오NPR에 나와 감지기들과 소프트웨어가 어떻게 소매업을 바꿔놓는지를 이렇게 설명했다. "많은 이가 깨닫지 못할 수도 있는 건 당신의 휴대폰이 인터넷에 연결되기 위해 MAC 주소(Media Access Control 주소의 준말로 통신을 위한 식별 번호-옮긴이)라고 하는 고유 번호를 끊임없이 내보낸다는 것입니다. '이봐, 거기 와이파이 되나?' 하고 묻는 것이지요. (중략) 그리고 와이파이를 찾는 전화기의 이 끊임없는 탐사 요청을 이용해 당신은 실제로 그 전화기가 어디에 있었는지, 그곳에 얼마나 자주 왔는지를 몇 발자국 범위까지 추적할 수 있습니다."

소매 업체들은 이제 이 정보를 활용해 당신이 가게에 진열된 것들 중 어떤 상품 앞에서 오래 머물렀는지, 그리고 당신이 값을 지불한 상품이 어떤 것인지 알 수 있고, 그에 따라 하루 중 정기적으로 진열 상태를 조정할 수 있다. 하지만 이는 전체 이야기의 절반도 안 된다. 빅데이터는 이제 소매 업체들이 누가 자동차를 타고 어느 광고판을 지나간 다음 자기네 가게 중 하나에서 쇼핑을 했는지 추적할 수 있도록 해준다.

「보스턴 글로브」의 2016년 5월 19일 자 기사를 보자.

전국 최대 광고판 업체인 클리어채널아웃도어Clear Channel Outdoor Inc.는 이제 주간 고속도로에 맞춤형 팝업 광고를 도입하고 있다. 보스턴과 미국 내 다른 10개 도시에 도입돼 운영되고 있는 이 회사의 레이더Radar 프로그램은 AT&T가 1억 3,000만 명의 무선전화 가입자들에게서 수집한 데이터와 플레이스아이큐PlaceIQ Inc.와 플레이스드Placed Inc.라는 다른 두 회사가 휴대폰 앱을 통해 수백만 명이 어디를 오가는지 추적한 데이터를 활용한다.

클리어 채널은 금요일 저녁 6시 30분에 어떤 사람이 그들의 광고판 옆을 운전하며 지나가는지 알 수 있다. 예를 들어 그들 중 몇 명이 던킨도너츠에서 도넛을 정기적으로 사 먹는지, 또는 올해 들어 지금까지 보스턴 레드삭스 야구 경기를 세 번 보러 간 사람은 몇 명이나 되는지를 알 수 있는 것이다.

그러면 이 회사는 그들을 정확히 겨냥한 광고를 할 수 있다.

나는 이렇게 말하고 싶다. "미안합니다, 워너메이커 씨. 당신은 시대를 잘못 타고났군요. 어림짐작으로 일하는 건 너무나 20세기적입니다. 이제 어림짐작은 공식적으로 끝났습니다."

그러나 사생활 역시 그럴지도 모른다. 거대 기업들—페이스북, 구글, 아마존, 애플, 알리바바, 텐센트Tencent, 마이크로소프트, IBM, 넷플릭스, 세일즈포스Salesforce, 제너럴일렉트릭, 시스코Cisco, 그리고 모든 전화 업체—이 빨아들이고 있는 그 모든 데이터를 생각해보자. 그리고 그들이 그 데이터에서 얼마나 효율적으로 정보를 찾아내고 있는지 생각해보면 누구든 어떻게 그들과 경쟁할 수 있을지 의문을 갖지 않을 수 없다. 다른 누구도 분석해야 할 원재료로서 디지털 배기가스를 그토록 많이 갖고 점점 더 좋은 예측을 위한 연료로 쓸 수 있는 이는 없다. 그리고 이제 디지털 배기가스는 하나의 권력이다. 우리는 빅데이터가 거대 기업들에 창출해줄 독점력을 엄중히 감시할 필요가 있다. 이제 단지 그들이 자사의 제품을 갖고 어떻게 시장을 지배할 수 있는가 하는 것뿐만이 아니라 그들이 수집한 그 모든 데이터를 갖고 어떻게 그 지배를 강화할 수 있는가 하는 것도 문제다.

빅테이터: 저장장치와 기억장치의 혁신

지금까지 우리가 보았듯이 감지장치들은 대단한 힘을 지닌다. 그러나 그것과 나란히 발전하는 저장장치가 돌파구를 찾지 못했다면 그 모든 데이터를 모으는 온갖 센서는 쓸모없었을 것이다. 그 돌파구는 우리가 더 많은 데이터와 소프트웨어를 저장할 수 있는 칩을 갖게 해주었다. 그것들은 수백만 대의 컴퓨터가 실질적으로 연결돼 마치 하나의 데스크톱 컴퓨터인 것처럼 데이터를 저장하고 처리할 수 있도록 해준다.

그렇다면 그 저장 능력이 정확히 얼마나 커졌고 소프트웨어는 얼마나 더 정교해져야 했는가? 당시 UPS의 엔지니어링 담당 사장이었던 랜디 스타시크Randy Stashick가 2014년 5월 11일 생산관리경영학회 학술회의에서 빅데이터의 중요성에 관해 들려준 이야기를 생각해보자. 그는 자릿수가 199개나 되는 숫자를 하나 보여주면서 이야기를 시작했다.

"이 숫자가 무엇을 의미하는지 상상이 되시나요? 먼저 이 숫자가 의

미하지 않는 것 몇 가지를 말씀드리지요."

이것은 우리가 있는 거리의 바로 위쪽에 있는 그 유명한 배서티 레스토랑이 1928년 문을 연 후 지금까지 판 핫도그 숫자가 아닙니다. 금요일 오후 5시에 애틀랜타 주의 악명 높은 주간 고속도로 위의 자동차 숫자도 아니지요. 사실은 자릿수가 199개나 되는 이 숫자는 UPS의 어떤 운전기사가 하루에 평균 120곳을 들르면서 생각할 수 있는 서로 다른 경로의 숫자를 나타냅니다. 이제 여러분이 정말로 화끈한 걸 원한다면 그 숫자에 5만 5,000을 곱해 보세요. 그것이 바로 우리 회사의 운전기사들이 매일 담당하는 경로의 숫자입니다. 그 숫자를 표시하려면 댈러스의 카우보이 팀이 경기를 하는 AT&T 스타디움의 고화질 스크린이 필요할 것입니다. 그러나 UPS 운전기사들은 어쨌든 매일 900만 명이 넘는 고객들에게 가는 길을 찾아 거의 1,700만 개의 꾸러미를 배달합니다. 그 꾸러미에는 디모인에 있는 고등학교 졸업생을 위한 신형 아이패드부터 덴버에 있는 당뇨병 환자를 위한 인슐린, 베이징에서 애틀랜타 동물원으로 옮겨 가는 거대한 팬더까지 참으로 여러 가지가 들어 있지요. 그들은 어떻게 그 일을 할 수 있을까요? 이에 대한 답은 운영 연구operations research에 있습니다.

차 안에 있는 200여 개의 센서들이 운전자가 안전벨트를 맸는지, 그 차가 얼마나 빨리 달리는지, 언제 브레이크를 밟는지, 짐칸 문이 열렸는지, 물건을 실은 차가 앞으로 가고 있거나 교통 정체로 막혀 있는지, 그 차가 지나가고 있는 거리 이름은 무엇인지, 심지어 차가 얼마나 오랫동안 움직이지 않고 가만히 서 있는지를 우리에게 알려줍니다. 불행히도 대문 앞에 천연덕스럽게 앉아 있던 개가 사람을 무는 것은 알지 못하지만요.

선택할 수 있는 경로의 수가 199자리나 될 때 이를 다 검토하고 이와 함께 각각의 UPS 트럭에 장착된 200여 개의 센서에서 나오는 데이터를 분석하려면 저장 용량과 정보처리 능력, 그리고 소프트웨어가 정말로 많이 필요하다. 불과 15년 전까지만 해도 여느 기업들은 이용할 수 없었고, 심지어 상상도 할 수 없었을 만큼 많이 필요하다. 그러나 지금은 어느 기업이든 이를 이용할 수 있다. 그리고 바로 여기에 무척 중요한 이야기가 담겨 있다. 데이터를 저장하는 칩이 체스판의 후반부에 접어든 것과 장난감 코끼리 이름을 따 명명한 소프트웨어의 비약적 발전이 어떻게 함께 어우러져 빅데이터 분석에 '빅'이라는 말을 붙여주었는지에 관한 이야기다.

앞서 살펴보았듯이 마이크로칩은 단순히 더욱더 많은 트랜지스터를 모아놓은 것이다. 우리는 연산이나 전송, 또는 기억을 위해 이들 트랜지스터를 프로그래밍할 수 있다. 메모리칩은 두 가지 기본적인 형태를 갖는다. 그중 하나는 데이터가 처리되는 동안 그것을 잠시 기억하는 D램 DRAM, dynamic random access memory 이며, 다른 하나는 당신이 '저장'을 누르면 데이터가 영구적으로 저장되는 플래시메모리다. 무어의 법칙은 메모리칩에도 적용된다. 우리는 지금까지 더 많은 기억을 저장하는 더 많은 트랜지스터를 각각의 칩에 더 적은 돈과 에너지를 써서 채워 넣었다. 요즘 보통 휴대폰 카메라는 16기가바이트의 메모리를 지닐 것이다. 하나의 플래시메모리칩에 160억 바이트의 정보를 저장한다는 뜻이다(1바이트는 8비트다). 10년 전에는 플래시메모리의 밀도가 휴대폰 하나에 사진 한 장을 저장할 만큼도 되지 못했다. 모든 저장 기술이 그동안 얼마나 가속적으로 발전했는지, 그에 따라 다른 많은 것이 얼마나 더 빨라졌는지 알 수 있다. 인텔의 선임연구원인 마크 보어 Mark Bohr 는 무어의 법칙이 없었다면 지금 빅데이터도 없을 거라고 말했다. "그것은 대규모 서버 팜(컴퓨터 서버를 모아놓은 곳—옮긴이)이 그 모든 정보처리 능력을 발휘하는 데 필요한 더 많은 메모리와 더 집중적인 연산, 그리고 힘과 효율, 신뢰성을 확보해주지요. 만약 그 서버들을 진공관으로 만들었다면 하나의 서버 팜을 가동하는 데 후버 댐만 한 시설이 필요했을 겁니다."

그러나 빅데이터에 '빅'을 붙여준 건 하드웨어뿐만이 아니다. 소프트웨어의 혁신도 중요하다. 이는 아마도 지난 10년 동안 나타난 가장 중요한 혁신이다. 이 소프트웨어는 수백만 대의 컴퓨터가 함께 이어져 마치 하나의 컴퓨터처럼 작동하도록 해주었다. 또한 그 모든 데이터를 건초더미에서 바늘을 찾을 수 있는 수준으로 탐색이 가능하게 해주었다. 이 소프트웨어를 만든 기업의 창업자는 그것에 하둡이라는 이름을 붙였다. 이는 사람들이 기억하기 좋게 그의 두 살 된 아들이 가장 좋아하는 장난감 코끼리의 이름을 딴 것이다. 그것은 세상을 바꾸는 데 도움을 주었지만 이는 구글의 엄청난 도움 덕분에 가능했다.

그 어린아이의 아버지이자 하둡의 창업자는 스스로를 소프트웨어 혁신의 '촉매'라고 묘사하는 더그 커팅Doug Cutting이다. 캘리포니아 주 내파 카운티의 시골에서 자란 커팅은 대학에 가기 위해 돈을 빌려야 했으며 1981년 스탠퍼드 대학교에 들어갈 때까지 컴퓨터를 본 적이 없었다. 그는 그곳에서 언어학을 공부했지만 컴퓨터과학 강좌도 같이 들어 프로그램 짜는 법을 배웠으며 그것이 재미있다는 걸 발견했다. 또한 그 프로그래밍이 학자금 대출을 갚을 최선의 길이 될 것임을 알아차렸다. 그래서 대학원에 가는 대신 그는 전설적인 제록스 파크PARC 연구소에 일자리를 얻었다. 더그 커팅은 그곳에서 인공지능에 관해 연구하는 언어팀과 당시에는 비교적 새로운 분야였던 '검색'이라는 팀에 배치되었다.

사람들은 구글 전에도 정보 조회의 한 분야로서 '검색'이 존재했다는 점을 잊어버린다. 제록스는 개인용 컴퓨터 사업에 필요한 기술에 관한 대단한 구상들을 여럿 갖고 있었음에도 불구하고 그 시장을 놓쳤다. 커팅의 이야기를 들어보자. "제록스는 복사 용지와 토너에서 디지털 세상으로 어떻게 옮겨 갈 것인지 알아내려고 노력하고 있었습니다. 회사는 복사기가 문서 보관용 캐비닛을 대체할 것이라는 생각을 하게 됐습니다. 모든 것을 스캔한 다음 검색만 하면 된다는 생각이었지요. 제록스는 이처럼 종이를 중심으로 세계를 보는 견해를 갖고 있었어요. 이는 기업이 자사의 캐시 카우cash cow에서 벗어나지 못하는 전형적인 사례였지요. 종이는 이 회사의 생명선이었습니다. 그리고 이 회사는 어떻게 하면 종이를 디지털 세상으로 옮겨 갈 수 있을지 알아내려고 애쓰고 있었습니다. 그것이 바로 이 회사가 검색을 들여다보는 이유였지요. 그건 웹이 나타나기 전이었습니다."

웹이 부상했을 때 야후를 비롯한 여러 회사가 고객을 위해 그것을 조직하기 시작했다. 야후는 누군가가 새로운 웹사이트를 올릴 때마다 그것을 자사의 디렉토리에 추가한 다음 웹사이트들을 금융, 뉴스, 스포츠, 비즈니스, 엔터테인먼트 하는 식으로 여러 그룹으로 나누기 시작했다. 커팅은 이렇게 말했다. "그런 다음에 검색이 나타나지요. 알타비스타AltaVista 같은 웹 검색엔진들이 갑자기 생기기 시작했습니다. 이 검색엔진은 2,000만 웹페이지를 분류했습니다. 한동안 모든 검색엔진을 앞질렀지요. 이는 1995~1996년쯤에 일어난 일입니다. 구글은 그 직후인 1997년에 소규모 검색엔진으로 나타났지만 훨씬 더 나은 방식을 택했다고 주장했습니다. 그러고는 스스로 그걸 조금씩 증명했지요."

구글이 도약하자 커팅은 남는 시간에 구글이 독점적으로 소유하는 시스템과 경쟁하기 위해 오픈소스 검색 프로그램을 만들었다. 그 프로그램이 루신Lucene이다. 몇 년 후 그와 동료들은 처음으로 구글과 경쟁할 대규모 오픈소스 웹 검색엔진인 너치Nutch를 발진시켰다.

오픈소스는 진행 중인 소프트웨어 개선 과정에 이 계통에 있는 누구나 자유롭게 기여할 수 있는 소프트웨어 개발 방식이다. 누구든 그들이 이룬 개선을 더 광범위한 커뮤니티와 공유하는 한 다 함께 만들어낸 성과물을 대개 면허를 받아서 자유롭게 이용할 수 있다. 이는 일반 대중의 힘을 이용하는 것이며 대중은 어느 한 사람보다 현명하다는 생각에 바탕을 두고 하는 일이었다. 모두가 하나의 프로그램이나 제품을 만들어가기 위해 노력하고 개선이 이뤄진 것을 공유한다면 그 제품은 더 빠르고 똑똑해질 것이며 그 어느 때보다 많은 변화가 이뤄지도록 촉진할 것이다.

오픈소스 검색 프로그램을 만들어내려는 커팅의 열망을 이루려면 아주 기본적인 문제를 극복해야 했다. 그는 이렇게 설명했다. "당신이 하나의 컴퓨터만 갖고 있다면, 다시 말해 그 컴퓨터의 하드 드라이브가 담을 수 있는 만큼만 데이터를 저장할 수 있고 그 컴퓨터 안에 있는 프로세서가 처리할 수 있는 속도로만 데이터를 처리할 수 있다면, 이는 당연히 당신이 수행하는 연산의 규모와 속도를 제한할 것입니다."

그러나 야후와 AOL이 부상하면서 수십억, 수백억 비트와 바이트의 데이터가 웹에 쌓이고 그곳을 항해하려면 끊임없이 저장 용량과 연산 능력을 늘려가야 했다. 그래서 사람들은 컴퓨터들을 합치기 시작했다. 당신이 두 대의 컴퓨터를 합치면 두 배의 데이터를 저장하고 두 배 속도로 정보를 처리할 수 있다. 무어의 법칙 덕분에 컴퓨터 메모리 드라이브(구동장치—옮긴이)와 프로세서가 갈수록 저렴해지면서 업계는 서버 팜이라고 하는, 바닥부터 천장까지 드라이브와 프로세서로 채운 축구장만한 건물을 만들 수 있다는 걸 깨닫기 시작했다.

그러나 한 가지 빠진 것은 그 드라이브와 프로세서를 함께 엮어내는 능력이었다. 그렇게 해야 많은 데이터를 일관된 방식으로 저장하고 그 프로세서들이 다 함께 가동되면서 데이터 전체에 대한 연산을 수행하도록 할 수 있다. 정말로 어려운 부분은 신뢰성 문제였다. 당신이 컴퓨터 한 대를 갖고 있다면 일주일에 한 번 문제가 생기겠지만 1,000대를 갖게 되면 문제가 1,000배 더 자주 생길 것이다. 그러므로 이 모든 것이 돌아가도록 하려면 그 컴퓨터들이 다 함께 매끄럽게 돌아갈 수 있도록 하는 소프트웨어 프로그램이 필요하다. 또한 드넓은 바다와도 같은 데이터에서 패턴을 찾고 통찰을 얻기 위해 이를 검색할 수 있도록 하는 프로그램도 필요하다. 실리콘밸리의 공학자들은 쓴웃음을 지으며 이와 같은 문제를 'SMOP'라고 일컫는다. 그들은 이런 식으로 말한다. "우리는 필요한 하드웨어를 다 갖추었다. 우리가 극복해야 할 것은 단지 이런 작은 프로그래밍 문제SMOP, Small Matter Of Programming 뿐이다."

우리 모두는 구글이 자사의 검색 비즈니스를 키우려고 이들 프로그램을 생각해낸 것을 고맙게 생각해야 한다. 커팅은 구글의 진정한 천재성은 1,000개의 드라이브가 하나의 드라이브처럼 보이게 할 수 있는 데이터 저장 시스템을 만들어 그중 어느 한 드라이브가 문제를 일으켜도 당신이 알아채지 못하게 한 것, 그리고 이와 더불어 그 시스템이 저장한 그 모든 데이터를 쓸모 있게 만들기 위한 일단의 소프트웨어를 만든 것이라고 밝혔다. 구글은 이런 것들을 스스로 개발해야 했다. 그 당시에는 세상의 모든 정보를 저장하고 처리하고 검색할 수 있도록 하려는 이 회사의 야망에 부응할 만한 상업적인 기술이 없었기 때문이다. 달리 말하면 구글은 스스로 세상이 원한다고 믿는 검색엔진을 만들기 위해 혁신을 해야 했다. 하지만 구글은 이들 프로그램을 자사의 사업에만 배타적으로 활용하고 다른 누구에게도 허용하지 않았다.

그러나 프로그래밍 기술자들의 오래된 전통에 따라 구글은 자사가 만들어낸 것들을 자랑스러워하면서 프로그램의 기본적인 것들을 일반 대중과 공유하기로 했다. 구글은 그토록 많은 데이터를 한꺼번에 모으고 검색할 수 있도록 하는 두 가지 핵심 프로그램들을 일반적인 방식으로 간략히 설명하는 두 편의 논문을 발표했다. 2003년 10월에 내놓은 한 논문은 GFS, 즉 구글 파일 시스템을 설명하는 것이었다. 이는 일단의 값싼 범용컴퓨터 집단에 저장된 엄청난 양의 데이터에 접근하고 관리하는 시스템이다. 세상의 모든 정보를 체계적으로 조직하려는 목표에 따라 구글은 처음에는 페타바이트$_{petabyte}$(1,000조 바이트—옮긴이), 나중에는 엑사바이트$_{exabyte}$(100경 바이트=1,000,000,000,000,000,000바이트) 단위의 데이터를 저장하고 접속해야 했다.

그에 따라 구글의 두 번째 혁신이 필요했다. 2004년 12월에 나온 구글 맵리듀스$_{MapReduce}$가 그것이다. 구글은 이렇게 소개했다. "하나의 프로그래밍 모델이자 그와 관련된 실행 방식으로서 대규모 데이터 집합을 생성하고 처리하기 위한 것이다. (중략) 이 함수형 모델에 따라 만들어진 프로그램들은 수많은 범용컴퓨터를 모아놓은 클러스터에서 자동으로 병렬적으로 실행된다. 이 시스템은 입력된 데이터를 구분하고, 일단의 컴퓨터에서 이뤄질 프로그램 실행 계획을 세우고, 컴퓨터에서 생길 문제를 처리하고, 컴퓨터 간에 필요한 커뮤니케이션을 관리하는 세부 사항들을 다룬다. 이는 병렬처리와 분산 시스템을 다룬 경험이 전혀 없는 프로그래머들이 대규모 분산 시스템의 자원을 쉽게 활용할 수 있도록 해준다." 알아듣기 쉬운 말로 하자면, 구글이 이룬 두 가지 설계상의 혁신은 우리가 지금까지 상상해온 것보다 더 많은 데이터를 저장할 수 있게 해주고, 지금껏 생각조차 못했을 만큼 쉽게 산더미 같은 데이터를 탐색할 소프트웨어 애플리케이션을 이용할 수 있게 해주었다는 뜻이다.

컴퓨팅과 검색의 세계에서 이 두 가지 기본적인 구조를 (하지만 GFS와 맵리듀스 솔루션의 독점적인 실제 코드는 빼고) 광범위한 커뮤니티와 공유하겠다는 구글의 결정은 정말로 대단한 것이었다. 구글은 사실상 자신들의 통찰을 바탕으로 새로운 것들을 만들어내라고 오픈소스 커뮤니티를 초대한 것이었다. 이들 두 논문은 빅데이터가 거의 모든 산업을 바꾸어 놓을 수 있도록 해준 결정적인 조합을 만들어냈다. 또한 하둡의 개발도 촉진했다.

커팅은 이렇게 말했다. "구글은 사람들이 살 수 있는 수많은 컴퓨터를 쉽게 이용할 수 있는 길을 만들었습니다. 그리고 우리에게 실제로 쓰고 있는 소스 코드를 주지는 않았지만 기술을 가진 사람이 이를 재실행하고 그것을 바탕으로 개선할 수도 있을 만큼 충분한 정보를 주었습니다." 이는 바로 하둡이 한 일이다. 하둡의 알고리듬은 수십만 대의 컴퓨터가 하나의 거대한 컴퓨터처럼 작동하도록 해주었다. 그러므로 누구든 시장에 가 범용 하드웨어를 대량으로 사서, 데이터를 대량으로 저장하고, 하둡 소프트웨어를 써서 (짜잔! 하고) 정교한 통찰을 제공할 연산을 대량으로 할 수 있다.

그러자 곧바로 페이스북과 트위터와 링크트인이 모두 하둡을 바탕으로 구축되기 시작했다. 이들이 2007년에 일제히 떠오른 건 바로 그 때문이다! 이들은 사업을 하는 과정에서 쏟아져 나오는 엄청난 양의 데이터를 갖고 있지만 그것들을 온전히 활용하지 못하고 있음을 알고 있었다. 그렇게 할 수가 없었다. 이들은 데이터를 저장할 하드 드라이브를 살 돈은 갖고 있었지만 그 하드 드라이브에서 필요한 것을 뽑아낼 수단을 갖지는 못했다고 커팅은 설명했다. 야후와 구글은 사람들이 검색할 수 있도록 웹페이지들을 찾아내고 분석하기를 바랐다. 의미 있는 목표였다. 그러나 야후나 링크트인이나 페이스북이 웹페이지상의 클릭 하나하나를 보고 저장함으로써 이용자들이 무엇을 하고 있는지 정확히 이해할 수 있을 때 검색은 훨씬 더 효과적으로 이뤄지게 됐다. 클릭들을 기록하는 건 이미 가능한 일이었지만 하둡이 나타나기 전에는 구글 말고는 누구도 그 데이터를 제대로 활용하지 못했다.

커팅은 이렇게 말했다. "하둡을 갖게 되자 이들은 그 모든 데이터를 한곳에 저장하고 이용자와 시간대별로 분류할 수 있게 되었습니다. 그러자 갑자기 이용자 한 사람 한 사람이 시간대별로 무엇을 하고 있었는지 볼 수 있게 됐습니다. 이들은 한 사이트의 어느 부분이 사람들을 다른 곳으로 유도하는지 알 수 있게 됐습니다. 야후는 당신이 어떤 페이지를 언제 클릭했는지 기록할 뿐만 아니라 당신이 그 페이지에서 클릭하는 모든 내용을 기록합니다. 그런 다음 그것들이 무엇을 나타내주는지, 그리고 그 페이지의 어느 부분에 있는지에 따라 당신이 무엇을 클릭하거나 하지 않고 지나쳤는지를 알아볼 수 있지요. 우리는 이런 식으로 빅데이터 분석을 할 수 있는 겁니다. 당신이 더 많은 걸 볼 수 있을 때 더 많은 걸 이해할 수 있고, 더 많은 걸 이해할 수 있으면 눈을 감은 채 어림짐작하는 것보다 더 나은 결정을 할 수 있지요. 따라서 분석에 활용되는 데이터는 우리에게 더 나은 시야를 제공하는 것입니다. 하둡은 구글 외의 사람들도 그것을 깨닫고 경험하게 해주었고, 그들이 하둡을 바탕으로 더 많은 프로그램을 만들면서 갈수록 능력을 향상시키는 선순환을 시작하도록 고무했지요."

그래서 우리는 지금 한편으로는 구글의 데이터센터에서만 운영되는 독점적인 폐쇄형 시스템closed-source system인 구글 시스템으로 기본적인 검색부터 얼굴 인식, 철자 교열, 번역, 이미지 인식에 이르기까지 모든 일을 하고 있으며, 다른 한편으로는 다른 모든 이가 운영하는 개방형 시스템인 하둡 시스템으로 빅데이터를 분석하기 위해 수백만 대의 값싼 서버들을 이용하고 있다. 오늘날 IBM과 오라클Oracle 같은 정보 기술 분야의 거인들은 하둡을 표준화했으며 그 오픈소스 커뮤니티에 기여하고 있다. 오픈소스 플랫폼상의 마찰이 예전에 비해 훨씬 더 적기 때문에 그토록 많은 사람이 그 플랫폼을 바탕으로 일하고 있으며, 독점적 소유권 시스템과 비교할 때 개방형 시스템은 번개처럼 빠르게 확장해왔다.

하둡은 또한 구조화되지 않은 데이터를 변형시키는 또 하나의 결정적인 기술 개발에 힘입어 빅데이터를 키웠다.

하둡이 나오기 전에는 대부분의 대기업이 구조화되지 않은 데이터에 거의 주의를 기울이지 않았다. 대신 엄청나게 많은 양의 구조화된 데이터와 스프레드시트를 저장하고 관리하고 조회하기 위해, 1970년대 IBM에서 내놓은 컴퓨터 언어인 오라클의 SQL에 의존했다. 'SQL'은 구조화된 질의 언어 Structured Query Language를 뜻한다. 구조화된 데이터베이스에서 소프트웨어는 각각의 단편적인 데이터가 무엇인지 말해준다. 예를 들어 은행 시스템에서 소프트웨어는 '이것은 수표다', '이것은 거래다', '이것은 차액이다' 하는 식으로 알려준다. 그것들은 모두 하나의 구조 안에 있으며 그러므로 소프트웨어는 당신이 최근에 맡긴 수표를 금세 찾을 수 있다. 구조화되지 않은 데이터는 그것이 무엇이든 당신이 SQL로 조회할 수 없는 것들이다.

구조화되지 않은 데이터는 어지러운 것이다. 이는 당신이 디지털화하고 저장할 수 있는 모든 것을 어떤 특별한 구조도 없이 빨아들였다는 뜻이다. 그러나 하둡은 데이터 분석가들이 구조화되지 않은 그 모든 데이터를 검색해 패턴을 찾아낼 수 있도록 해준다. 구조화되지 않은 산더미 같은 데이터를 당신이 무엇을 찾고 있는지 꼭 알 필요 없이 체로 치듯이 면밀히 조사하고 질문을 던지고 대답을 얻어내고 패턴을 찾아내는 건 대단한 약진이었다.

커팅이 말했듯이 하둡은 사용자들에게 나타나서 이렇게 말했다. "그것이 구조화된 것이든 아니든 당신의 데이터를 나에게 달라. 그러면 우리는 그것들에서 의미를 찾을 것이다. 예를 하나 들어보자. 비자와 같은 신용카드 회사는 카드 사기 범죄를 잡아내려 끊임없이 탐색을 해왔으며

30일이나 60일간 거래를 조회할 수 있는 소프트웨어를 갖고 있었지만 그 이상 나가지는 못했다. 하둡은 전에 없던 규모를 실현했다. 일단 비자가 하둡을 설치하자 4년이나 5년의 기간을 조회할 수 있었으며, 이렇게 더 오랜 기간을 살펴보면서 일찍이 찾아낸 것 중 가장 큰 사기 범죄의 패턴을 발견했다. 하둡은 사람들이 사용하는 방법을 이미 알고 있는 그 수단들을 전에 없었던 큰 규모로 더 쉽게 사용할 수 있도록 해주었다."

바로 그 때문에 하둡은 이제 구조화된 데이터와 구조화되지 않은 데이터 모두를 분석하는 주된 운영체제가 되었다. 우리는 저장하기에는 너무 비용이 많이 든다는 이유로 데이터를 버리기 일쑤였으며 특히 구조화되지 않은 데이터의 경우에 더욱 그랬다. 그러나 이제는 그 모든 데이터를 저장하고 그 안에서 패턴을 발견할 수 있으므로 모든 것이 흡수하고 저장할 가치가 있다. 커팅은 사람들이 만들어내고 연결하는 데이터의 양과 그걸 분석하는 새로운 소프트웨어 도구들 모두 확실히 데이터 분석에서 기하급수적으로 성장하고 있다고 말했다.

전에는 작은 것은 빠르지만 무의미했고, 큰 것은 규모의 경제와 효율성을 갖고 있었지만 재빠르지 않았다고 AT&T의 존 도너번은 설명했다. 그는 우리가 이제 엄청나게 큰 것을 택하고 그걸 민첩한 것으로 바꿀 수 있으면 어떻게 될지 묻는다. 과거에는 규모가 크면 민첩성과 개인적 특성을 잃고 고객 맞춤형으로 가기 어려웠지만 이제 빅데이터 덕분에 이 세 가지를 다 가질 수 있게 되었다고 그는 말한다. 이는 개인적 특성이 없고 방대하며 사용할 수 없는 100만 건의 상호작용을 100만 개의 개별적인 해법으로 바꿀 수 있도록 해준다. 소프트웨어로 각각의 데이터 더미를 보강하고 샅샅이 훑고 정의함으로써 그렇게 할 수 있다.

이는 결코 사소한 일이 아니다. 유다시티Udacity의 창업자이자 무크MOOC, Massive Open Online Course의 개척자 중 한 사람인 서배스천 스런Sebastian Thrun은 스탬퍼드 대학교 교수로 있을 때 「포린 어페어스 Foreign Affairs」 2013년 11/12월호에 나온 인터뷰에서 이렇게 말했다.

디지털 정보가 출현하면서 정보의 기록과 저장, 그리고 보급은 사실상 무료가 됐습니다. 그 전 시대에 정보 보급의 비용 구조에 그토록 중대한 변화가 나타난 때는 책이 대중화됐던 때입니다. 인쇄술은 15세기에 발명돼 몇 세기 후 대중화됐으며, 인간의 머리에 있는 문화적 지식을 인쇄된 형태로 옮길 수 있게 됐다는 점에서 사람들에게 엄청난 영향을 미쳤습니다. 바로 지금 그와 같은 종류의 혁명이 한층 강도 높게 일어나고 있으며, 이는 우리 삶의 모든 면에 영향을 미치고 있습니다.

그러나 우리는 이제 겨우 시작 단계의 끝자락에 있을 뿐이다. 하둡은 무어의 법칙 덕분에 하드웨어의 정보 저장용 칩이 더욱 저렴해져서 나올 수 있었다. 하둡이 나올 수 있었던 건 또한 구글이 자사의 핵심적인 통찰 가운데 일부를 공유할 만큼 자신감을 가졌으며 오픈소스 커뮤니티가 자기들을 따라잡고 앞지를 수 있는지 시험해볼 것을 장려하고 이에 그 커뮤니티가 하둡을 통해 선뜻 도전을 받아들였기 때문이다. 하둡의 오픈소스 작품들은 결코 구글의 단순한 복제품이 아니었으며 지금은 여러 창조적인 길로 갈라졌다. 커팅은 이렇게 말했다. "아이디어는 중요합니다. 그러나 그 구상을 대중에 확산시키는 실행 과정도 그에 못지않게 중요하지요. 제록스 파크는 윈도우와 마우스, 네트워크로 연결된 컴퓨터, 레이저 프린팅 같은 것들과 더불어 그래픽 사용자 인터페이스를 대부분 발명했습니다. 그러나 이러한 구상들이 세상을 바꿀 수 있도록 훨씬 더 시장성이 높은 상품을 내놓으며 그 아이디어를 실행한 건 애플과 마이크로소프트였지요."

바로 이런 것들이 어떻게 하둡이 구글의 도움을 받아 우리에게 빅데이터 혁명을 가져다주었는지를 알려준다. 이제 하둡이 이 새로운 산업 전체가 형성되도록 영향력을 미치고 있는 가운데 구글이 빅데이터 활용에 필요한 도구들을 일반 대중에 제공하는 걸 하나의 사업으로 생각하고 있다는 점은 역설적이다.

"구글은 몇 년 후의 미래에 살고 있으며 이들 논문을 통해 미래로부터 우리에게 편지를 보내고 있습니다. 우리는 모두 그를 좇아가고 있고 그들도 우리를 따라오고 있으므로 이 모든 일은 이제 쌍방향으로 이뤄지기 시작했습니다."

소프트웨어: 복잡성 감추기

빌 게이츠, 그리고 그와 함께 마이크로소프트를 창업한 폴 앨런Paul Allen의 특별한 기여에 관해 말하지 않고서는 소프트웨어 개발과 보급의 가속화를 이야기할 수 없다. 소프트웨어는 빌 게이츠 이전에도 이미 오랫동안 우리 주변에 있었다. 그 모든 번쩍이는 하드웨어에 필수적으로 딸려 오는 일종의 필요악처럼 당신이 산 컴퓨터 안에 설치된 채로 오기 때문에 컴퓨터 사용자들이 한 번도 알아채지 못했을 뿐이다. 게이츠와 앨런은 그 모든 걸 바꿔놓았다. 이 둘은 1970년대에 시작해 먼저 베이직이라는 프로그래밍 언어의 인터프리터interpreter를, 나중에는 컴퓨터 운영체제 도스를 고안했다.

당시 하드웨어 업체들은 대부분 소프트웨어를 주문생산하거나 직접 만들었다. 저마다 다른 운영체제와 자사의 기계에 맞는 애플리케이션을 작동시킬 독점적인 소프트웨어를 만들었던 것이다. 게이츠는 (나중에 에

이서Acer, 델, IBM과 다른 수백 개 업체가 만들) 서로 다른 기계를 작동시킬 수 있는 공통의 소프트웨어 체계를 만든다면 소프트웨어가 단지 하드웨어와 함께 나눠주는 것이 아니라 그 자체의 가치를 갖게 되리라고 믿었다. 이런 생각이 당시에는 얼마나 급진적인 것이었는지 지금은 생각하기 어렵다. 그러나 마이크로소프트는 이런 생각을 바탕으로 태어났다. 이는 다시 말해 사용자들은 단지 기계의 일부로 개발되는 소프트웨어에 한 차례만 값을 치러서는 안 되며, 각각의 소프트웨어 프로그램을 이용하는 대가를 지불해야 한다는 생각이었다. 도스 운영체제가 한 일은 본질적으로 모든 컴퓨터 간 하드웨어 차이를 추출해서 버리는 것이었다. 델의 컴퓨터를 사든, 아니면 에이서나 IBM 제품을 사든 상관없었다. 그것들은 모두 같은 운영체제를 갖게 됐다. 이는 데스크톱과 노트북 컴퓨터를 일상적으로 쓸 수 있는 상품으로 바꾸어놓았다. 이는 하드웨어 제조 업체들이 가장 원하지 않는 것이었다. 이제 컴퓨터의 부가가치는 도스 체제하에서 작동하는 소프트웨어로 옮겨 갔다. 이 차별화된 소프트웨어를 사용하는 개인은 개발자에게 대가를 지불해야 한다. 마이크로소프트는 바로 그렇게 부를 얻었다.

오늘날 우리는 소프트웨어를 너무나 당연히 주어진 것으로 여겨 그것이 실제로 무슨 일을 하는지 잊어버린다. 마이크로소프트의 연구와 전략 책임자로서 오랫동안 게이츠와 함께 일했고 지금까지 나에게 소프트웨어와 하드웨어에 관한 모든 것을 가르쳐준 멘토인 크레이그 먼디는 소프트웨어 사업에 대해 이렇게 정의한다. "소프트웨어는 새로운 복잡성이 나타날 때마다 이를 추출해서 제거해버리는 신기한 것입니다. 이는 다음번 문제를 해결하려는 사람이 이미 바탕에 깔려 있는 복잡성 그 자체를 처음부터 끝까지 다 섭렵할 필요 없이 곧바로 새롭게 출발할 수 있도록 새로운 기준선을 만들어내지요. 당신은 그저 그 새로운 층에서 출발해 당신의 가치를 추가하면 됩니다. 당신이 그 기준선을 올릴 때마다 사람들은 새로운 것들을 발명하며, 이제 그러한 효과가 쌓여 어디에서나 복잡성을 제거하는 소프트웨어를 낳았습니다."

구글 포토와 같은 소프트웨어 애플리케이션을 잠깐 생각해보자. 이것은 당신이 지금까지 컴퓨터에 저장한 사진들에 나오는 모든 것을 거의 다 인식할 수 있다. 20년 전쯤엔 아내가 "여보, 우리가 휴가 때 플로리다 해변에서 찍은 사진 몇 장 좀 찾아줘요." 하고 부탁했다면 당신은 그 사진을 찾기 위해 이 앨범 저 앨범, 이 상자 저 상자를 일일이 다 뒤져야 했을 것이다. 그 후 사진은 디지털로 바뀌었고 모든 사진을 온라인으로 올릴 수 있게 됐다. 이제 구글 포토는 당신의 모든 디지털 사진을 안전하게 보관하고 체계적으로 분류하고 이름을 붙이며 인식 소프트웨어를 이용해 몇 번의 클릭이나 동작으로, 혹은 심지어 말로 그 장면을 묘사하는 것만으로 당신이 원하는 해변 사진을 찾을 수 있게 해준다. 다시 말해 이 소프트웨어는 사진을 분류하고 검색하는 과정의 모든 복잡성을 제거하고 그 과정을 키를 몇 번 누르거나 스크린을 터치하거나 음성 명령을 내리는 것으로 단순화해준다.

이번에는 5년 전에 택시를 잡던 상황을 돌이켜보자. 택시를 잡기 위해 길모퉁이에서, 아마도 빗속에 선 채로 "택시, 택시." 하고 목청껏 소리쳐서 택시를 부르지만 가까이 오는 택시마다 벌써 손님을 태운 채 쌩하고 지나가버린다. 그러면 당신은 근처 공중전화나 휴대폰으로 택시 회사에 전화를 걸고, 그들은 당신을 5분 동안 기다리게 한 뒤에 20분을 더 기다리면 차가 올 거라고 말한다. 하지만 당신은 그 말을 믿지 않고 그들 또한 믿지 않는다. 오늘날 상황이 얼마나 달라졌는지는 우리 모두가 안다. 택시를 부르고, 위치를 알아내고, 시간을 맞춰보고, 택시를 보내고, 요금을 치르고, 심지어 그 택시 운전기사를 평가하는 과정의 모든 복잡성은 제거됐으며 이제는 당신이 들고 있는 스마트폰에서 우버 앱을 두어 번 터치하는 것으로 단순화됐다.

컴퓨터와 소프트웨어의 역사는 실제로 하드웨어와 소프트웨어의 조합을 통해 갈수록 더 많은 복잡성을 제거해가는 과정이라고 먼디는 설명했다. 애플리케이션 개발자들이 그런 마법을 부릴 수 있도록 해주는 것은 API, 즉 애플리케이션 프로그래밍 인터페이스(운영체제와 응용프로그램 간 통신을 위한 언어나 메시지 형식—옮긴이)다. API는 컴퓨터가 당신이 원하는 모든 걸 충족시켜주도록 하는 실제 프로그래밍 명령이다. 당신이 만들고 있는 애플리케이션에 '저장' 버튼을 두어서 그걸 터치하면 파일이 플래시 드라이브에 저장되도록 하고 싶을 경우 당신은 일련의 API로 그 버튼을 만들 수 있다. '파일 작성', '파일 열기', '파일 전송' 같은 것들도 마찬가지다.

요즘에는 서로 다른 개발자들과 웹사이트, 그리고 시스템의 API가 훨씬 더 매끄럽게 상호작용하게 되었다. 기업들은 자사의 API 중 많은 것을 다른 업체들과 공유하며 이에 따라 개발자들은 다른 업체의 플랫폼에 접속하고 그들의 플랫폼에서 작동할 수 있는 애플리케이션과 서비스를 설계할 수 있다. 그래서 나는 사람들이 내 웹사이트에 있는 항목들을 클릭해 아마존에 있는 책들을 살 수 있도록 그 회사의 API를 이용할 수도 있다.

개발자 웹사이트인 리드라이트닷컴ReadWrite.com은 이렇게 설명한다. "API는 제멋대로 뻗어나가는 온갖 웹 서비스들의 '매시업(여러 서비스를 융합해 새로운 서비스를 만들어내는 것—옮긴이)'이 가능하도록 해주며, 이때 개발자들은 구글이나 페이스북, 또는 트위터 같은 업체들의 API를 서로 맞추고 뒤섞어 완전히 새로운 앱과 서비스를 창출한다. 주요 서비스의 API를 광범위하게 이용할 수 있게 된 것은 여러 가지 방식으로 현대인들이 웹을 통해 경험할 수 있는 것들을 가능하게 해준다. 당신이 안드로이드 운영체제에 맞는 옐프Yelp 앱으로 가까운 식당을 찾을 때 이 앱은 독자적인 지도를 만드는 대신 구글 맵스 API에 접속해 구글 지도에 식당 위치를 표시해줄 것이다."

먼디는 이런 형태의 통합을 '매끄럽다'고 표현한다. "소프트웨어 기능이 하나의 기초적인 웹 서비스에서 다른 서비스로 넘어갈 때 사용자들이 전혀 알아채지 못하기 때문이지요. API는 각각의 컴퓨터 안에서 작동하고 있는 복잡성을 한 꺼풀 또 한 꺼풀 계속해서 숨겨줍니다. 그리고 전송 프로토콜과 메시징 포맷은 이 모든 걸 수평적으로 합쳐 하나의 네트워크로 연결하는 복잡성을 숨겨주지요." 이러한 수직적인 구조와 수평적인 상호 연결이 당신이 매일 컴퓨터나 태블릿, 또는 휴대폰으로 즐거운 경험을 할 수 있도록 해준다. 페이스북, 트위터, 구글, 우버, 에어비앤비, 스카이프, 아마존, 트립어드바이저, 옐프, 틴더Tinder 혹은 뉴욕타임스닷컴 서비스는 말할 것도 없고 마이크로소프트 클라우드와 휼렛패커드 엔터프라이즈Hewlett Packard Enterprise 서비스를 비롯한 모든 것이 네트워크에서 정보를 주고받는 수백만 대의 컴퓨터에서 수천 가지 API와 프로토콜이 수직적·수평적으로 맞물리며 실행된 결과물이다.

지금 소프트웨어 생산이 더욱더 빠르게 가속화하고 있는 건 소프트웨어를 만드는 도구들이 기하급수적으로 향상되고 있기 때문만은 아니다. 이러한 도구들은 또한 한 회사 안에서, 그리고 여러 회사 사이에서 더욱더 많은 사람이 어느 때보다 복잡해진 일들을 추려내기 위해 소프트웨어와 API 코드를 만들려는 데 협력할 수 있게 해준다. 그러므로 이제 단지 100만 명의 똑똑한 사람들이 그 코드를 작성하고 있을 뿐만 아니라 100만 명의 똑똑한 사람들이 그 모든 코드를 작성하려고 '함께' 일하고 있다.

그래서 우리는 오늘날 최첨단 소프트웨어 제조기 중 하나인 깃허브로 눈길을 돌리게 된다. 깃허브는 소프트웨어를 만들어내기 위한 협력을 촉진하는 가장 인기 있는 플랫폼이다. 이러한 노력들은 어떤 형태로든 이뤄질 수 있다. 개인들과 다른 개인들 사이에, 또는 기업 내 독립적인 그룹들이나 광범위하게 개방된 오픈소스와의 협력이 이뤄질 수 있는 것이다. 깃허브 이용은 2007년부터 폭발적으로 늘었다. 여기에서도 대중은 어느 한 사람보다 똑똑하다는 전제 아래 이제 더욱더 많은 개인과 기업이 깃허브 플랫폼에 의존한다. 이 플랫폼은 그들이 모든 걸 더욱 빨리 배울 수 있도록 해준다.

이는 상업의 모든 면에 걸쳐 이미 시장에 나와 있는 가장 좋은 소프트웨어 창작물을 이용하고 또한 그것을 바탕으로 회사 안팎의 두뇌 집단으로 이루어진 협력팀을 통해 새로운 소프트웨어를 만들어낼 수 있도록 해준다.

오늘날 깃허브는 소프트웨어 애플리케이션을 만들고 향상시키고 단순화하고 저장하고 공유하기 위해 1,200만 명이 넘는 프로그래머들이 이용하고 있으며 그 숫자는 빠르게 늘어나고 있다. 이용자 수는 내가 처음 인터뷰를 한 2015년부터 마지막 인터뷰를 한 2016년 초까지 100만 명이 늘어났다.

단지 소프트웨어의 측면에서 위키피디아와 아마존 사이에 있는 어떤 지점을 그려보자. 당신은 온라인으로 깃허브 자료실을 찾아가 서가에서 바로 필요한 소프트웨어, 예컨대 재고관리 시스템이나 신용카드 정보처리 시스템, 인적자원 관리 시스템, 비디오게임 엔진, 드론 통제 시스템, 혹은 로봇 관리 시스템을 찾아낼 수 있다. 그런 다음 그걸 당신, 혹은 회사 컴퓨터에 내려받고, 당신의 특수한 필요에 맞게 고치고, 당신이나 회사 내 소프트웨어 기술자들이 그 소프트웨어의 어떤 부분을 개선한 후 그렇게 개선된 소프트웨어를 다시 깃허브의 디지털 자료실에 올려 다음 사람이 새롭게 개선된 형태를 이용할 수 있게 한다. 이제 어느 곳에서 일하든 세계에서 가장 뛰어난 프로그래머들이 (회사를 위해서 일하든 아니면 그저 약간의 인정을 받기를 기대하며 일하든) 모두 같은 일을 하고 있는 모습을 상상해보라. 당신은 결국 더 빨리 배우게 되고 소프트웨어 프로그램들을 개선함으로써 갈수록 더 빠른 혁신을 촉진하는 선순환에 이르게 된다.

처음에 세 명의 뛰어난 괴짜들(톰 프레스턴워너Tom Preston-Werner, 크리스 완스트래스Chris Wanstrath, 그리고 P. J. 하이엣P. J. Hyett)이 창업한 깃허브는 이제 세계에서 가장 큰 코드 호스트 업체다. 요즘 주요 기업들 중 서로 협력하는 프로그래머들이 깃허브 플랫폼을 쓰지 않는 곳을 찾아볼 수 없다. 그래서 나는 그토록 많은 소스코드의 발원지를 찾아보기로 하고 샌프란시스코에 있는 깃허브의 본부를 찾아갔다. 마침 그 일주일 전 백악관 집무실에서 버락 오바마 전 대통령을 인터뷰했다. 이 이야기를 하는 까닭은, 깃허브의 방문자를 맞는 로비는 카펫을 쫙 깔아놓은 백악관 집무실을 그대로 본뜬 것이기 때문이다!

그들은 손님들이 특별하다는 느낌을 받게 하고 싶어 한다.

나를 맞은 깃허브의 최고경영자 크리스 완스트래스는 깃허브라는 이름에 어떻게 '깃Git'이 붙게 됐는지부터 이야기했다. 리누스 토르발스Linus Torvalds는 우리 시대에서 가장 뛰어나지만 세상에는 그다지 알려지지 않은 혁신가 중 한 사람인데, 깃은 그가 2005년에 발명한 '분산형 버전 관리 시스템distributed version control system'이라고 완스트래스는 설명했다. 토르발스는 리눅스를 창안한 오픈소스의 전도사며 리눅스는 마이크로소프트 윈도우와 정면으로 맞서며 경쟁한 첫 오픈소스 운영체제다. 토르발스의 깃 프로그램은 코드를 작성하는 사람들이 하나의 팀을 이루어 함께 일하도록 해준다. 모두가 같은 파일을 쓰며 프로그래머 각자가 다른 사람의 작업 결과를 바탕으로 일하거나 그와 나란히 작업하도록 해주고, 또한 다른 사람들이 무엇을 바꾸었는지를 볼 수 있고, 그것들을 저장하고, 원래 상태로 되돌리고, 개선하고, 실험할 수 있도록 해준다.

완스트래스는 위키피디아가 오픈소스 백과사전을 쓰기 위한 하나의 버전 관리 시스템이라고 말한다. 사람들은 각 표제어의 내용을 보탠다. 하지만 당신은 언제나 그 내용이 달라지는 걸 지켜보고 개선하고 원상태로 돌릴 수 있다. 단 하나의 규칙이 있다면 그것은 어떤 개선이든 커뮤니티 전체가 공유해야 한다는 것이다. 윈도우나 애플의 iOS처럼 독점적 소프트웨어도 버전 관리 시스템으로 만드는 것이지만 이는 폐쇄형 시스템이며, 그 소스 코드와 변경 사항은 더 광범위한 커뮤니티와 공유되지 않는다.

깃허브가 주관하는 오픈소스 모델은 '분산형 버전 관리 시스템'으로, 누구나 소프트웨어 개발에 기여할 수 있으며 커뮤니티는 기본적으로 누가 최고의 버전을 가졌는지 날마다 결정한다고 완스트래스는 말했다. "이 협력의 사회적 속성에 따라 가장 좋은 작품이 최고의 자리에 오르는데 이는 아마존닷컴에서 책이 평가받는 것과 같은 방식이지요. 깃허브에서 커뮤니티는 서로 다른 버전들을 평가해 별점을 주거나 '좋아요'를 누릅니다. 당신은 누구의 버전이 가장 많은 선택을 받았는지 그 이력을 추적할 수도 있습니다. 목요일에는 당신의 소프트웨어 버전이 가장 인기가 높다가도 그다음에 내가 들어와 그것을 갖고 작업하면 금요일에는 내 버전이 차트의 맨 위에 오를 수 있습니다. 그러는 동안 커뮤니티 전체가 그 혜택을 누리지요. 우리는 그 둘을 합칠 수도, 서로 다른 길로 갈 수도 있지만 어느 쪽이든 소비자들에게는 선택할 수 있는 것들이 더 많이 생깁니다."

당시 서른한 살인 완스트래스는 어떻게 이 계통의 일을 시작하게 됐을까? 그는 이렇게 답했다. "열두 살인가 열세 살 때 프로그래밍을 시작했어요. 비디오게임을 만들고 싶었지요. 나는 비디오게임을 좋아했습니다. 내가 처음으로 만든 프로그램은 인공지능을 흉내 낸 것이었습니다. 하지만 그때 비디오게임을 만드는 건 내게 너무 어려운 일이라 웹사이트를 만드는 법을 배웠지요." 완스트래스는 신시내티 대학교에 영어 전공으로 들어갔지만 대부분의 시간을 셰익스피어를 읽는 대신 코드를 작성하며 보냈다. 그리고 기초적인 온라인 오픈소스 커뮤니티에 참여했다. 완스트래스는 이렇게 설명했다. "멘토의 가르침에 목말랐던 나는 필요한 도움을 줄 프로그램을 찾고 있었습니다. 그러다 개발자들의 도구를 만드는 삶을 살게 된 것이지요."

완스트래스는 초급 단계의 프로그래밍 일을 얻으려 급하게 오픈소스 개발에 관한 이력서와 자신의 작품 견본을 실리콘밸리의 소프트웨어 회사들에 보냈다. 마침내 웹사이트들을 관리하는 미디어 플랫폼 업체 씨넷닷컴CNET.com의 한 관리자가 그에게 내기를 걸어보기로 했다. 그의 대학 성적이 아니라 여러 오픈소스 커뮤니티가 그의 프로그래밍에 준 '좋아요'에 바탕을 둔 결정이었다. 그는 샌프란시스코를 그저 해변과 롤러블레이드의 도시라고 생각했다. 하지만 곧 그곳이 비트와 바이트의 도시라는 걸 알게 됐다. 그리고 2007년 씨넷의 새 제품을 만들기 위해 오픈소스 소프트웨어를 활용하는 소프트웨어 엔지니어가 됐다.

한편 2007년 어느 날 토르발스는 구글 테크 토크Tech Talk에 가서 그가 협력을 통해 코드를 만드는 도구인 깃에 관해 이야기했는데, 그 대화를 유튜브에서 본 완스트래스와 오픈소스팀 동료들은 자신들도 이 모든 서버들이 각기 다른 커뮤니티를 담당하는 시스템에서 벗어나 깃이라는 도구를 써봐야 할 것 같다고 입을 모아 말했다.

그때까지 오픈소스 커뮤니티는 대단히 개방적이긴 했지만 아주 작게 쪼개져 있었다. 완스트래스는 이렇게 회고했다. "그 당시에는 사실상 제대로 된 오픈소스 커뮤니티가 없었어요. 수많은 오픈소스 커뮤니티를 모아둔 형태만 있었을 뿐이었고 그것도 사람들이 아니라 프로젝트를 기반으로 한 것이었지요. 그때는 문화가 그랬습니다. 모든 수단이나 이념은 사람들이 어떻게 함께 일하고 서로 이야기하느냐가 아니라 그 프로젝트를 어떻게 운영하고 내려받느냐에 초점을 맞추었지요. 모든 것이 프로젝트 중심이었어요." 그때 완스트래스에게 떠오른 생각은 이런 것이었다. 왜 동시에 한 곳에서 열 가지 프로젝트를 갖고 작업할 수 없을까? 모든 프로젝트가 기본적으로 같은 언어를 공유함으로써 서로 대화할 수 있고 프로그래머들이 이 프로젝트에서 저 프로젝트로 오갈 수 있도록 할 순 없을까?

그래서 그는 씨넷의 동료 P. J. 하이엣, 톰 프레스턴워너와 다른 접근 방식을 이야기하기 시작했다. 하이엣은 컴퓨터과학을 전공했고 프레스턴워너는 그들이 대면하기 오래전부터 여러 오픈소스 프로젝트에서 완스트래스와 협력해온 사이였다.

"우리는 스스로에게 이렇게 말하고 있었습니다. '이 깃이라는 걸 사용하는 건 정말 어려워. 우리가 그걸 더 쉽게 바꾸기 위한 웹사이트를 만들면 어떨까?' 그리고 우리는 생각했지요. '모든 사람이 깃을 쓰게 할 수 있다면 우리는 어떤 도구를 활용하고 있는지에는 더 이상 신경 쓰지 않고 어떤 것을 만들고 있는지에만 집중할 수 있을 텐데.' 나는 이 모든 걸 웹상에서 한 번의 클릭으로 다 할 수 있기를 바랐습니다. 그래서 내가 어떤 프로그램에 관해 의견을 남길 수 있고 트위터에서 팔로잉하는 것과 같은 방식으로 사람과 코드를 팔로잉할 수 있게 말이지요. 트위터만큼 쉽게요."

그렇게 하면 100개의 서로 다른 소프트웨어 프로젝트를 작업하기 위해서 100가지의 서로 다른 기여 방식을 배울 필요가 없었다. 단지 깃을 쓰는 법만 배우면 그 위에서 모든 걸 쉽게 작업할 수 있었다.

2007년 10월, 그들 셋은 깃을 한데 집중시켰다는 뜻으로 이름 붙인 '깃허브'를 설립했다. 깃허브는 2008년 4월에 공식 출범했다. "깃허브의 핵심은 모든 사람과 프로젝트를 연결하는 사회적 차원을 가진 이 분산형 버전 관리 시스템이었습니다." 완스트래스가 말했다. 그 당시 주된 경쟁자였던 소스포지$_{SourceForge}$는 누군가의 오픈소스 소프트웨어를 받아들이기로 결정하는 데 닷새가 걸렸다. 이에 비해 깃허브는 '당신의 코드를 세계와 나누라'는 식으로 운영되는 곳이었다.

그는 나에게 이렇게 설명했다. "예를 들어 당신이 '칼럼 쓰는 법'이라는 프로그램을 올리고 싶다면 그걸 당신 이름으로 깃허브에 공개하기만 하면 됩니다. 그러면 내가 온라인으로 그걸 보고 이렇게 말하지요. '저기요, 몇 가지 덧붙이고 싶은 게 있어요.' 예전 같았으면 나는 아마도 프로그램을 어떻게 바꾸었는지를 써서 개략적인 내용을 커뮤니티에 올리려 했을 겁니다. 지금은 당신의 코드를 내 샌드박스$_{sandbox}$(외부에서 받은 프로그램을 작동시키는 보호된 영역—옮긴이)로 가져옵니다. 그렇게 프로그램이 갈라지게 하는 걸 '포크$_{fork}$'라고 하지요. 나는 이제 그곳에서 작업을 하고 내가 바꾼 내용은 완전히 공개됩니다. 그건 내 버전이지요. 내가 그렇게 변경한 것을 원저작자인 당신에게 제출하고 싶으면 그것을 봐달라고 요청합니다. 당신은 '칼럼 쓰는 법'에 대해 내가 제시한 새로운 방식을 보고 모든 변경 사항을 확인할 수 있지요. 당신이 그걸 좋다고 생각하면 그 둘을 합치는 '병합$_{merge}$' 버튼을 누르면 됩니다. 그러면 다음에 보는 사람은 이렇게 합쳐진 버전을 보게 되지요. 만약 당신이 변경 사항을 다 좋아하는 게 아니라면 우리는 그에 대해 논의하고 평가하며 코드 한 줄 한 줄을 검토하는 방법이 있습니다. 이는 조직화된 크라우드소싱crowdsourcing(창작 과정에 대중을 참여시키는 것—옮긴이)이지요. 하지만 결국 무엇을 받아들이고 무엇을 거부할지는 처음에 '칼럼 쓰는 법'이라는 프로그램을 만든 당신이 결정합니다. 깃허브는 내가 그 프로그램에 어떤 작업을 했는지 보여주겠지만 무엇을 당신의 처음 버전과 합칠지는 당신이 통제하지요. 오늘날 소프트웨어를 만드는 방식은 바로 이런 것입니다."

15년쯤 전에 마이크로소프트는 닷넷.NET이라는 기술을 개발했다. 닷넷은 은행과 보험회사를 위한 전문적인 기업 소프트웨어를 개발하는 데 쓸 독점적인 폐쇄형 플랫폼이었다. 2014년 9월, 마이크로소프트는 그것을 깃허브에 개방해 오픈소스 커뮤니티가 무엇을 추가할 수 있는지 보기로 했다. 이후 6개월이 지나지 않아 마이크로소프트가 닷넷 개발을 시작한 이래로 그 일을 했던 직원들보다 더 많은 사람이 무료로 그 일을 하게 됐다.

"오픈소스는 사람들이 자기 멋대로 아무 일이나 할 수 있다는 뜻은 아닙니다. 마이크로소프트가 이 프로그램에 대해 일련의 전략적 목표를 설정한 다음 그들이 어디로 가고자 하는지를 커뮤니티에 알리면 커뮤니티는 프로그램을 수정하고, 향상시키게 됩니다. 그러면 마이크로소프트가 그걸 수용하는 것입니다. 그들의 플랫폼은 처음에는 윈도우에서만 작동했습니다. 하지만 마이크로소프트가 앞으로는 그것이 맥과 리눅스에서도 작동하도록 하겠다고 발표하자 바로 다음 날 커뮤니티는 이렇게 말했지요. '좋습니다. 대단히 고맙습니다. 우리가 그중 하나를 만들어드리지요.'"

깃허브 커뮤니티는 자신들끼리 맥 버전을 만들어냈다. 그것도 하룻밤 새. 그것은 프로그램을 공유한 마이크로소프트에게 돌려준 선물이었다.

완스트래스는 이렇게 결론지었다.

"우버를 사용할 때 당장 생각해야 하는 건 내가 어디로 가고 싶은가 하는 것뿐입니다. 어떻게 그곳에 갈까를 생각하는 것은 아니지요. 깃허브의 경우도 마찬가지입니다. 지금 당신이 생각해야 하는 건 어떤 문제를 해결하고 싶은가 하는 것이지 어떤 수단을 써야 할까가 아닙니다."

이제 당신은 깃허브의 선반으로 가서 정확히 필요한 것을 찾고, 그것을 가져와서 향상시키고, 다른 사람을 위해 다시 갖다놓을 수 있다. 그는 이렇게 덧붙였다. "그 과정에서 우리는 모든 마찰을 제거합니다. 당신이 깃허브에서 찾아낸 건 모든 산업에서 통할 수 있습니다."

세계가 평평할 때는 세상에 나와 있는 모든 도구가 모든 사람에게 쓰일 수 있지만 그 시스템에는 여전히 온갖 마찰이 존재한다. 그러나 그 도구들이 시야에서 사라지고 당신이 오직 프로젝트만 생각하게 될 때 '세계는 빨라진다'. 완스트래스는 말했다. "20세기에는 온갖 제약이 모두 하드웨어에 관한 것이었고 더 빠른 프로세서와 더 많은 서버로 하드웨어를 빠르게 만드는 문제와 관련된 것이었습니다. 21세기에는 모든 문제가 소프트웨어와 관련된 것입니다. 우리는 더 많은 인간을 만들어낼 수는 없지만 더 많은 개발자를 키울 수는 있지요. 그리고 기존의 소프트웨어를 향상시킴으로써, 또한 더 많은 창작자가 나올 수 있게 개발 분야를 개방함으로써 사람들이 멋진 소프트웨어를 개발할 수 있도록 능력을 키워주고 싶습니다. 그들이 훌륭한 벤처기업이나 혁신 프로젝트를 만들 수 있게 말이지요."

오픈소스 커뮤니티에는 굉장히 멋진 인간적인 면모가 있다. 실제로 그것은 금전적인 보상이 아니라 인간 내면 깊숙한 곳의 협력하려는 욕구, 그리고 일을 훌륭하게 해냈다는 인정과 칭찬을 받으려는 심층적인 욕구에 따라 움직인다. "당신이 추가한 건 정말 멋져요. 잘했어요. 바로 그겁니다!" 사람들이 이런 말을 듣고 창출할 수 있는 가치가 얼마나 많은지를 보면 놀랍다. 혁신하고 공유하고 그에 대한 인정을 받고 싶어 하는 내면의 욕구를 건드림으로써 수백만 시간의 보수 없는 노동을 이끌어낼 수 있는 것이다.

완스트래스는 이렇게 말한다. "사실 지금 가장 신나는 건 사람들이 깃허브에서 프로젝트를 하면서 서로를 발견해가는 걸 지켜보는 일입니다. 기업은 개발자를 찾고, 개발자는 다른 개발자를 찾고, 학생은 멘토를 찾고, 취미 생활을 하는 이는 함께 일을 꾸밀 상대를 찾는 모든 게 신나는 일이지요. 어떤 한 측면이 아니라 전체적인 의미에서 하나의 도서관이 되어가고 있어요. 가장 심층적인 의미의 공동체가 되고 있는 것이지요." 그는 또 이렇게 덧붙였다. "깃허브에서 만난 사람들이 서로 같은 도시에 살고 있다는 걸 알게 되면 바깥에서 만나 피자를 먹으면서 밤새 프로그래밍에 관해 이야기합니다."

그러나 오픈소스도 운영자금이 필요하며, 이용자가 200만 명에 이를 때는 더욱 그렇다. 그래서 깃허브는 사업 모델을 생각해냈다. 자체 사업을 위해 깃허브의 플랫폼을 이용하는 기업들에 요금을 물리는 것이다. 이 기업들은 그곳에서 독자적인 사업 코드를 가진 자사의 소프트웨어 보관소를 만들고 그 소프트웨어 개선을 위해 누구와 협력할지 결정한다. 이제 대단히 많은 주요 기업이 깃허브에 이러한 비공개 보관소와 공개 보관소를 함께 두고 있다. 그렇게 하면 가장 많은 두뇌를 활용하면서 더 빨리 움직일 수 있기 때문이다.

"우리는 오픈소스 소프트웨어를 바탕으로 오픈스택OpenStack이라는 클라우드 구조를 만들었습니다. 그래서 그 커뮤니티를 활용해 10만 명의 개발자들과 함께 일할 수 있지요. 그들은 우리 회사에서 일하지 않지만 우리가 1년이 걸려도 못 하는 일을 일주일 안에 해치울 수 있습니다."

휼렛패커드 엔터프라이즈의 최고경영자 멕 휘트먼Meg Whitman은 이렇게 말했다. "나는 이 세상이 인정認定으로 돌아간다고 확신합니다. 이들 커뮤니티를 그토록 강력하게 만들어준 건 바로 인정입니다. 사람들은 자기가 한 일에 대해 공동체의 다른 이들이 인정해주기를 바라는 욕구에 따라 움직이지요. 나는 이베이에서 그걸 배웠습니다. 사람들은 반응에 열광해요. 이런 데가 아니면 어디에서 아침에 일어나 모두가 얼마나 당신을 좋아하는지 알게 되는 경험을 하겠어요?"

지난날에는 기업들이 '머지않아 다음 세대의 칩이 나오겠지' 하고 기다리곤 했다. 그러나 이제 기업들은 새로운 방식으로 소프트웨어를 이용해 어떤 하드웨어든 춤추고 노래하게끔 할 수 있다. 그러므로 사람들이 기다리는 건 소프트웨어이며 그들이 가장 열심히 협력하는 일은 소프트웨어 개발이다. 이와 관련해서 AT&T의 존 도너번은 이렇게 말했다. "우리에게 무어의 법칙은 좋았던 옛 시절의 이야기입니다. 12개월이나 24개월마다 우리는 새로운 칩에 관한 계획을 세울 수 있었고, 그것이 나오리라는 걸 알았으며, 그에 따라 시험을 하고 계획을 짤 수 있었지요." 오늘날 훨씬 더 중요한 문제는 어떤 소프트웨어가 나타나는가다. 그는 이렇게 덧붙였다. "변화의 속도는 누가 그 소프트웨어를 만들 수 있느냐에 달려 있습니다. 트럭과 사다리를 갖추고서 전신주를 타는 일을 하던 사람들이 '도너번, 우리는 이제 소프트웨어 회사입니다.'라고 말할 때는 뭔가 중요한 변화가 찾아왔다는 걸 깨닫게 되지요. 예전에는 늘 소프트웨어가 병목이었지만 지금은 소프트웨어가 모든 걸 앞지르고 있습니다. 그것은 무어의 법칙을 몇 배로 증폭시키는 요인이 됐지요."

네트워킹: 광대역 통신과 이동성

정보처리와 감지장치, 저장장치, 그리고 소프트웨어의 가속적인 발전 모두 절대적으로 중요했지만 연결성connectivity이 가속적으로 진전되지 않았다면 이런 것들은 결코 지금처럼 확산되지 못했을 것이다. 연결성은 전 세계의 지상과 해저 광섬유 케이블, 그리고 무선통신 시스템의 용량과 빠르기를 말하며, 이는 휴대폰뿐만 아니라 인터넷의 중추를 이루는 것이다. 이 분야에서는 지난 20년에 걸쳐 거의 무어의 법칙에 가까운 속도로 발전이 이뤄졌다.

2013년에 나는 '긱 시티Gig City'로 불리던 테네시 주의 채터누가가 미국에서 가장 빠른 인터넷 서비스를 시작한 다음 그곳에 방문했다. 초고속 광섬유 네트워크로 초당 1기가비트의 데이터를 전송하는 것이었는데 이는 평균적인 미국 도시보다 약 30배 빠른 속도였다. 「뉴욕타임스」 2014년 2월 3일 자 보도에 따르면 채터누가에서는 두 시간짜리 고화질 영화를 내려받는 데 단 33초밖에 걸리지 않는 데 비해 다른 도시에서 일반적인 고속의 광대역 통신으로는 25분이 걸렸다. 내가 갔을 때 그 도시는 2012년 10월 13일 초저지연super-low latency 비디오 콘퍼런스 기술을 이용한 특별한 이중창을 들었던 경험에 관해 여전히 이야기를 하고 있었다. 그래미상 수상자인 티 본 버넷은 척 미드와 함께 4,000명의 청중 앞에서 '험난한 인생'이라는 노래를 불렀다. 그러나 척 미드는 채터누가의 무대 위에서 노래했지만 버넷은 로스앤젤레스의 스튜디오에서 스크린을 보면서 자기 파트를 노래했다. 그 전까지만 하더라도 통화 중에는 통신 지연이 있어 통신을 통해서 이중주를 한다는 것이 사실상 어려웠는데, 당시 채터누가의 새로운 네트워크로 통화하면 지연 시간이 아주 짧아 인간의 귀로는 인식할 수 없을 정도였다. 채터누간닷컴Chattanoogan.com에 따르면 그처럼 대륙을 가로지르는 이중창을 할 수 있었던 건 채터누가의 새로운 광섬유 네트워크의 지연 시간이 67밀리초(1밀리초는 1,000분의 1초)에 불과했기 때문이다. 이는 그 소리와 영상이 눈을 한 번 깜빡하는 시간의 4분의 1에 불과한 순간에 채터누가에서 로스앤젤레스까지 3,380킬로미터를 달려갈 수 있다는 뜻이다. 그 속도는 너무나 빨라서 소리를 전송할 때 나타나는 극히 짧은 지연을 사람의 귀로는 알아챌 수 없었다.

스탠퍼드 대학교 물리학과 교수인 필 벅스바움Phil Bucksbaum에 따르면 그 이중창은 불과 몇 년 새 광섬유 분야의 연구에서 획기적인 진전이 이뤄지고 그 속도가 갈수록 빨라진 데 따른 것이었다. 벅스바움은 광통신의 바탕이 되는 레이저 과학을 연구하며 광학회 회장을 지냈다. 연구 경력 초기인 1980년대에 그는 벨연구소Bell Labs에서 일했다. 그 시절 컴퓨터 과학자들은 벨연구소 내 다른 구역에 있는 컴퓨터와 통신하고 싶을 때 그 컴퓨터가 '깨어 있는지' 알아보려면 '핑ping'이라는 명령어를 썼다. 이 명령어로 보낸 전자 메시지가 다른 컴퓨터에서 튕겨서 오면 그 컴퓨터가 깨어 있으며 쌍방향통신을 할 준비가 돼 있는지를 알려주는 것이다. 핑은 또한 그 전기신호가 전선을 타고 갔다 돌아오는 데 얼마나 걸리는지 알 수 있는 시계를 갖고 있었다.

2015년 9월에 벅스바움은 나와 아침 식사를 함께하면서 이런 이야기를 해주었다. "나는 그때까지 10년 넘게 핑을 쓰지 않았어요. 하지만 어느 날 재미 삼아 우리 집 컴퓨터 앞에 앉아 세계 곳곳의 여러 컴퓨터에 핑 메시지를 보내봤지요. 그저 그 신호가 얼마나 빨리 그곳에 갔다 돌아오는지 보려는 것이었어요. 나는 미시간 주의 앤아버, 런던의 임페리얼 칼리지, 이스라엘의 바이츠만과학연구소, 그리고 오스트레일리아의 애들레이드 대학교에 핑 신호를 보내기 시작했습니다. 결과는 놀라웠어요. 그 빠르기는 광속의 절반 이상이었어요."

그 신호는 초당 2억 미터를 간다는 이야기였다. 다시 말해 그 신호는 벅스바움이 컴퓨터 키를 누를 때부터 그 지역의 광섬유 케이블로 들어가 지상과 해저 케이블을 타고 지구 반대쪽에 있는 컴퓨터까지 빛의 속도의 절반을 넘는 빠르기로 전송된다는 것이다.

그는 이렇게 설명했다. "우리의 속도는 이미 물리법칙이 허용하는 한계의 절반에 와 있고 더욱 빠르게 달리려는 시도는 그 효과가 갈수록 줄어드는 상황에 부딪혔습니다. 불과 20년 새 우리는 '이건 어쩌면 좋은 아이디어일 것'이라고 하는 수준에서 계속해서 나아가 현재는 물리적 한계에 부딪히는 단계에 이르렀습니다. (중략) 핑을 통해 나는 우리가 물리적 한계에 얼마나 가까이 와 있는지 깨달았는데 그건 아주 놀랄 만한 것이었습니다. 이는 어떤 면에서는 대단한 혁명입니다."

벅스바움은 이 혁명이 광섬유 케이블로 데이터와 음성을 전송하는 속도가 줄곧 빨라지는 일종의 '무어의 법칙' 덕분에 일어난 것이라고 설명했다. 그는 해저케이블로 데이터를 전송할 때 낼 수 있는 속도는 확실히 계속해서 가속이 붙었다고 말했다. 벅스바움은 그 이야기를 짧게 줄여서 이렇게 설명했다. "우리는 디지털 주파수를 이용해 주로 구리선으로 된 동축케이블로 음성과 데이터를 보내기 시작했습니다. 이는 당신이 처음으로 이용한 케이블 업체와 전화 회사가 당신의 집과 텔레비전 셋톱 박스로 보낸 것입니다. 그들은 또 바다 밑을 지나 지구의 구석구석으로 음성과 데이터를 실어 나르기 위해 같은 동축케이블을 이용했습니다."

그다음에 벨연구소와 스탠퍼드 대학교 같은 곳에 있는 과학자들이 레이저를 이용해 음성과 데이터를 보내는 방식을 시험하기 시작했다. 기본적으로 길고 가늘고 휘기 쉬운 유리관인 광섬유를 통해 빛의 파동으로 음성과 데이터를 전송하는 것이다. 1980년대 말과 1990년대 초에 시작된 이 방식은 새로운 표준으로 발전했다. 처음에 광섬유 케이블은 신호를 일정 거리까지만 보낼 수 있는 케이블을 연결해서 만든 것이었다. 이 조건에서는 일정한 거리에 다다른 후 약해진 신호는 증폭기 상자에서 멈춰야 했고, 그곳에서 빛을 전자신호로 바꾸어 증폭시킨 다음 다시 빛으로 되돌려서 목적지까지 계속 가는 식이었다. 그러나 시간이 지나면서 연구자들은 새로운 길을 발견했다. 화학물질을 이용하고 광섬유를 이어 붙여 음성과 데이터 전송 용량을 늘려서 결코 약해지지 않는 빛 신호를 보내는 방식이었다.

벅스바움은 이렇게 설명했다. "그것은 굉장한 돌파구였습니다. 그런 식의 내부적인 증폭을 통해 전자적인 증폭기 상자를 없애고 미국에서 하와이까지, 중국에서 아프리카까지, 혹은 로스앤젤레스에서 채터누가까지 끝에서 끝까지 이어지는 광섬유 케이블을 깔 수 있게 되었지요. 그렇게 되자 훨씬 더 빠른 비선형적 성장을 이룰 수 있었습니다." 당신의 집으로 영화를 전송할 수 있게 된 건 두말할 나위도 없었다. 광대역 인터넷 덕분에 가능한 일이었다.

"일단 레이저 빛 신호를 증폭시키기 위해 그것을 부술 필요가 없게 되자 정보를 전송할 수 있는 속도는 더 이상 전기의 속성과 제약에 얽매이지 않고 빛의 속성에만 따르게 됐습니다. 그러자 우리처럼 레이저를 연구하는 사람들은 정말로 멋진 일들을 할 수 있게 되었지요."

그들은 레이저와 유리를 이용해 더 많은 정보를 보낼 온갖 새로운 방법을 찾아냈다. 그중 하나는 시분할다중통신time division multiplexing 방식인데 이는 더 많은 전송 용량을 만들어내기 위해 빛을 켰다 껐다 하며 레이저 펄스를 보내는 것이다. 또 하나는 파장분할다중통신wavelength division multiplexing으로 서로 다른 전화 통화를 한꺼번에 실어 나르기 위해 서로 다른 색깔의 빛을 이용하는 것이다. 이 둘을 결합하는 방법도 있다.

그것들로 가속화가 끝난 건 아니다. "지난 20년의 역사는 우리가 어느 때보다 많은 정보를 내보내기 위해 서로 다른 빛의 속성들을 분리하는 더 빠르고 나은 방법을 계속해서 찾아내는 과정이었습니다." 벅스바움이 말했다. "지금 해저케이블이 데이터를 나르는 속도는 초당 몇 조 비트입니다." 그는 어느 시점에는 결국 물리법칙의 한계에 부딪히게 되겠지만 우리는 아직 그 단계에 이르지는 않았다고 말했다. 기업들은 이제 더 많은 용량을 만들어내기 위해 단지 펄스나 빛의 색깔을 바꾸는 방식들뿐만 아니라 광섬유 라인으로 초당 100조 비트가 넘는 정보를 전달할 수 있도록 그 빛을 변조하는 새로운 방식들을 실험하고 있다.

벅스바움은 이렇게 말했다. "우리는 제로에 가까운 비용으로 거의 무한한 정보를 전송할 수 있는 단계에 점점 더 가까이 다가가고 있습니다. 이런 것들이 바로 사람들이 말하는 비선형 가속화의 일종이지요." 지금 대부분의 사람들은 이 새로운 능력을 영화를 내려받는 데 쓰고 있지만 그 힘은 어느 곳에나 파고들고 있다.

AT&T의 도박

지상과 해저의 모든 광섬유 케이블이 그토록 강력해졌지만 그것조차 연결성에 관한 이야기의 한 부분일 뿐이다. 모바일 전화 혁명의 힘을 폭발시키려면 무선 네트워크의 속도를 높이고 범위를 확장하는 일 또한 필요했다.

AT&T를 비롯해서 많은 업체가 그 게임에 참여했다. AT&T는 그 게임에 엄청난 돈을 걸었는데 그 사실을 아는 이들은 별로 없다. 2006년 당시 이 회사의 최고운영책임자였고 곧 최고경영자에 오르게 되는 랜들 스티븐슨Randall Stephenson이 스티브 잡스와 조용히 거래를 성사시켜 AT&T

가 아이폰이라는 새로운 물건을 위해 미국 내 독점 서비스 제공자가 되었을 때 그 일이 벌어졌다. 스티븐슨은 이 거래가 AT&T의 네트워크를 확장시켜주리라는 걸 어렴풋이 알았다. 하지만 사실은 그 절반도 모르고 있었다. 아이폰이 너무나 빨리 부상하고 애플리케이션 혁명과 더불어 네트워크 확장 수요가 너무나 폭발적으로 늘어났기 때문에 AT&T는 엄청난 도전에 맞닥뜨렸음을 뒤늦게 깨달았다. 이 회사는 이미 갖고 있던 기본적인 통신선과 무선 기반 시설을 이용해 사실상 하룻밤 새 용량을 확충해야 했다. 그러지 못하면 아이폰을 산 이들은 통화 중 전화 연결이 끊어지는 경험을 하게 될 터였다. AT&T의 평판이 걸린 문제였다. 그리고 자신의 멋진 휴대폰이 통화 중에 계속해서 끊긴다면 잡스도 기분이 좋지 않을 것이었다. 이 문제를 다루기 위해 스티븐슨은 전략 부문 수장인 존 도너번을 찾았고 도너번은 지금은 AT&T 연구소 소장이 된 크리슈 프라부Krish Prabhu의 도움을 요청했다.

도너번이 그 이야기를 꺼냈다. "2006년이었지요. 애플은 아이폰의 서비스 계약을 놓고 협상을 하고 있었습니다. 그때는 어느 누구도 그걸 본 적조차 없었어요. 우리는 스티브 잡스에게 걸어보기로 했습니다. 2007년에 그 전화기가 처음 나왔을 때는 오로지 애플의 애플리케이션만 갖고 있었고 2세대 네트워크에서 작동했습니다. 그래서 쓸모가 거의 없었지만 소비자들에게는 먹혀들었어요. 사람들이 전화기와 함께 나온 몇 안 되는 애플리케이션이라도 쓰고 싶어 했기 때문이었지요." 하지만 그다음에 잡스는 벤처 자본가 존 도어가 제안한 것처럼 아이폰을 모든 앱 개발자에게 공개했다.

여보세요, AT&T! 이제 어떤 상황인지 이해할 수 있나요?

도너번이 말했다. "2008년과 2009년에 앱 스토어가 가동되기 시작하자 데이터와 음성에 대한 수요가 바로 폭발했습니다. 그리고 우리는 대역을 제공하는 독점 계약을 맺고 있었지요. 하지만 누구도 그 규모를 예상하지 못했습니다. 수요는 '그 7년 동안' 10만 퍼센트나 늘어나며 폭발했습니다. '베이브리지'의 교통량이 10만 퍼센트나 늘어난다고 한번 상상해보세요. 그래서 우리에게 문제가 생겼지요. 우리는 생쥐 한 마리를 먹이던 지푸라기 하나로 코끼리를 먹여야 했고, 처음에 신기하게 보였던 기계는 지구상의 모든 이에게 필수품이 되었지요."

스티븐슨은 AT&T가 데이터와 문자, 그리고 음성을 제한 없이 제공해야 한다고 고집했다. 유럽의 업체들은 더 제한적인 서비스를 제공하며 다른 길로 갔다. 그건 나쁜 선택이었다. 그들은 무제한의 데이터, 문자, 음성을 좇아 몰려가는 사람들에게 치여 도태되고 말았다. 스티븐슨은 옳았지만 AT&T는 확실히 한 가지 문제를 안게 됐다. 무제한의 용량을 제공하려면 기반 시설을 하룻밤 새 엄청나게 확대해야 한다는 점이 문제였다.

도너번은 스티븐슨의 주장이 '절대로 수요를 가로막지 말라'는 거였다고 말했다. 폭발적인 수요를 받아들이고 기꺼이 끌어안되 어떻게 하면 통화가 끊어져 회사 브랜드에 대한 신뢰를 잃어버리기 전에 그 수요를 빨리 충족시킬 수 있을지를 생각해내야 한다는 것이었다. 일반 대중 가운데 이런 일이 벌어지고 있다는 것을 아는 이는 아무도 없었지만, AT&T로서는 그때가 사업의 성패가 갈리는 순간이었다. 잡스는 애플의 본부에서 이 모든 움직임을 지켜보고 있었다.

도너번은 말했다. "우리는 기하급수적으로 커지는 어떤 문제에 대처해야 할 상황이었지요. 그리고 나는 하드웨어에 적용되는 무어의 법칙만으로는 그 일을 할 수 없다는 걸 깨달았습니다. 그만한 규모로 설비를 확장하는 데는 너무나 오랜 시간이 걸릴 테니까요. 나는 더 빠른 해법을 찾아야 했습니다. 그래서 소프트웨어를 생각했죠. 우리는 소프트웨어 기반 네트워킹 방식을 개척했습니다. 회사 안에서 동원할 수 있는 모든 인력을 소프트웨어 개발에 투입하고 우리의 '기반 시설' 협력 업체들을 만나 '우리는 소프트웨어로 간다'고 이야기했지요."

나는 프라부에게 소프트웨어를 활용한 네트워킹에 관해 설명해달라고 부탁했다. 그러자 그는 간단한 예를 들었다. "당신의 휴대폰에 들어 있는 계산기를 생각해보세요. 그것은 소프트웨어를 활용해 책상 위의 계산기처럼 쓸 수 있는 사실상의 하드웨어를 만들어내는 효과를 냅니다. 혹은 당신의 아이폰에 내장된 플래시를 생각해보세요. 그것은 그 바탕에 있는 하드웨어를 이용해 실제 플래시와 같은 걸 만들어내는 소프트웨어이지요."

이 원리를 네트워킹에 적용하면 데이터와 문자, 음성을 전송할 새로운 용량을 엄청나게 많이 만들어낼 수 있다고 프라부는 설명했다. 기존의 네트워킹 스위치, 전선, 칩, 그리고 케이블을 가지고 소프트웨어의 마법으로 여러 작업을 가상현실로 만들어 그것들이 더 빨리, 그리고 더 잘 작동하도록 하는 것이다. 이 원리를 이해할 수 있는 가장 좋은 방법은 전화선을 하나의 고속도로로 생각하는 것이다. 그리고 이 고속도로에는 컴퓨터로 제어되는 자율주행 자동차만 다니기 때문에 그 차들이 서로 부딪힐 일이 전혀 없는 상황을 그려보면 된다. 그런 상황이라면 그 고속도로에서 훨씬 더 많은 자동차가 달리게 할 수 있다. 그 차들은 범퍼와 범퍼 사이가 딱 15센티미터 떨어진 상태로 시속 160킬로미터로 달릴 수 있기 때문이다. 전기에너지가 구리 전선이나 광섬유 케이블 또는 무선송신기cellular transmitter를 통과할 때 전기신호에 소프트웨어를 적용하면 그 에너지를 훨씬 다양한 방식으로 변조할 수 있고, 오래된 기존의 제약들, 그리고 당초 하드웨어에 설정된 안전 마진safety margin(안전 여유, 안전 한계라고도 한다―옮긴이)을 넘어 훨씬 더 많은 용량을 만들어낼 수 있다.

도너번은 이렇게 말했다. "자율주행 자동차가 15센티미터씩 떨어져 시속 160킬로미터로 달리는 고속도로를 건설하는 것과 똑같은 원리로 음성 전화의 통화 내용을 전달하도록 설계된 기존의 구리선을 가지고 데이터 전송량을 극대화함으로써 한꺼번에 여덟 가지 비디오를 실어 나르도록 할 수 있습니다. 소프트웨어는 적응하고 학습하지만 하드웨어는 그렇게 할 수 없지요. 그래서 우리는 하드웨어 부품들을 분해하고 모두에게 새로운 사고를 요구했습니다. 우리는 기본적으로 하드웨어를 범용품으로 전환하고 모든 라우터router(서로 다른 네트워크를 중계하는 장치—옮긴이)에 표준이 되는 운영체제를 만들어 ONOS, 즉 개방형 네트워크 운영체제Open Network Operating System라고 이름 붙였습니다." 사용자들이 이를 바탕으로 프로그램을 만들어 계속해서 하드웨어의 성능을 향상시킬 수 있게 한 것이다.

도너번은 이렇게 결론 내렸다. "소프트웨어는 물질이 제공할 수 있는 그 어떤 것보다 큰 힘과 유연성을 갖고 있습니다. 소프트웨어는 물질에 비해 새로운 지혜를 더 잘 포착하지요. 우리가 한 일은 본질적으로 소프트웨어로 무어의 법칙을 증폭시킨 것입니다. 무어의 법칙은 우리가 타고 있는 마법의 양탄자로 보였고 우리는 소프트웨어를 활용해 말 그대로 무어의 법칙을 가속화할 수 있다는 걸 발견했지요."

어윈 제이컵스: 휴대폰의 사나이

네트워킹 분야에서 이 모든 돌파구가 마련된 건 소비자들에게는 신나는 일이었다. 그러나 누군가는 당신이 완전한 첨단 기술 혁명을 누릴 수 있도록 주머니에 넣어 다닐 수 있는 전화기에 그 모든 것을 집어넣어야 했다. 그리고 이 모바일 전화 혁명에 개인적으로 어윈 제이컵스Irwin Jacobs보다 더 큰 기여를 한 사람은 없다. 인터넷 시대를 연 위대한 혁신가들의 신전에는 빌 게이츠, 폴 앨런, 스티브 잡스, 고든 무어, 밥 노이스Bob Noyce, 마이클 델, 제프 베저스Jeff Bezos, 마크 앤드리슨, 앤디 그로브Andy Grove, 빈트 서프Vint Cerf, 밥 칸Bob Kahn, 래리 페이지Larry Page, 세르게이 브린Sergey Brin, 그리고 마크 저커버그 같은 사람들이 있다. 그 신전은 어윈 제이컵스의 기여를 기록할 몇 줄을 남겨두어야 하며 당신이 거의 들어보지 못했을 중요한 기업들의 명단에 퀄컴을 추가해야 한다.

퀄컴이 모바일 전화에 기여한 건 인텔과 마이크로소프트 두 회사가 함께 데스크톱과 노트북 컴퓨터에 기여한 것과 같다. 이 회사는 손에 들고 다니는 스마트폰과 태블릿을 작동시킬 마이크로칩과 소프트웨어의 으뜸가는 발명자이자 설계자이며 제조자다. 이 회사가 지금까지 무어의 법칙을 실현하며 걸어온 여정을 알아보려면 샌디에이고 본사에 있는 퀄컴의 박물관을 돌아보면서 회사의 첫 이동전화기(1988년에 만든 것으로 기본적으로 작은 가방 위에 전화기를 얹어놓은 형태)를 한 번 보기만 하면 된다. 오늘날 퀄컴은 소비자들에게 제품을 팔지 않고 전화기 제조 업체와 서비스 제공 업체에만 팔기 때문에 대부분의 사람들은 제이컵스와 그가 모바일 전화의 출범 과정에서 한 역할을 모른다. 이는 짧게 재현해볼 만한 가치가 있다.

제이컵스가 퀄컴 본사 로비의 커피숍에서 나와 인터뷰하면서 말했듯이 그는 가장 중요한 삶의 목표를 갖고 있었고 지금도 여전히 갖고 있다. 그 목표는 지구상의 모든 사람이 자기 전화번호를 갖는 것이다.

이제 여든둘이 된 제이컵스는 할아버지 같은 미소와 온화한 태도에 가려져 있지만 여전히 강철처럼 고집스러운 기질을 지니고 있다. 이는 사람들이 처음에는 미쳤다며 일축해버린 위대한 혁신가들이 공통적으로 지니는 기질이다. 그는 마치 이렇게 말하는 것 같다.

"만나서 정말 좋았습니다. 그럼 제가 당신의 사업을 송두리째 흔들어 놓는 동안 그만 비켜주시겠습니까? 아, 즐거운 하루 보내길 바랍니다!"

모든 사람이 전화기 한 대씩을 손에 쥐게 할 수 있다는 생각은 1980년대에는 결코 쉽게 상상할 수 있는 꿈이 아니었다. 제이컵스는 MIT의 엔지니어링 교수로 있으면서 다른 저자와 함께 디지털통신에 관한 교과서를 썼다. 1966년, 제이컵스는 서부의 좋은 날씨에 끌려 캘리포니아 대학교 샌디에이고 캠퍼스에 마련된 자리를 받아들였다. 그곳에 간 지 얼마 안 돼 그는 몇몇 동료와 링커비트Linkabit라는 텔레콤 컨설팅 업체를 차렸다. 이 스타트업 기업은 1968년에 문을 열었고 그는 나중에 회사의 지분을 팔았다.

1980년대에 모바일 전화 사업은 막 떠오르고 있었다. 1세대 이동전화기는 FM 라디오처럼 송신과 수신을 하는 아날로그 기기였다. 각국은 독자적인 기술 표준을 개발했으며 (처음에는 이 기술에서 앞서나갔던) 유럽 같은 지역에서는 서로 다른 표준 때문에 이 나라에서 저 나라로 옮겨 가며 전화를 쓰기가 어려웠다. 그다음에 나온 2세대 이동전화기는 GSMGlobal System for Mobile(글로벌 이동통신 시스템)이라는, 유럽에서 부상한 디지털 무선 네트워크 표준에 바탕을 두었으며 통신 프로토콜로 TDMATime Division Multiple Access(시분할다중접속) 방식을 썼다. 유럽공동시장에 참여하는 모든 정부는 1987년 통신 업체들에 GSM 표준을 따르도록 요구했고 그에 따라 이용자들은 서유럽의 어느 나라를 돌아다니든 자신의 전화기를 쓰고 전화를 받을 수 있게 됐다. 유럽연합은 그다음에 에릭슨Ericsson과 노키아Nokia 같은 유럽 기업들에 떠밀려 세계의 다른 지역에도 GSM 표준을 쓰도록 로비를 시도했다.

이 모든 일이 벌어지고 있던 무렵인 1985년 제이컵스는 동료들과 함께 퀄컴이라는 새로운 텔레콤 스타트업을 차렸다. 이 회사의 초기 고객 중 하나가 휴스 항공Hughes Aircraft이었다. 제이컵스는 이렇게 회고했다. "휴스 항공은 어떤 프로젝트를 가지고 우리를 찾아왔습니다. 그들은 미국 연방통신위원회FCC에 위성 이동통신 시스템에 관한 제안서를 냈는데 우리를 찾아와 퀄컴이 자기들의 제안과 관련해 어떤 기술적인 개선이라도 제시할 수 있는지 묻는 것이었습니다."

그때까지 연구한 걸 바탕으로 제이컵스는 코드분할다중접속Code Division Multiple Access 또는 CDMA로 불리는 통신 프로토콜이 앞으로 더 발전할 수 있는 최선의 길이라고 생각했다. 왜냐하면 CDMA는 당시 유럽에서 의무화되고 있던 TDMA에 비해 훨씬 더 많은 사람이 이동전화를 쓸 수 있도록, 그리고 위성 하나당 더 많은 가입자를 지원할 수 있도록 무선통신 용량을 크게 늘릴 수 있기 때문이었다.

그러나 당시는 유럽의 GSM, 그리고 TDMA를 기반으로 한 미국 통신 업체들이 초기 성장 국면에 접어든 때였기 때문에 거의 모든 투자자가 제이컵스에게 똑같은 질문을 던졌다. GSM과 TDMA가 충분히 괜찮은 것 같은데 왜 또 다른 무선통신 기술이 필요한지 묻는 질문이었다.

제이컵스는 이렇게 설명했다. CDMA와 TDMA는 둘 다 하나의 전파에 여러 통화를 실어 보내는 식으로 작동했다. 그러나 CDMA는 동시에 더 많은 대화를 할 수 있도록 사람들이 말할 때처럼 자연스러운 멈춤을 이용할 수 있었다. '대역 확산spread spectrum'으로 알려진 이 방식은 각각의 통화에 하나씩 배정된 코드가 넓은 주파수 대역에서 뒤섞여 전송된 다음 마지막에 통화를 수신할 때 재구성되는 것이다. 매우 복잡한 소프트웨어 코딩과 다른 기술을 이용해서 이런 방식을 쓰면 여러 이용자가 동시에 같은 대역을 차지할 수 있다. 대역 확산은 다른 기지국에서 온 통화에서 발생하는 간섭을 줄여준다. 이와 대조적으로 TDMA 방식을 쓰면 각각의 전화 통화가 저마다 자기 자리를 차지한다. 너무 많은 사람이 한꺼번에 통화를 하려고 하면 결국에는 이동통신 네트워크의 빈자리가 다 없어질 것이므로 이 방식으로는 통화 용량을 크게 늘릴 수 없다. 어떤 네트워크든 과도하게 붐빌 수 있지만 TDMA는 이용자가 훨씬 더 적은 상태에서도 더 빨리 붐비게 될 것이다. 전반적으로 볼 때 CDMA는 확실히 대역을 훨씬 더 효율적으로 쓸 수 있게 해준다. 이 방식은 훗날 무선 네트워크로 광대역 데이터를 전송하는 것도 지원하게 된다. 요컨대 TDMA가 한정된 공간으로 들어가기 위한 열쇠였다면 CDMA는 거의 무제한의 공간으로 들어갈 수 있는 열쇠였다. 그리고 제이컵스는 훗날 대단히 중요해질 수도 있는 어떤 느낌을 갖고 있었다.

링커비트 시절에 제이컵스와 그의 동료들은 1977년의 첫 인터넷 실연에 참여한 세 개의 네트워크 중 하나를 놓고 작업한 적이 있었다. 그래서 그는 언젠가 무선전화기가 인터넷을 연결하는 데 쓰일 가능성이 있다는 걸 이미 상상할 수 있었다. 제이컵스와 그의 동료 클라인 길하우젠Klein Gilhousen이 그들의 대안적인 접근 방식을 제시했을 때 통신 업계는 그 방식이 너무 복잡하고 지나치게 비싸며 추가적인 용량을 만들어내지 못할 것이라는 반응을 보였다. 더군다나 1990년대 초에 언젠가 사람들이 무선전화기를 인터넷에 접속하는 데 쓰리라고 생각한 이들이 몇이나 되겠는가? 사람들은 그저 통화가 중간에 끊어지지 않으면 다행이라고 여겼다. 그러는 동안 휴스는 제이컵스와 함께 하던 프로젝트를 포기했고, 그때까지만 해도 유아기의 스타트업이었던 퀄컴에 '그들이 이동전화를 위해 개발했던 지식재산과 특허를 갖도록 허용'했다.

"그래서 우리는 1993년 여름에 잠정적인 CDMA 표준을 발표했지만 다른 휴대폰 제조업자들 중 누구에게도 CDMA 폰을 만들어야 한다는 확신을 주지 못했지요. 우리는 칩과 소프트웨어, 전화기, 기지국 기반 시설을 모두 직접 만들었습니다. 왜냐하면 누구도 만들려고 하지 않았으니까요." 제이컵스는 당시를 회상했다. 그러던 중 1995년 9월에 제이컵스는 홍콩의 통신 업체 허치슨 텔레콤Hutchison Telecom이 퀄컴의 CDMA 프로토콜과 전화기를 채택하도록 설득했다. 이 회사가 상업적인 대형 통신 업체로서는 세계에서 처음으로 그 기술을 선택하도록 한 것이다.

그는 이렇게 말했다. "그때까지는 모두 CDMA가 상업적인 환경에서 성공할 것이라는 데 매우 회의적이었습니다. 허치슨이 CDMA를 채택한 건 1995년의 일이었고 이듬해에는 한국이 샌디에이고에서 만든 우리 전화기를 쓰기 시작했습니다. CDMA 폰은 통화 품질이 더 뛰어나고 통화가 끊기는 일은 더 적은 데다 TDMA로는 따라갈 수 없는 규모로 음성과 데이터를 모두 실어 나를 수 있었지요."

이는 CDMA와 TDMA 프로토콜 사이의 결정적인 싸움을 위한 무대를 만들어주었다. 2G 폰이 음성과 함께 약간의 문자 전송 기능을 하는 동안 인터넷의 인기가 높아지면서 통신 서비스 업체와 휴대폰 제조 업체들은 무선 인터넷에 효율적으로 접속할 필요를 인식했다. 그래서 대량의 데이터와 음성을 효율적으로 전송할 수 있게 해줄 3G 무선통신을 제안했다. 누구의 표준이 세계를 지배할지를 가릴 글로벌 휴대폰 전쟁이 벌어졌다.

결국 제이컵스가 승리하고 GSM/TDMA를 기반으로 한 유럽의 표준은 패배했다. 유럽 측은 그들의 기술이 한정된 양의 대역을 가졌기 때문에 패배했다. 이에 비해 CDMA는 같은 양의 대역으로 훨씬 많은 일을 할 수 있도록 해주었다. 더욱이 곧 인터넷 때문에 그 대역으로 실어 날라야 할 것들이 훨씬 더 많아질 터였다. 오늘날 우리는 그 전쟁을 기억하지 않지만 그건 피가 흐르는 전쟁이었다. 미국이 발명한 표준이 승리한 건 그것이 기술적으로 더 나았기 때문만이 아니라 정부가 특정 표준을 강제한 유럽과 달리 미국에서는 시장이 표준을 선택하도록 정부가 허용하고 실제로 다수가 제이컵스의 CDMA라는 좁은 길을 택했기 때문이다. 이는 대단히 중요한 시사점을 갖는다. 오늘날 전 세계 인구의 대다수가 노트북이나 데스크톱이 아니라 휴대폰으로 인터넷에 접속한다. 인터넷 접속이 지금처럼 빠르고 값싸게 이뤄질 수 있는 건(스마트폰이 역사상 가장 빨리 성장하는 기술 플랫폼이 되고 있는 건) 제이컵스가 일찍이 CDMA가 음성 통화뿐만 아니라 인터넷 접속도 효율적으로 지원할 것이라는 점을 인식했기 때문이다.

물론 시간이 지나면 결국 모든 것이 발명될 테고 누군가 모바일 인터넷의 토대인 CDMA에 이르는 길을 찾아냈을지도 모른다. 하지만 그 길을 더 빨리, 더 싸게 찾아내고, 더 멀리까지 갈 수 있었던 건 제이컵스의 엄청난 고집스러움 때문이었다. 그는 어느 누구도 그 기술이 필요하다고 생각하지 않았을 때, 그리고 유럽은 다른 길로 가자고 등을 떠밀고 있을 때 고집스럽게 CDMA 표준을 밀어붙였다. 그 결과 미국의 휴대폰 업체들이 3G와 4G에서도 앞서나갈 수 있었다. 그러는 동안 그 프로토콜과 소프트웨어가 광범위하게 채택되자 퀄컴은 전화기와 전송 플랫폼을 만드는 사업에서 빠져나와 칩과 소프트웨어에만 초점을 맞추었다.

제이컵스는 이렇게 말했다. "오늘날 세계 어디에서든 사람들은 음성과 효율적인 인터넷 접속 서비스 두 가지를 다 이용할 수 있고 이는 교육과 경제성장, 보건, 그리고 좋은 지배 구조를 지원합니다. 그리고 우리가 승리한 핵심적인 이유 하나는 비록 CDMA가 실행하기에 더 복잡할지라도 문제가 안 된다고 생각한 것입니다. 그런데 사람들은 바로 그 당시의 칩 용량만 생각하고 있었지요. 그들은 2년마다 기술 향상이 이뤄지고 CDMA로 더 높은 효율성을 달성할 수 있도록 해주는 무어의 법칙을 고려하지 않았던 거죠."

하키의 격언 중에 "지금 퍽이 있는 곳으로 뛰지 말고 퍽이 갈 곳으로 뛰어라."라는 말이 있다. 퀄컴은 퍽이 갈 곳으로 뛰었다. 다시 말해 하키스틱처럼 위쪽으로 구부러진 궤적을 그리는 무어의 법칙을 향해 뛴 것이다. 제이컵스가 다시 말했다. "우리는 2000년대 초쯤 인도와 중국으로 확장하려 할 때 기이한 예측을 했습니다. 언젠가 100달러짜리 휴대폰이 나올 거라는 예측이었지요. 그런데 지금 인도에서는 30달러도 안 되는 휴대폰들이 팔리고 있어요."

하지만 제이컵스 일가의 발명은 거기서 멈추지 않았다. 나중에 아버지의 뒤를 이어 최고경영자가 되는 폴 제이컵스Paul Jacobs는 1997년 말 또 다른 혁신적인 아이디어를 냈다. 어느 날 샌디에이고에서 간부 회의에 들어온 그는 퀄컴 휴대폰 하나를 꺼내 팜 파일럿Palm Pilot 한 대와 테이프로 묶고 그의 팀원들에게 말했다. "이게 바로 우리가 만들려는 겁니다." 그 당시 팜 파일럿은 기본적으로 달력, 파일로팩스Filofax, 주소록, 하루 일과표에 노트 기능, 텍스트 기반 웹브라우저를 합친 것이었다. 그의 구상은 그런 팜 파일럿과 3G 휴대폰을 결합한 기기를 만들어내는 것이었다. 그렇게 하면 팜 파일럿 주소록에 있는 번호로 전화를 걸 때 그 위를 클릭만 하면 휴대폰이 알아서 다이얼을 돌리게 된다. 그리고 같은 기기로 인터넷을 둘러볼 수도 있다. 제이컵스는 애플을 찾아가 그들이 퀄컴의 파트너가 돼 이 두 기기를 결합하는 일에 관심이 있는지 물어보았다. 그들이 팜과 경쟁하는 애플 뉴턴Newton을 활용해 그 일을 할 수 있을 거라는 생각에서였다.

그러나 애플은 그 제안을 거절하고 결국에는 뉴턴도 없애버렸다. 그때는 스티브 잡스가 애플로 돌아오기 직전이었다. 그래서 제이컵스는 팜으로 갔고 1998년 두 회사는 함께 첫 '스마트폰'인 퀄컴 pdQ 1900을 만들기에 이르렀다. 그것은 단지 문자 메시지를 전달할 뿐만 아니라 디지털 무선 모바일 브로드밴드 방식의 인터넷 연결성, 터치스크린, 그리고 나중에 내려받을 수 있는 앱을 작동시킬 개방형 운영체제를 결합하도록 설계된 첫 번째 휴대폰이었다. 퀄컴은 그 후 최초로 모바일 전화를 기반으로 한 앱스토어 브루$_{Brew}$를 만들었으며 2001년 버라이즌$_{Verizon}$을 통해 그것을 판매했다.

폴 제이컵스는 곧 혁명이 일어나리라는 걸 알게 된 정확한 순간을 떠올린다. 1998년 크리스마스에 그가 하와이의 마우이 해변에 앉아 있을 때였다. "나는 팀원들이 보내준 pdQ 1900 시제품을 꺼내 알타비스타 검색엔진에 '마우이 초밥'이라고 쳤지요. 통신 업체 스프린트$_{Sprint}$를 통해 무선으로 연결됐습니다. 그러자 마우이 섬에 있는 레스토랑이 하나 떴어요. 그 레스토랑 이름은 기억하지 못하지만 초밥은 훌륭했습니다! 바로 그때 내가 이론적으로 그린 것이 모든 걸 바꿔놓으리라는 걸 직감적으로 알게 됐습니다. 그건 인터넷에 연결된 팜과 결합된 전화기였지요. 연결되지 않은 PDA의 시절은 끝났어요. 나는 기술과는 전혀 관련이 없는, 내가 관심 있는 것들을 검색했습니다. 오늘날에는 그게 당연해 보이지만 그때는 신기한 경험이었어요. 마우이 해변에 앉아 최고의 초밥을 찾을 수 있다는 게 말이죠."

폴 제이컵스는 퀄컴이 스마트폰 혁명을 일으켰다고 말했다. 그러나 제이컵스는 그들이 시대를 앞서 나가기도 했지만 시대에 뒤처지기도 했다고 덧붙였다. 그들이 초기에 만든 기기는 상당히 투박했다. 스티브 잡스가 탄생시킨 애플 아이폰이 2007년에 제공한 멋진 디자인과는 거리가 멀었다. 또한 여러 가지 일을 할 수 있는 인터넷 대역이 생기기 전에 출시됐다.

그래서 퀄컴은 다시 스마트폰 안에 들어갈 모든 걸 만드는 데 집중했다. 퀄컴은 소프트웨어와 하드웨어 기술을 이용해 정보를 더 많이 채워 넣고 압축하는 개선을 이뤘으며, 제이컵스는 그 기술의 한계에 이르기 전에 더 많은(아마도 다시 1,000배에 이르는) 개선을 이룰 수 있다고 믿는다. 사람들 대부분이 핸드폰으로 드라마나 영화를 볼 수 있는 건 애플이 더 나은 전화기를 만들어낸 덕분이라고 생각한다. 그렇지 않다. 애플은 당신에게 더 넓은 스크린과 더 나은 디스플레이를 가져다주었지만 버퍼링 없이 드라마를 볼 수 있는 건 퀄컴과 AT&T를 비롯한 다른 업체들이 무선통신 네트워크와 전화기를 더 효율적으로 만들기 위해 수십억 달러를 투자했기 때문이다.

이 가속화의 과정을 돌이켜보자면 이렇다. 2G는 음성과 데이터, 그리고 단순한 문자를 보낼 수 있지만 인터넷을 통하지는 않았다. 3G는 인터넷에 연결은 했지만 그 빠르기나 어설픈 수준이 온라인 작업을 하려면 다이얼로 작동하는 모뎀이 필요했던 시절을 떠올릴 정도였다. 지금의 표준인 4G 무선통신은 지상의 광대역 통신선으로 연결하는 것과 다름없이 매끄럽게 연결되며 특히 비디오와 같이 데이터를 많이 잡아먹는 애플리케이션을 이용할 때 원활하게 연결된다. 그럼 5G는 어떤 모습일까? 퀄컴의 공학자들은 그것을 '당신은', '나를', '나는' 같은 대명사들이 사라지는 단계라고 묘사한다. 휴대폰이 당신이 누구인지, 당신이 어디를 가고 싶어 하고 누구와 이야기하고 싶어 하는지를 학습하고 그 대부분을 예상하고 당신을 위해 정확히 그 일을 하는 단계다.

기술을 주제로 글을 쓰는 작가 크리스 앤더슨Chris Anderson은 「포린폴리시Foreign Policy」 2013년 4월 29일 자에 이렇게 썼다.

우리가 기하급수적인 기술혁신의 시기에 이르지 않았다고 우기기는 힘들다. 개인용 드론은 기본적으로 스마트폰 전쟁을 치른 후에 얻은 평화 배당peace dividend 이다. 드론을 구성하는 건 기본적으로 스마트폰의 부품들이라는 점을 생각하면 그렇다. 각종 센서, GPS, 카메라, ARM 코어 프로세서, 무선통신장치, 기억장치, 배터리 같은 것들 말이다. 애플과 구글, 다른 업체들의 혁신 제조기들, 그리고 믿기지 않을 정도의 규모의 경제 덕분에 실현되고 있는 이 모든 것은 이제 단 몇 달러에 이용할 수 있다. 그것들은 10년 전까지만 해도 극히 희귀하고 비싸서 현실에서 얻을 수 없는 것이었다. 과거에 이런 것들은 군수산업 기술이었다. 지금은 당신이 라디오섀크RadioShack에서 살 수 있는 것들이다. 나는 기술이 지금 움직이고 있는 것보다 더 빨리 움직이는 걸 본 적이 없는데 이는 당신의 주머니에 든 슈퍼컴퓨터 때문이다.

어윈 제이컵스에 관한 한 당신은 아직 아무것도 보지 못했다. 나와 헤어지기 전에 그가 이야기했다. "우리는 아직도 차에 지느러미가 있는 시대를 살고 있지요(그런 자동차 디자인은 1950년대 후반부터 이어지고 있다—옮긴이)."

클라우드

오늘날 기하급수적으로 발전하는 기술이 계속해서 가속화하려면 그 모든 기술이 클라우드로 불리게 된 도구와 함께 녹아들어 개별적으로, 그리고 집단적으로 확장되어야 할 것이다. 클라우드는 어떤 별개의 장소나 건물이 아니다. 이 용어는 당신의 컴퓨터 하드 드라이브 대신에 인터넷에서 작동하는 소프트웨어와 서비스를 일컫는다. 예를 들어 넷플릭스나 마이크로소프트 오피스 365는 클라우드에서 작동한다. 클라우드가 좋은 건 당신의 모든 소프트웨어가 그곳에 있고 모든 자료가 당신의 컴퓨터나 휴대폰이 아니라 그곳에 저장돼 있다면 당신은 어디에서든 그 자료를 이용할 수 있기 때문이다. 인터넷에 연결되기만 하면 어느 컴퓨터나 스마트폰, 태블릿을 쓰든 상관없이 가장 좋아하는 사진, 건강에 관한 기록, 현재 쓰고 있는 책의 초고, 주식 포트폴리오, 지금 준비하고 있는 연설문, 제일 좋아하는 모바일 게임과 디자인, 혹은 글쓰기 애플리케이션에 접근할 수 있다.

다르게 이야기하면 클라우드는 사실 전 세계에 퍼져 있는 컴퓨터 서버들의 거대한 네트워크다. 이 네트워크는 아마존, 마이크로소프트, 구글, HP, IBM, 그리고 세일즈포스 같은 회사들을 통해 이를 수 있고 하늘에 떠 있는 거대한 공공 설비처럼 움직인다. 그리고 구글 포토처럼 클라우드가 제공하는 서비스와 애플리케이션은 당신의 하드 드라이브나 스마트폰이 아니라 그 네트워크에 저장되므로 서비스 제공자가 끊임없이 업데이트할 수 있다. API는 각각의 구성 요소가 놀라운 효율성을 갖고 서로 매끄럽게 정보를 주고받게 해준다. 이 모든 것은 이제 스마트폰을 가진 이라면 누구든, 그리고 어디에서든 어떤 일이든 수행할 수 있도록 끊임없이 업데이트되는 최고의 소프트웨어와 저장장치를 모아놓은 도구상자를 이용할 수 있다는 걸 의미한다. 그러므로 클라우드는 진정한 전력 승수force multiplier 효과를 낸다.

많은 사람에게 어떻게 하늘에 떠 있는 이 구름cloud에서 이 모든 힘을 내려받을 수 있는지 개념화하는 것은 당연히 어려울 수 있다. 웨이크필드 리서치Wakefield Research가 2012년에 소프트웨어 업체 시트릭스Citrix의 의뢰를 받아서 한 전국적인 설문조사에서 대부분의 응답자들이 클라우드를 '날씨와 관련된 말'로 생각한다는 사실이 밝혀졌는데 이 또한 그 때문이다. 이 조사에 따르면 예컨대 대다수 밀레니얼Millennial 세대를 포함해 응답자의 51퍼센트가 험악한 날씨가 클라우드 컴퓨팅을 방해할 수 있다고 믿는 것으로 나타났다고 2012년 8월 30일 「비즈니스 인사이더」가 전했다. 보도에 따르면 응답자의 16퍼센트만 그것이 인터넷에 연결된 기기들의 데이터를 저장하고 그것에 접근하고 그것을 공유하기 위한 네트워크라는 걸 이해했다.

나는 클라우드가 무엇인지 정확히 알지만 그 용어를 더 이상 쓰고 싶지 않다. 그것이 헷갈려서가 아니라 그 말이 너무나 부드럽고 가볍고 푹신하며, 너무나 수동적이고 온화한 뜻을 품고 있기 때문이다. 그 말은 캐나다 가수 조니 미첼의 이런 노랫말을 떠올리게 한다.

"나는 이제 구름의 양쪽을 다 보았지 / 위에서 그리고 아래에서, 하지만 어쩐지 여전히 / 내가 떠올리는 건 구름의 환영들뿐 / 난 정말 구름을 조금도 알 수 없네."

그러한 심상으로는 지금까지 창조된 것이 지니고 있는 모든 걸 뒤바꾸는 속성을 포착할 수 없다. 로봇과 빅데이터, 각종 센서, 합성생물학, 그리고 나노 기술을 결합하고, 그것들을 매듭 없이 통합하고, 클라우드에서 힘을 얻게 하면 그것들은 스스로 살아 움직이기 시작한다. 여러 분야에서 동시에 한계를 넓혀가는 것이다. 그리고 클라우드가 지닌 힘과 유·무선 브로드밴드 연결이 갖는 힘을 결합하면 이제껏 보지 못했던 이동성과 연결성, 그리고 끊임없이 강해지는 연산 능력을 조합한 결과를 얻는다. 이는 사람들이 어디에서든, 그리고 누구하고든 경쟁하고 설계하고 생각하고 상상하고 연결하고 서로 협력할 수 있도록 굉장한 폭발력을 지닌 에너지를 창출해준다.

인류 역사를 되돌아보면 모든 사람에게 모든 것을 근본적으로 바꿔놓은 에너지원은 몇 가지밖에 없다. 불과 전기, 그리고 컴퓨팅이 그것이다. 그리고 이제 클라우드와 더불어 컴퓨팅 기술이 어디까지 와 있는지를 고려할 때 컴퓨팅이 불이나 전기보다 더 심층적인 에너지원이 되고 있다는 말은 과장이 아니다. 불과 전기는 엄청나게 중요한 대중적인 에너지원이었다. 그것들은 집을 덥혀주고 도구들이 동력을 갖게 하며 당신을 이곳에서 저곳으로 실어 날라줄 수 있다. 하지만 당신이 생각하는 데 도움이 되거나 당신을 위해 생각을 해줄 수는 없다. 불이나 전기는 당신을 세상의 모든 지식과 모든 사람에게 연결해줄 수도 없다. 우리는 한마디로 스마트폰을 통해 온 세계 사람들이 한꺼번에 이용할 수 있는 이와 같은 도구를 가져본 적이 없다.

20년 전에는 한 나라의 정부만 클라우드에 있는 이런 컴퓨팅 능력을 이용할 수 있었다. 그다음에는 기업들만 이용할 수 있었다. 지금은 누구든 비자카드 하나만 있으면 그것을 빌려 쓸 수 있다. 지금은 이미 연결된 모바일 기기들이 지구상에 있는 사람들보다 더 많다. 세계 인구의 절반가량이 아직도 무선전화기나 스마트폰, 혹은 태블릿을 갖지 못하고 있다. 그러나 그 숫자는 날마다 줄어들고 있다. 나는 모든 사람이 연결되는 날이 오기까지 10년도 채 안 걸릴 것이라고 확신한다. 일단 그렇게 되기만 하면 집단적인 두뇌의 힘은 어마어마할 것이다.

'이건 그냥 단순한 구름이 아니다!'

그래서 나는 이 책에서 이 새로운 창조적 에너지의 원천을 '클라우드'라 부르는 대신 지금부터는 마이크로소프트의 컴퓨터 설계자인 크레이그 먼디가 제안한 적이 있는 용어를 쓸 것이다. 나는 그 에너지의 원천을 '슈퍼노바'라고 부를 것이다. 이는 컴퓨팅 세계의 초신성이다.

미국항공우주국은 초신성supernova을 '어떤 별의 폭발, 우주에서 일어나는 가장 큰 폭발'로 정의한다. 자연계의 초신성과 컴퓨팅 세계의 슈퍼노바의 차이는 한 가지밖에 없다. 별의 초신성은 한 차례 엄청난 에너지의 방출이 일어나는 것이지만 이 기술적 슈퍼노바는 기하급수적으로 가속화하면서 계속해서 에너지를 방출한다. 모든 핵심적인 구성 요소에서 무어의 법칙에 따라 기하급수적인 속도로 비용은 떨어지고 성능은 높아지기 때문이다. 먼디는 이렇게 말했다. "이러한 에너지 방출 덕분에 우리는 사람이 만든 모든 체계, 현대사회의 바탕을 이루는 모든 시스템을 새롭게 만들 수 있게 됐습니다. 그리고 이러한 능력은 지구상의 거의 모든 사람에게 확산되고 있지요. 모든 것이 바뀌고 있고 그에 따라 모든 사람이 긍정적인 영향과 부정적인 영향을 받고 있습니다."

이건 결코 부드럽고 푹신한 구름이 아니다!

/ 04 /

슈퍼노바
―연결하고 통합하고 한계를 넓히는 클라우드의 힘

나는 포스(the Force)의 교란을 느껴.
― 비디오게임 '스타워즈: 제다이 나이트(Star Wars: Jedi Knight)'에서 루크 스카이워커(Luke Skywalker)가 카일 카탄(Kyle Katarn)에게

자네는 언제나 포스의 교란을 느끼지. 하지만 그래, 나도 그걸 느껴.
― 카탄이 스카이워커에게

그래, 나도 그걸 느낀다.

  2011년 2월 14일, 인류 역사에서 하나의 전환점이 될 사건이 (그 모든 곳 중에서도) 미국에서 가장 오랫동안 방영된 텔레비전 게임 쇼 〈제퍼디!〉에서 일어났다. 그날 오후 참가자들 중 하나가 사상 최고의 〈제퍼디!〉 챔피언들인 켄 제닝스Ken Jennings, 브래드 러터Brad Rutter와 겨뤘다. 그 참가자는 왓슨Watson이라는 성으로만 통했다. 왓슨 씨는 첫 번째 힌트에는 반응하지 않았지만 두 번째 힌트에는 맨 먼저 답을 하려고 버저를 눌렀다.

그 힌트는 이랬다. "말발굽에 대는 쇠로 된 용구 또는 카지노에서 카드를 나눠줄 때 쓰는 박스."

왓슨은 완벽한 〈제퍼디!〉 스타일로 의문형으로 답했다.

"그것은 '슈(말발굽에 대는 편자horseshoe와 카드 딜링 슈card-dealing shoe를 뜻한다—옮긴이)'인가요?"

그 응답은 1876년 3월 10일 전화기에 대고 한 최초의 말과 더불어 역사에 남아야 한다. 전화를 발명한 알렉산더 그레이엄 벨은 그날 공교롭게도 이름이 토머스 왓슨인 그의 조수에게 전화로 이렇게 말했다. "왓슨, 이리 와보게. 자네에게 볼 일이 있네." 내 생각에 "그것은 '슈'인가요?"라고 한 말은 또한 1969년 7월 20일 닐 암스트롱이 그의 발을 달에 내려놓았을 때 한 말만큼이나 중요하다. 암스트롱은 이렇게 말했다. "이것은 한 사람에게는 작은 발걸음이지만 인류에게는 거대한 도약이다."

"그것은 '슈'인가요?"라고 한 말은 왓슨에게는 하나의 작은 발걸음이었지만 컴퓨터와 인류에게는 거대한 도약이었다. 내가 이렇게 말한 건 왓슨이 인간이 아니라 IBM이 설계하고 제작한 컴퓨터였기 때문이다. 내 동료 존 마코프가 2011년 2월 16일 「뉴욕타임스」에 그 시합을 정리하면서 썼듯이 왓슨은 3일간의 대결에서 최고의 인간 〈제퍼디!〉 챔피언들을 물리침으로써 '인공지능 연구자들이 수십 년 동안 분투해온' 문제에 대한 해법을 보여주었다. 그 문제는 〈스타 트렉〉에 나오는 것과 같이 자연언어로 묻는 질문을 이해하고 자연언어로 답할 수 있는 컴퓨터를 만드는 것이었다.

왓슨은 확실히 인간을 쩔쩔매게 할 수 있는 상당히 복잡한 문제의 실마리를 푸는 데에도 능숙함을 보여주면서 어렵지 않게 이겼다. 예컨대 이런 식이다. "당신은 낮잠만 자면 됩니다. 당신은 선 채로 꾸벅꾸벅 졸게 될지도 모를 수면 장애가 있는 건 아닙니다."

왓슨은 (2.5초도 채 안 돼) 첫 번째로 버저를 누르고 답했다. "그건 '기면증narcolepsy'인가요?"

IBM의 인지 솔루션과 리서치 부문을 맡으면서 왓슨 프로젝트를 감독한 존 E. 켈리 부사장은 왓슨의 성과와 그날 이후의 진전을 회상하면서 이렇게 말했다. "여러 해 동안 내가 상상할 수는 있어도 내 평생에 가능할 거라고는 생각해본 적이 없는 것들이 있었지요. 그 후 나는 이렇게 생각하기 시작했어요. '글쎄, 어쩌면 은퇴한 후에 그것들이 실현되는 걸 볼 수 있을지 몰라.' 지금은 내가 은퇴하기 전에 그것들을 보게 되리라는 걸 실감합니다."

크레이그 먼디는 애스트로 텔러의 그래프를 떠올리게 하는 표현으로 훨씬 더 간단명료하게 말한다. "우리는 다른 곡선으로 뛰어올랐습니다."

켈리와 먼디는 사람들이 클라우드라고 부르고 내가 슈퍼노바라고 일컫는 것이 어떻게 서로 다른 모든 형태의 힘(기계의 힘과 개개인의 힘, 아이디어의 흐름과 인류 전체의 힘)을 전에 없던 수준으로 강화하기 위해 에너지의 폭발을 일으킬 수 있는지를 이야기하고 있는 것이다.

예를 들어 '기계의 힘'은—그것이 컴퓨터가 됐든 로봇이나 자동차, 휴대폰, 태블릿, 혹은 시계가 됐든—이미 새로운 기준을 뛰어넘었다. 많은 기계가 처음부터 인간이 가진 다섯 가지 감각들과 그것을 처리할 두뇌를 갖고 태어난다. 이제 기계들은 스스로 생각할 수 있다. 그들은 시각을 갖고 있어 이미지를 인식하고 비교할 수 있다. 청각을 지녀 말을 알아들을 수 있다. 목소리가 있어 여행 가이드와 통역사가 될 수 있고 한 언어를 다른 언어로 번역할 수 있다. 혼자서 물건을 움직이고 만질 수 있으며 접촉에 반응한다. 당신의 자가용 운전사로 일하거나 짐을 들어줄 수 있고, 3D 프린터로 인간의 장기臟器를 완벽하게 구현해내는 솜

씨를 보여줄 수도 있다. 어떤 기계들은 심지어 냄새와 맛을 알아보도록 교육받을 수도 있다. 그리고 인간들은 이제 이 모든 힘을 한 번의 접촉이나 손짓, 또는 한마디 말로 불러낼 수 있다.

이와 동시에 슈퍼노바는 '흐름의 힘'을 엄청나게 확장하고 가속화하고 있다. 지식과 새로운 아이디어, 의학적 조언, 혁신, 모욕, 소문, 협력, 짝짓기, 대출, 은행 업무, 대역, 우정 맺기, 상업, 그리고 학습의 흐름은 이제 우리가 지금껏 경험하지 못한 속도와 범위로 전 세계를 순환하고 있다. 이 디지털 흐름은 에너지와 서비스, 그리고 슈퍼노바의 도구들을 전 세계에 걸쳐 실어 나르며, 전 세계 사람들은 새로운 사업을 강화하기 위해, 전 지구적인 토론에 참여하기 위해, 새로운 기술을 얻기 위해, 또는 그들의 최신 제품이나 취미를 수출하거나 전파하기 위해 그 흐름에 접속할 수 있다.

이 모든 것은 다시 '개인의 힘'을 엄청나게 확장한다. 한 개인이 건설적으로 할 수 있는 일과 파괴적으로 할 수 있는 일 또한 전에 없던 수준으로 늘어나고 있다. 예전에는 보통 한 사람을 죽이려면 한 사람이 필요했다. 지금은 한날 한 사람이 모두를 죽일 수 있는 세상을 상상할 수 있다. 우리는 9·11 테러를 보며 기술로 엄청난 힘을 갖게 된 열아홉 명의 성난 남자들이 어떻게 미국 역사의 방향을, 어쩌면 세계 역사의 흐름을 완전히 바꿔놓을 수 있는지 분명히 알게 됐다. 더구나 그것은 16년 전의 일이다! 하지만 그 반대도 가능하다. 이제 한 사람이 훨씬 더 많은 사람을 도울 수 있다. 한 사람이 인터넷 학습 플랫폼으로 수백만 명을 교육할 수 있고, 수백만 명을 즐겁게 하거나 그들에게 영감을 불어넣을 수 있으며, 한 사람의 새로운 아이디어나 새로운 백신, 또는 새로운 애플리케이션이 전 세계에 즉시 전달될 수 있다.

마지막으로, 이 슈퍼노바가 '다수의 힘'을 확장하고 있다. 이 또한 새로운 한계를 넘어섰다. 하나의 집단으로서 인간은 이제 단지 자연의 일부만은 아니다. 인간은 자연의 힘이 되었다. 인류 역사에서 본 적이 없는 속도와 범위로 기후와 우리 행성의 생태계를 교란하며 변화시키고 있는 힘이다. 하지만 여기서도 반대 상황이 가능하다. 이 슈퍼노바로 힘을 키운 다수는 이제 우리가 전에 경험하지 못한 속도와 범위로 좋은 일을 할 힘을 갖게 됐다. 우리가 그렇게 하기로 집단적으로 마음만 먹으면 환경의 퇴락을 되돌리거나 지구상의 모든 사람을 먹이고, 재우고, 입힐 힘을 얻은 것이다. 인류라는 하나의 종 차원에서 우리가 그와 같은 집단적인 힘을 가진 적은 한 번도 없었다.

요컨대 인류는 스스로 끊임없이 더 나은 도구들을 만들어왔지만 슈퍼노바와 같은 도구를 만든 적은 결코 없었다. 크레이그 먼디는 이렇게 말했다. "과거에는 널리 쓰이기는 해도 성능이 풍부하지 않은 도구들도 있었고 성능은 풍부하지만 그걸 사용할 수 있는 사람들의 수, 즉 사용 범위가 제한적인 도구들도 있었습니다. 하지만 슈퍼노바가 부상한 지금처럼 이토록 성능이 풍부하고 광범위하게 쓰이는 도구는 없었지요."

그리고 사람들은 설사 그것을 완전히 이해하지 못한다고 해도 느낄 수 있다. 내가 이 책을 쓰려고 조사할 때 엔지니어들에게서 '불과 지난 몇 년 새'라는 표현을 가장 많이 들은 것도 바로 그 때문이다. 너무나 많은 사람이 스스로 변화를 일으키거나 변화의 대상이 되면서 과거에는 상상조차 하지 못했을 일들이 '불과 지난 몇 년 새' 일어났다.

이 장은 슈퍼노바가 정확히 어떻게 그 일이 일어날 수 있도록 했는지 설명한다. 특히 그것이 어떻게 개인들과 개별 기업들이 기술을 가지고 더 많은 일을 할 수 있도록 깜짝 놀랄 만한 발전을 촉진했는지를 설명할 것이다. 그다음 두 장은 같은 슈퍼노바가 어떻게 대시장의 글로벌 흐름과 대자연에 대한 인간의 영향을 확장하고 가속화했는지를 논의한다.

이 세 장은 모두 이처럼 가속화하는 기술과 세계화, 그리고 환경 변화가 어떻게 단지 게임 쇼뿐만 아니라 모든 것을 바꿔놓는 대기계를 이루고 있는지를 보여줄 것이다.

복잡성에서 벗어나다

나는 슈퍼노바가 기계와 개인, 인류, 그리고 변화의 흐름을 어떻게 강화하는지 이해하기 위한 가장 좋은 방법은 마치 화산에 다가가듯이 슈퍼노바의 최첨단에 가능한 한 가까이 가보는 것임을 깨달았다. 내 경우에는 크고 역동적인 다국적기업들 속으로 들어가보는 것이다. 이 기업들은 정부처럼 교착상태에 빠져 있거나 의회처럼 홧김에 아예 문을 닫아버리거나, 아니면 단 한 번이라도 기술 변화를 놓치거나 할 수 없다. 만일 그렇게 한다면 그들은 사멸하고 말 것이다. 그것도 빠르게 사멸할 것이다. 그래서 그들은 슈퍼노바의 가장자리에 매우 가까이 머무른다. 그들은 그것으로부터 에너지를 끌어내고 또한 그것을 앞으로 밀고 나간다. 그들은 슈퍼노바의 열기를 가장 먼저 느끼고, 매일 아침 깨어나 다른 기업들의 재정적인 사망 소식을 들으며 자신들은 슈퍼노바 때문에 녹아내리지 않았음을 확인한다. 그러므로 이들 기업의 엔지니어와 연구원, 그리고 리더들을 인터뷰하면 새로운 기술과 서비스 면에서 무엇이 오고 있는지, 무엇이 이미 와 있으며 그것이 세상을 어떻게 바꾸고 있는지에 관해 엄청나게 많은 것을 배울 수 있다.

실제로 그들의 실험실을 방문할 때 나는 '큐'를 만나러 가는 제임스 본드가 된 것 같다. 큐는 모든 007 영화의 앞부분에 나오는 영국 비밀 정보기관의 연구실험실에 있는데 본드는 그곳에서 최신 독침 만년필이나 나는 듯이 달리는 애스턴마틴으로 무장한다. 실험실에서는 늘 당신이 상상도 못 한 일들이 현실로 나타나는 걸 본다.

나는 2014년 뉴욕 주 니스카유나에 있는 제너럴일렉트릭의 연구센터에 관한 칼럼을 쓰기로 했을 때 그런 경험을 했다. 제너럴일렉트릭의 실험실은 유엔의 축소판 같다. 모든 엔지니어링 팀은 여러 인종을 모아놓은 베네통 광고의 한 장면처럼 보인다. 그러나 그것이 보여주는 건 일터에서의 소수집단 우대 정책이 아니었다. 인정사정없는 실력주의였다. 하루하루 글로벌 기술올림픽에서 경쟁하고 있는 시대에는 어디서든 당신이 찾을 수 있는 가장 뛰어난 인재를 끌어들여야 한다. 나는 제너럴일렉트릭의 3차원 제조 부문을 이끌던 루아나 아이오리오Luana Iorio의 안내로 그곳을 둘러볼 수 있었다. 아이오리오에 따르면 옛날에는 제너럴일렉트릭이 제트엔진 부품을 만들려고 할 때 우선 디자이너가 제품을 설계한 다음 그 부품의 시제품을 만들기 위한 기계를 만들었다. 이 과정이 길게는 1년이 걸릴 수 있는 일이었다. 그런 다음에는 그 부품을 제작하고 시험하게 되는데 시험을 한 차례 되풀이할 때마다 몇 달이 걸렸다. 그 전 과정을 마치는 데 처음 아이디어를 떠올린 뒤로 2년이 걸렸다고 한다.

하지만 지금은 3차원 기술과 컴퓨터 지원 소프트웨어를 활용하는 엔지니어들이 컴퓨터 스크린 위에서 그 부품을 설계한 다음 이를 고운 금속 가루로 채워진 3D 프린터로 전송할 수 있다. 그다음에는 레이저 장치가 그 부품을 정확히 설계에 따라 말 그대로 금속 가루로 '인쇄해서' 만들어낸다. 그러면 당신은 그것을 즉각 시험할 수 있으며, 하루에 네 번, 다섯 번, 여섯 번도 할 수 있다. 시험을 되풀이할 때마다 컴퓨터와 3D 프린터를 조정하고, 확실히 완벽해졌을 때는 새로운 부품이 '짜잔' 하고 나타난다. 더 복잡한 부품들은 더 많은 시간이 걸리지만 이는 새로운 시스템이며, 토머스 에디슨이 1892년 제너럴일렉트릭을 설립한 후

이 회사가 부품을 만들어온 방식에서 완전히 벗어나는 것이다. 아이오리오는 이렇게 설명한다. "이제 그 되먹임 고리는 너무나 짧습니다. 불과 며칠 새 당신은 개념을 잡고 부품을 설계하고 제작하고 그것을 가져와서 잘 맞는지 시험할 수 있지요. 그리고 일주일 안에 그 부품이 생산되는 걸 볼 수 있습니다. (중략) 우리는 갈수록 더 빨리 더 나은 성능을 얻게 되는 거죠." 과거에는 성능과 속도는 상반되는 것이었다. 최적의 성능을 얻으려고 시험을 많이 할수록 더 오랜 시간이 걸렸다. 몇 년 전까지만 해도 2년이 걸렸던 일들을 이제 일주일 만에 해치울 수 있게 됐다. 이는 확장된 기계의 힘이다.

그리고 그날 아이오리오는 이 모든 새로운 것을 한마디로 함축했다. "이제 복잡성은 공짜입니다."

나는 그것이 참으로 통찰력 있는 말이라고 생각했다. 나는 결코 그 말을 잊지 않았다. 하지만 이 책을 쓰기 시작하고 나서야 그녀가 한 말의 중요성을 완전히 이해하게 되었다. 우리가 보았듯이 지난 50년 동안 마이크로프로세서, 센서, 저장장치, 소프트웨어, 네트워킹, 그리고 모바일 기기들이 끊임없이 가속적으로 진화했다. 그것들은 서로 다른 단계에서 어우러져 우리가 하나의 플랫폼이라고 생각하는 걸 만들어냈다. 새로운 플랫폼이 나올 때마다 컴퓨팅 능력과 대역, 그리고 소프트웨어의 능력은 다함께 뒤섞여서 우리가 어떤 일을 하는 방법과 그에 들어가는 비용, 또는 힘과 속도를 바꿔놓았다. 또한 우리가 상상도 하지 못했던 완전히 새로운 일을 할 수 있도록 길을 열었다. 때로는 그 모든 것을 한꺼번에 가능하게 해주었다. 그리고 이러한 도약들은 이제 갈수록 더 빠르게 이뤄지고 있다.

2007년 이전에 기술 플랫폼에서 이뤄진 약진은 2000년 전후에 나타난 것이었다. 이는 연결성의 질적 변화에 힘입은 것이다. 당시 닷컴 호황으로 거품이 일어나고 그것이 꺼지면서 광대역 인터넷을 연결하는 광섬유 케이블에 대한 엄청난 과잉투자가 이뤄졌다. 그러나 거품이 나쁜 것만은 아니었다. 그 거품이 일어났다 터지고 이와 더불어 2000년에 닷컴 기업들이 무너지면서 음성과 데이터 연결 비용이 극적으로 떨어졌다. 이는 정말 뜻밖에 세계를 그 어느 때보다 높은 수준으로 연결해주었다. 대역에 연결하는 가격이 너무나 많이 떨어져 갑자기 미국에 있는 기업이 인도의 벵갈루루에 있는 회사를 마치 자기 회사 후선에 있는 것처럼 지원 부서로 활용할 수 있게 됐다. 이를 달리 표현하면 2000년 전후에 일어난 이 모든 획기적인 진전은 연결성을 '빠르고, 값싸고, 누구에게나 쉬우며, 어디에나 있는' 것으로 만들어주었다. 갑자기 우리는 예전에는 결코 접촉할 수 없었던 사람들과 접촉할 수 있게 됐으며, 우리를 접촉할 수 없었던 사람들이 접촉해오는 걸 경험할 수 있게 됐다. 나는 그 새로운 감흥을 이런 말로 표현했다. "세계는 평평하다." 그 어느 때보다 많은 사람이 많은 것들에 대해 더 적은 비용으로 더 쉽고 평등하게 경쟁하고 연결하고 협력할 수 있다. 우리가 알고 있던 세계는 완전히 다른 모습으로 바뀐 것이다.

나는 2007년에 슈퍼노바의 부상과 더불어 일어난 일이 새로운 플랫폼으로 또 한 번 대도약한 것이라고 생각한다. 그 움직임은 복잡성을 완화하는 방향으로 기울었다. 하드웨어와 소프트웨어 분야에서 발전한 모든 기술이 슈퍼노바로 녹아들었을 때 이는 데이터를 디지털화하고 저장하는 속도를 엄청나게 높이고 그 범위도 어마어마하게 확장해주었다. 그것을 분석하고 지식으로 바꿔놓는 속도 또한 크게 높아졌으며, 슈퍼노바에서 나온 지식은 컴퓨터나 모바일 기기를 가진 누구에게나, 그리고 어디에나 더 빠르고 멀리 확산됐다. 그 결과 복잡성을 다루는 일은 갑자기 '빠르고, 값싸고, 누구에게나 쉽고, 보이지 않는' 것이 되었다.

택시를 잡거나, 오스트레일리아에 있는 누군가의 남는 침실을 빌리거나, 엔진 부품을 설계하거나, 잔디를 관리하는 도구를 온라인으로 사고 같은 날 배송되게 하는 그 모든 과정의 복잡성이 우버와 에어비앤비, 아마존의 애플리케이션 혹은 제너럴일렉트릭의 실험실에서 이뤄지는 혁신 덕분에 갑자기 한 번의 터치로 사라질 수 있게 됐다. '클릭 한 번'으로 계산을 끝낼 수 있게 한 아마존의 발명은 이러한 약진을 보여주는 완벽한 사례다. 전자상거래의 발전 과정을 추적하는 리조이너닷컴 Rejoiner.com은 이렇게 밝혔다. "원 클릭 혁신 덕분에 아마존은 잠재 고객을 구매 고객으로 전환하는 비율을 급격히 높였다. 고객들의 결제와 배송에 관한 정보가 이미 아마존 서버에 저장돼 있기 때문에 아무런 마찰이 없는 대금 결제 절차를 만들 수 있다."

뒤에 나오는 두 개의 도표는 복잡성이 어떻게 공짜가 되는지 이해하는 데 도움이 된다. 첫 번째 도표는 데이터 전송 최고 속도가 얼마나 극적으로 높아졌는지 보여준다. 전송 속도가 빠를수록 모바일 기기를 가지고 할 수 있는 일이 확대되며 따라서 더 많은 사용자를 모을 수 있다. 확실히 사용자들이 그 모든 데이터를 쓸 때 부담하는 메가바이트당 비용이 극적으로 줄어들면서 훨씬 더 많은 사람이 슈퍼노바의 힘을 더 자주 이용할 수 있다. 그래프의 두 선은 2007~2008년쯤 엇갈린다. 두 번째 도표는 2007년 직후에 슈퍼노바 또는 클라우드가 어떻게 떠올랐는지를 보여준다.

2007년 애플이 아이폰을 발표하면서 낸 자료를 읽어보면 전부 애플이 이메일 보내기, 지도 찾기, 사진 찍기, 전화 걸기, 웹 검색하기를 비롯한 그 많은 애플리케이션과 상호작용, 그리고 운영에 관련된 복잡성을 어떻게 제거했는지 설명하는 내용들로 가득하다. 그리고 애플이 어떻게 소프트웨어를 활용해 '아이폰의 놀랍고 쓰기 쉬운 터치 인터페이

[도표 4-1] 소비자들의 데이터 비용과 데이터 전송 속도

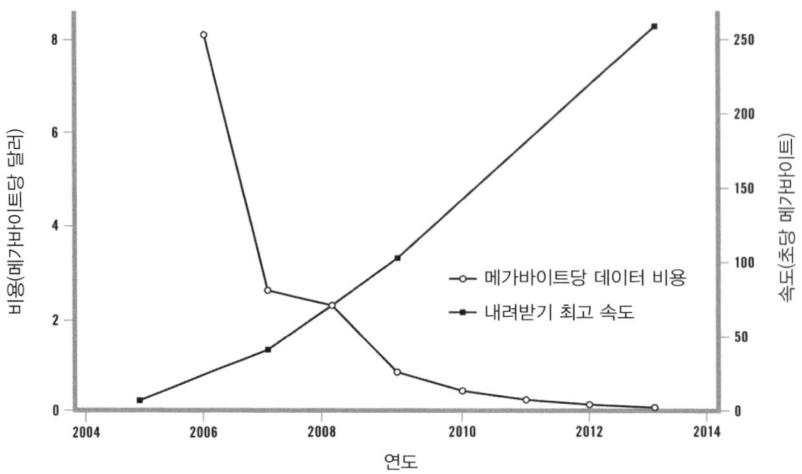

데이터 속도는 실측된 평균 속도가 아니라 하향회선(downlink) 최고 속도를 가리킨다. 실측된 평균 속도는 기반 시설, 가입자의 밀도, 기기들의 하드웨어와 소프트웨어를 비롯한 여러 요인에 따라 달라진다.

자료: 보스턴컨설팅 그룹이 2015년에 낸 보고서 「모바일 혁명: 모바일 기술은 어떻게 1조 달러의 효과를 냈나」.
출처: 시스코 비주얼 네트워킹 인덱스, 모토로라, 국제전기통신연합, IE 마켓 리서치, 도이체방크, 퀄컴.

[도표 4-2] 공개된 클라우드 컴퓨팅 시장 규모(2008~2020년)

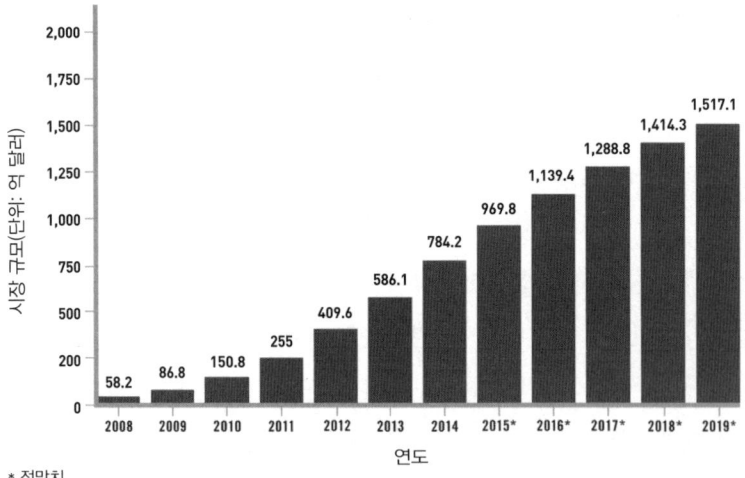

* 전망치
자료: 스타티스타(Statista)

스'를 한 번 건드리기만 하면 그토록 많은 기능을 실행할 수 있도록 압축했는지를 설명하는 내용이 대부분이다. 당시 스티브 잡스는 이렇게 표현했다. "우리는 모두 궁극적인 위치 지시 장치, 즉 손가락을 갖고 태어났으며, 아이폰은 그것들을 이용해 마우스 이후 가장 혁명적인 사용자 인터페이스를 창조했습니다."

세계는 액체처럼

이는 우리에게 2000년과 2007년 사이에 실제로 일어난 일의 본질을 말해준다. 우리는 연결성이 '빠르고, 값싸고, 누구에게나 쉽고, 어디에나 있는' 세계, 그리고 복잡성을 다루는 일이 '빠르고, 값싸고, 누구에게나 쉽고, 보이지 않는' 세계에 진입한 것이다. 당신은 예전에 접촉해본 적이 없는 사람들을 접촉할 수 있거나 그들의 접촉 대상이 될 수 있을 뿐만 아니라 이 모든 놀랍고 복잡한 일을 터치 한 번으로 할 수 있다. 슈퍼노바에 힘입은 이러한 발전들을 결합하면 컴퓨팅은 너무나 강력해지고 저렴해지며 수월해져서 그것들 스스로 모든 기기에, 그리고 우리 삶과 우리 사회의 모든 면에 퍼져나간다고 크레이그 먼디는 말했다. "이는 세계를 단지 평평하게 만들 뿐만 아니라 빠르게 돌아가게 만듭니다. 그리고 세계가 빨라지는 건 이 모든 기술을 한데 합치고 어디에나 확산되도록 한 데 따른 자연스러운 발전이지요."

    그것은 점점 더 많은 사업과 산업 공정과 사람들의 상호작용에서 마찰을 제거하고 있다. 먼디는 덧붙여 말했다. "그것은 윤활유와 같으며, 모든 구석과 갈라진 틈에 스며들어 모든 것이 미끄러워지고 힘을 잘 받게 하므로 당신은 더 적은 힘으로 그걸 움직일 수 있습니다." 그것이 바위든 국가든 데이터 뭉치든 로봇이든 택시를 부르는 것이든 아니면 팀북투에 있는 방 하나를 빌리는 것이든 모두 마찬가지다. 그리고 이는 모두 21세기의 첫 10년 동안 일어난 일들이다. 데이터를 감지하고 생성하고 저장하고 처리하는 비용이 급격히 떨어지는 바로 그 시기에 그 데이터를 슈퍼노바에 올리거나 내려받는 속도는 급격히 치솟았다. 그리고 바로 그 시기에 스티브 잡스가 그토록 놀라울 정도로 편리한 사용자 인터페이스, 인터넷 연결성, 그리고 풍부한 소프트웨어 애플리케이션을 가진 모바일 기기를 세계에 가져다주어 두 살배기도 인터넷 세상을 항해할 수 있다. 그 모든 선을 넘어섰을 때—연결성이 빠르고, 값싸고, 누구에게나 쉽고, 어디에나 있게 되고 복잡성을 다루는 일이 빠르고, 값싸고, 누구에게나 쉽고, 보이지 않게 됐을 때—인간과 기계의 손에서 에너지가 뿜어져 나온다. 우리가 지금껏 본 적이 없고 이제야 이해하기 시작한 유형의 에너지다. 이것이 2007년 전후에 나타난 변곡점이다.

에릭슨 그룹의 최고경영자를 지낸 한스 베스트베리Hans Vestberg는 이렇게 말한다. "이동성은 당신에게 대량 판매 시장을 열어주고, 광대역은 디지털 방식으로 정보에 접근할 수 있게 해주며, 클라우드가 그 모든 소프트웨어 애플리케이션을 저장함에 따라 당신은 언제 어디서나 그것들을 이용할 수 있습니다. 그러나 그 비용은 제로지요. 이것은 모든 것을 바꿔놓았습니다."

이는 화학에서 말하는 '상변화phase change'와 같은 것이다. 즉, 고체에서 액체로 바뀌는 것과 같은 변화다. 그렇다면 단단한 것(고체)의 특성은 무엇일까? 그것은 온통 마찰로 가득 차 있다는 점이다. 반대로 유동적인 것(액체)의 특성은 마찰이 느껴지지 않는다는 점이다. 더욱더 많은 것에서 마찰과 복잡성을 한 번에 없애버리고 상호작용하는 원터치 솔루션을 제공하면 인간과 인간, 기업과 소비자, 기업과 기업 간 모든 종류의 상호작용은 단단한 것에서 유동적인 것으로 바뀐다. 또한 느린 것에서 빠른 것으로, 복잡성이 짐이 되고 마찰이 가득한 것에서 복잡성이 드러나지 않고 마찰이 없는 것으로 바뀌게 된다. 그러므로 당신이 무엇을 움직이거나 계산하거나 분석하거나 소통하고 싶어 하든 간에 더 적은 노력으로 그 일을 할 수 있다.

따라서 요즘 실리콘밸리의 신조는 이런 것이다. "아날로그인 모든 것은 디지털화할 수 있고, 디지털화한 모든 것은 저장할 수 있으며, 저장한 모든 것은 이처럼 더 강력한 컴퓨팅 시스템에서 작동하는 소프트웨어로 분석할 수 있다. 그리고 이렇게 해서 알아낸 모든 것은 오래된 것을 더 잘 작동하게 하고, 새로운 것을 가능하게 한다. 또한 오래된 것을 근본적으로 새로운 방식으로 즉시 응용할 수 있다." 예컨대 우버 택시 서비스의 발명은 이 세 가지를 모두 할 수 있다. 우버는 단지 새롭게 경쟁하는 택시 선단을 만들어내는 데 그치지 않는다. 그것은 택시를 부르고, 손님들의 필요와 욕구에 관한 데이터를 모으고, 요금을 내고, 운전기사와 승객의 행동을 평가하는 데 근본적으로 새롭고 더 나은 방식을 창안해냈다.

슈퍼노바의 에너지 방출 덕분에 이런 유형의 변화는 모든 사업 분야에서 일어나고 있다. 대개 어떤 문제가 복잡하고 그래서 해결하는 데 많은 비용이 들어가는 이유는 필요한 정보에 접근하거나 그것을 쓸 수 없어서 적합한 데이터를 모으고 그걸 실제 문제에 적용할 수 있는 지식으로 바꾸기가 어렵기 때문이다. 그러나 데이터를 감지하고 모으고 저장하며 이를 슈퍼노바에 올리고 소프트웨어 애플리케이션을 통해 그것을 분석하는 것이 사실상 공짜가 될 때 결정적인 돌파구가 마련된다. 이제 어떤 시스템이든 훨씬 더 적은 노력으로도 절정의 성능을 발휘하도록 최적화할 수 있다.

하나만 예를 들어보자. 오래전부터 풍력발전이 갖고 있는 문제를 생각해보라. 바람은 간헐적으로 불고 풍력이 일으키는 전기는 대규모로 저장할 수 없다. 전력 회사는 공급이 충분할 거라고 결코 확신할 수 없기 때문에 풍력이 석탄 화력을 대체할 가능성은 언제나 제한적이었다. 그러나 이제 빅데이터 분석 기법을 활용한 날씨 예측 소프트웨어는 너무나 똑똑해 바람이 불거나, 비가 오거나, 혹은 기온이 올라가는 정확한 시각을 알려줄 수 있다. 그래서 휴스턴과 같은 도시에 있는 전력 회사는 다음 날이 특히 더울 것이며 정확히 어느 시간에 에어컨에 대한 수요가 치솟으리라는 걸 24시간 앞서 알 수 있다. 이는 그 시간에 풍력 전기에 대한 수요가 공급을 초과하리라는 것을 뜻한다. 전력 회사는 이제 휴스턴의 건물 관리자들에게 오전 6시부터 9시까지 직원들이 도착하기 전에, 그리고 바람이 가장 많은 전기를 생산할 때 자동적으로 에어컨을 가동시키라고 알려준다. 건물은 찬 공기의 좋은 저장고다. 그래서 저장된 찬 공기가 하루 중 대부분의 시간 동안 계속 그 건물을 쾌적하게 유지해준다. 그 결과 전력 회사가 만들어내는 풍력 전기의 양은 부족하지 않고 수요에 완벽하게 맞아떨어진다. 그것을 전지에 저장하거나 석탄으로 만들어낸 전력을 끌어오는 문제로 걱정할 필요가 없다. 그 모든 기계에 지능을 부여하고 그 모든 시스템을 최적화함으로써 믿을 수 없을 만큼 복잡한 수요-대응 문제를 비용을 조금도 들이지 않고 풀 수 있는 것이다. 그 모든 게 소프트웨어 덕분에 가능해졌다. 이러한 일은 오늘날 어디에서든 일어나기 시작했다.

이보다 더 좋을 순 없다

그러나 이러한 변화들이 실재하는 것이라면 왜 그것이 생산성 숫자로 나타나는 데 그토록 오래 걸릴까? 생산성은 경제학자들이 정의하듯이 상품과 서비스의 생산에 들이는 노동시간에 비해 얼마나 많은 생산이 이뤄지는지를 말한다. 생산성 향상이 성장을 이끌기 때문에 이는 경제학자들 사이에 뜨거운 논쟁이 벌어지는 중요한 주제다. 경제학자 로버트 고든Robert Gordon은 그의 책 『미국 경제 성장의 부침: 남북전쟁 이후 미국의 생활수준The Rise and Fall of American Growth: The U.S. Standard of Living Since the Civil War』에서 아마도 끊임없이 성장하던 시대는 지나가버렸을 것이라는 강력한 주장을 폈다. 그는 중대한 진전은 모두 1870년부터 1970년까지 이어진 '특별한 세기'에 이뤄졌다고 믿는다. 자동차, 라디오, 텔레비전, 실내 배관, 전력, 백신, 깨끗한 물, 항공 여행, 중앙난방, 여성의 권리 신장, 에어컨, 항생제 같은 것들이 모두 이 시기에 나왔다. 고든은 오늘날의 새로운 기술들이 생산성 면에서 그 특별한 세기에 견줄 만한 또 한 번의 약진을 이룰 수 있을지에 대해 회의적이다.

그러나 MIT의 에릭 브린욜프슨은 내가 보기에는 훨씬 더 설득력 있는 주장으로 고든의 비관론을 반박했다. 산업화 시대 경제에서 컴퓨터-인터넷-모바일-광대역이 이끄는 경제, 다시 말해 슈퍼노바가 이끄는 경제로 옮겨 가면서 우리는 갈수록 고통스러운 조정 과정을 겪고 있다. 경영자와 노동자 모두 이러한 새로운 기술들을 흡수해야 한다. 그들이 일하는 방식뿐만 아니라 공장을 돌리고 사업을 추진하는 과정과 정부 규제들을 모두 그에 맞춰 새롭게 설계할 필요가 있다. 브린욜프슨은 똑같은 일이 120년 전에 일어났다고 지적했다. 그 당시의 '슈퍼노바'라고 할 수 있는 전력화 기술이 도입된 두 번째 산업혁명의 시기였다. 옛날의 공장은 생산성을 높이기 위해 단순히 전기를 끌어들이기만 하면 되는 게 아니었다. 모든 사업 진행 과정과 더불어 공장을 새롭게 설계해야 했다. 한 세대의 경영자와 근로자가 물러나고 새로운 세대가 등장해 이 새로운 동력으로 생산성을 한껏 끌어올리는 데는 30년이 걸렸다.

2015년 12월 매킨지 글로벌연구소가 낸 미국 산업 실태에 관한 보고서를 보자. "미국 경제에서 가장 많이 디지털화된 부문과 나머지 부문 간에는 오랫동안 상당한 격차를 보였다. 새로운 기술을 대거 채택했음에도 불구하고 대부분의 산업 부문은 지난 10년 동안 그 격차를 거의 좁히지 못했다. (중략) 디지털화에 뒤진 부문들은 GDP에 대한 기여도와 고용 면에서 가장 큰 비중을 차지하고 있는 것들이어서 미국 경제 전체로는 디지털 기술의 잠재력을 18퍼센트밖에 활용하지 못하고 있는 것으로 나타났다. (중략) 미국의 기관들은 이런 흐름에 적응해야 하며 근로자들의 훈련 방식도 이 전환기의 소용돌이를 헤쳐나가는 데 적합한 기술을 익히도록 도울 수 있어야 한다."

슈퍼노바는 새로운 동력의 원천이며, 사회가 그 잠재력을 완전히 흡수하기까지는 상당한 시간이 걸릴 것이다. 하지만 이제 그러한 일이 진행되고 있으므로 나는 결국 브린욜프슨의 주장이 맞을 것이라고 생각하며, 우리가 그 효과를 보게 될 것이라고 믿는다. 보건, 학습, 도시계획, 운송, 혁신, 그리고 상업과 관련된 새로운 발견들이 광범위하게 이뤄지며 성장을 이끌게 될 것이다. 이 논쟁은 경제학자들의 몫이고 이 책의 범위를 벗어나지만 나는 그 결말이 어떻게 날지 꼭 보려고 한다.

바로 지금 확실한 것은 슈퍼노바가 아직 우리 경제의 생산성을 눈에 띄게 높여주지는 못했을지 몰라도 그것이 모든 형태의 기술을 더 강력하게 만들고, 그에 따라 개인과 기업, 아이디어, 기계, 그리고 집단들이 더 강력해진다는 점이다. 따라서 이들은 전에 없던 방식으로, 그리고 이

전보다 적은 노력으로 세상을 바꾸어놓고 있는 것이다.

당신이 뭔가를 만들거나 창업하거나 발명하거나 아니면 혁신하고 싶어 한다면 지금이 바로 적기다. 슈퍼노바를 이용함으로써 당신은 훨씬 더 많은 걸 훨씬 더 적은 품을 들여 할 수 있다. 하바스 미디어Havas Media의 전략과 혁신을 담당하는 톰 굿윈Tom Goodwin 부사장은 2015년 3월 3일 테크크런치닷컴TechCrunch.com에 낸 글에 이렇게 썼다. "세계에서 가장 큰 택시 회사인 우버는 자동차를 한 대도 안 갖고 있다. 세계에서 가장 인기 있는 미디어를 가진 페이스북은 아무런 콘텐츠도 만들어내지 않는다. 세계에서 가장 값나가는 소매 업체 알리바바는 재고가 하나도 없고, 세계에서 가장 큰 숙박 업체인 에어비앤비는 부동산이 하나도 없다. 뭔가 재미있는 일이 벌어지고 있다."

확실히 무슨 일인가 벌어지고 있다. 이 장의 나머지 부분은 크고 작은 제조 업체들이 완전히 새로운 일을 하기 위해, 그리고 정말로 오래된 일을 더 빠르고 영리하게 하기 위해 슈퍼노바에서 나오는 힘을 어떻게 이용하고 있는지에 관해 이야기한다. 그리고 당신이 암을 치료하는 의사든, 전통적인 소매업자든, 첨단을 걷는 디자이너든, 터키 동부 산악 지대에 묻혀 있는 혁신가든, 아니면 뒷마당의 나무 위에 지은 집을 관광객들에게 빌려주면서 돈벌이 수단으로 삼으려는 그 누구이든 상관없다. 슈퍼노바의 시대에 뭔가를 만드는 이들에게는 그가 어디에 있든 지금보다 더 좋았던 때는 없었다.

왓슨의 마법

나는 뉴욕 주 요크타운하이츠에 있는 IBM의 왓슨연구소에 갔을 때 초기의 왓슨을 만났다. 함께 사진도 찍었다. 그는 말을 많이 하지 않았다. 지금은 은퇴했다. 사실은 플러그가 뽑힌 상태다. 하지만 선반에 쌓인 서버들과 함께 꽤 큰 방을 채우고 있다.

나는 또한 왓슨의 손자라고 할 만한 것도 만났다. 그것은 큰 가방만 했다. 사실 왓슨이 무어의 법칙에 따라 두 세대가 지나면 지금 어떤 모습을 하고 있을지 생각해서 만든 모형이다. 기술적인 면에서 보자면 오늘날 왓슨의 형태는 큰 가방도 아니다. 왓슨은 이제 슈퍼노바 안에 있기 때문이다.

IBM의 커뮤니케이션 담당 상무 데이비드 욘$_{David\ Yaun}$은 이렇게 설명했다. "왓슨은 더 이상 인터넷에 연결된 상자 안에 갇혀 있기보다는 이제 인터넷의 일부가 됐지요. IBM은 이제 우리가 〈제퍼디!〉 선수 왓슨의 그 모든 컴퓨팅 능력을 가방 하나에 들어가게 할 수 있다는 걸 보여주려고 소형 왓슨 모형을 만들었습니다. 그러나 왓슨 그 자체는 이제 문자 그대로 슈퍼노바의 일부이며 하나의 상자나 독립형 서버 형태의 20세기 패러다임에서 벗어났지요."

그리고 어쨌든 왓슨은 결코 〈제퍼디!〉에서 인간을 이기려고 애쓰며 시간을 낭비하지 않을 것이다. 그렇게 하는 건 너무나 2011년식이다. 오늘날의 왓슨은 예컨대 암 진단과 치료에 관해 알려진 모든 의학 연구 결과를 수집하느라 바쁘다. 실제로 욘은 왓슨의 홈베이스에서 점심을 함께 먹으려고 앉았을 때 왓슨이 방사선의학 시험을 보게 할 생각을 하고 있다고 나에게 털어놓았다. 엑스선 사진을 읽고 해석하는 자격을 얻게 하려는 것이다. '아 참, 나도 같은 생각을 하고 있었는데.' 왓슨은 그 일을 미국의 모든 변호사 시험, 치의학 시험, 병리학 시험, 비뇨기학 시험을 보면서, 그리고 〈제퍼디!〉에서 당신을 철저히 패배시키면서 사실상 남는 시간에 할 수도 있을 것이다.

슈퍼노바는 모든 이에게 어디에서나 컴퓨팅 능력을 제공한다. 왓슨은 모든 이에게 어디에서나 심층적인 지식을 제공한다. 왓슨은 단순히 큰 검색엔진이나 디지털 보조 장치가 아니다. 그는 핵심 단어 그 자체를 찾아서 움직이지 않는다. 그리고 그는 단순히 소프트웨어 엔지니어들이 설계한 어떤 과업들을 수행하도록 프로그램이 짜여 있는 커다란 컴퓨터가 아니다. 왓슨은 다르다. 당신은 〈스타 트렉〉에서 본 것을 빼고는 예전에 그와 같은 것을 본 적이 없다. 컴퓨터 발전의 역사를 세 시대로 나누는 존 켈리 3세는 왓슨이 그야말로 '인지 컴퓨팅 시대Cognitive Era of computing'의 여명기를 대표한다고 말했다.

첫 번째 시대는 1900년대 초부터 1940년대까지 이어진 '표 작성 시대Tabulating Era'다. 어떤 숫자를 세는 한 가지 목적의 기계적 시스템이 천공카드를 이용해 데이터를 계산하고 분류하고 맞춰보고 해석하던 시대였다. 그다음에는 1950년대부터 지금까지 이어진 '프로그래밍 시대Programming Era'가 왔다. 켈리는 이렇게 설명한다. "인구가 늘어나고 경제와 사회체제가 더 복잡해지면서 수작업이 필요한 그 기계적 시스템은 확실히 수요를 따라가지 못했습니다. 우리는 사람이 프로그램을 짜는 소프트웨어로 눈을 돌렸어요. '만약 ~하면 ~한다'는 논리를 적용해 미리 정해진 시나리오대로 답을 계산하는 일을 되풀이하는 방식이었지요. 이 기술은 무어의 법칙의 물결을 탔고 우리에게 개인용 컴퓨터와 인터넷, 스마트폰을 가져다주었습니다. 이러한 프로그래밍 기술은 아주 오랫동안 강력한 효과를 내며 많은 걸 바꿔놓았지만 문제는 본질적으로 그것을 설계하는 우리의 능력에 따라 일정한 한계를 갖는다는 점이었지요."

그래서 2007년 이후 우리는 컴퓨팅의 '인지 시대'가 오고 있는 것을 보았다. 이는 무어의 법칙이 체스판의 후반부에 접어들어 우리가 생각할 수 있는 거의 모든 것(말, 사진, 데이터, 스프레드시트, 음성, 영상, 그리고 음악)을 디지털화할 수 있는 충분한 능력을 갖출 수 있도록 해준 다음에야 가능했다. 이는 또한 그 모든 것을 컴퓨터와 슈퍼노바에 올릴 수 있는 용량, 그것들을 고속으로 움직이게 할 수 있는 네트워킹 능력, 그리고 컴퓨터가 구조화되지 않은 데이터를 이해하도록 가르칠 수 있게 복잡한 알고리듬을 만드는 소프트웨어 능력을 갖추고 나서야 가능했다. 인지 컴퓨팅은 인간의 두뇌가 하는 것과 똑같이 함으로써 인간의 의사 결정의 향상을 이루는 것이다.

왓슨을 〈제퍼디!〉에 참가시키려고 설계할 때 IBM은 그 쇼와 참가하는 사람들을 연구해 질문을 이해하고 버저를 누르고 답을 하는 데 얼마나 걸릴지 정확히 알았다고 켈리는 설명했다. 왓슨은 질문을 이해하는 데 1초가량, 답을 결정하는 데 0.5초가량, 그리고 맨 먼저 답을 하려고 버저를 누르는 데 1초가량을 쓸 수 있을 터였다. 이는 모든 0.01초가 황금 시간이라는 걸 의미한다고 켈리는 말했다. 그러나 왓슨이 그토록 빠르고 정확해진 까닭은 그가 실제로 '학습'하고 있다는 사실 그 자체 때문이 아니었다. 그보다는 모든 빅데이터 용량을 활용하고 더욱더 많은 원자료의 통계적 상관관계들을 갈수록 더 빠르게 찾아내는 네트워킹을 활용해 스스로를 향상시키는 능력이 중요했다.

존 란체스터는 2015년 3월 5일 자 「런던 리뷰 오브 북스」에서 이렇게 지적했다. "왓슨의 성취는 기계학습 분야에서 얼마나 많은 진전이 이뤄졌는지를 보여주는 신호다. 이 학습을 통해 컴퓨터 알고리듬이 분석하고 예측하는 일에서 스스로 향상을 이루는 것이다. 이 기법은 기본적으로 통계적인 것이다. 이 기계는 시행착오를 통해 어느 것이 정확한 답이 될 가장 높은 확률을 갖는지를 배운다. 이는 되는 대로 뚝딱 해치운다는 말처럼 들릴지 모른다. 하지만 무어의 법칙으로 컴퓨터가 놀랄 만큼 강력해져서 시행착오는 엄청난 속도로 되풀이되며 기계는 그 모든 결과를 인식하며 빠르게 향상된다."

이는 인지 컴퓨터와 프로그램 컴퓨터의 차이다. 켈리는 2015년 IBM 연구소를 대표해 쓴 '컴퓨팅, 인지, 그리고 지식의 미래'라는 글에서 이렇게 설명했다. "프로그램 컴퓨터는 미리 정해진 일련의 절차에 따라 데이터를 이끌고 가서 어떤 결과에 이르도록 하는 규칙에 바탕을 두고 있다. 그것들은 강력하고 복잡하지만 결정론적이다. 그것들은 구조화된 데이터 위에서 번성하지만 질적인 데이터나 예측할 수 없는 데이터를 처리하지는 못한다. 이런 경직성은 모호성과 불확실성으로 가득한 복잡하고 뜻밖의 모습으로 나타나는 세계의 여러 측면을 다루는 데 한계를 갖는다."

그의 설명을 더 들어보자. "이와 달리 인지 시스템은 확률적이다. 구조화되지 않은 정보의 복잡성과 예측 불가능성을 이해하고 적응하도록 설계됐다는 뜻이다. 그들은 텍스트를 '읽고' 이미지를 '보며' 자연언어로 말하는 걸 '들을' 수 있다. 그리고 그들은 정보를 해석하고 조직하며 그것이 무엇을 의미하는지 그들이 내린 결론의 근거를 들어 설명해준다. 그들은 확정적인 답을 주지는 않는다. 사실 그들은 그 답을 '알지' 못한다. 그 대신에 여러 자료를 통해 정보와 아이디어를 저울질하고 추론한 다음 검토해볼 가설을 제시하도록 설계돼 있다." 이 시스템들은 그러고 나서 각각의 가능한 답이나 통찰에 신뢰 수준을 부여한다.

〈제퍼디!〉에서 이긴 왓슨을 만들 때 그들은 먼저 컴퓨터가 질문을 분석할 수 있도록 하는 일련의 알고리듬을 전부 만들어냈다고 켈리는 밝혔다. 이는 마치 독해 선생님이 하나의 문장을 도식화하는 법을 가르치는 것과 같은 방식이었다. 켈리는 이렇게 썼다. "그 알고리듬은 언어를 해체해 무엇을 묻고 있는지 알아내려고 한다. 그것은 이름인가, 날짜인가, 동물인가, 나는 지금 무엇을 찾고 있는가 생각하는 것이다." 두 번째 알고리듬은 왓슨에 올려놓은 모든 자료를 훑어보도록 설계된 것이다. 이는 위키피디아부터 성경에 이르기까지 주어진 문제의 분야나 사람, 또는 날짜와 관련이 있을 수 있는 모든 것을 훑어보기 위한 것이다. "컴퓨터는 여러 증거를 찾아보고 무엇이 답이 될 수 있을지 예비 목록을 만든 다음 가능한 답 각각에 대해 그를 뒷받침하는 증거를 찾는다. 예를 들어 IBM에서 일하고 있는 어떤 사람을 찾고 있는데 톰이 그 회사에서 일한다는 사실을 내가 안다면 도움이 될 것이다." 그러면 또 다른 알고리듬을 갖고 왓슨은 무엇이 가장 올바른 답이라고 생각하는지 순위를 매긴다. 가능한 답 모두에 신뢰도를 부여하는 것이다. 그리고 충분히 높은 수준의 신뢰도를 갖게 되면 답을 하기 위해 버저를 누른다.

프로그램 컴퓨터와 인지 컴퓨터의 차이를 이해하는 가장 좋은 방법은 IBM의 과학·솔루션 담당 상무인 다리오 길$_{Dario Gil}$이 내게 알려준 두 가지 사례를 생각해보는 것이다. IBM은 처음 번역 소프트웨어를 개발하기 시작했을 때 영어를 스페인어로 옮길 수 있는 알고리듬을 개발할 팀을 만들었다. 그는 이렇게 설명했다. "그 일을 가장 잘할 수 있는 길은 우리에게 문법을 가르칠 다양한 언어학자를 고용하는 것이라고 생각했습니다. 일단 우리가 언어의 속성을 이해하면 번역 프로그램을 어떻게 짤지 알아낼 수 있을 거라고 생각한 거죠." 하지만 그 방법은 효과가 없었다. 수많은 언어학자를 거치고 나서 IBM은 그들을 모두 내보내고 다른 접근 방식을 시도했다.

"이번에는 이렇게 생각했어요. '우리가 통계적인 접근 방식을 택해서 사람이 번역한 두 개의 텍스트를 가지고 비교한 다음 어느 쪽이 더 정확한지 살펴보면 어떨까' 하고요." 2007년에 컴퓨터의 연산과 저장 능력이 폭발적으로 늘어났기 때문에 그런 방식으로 시도해볼 용량이 생겼다. 이를 통해 IBM은 근본적인 통찰을 갖게 됐다. 길이 말했다. "우리가 팀에서 언어학자를 한 사람 내보낼 때마다 번역은 되레 더 정확해졌습니다. 그래서 이제 우리는 반복되는 패턴을 찾아 엄청난 양의 텍스트를 비교할 수 있는 통계적 알고리듬만 쓰지요. 우리는 이제 우르두어(파키스탄과 인도의 공용어 가운데 하나―옮긴이)를 중국어로 번역하는 데 아무런 문제가 없습니다. 우리 팀에 우르두어나 중국어를 아는 이가 아무도 없어도 말이죠. 이제 사례를 통해 가르치는 것이지요." 당신이 컴퓨터에 무엇이 맞고 무엇이 틀린지 충분한 사례들을 알려주면 그 컴퓨터는 답이 될 만한 것을 어떻게 적절히 검토해야 하는지 알아내고 그 과정에서 계속 배울 것이다. 슈퍼노바의 시대에는 거의 무한하게 그렇게 할 수 있다. 그리고 정말로 문법이나 우르두어나 중국어를 배울 필요가 전혀 없다. 통계만 배우면 된다.

왓슨은 바로 그런 식으로 〈제퍼디!〉에서 이겼다. 켈리는 「런던 리뷰 오브 북스」에 이렇게 썼다. "프로그램으로 짤 수 있는 시스템은 지난 60년 동안 우리 삶을 혁명적으로 바꿔놓았지만 〈제퍼디!〉에서 겨루는 데 필요한 어지럽고 구조화되지 않은 데이터는 이해하지 못했다. 복잡 미묘하고 말장난 같은 물음에 정확히 답하는 왓슨의 능력은 새로운 컴퓨팅의 시대가 왔음을 똑똑히 보여주었다."

이는 첫날 경쟁이 끝날 때 왓슨이 한 문제를 틀리게 답한 데에서 가장 잘 드러난다. 최종 라운드인 '마지막 제퍼디!'에서 참가자들 모두에게 같은 힌트를 주었을 때였다. 문제 영역은 '미국의 도시'였고 힌트는 '이 도시의 가장 큰 공항의 이름은 제2차 세계대전 당시 영웅의 이름을 따서 지은 것이고, 두 번째로 큰 공항은 제2차 세계대전 당시의 전투를 따라 명명한 것'이었다. 답은 (오헤어O'Hare 공항과 미드웨이Midway 공항이 있는) 시카고였다. 그러나 왓슨은 추측 끝에 "그건 토론토인가요?????"라고 물었다. 물음표를 다섯 개나 달아서 말이다. 켈리의 설명은 이렇다.

"왓슨이 이 질문에 혼동한 이유는 여러 가지다. 문법 구조 때문일 수도 있고, 일리노이 주에도 토론토라는 지역이 있기 때문일 수도 있고, 토론토 블루제이스Toronto Blue Jays팀이 아메리칸 리그에서 경기를 하기 때문일 수도 있다. 그러나 그 실수는 왓슨이 작동하는 방식에 대해 중요한 사실 하나를 뚜렷이 보여준다. 이 시스템은 우리의 질문에 대한 답을 '알기' 때문에 대답하는 것이 아니다. 그보다는 다양한 출처에서 나온 정보를 검토하고 평가한 다음 고려할 만한 답을 제안하도록 설계돼 있다. 그리고 각각의 응답에 신뢰 수준을 부여한다. 그 '마지막 제퍼디!'에서 왓슨의 신뢰 수준은 14퍼센트로 상당히 낮았다. 왓슨은 자기식으로 '이 답을 믿지 마세요'라고 말한 것이다. 어떤 의미에서 그는 무엇을 모르는지를 알았다."

이는 너무나 새로운 일이라 인지 컴퓨팅 시대의 두려운 면을 이야기하는 글들이 많다. 인지 컴퓨터가 인류에게서 이 세계를 빼앗아갈 거라는 이야기도 있다. IBM의 견해는 다르다. IBM 부사장 겸 연구소 소장인 어빈드 크리슈나Arvind Krishna는 이렇게 말했다. "인공지능과 인지 컴퓨터에 대한 대중적인 인식은 현실과 동떨어져 있습니다. 감각을 지닌 컴퓨터가 의식과 지각을 갖게 되고, 배운 것을 바탕으로 스스로 방향을 정할 수 있다는 생각 말입니다." 우리가 할 수 있는 건 예를 들어 종양학, 지질학, 지리학 같은 좁은 영역에 관해 컴퓨터를 가르치는 것이다. 다시 말해 컴퓨터가 다수의 중복되는 패턴 인식을 통해 이들 각 분야에 관해 학습할 수 있도록 하는 알고리듬을 만드는 것이다. "그러나 어떤 컴퓨터가 종양학을 이해하도록 만들어졌다면 그 컴퓨터가 할 수 있는 건 그것밖에 없습니다. 그리고 그것이 설계된 대로 좁은 영역에서 새로운 문헌이 나오면 계속해서 배울 수 있지요. 하지만 그것이 갑자기 자동차를 디자인하게 될 가능성은 전혀 없습니다."

2016년 6월까지 이미 전 세계의 주요 암 병원 열다섯 곳에서 쓰이던 왓슨은 1,200만 쪽이 넘는 의학 논문, 300종의 의학 저널, 200권의 교재, 수천만 건의 환자 진료 기록을 수집했으며 그 숫자는 매일 늘어나고 있다. 그 발상은 왓슨이 의사를 대체할 수 있다는 걸 입증하려는 게 아니라 오랫동안 의학 연구 자료와 새로운 발견들을 따라가느라 애먹었던 의사들에게 왓슨이 엄청난 도움이 될 수 있다는 걸 입증하려는 것이라고 켈리는 말했다. 슈퍼노바는 의사들의 그러한 어려움을 더해주었다. 추산에 따르면 1차 진료를 맡는 의사가 그의 업무와 관련해 홍수처럼 쏟아지는 연구 자료를 따라가는 데 한 달에 630시간 이상이 필요하다.

과거에는 당신이 암에 걸렸다는 진단이 내려지면 암 전문의는 그가 읽었을 10여 가지 의학 논문을 바탕으로 이미 알려진 세 가지 치료법 가운데서 하나를 선택했다. 하지만 오늘날에는 실험실 검사로 한 시간 안에 종양의 유전자 서열을 얻을 수 있고 의사는 왓슨을 이용해 역시 한 시간 안에 특정 종양에 가장 잘 듣는 것으로 알려진 약을 처방할 수 있다. 오늘날에는 IBM이 의료용 왓슨에 흑색종(멜라닌 세포의 악성화로 생기는 피부암―옮긴이)을 찍은 200장과 다른 2,800장을 합쳐 모두 3,000장의 사진을 보여주면 왓슨은 그의 알고리듬을 이용해 흑색종이 이러이러한 색깔과 형태, 특징적인 경계를 갖는다는 걸 배우기 시작한다. 이런 식으로 수만 장의 암 사진을 보고 그것들이 공통적으로 갖는 특징을 이해한 후 사람보다 훨씬 빨리 암으로 보이는 것을 확인할 수 있다. 이러한 능력 덕분에 의사들은 그와 같은 일에서 풀려나 그들을 가장 필요로 하는 환자와 함께하는 데 집중할 수 있다.

달리 말하면 왓슨의 마법은 그것이 직관과 공감, 사리 판단 같은 인간인 의사가 갖는 특유의 능력과 결합했을 때 일어날 수 있다. 이 둘을 합치면 각자 따로 할 수 있는 어떤 것보다 훨씬 더 뛰어난 지식을 창출하고 응용할 수 있게 된다. 〈제퍼디!〉 게임은 두 인간 챔피언과 한 기계를 맞붙게 했지만 미래에는 모든 것이 왓슨과 의사, 인간과 기계가 함께 문제를 푸는 형태로 이뤄질 것이라고 켈리는 말했다. 그는 이렇게 덧붙였다. "컴퓨터과학은 급속히 발전할 것이며, 의학은 그것과 함께 발전할 겁니다. 이는 공진화이지요. 우리는 서로 도울 겁니다. 나는 내가 환자가 되고 컴퓨터가 간호사가 되어 우리 연구생들과 함께 검사실에 모여 서로 의견을 주고받는 상황을 마음속에 그려봅니다."

시간이 지나면서 이 모든 것이 의학을 바꿔놓고 똑똑하다는 것에 대한 우리의 관념을 바꿀 것이라고 켈리는 말했다. "21세기에는 모든 답을 안다는 것이 어떤 이의 지력을 나타내주지 않을 겁니다. 그보다는 늘 올바른 질문을 할 수 있다는 것이 진정한 지성의 표상이 될 것입니다."

실제로 우리는 매일 인공지능이 어떻게 갈수록 더 많은 기계 안으로 들어가 그것들을 더 유연하고 직관적이고 인간처럼 행동하게 하는지, 그리고 한 번의 터치나 한마디의 음성 명령으로 움직일 수 있게 하는지를 읽는다. 곧 원하는 이들은 누구나 자신만의 작은 왓슨이나 시리, 또는 알렉사Alexa 같은 개인적인 인공지능 도우미를 두게 될 것이다. 그들과 상대할 때마다 도우미들은 그들의 선호와 관심에 대해 더 많이 알게 되며, 그래서 날이 갈수록 더 적합하고 값진 도움을 주게 될 것이다. 이는 공상과학이 아니다. 이미 오늘날 일어나고 있는 일이다.

바로 그 때문에 켈리는 IBM의 왓슨이 머무는 곳에서 나와 가진 인터뷰 말미에 이렇게 묵상하듯 말한 것이었다. "당신 차의 거울에 쓰인 '후방에 비치는 물체는 보이는 것보다 가까이 있습니다'라는 글귀를 아시죠? 그 글귀는 이제 당신 차의 앞 유리창에 적용되는 것입니다. 지금 다가오는 미래는 당신이 생각하는 것보다 훨씬 더 가까이 있으니까요."

설계자들

체스판의 후반부에서 정말 창조적으로 뭔가를 만드는 사람을 만나 그들이 슈퍼노바 덕분에 가능해진 그 모든 강화 수단을 가지고 할 수 있는 일을 알아보는 건 재미있다. 나는 톰 우젝Tom Wujec을 샌프란시스코 엑스플로라토리엄에서 열린 한 행사에서 만났다. 우리는 공통점이 많다고 생각했고 스카이프 전화로 계속 연락하기로 했다. 우젝은 오토데스크Autodesk의 연구원이자 3D 디자인, 엔지니어링, 그리고 엔터테인먼트 소프트웨어 분야의 세계적인 전문가다.

그의 직함을 들으면 자동차 부품 회사에서 휠 캡을 설계하는 사람인 것 같지만 사실 오토데스크는 사람들이 거의 알지 못하는 정말로 중요한 회사 중 하나다. 이 회사는 건축가, 자동차나 게임 설계가, 그리고 영화 스튜디오 제작자가 그들의 컴퓨터로 건물과 자동차, 영화를 그려보고 디자인하는 데 쓰는 소프트웨어를 만든다. 이 회사는 디자인 업계의 마이크로소프트다. 오토데스크는 약 200만 명의 전문적인 디자이너들과 2억 명이 넘는 아마추어 디자이너들이 쓰는 대략 180가지 소프트웨어 도구를 제공하며 해마다 그 도구들의 복잡성을 더 많이 제거해 한 번의 터치로 작동하게 만든다. 우젝은 디자인 사고를 통해 각종 집단이 골치 아픈 문제를 풀도록 도와주는 비즈니스 시각화의 전문가다. 우리가 처음 전화로 이야기했을 때 그는 실시간으로 함께 볼 수 있는 디지털 칠판 위에 우리 대화를 삽화로 그렸다. 대단했다. 대화 도중에 우젝은 뭔가를 디자인하고 만드는 그의 일을 기술의 힘이 얼마나 바꿔놓았는지에 관해 그가 가장 좋아하는 이야기를 들려주었다. 그는 1995년의 일을 회상했다.

나는 캐나다에서 가장 큰 로열온타리오 박물관의 크리에이티브 디렉터였는데 내가 민간 부문으로 옮기기 전에 그곳에서 마지막으로 한 큰 프로젝트는 '마이아사우라'라는 공룡에 생기를 불어넣는 것이었습니다. 그 과정은 복잡했어요. 탁자 두 배 크기에 무게가 2톤이나 되는 바위를 현장에서 박물관으로 옮기는 것부터 시작했지요. 여러 해 동안 계속된 작업 과정에서 몇몇 고생물학자가 다 자란 녀석과 어린 공룡 화석 표본 둘을 조심스럽게 끌로 파냈습니다. 그 공룡들은 어미와 자식 간인 것 같았어요. 마이아사우라는 '어미 도마뱀'이라는 뜻이지요. 화석이 된 뼈들이 드러나자 우리가 나서서 그것들을 스캐닝했습니다. 우리는 휴대용 디지털화 기계를 이용해 화석 표면의 점 수십만 개에 대한 3차원 좌표를 정확히 쟀지요. 이 작업은 언제 끝날지 알 수 없었고 우리의 대단치 않은 기술로는 무리한 일이었습니다. 우리는 더 뛰어난 기계가 필요하다는 걸 깨달았습니다.

그래서 성능을 높였습니다. 우리는 소프트웨어에 20만 달러, 하드웨어에 43만 달러의 보조금을 받았어요. 그 화석이 완전히 드러난 다음 약 90센티미터 크기로 어른 공룡의 실제 모델을 만들려고 미술가를 고용했습니다. 처음에 진흙으로 만든 다음 청동으로 제작했지요. 이 조각은 우리의 디지털 모형에 추가적인 참고가 됐습니다. 그러나 디지털 모형을 만들어내는 건 쉽지 않았어요. 작은 생김새까지 측정하고 이를 컴퓨터에 손으로 직접 입력하며 몇 달 동안 더 공들였습니다. 소프트웨어는 불안정했고 시스템이 멈출 때마다 몇 번이고 작업을 되풀이해야만 했지요. 그리고 마침내 괜찮은 디지털 모형을 만들게 됐습니다. 더 많은 전문가의 도움을 받아 우리는 외피를 입히고, 질감을 살리고, 빛을 비추고, 움직이게 하고, 이들 모형을 갖고 일련의 고화질 영상을 만들었습니다. 그 노력은 보람이 있었어요. 박물관 관람객들은 전시판의 버튼을 눌러 대형 SUV 차량만 한 실물 크기의 공룡이 우리 고생물학자들이 생각하는 방식으로 움직이는 걸 볼 수 있었지요. "그들이 어떻게 걷는지 보시죠. 그들이 어떻게 먹는지 보시죠. 그들이 뒷다리로 어떻게 서는지 보시죠." 전시가 열린 후 생각했죠. "거 참, 정말 일이 많았네."

그 일은 처음부터 끝날 때까지 2년이 걸렸고 50만 달러 넘는 비용이 들었다. 이제 시간을 건너뛰어 보자. 20년 쯤 지난 2015년 5월에 우젝은 같은 박물관의 한 칵테일파티에 갔다. 그곳을 그만둔 지 여러 해가 지났을 때인데 그는 박물관이 그가 청동으로 떠서 만든 마이아사우라 공룡의 축소된 모형을 전시해 놓은 걸 보았다. 우젝은 이렇게 회상했다.

나는 그 모형이 거기 있는 걸 보고 놀랐어요. 그리고 지금 있는 도구들을 쓴다면 디지털화 과정이 어떻게 달라졌을까 궁금했습니다. 그래서 금요일 밤에 와인 한 잔을 손에 들고 내 아이폰을 꺼내 그 모형 주위를 돌면서 약 90초 동안 스무 장쯤 사진을 찍었지요. 그런 다음 우리 회사가 만든 123D 캐치라는 무료 클라우드 앱에 그것들을 올렸습니다. 그 앱은 웬만한 것들은 모두 3D 디지털 모형으로 바꿔주지요. 4분 후에 123D 캐치는 20년 전에 우리가 만들었던 것보다 나은, 움직일 수 있고 사진처럼 생생한 3차원 디지털 모형을 만들어주었습니다. 그날 밤 나는 50만 달러를 들인 하드웨어와 소프트웨어를 갖고 그토록 여러 달 동안 매우 전문적이고 기술적인 작업을 해야 했던 일이 이제 칵테일파티에서 한 손에 와인 잔, 다른 손에 스마트폰을 들고 앱 하나를 이용해 할 수 있는 일로 거의 대체된 걸 경험했지요. 몇 분 만에 나는 그 디지털 모형을 공짜로 다시 만들어낸 것입니다. 달라진 게 있다면 이번 것이 더 낫다는 것뿐이죠!

우젝에 따르면 중요한 건 감지장치, 디지털화, 연산, 저장, 네트워킹과 소프트웨어 기술이 발전하면서 모든 산업의 작업들을 컴퓨터로 계산할 수 있게 되었다는 점이다. 어떤 산업이 컴퓨터로 계산할 수 있게 되면 예측할 수 있는 일련의 변화를 겪게 된다. 그리고 그 산업은 디지털화하고, 혼란을 겪으며, 대중화된다. 낯선 도시에서 택시를 부르는 가장 아날로그적인 과정이 우버와 함께 디지털화했다. 그러자 업계 전체가 혼란에 빠졌다. 그리고 이제 그 산업 전체가 대중화됐다. 누구든, 어디서든 다른 사람을 위해서 택시 운전사가 될 수 있고, 또 누구든 수월하게 택시 회사를 차릴 수 있다. 공룡에 생기를 불어넣는 아날로그 작업은 설계를 통해 디지털화했고, 슈퍼노바 덕분에 그 일은 큰 변화를 겪었으며, 지금은 스마트폰만 가지면 누구나 할 수 있게 대중화됐다. 이는 개인의 힘을 키워주었다. 당신이 어떤 아이디어를 갖게 되면 자금을 모아 일을 시작할 수 있으며, 쉽고 빠르게, 그리고 훨씬 더 많은 사람이 그 과정에 참여할 수 있는 방식으로, 적은 비용을 들여 확산시킬 수 있다.

바로 그 때문에 우젝은 이런 식으로 말하는 것을 좋아한다. "20세기에는 사람들이 우리가 만든 걸 좋아하게 하는 게 가장 중요했습니다. 하지만 21세기에는 사람들이 좋아하는 걸 어떻게 만드는가가 가장 중요하지요."

우리는 지금 제작자의 천국으로 들어가고 있다. 아이들 장난감으로 다음에는 무엇이 유행할지 아는가? 스스로 만드는 장난감, 자기가 좋아하는 대로 만든 장난감이다. 이제 곧 당신의 특별한 DNA에 맞는 약을 만들 수 있게 될 것이다. 오토데스크에서 일하는 저명한 연구원 앤드루 헤셀Andrew Hessel은 나에게 이렇게 설명했다. "이제 공상과학과 과학의 차이는 정말로 좁혀지고 있습니다. 누가 어떤 아이디어를 갖고 그것을 분명히 표현하면 아주 짧은 시간 안에 현실로 나타나니까요."

오토데스크의 일은 설계자 한 사람의 힘을 키워주기 위해 디자인을 하는 데 드는 다양한 복잡성을 제거해 한 번의 터치로 해결할 수 있도록 하는 것이다. 오토데스크의 최고경영자인 칼 배스Carl Bass는 나에게 건

축가를 위한 그들의 최신 소프트웨어가 어떻게 단순히 디지털 스케치를 하는 도구에서 '건축 정보 모형building information modeling'이라는 개념을 통해 설계자나 건축가와 그 소프트웨어가 협업하는 수단으로 진화했는지 보여주었다.

그 설계 과정은 먼저 일련의 스케치를 상호작용하는 데이터베이스로 바꾸는 것에서 시작한다. 설계자가 컴퓨터 스크린에 스케치를 하면 그 시스템은 건물의 특성들을 계산하고 심지어 에너지 효율성부터 사람들의 동선에 이르기까지, 생각할 수 있는 모든 선택지의 비용을 계산해가며 제안한다. 모든 변수가 그 소프트웨어 안에 들어 있기 때문에 설계자가 외형이나 바닥, 혹은 건물 구조 전체를 바꾸면, 소프트웨어는 즉각 그 변경에 따르는 비용이 얼마나 될지, 변경 후 에너지는 얼마나 더 들거나 절약될지, 그리고 그 건물을 이용하는 사람들에게 어떤 영향을 미칠지를 말해준다.

배스는 이렇게 설명한다. "건축가는 단지 몇 장의 스케치가 아니라 창문, 에어컨, 햇빛, 조명, 엘리베이터, 그리고 이런 것들이 어떻게 상호작용하는지를 포함해 건물 전체를 3차원의 생생한 시스템으로 이해하는 데이터 모형을 갖고 작업합니다." 이때 그 건물을 놓고 작업하는 서로 다른 팀들이 소통하며 협업할 수도 있다. 각 팀의 변경 사항은 다른 팀들의 작업과 동태적으로 통합되고 최적화된다.

견본을 만드는 기술에 엄청난 약진이 이루어짐에 따라 설계자는 그가 시도하는 어떤 구상에 대해서든 즉각 그 효과를 확인할 수 있을 만큼 역량이 강화됐다. 동시에 그 과정에서 수많은 추측이 사라지고, 따라서 그만큼 실수도 줄어들고, 허비하는 시간과 돈도 줄어든다. 그에 따라 더 많은 창의적인 실험이 이뤄질 수 있게 된다.

그다음 단계는 '입이 벌어질 만큼 놀라운' 것이라고 배스는 설명한다.

"우리는 그걸 생성적 디자인generative design이라고 일컫지요. 컴퓨터가 진정한 파트너가 되는 겁니다. 내가 의자를 하나 디자인하고 싶어서 어느 가구 디자이너에게 찾아가 '의자 하나 디자인해주세요' 하고 부탁했다고 합시다. 우리들 중 누군가에게 그렇게 부탁하면 그 결과는 우리가 보통 의자로 이해하는 어떤 형태를 닮았을 겁니다. 하지만 오토데스크의 프로젝트 드림캐처Project Dreamcatcher 소프트웨어를 써서 '높이는 이 정도 되고, 이만큼의 무게를 지탱할 수 있으며, 가능한 한 적은 양의 재료를 사용해서 최대한 가벼우면서도 이 정도 크기와 높이와 무게를 감당할 수 있는 플랫폼이 필요하다'고 입력하면 컴퓨터는 알아서 놀라울 만큼 다양한 디자인을 내놓을 겁니다." 오토데스크는 그렇게 만든 것들을 샌프란시스코 사무실에 전시하고 있다. 모두 별세계에서 온 것 같지만 아주 편안하게 앉을 수 있었다!

왓슨과 더불어 기계의 힘이 커질 때 '개인의 힘'이 갖는 속성은 달라진다. 어떤 면에서는 가장 좋은 질문을 던지는 것이 창의성의 본질이 된다. 배스는 이렇게 설명한다. "디자이너의 세계는 바뀌고 있습니다. 어떤 형태를 만드는 사람이 아니라 디자인할 대상의 목적과 제약 조건들을 창조하는 사람의 세계로 바뀌는 것이지요. 그리고 그 사람은 더 이상 디자인을 만들어내지 않고 넓게 펼쳐진 가능성 중에서 그 디자인을 선택하지요. 우리는 하나의 포인트 솔루션(다른 것들과 무관하게 특정 문제 하나만 해결하는 것—옮긴이)을 찾던 방식에서 벗어나 인간과 기계가 협업을 강화하는 쪽으로 가고 있습니다. 컴퓨터의 도움으로 이제 디자이너는 인간이 혼자서 알 수 있는 한계를 넘어 어떤 시스템의 전 범위를 이해할 수 있기 때문이지요."

우리는 어떻게 서로를 믿는가

우리가 이야기한 것처럼 슈퍼노바는 어떤 일을 할 수 있는 범위는 물론, 그 일을 하는 데 드는 비용, 그리고 일하는 속도와 방식을 근본적으로 바꿀 수 있도록 해준다. 또한 어딘가에 묻혀 있던 개인들과 소규모 집단들이 나타나서 그러한 일 가운데 무엇이든 할 수 있게 해준다. 혹은 이 모든 것이 한꺼번에 이뤄질 수 있다면 어떻겠는가? 가장 강력한 힘을 얻게 된 창조자들이 불과 몇 년 새 전혀 돈을 들이지 않고 오래된 산업 전체를 개조한 경우로는 에어비앤비의 창업자들보다 더 좋은 사례가 없다. 그것은 오롯이 슈퍼노바가 낳은 자식이다. 에어비앤비는 슈퍼노바 없이는 태어날 수 없고 지극히 필연적이며 멈출 수 없는 것이었다.

그리고 그것은 너무나 아날로그적인 에어 매트리스에서 시작됐다.

이 회사의 공동 창업자 중 한 명인 브라이언 체스키Brian Chesky가 로드아일랜드 디자인스쿨을 마쳤을 때 그의 부모는 오로지 한 가지만 바랐다. 그가 의료보험이 되는 일자리를 갖는 것이었다. 체스키는 한동안 로스앤젤레스의 한 디자인 회사에서 그런 일을 해보려고 하다 싫증이 났고, 짐을 꾸려서 샌프란시스코에 있는 친구 조 게비아Joe Gebbia를 만나러 갔다. 게비아는 집세를 체스키와 나눠 내기로 했다.

내가 칼럼을 쓰려고 그를 인터뷰했을 때 체스키는 이렇게 말했다. "불행히도 내가 내야 할 몫은 1,150달러인데 은행에 넣어둔 돈은 1,000달러밖에 없어서 계산이 안 맞았지요. 게다가 나는 실업자였습니다." 하지만 그들은 어떤 아이디어를 갖고 있었다. 체스키가 그 도시에 온 건 2007년 10월 초였는데 바로 그 주에 샌프란시스코에서 미국 산업디자인학회가 열릴 예정이어서 그 콘퍼런스 웹사이트에 올라와 있는 모든 호텔방이 다 나가버렸다. 그래서 체스키와 게비아는 생각했다. 우리 집을 베드 앤드 브렉퍼스트B&B, bed and breakfast로 만들어 학회 참석자들에게 빌려주면 어떨까?

문제는 그들에게 침대가 없다는 사실이었다. 그러나 게비아는 세 개의 에어 매트리스를 갖고 있었다. 서른네 살인 체스키는 이렇게 말했다. "그래서 우리는 에어 매트리스에 공기를 넣어 부풀리고 우리 집을 '에어 베드 앤드 브렉퍼스트Airbed and Breakfast'라고 불렀지요. 세 사람이 우리 집에 묵었고 우리는 그들에게 하룻밤에 80달러를 받았습니다. 그들에게 아침을 해주었고 현지 가이드도 했지요." 그렇게 해서 두 사람은 집세를 내기에 충분한 돈을 벌었다. 그러나 더 중요한 건, 그들이 그 후에 사람들이 완전히 새로운 방식으로 돈을 벌고 세계를 여행하도록 함으로써 수십억 달러짜리 회사를 만들 아이디어를 발견했다는 점이었다. 그 발상은 어디에 있는 누구든 자기 집의 남는 방을 빌려주고 현금을 벌 수 있는 글로벌 네트워크를 만들어내는 것이었다. 그 유래를 기리기 위해 그들은 회사 이름을 에어비앤비라고 불렀고, 지금은 규모가 그 동안 너무나 커져 힐튼 호텔이나 메리어트 호텔과 달리 단 하나의 침대도 소유하지 않고도 주요 호텔 체인들을 모두 합한 것보다 클 정도다. 그리고 이 회사가 촉발한 새로운 추세가 이른바 '공유 경제sharing economy'다.

처음에 체스키가 그의 회사를 설명할 때 나는 조금 미심쩍은 마음을 털어놓았다. 과연 파리에서 자기 집 복도 끝의 아이 방을 인터넷으로 보고 먼곳에서 찾아온 낯선 사람에게 내어줄 사람들이 얼마나 될까? 그리고 그런 귀퉁이 방에서 묵고 싶어 하는 사람들은 몇이나 될까?

정답은 아주 많다는 것이다! 2016년까지 파리에는 상업적 호텔방 6만 8,000개와 함께 에어비앤비에 등록된 8만 개가 넘는 방이 있었다.

지금 당신이 에어비앤비 웹사이트에 들어가면 수백 개의 성, 수십 개의 유르트(유목민들의 원형 천막집—옮긴이), 동굴, 텔레비전이 있는 티피

(인디언의 원뿔형 천막집―옮긴이), 급수탑, 이동주택차, 개인 소유의 섬, 유리로 만든 집, 등대, 와이파이가 되는 이글루, 그리고 나무 위에 지은 트리하우스 가운데 머무를 곳을 원하는 대로 고를 수 있다. 그중에서도 수백 채의 트리하우스는 에어비앤비 사이트에서 면적당 수익성이 가장 높은 숙소들이다.

체스키가 말했다. "버몬트 주 링컨에 있는 트리하우스는 그 주택 본채보다 값이 더 나가지요. 버몬트 주에는 대기자 명단에 올려놓고 여섯 달이나 기다려야 하는 트리하우스들이 있답니다. 사람들이 트리하우스에서 묵을 수 있는 때에 맞춰 휴가 계획을 세울 정도입니다!" 실제로 에어비앤비에 등록된 방 가운데 지금까지 가장 인기가 높았던 세 곳은 모두 트리하우스였다. 그중 둘은 주인들이 숙박비를 벌어 실제 주택담보대출을 다 갚았을 정도였다. 2011년 4월 5일 영국 일간지 「가디언」은 리히텐슈타인의 대공 한스 아담 2세Prince Hans-Adam II가 공국 전체를 빌려주겠다며 에어비앤비에 내놓았다고 전했다. "거리 표지판을 고객에 맞게 완전히 바꾸고 임시 통화를 쓰도록 해주면서" (하룻밤에 7만 달러를 받고) 빌려주겠다는 것이었다. 당신은 미국 록그룹 도어스의 짐 모리슨Jim Morrison이 소유했던 집에서 잘 수도, 아니면 건축가 프랭크 로이드 라이트Frank Lloyd Wright가 지은 집들 중에서 하나를 선택할 수도 있다. 그것도 아니면 하룻밤에 13달러를 내고 베를린의 '1제곱미터 주택'에 비집고 들어갈 수도 있다.

2014년 7월 브라질에서 월드컵 축구 대회가 열렸을 때 브라질은 리우데자네이루에서 경기를 보고 싶어 하는 모든 사람을 수용할 충분한 호텔 객실을 짓지 못했지만, 에어비앤비 덕분에 모든 방문객이 묵을 곳을 찾을 수 있었다. 체스키는 이렇게 말했다. "외국에서 온 방문객 다섯 명 중 한 명꼴인 약 12만 명이 브라질에서 월드컵 기간 중 에어비앤비를 통해 방을 구했습니다. 그들은 150개가 넘는 나라에서 왔지요. 브라질에 있는 에어비앤비의 집주인들은 월드컵 기간 중 방을 빌려주고 대략 3,800만 달러를 벌었습니다. 리우의 집주인들은 평균적으로 월드컵 경기가 벌어지는 한 달 동안 약 4,000달러를 벌었는데 이는 리우 지역 월 평균 임금의 네 배였지요. 그리고 브라질과 독일의 월드컵 준결승전 경기가 벌어진 날 밤에도 189명의 독일 손님들이 브라질 사람들과 함께 묵었습니다."

우리 모두의 내면에는 여관 주인이 살고 있는 것으로 드러났다! 체스키와 그의 동업자의 통찰력도 깊었지만 더 좋았던 건 그들의 타이밍이었다. 2007년이라는 특별한 시기와 맞아떨어졌기 때문이다. 그해 탄생한 기술들이 없었다면 에어비앤비도 없었을 거라고 체스키는 말했다. 우선 인터넷 연결이 더 빠르고, 값싸고, 누구에게나 쉽고, 하와이에서 홍콩과 아바나에 이르기까지 세계 어디에서나 가능해야 하기 때문이라고 그는 설명했다. "그다음에는 사람들이 편하게 온라인으로 카드 정보를 주고 물건값을 치르며 거래할 수 있어야 했습니다. 우리는 이베이가 처음 문을 열었을 때 사람들은 흔히 거래 대금을 수표로 보냈고 이 회사는 매일 거대한 수표 자루와 함께 일을 마쳤던 사실을 잊어버리지요." 에어비앤비가 확산되려면 세계 인구 중 다수가 상당한 전자상거래 경험을 갖고 있어야 하고 이와 함께 사람들이 신용카드 없이 에어비앤비에서 결제할 수 있게 페이팔과 같은 개인 대 개인 결제 시스템이 갖춰져야 했다. 기술 발전의 흐름들이 세계로 확산되면서 2000년대 초에는 그게 가능해졌다. 그다음에는 사람들이 정확한 신원을 밝히면서 온라인에 연결하도록 할 필요가 있었다. 그게 가능해진 데에는 2007년쯤 페이스북이 고등학교와 대학을 벗어나 폭발적으로 확산된 것이 도움이 됐다. 그래서 자기 집을 빌려주는 사람들과 그 집을 빌리려는 사람들 모두 상대가 누구인지 명확히 알 수 있게 됐다. 이것이 중요한 건 당신이 단순히 책을 한 권 사거나 이베이에서 낯선 사람에게 자기가 쓰던 골프채 하나를 파는 것이 아니기 때문이다. 크레이그스리스트에서 단지 룸메이트 한 사람을 구하는 것도 아니다. 당신은 어떤 사람의 비어 있는 침실에 머무르거나 다른 사람에게 당신의 침실을 빌려주려는 것이다.

체스키는 에어비앤비를 활성화하려면 평가 시스템도 필요했다고 말했다. 이는 양측이 서로를 평가하면서 일종의 통화_{carrency} 구실을 하는 신뢰를 쌓을 수 있는 시스템이다. 이를 개척하고 대중화하는 데에는 이베이와 에어비앤비가 도움을 주었다. 카메라로 쓸 수 있는 스마트폰이 대규모로 보급될 필요도 있었다. 사람들은 빌려주려고 내놓은 방이나 집을 스마트폰으로 찍어서 그 사진을 기본적으로 비용을 들이지 않고 손쉽게 웹 기반의 소개란에 올릴 수 있다. 이를 위해 (많은 이가 사진사를 쓰기는 하지만) 별도로 사진사를 고용할 필요는 없다. 이 문제는 2007년에 스티브 잡스가 풀어주었다. 에어비앤비를 잘 돌아가게 하려면 또한 2009년에 설립된 왓츠앱과 같이 메시지를 주고받을 수 있는 시스템이 필요했다. 에어비앤비를 통해 숙소를 제공하는 사람들과 방을 빌리는 이들은 이 시스템을 통해 언제 어디에 열쇠를 둘지, 그리고 다른 여러 세부적인 문제는 어떻게 할지 의사소통을 할 수 있다. 체스키는 사실상 그런 식으로 사전에 서로 만나보는 것과 같은 효과를 얻고 거래 과정에서 '낯선 사람'을 배제할 수 있다고 말했다.

마지막으로, 이 모든 걸 정말로 디자인이 잘된 인터페이스로 모아서 모든 일을 한 번의 터치로 끝낼 수 있도록 할 필요가 있었다. 체스키는 "우리는 모두 디자인을 배우는 학생들"이라고 말했다. 2007년 이후 일단 이런 것들이 자리를 잡고 확산되기 시작하자 에어비앤비는 확실히 날아올랐다. 이는 미네소타에 있는 누군가가 몽골에 있는 누군가의 원형 천막집을 빌리는 것과 같은 복잡한 일이 터치 한 번으로 간소화되었기 때문만이 아니라 이 과정이 거래 당사자에게 신뢰를 주는 방식으로 이뤄졌기 때문이기도 하다.

사실 체스키와 그의 동료들이 에어비앤비를 키우면서 만들어낸 가장 흥미로운 부분은 여기에 있다. 형성하기 가장 까다로운 '신뢰'가 바로 그것이다.

에어비앤비의 창업자들은 세계가 갈수록 상호의존적으로 변해간다는 걸 이해했다. 이는 지구상의 어느 곳에서든 관광객이나 비즈니스 여행자에게 묵을 곳을 빌려주려는 사람을 모두 연결해줄 수 있는 기술이 있다는 뜻이다. 그리고 누군가가 그들을 이어줄 신뢰의 기반을 만들어낸다면 모든 참여자에게 엄청난 가치가 창출될 수 있다. 바로 이 '신뢰의 플랫폼'이야말로 에어비앤비의 진정한 혁신이다. 이는 모두가 다른 모두의 신원을 알 수 있을 뿐만 아니라 그들을 좋다거나 나쁘다거나, 또는 중립적이라고 평가할 수 있는 플랫폼이다. 이는 이 시스템을 이용하는 사람이라면 누구나 상당히 빨리 다른 모든 참여자가 볼 수 있는 의미 있는 '평판'을 쌓을 수 있다는 것을 뜻한다. 신뢰받는 신원과 적절한 평판을 가지고 슈퍼노바의 힘을 활용하면서 세계화의 흐름을 타면 당신은 에어비앤비에 등록된 300만 곳 넘는 집이나 방을 갖게 된다. 이는 힐튼과 메리어트, 그리고 스타우드 호텔을 합친 것보다 많다. 그리고 힐튼은 1919년에 문을 열었다는 점을 생각해보라!

체스키는 이렇게 결론을 내렸다. "우리는 늘 평판과 브랜드를 가진 기관들과 기업들만 신뢰했지요. 그리고 같은 공동체 안에 있는 사람들만 믿었습니다. 같은 공동체 안의 사람들은 알지만 그 바깥에서 온 사람들은 모두 낯선 사람이었습니다. 우리가 한 일은 그와 같은 낯선 이들에게 당신이 신뢰할 수 있는 신원과 브랜드를 만들어주는 것이었습니다. 당신은 낯선 사람이 집에 묵기를 바라나요? 아니겠죠. 그러나 하버드 대학교에 다녔고 은행에서 일하며 별 다섯 개 평점을 얻은 미셸이라면 에어비앤비 손님으로 받아들일 수 있을 것입니다."

체스키는 공유 경제와 관련해 에어비앤비가 배운 걸 다른 영역과 경험에 적용하기를 좋아한다. 그는 내게 이렇게 말한 적이 있다. "미국에는 800만 개의 전기드릴이 있지만 평균적으로 13분밖에 쓰이지 않지요. 정말로 모두가 자기만의 드릴을 가질 필요가 있을까요?"

어떤 것을 상상하고 설계하고 제조하고 판매하는 일이 지금처럼 빠르고 값싸게, 그리고 쉽게 이뤄졌던 적은 없었다. 이는 기술자나 기술자가 아닌 사람이나 마찬가지다. 하지만 오늘날 그런 일이 일어나지 않는다면 그건 당신이 그 일을 하지 않기 때문이다.

월마트의 혁신

슈퍼노바는 혁신가들이 기존의 사업을 근본적으로 뒤흔들어놓을 새로운 비즈니스 모델(하루아침에 전 세계로 확산될 수 있는 모델)을 확립할 수 있도록 역량을 키워준다. 그리고 다른 한편으로는 기존의 기업들이 그 혁신가들과 그 어느 때보다 더 효과적으로 경쟁할 수 있도록 해준다. 그들이 스스로를 흔들어놓을 준비가 돼 있다면 말이다. 당신이 그런 경쟁에 관심이 있다면 전통적인 기업인 월마트Walmart 사례를 살펴보는 것보다 더 좋은 방법은 없다. 아칸소 주의 작은 도시에 본사를 둔 이 기업이 가속의 시대에 태어난 거대한 소매 업체 아마존과 경쟁하는 능력을 키우기 위해 어떻게 슈퍼노바를 활용하려고 애썼는지 살펴보는 것이다. 아마존과 경쟁해야 하는 대부분의 소매 업체에 대해서 나는 안타깝게 여기지만 월마트는 여느 소매 업체와는 다르다. 그래서 월마트가 어떻게 아마존의 도전에 맞서고 있는지 살펴보면 참으로 많은 것을 알게 되리라고 생각했다.

2015년 4월 월마트의 최고경영자인 더그 맥밀런Doug McMillon은 월마트 본사의 전설적인 토요일 아침 회의에서 강연해달라고 나를 초청했다. 약 3,000명이 참석하는 이 회의는 버라이어티쇼와 기업 부흥 회의, 일반적인 오락이 어우러진 것으로 꽤나 시끌벅적한 모임이었다. 나는 그에게 기꺼이 그 연설을 하겠다고 말했다. 사실 내 역할은 케빈 코스트너가 나오기 전에 분위기를 띄우는 것이었다. 그러나 나는 강연 대가를 받고 싶고 그것도 '아주 많이' 받고 싶은데 「뉴욕타임스」는 내가 기업에서 돈을 받는 것을 허락하지 않는다고 말했다. 그래서 나는 강연료 대신 내가 아이폰을 갖고 월마트의 모바일 앱으로 물건을 사려 할 때 장막 뒤에서, 그러니까 슈퍼노바 안에서 무슨 일이 벌어지는지 월마트의 엔지니어들이 보여주기를 바란다고 했다. 우리는 내가 살 품목을 32인치 텔레비전으로 정했다. 바로 그런 식으로 그들은 내게 대가를 '지불'했고 그 여행은 보람 있는 것이었다.

월마트닷컴은 2000년에 출범했다. 전자상거래 플랫폼을 만들기 위해 이미 나와 있던 기술을 활용한 것이었다. 그것은 아마존에 견줄 만한 경쟁 상대가 아니었다. 2011년이 되자 월마트는 심각해졌는데, 세계에서 가장 큰 소매 업체가 심각해진다면 그건 정말로 심각한 것이다. 이 회사는 실리콘밸리에 중요한 소프트웨어 기지를 세우고 수천 명의 엔지니어를 뽑았다. 월마트스토어스 사의 글로벌 전자상거래 부문 사장이자 최고경영자인 닐 애시Neil Ashe는 내가 방문했을 때 엔지니어를 채용하는 건 어렵지 않았다며 이렇게 설명했다. "우리는 그들에게 이렇게 말했습니다. '어려운 문제에 도전하고 싶다면 그건 우리에게 있다. 큰 규모에 흥미를 느낀다면 그것도 우리에게 있다!' 하나의 회사로서 우리는 일주일에 2억 명 내지 3억 명과 '대화'를 하고 있지요."

특히 놀라웠던 건 월마트가 그토록 빨리, 그리고 비싸지 않게 모바일 앱을 만들 수 있었다는 점이었다. 이는 상당 부분 2007년에 기술 분야에서 일어난 일들 덕분이었다. 하둡은 그들이 빅데이터에서 규모를 확보할 수 있게 해주었다. 깃허브는 월마트가 다른 이들이 발명한 모든 소매 관련 소프트웨어의 혜택을 누릴 수 있게 해주었고, API는 그들이 모든 이와 협력할 수 있도록 해주었다. 그리고 저장과 컴퓨팅, 그리고 통신 분야에서 무어의 법칙이 체스판 후반부로 깊숙이 진입하면서 하루아침에 경쟁력을 가질 수 있도록 해주었다.

월마트 이커머스Walmart eCommerce의 최고기술책임자인 제러미 킹Jeremy King은 그 전에 이베이의 전자상거래 플랫폼을 구축한 기술팀에 참여했었다. 그때는 슈퍼노바가 나오기 전이었고 모든 걸 처음부터 쌓아 올려야 했다. "10년 전(2005년) 내가 이베이에 있을 때 지금 이것과 아주 비슷한 플랫폼을 만들었는데 그 일에 200명의 소프트웨어 기술자들이 매달렸지요. 그 당시에는 지금과 같은 도구들이 하나도 없었어요. 그래서 플랫폼을 구축하는 데 몇 년이 걸렸지요." 2007년 이후에는 더 이상 그렇지 않다. 킹은 이렇게 말했다. "2011년에 월마트는 비슷한 플랫폼을 구축했는데 클라우드 덕분에 열두 명을 데리고 24개월이 채 안 돼 끝냈지요." 이 회사가 뽑은 수천 명의 엔지니어들은 월마트 사업의 모든 측면에 정보 기술을 주입할 것이다.

애시는 이렇게 말했다. "깃허브의 시대에 우리가 독자적인 검색엔진을 구축할 때는 그냥 검색할 데이터의 색인을 만드는 가장 좋은 오픈소스 검색엔진 솔라Solr에 의존하고 그 위에 우리만의 연관 엔진relevance engine을 추가했지요."

옛날에는 검색엔진을 위한 코드를 회사 내부에만 보관했지만 이제는 깃허브에서 모두 공유한다. 이제 이런 도구상자와 부품들이 모두 클라우드에 있고, 오픈소스를 통해 이용할 수 있으며, 상호 정보교환이 가능한 API 덕분에 얼마든지 혼합할 수 있다. 이런 때에는 그것들을 어떻게 한데 버무려 고객 가치를 창출하는가가 가장 중요하다고 애시는 말했다.

이제 내 32인치 텔레비전을 검색하는 이야기로 돌아가자. 내 스마트폰의 월마트 앱에 '32'라는 숫자를 입력하자마자 그 알고리듬과 데이터베이스는 경험을 통해 아마도 내가 '32인치 텔레비전'을 찾고 있으리라는 걸 알아챘다. 내가 '인치'와 '텔레비전' 철자를 모두 잘못 쓰더라도 마찬가지다. 그런 다음에 앱은 몇 밀리초 안에 재고로 갖고 있는 다양한 32인치 텔레비전들을 보여준다.

애시는 이렇게 설명한다. "고객들은 이 과정이 아무런 불편 없이 이뤄지기를 원하지요. 사람들은 이제 조금도 기다리려고 하지 않아요." 월마트는 사람들이 0.1초가 지날 때마다 인내심을 잃는다는 걸 알고 있다며 애시는 이렇게 말했다. "그들은 0.5초만 지연돼도 물건을 사는 걸 포기할 겁니다. (중략) 콜로라도의 데이터센터에서 벤턴빌에 있는 우리 센터로 데이터를 가져오는 데 0.007초가 걸립니다. 데이터가 한 번 왕복하는 데 0.014초가 걸린다는 뜻이지요. 그래서 우리는 어떤 거래에 대해서는 콜로라도의 데이터베이스를 이용할 수 없습니다. 벤턴빌의 데이터에 의존해야 하지요."

실제로 월마트는 고객이 불과 몇 밀리초의 차이를 구분할 수 있으며 구매나 찾기 버튼을 눌렀을 때 0.01초 안에 반응이 오기를 기대한다는 걸 발견했다. 월마트의 연구팀은 고객이 온라인으로 물건을 사는 경우 반응 시간이 0.5초 길어질 때마다 구매가 2퍼센트 포인트 이상 줄어든다는 걸 알아냈다. 하루 수백만 건씩 거래가 이뤄지는 상황에서 이는 매우 큰 손실이다.

결국 나는 삼성의 32인치 텔레비전을 내 온라인 쇼핑 바구니에 집어넣고 '구매'를 클릭했다. 월마트와 비자를 매끄럽게 이어주는 API는 그 구매를 처리했다. 그때 나는 이 책을 준비하면서 내가 가장 재미있어했던 이야기 가운데 한 가지를 들었다. 내가 '구매' 버튼을 누르자 그 시스템은 내 우편번호를 이용해 우리 집과 가까운 월마트 매장에 32인치 텔레비전이 있는지를 알아보았다. 내가 차를 몰고 가서 그것을 가져올 수 있는지, 혹은 그 지역의 월마트 점포에서 내 텔레비전을 배달해줄 수 있는지, 아니면 온라인 거래 전용으로 새로 만든 (크루즈선 두 척이 들어갈 만큼) 거대한 월마트 주문 처리 센터 중 한 곳에서 물건이 와야 하는지를 결정하는 것이다.

어떤 제품에 대해서는 월마트 시스템이 이미 수요가 늘어날 것을 예상하고 미리 재고를 확보해 어디에서나 고객에게 가장 저렴하게 제공할 수 있도록 해놓았다. 예를 들면 미시간 주에서 겨울철에 많이 찾는 삽, 플로리다 주에서 1년 내내 많이 나가는 골프공, 슈퍼볼 선데이(미식축구 챔피언십 경기가 열리는 매년 1월 마지막 주 일요일—옮긴이) 전 주에 많이 팔리는 대화면 텔레비전과 포테이토칩 같은 것들이다.

킹은 이렇게 말했다. "그래서 우리는 고객이 '구매'를 누를 때 배송 날짜를 약속했습니다. 확률 계산을 바탕으로 언제 물건을 받게 될지 말해주는 것이지요." 그러나 지금 이 시스템은 구매한 물건을 찾아가도록 하거나 배달하거나 아니면 이 둘을 결합하는 방법 중 어느 것이 최선인지 결정하는 완전히 별개의 최적화 방안들을 검토해야 한다. 그 결정은 당신이 어디에 살고 있는지, 32인치 텔레비전 말고 다른 품목들을 구매했는지, 그 품목들은 어디에서 오는지, 그리고 그것들을 포장하려면 어떤 크기의 상자가 몇 개나 필요한지에 따라 달라진다. 월마트는 4,000곳의 매장과 여러 곳의 주문 처리 센터를 두고 있으므로 검토해야 할 조합들은 헤아릴 수 없을 만큼 많다.

킹은 이렇게 덧붙였다. "고려해야 할 변수는 40만 개나 되지요. 하지만 고객은 이미 구매를 결정했고 온라인으로 기다리고 있는 건 아니기 때문에 우리는 시간 여유가 있습니다. 그래서 그 일을 1초 안에만 하면 되지요."

나는 웃기 시작했다. "방금 뭐라고 하셨지요?" 나는 믿기지 않아서 되물었다. "일단 내가 '구매'를 누르면 당신들은 시간을 얼마든지 가질 수 있는데 그 일을 1초 안에 한다고요?"

그도 따라 웃었다.

오늘날 월마트의 슈퍼노바에서 복잡성을 제거하는 데 1초가 채 안 걸린다는 건 이 시스템이 40만 개의 변수를 검토하는 일에 얼마든지 시간을 쓸 수 있다는 말과 같다. 어디에서나 서로 연결되고 복잡성에서 벗어날 때 세계는 정말로 빨라진다. 그러나 경주는 결코 끝나지 않는다. 당신이 경쟁자를 뿌리칠 수 있는 속도에 이르렀다고 생각하는 바로 그때 더 빠른 누군가가 나타난다. 내가 이 책을 다 써갈 때 월마트는 전자상거래 분야에서 여전히 온라인 매출이 월마트의 여덟 배에 이르는 아마존과 경쟁할 역량을 키우기 위해 창업한 지 1년 된 인터넷 소매 업체인 제트Jet를 인수한다고 발표했다. 2016년 8월 13일 「이코노미스트」 기사를 보자.

"월마트에 대한 제트의 매력은 이 회사가 갖고 있는 실시간 가격 책정 알고리듬이다. 이는 고객들이 더 많은 물건을 바구니에 담을수록 가격이 낮아지도록 해 그들을 끌어들이는 것이다. 이 알고리듬은 또한 제트의 판매상 중 어느 곳이 그 고객과 가장 가까이 있는지 알아내 배송 비용을 최소화하도록 돕고 할인도 해줄 수 있도록 한다. 월마트는 그 소프트웨어를 자사의 것과 통합할 계획이다."

'1초 안'은 확실히 말도 안 되게 느리다는 게 드러났다.

바트만의 스타트업

2016년 3월에 나는 친구의 소개로 이라크 쿠르디스탄 지역의 술라이마니야Sulaymaniyah에서 사딕 일디즈Sadik Yildiz를 만났다. 그의 가족은 여러 정보 기술 업체를 운영하고 있었는데 그중 하나가 '예니메디아(뉴미디어)'라고 하는 회사였다. 이 회사는 외딴 곳에 떨어져 있는 소규모 생산자가 슈퍼노바를 지렛대로 활용해 얼마나 커질 수 있는지를 보여주는 사례다.

일디즈의 조카인 에크렘 테이무르Ekrem Teymur가 설립한 '예니메디아'는 다양한 일을 하지만 특히 터키 정부와 다른 여러 나라 정부, 그리고 민간 부문에 빅데이터 분석과 언론 모니터링을 해준다. 이 회사는 소셜 미디어를 포함해 모든 매체를 실시간으로 추적하며 어디에 있는 미디어든 가리지 않고 자사의 고객들에 대해 어떤 이야기를 썼는지 알려줄 수 있다. 또한 사람들이 가장 많이 이야기하는 화제 스무 꼭지를 추려 각각의 비중과 함께 고객들에게 실시간으로 제공할 수 있다. 이 회사는 계기판 같은 화면에 제목과 비중을 표시한 다양한 색깔의 상자들을 보여준다.

일디즈가 내게 설명했다. "터키 대통령실은 우리 고객입니다. 우리 시스템으로 그들은 실시간 여론조사 서비스를 받을 수 있습니다. 1분마다 여론조사를 할 수 있지요. 빅데이터는 이제 누구에게나 무슨 일이든 쉽게 할 수 있게 해줍니다. 우리가 자체적으로 개발한 소프트웨어는 터키와 미국의 모든 뉴스를 5분마다 다시 종합합니다. 구글 뉴스조차 모든 정보원을 항상 이 속도로 추적하지는 않습니다. 우리는 트위터에 올라와 있는 모든 소식을 추적하며, 그렇게 추적한 하루 100만 꼭지의 이야기를 모두 보관합니다. 아무도 그렇게까지 뉴스를 보관하지 않지요. 심지어 미국에서도 그렇게까지는 하지 않습니다. 그래서 혹시 어떤 뉴스 매체가 당신에 관한 기사를 인터넷에 올린 다음에 지워버리더라도 당신은 여전히 우리 시스템을 이용해 그 기사를 검색하고 법적 용도로 쓸 수 있지요. 따라서 정부나 기업이 그들에 관해 어떤 이야기가 나왔는지 추적하기 위해 이 시스템을 이용할 수 있는 것입니다."

그렇다면 돈은 어떻게 벌까?

일디즈의 설명은 이렇다. "이 사업은 기본적으로 가입자에게 돈을 받는데 가입자가 얼마나 많은 키워드를 추적해주기를 바라는지, 그리고 얼마나 많은 사용자가 이 시스템을 쓰려고 하는지에 따라 금액이 달라지지요. '토머스 프리드먼'은 한 단어로 치게 될 것입니다." (세일이다!) 그는 계속해서 이렇게 설명했다. "회사는 고객들에게 콘텐츠를 분석해줄 수 있습니다. 당신에 관해 사람들이 어떤 이야기를 하고 있는가, 지역별로 나눌 때 그 이야기는 어느 쪽에서 나오고 있는가, 어느 도시에서 얼마나 많은 이가 그 뉴스를 읽고 있는가, 당신에 관한 이야기를 누가 맨 처음 하고 그 흐름을 누가 선도했는가, 다시 말해 누가 영향력 있는 사람인가, 그리고 얼마나 많은 추종자가 똑같은 표현을 쓰며 당초 표현은 어떻게 바뀌고 진화했는가 분석하는 것이지요."

흥미로운 이야기였다. 뭔가를 추측하는 행위와 마찬가지로 뭔가를 속삭이는 행위도 공식적으로 끝나버린 것으로 밝혀졌다. "터키 의회의 모든 의원이 그들에 관한 뉴스를 추적하기 위해 이 시스템을 이용하고 있습니다. 일부 언론사도 이용하고 있어요. 그들은 각각의 기자들이 쓴 기사가 얼마나 많이 읽히는지를 통해 기자들을 평가할 수 있지요."

나는 나에 관한 모든 이야기를 듣고 싶지는 않았지만 그들이 만든 도구에는 확실히 흥미를 느꼈다. 그걸 이용하는 데 비용은 얼마나 들까? 앞서 말한 대로 몇 개의 키워드를 추적하고 싶어 하는지에 따라 달라지는데 1,000달러부터 2만 달러까지 여러 가지 서비스가 있다.

그렇다면 이처럼 놀라운 기술과 활동 범위를 가진 이 회사를 어디에서 설립했을까?

"바트만Batman에서요." 알디즈가 대답했다.

"그런 지명이 진짜 있나요?" 내가 물었다.

"물론이죠! 사실 그곳 시장이 허락도 없이 자기네 도시 이름을 썼다고 〈배트맨〉 영화 제작사에 소송을 건 적도 있지요!" 일디즈는 터키의 쿠르드족 사람이며, 그래서 그의 가족 회사는 쿠르드어를 쓰는 터키 동부 지역의 고향 바트만에 근거를 두고 있다. 그들은 건설과 정수 처리를 포함해 다른 사업도 한다. 그러나 그들의 진정한 성공은 바트만에서 슈퍼노바를 지렛대로 활용함으로써 이룰 수 있었다. 일디즈는 어떻게 그 일을 했을까? 슈퍼노바에서 비롯된 세계적인 변화의 흐름들이 그들의 고향 마을에 이르자마자 가족이 나서서 사업을 일으킨 것이 주효했다.

일디즈의 이야기를 들어보자. "제 조카 에크렘 테이무르는 마흔두 살인데 창업자이자 수석엔지니어지요. 그는 바트만에서 태어났고 터키에서 가장 뛰어난 데이터 기술자입니다. 이 회사는 그의 아이디어였어요." '예니메디아'는 100명의 직원을 두고 있으며, 오랫동안 바트만에서 세계에서 가장 큰 기업들과 경쟁해왔다. 이 회사의 핵심적인 자리는 대부분 가족 구성원들이 맡고 있다. 에크렘과 그의 여섯 누이들인데 모두 바트만에서 태어났다. 대부분 기초적인 교육만 받은 그 자매들은 지금 편집장, 판매 관리자, 앱 생산 관리자로 일하고 있다.

예니메디아의 주 사무실은 현재 이스탄불에 있다. 하지만 그들은 여전히 바트만에서 많은 사람을 고용한다. 오늘날의 그 모든 연결성 덕분에 직원들은 자기 집 컴퓨터 앞에 앉아서 회사 일을 할 수 있다. 그러므로 그 연결성은 많은 고용 기회를 창출한다고 한다. 바트만과 이스탄불 외에도 그들은 더블린, 두바이, 베이루트, 그리고 팰로앨토에 사무실을 갖고 있다.

일디즈는 "이제 더 이상 '혜택 받지 못하는'이라는 표현을 쓸 일은 전혀 없지요. 당신에게 필요한 건 일하는 두뇌, 짧은 훈련, 그리고 당신의 아이디어를 세계 어느 곳에서든 환상적인 사업으로 바꿔놓는 것뿐이죠!"라고 말했다.

나는 지난 10년 동안 그와 같은 사람들을 무척 많이 만났지만 사딕 일디즈의 이야기는 교육과 연결성과 슈퍼노바가 결합하면 어떤 일이 일어나는지 보여주는 특히 생생한 사례로 꼽을 수 있다. 유엔의 인간개발보고서 담당 부서를 맡았던 칼리드 말리크Khalid Malik 전 국장은 이렇게 설명한다. "이 세 가지를 결합하면 더욱더 낮은 소득 계층에서도 많은 사람이 힘을 키우고, 그래서 그들이 마치 중산층인 것처럼 생각하고 행동하면서 인간의 안전과 존엄, 그리고 시민의 권리를 요구하게 되지요. 이건 하나의 지각변동입니다. 산업혁명은 1,000만 명의 이야기였지만 이것은 수십억 명의 이야기입니다."

그리고 우리는 그것이 막 시작되는 단계에 있다. 나는 이 책의 뒷부분에서 그에 관해 더 많이 이야기할 것이다.

일디즈에게 마지막으로 그들이 회사를 시작한 해가 언제인지 물었다. 그가 대답했다.

"2007년이지요."

05

대시장
―폭발하는 세계화

케이본 베익포어Kayvon Beykpour는 페리스코프Periscope의 공동 창업자이자 최고경영자다. 페리스코프는 2014년 3월에 시작해 넉 달 만에 1,000만 명의 사용자를 갖게 된 동영상 생중계 앱이다. 트위터는 페리스코프가 동영상 형태로 하는 일종의 실시간 트위팅이라는 걸 눈치채고 재빨리 이 회사를 사들였다. 페리스코프는 사용자들이 스마트폰을 가지고 지구촌의 누구와도 생중계 동영상을 나눌 수 있는 플랫폼을 만들어내 인기를 끌었다. 동영상은 허리케인이나 지진, 홍수, 도널드 트럼프의 집회, 디즈니월드의 오싹한 놀이 기구 타기, 경찰과의 대치, 또는 미국 하원 회의장의 민주당 의원들이 벌이는 농성과 같이 사용자들이 참여하거나 지켜보는 어떤 것이라도 담을 수 있다. 베익포어는 페리스코프의 사명을 모든 사람이 다른 누군가의 눈으로 세계를 탐사하고 '공감'과 '진실'을 갖게 해주는 것이라고 묘사한다. 사람들이 다른 이들이나 환경과 활발히 접촉하게 해주기 때문에 '공감'이라 말한 것이며, 생중계 비디오는 거짓말을 하지 않기 때문에 '진실'을 이야기한 것이다. 당신은 모든 것을 날 것 그대로 볼 수 있다. 그것은 베익포어가 나에게 해준 이야기에서 잘 드러난다.

2015년 7월 윔블던에 가기 위해 샌프란시스코에서 런던으로 날아갔습니다. 나는 유나이티드항공을 타고는 자신을 나무랐지요. 제 아이패드로 볼 영화를 아이튠즈에서 내려받는 걸 잊어버렸기 때문인데 비행기 안에서 아홉 시간 내내 뭘 해야 할지 몰랐습니다. 그래서 유나이티드의 와이파이가 페리스코프에 들어가 비디오를 볼 수 있을 만큼 강력한지 알아보기로 했지요. 그렇게 하려면 많은 전송 용량이 필요했거든요. 나는 페리스코프에 로그인했고 그건 작동했습니다! 내가 처음에 한 일은 여자 친구가 (샌프란시스코의) 금문교와 가까운 크리시필드 해변에서 우리 개를 산책시키는 모습을 보는 거였어요. 생중계로 말입니다. 그다음에는 페리스코프에 누가 들어와 있는지 보려고 했습니다. 이 플랫폼에 들어가면 세계지도가 나오고 누가 어디에서 생중계를 하고 있는지 하나의 점으로 표시되지요. 그 점을 클릭만 하면 그 사람의 방송을 볼 수 있습니다. (생방송을 다시 돌려 볼 수도 있고요.) 나는 허드슨 강 속에 있는 점을 발견했어요. "저게 뭐지?" 하고는 그 점을 클릭했지요. 그건 다름 아니라 폭풍우 속에서 허드슨 강을 건너는 페리 위의 여성이었습니다. 그녀는 "지금 저는 정말로 험악한 폭풍우 속에 있고 정말 무서워요."라고 말하고 있었지요. 그리고 그곳은 어둡고 자신은 앞줄에 있다고 말했는데 실제로 그 뒤쪽에서 선장이 키를 움직이며 배를 조종하고 있는 모습이 어렴풋이 보였습니다. 억수 같은 비가 내리면서 창문을 때리는 모습에 그 혼란스러움을 느낄 수 있었지요. 그 여성은 겁에 질려 있었어요.

그 사이트에서 그걸 지켜보는 사람이 일곱 명 있었는데 우리는 모두 그녀에게 괜찮을 거라고 안심시켜주고 있었지요. 나는 그때 그린란드 상공 어디쯤을 날고 있는 비행기 안에 있었습니다. 우리는 각자 다른 난기류를 지나고 있었습니다. 세계 곳곳에 있는 그 사람들은 서로 알지도 못하는 사이인데 모두 그녀에게 위안을 주려고 애쓰고 있었습니다. 10~15분 동안 그 상황을 지켜보았어요. 그런 다음 혼자서 생각했지요. '이런 식으로 다른 누군가의 상황에 끼어들 수 있게 해주는 도구를 우리가 만들어냈다니, 어떻게 이런 게 가능했을까?' 그건 마치 초능력처럼 느껴졌습니다. 뭔가를 다른 사람들의 눈을 통해, 특히 이런 경우가 아니고서는 연결될 일이 없었을 사람들의 눈을 통해 볼 수 있을 때, 그리고 그들과 실시간으로 이야기할 수 있을 때 당신은 공감하지 않을 수 없지요. 당신이 시리아 난민 중 한 사람이고 배를 타고 지중해를 건너거나 세르비아로 들어가면서 생중계를 하고 있다고 한번 상상해보세요.

베익포어의 경험은 또한 오늘날 (이 책에서 내가 '대시장'이라는 포괄적인 용어로 표현하는) 세계화가 어떻게 가속화하고 있는지 보여주는 흥미로운 사례다. 오랫동안 많은 경제학자가 세계화는 단지 유형의 상품과 서비스의 교역, 그리고 금융거래로 측정된다고 주장했다. 이는 지나치게 좁은 정의다. 내가 보기에 세계화는 언제나 개인이나 기업이 세계를 무대로 경쟁하고, 연결하고, 거래하고, 협력하는 능력을 의미하는 것이었다. 이 정의에 따르면 지금 세계화는 폭발하고 있다. 우리는 이제 모바일 전화와 슈퍼노바 덕분에 그토록 많은 것을 디지털화할 수 있으며, 그 디지털 흐름을 어디로든 보낼 수 있고 또 어디에서든 끌어올 수 있다. 그러한 흐름들은 친구 사이의 우정, 금융, 미움과 배제, 교육과 전자상거래, 이용할 수 있는 뉴스, 자극적인 뒷말, 마음을 뒤흔드는 소문들의 세계화를 촉진할 수 있다. 손에 잡히는 재화, 금융 상품, 그리고 서비스의 교역(20세기 글로벌 경제의 특징)은 사실 지난 몇 년 동안 정체되거나 줄어들었지만 디지털 흐름으로 가능한 세계화는 크게 고조됐다. 매킨지 글로벌연구소는 2016년 3월 이 주제에 관한 선도적인 연구를 담은 보고서

「디지털 세계화: 새로운 글로벌 흐름의 시대」에서 "정보와 아이디어, 혁신을 세계로 전파하고 글로벌 경제에 대한 참여를 확대하는 활동은 과거 어느 때보다 크게 늘어났다."며 "세계는 어느 때보다 더 잘 연결돼 있다."고 결론 내렸다.

페이스북을 통한 친구들 간의 교류, 에어비앤비를 통한 임대차인들의 교류, 트위터를 통한 의견의 교류, 아마존과 텐센트, 알리바바를 통한 전자상거래의 흐름, 킥스타터와 인디고고Indiegogo, 고펀드미GoFundMe를 통한 크라우드펀딩의 흐름, 왓츠앱과 위챗을 통한 인스턴트 메시지와 아이디어의 흐름, 페이팔과 벤모Venmo를 통한 개인 대 개인 간 결제와 신용의 흐름, 인스타그램을 통한 사진의 교류, 칸아카데미Khan Academy를 통한 교육의 흐름, 무크를 통한 대학 교과의 교류, 오토데스크를 통한 디자인 도구의 교류, 애플과 판도라, 스포티파이Spotify를 통한 음악의 흐름, 넷플릭스를 통한 영상의 흐름, 뉴욕타임스닷컴이나 버즈피드닷컴BuzzFeed.com을 통한 뉴스의 흐름, 세일즈포스를 통한 클라우드 기반 도구의 흐름, 구글을 통한 지식 검색의 흐름, 그리고 페리스코프와 페이스북을 통한 생중계 동영상의 흐름을 보라. 이 모든 흐름이 세계는 그 어느 때보다 잘 연결돼 있다는 매킨지의 주장을 입증한다.

실제로 이러한 디지털 흐름들은 너무나 풍부하고 강력해져서 이런 것들이 21세기에 갖는 의미는 오래전에 산악 지대에서 흘러나온 강들이 문명과 도시에 가져다준 것과 같다. 그때는 사람들이 아마존 강과 같은 흐르는 강물을 따라 도시를 건설하거나 공장을 짓기를 바랐고 그 흐름이 당신을 거쳐 가도록 했다. 그 강은 사람들에게 동력과 이동성, 영양을 가져다주고, 이웃과 그들의 아이디어에 접근할 수 있도록 해주었다. 그래서 슈퍼노바에 들고 날 때는 이러한 디지털 흐름과 함께해야 한다. 지금 당신이 만들고 싶어 하는 강들은 아마존 웹 서비스나 마이크로

소프트 애저를 바탕으로 하는 것이다. 이는 당신이나 당신의 사업, 혹은 당신의 나라가 슈퍼노바의 컴퓨팅 능력을 활용하는 모든 애플리케이션에 접속할 수 있도록 해주는 거대한 연결 장치들이다. 당신은 그곳에서 당신이 참여하고 싶은 세계의 모든 흐름 속으로 뛰어들 수 있다.

세계가 근본적으로 달라지지 않고서는 이토록 많은 새로운 영역에서 깊숙이 연결되지 못한다. 이 장은 이러한 디지털 흐름들이 어떻게 그 일을 하는지 이야기한다. 이 흐름들은 전 세계에서 훨씬 더 많은 사람이 슈퍼노바의 기술 도구상자를 이용해 창조자와 파괴자가 될 수 있도록 해준다. 또한 세계가 경제적으로 훨씬 더 서로에게 의존하게 만들어서 어느 나라든 이제 다른 모든 나라의 경제에 더 쉽게 흔들리게 한다. 그리고 전에 없던 속도와 규모로 낯선 사람들 간 접촉을 늘려서 좋고 나쁜 구상들이 입소문을 타거나 수그러들게 하고, 온갖 편견이 더욱 빨리 생겨나게 하며, 모든 지도자가 더욱 많이 노출되고 투명해지도록 하고, 각국이 나라 밖으로 모험에 나설 때 그들이 예상했던 것보다 훨씬 더 큰 대가를 치르도록 보장함으로써 이러한 흐름들이 지정학적으로 새로운 억지력이 되게 한다. 이 장은 그에 관한 이야기다.

연결인가, 섹스인가?

이러한 디지털 강은 이제 전 지구를 돌아 흐르며 모두를 더욱 가까이 이어주고 있다. 더 많은 사람이 모바일 기기들을 가지고 슈퍼노바에 연결하면서 이런 흐름은 더 풍부하고 빨라지기만 한다. 2015년 1월 보스턴 컨설팅 그룹은 퀄컴의 의뢰로 만든 「모바일 혁명: 모바일 기술은 어떻게 1조 달러의 효과를 냈나」라는 연구 보고서를 발표했다. 이 회사가 밝혀낸 효과 중에는 사람들이 모바일 전화를 얼마나 열렬히 좋아하게 되었는가 하는 것도 있다. 이 문제를 더 깊이 파고들기 위해 보스턴컨설팅그룹은 설문조사를 의뢰했다. 미국, 독일, 한국, 브라질, 중국 그리고 인도 사람들에게 이렇게 묻는 것이었다. "한 해 동안 개인적으로 당신의 휴대폰을 사용하는 걸 포기하는 대신에 다음에 나오는 것들 중 어느 것을 포기하시겠습니까?" 이에 대해서 외식을 선택한 응답자가 64퍼센트였다. 그다음으로는 반려동물(51퍼센트), 일주일에 하루 주어지는 휴식(51퍼센트), 휴가(50퍼센트), 친구와의 약속(45퍼센트) 순이었다.

다음 질문으로 휴대폰과 섹스 둘 중 하나를 1년 동안 포기해야 한다면 무엇을 포기하겠는지 묻자 응답자 중 38퍼센트가 섹스를 포기하겠다고 답했다!

나라별로 보면 한국 사람들이 육체적 관계를 기꺼이 포기하고 음성과 데이터를 통한 교제를 택하는 데 앞장을 섰다. 60퍼센트가 그러겠다고 답했다! 그 까닭을 이해하기는 어렵지 않다. 스웨덴 통신 업계의 거인 에릭슨은 이렇게 지적했다.

모바일 기술은 우리가 살아가고 일하고 배우고 여행하고 쇼핑하고 연결된 상태로 남아 있는 방식을 바꿔놓았다. 산업혁명조차도 전 세계적인 기술혁신과 경제성장을 이루는 데 이토록 신속하고 급격한 폭발을 일으키지 못했다. 인간이 기본적으로 추구하는 거의 모든 것이 모바일 기술의 영향을 받았다. 설사 그것이 혁명적으로 바뀌지는 않았다고 하더라도 말이다. 15년도 지나지 않아 3G와 4G 기술이 30억 명의 가입자들에게 도달하면서 모바일 기술은 역사상 소비자들이 가장 빠르게 채택한 기술이 됐다.

도브 사이드먼은 이렇게 주장했다. "10년 전이라면 우리는 사람들로

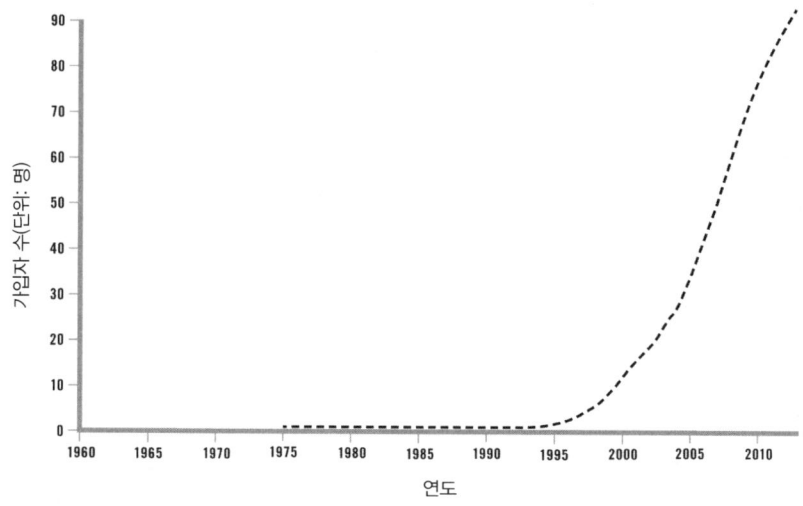

[도표 5-1] 인구 100명당 휴대폰 가입자(1960~2014년)

자료: 국제전기통신연합의 세계 정보통신기술 개발 보고서와 데이터베이스

붐비는 한 마을에 살고 있는 것 같다고 했을 겁니다. 하지만 오늘날에는 복잡한 극장 안에서 살고 있는 것처럼 느껴집니다. 세계는 단지 서로 연결돼 있을 뿐만 아니라 갈수록 서로에게 의존하게 됩니다. 우리가 함께 오르고 함께 떨어지는 경향은 어느 때보다 뚜렷이 나타나지요. 이제 이토록 적은 사람들이 이토록 멀리, 그리고 많은 이에게 쉽고 깊이 영향을 미칠 수 있습니다. (중략) 우리는 다른 이들의 포부와 희망, 좌절, 그리고 역경을 직접적인 방식으로 깊이 경험하고 있지요." 이는 케이본 베익포어가 그 자신도 바다 위를 날아가고 있으면서 낯선 사람과 폭풍우 속에서 배를 타는 경험을 공유한 것과 같은 바로 그런 방식이다.

 2015년 9월 유엔총회가 개막할 때 프랑수아 올랑드 당시 프랑스 대통령은 몇몇 칼럼니스트들과 간단한 조찬을 했다. 대화는 중동과 아프리카에서 홍수처럼 쏟아져 나와 어떻게든 유럽으로 들어가려고 애쓰는 난민들의 이야기에 집중됐다. 나중에 올랑드의 보좌관 중 한 명이 내게 이런 이야기를 들려주었다. 난민들이 정보를 공유하고 이용하는 속도가 얼마나 빠른지 놀랍다는 것과, 그들이 지중해를 건너려고 애쓰며 끊임없이 이동하는 중에도 자신들이 알아야 할 것들을 소셜 네트워크를 통해 알아내 늘 많은 정보를 갖고 있다는 것이었다.

그 프랑스 보좌관은 이렇게 말했다. "한번은 우리가 규정을 바꿔서 어떤 배든 장애인이 타고 있으면 (유럽 해안에서) 돌려보낼 수 없게 했지요. 그랬더니 금세 도처에서 휠체어 탄 사람들을 실은 배들이 도착하는 것이었어요. 그만큼 빠릅니다."

2016년 4월 나는 내셔널지오그래픽 채널에 방영될 다큐멘터리 시리즈 〈기후변화: 위기의 시대Years of Living Dangerously〉를 만들기 위해 서부 아프리카 국가인 니제르에 갔다. 우리 제작팀은 서부 아프리카에서 니제르를 통과해 사하라 사막을 건너고 리비아를 거쳐 유럽으로 가는 이민자들의 길을 따라가고 있었다. 리비아 남쪽 국경에서 60킬로미터가량 떨어진 니제르 북부의 디르코우 마을로 갔다. 우리는 거기서 전에 리비아로 갔다 유럽으로 건너가는 데 실패하고 무일푼으로 돌아온 니제르 남자들을 인터뷰했다. 그들은 직물을 잔뜩 실은 커다란 세미트레일러 트럭 옆에 서 있었다. 우리가 그들을 카메라에 담은 후 나는 아이폰으로 그들 사진을 찍어도 괜찮겠느냐고 물었다. 그들은 모두 고개를 끄덕이며 좋다고 했다. 그런 다음 모두 자신의 휴대폰을 꺼내 내 사진을 찍기 시작했다. 그래서 나는 내 사진을 찍고 있는 그들을 찍고 있는 나를 찍은 사진을 한 장 갖고 있다.

내가 보기에 그들 중 누구도 주머니에 많은 돈을 갖고 있는 것 같지 않았지만 그들 모두 카메라가 내장된 휴대폰을 갖고 있었다. 그리고 그들은 비록 초보적인 수준이라 할지라도 글로벌 디지털 흐름에 참여하기 위해 그것들을 사용할 것이다. 이제는 아무리 가난하더라도 누구나 슈퍼노바의 힘에 의지해 단지 어떤 객체가 아닌 하나의 주체가 될 수 있다. 단지 어떤 서양인의 아프리카 여행에 장식품이 되는 게 아니라 전 세계의 청중에 자신의 이야기를 들려주는 저자가 될 수 있는 것이다. 그리고 이는 좋은 일이다. 10년 전만 해도 불가능한 일이었지만.

이런 디지털 흐름의 전파가 어떻게 계속해서 가속화하는지를 볼 때 앞으로 10년 후 세계가 얼마나 더 상호의존적이 될까 생각하면 아찔할 정도다. 몇몇 지표를 생각해보자. 매킨지 글로벌연구소의 「디지털 세계화: 새로운 글로벌 흐름의 시대」 보고서는 이렇게 지적했다. "1990년 당시 상품과 서비스, 금융 부문에서 글로벌 흐름의 총액은 5조 달러로 세계 GDP의 24퍼센트였다. 국제 관광객은 약 4억 3,500만 명이었고 공공 인터넷은 아직 유아 단계였다. 2014년으로 시간을 건너뛰어 보자. 세계 GDP의 39퍼센트와 맞먹는 약 30조 달러어치의 상품과 서비스 교역, 그리고 금융거래가 국경을 넘어 이뤄졌다. 국제 관광객은 11억 명 이상으로 치솟았다." 그러나 더 흥미로운 것이 여기 있다.

국경을 넘어 이뤄지는 통신(초당 테라비트)은 2005년 이후 마흔다섯 배로 늘어났다. 앞으로 5년 동안 상거래와 정보, 검색, 동영상, 통화, 그리고 사내 트래픽의 디지털 흐름이 급증하면서 통신은 다시 아홉 배로 늘어날 것으로 예측된다. (중략) 소셜 미디어와 다른 인터넷 플랫폼들 덕분에 사람들은 개개인의 국제적인 관계를 형성하고 있다. 우리는 세계적으로 9억 1,400만 명이 소셜 미디어에서 적어도 하나의 국제적인 관계를 맺고 있으며 3억 6,100만 명이 국경을 넘는 전자상거래에 참여하고 있는 것으로 추산한다. (중략) 페이스북에서는 사용자의 50퍼센트가 이제 적어도 한 명의 외국 친구를 두고 있다. 이 비율은 신흥 경제국의 사용자들에게서 더 높으며 더 빠르게 늘어나고 있다.

그에 따라 이 모든 연결성이 '가상 재화virtual goods의 즉각적 교환'을 엄청나게 확대하고 있다.

전자책, 앱, 온라인 게임, MP3 음악 파일과 스트리밍 서비스, 소프트웨어, 그리고 클라우드 컴퓨팅 서비스는 모두 고객에게 전송할 수 있다. 인터넷 연결이 되는 곳이라면 세계 어디로든 보낼 수 있는 것이다. 주요 미디어의 여러 웹사이트는 국내에서 벗어나 글로벌 독자와 시청자들을 모으는 쪽으로 옮겨 가고 있다. 「가디언」「보그」, BBC, 그리고 버즈피드를 포함한 여러 매체가 온라인 트래픽의 절반 이상을 외국에서 끌어오고 있다. 넷플릭스는 DVD를 우편으로 보내던 비즈니스 모델을 회원제 온라인 스트리밍 서비스로 바꿈으로써 국제적인 활동 영역을 극적으로 확장해 서비스 국가가 190개국에 이르고 있다. 미디어, 음악, 책, 그리고 게임이 디지털 거래의 첫 번째 물결을 대표한다면 3D 프린팅은 결국 디지털 상거래를 훨씬 더 많은 제품 종류로 확대할 수 있다.

페이스북에서 그토록 많은 '친구'가 연결되고 있다는 사실은 말할 것도 없다. 이제 모든 '사물'이 서로를 알아가고 있는 건 어떤가? 디지털 흐름의 진수를 보고 싶다면 '사물인터넷'이 확산되고 어디에서나 기계들이 서로 말하기 시작할 때까지 기다려라! 시스코의 저명한 IT 공학자인 플래먼 네델트체프Plamen Nedeltchev는 2015년 9월 29일 시스코닷컴Cisco.com에 쓴 '그것은 피할 수 없다. 이미 여기 와 있다. 우리는 준비됐는가?'라는 글에서 이렇게 밝혔다. "현재 단 0.6퍼센트의 사물들이 연결돼 있다. 1984년에 인터넷에 연결된 기기는 불과 1,000개였지만 1992년에는 100만 개, 2008년에는 100억 개로 늘어났다. 2020년까지는 500억 개의 기기들이 연결될 것으로 기대된다. 2011년에는 인터넷에 연결되는 새로운 사물들이 인터넷에 연결되는 신규 사용자들을 넘어섰다."

매킨지는 오늘날에는 데이터의 흐름이 전통적인 상품의 흐름보다 경제성장에 더 큰 영향을 미친다는 점을 발견했다. 그리고 세계의 교역 네트워크는 몇 세기에 걸쳐 발전했지만 국경을 넘는 데이터 흐름은 불과 15년 전에 발생했다는 점을 고려하면 이는 놀라운 변화라고 말한다. 매킨지는 그것이 확실히 성장할 것이라며 이런 이유를 들었다. "처음에는 가장 큰 기업들이 협력 업체들을 관리하고 고객과 교류하며 세계 곳곳의 종업원들 간 내부적인 소통과 데이터 공유가 이뤄질 수 있게 하려고 자체적인 디지털 플랫폼을 만들었다. 하지만 이제 휴대폰을 이용해 그 사람이 어디에 있든 연결할 수 있도록 공개된 일련의 다양한 인터넷 플랫폼이 나타났다." 페이스북, 유튜브, 왓츠앱, 위챗, 알리바바, 텐센트, 인스타그램, 트위터, 스카이프, 이베이, 구글, 애플, 그리고 아마존 같은 것들이다.

페이스북 메신저나 위챗 같은 메시징 앱들은 사람들이 선호하는 의사소통 수단으로서 이메일을 대체하고 있으며, 갈수록 늘어나는 상호작용을 위해 선호하는 매개체가 되고 있다. 그것들은 전자상거래, 온라인 은행 거래, 속사포처럼 이어지는 소통을 위한 플랫폼이 되어가고 있다. 이런 현상은 '대화형 상거래conversational commerce'로 일컬어져왔으며, 이는 더욱더 복잡한 상호작용을 단순화하고 가속화함으로써 세계를 훨씬 더 단단하고 빠르게 엮어줄 게 확실하다. 예를 들어 요즘 젊은이들은 각자 휴대폰으로 '벤모'를 이용해 저녁 식사비를 쪼개서 자기 결제계좌를 통해 매끄럽게 처리할 뿐만 아니라 식사비 청구 메시지와 더불어 음식과 대화에 관한 생각을 공유할 수도 있다.

매킨지의 컨설턴트인 엘리오노라 샤레프Eleonora Sharef는 그녀의 사무실에서 슬랙Slack과 힙챗HipChat 같은 메시징 앱이 너무나 빨리 자리를 잡았다며 그 이유를 이렇게 설명했다. "그 앱들을 쓰는 것은 온종일 당신의 업무에 관한 모든 적합한 정보를 보내주면서 동시에 당신이 즐거운 분위기에서 업무에 관한 이야기를 나눌 수 있도록 해주는 실시간 대시보드와 같습니다. (중략) 이 모든 채팅 도구는 스마트폰으로도 이용할 수 있기 때문에 당신은 언제든 직원들과 빠르게 연락하면서 낮이든 밤이든 일이 진행되어가는 걸 챙길 수 있습니다. 그리고 일의 노예가 되는 것이지요!"

이런 메시징 앱을 쓰는 우리 아이들이 보기에는 전통적인 이메일은 조악하게 느껴질 것이다. 한때 페이팔을 운영했고 지금은 페이스북 메신저를 운영하는 데이비드 마커스David Marcus는 모바일 메시징 앱이 많은 것을 바꿀 다음번 플랫폼이라고 말한다. "우리가 성공한다면 당신의 삶에서 많은 것이 메시징 앱에서 이뤄질 것입니다. 이것은 사람들과 사업과 서비스의 일상적인 상호작용의 중추가 되고 있어요. 이메일은 즉각적으로 연결할 필요가 덜한 일에만 쓰일 겁니다." 2016년 5월 우리가 이야기를 나눌 때 페이스북 메신저의 사용자는 한 달에 10억 명을 넘어서려 하고 있었다. 10억 명이 무언가를 사용한다면 우리는 그것에 주목해야 한다.

마커스는 블로그에 올린 글에서 이런 메시징 플랫폼들의 부상에 대해 자세히 이야기하며 "이걸 한 번 생각해보라."고 권한다.

SMS와 문자는 위로 젖혀 여는 플립폰flip phone 시대에 나온 것이다. 이제 우리 대다수는 전화기로 훨씬 더 많은 일을 할 수 있다. 우리는 단지 통화를 하려고 전화를 걸던 시절에서 초보적인 문자메시지만 보내던 시절을 지나 주머니 안에 컴퓨터를 갖고 다니는 시대에 이르렀다. 플립폰이 사라지고 있는 것처럼 옛날 방식의 소통도 사라지고 있다. 이 메신저를 통해 우리는 문자메시지의 인기를 이토록 높여준 기능들을 다 제공하면서 동시에 훨씬 더 많은 걸 해줄 수 있다. 문자메시지를 보낼 수 있을 뿐만 아니라 동시에 스티커, 사진, 동영상, 음성 클립, GIF, 당신의 위치 정보, 그리고 돈을 보낼 수 있는 것이다. 당신은 전화번호를 모르는 사람과도 음성과 영상 통화를 할 수 있다.

메시징 앱은 물론 전화번호를 기반으로 하고 있지만 페이스북 메신저에 대한 마커스의 비전은 전화번호를 사라지게 하는 것이다. 당신은 페이스북의 도표에 있는 사람들과 기업들의 이름을 클릭만 하고 다시는 전화번호를 기억할 필요가 없게 될 것이다. 그것이 '흐름들의 흐름'을 강화하기 위해 어떤 일을 할지 상상해보라.

이 모든 도구가 확대되면서 국경을 넘는 소통과 거래의 비용은 계속해서 낮아지고 있으며 처음부터 세계를 무대로 하는 사업을 시작하는 건 이제 놀라울 만큼 싸다. 매킨지는 페이스북에서 활동하는 소규모 사업체가 2016년까지 5,000만 개로 늘어났으며 이는 2년 전의 두 배라고 밝혔다. 매킨지 보고서에 따르면 중국의 알리바바에는 그 플랫폼을 통해 전 세계에 제품을 파는 중소기업들이 1,000만 개나 있다. 그리고 아마존에는 그런 소기업이 200만 개가 있다. 이제 전 세계에는 약 9억 명이 소셜 미디어에서 국제적인 관계를 맺고 있으며 3억 6,000만 명은 국제 전자상거래에 참여하고 있다.

매킨지 보고서는 또 이렇게 적었다. "그런 까닭에 제품들이 일찍이 보지 못했던 대규모로 입소문을 탈 수 있다. 2015년에 아델의 노래 '헬로'는 공개된 지 48시간 만에 유튜브에서 5,000만 뷰를 기록했고 그녀의 앨범 '25'는 미국에서 발매 첫 주에만 역사상 다른 어떤 앨범보다 많은 338만 장이 팔리는 기록을 세웠다. 2012년에 영부인 미셸 오바마가 영국의 온라인 패션 소매 업체 ASOS에서 산 드레스를 입고 나온 사진은 81만 6,000번이나 리트윗됐고 페이스북에서 400만 명 넘는 사람들에게 공유됐으며, 그 드레스는 바로 동이 났다."

그러는 동안 이 모든 거시적이고 미시적인 흐름은 경제적인 권력에 관한 우리의 사고를 근본적으로 바꿔놓고 있다. 그 힘은 무엇으로 이뤄지며 누가 갖는가를 다시 생각하게 하는 것이다.

대전환

존 헤이글 3세John Hagel III, 존 실리 브라운John Seely Brown과 랭 데이비슨Lang Davison이 '대전환the Big Shift'이라는 말을 만들어낸 것도 바로 그 때문이다. 대전환은 우리가 부의 척도와 성장의 동력으로서 스톡stock(특정 시점까지 쌓인 양, 저량貯量이라고도 한다―옮긴이)이 중요했던 세계에서 가장 중요한 비교 우위의 원천으로서 플로flow(특정 기간에 흐르는 양, 유량流量이라고도 한다―옮긴이)가 중요한 세계로 바뀌는 것이라고 그들은 주장했다. 역사적으로 오랫동안 가장 중요했던 건 자원을 얼마나 많이 쌓아놓고 나중에 그걸 꺼내서 이용할 수 있느냐 하는 것이었다. 그러나 지금 중요한 건 그것들이 당신의 국가와 공동체로 양과 질 면에서 얼마나 풍부하게 흐르고 시민과 근로자들이 그것들을 이용하는 데 얼마나 훈련을 잘 받았느냐 하는 것이다.

헤이글은 나와의 인터뷰에서 이렇게 말했다. "우리는 지금 흐름이 모든 걸 압도하면서 그 길을 가로막는 어떤 장애물도 다 무너뜨리는 세계에 살고 있습니다. 흐름이 힘을 얻으면 과거에 우리에게 안전과 부를 안겨주었던 귀중한 지식을 침식하지요. 그것은 우리에게 함께 일함으로써 더 빨리 배우고 개인적으로나 집단적으로 우리의 진정한 잠재력을 더 많이 끌어내라고 요구합니다. 오로지 광범위한 흐름에 참여함으로써 실현할 수 있는 가능성들이 우리를 흥분시키지요. 이것이 대전환의 요체입니다."

헤이글, 브라운, 그리고 데이비슨은 이 문제를 더 깊이 파고들어 '스톡을 버리고 플로를 안아라'라는 제목으로 함께 쓴 글을 2009년 1월 27일자 「하버드 비즈니스 리뷰」에 냈다. 그들은 "돈은 어디에서 나오는가?"라는 질문을 던진 다음 이렇게 밝혔다.

과거에 그에 대한 대답은 간단했다. 지식의 스톡에서 나온다는 것이었다. 과거에는 당신이 가치가 있고 아무도 접근할 수 없는 뭔가를 안다면 당신은 사실상 돈을 찍어내는 면허를 갖고 있는 셈이었다. 당신이 해야 할 일은 그 지식을 보호하고 방어해서 그것을 바탕으로 한 제품과 서비스를 가능한 한 효율적이고 광범위하게 제공하는 것뿐이었다. 코카콜라의 독점적인 제조법이나 제약 업계의 블록버스터 약품을 보호하는 특허권을 생각해보라.
이 모델의 설득력과 단순성, 그리고 성공의 경험은 그것이 왜 경영자들의 마음속에 그토록 깊이 배어 있는지 말해준다. (중략) 이는 기업들에만 적용되는 건 아니다. 개인들로서 우리는 인생의 초기 단계에 잘 짜인 교육 프로그램을 이수하는 것이 당연하다고 생각한다. 그런 다음 우리가 배운 지식과 기술이 경력 전반에 걸쳐 도움을 줄 것이라고 굳게 믿으면서 노동시장에 들어간다. 물론 일을 하는 동안에 새로운 지식을 얻겠지만 중요한 건 교육체계를 거치면서 얻는 지식의 스톡을 효과적으로 이용하는 것이다.

하지만 슈퍼노바가 부상하면서 그 모델 전체를 쓸모없는 것으로 만들어버리면 어떻게 될까? 저자들은 이렇게 말한다.

가치를 창출하는 다른 원천이 더 강력해지면 어떻게 될까? 우리는 가치가 지식의 축적(스톡)에서 지식의 흐름(플로)으로 옮겨 간다고 생각할 충분한 근거가 있다고 믿는다. 더 간단히 말하면 우리는 '플로가 스톡을 이긴다'고 믿는다. (중략) 세계가 더 빨리 돌아감에 따라 지식의 스톡은 더 빠른 속도로 가치가 떨어진다. 한 가지 간단한 예로서 많은 산업 부문에서 세계적으로 제품의 수명 주기가 급속히 짧아지는 걸 보라. 새로운 세대의 제품들이 갈수록 더 빨리 쏟아져 나오면서 가장 성공적인 제품들조차 길가에 버려지고 만다. 더 안정적이었던 시대에 우리는 일단 뭔가 값진 것을 배우면 시한 없이 그 지식에서 가치를 창출할 수 있으리라고 확고히 믿으며 뒤로 물러나 앉아 편하게 쉴 수 있었다. 이제 더는 그럴 수 없다.

이제 성공하기 위해 우리는 끊임없이 새로운 지식의 의미 있는 흐름에 참여함으로써 축적된 지식을 새롭게 만들어가야 한다.

그러나 그저 그 흐름을 한 번 이용하고 말 수는 없다. 진정으로 그 '흐름 속에' 들어가려면 당신도 그 흐름에 기여해야 한다. 저자들은 이렇게 지적한다. "우리는 자신의 지식을 보태주지 않고는 (짧게는 몰라도 오랫동안은) 지식의 흐름에 실질적으로 참여할 수 없다. 이러한 지식의 흐름에 참여하는 사람들이 무임승차하는 '받기만 하는 자'를 원하지 않기 때문이다. 그들은 자신의 지식을 가지고 그 흐름에 이바지할 수 있는 사람들과 기관들을 원하며 그들과 관계를 발전시키고 싶어 한다."

이러한 사정은 깃허브 같은 오픈소스 소프트웨어 커뮤니티를 보면 분명히 알 수 있다. 하지만 이는 시야를 넓혀서 봐도 맞는 말이다. 저자들은 "지식 공유와 관련된 위험 요인들은 분명히 있지만 기존 지식이 빠른 속도로 도태됨에 따라 지식재산권 도둑질에 따른 손해는 줄어들고 있으며 동시에 지식 공유에 대한 보상은 상당히 커지고 있다."고 주장했다.

좋은 예가 제너럴일렉트릭의 사례다. 제너럴일렉트릭이 새로운 부품을 발명하려고 할 때 이 회사는 더 이상 그것을 인도, 중국, 이스라엘, 그리고 미국에 있는 자사의 엔지니어들에게만 주문하지 않는다. 이 회사는 이제 갈수록 더 많이 그 흐름을 이용함으로써, 그리고 세계 어디에서든 최고의 인재들이 제너럴일렉트릭의 혁신에 참여하도록 자극하는 '경연'을 벌임으로써 자사 엔지니어들을 보완하고 있다.

모든 항공기 엔진에는 그것을 고정시키기 위한 행어와 브래킷 같은 핵심 부품들이 있다. 그런 부품들을 더 강하고 가볍게 만드는 건 회사가 간절히 바라는 성배와 같은 것이다. 그것들이 더 가벼울수록 항공기가 더 적은 연료를 소비하기 때문이다. 그래서 2013년에 제너럴일렉트릭은 브래킷 하나를 정해 그것이 어떤 조건 아래서 작용하는지, 그리고 그것이 수행해야 할 특별한 기능은 무엇인지를 설명하면서 제너럴일렉트릭 엔진-브래킷 경연 대회를 연다는 알림을 인터넷에 올렸다. 제너럴일렉트릭은 3D 프린팅을 이용해 무게가 가장 덜 나가는 부품을 디자인할 수 있는 도전자에게 포상을 하겠다고 제안했다. 그들은 2013년 6월에 이를 알렸다. 내가 한 칼럼에 썼듯이 그들은 몇 주 안에 세계 전역에서 697건의 응모작을 받았다. 수많은 기업, 개인, 연구생, 그리고 디자이너가 도전했다.

제너럴일렉트릭 웹사이트를 보자.

(2013년) 9월, 주최 측은 최종 후보자 10명을 뽑아 각각 1,000달러씩 주었다. GE 에이비에이션GE Aviation은 오하이오 주 신시내티에 있는 적층제조additive manufacturing 공장에서 최종 심사에 오른 그 열 개의 디자인을 가지고 3D 프린팅 기법으로 부품을 제작했다. GE 기술자들은 티타늄 합금 재료를 갖고 직접 금속 레이저 용융DMLM, direct metal laser melting, 기계를 써서 브래킷을 만들었다. 이 기계는 금속 가루

층을 녹여서 최종적인 모양을 만들기 위해 레이저광선을 이용한다.

이 팀은 그런 다음 완성된 브래킷들을 파괴시험을 하도록 뉴욕 주 니스카유나에 있는 GE글로벌연구소GRC에 보냈다. GRC의 엔지니어들은 각각의 브래킷을 MTS 서보-유압 시험 기계에 고정하고 8,000~9,500파운드(약 3.6~4.3톤)의 축하중에 노출시켰다.

그중 하나만 시험을 통과하지 못했다. 나머지는 비틀림 시험으로 나아갔고 거기서는 인치당 5,000파운드(약 2.3톤)의 토크에 노출됐다.

최종 심사에 오른 이들 중 미국인이나 항공 엔지니어는 한 사람도 없었다. 최우수 디자인은 헝가리 대학교의 3학년생인 아르민 펜드릭이 출품한 것이었다. 이 작품은 그가 처음으로 한 3D 프린팅 디자인 중 하나였다. 하지만 그가 부다페스트의 제너럴일렉트릭 사무실에서 인턴으로 일한 적이 있다는 사실이 밝혀져서 그는 상을 받지 못했다. 그래서 최우수상 상금 7,000달러는 인도네시아 자퉁아Jawa Tengah 주 살라티가 출신의 스물한 살 된 엔지니어 아리에 쿠르니아완Arie Kurniawan에게 돌아갔다. 제너럴일렉트릭은 쿠르니아완의 브래킷이 "단단함과 가벼움의 최선의 조합을 보여주었다."며 "원래의 브래킷은 무게가 2,033그램이었지만 쿠르니아완은 이를 84퍼센트 가까이 줄여 단 327그램으로 만들었다."고 밝혔다. 이 경연을 진행한 관리자는 그 청년이 태어나서 지금까지 살아온 햇수보다 더 오래 제너럴일렉트릭에서 일했다고, 제너럴일렉트릭 사람들이 나에게 말했다.

제너럴일렉트릭은 쿠르니아완이 그의 형과 함께 엔지니어링과 디자인 사업을 하는 디테크엔지니어링DTECH-ENGINEERING이라는 조그만 회사를 운영한다고 밝혔다. 제너럴일렉트릭에 따르면 쿠르니아완은 "아주 가까운 장래에 3D 프린팅을 모든 사람이 이용할 수 있을 것"이라고 말했다.

그는 이렇게 덧붙였다. "제가 가능한 한 빨리 적층제조 기술에 익숙해지고 싶어 하는 건 바로 그 때문이죠."

제너럴일렉트릭은 결국 헝가리의 인턴 펜드릭에게 일자리를 제안했다. 펜드릭은 확실히 엄청난 재능을 갖고 있었지만 엔지니어링 구조 분석 과목에서 낙제를 했다고 제너럴일렉트릭 적층제조 실험실의 수석기계공학자 빌 카터Bill Carter가 말했다. "젊은이들한테 무언가에 흥미를 갖게 하면 그들은 거기에 몰두합니다. 그리고 강의실에서 공부만 하는 대신 밖으로 나와 (우리 경연 대회에 참가하며) 돌아다니지요. 펜드릭 역시 이런 일이 없었다면 한 번도 대화를 나누지 않았을 사람들에게 찾아가 배웠습니다."

2년 뒤 적층제조 실험실의 매니저인 프라브조트 싱Prabhjot Singh은 나에게 이 프로젝트를 전체적으로 이야기하면서 오늘날 제너럴일렉트릭 같은 회사가 어떻게 이러한 글로벌 흐름을 지렛대로 삼을 수 있는지 설명했다. "당신이 새로운 아이디어를 찾고 있다면 전 세계에서 다양한 반응을 이끌어낼 수 있는 커뮤니티를 끌어들여 일에 속도를 낼 수 있습니다. 나는 그 커뮤니티를 얼마나 많이 활용할 것인가에 따라 우리 팀을 신속하게 키우거나 줄일 수 있지요. 이는 우리가 일을 할 때 최신의 흐름을 타는 데 도움이 됩니다."

그러나 이러한 것들은 또한 에너지의 흐름이 사방에서 밀려올 때면 곳곳에서 지금보다 훨씬 더 많은 개인과 기업이 경쟁자로 나타난다는 걸 의미한다. 매킨지 보고서의 저자 중 한 사람인 제임스 마니카James Manyika는 "역사적으로 기업들은 그들과 비슷해 보이고 그들과 같은 분야에 있으며 같은 지역에서 활동하는 경쟁자들에 신경을 썼다."고 지적했다. 하지만 더 이상은 그렇지 않다.

구글은 검색엔진으로 시작해 지금은 자동차 회사와 가정용 에너지관리 시스템 업체가 되고 있다. 애플은 컴퓨터 제조 업체이지만 이제 가장 큰 음원 판매 업체로 부상했고, 자동차 사업에 진입하고 있으며, 그와 동시에 애플 페이Apple Pay를 통해 은행이 되고 있다. 소매 업체인 아마존은 어딘지 모르는 곳에서 갑자기 나타나 클라우드 컴퓨팅 분야에서 IBM과 HP를 앞지르려 한다. 10년 전에는 둘 중 어느 회사도 아마존을 경쟁자로 여기지 않았다. 하지만 아마존은 자신의 사업을 하려면 클라우드 컴퓨팅 역량이 더 많이 필요했으며, 나중에는 클라우드 컴퓨팅을 하나의 사업으로 키우기로 결정했다. 그리고 이제 아마존은 할리우드 스튜디오이기도 하다.

2016년 1월 12일 CNN 머니는 골든글로브상 시상식에 관한 기사를 이렇게 시작했다.

"아마존과 제프 베저스에게 고맙다는 말을 하고 싶어요……."

(질 솔로웨이Jill Soloway 감독의 입에서 나온) 이런 말이 할리우드 시상식장에서 처음으로 들렸다. 일요일 시상식에서 아마존의 텔레비전 코미디 시리즈 〈트랜스페어런트Transparent〉가 HBO, 넷플릭스, 그리고 CW가 만든 쇼를 제치고 두 개 부문에서 골든글러브상을 거머쥐었을 때였다.

이는 넷플릭스나 아마존 프라임 인스턴트 비디오Amazon Prime Instant Video 같은 스트리밍 서비스 업체들이 텔레비전 방송사들과 똑같이 이런 상을 탈 만한 작품을 만들기 시작하면서 텔레비전의 지평이 넓어지고 있다는 걸 말해준다.

잠시 뒤에는 〈트랜스페어런트〉의 스타 제프리 탬버Jeffrey Tambor가 텔레비전 코미디 부문 남우주연상을 탔다. 그는 아마존을 "나의 새 절친"이라고 불렀다.

HBO는 그 말을 듣고 어떻게 느꼈을까?

이러한 사정들을 모두 고려해 매킨지는 세계화를 가늠하는 독자적인 척도를 만들었다. 매킨지는 기본적으로 한 나라나 기업이나 시민에게 이렇게 물었다. "당신은 이 흐름을 타고 있습니까?" 그 척도는 'MGI 연결성지수Connectedness Index'라고 하는 것이다. 이 지수는 각국이 이 모든 글로벌 흐름들에 얼마나 참여하고 있는지에 따라 순위를 매기는 것으로 번영과 성장의 지표로서 꽤 훌륭하다. 싱가포르가 이 지수에서 1위를 차지하고 네덜란드, 미국, 독일이 그 뒤를 이었다.

그러나 중요한 건 그 속에 담긴 메시지다. 싱가포르는 정부가 여건을 만들어주면 근로자들이 확실히 그 흐름들을 이용할 수 있도록 교육에 투자했다. 그뿐만 아니라 국가가 모든 디지털 흐름에 참여할 수 있도록 보장해주는 기반 시설에도 투자했다. 이제 그와 같은 일을 하는 개별 도시들도 혜택을 받을 수 있다. 그러므로 문제는 그다지 복잡하지 않다. 가장 많은 흐름에 연결되고 가장 좋은 지배 구조와 기반 시설을 누리며 가장 많이 교육받은 사람들이 이기는 것이다. 그들은 활용할 데이터를 가장 많이 갖고, 새로운 아이디어를 가장 많이, 그리고 가장 먼저 보게 되고, 그에 따른 도전을 가장 먼저 받게 되고, 그에 대응하며 가장 먼저 그것들을 이용할 수 있게 될 것이다. 그 흐름 속에 들어가 있으면 전략적·경제적으로 대단히 유리해진다.

2013년 2월 「인터내셔널 저널 오브 비즈니스, 휴머니티스, 앤드 테크놀로지International Journal of Business, Humanities, and Technology」에 발표된 한 논문은 '인터넷 보급률'이 높은 나라일수록 GDP도 높다는 상관관계를 밝혀냈다. 논문은 경제가 발전하고 인터넷이 속속들이 보급된 북유럽 국가들뿐만 아니라 다른 나라들에서도 그 상관관계가 나타난다며 이같이 밝혔다. "하나의 패턴이 나타나기 시작한다. ICT(정보통신기술) 발전이 이뤄지고, 국민이 그 기술에 더 익숙해지고 생산성이 높아지면, GDP 수준도 높아지기 시작한다."

이는 하나의 '대전환'이다. 그것이 바로 이 세계화 시대의 요체다.

'대전환'은 어디로든 전파된다

디지털 흐름의 세계화가 가속화하고 있는 것과 관련해 가장 흥미로운 점은 이러한 디지털 강江들이 이제 어디에서든 같은 에너지로 흐른다는 것이다. 그리고 사람들이 어디에 있든 모바일 전화와 태블릿을 갖고 그 흐름 속으로 들어가 경쟁하고 연결하고 협력하고 발명할 수 있다는 점이다. 2011년 11월에 나는 운 좋게도 인도에 가서 세계에서 가장 가난한 사람들이 어떻게 그 흐름에 동참할 수 있는지 실제로 보고 그에 관해 칼럼을 썼다. 나는 취재 여행 중에 라자스탄의 인도공과대학 학장인 프렘 칼라Prem Kalra의 초대를 받았다. 이 대학은 미국의 매사추세츠공과대학과 같은 인도의 엘리트 학교 중 하나다. 그는 인도공과대학에 관해 이야기하고, 그의 학생들을 만나고, 조드푸르에 있는 그 학교에서 자신이 진행하고 있는 프로젝트를 한번 보라고 나를 초대했다. 그 프로젝트는 인도에서 가장 가난한 사람을 글로벌 흐름에 연결하기 위해 특별히 계획된 것이었다.

칼라는 통신 분야에는 네트워크의 주된 선에서 각 가정으로 들어가는 부분을 가리키는 '마지막 마일the last mile'이라는 개념이 있다고 설명했다. 이는 어떤 전화 시스템에서든 가장 연결하기 어려운 부분이다. 그는 인도공과대학에서 마지막 마일에 견줄 수 있는 '마지막 사람(가장 가난한 사람)'을 연결하는 어려움을 극복하는 데 전념하고 있다고 말했다. 칼라는 오늘날 가난을 극복하고 싶다면 다음과 같은 물음에 답해야 한다고 주장했다. 우리는 마지막 사람에게 어떻게 도달할 것인가? '인도에서 경제적으로 가장 곤궁한 사람의 역량을 강화하는 것'은 가능한 일인가? 다시 말해 지독한 가난을 이겨내는 데 필요한 기술을 배울 수 있도록 기본적인 수단을 마련해줄 수 있는가? 국민의 75퍼센트가 2달러도 안 되는 돈으로 하루를 살아가는 나라에서 그보다 중요한 물음이 어디 있겠는가?

구체적으로 인도의 인적자원개발부는 하나의 도전 과제를 내밀었고, 당시 칼라와 인도공과대학은 그걸 받아들였다. 그 과제는 '꼭 필요한 것만 갖추고, 아이패드처럼 작동하고, 인터넷 접속이 가능하며, 무선으로 연결되는 태블릿을 만들되 인도의 가장 가난한 집에서 1년 동안 다달이 2.5달러씩 저축하고 나머지는 정부의 보조금을 받아 살 수 있는 저렴한 기기를 만드는 것'이었다. 좀 더 구체적으로 말하면 영어와 수학을 가르치는 원격 학습에 활용하거나, 아니면 단지 상품 가격을 알아보는 데 쓸 단순한 태블릿을 만들어서 제조 업체의 이익을 포함해 한 대에 50달러 이하로 공급해 벼랑 끝에서 살고 있는 수백만 명의 가난한 인도 국민이 글로벌 흐름에 동참하도록 하는 것이었다.

칼라의 팀은 라자스탄의 인도공과대학 전기공학 교수 두 사람이 이끌었는데 그중 한 사람은 아직 전기조차 없는 마을에서 왔다. 이 팀은 경쟁에서 이겼고 나중에 아카시Aakash 태블릿을 내놓았다. 아카시는 힌두어로 '하늘'이라는 뜻이다. 처음 버전은 안드로이드 2.2 운영체제를 바탕으로 7인치 터치스크린과 세 시간 동안 지속되는 배터리를 갖추고 유튜브 동영상, PDF 파일, 그리고 교육 소프트웨어를 내려받을 수 있는 것이었다. 칼라는 인도 사람들이 서양에서 만든 태블릿만 살 수 있다면 그 가격대가 너무나 높아 결코 '마지막 사람'에게까지 닿지 못했을 것이라며, 그래서 그 가격을 파괴하는 데 대대적으로 나서야 했다고 말했다. 그들은 오늘날 디지털 흐름의 세계화를 충분히 활용해 그 일을 했다. 부품은 주로 중국과 한국에서 가져오고, 오픈소스 소프트웨어와 협력 수단들을 활용하며, 서방의 데이터윈드DataWind와 커넥선트시스템스Conexant Systems 라는 두 회사와 인도 업체 쿼드Quad의 디자인, 제조, 조립 능력을 이용해 태블릿을 만들었다.

그러나 사실 그 여행에서 가장 기억에 남는 건 칼라의 아내 우르밀라Urmila가 들려준 이야기였다. 2011년 10월 5일 인도의 여러 신문에 아카시가 모습을 드러낸 후 그녀가 가정부와 나눈 대화에 관한 이야기였다. 우르밀라는 이렇게 말했다.

"하루는 어린 자녀 둘을 두고 있는 가정부가 나에게 와서 '칼라 선생님이 아주 싼 컴퓨터를 만들었는데 그게 너무나 싸서 심지어 저도 살 수 있다는 이야기를 야간 경비원에게 들었어요.'라고 말하는 것이었어요. 경비원이 그녀에게 신문에 난 태블릿 사진을 보여주었고 그녀는 그 말이 맞는지, 그걸 사려면 얼마나 드는지 물으러 온 거였어요. 1,500루피(약 30달러)쯤 들 것이라고 했더니 가정부가 깜짝 놀라서 되물었습니다. '1만 5,000루피가 아니라 1,500루피라고요?'"

우르밀라는 이렇게 덧붙였다.

"가정부가 내게 그 태블릿으로 무엇을 할 수 있는지 물었어요. 나는 '그녀의 딸이 학교에 가면 수업 내용이 담긴 동영상을 내려받는 데 태블릿을 사용할 수 있다고 말해주었습니다. 내 아들이 MIT의 웹사이트에서 물리학 강의를 내려받는 걸 그녀가 본 적이 있는데 그것과 똑같다고 했지요."

우르밀라의 아들은 이미 MIT의 오픈코스웨어OpenCourseWare 플랫폼에서 강의를 듣고 있었다. 이 플랫폼은 MIT가 무료로 인터넷에 올려놓았던 것으로 무크, 즉 대규모 온라인 공개강좌의 전신이다. 그것은 단순히 동영상 강의와 학과 안내로 구성돼 있다. 우르밀라는 가정부에게 말했다. "우리 아들이 컴퓨터 앞에 앉아서 어떤 선생님이 하는 말을 듣는 걸 본

적이 있을 겁니다. 그 선생님은 사실 미국에 있어요."

우르밀라는 가정부의 눈동자가 계속해서 커지기만 했다고 회상했다. "그때 그녀는 내게 자기 아이들이 그 태블릿에서 영어를 배울 수 있느냐고 물었어요. 나는 '그럼요, 그걸로 확실히 영어를 배울 수 있지요'라고 말해주었습니다. 여기에서는 영어가 더 높은 계층으로 이동하는 통행증 같은 것이지요. 나는 이렇게 말했어요. '태블릿이 저렴해서 아들에게 하나를 사주고 딸에게도 또 하나를 사줄 수 있을 겁니다.'"

우르밀라의 아들은 이미 조드푸르의 집에서 효과적으로 공부하기 위해 MIT의 플랫폼을 이용하며 글로벌 흐름에서 혜택을 받고 있었다. 이제 가정부의 아이들도 그다지 뒤지지 않을 것이다. 연결성이 좋은 선진국의 수도에서 더 멀리 떨어진 곳으로 갈수록 오늘날의 세계화가 어떻게 이러한 흐름들을 통해 '마지막 사람' 바로 앞까지 에너지를 퍼뜨리는지 더 잘 볼 수 있다.

현대 디지털 세계화의 초기 단계에는 무엇보다 '아웃소싱'이 중시되는 경향이 있었다. 달리 이야기하면 미국과 유럽 기업들이 더 빠르고, 값싸고, 누구에게나 쉬우며, 어디에서나 가능해진 연결성을 지렛대로 활용해 세계 어디에서나 상대적으로 적은 비용으로 많은 기술자를 고용해 자신들의 문제를 풀 수 있었다는 뜻이다. 이러한 대규모 아웃소싱이 처음으로 가능해진 1990년대 말에 가장 큰 골칫거리는 Y2K 문제였다. 당시 2000년 1월이 되면 내장된 시계에 버그가 걸려 많은 컴퓨터가 작동을 멈출 것이라는 불안이 컸다. 수백만 대의 컴퓨터 시스템을 조정할 필요가 있었고 인도에는 그 일을 할 수십만 명의 저임금 기술자들이 있었다. 요술을 부린 것처럼 문제는 해결됐다.

슈퍼노바의 부상과 더불어 복잡성을 다루는 일이 빠르고, 값싸고, 누구에게나 쉽고, 보이지 않게 되었을 때, 그리고 세계화 덕분에 인터넷에 연결된 사람이라면 누구든지 그 디지털 흐름에 접근할 수 있게 되었을 때 벌어진 일은 대단히 흥분되는 것이었다. 인도, 멕시코, 파키스탄, 인도네시아, 그리고 우크라이나와 다른 많은 나라의 기술자들이 그들의 문제를 풀려고 나선 것이다. 그리고 이제 그들의 저비용 혁신은 반대로 돌아와 우리에게 혜택을 주고 있다. 인도에는 언제나 사람들에게 수학과 과학, 공학을 가르치는 강한 전통이 있었고 미국은 1950~1970년대에 그에 따른 혜택을 받은 적이 있다. 글로벌 디지털 흐름이 아예 없었거나 있어도 아주 미미했을 때 인도의 대학 졸업자들은 자국에서 일자리를 얻지 못했고, 그래서 미국으로 몰려와 미국이 인재 부족을 극복하는 데 도움을 준 것이다. 이제 슈퍼노바에서 밀려드는 디지털 흐름 덕분에 그들은 자기 나라에 머무르면서 그 어느 때보다 세계적으로 활동할 수 있다. 따라서 지금은 훨씬 더 많은 사람이 이 세계의 가장 큰 기회와 문제들을 갖고 일하고 있는 것이다.

어디를 가나 이런 변화를 볼 수 있다. 나는 칼럼을 쓰기 위해 인도에 갈 때마다 그 나라의 혁신가들이 최근에 성취한 것들을 보러 첨단 기술 기업인들의 모임인 나스콤NASSCOM(전국소프트웨어·서비스기업협회―옮긴이)에 들른다. 그들은 인도의 12억 인구 중 극히 적은 숫자에 불과하고 대부분은 아직도 지독하게 가난하지만 나는 이 혁신가들에게 주목한다. 지금 그들 중 많은 이가 인도를 가난에서 벗어나게 하는 데 집중하고 있기 때문이다.

2011년에 나스콤팀은 나를 알로케 바즈파이Aloke Bajpai에게 소개해주었다. 새로 생긴 그 팀에 참여한 다른 이들과 마찬가지로 그는 서방의 여러 기술 기업에서 경험을 쌓고 나서 뭔가를 새로 시작할 수 있으리라고 생각해 인도로 돌아왔다. 하지만 무엇을 할 수 있을지는 명확하지 않았다.

그 결과는 여행 검색 서비스를 제공하는 익시고닷컴Ixigo.com으로 나타났다. 가장 저렴한 휴대폰으로도 이용할 수 있는 이 서비스는 인도 사람들이 가장 싼 요금으로 각종 예약을 할 수 있도록 도와준다. 몇 루피를 가지고 첸나이에서 벵갈루루로 버스나 기차를 타고 가려는 농부든 비행기로 파리에 가려는 백만장자든 가리지 않는다. 사용자가 100만 명에 이르는 익시고는 현재 인도에서 가장 큰 여행 검색 플랫폼이다. 이 플랫폼을 구축하기 위해 바즈파이는 슈퍼노바를 지렛대 삼아 오픈소스 소프트웨어, 스카이프, 그리고 구글 앱이나 페이스북의 사회적 미디어 마케팅 같은 클라우드 기반의 업무 수단을 활용했다. 그가 나에게 말했다. "그것들은 우리가 돈 없이도 훨씬 더 빨리 클 수 있도록 해주었습니다."

멕시코의 기술 허브인 몬테레이에 가서 정부가 엉망이라거나, 중국이 그들의 밥그릇을 빼앗을 거라거나, 아니면 거리가 너무 위험하다는 이야기에 '흔들리지 않고' 일하는 수많은 젊은이를 만나는 건 참으로 고무적이다. 그들은 그런 말에 흔들리기보다는 자신이 새로운 일을 시작하고 협력할 수 있도록 해주는 글로벌 흐름을 이용하려 하며 실제로 그렇게 한다. 몬테레이 빈민가에는 수십만 명이 살고 있다. 그들은 수십 년째 거기에 살고 있다. 하지만 달라진 건 이제 그곳에는 기술과 세계화를 이용해 멕시코가 안고 있는 문제들을 풀려고 애쓰는 젊고 자신감에 찬 혁신가들 또한 충분히 많다는 점이다.

나는 2013년에 몬테레이에 가서 만난 젊은이 몇 명에 관한 칼럼을 썼다. 그중에는 에노바Enova의 창업자 라울 말도나도Raúl Maldonado도 있었다. 이 회사는 방과 후 교사와 인터넷을 통한 혼합 교육 프로그램을 만들어 가난한 아이들에게는 수학과 읽기를 가르치고 어른들에게는 컴퓨터 사용법을 가르쳤다. 말도나도는 이렇게 말했다. "우리는 지난 3년 동안 8만 명을 졸업시켰습니다. 앞으로 3년 동안 700곳의 교육센터를 열 것이고 5년 동안 600만 명의 이용자를 모을 계획입니다." 알리비오캐피털Alivio Capital

의 파트리시오 삼브라노Patricio Zambrano는 치과, 안과, 그리고 이비인후과의 구호 진료 네트워크를 만들어 이 세 가지 모두에 대해 비용이 적게 드는 대안을 제공하고 의료보험이 없는 이들에게 병원 치료를 위한 대출도 해준다. 에너그린Energryn의 안드레스 무뇨스 주니어Andrés Muñoz, Jr.는 태양열 온수기로 정수도 하고 고기 요리도 할 수 있다는 걸 보여주었다. '기업 혁신 전공 석사' 과정을 제공하는 스타트업 대학 세딤CEDIM에서 온 관리자도 있었다. 그리고 아르투로 갈반Arturo Galván은 모바일 인터넷 기업 나랑야Naranya를 창업해 계층 피라미드의 바닥에 있는 소비자들을 위한 소액결제 서비스를 포함해 여러 가지 서비스를 개발했다. 갈반은 이렇게 설명했다. "우리 모두 이곳에서 오랫동안 지내왔지만 이제 자신감이 생기기 시작했다고 생각해요. 맨손으로 시작해 기업을 공개하는 역할 모델도 나타나기 시작하고요. 우리는 꽤 창의적입니다. 그리고 많은 도전에 맞닥뜨려야 했지요." 그는 또 이렇게 덧붙였다. "우리는 이제 강해졌고 혁신의 생태계가 나타나고 있습니다. 그렇게 믿어요." 나랑야는 스페인어로 오렌지를 뜻하는 '나랑하naranja'에서 따온 말인데, 이름을 왜 나랑야로 지었는지 묻자 갈반은 이렇게 대답했다.

"'애플'은 벌써 있잖아요."

그러나 혁신의 흐름에 연결함으로써 수월하게 스스로를 위한 혁신적인 상품과 서비스를 만들어내고 그것을 수출하면서 세계로 확산시키는 것은 개발도상국만의 이야기는 아니다. 이는 가난한 나라에서도 가장 가난한 이들이 세계적 흐름에서 쉽게 뭔가를 끌어낼 수 있다는 이야기도 된다. 휴먼네트워크인터내셔널Human Network International의 최고경영자 데이비드 맥아피David McAfee가 창안한 마다가스카르의 3-2-1 서비스를 생각해보자. 그는 이렇게 설명했다.

사람들은 도움이 필요할 때 먼저 단순한 모바일 전화기로 사전에 녹음된 다양한 주제의 정보를 검색합니다. 그들은 언제 어디서나 무료통화 번호를 돌려서 선택할 수 있는 메뉴를 듣습니다. 이런 식이죠. "당신은 무엇에 관해 알고 싶은가요? 원하는 정보의 번호를 누르세요. 건강 1번, 농업 2번, 환경 3번, 물과 위생 4번, 토지소유권 5번, 소액금융 6번, 가족계획 7번." 우리는 무료로 통화할 수 있는 1-800 번호에 쓰이는 것과 같은 기발한 소프트웨어를 이용합니다. "영어로 계속 들으려면 1번을 누르세요. 스페인어로 바꾸려면 2번을 누르세요." 하는 식이지요. 그러나 그것을 용도에 맞게 고쳐서 글을 못 읽는 사람들이 전화기 버튼을 이용해 미리 녹음된 메시지를 듣고 선택할 수 있도록 하고 그걸 아무 때나 무료로 이용할 수 있도록 했지요. 여기에서 혁신은 정보를 '가져오는' 측면에 있습니다. 발신자는 필요한 순간에 정보를 가져올 수 있지요. (중략) 지금까지 개발기구와 인도적 기구들이 바로 이 '필요한 순간'에 맞추려고 애를 많이 썼습니다. 개발기구에서 (예컨대 엄마들이 아이들을 모기장 안에 재우도록 장려하는 것처럼) 행동을 바꾸도록 유도하는 방식으로 프로젝트를 관리하는 사람들은 자신들의 핵심 메시지를 전달하기 위해 라디오나 텔레비전 같은 대중매체 채널을 이용하거나 직접 찾아가 문을 두드리며 사람끼리 소통하는 방법을 썼지요. 그러나 이처럼 정보를 '가져다주는' 채널들은 개인적으로 필요한 순간에 맞출 수 있게 상황에 적응하지 못했습니다. (중략) 하지만 사람들은 그들이 필요할 때 정보에 접근할 수 있어야 합니다. 자신에게 필요한 순간에 말이죠. 그러나 라디오에서는 그 정보를 가져올 수 없습니다! (중략) 시작한 지 6년 만에 500만 명 넘는 이들이 이 서비스를 이용해 6,000만 건의 정보를 요청했어요. (중략) 최종적인 이용자에게는 모두 무료였지요.

3-2-1 서비스는 현재 캄보디아, 가나, 마다가스카르, 말라위에서 제공되고 있다. 그리고 2016년 말까지 추가로 아프리카와 아시아의 11개

국에서 제공되도록 한다는 게 이 기구의 계획이다. 이들 15개국에서 3-2-1 서비스가 시작되면 1억 2,000만 명이 넘는 가입자들이 필요할 때 공짜로 핵심적인 공익 메시지 서비스를 받게 될 것이다. 2016년에는 매월 평균 40만 명이 3-2-1 서비스에 접속해 170만 건의 정보를 요청했다. 많은 정보를 흘려보내고 또 끌어온 것이다. 그런 다음 맥아피의 팀은 그 흐름에서 서비스를 향상시키기 위한 정보를 찾아낸다.

이는 그들이 디지털화했기 때문에 가능한 일이다. 맥아피는 이렇게 지적했다. "아프리카의 라디오와 텔레비전 방송국과 달리 우리는 얼마나 많은 사람이 우리의 핵심 메시지를 들었는지 정확히 알지요. 우리는 통화가 이뤄질 때마다 메타데이터를 모읍니다. 전화번호, 통화 시간과 날짜, 각 메뉴에서 선택한 것, 그리고 전해 들은 핵심 메시지 같은 것들이지요."

아무리 강조해도 지나치지 않은 건 우리가 이 흐름의 가속화에서 아주 초기 단계에 있다는 점이다. 이미 다음 단계가 형성되고 있는 걸 볼 수 있다. 발전하고 있는 세계에서 나오는 흐름과 그 흐름 속으로 들어가고 싶은 이들을 효율적으로 맺어줌으로써 세계를 어느 때보다 더 밀접하게 엮어줄 거래 중개 플랫폼이 만들어지고 있는 것이다. 내가 이 분야에서 마주친 흥미로운 스타트업 기업들 가운데 하나는 글로벌리티Globality.com였다. 2015년 3월에 조엘 하이엇Joel Hyatt과 리오르 델고Lior Delgo가 함께 창업한 이 회사는 중소기업들이 업계의 거인들만큼 쉽게 글로벌 경제에 참여함으로써 초소형 다국적기업이 될 수 있도록 돕기 위해 인공지능과 인간지능을 활용하는 플랫폼을 만들어낸다는 사명을 갖고 있다.

당신이 미국에 있는 조그만 제조 업체를 갖고 있고 페루의 리마에 있는 법률 회사와 마케팅 업체를 찾고 있다고 하자. 혹은 당신이 인도의 데이터 서비스 업체를 갖고 있는데 세 사람이 일하는 휴스턴의 스타트업 기업 하나를 사려 한다고 하자. 당신은 글로벌리티의 플랫폼으로 가서 그들의 기술 게시판을 이용해 프로젝트 개요를 하나 작성한다. 하이엇은 이렇게 설명한다. "그러면 우리는 그 프로젝트 개요를 보고 인공지능과 사람의 선별 과정을 거쳐 당신의 요구를 충족시킬 가장 좋은 조건을 갖춘 회사들을 (무료로) 뽑아줍니다. 그 결정은 그 산업에 대한 우리의 전문성과, 연구조사, 그리고 알고리듬을 바탕으로 하지요."

글로벌리티는 그런 다음 그 사이트에서 당신이 선택한 기업을 당신과 맺어준다. 이때 양측이 거래 조건을 정하고 법적 문제를 조율하고 참고자료를 살펴보고 계약을 확정하고 모든 비용을 정산할 수 있도록 비디오 기술을 제공한다. 이 과정에서 우버와 에어비앤비, 이베이가 하는 것처럼 양측이 서로를 별점으로 평가하는 시스템이 활용된다. 하이엇은 기업이 세계적으로 활동하기 위해 처음부터 마지막까지 필요로 하는 모든 것이 이 플랫폼에 하나의 쉽고 통일된 체제로 갖춰져 있다고 말했다. 글로벌리티는 서비스 제공자, 즉 판매자에게 거래 금액에 따라 수수료를 받는 방식으로 돈을 번다. 이 회사의 목표는 세계적으로 활동하고 싶어 하는 소기업들에 에어비앤비가 한 것과 같은 일을 해주는 걸 목표로 한다. 에어비앤비는 세계를 상대로 방을 빌려주고 싶어 하는 작은 집의 주인들과 세계를 여행하며 일반 가정집에 묵고 싶어 하는 개별 관광객들을 맺어주는 일을 한다. 글로벌리티는 낯선 사람들 간에 신뢰의 플랫폼을 창출해 아주 작은 기업들 사이에 더 많은 글로벌 상거래의 흐름이 이뤄지게 할 수 있기를 바란다.

이미 일부 국제적인 대기업들이 글로벌리티 플랫폼을 탐색하고 있다. 대형 국제 중개 업체보다 낮은 수수료를 내고 제품과 서비스의 품질이 뛰어난 중소기업을 찾으려는 것이다. 덩치 큰 기업들이 오로지 다른 덩치 큰 기업하고만 거래하지 않고 이 글로벌 게임에 작은 선수들을 더욱

더 많이 포함시킨다면 이는 세계화를 위해 또 하나의 가속페달을 밟는 것이다.

금융의 흐름에 '대전환'이 이뤄질 때

세계화는 언제나 금융의 흐름으로 추진력을 얻었다. 그러나 슈퍼노바 덕분에 이제 디지털화된 금융의 흐름은 거의 상상도 할 수 없었던 속도로 이뤄지고 있다. 그에 따라 여러 시장들 간의 상호의존성은 하루하루 더 강해지고 있다. 중국 정부가 2015년 여름에 대단히 의심쩍은 조치를 취해 자국 금융시장을 흔들었을 때 미국 사람들은 즉각 자신의 퇴직연금 계좌와 주식 투자 포트폴리오가 영향을 받는다는 걸 느꼈다. 2015년 8월 26일 CNN은 이렇게 보도했다.

> 미국 주식시장은 대혼란이 빚어진 지난 6일 동안에만 시가총액 중 2조 1,000억 달러를 내주었다. 이 같은 엄청난 손실은 중국 경제의 부진이 심화되는 가운데 세계 경제가 어떻게 될지 불확실성이 커지면서 시장이 공포에 사로잡혔음을 반영하는 것이다.
> 다우, S&P500, 그리고 나스닥 지수는 모두 2011년 이후 처음으로 직전 고점에서 10퍼센트 넘게 떨어지며 조정 국면으로 곤두박질했다. S&P다우존스인덱스에 따르면 미국 대기업들의 동향을 가장 잘 나타내는 S&P500 지수는 화요일까지 이어진 대량 매도로 시가총액 수조 달러를 날렸다. (중략) 이는 영국 판 S&P500 지수의 시가총액 거의 전부가 날아간 것과 같다. S&P BMI 영국 지수로 알려진 이 지수는…… 중국 경제 둔화의 파장에 대한 심각한 우려가 월가의 극적인 후퇴를 부추겼다.

대출과 예금, 인출, 수표 처리, 증권 거래, 대금 결제 과정에서 돈을 디지털화하는 새로운 방법이 급속히 늘어나면서 이러한 상호의존성은 더욱 강화되었다. 이 주제만 다뤄도 책 한 권을 쓸 만하지만 여기서는 그 일단만 보여줄 수 있다. 그것을 음미하기에 가장 좋은 시간과 장소는 2010년 5월 6일 오전 9시 30분의 주식시장이다.

그날 아침 막 시장이 열렸을 때 다우존스산업평균은 1만 862포인트였다. 그날은 이렇다 할 특징이 없는 하루처럼 보였다. 그러나 다섯 시간 뒤 역사가 달라졌다. 오후 2시 32분부터 다우는 곤두박질하기 시작했다. 2시 47분까지 이 지수는 9퍼센트 추락했다. 다우가 9,880까지 998.5포인트 떨어진 것은 시초가 대비 장중 하락 폭으로는 사상 최대였다. 1시간 13분 후인 오후 4시에 장이 끝날 때 다우는 1만 517포인트로 손실을 거의 다 만회했다. 그 90분 동안 주식을 샀느냐 팔았느냐에 따라 당신은 웬만한 나라의 한 해 국내총생산과 맞먹는 돈을 벌거나 잃었을 수 있다. 그 갑작스러운 주가 폭락으로 30분 동안 생긴 손실은 1조 달러가 넘었다. 어떻게 시장의 심리가 그토록 빨리, 그리고 크게 바뀔 수 있었을까? 사람들은 도대체 무슨 생각을 하고 있었을까?

사람들은 생각하지 않고 있었다. 생각을 한 건 기계들이었다. 그것은 가속화와 상호의존성의 시대에 컴퓨터를 움직이는 알고리듬이 엇나간 사례였다.

그때 무슨 일이 벌어졌는지 알아내는 데는 한동안 시간이 걸렸다. 하지만 2015년 4월 21일 영국 당국은 미국 검찰의 요청에 따라 서른여섯 살의 나빈더 싱 사라오Navinder Singh Sarao를 체포했다. 그는 주가 폭락을 일으키고 그 과정에서 거금 87만 5,000달러의 이득을 챙긴 혐의를 받고 있었다. 놀라운 건 사라오가 런던 서쪽 하운즐로에 있는 '그의 부모 집의' 인터넷과 연결된 컴퓨터 한 대로 작전을 수행했다는 점이다. 그는 초연결성의 세계에서 컴퓨터 알고리듬을 이용해 가짜 주문을 만들어냄으로써 시세를 조작할 수 있었다. 그는 그렇게 시카고상업거래소를 '속여 넘겼고' 그에 따른 연쇄반응을 촉발했다고 당국은 주장했다.

2015년 7월 9일에 블룸버그는 이렇게 설명했다. "위장거래$_{\text{spoofing}}$는 주가를 어느 한쪽으로 움직이려고 가짜로 사자 주문이나 팔자 주문을 시장에 쏟아내는 불법적 거래 기법이다. 이는 범인이 주식을 낮은 값에 사거나 높은 값에 팔려고 인간이든 컴퓨터든 다른 거래자들을 속이려는 것이다. (중략) 조사 당국에 따르면 사라오는 2009년 6월 그의 주문이 다른 컴퓨터들에 인식되는 방식을 바꾸는 그만의 컴퓨터 알고리듬을 개발했다. (중략) 팔자 주문의 양에 관해서 잘못된 인상을 심어주기 위한 알고리듬을 개발한 것이다."

그의 방식은 초단타매매$_{\text{high-frequency trading}}$ 업체가 이용하는 것과는 달랐다. 하지만 컴퓨터가 실행하는 고속의 글로벌 주식거래가 발전한 것뿐만 아니라 초단타매매 업체들이 시장에 많이 있다는 것 자체가 그가 만들어낸 것으로 의심받는 속임수의 효과를 증폭시켰다. 이들 업체는 무어의 법칙에 고무돼 누가 더 빨리 매매할 수 있는지를 놓고 설비 경쟁을 벌였다. 실제로 그들이 추구하는 속도는 너무나 빨라서 나는 세계화의 이러한 측면을 조사하는 과정에서 가장 큰 도움이 되는 참고자료 가운데 일부를 금융 관련 학술지가 아니라 자연과학 분야, 특히 물리학 분야의 학술지에서 찾아냈다.

예를 들어서 국제적인 과학 전문 주간지인 「네이처」는 2015년 2월 11일 '금융의 물리학: 광속의 거래'라는 제목의 기사를 한 편 실었다. 그 내용을 보자.

(금융 중개인들은) 그 어느 때보다 빠른 거래를 성사시키기 위한 경쟁을 벌이고

있다. 첨단 기술을 적용한 오늘날의 거래소에서 이 업체들은 단 한 사람의 고객을 위해 초당 10만 건이 넘는 매매를 실행할 수 있다. 이번 여름부터 런던과 뉴욕의 금융센터에서는 과거에 비해 2.6밀리초(약 10퍼센트) 더 빨리 정보를 주고받을 수 있게 된다. '히베르니아 익스프레스Hibernia Express(히베르니아는 라틴어로 아일랜드를 뜻한다—옮긴이)'라는 별명을 가진 3억 달러짜리 대서양 횡단 광섬유 통신선이 개통되기 때문이다. 기술 발전으로 거래 속도를 제약하는 건 기본적인 물리적 요인밖에 없으며, 여기에서 최후의 장벽은 광속이다. (중략) 초단타매매는 빠른 컴퓨터, 언제 무엇을 사거나 팔지 결정하는 알고리듬, 그리고 거래소 금융 데이터의 실시간 제공에 의존한다. 극히 미세하게 짧은 시간이라도 중요하다. 거래소 데이터에 더 빨리 연결할수록 거래를 성사시키는 데 걸리는 시간을 최소화할 수 있다. 업체들은 누구의 컴퓨터가 가장 가까운 곳에 자리 잡을 수 있는가를 놓고 싸운다. 중개인들은 그 라인에 더 가까운 자리에 앉으려고 다툰다. 이는 모두 돈이 드는 일이다. 빠른 전용회선을 빌리는 데에는 한 달에 1만 달러가 든다.

그 경쟁이 너무나 치열해서 중개인들은 광섬유 케이블이 가장 많은 데이터를 전송하지만 필요한 속도를 내지 못한다는 걸 알아냈다고 「네이처」는 보도했다. "그러므로 가시거리 내 마이크로파는 더 나은 선택이다. 밀리미터파와 레이저는 데이터 밀도가 더 높으므로 그보다 더 낫다." 「네이처」는 이렇게 지적했다. "빠른 거래는 시장이 유동성을 유지하도록 해주며, 이는 자유롭게 흐르는 교통이 원활한 운송에 도움이 되는 것과 마찬가지로 원활한 거래에 도움을 준다. 이런 시장에서는 주식을 살 수 있는 가격과 팔 수 있는 가격의 차이와 딜러가 요구하는 수수료를 반영하는 '스프레드spread'가 낮아지고, 그에 따라 투자자들의 거래 비용도 낮아지는 경향이 있다."

그러나 여기에는 실제적인 단점이 있다고 이 기사는 지적했다. "수익이 생기는 거래를 위해 그들이 이용하는 알고리듬은 더 많은 오류를 내고, 시장의 변동성이 지나치게 커질 때는 완전히 시장을 빠져나가도록 프로그래밍 돼 있다. 많은 초단타매매 업체가 비슷한 알고리듬을 이용한다는 점 때문에 문제는 더 악화된다. 그들이 한꺼번에 시장을 탈출하기 때문이다. 2010년의 플래시 크래시(갑작스러운 붕괴 시장 ―옮긴이) 때 바로 그런 일이 일어났다."

사람들도 그와 같은 일을 할 수 있지만 기계들은 그 일을 더 큰 규모로 더 빠르게 할 수 있으며, 어쩌면 더 쉽게 속아 넘어가 엄청난 손실을 낼 수 있다. "미국에서 가장 큰 초단타매매 업체 중 하나인 나이트캐피털Knight Capital은 2012년 이 회사 알고리듬의 결점 때문에 컴퓨터 시스템이 주식을 더 비싸게 사고 싸게 팔아서 4억 4,000만 달러의 손실을 냈다."

그러나 이 「네이처」 기사에서 내가 가장 좋아하는 대목은 그다음에 나온다. 이 기사는 미국에서 몇몇 대형 중개 업체가 초단타매매 거래자들이 갖는 시간적 우위를 없애기 위한 사적 거래소들을 설립했다고 지적했다. "예를 들어 2013년 출범한 대체거래소 IEX는⋯⋯ 주식매매 시스템에 '과속방지턱'을 도입했다. 자동적으로 350마이크로초(1마이크로초는 100만 분의 1초―옮긴이)를 지연시켜 거래자들이 더 빠른 주문 입력으로 이득을 보지 못하도록 한 것이다."

정말 그런인가? 그렇다면 오늘날 시장에서는 불과 350마이크로초가 '과속방지턱'이 된다는 이야기다. 나는 곧바로 월마트의 엔지니어들이 내게 한 이야기를 떠올렸다. 내가 '구매' 버튼을 누른 다음 그들의 컴퓨터는 내 텔레비전을 어떻게 배송할지 알아낼 시간적 여유가 생겼는데도, 그것을 처리하는 데 1초가 채 안 걸렸다는 이야기 말이다.

「네이처」가 "이 분야의 연구는 금융시장에 적정 거래 속도가 있으며 오늘날 시장은 이미 그 속도를 한참 넘었다는 점을 시사한다."고 결론지은 것도 당연하다. 어느 쪽이든 '과속방지턱' 때문에 글로벌 시장이 그 어느 때보다 상호의존적이라는 사실이 뒤바뀔 기미는 거의 없다. 시티그룹 최고경영자인 마이클 코뱃Michael Corbat은 무어의 법칙이 구매자와 판매자, 저축자와 투자자들을 더욱 강력한 네트워크로 엮어주는 혁신을 계속해서 이끌어가고 있다고 설명했다. 코뱃은 내가 가장 좋아하는 사례들을 이야기해주었다. 그의 이야기는 이랬다.

당신이 영국의 연금 수급자인데 지금 오스트레일리아에 살고 있다고 하자. 예전에는 보통 영국 재무부가 수표를 끊어서 히스로 공항으로 가는 우체국 트럭에 실어 보내면 거기에서 분류된 수표가 비행기에 실려 시드니로 갔다. 그곳에서 다시 분류 통에 들어갔다 나온 수표를 오스트레일리아 우체국이 배달하면 마침내 당신의 우편함에 도착하게 되는데 그러기까지 7~10일이 걸렸다. 그러면 당신은 그 수표를 은행에 예치하고 오스트레일리아 달러로 바꿔달라고 부탁한다. 결국 20일쯤 지나서 그 오스트레일리아 달러가 당신의 계좌에 나타난다. 물론 수수료를 뺀 금액이다.

이때 시티은행이 등장해 이렇게 말한다. "우리는 소중한 그 돈을 바로 다음 날 계좌에 넣어주고 그것을 현지 통화로 전송해줄 수 있으며 그 일을 더 싸게 해줄 수 있습니다." 그래서 영국 정부는 시티은행에 그 일을 맡겼다. 그러자 유럽과 아시아 국가들도 그렇게 했다. 그런데 어느 날 이탈리아 정부가 시티은행을 찾았다. 코뱃의 회상을 들어보자.

"그들은 우리에게 이렇게 말했습니다. '아주 멀리 떨어진 곳에 사는 100세 넘은 연금 수급자들이 몇 있습니다. 그들에게 어떻게 연금을 지급할 수 있을까요?' 그들에게 온라인으로 송금하려면 그들이 생존해 있다는 증명이 필요합니다. 예전에는 서류와 공증을 통해 그 일을 했지요.

하지만 지금 우리는 종이 서류를 없애고 있습니다."

다행히 해법이 있었다. 이제 고령의 연금 수급자들이 웹 포털을 통해 신원을 확인하고 연금을 요청할 수 있으며, 돈은 그들의 계좌로 입금된다. 그게 어떻게 가능한가? 사실 성문聲紋이 지문이나 홍체 인식, 혹은 다른 어떤 신원 확인 수단보다 더 정확한 것으로 밝혀졌다고 코뱃은 설명했다. 그리고 이제 더 많은 소비자가 스마트폰으로 물건값을 치르고, 데이터를 받고, 계좌를 조회하고 있기 때문에 패스워드와 개인식별번호PIN는 그 일을 실행하는 데 그다지 잘 맞지 않는다. 그러므로 자신의 독특한 음성은 이제 모든 문을 여는 열쇠가 된다. "이제 어떤 신용카드 고객이 서비스센터에 전화할 때 더 이상 암호나 개인식별번호, 또는 사회보장번호를 입력할 필요 없이 다른 방법을 택할 수 있습니다." 코뱃이 말했다. "그저 '안녕하세요, 토머스 프리드먼입니다'라고만 하면 우리는 그 목소리를 듣고 당신이라는 걸 알지요. 그럼 그 시스템이 '안녕하세요, 토머스. 당신의 예금 잔액을 조회하시겠습니까?' 하고 묻지요. 그리고 그것은 당신을 알아보고 당신이 무엇을 하고 싶어 하는지 학습하기 시작합니다." 코뱃은 그 모든 소통이 디지털화되고 자동화됐으며 그중 일부는 음성으로 작동하게 됐다고 말한다.

금융의 디지털화를 이루어가는 가장 중요한 추진력 가운데 하나가 페이팔이다. 이 디지털 결제 플랫폼은 이베이의 일부로 시작해 모든 유형의 금융거래를 안전하고 빠르게 디지털로 전송하는 데 특화했으며, 가장 멀리 떨어진 곳에 있는 구매자와 판매자부터 가장 잘 연결돼 있는 이들까지 모두에게 영향을 미치고 있다.

페이팔의 최고경영자 댄 슐먼Dan Schulman은 이 회사의 목표를 금융 서비스를 대중화하는 것, 그리고 돈을 움직이고 관리하는 걸 부유층뿐만 아니라 모든 시민의 권리이자 가능성으로 만드는 것이라고 설명했다. "은

행은 디지털 흐름이 아니라 물리적 실체가 있는 것들이 지배하던 시대에 확립된 제도입니다. 그리고 물리적인 세계는 비싼 기반 시설을 수반하지요. 한 지점이 이익을 내려면 3,000만 달러의 예금이 필요합니다. 지금 은행들은 어떤 곳에서 문을 닫고 있습니까? 모두 평균 소득수준이 나라 전체의 중위소득을 밑도는 지역이지요." 그런 곳에서는 충분한 예금을 유치할 수 없기 때문이다.

슐먼의 설명을 더 들어보자. "모바일 기기와 스마트폰이 폭발적으로 늘어나면서 이제 은행 지점의 모든 힘이 소비자들의 손바닥 안으로 옮겨 갔습니다. 그리고 소프트웨어가 대규모로 확산될 때 소비자들이 추가로 부담해야 하는 비용은 거의 제로에 가까워지고 있지요. 갑자기 수표를 현금화하고 요금을 내고 대출을 받고 사랑하는 누군가에게 돈을 보내는 일이 단순하고 쉬워지고 있습니다. 미국에 있는 우리에게는 이미 단순하고 쉬운 일이 됐지요." 그리고 전 세계적으로 지금까지 그런 서비스를 제대로 받지 못했던 30억 명이 거의 공짜로 이용할 수 있게 됐다. 이 사람들은 수십 년간 '돈을 바꾸려고 세 시간 동안 줄을 서 있다 요금을 내려고 또 다른 줄로 옮겨 가면서 (수수료로) 10퍼센트를 떼였던' 이들이다. 기술은 그들이 선택할 수 있는 가능성들을 극적으로 바꿔놓고 있다.

예를 들어 페이팔은 '워킹캐피털Working Capital'이라는 글로벌 대출 플랫폼을 만들어 페이팔 이용자들에게 은행들처럼 몇 주가 아니라 단 몇 분만에 대출을 해준다. 이는 상품 구매가 필요하거나 성장 기회를 지닌 소기업들에 엄청난 도움을 줄 수 있다. 페이팔은 이를 통해 3년이 채 안 되는 기간에 이미 20억 달러를 대출했다. 어떻게 그렇게 할 수 있을까? 빅데이터 덕분이다.

슐먼은 이렇게 설명했다.

가장 중요한 건 얼마나 많은 데이터를 분석할 수 있느냐는 것입니다. 우리 플랫폼을 통해 이뤄지는 거래는 한 해 60억 건에 이르며 기하급수적으로 늘고 있지요. 우리는 그 플랫폼에서 배출되는 모든 데이터를 가져다 쓸 수 있고 이는 우리가 더 나은 결정을 내릴 수 있게 해줍니다. 당신은 대출을 원하시나요? 당신이 일상적으로 페이팔을 쓰는 고객이라면 우리는 당신을 알고 있습니다. '그리고 당신과 같은 모든 사람을 알지요.' 우리는 당신이 변하지 않았다는 것을 압니다. 그러나 (아마도) 당신이 일자리를 잃었거나 자연재해를 입었기 때문에 당신의 상황이 바뀌었다는 것도, 그리고 새로운 일을 찾으리라는 것도 압니다. 우리는 이 모든 데이터와 분석 모형을 갖고 있기 때문에 알고리듬을 이용해 1초 만에 당신을 전 세계에 있는 당신과 같은 처지의 모든 사람과 비교할 수 있습니다. 그리고 그 모형을 바탕으로 당신에게 대출을 해줄 수 있지요.

페이팔의 워킹캐피털은 은행과 신용카드사들이 개인의 신용도와 대출 상환 가능성을 알아보기 위해 이용하는 전통적인 신용평가 시스템인 '파이코FICO 점수'(페어 아이작 코퍼레이션Fair Isaac Corporation이 제공한다—옮긴이)에 의존하지 않는다. 왜냐하면 누군가는 언젠가 파산을 선언한 적이 있고 그래서 그의 신용평가 기록에 영원한 얼룩이 남아 있을 수도 있기 때문이다. 페이팔은 자사의 사이트에서 실제로 이뤄진 금융거래를 바탕으로 한 자체적인 빅데이터 분석이 파이코 점수보다 개인의 신용도에 대해 훨씬 더 믿을 만한 그림을 그려준다는 걸 발견했다. 그들은 이런 방식을 통해 전 세계에 걸쳐 상환 가능성이 높은 더 많은 사람에게 즉각적인 대출을 해줄 수 있다.

페이팔은 또한 같은 빅데이터 분석을 이용해 그 플랫폼에서 이뤄지는 모든 거래를 보증해줄 수 있다. 예를 들어 인도의 어떤 소상인이 사리(인도 여성이 몸에 두르는 전통 의상—옮긴이)를 파는 웹사이트를 열고 유럽의 고객이 그 상인에게서 사리 두 벌을 사면서 페이팔을 통해 결제를 한다고 하자. 그러면 그 고객은 '주문한 사리를 받거나, 아니면 우리가 환불해주는 돈을 받게 될 것'이라고 슐먼은 말했다. "우리가 그 보증 시스템을 제대로 돌아가게 만들 수 있는 것도 역시 '우리가 당신을 알고' 그 모든 데이터를 갖고 있기 때문이지요. (중략) 우리에게는 전 세계에 걸쳐 1억 9,000만 명의 고객이 있고 그 숫자는 한 해 1,500~2,000만 명씩 늘어나고 있습니다." 이러한 보증 또한 세계화를 더욱 확산시키고 있다.

느리지만 확실히 사람들은 현금을 없애기 위해 페이팔을 쓰고 있다.

금융 업계의 다른 모든 거인처럼 페이팔은 수많은 컴퓨터를 통해 글로벌 거래를 연결하고 이를 인증하는 데 '블록체인blockchain'으로 알려진 새롭게 떠오르는 기술을 실험하고 있다. 블록체인은 가상통화인 비트코인Bitcoin 통용에 이용된 기술로 유명해졌는데, 슐먼은 블록체인이 금융거래를 하는 이들이 절대적으로 신뢰할 수 있는 방법이라고 설명했다. "그것은 금융거래가 모든 참여자가 볼 수 있는 방식으로 각 나라를 오가며 이뤄질 수 있도록 인터넷 규약을 이용합니다. 그리고 모든 중개인과 규제 당국을 넘어서므로 확실히 비용이 더 낮아지지요." 돈이 디지털화되는 속도를 볼 때 나는 이 책의 보급판에 블록체인에 관한 이야기를 쓰게 될 것이라고 확신한다.

우정은 국경을 넘어

2016년 2월 24일에 페이스북은 '친구들의 세계A World of Friends' 캠페인의 일환으로 오랫동안 적대적이었던 이들이 이 사이트에서 얼마나 많은 관계를 형성하는지를 추적하겠다고 발표했다. 페이스북은 그날 하루에만 인도와 파키스탄 사람 203만 1,779명, 이스라엘과 팔레스타인 사람 15만 4,260명, 우크라이나와 러시아 사람 13만 7,182명을 이어주었다고 밝혔다. 이러한 연결로 얼마나 깊은 우정이 생겨날지, 그 우정이 얼마나 오래갈지, 그리고 그것이 역사적으로 뿌리 깊은 적대 관계를 뛰어넘는 데 도움이 될지는 또 다른 문제다. 그러나 서로 모르는 사람들과 적대적인 이들 사이에 이렇게 많은 접촉이 이뤄지고 있다고 생각하면 감동을 받지 않을 수 없다.

디지털 흐름의 가속화는 분명히 모든 형태의 인간적인 접촉, 특히 모르는 이들 사이의 접촉을 가속화하고 있다. 제일 외진 곳만 아니라면 당신이 지구촌 어디에 살고 있는지와는 거의 상관없이 다른 생각과 다른 사람들을 인류 역사상 가장 많이 접하게 될 가능성이 크다. 그 만남이 직접적일 수도 있고 간접적일 수도 있다. 내가 역사학자 윌리엄 맥닐 William McNeill의 저서를 읽고 있는 것도 바로 그 때문이다. 역사서의 고전인 『서구의 부상The Rise of the West』을 쓴 그는 책 출간 25주년을 맞아 1995년 5월 「역사와 이론 저널Journal of History and Theory」에 쓴 글 '세계 역사의 변화하는 양태'에서 당초 그의 저서에 생명을 불어넣었던 문제를 다시 묻고 다시 답한다. 그는 역사학자들에게 가장 심원한 질문을 던졌다. 역사를 이끌어가는 가장 강력한 힘은 무엇인가?

그것은 그가 말한 "산발적이지만 불가피한 자유의 진보"인가? "민족주의적인 역사학자들이 (대체로 정치제도 면에서 정의한) 자유를 고대와 현대의 유럽 여러 나라에서 독특하게 찾아볼 수 있다는 이유를 들어 인류의 과거를 장엄한 유럽 중심적 관점으로 바라볼 수 있게" 된 건 그 때문인가? 그러한 견해에 따르면 "세계의 나머지 지역은 유럽인들이 발견하거나 정착하거나 아니면 정복했을 때 비로소 역사의 주류에 편입된" 것이 된다.

맥닐은 자유는 역사의 동력이 아니라고 생각했다. 제1차 세계대전은 자유가 역사적 동력이라는 생각에 좌절을 안겨주었다. "참호 속에서 살고 죽을 자유는 19세기 역사학자들이 기대했던 진보적 정치제도의 결과와 거리가 멀었기 때문"이다.

그래서 그는 널리 알려진 다른 대안을 제시했다. 맥닐은 "슈펭글러Oswald Spengler와 토인비Arnold Toynbee는 제1차 세계대전 당시 유럽이 그 자유의 배를 가르고 내장을 들어내 버리는 것과 같은 기이한 고통을 겪은 것에 대해 (중략) 가장 중요한 반응을 내놓은 두 역사학자들이었다."고 썼다. 그들의 견해는 이렇다.

인류 역사는 각각의 문명이 대개 미리 정해진 대로 부침을 거듭하며 그때마다 본질적으로 그들의 선조와 현대인의 생애를 재현한다고 보면 가장 잘 이해할 수 있다. (중략) 생각이 깊은 많은 사람에게 그들의 책은 1차 세계대전과 1918년 독일의 붕괴, 2차 세계대전의 시작, 그리고 두 전쟁 후 승리한 대동맹Grand Alliances의 분열처럼 예상치 못한 비참한 사건들이 터질 때마다 다시금 침울한 의미를 부여했다. 슈펭글러와 토인비는 유럽과 비유럽 문명들을 같은 평면에 놓고 보았다.

맥닐은 그런 다음 제3의 답을 제시한다. 역사를 굴러가게 하는 동력에 대해 『서구의 부상』에서 밝힌 그 자신의 이론이다. 시간이 갈수록 그 스스로 더 강한 확신을 갖게 된 그 이론은 '역사적으로 중요한 사회적 변화를 촉진하는 주된 요인은 새롭고 생소한 기술을 가진 낯선 이들과의 접촉'이라는 것이다. 그 주장의 추론 과정은 이렇다.

고급 기술의 중심지들(즉, 문명들)은 흔히 그 이웃들에게 매력적이고 신기한 것들을 보여줌으로써 그들을 당황스럽게 한다. 그러면 그 주변의 기술 수준이 낮은 사람들은 그들 스스로 새로운 것들을 만들려고 애쓸 수밖에 없다. 앞선 기술을 가진 이들이 누리는 부와 권력, 그들이 갖는 진실과 아름다움을 얻으려면 그래야만 하기 때문이다. 그러나 이러한 노력을 하다 보면 그 문명을 모방하려는 의욕, 그리고 고유한 관습과 제도를 보존하려는 똑같이 강렬한 열망 사이에서 어려운 고민에 빠지게 된다. 그 제도와 관습은 기술을 빌리는 이들의 삶을 부패와 불의가 따르는 문명화된 삶과 구분하는 것이다.

맥닐은 이렇게 설명한다.

비록 '문명'이라는 말이 무엇을 의미하는지 이렇다 할 합의가 이뤄진 게 없고, 또한 '교류 지대interactive zone'를 묘사하는 합의된 단어나 문구가 없다 하더라도 (중략) 서로 다른 문명이 만나는 현실과 그 역사적 중요성에 대한 인식이 높아지고 있으며 이는 확실히 미래 세계사 연구의 주류가 될 것이라는 주장은 옳다. (중략) 『서구의 부상』을 쓸 때 나는 유라시아 대륙의 각 문명이 어떻게 그들의 역사가 시작될 때부터 서로 교류했는지를 보여줌으로써 토인비의 주장을 발전시키려고 준비했다. 이들은 결정적인 기술을 서로 차용했으며, 오래전부터 소중하게 간직해온 지식과 경험을 새롭게 빌린 것들과 함께 조정해야 할 필요성이 커지면서 변화는 더욱 촉진됐다. (중략) 물론 인간에게 궁극적인 변화의 원동력은 새로운 아이디어와 실행 방법, 제도를 발명하는 데 있다. 그러나 발명은 또한 낯선 사람들과 접촉하면서 생각하고 일하는 방식을 바꿔야 할 때 꽃피울 수 있다. 그런 상황에서는 서로 다른 경쟁적인 방식 가운데 의식적인 선택이 이뤄지고, 오래된 관행들을 개선하는 것은 쉬워지며 종종 불가피해진다.

대규모 접촉

나는 역사에 대한 맥닐의 견해에 깊이 공감한다. 내가 해외 특파원으로 일하면서 보았던 모든 것과 맞아떨어지기 때문이다. 기후가 바뀌면 날씨가 달라지는 것과 똑같이 세계화로 인해 생각이 순환하고 변화하는 속도가 달라진다. 이는 이제 참으로 어려운 적응의 문제를 불러온다. 이 모든 흐름이 가속화하면서 오늘날 우리는 낯선 이들 사이의 접촉이 폭발적으로 이뤄지고 있음을 볼 수 있다. 문명들, 그리고 개인들이 페이스북과 비디오게임, 위성 텔레비전, 메시징 앱, 모바일 전화와 태블릿을 통해 수없이 많은 새로운 방식으로 다른 생각을 가진 이들과 만나고 부딪치고 그 생각들을 빨아들이고 또한 물리치고 있는 것이다. 어떤 문화와 사회, 그리고 개인들은 쉽게 낯선 이들과의 접촉을 받아들이고 그들에게서 배우고 가장 좋은 것들을 합성하면서 나머지는 버리는 성향을 보인다. 다른 이들은 더 과민하게 그러한 접촉에서 위협을 느끼며 스스로 생각하기에 우월한 문화를 가진 자기들이 이제 다른 문화에 적응하고 배워야 한다는 사실에 굴욕감을 느낀다.

낯선 이들, 그리고 낯선 생각과 마주치는 이 폭발적인 접촉을 적절히 다루면서 이용할 수 있는 문화와 그렇지 못한 문화 사이의 차이가 역사를 움직인다. 지금 같은 가속의 시대에는 그 차이가 맥닐이 그에 관해 썼던 시대보다 훨씬 더 많이 역사를 바꾸어갈 것이다. 구체적으로 말하면 교역이 정보, 금융, 문화, 혹은 교육의 흐름에 가장 열려 있는 사회, 그리고 그 흐름에서 기꺼이 배우고 그에 기여하려는 의지가 가장 강한 사회는 가속의 시대에 번영할 가능성이 크다. 그러지 못하는 사회는 힘겹게 싸워야 할 것이다.

이스라엘 최고의 과학기술 연구 기관인 테크니언 공대의 호삼 하이크Hossam Haick 교수 같은 사람들이 하는 일은 이런 흐름 속에서 얻는 혜택을 가장 잘 보여준다. 하이크 교수는 이스라엘의 나노 기술 전문가이며 이스라엘 대학교를 기반으로 대규모 온라인 공개강좌(무크)를 통해 나노 기술을 아랍어로 가르치는 첫 이스라엘계 아랍인 교수다.

내가 2014년 2월 이스라엘의 하이파에서 칼럼을 쓰기 위해 그를 찾아갔을 때였다. 말할 필요도 없이 그는 아랍 세계 전역에서 그의 무크에 등록한 학생들로부터 대단히 흥미로운 이메일을 받았다. 그들이 물어본 것 중에는 이런 질문도 있었다. 당신은 진짜 사람인가요? 당신은 진짜 아랍인인가요, 아니면 아랍어를 하며 아랍인인 체하는 이스라엘의 유대인인가요? 하이크는 나사렛 출신으로 기독교를 믿는 아랍인이며 그가 몸담고 있는 테크니언 공대에서 이 강의를 하고 있다.

그의 강좌는 '나노 기술과 나노 센서'를 주제로 하이크의 전문 분야에 관해 배우고 싶어 하는 사람이면 누구나 들을 수 있도록 짜여 있다. 그 분야는 '개인적인 삶이나 직업 생활에서 다양한 사건을 조사, 탐지, 감시하기 위해 나노 기술을 이용하는 새로운 감지장치'에 관한 것이다. 이 과정은 각각 세 개나 네 개의 (아랍어와 영어로 된) 짧은 강의 동영상이 포함된 열 차례 수업으로 이뤄져 있으며, 인터넷 연결이 되는 이들이라면 누구나 무료로 강의를 듣고 매주 간단한 시험과 토론 활동에 참여하며 최종 프로젝트를 수행할 수 있다.

혹시 당신이 오늘날 중동 사람들이 과연 교육에 목말라하는지, 혹은 오래된 적은 말할 것도 없고 낯선 사람들은 다 멀리하는 경향을 과연 극복할 수 있는지 의심스럽다면 하이크의 무크가 그 의심을 날려버릴 것이다. 그가 아랍어로 하는 강의에는 5,000명 가까운 등록자가 있는데 여기에는 이집트, 시리아, 사우디아라비아, 요르단, 이라크, 쿠웨이트, 알제리, 모로코, 수단, 튀니지, 예멘, 아랍에미리트, 그리고 요르단 강

서안 지구 학생들이 포함돼 있다. 이란 학생들은 영어 강의에 등록하고 있다. 강의가 미국에 근거를 둔 코세라Coursera 무크 웹사이트를 통해 이뤄지기 때문에 어떤 등록자들은 이 과정이 테크니언 공대의 이스라엘계 아랍인 과학자가 가르친다는 사실을 몰랐다고 하이크는 말했다. 그들이 그 사실을 알게 됐을 때 일부 교수와 학생은 등록을 취소했다. 하지만 대부분은 그러지 않았다.

그 강좌가 이웃 나라들에서 왜 그토록 많은 관심을 모았는지 묻자 하이크는 이렇게 말했다. "나노 기술과 나노 센서는 미래의 것으로 인식되고 있으며 사람들은 미래가 어떤 모습일지 호기심을 갖고 이해하고 싶어 하기 때문이지요." 당시 마흔 살이었던 하이크는 테크니언 공대에서 박사 학위를 받은 비범한 과학자다. 그와 테크니언 공대는 이미 공동으로 스타트업 기업을 세워 그가 '전자 코'라고 부르는 것을 개발하고 있다. 전자 코는 개의 코가 기능하는 방식을 흉내 내서 특수하게 배열한 센서다. 하이크와 그의 팀은 사람이 숨을 내쉴 때 몸속에 어떤 암이 있는지 알려주는 독특한 표시가 나타난다는 걸 증명하고 그것을 탐지하기 위한 센서를 만든 것이다. 테크니언 공대의 페레츠 라비Peretz Lavie 학장은 하이크에게 그 일을 하면서 화학공학을 가르치는 틈틈이 이 대학을 디지털 흐름과 무크의 세계로 이끌어달라고 부탁했다.

하이크는 이렇게 설명했다. "라비는 국가 간 경계를 넘어 과학을 확산시킬 필요성이 매우 크다고 생각했지요. 그는 나에게 무크에 대해 이야기했습니다. 나는 무크가 뭔지 몰랐어요. 라비는 그것이 웹상에서 수천 명에게 할 수 있는 강좌라고 말했습니다. 그리고 나에게 테크니언에서 첫 무크 강의를 해줄 수 있느냐고 물었지요. 아랍어로 말이죠." 테크니언은 준비하는 데 아홉 달이 걸린 그 프로젝트에 자금을 지원했고 하이크는 재능 기부로 강의를 시작했다. 하이크는 자랑할 뜻은 없이 이렇게 말했다. "나에게 이렇게 말하는 아랍 세계의 젊은이들이 있어요. '당신은 우리의 롤 모델입니다. 어떤 재료들을 합성해야 우리가 당신 같은 사람이 되는지 좀 알려주세요.'"

2016년 2월 23일, AP 통신은 하이크의 과정을 마친 지야드 시하타라는 이집트 학생을 인터뷰했다. 그는 이렇게 말했다. "어떤 사람들은 내 이력서에서 그 수료증을 지워버리라고 말했습니다. 그들은 내가 곤란해질지도 모른다고 했지요. 나는 그 학교가 이스라엘 대학교인지 아닌지 관심이 없지만 하이크 교수님은 정말 자랑스러운 지도자로 생각합니다."

이를 다른 말을 옮기면 이렇다. "가속의 시대에는 지식에 목마른 학생과 지식의 새로운 흐름을 가로막지 마라."

마음을 녹이는 디지털

낯선 사람들 사이의 이 모든 접촉은 소셜 네트워크에서 가속화된 생각의 흐름과 더불어 확실히 여론이 급속히 변하도록 하는 데 기여하고 있다. 빙산처럼 단단하고 영원할 것 같던 여러 관점과 전통, 통념이 이제 갑자기 녹아 없어질 수 있다. 과거 한 세대가 걸렸던 일이 하루아침에 일어나는 것이다.

사우스캐롤라이나 주 의회 의사당에서는 미국의 옛 남부연합 깃발이 54년 동안 날렸다. 그러나 2015년 7월 10일에 사우스캐롤라이나 고속도로 순찰대 의장대 소속 경관이 그 깃발을 영원히 내렸다. 자칭 백인우월주의자가 찰스턴의 역사적인 흑인 교회에서 총으로 아홉 명의 신도를 살해한 후 몇 주가 지났을 때였다. 그 범인은 옛 남부연합을 상징하는 깃발을 들고 사진을 찍은 적이 있었다. 그 살해 사건은 소셜 네트워크에서 엄청난 역풍을 불러일으켰고 그 바람에 남부연합기는 의사당 앞마당에서 영원히 날아가 버렸다.

2008년 대통령 선거에 나선 버락 오바마는 그해 4월 17일에 이렇게 선언했다. "나는 결혼이 한 남성과 한 여성의 결합이라고 믿습니다. 한 사람의 기독교인으로서 내가 생각하기에 이는 신성한 결합입니다. 신성함은 그렇게 섞이는 데 있습니다." 불과 3년이 지난 2011년 10월 1일 오바마 대통령은 휴먼라이츠캠페인Human Rights Campaign(성소수자 인권 단체―옮긴이)의 연례 만찬에서 남성과 여성의 관계의 역사에서 가장 오래된 풍습 가운데 하나에 관해 이야기하며 동성 결혼을 지지했다. "모든 미국 국민은 (그가 게이든 레즈비언이든 이성애자든 양성애자든 성전환자든) 법 앞에서, 그리고 우리 사회에서 평등한 대우를 받을 자격이 있습니다. 이것은 아주 간단한 문제입니다."

팰로앨토에 있는 미래연구소 소장인 마리나 고비스Marina Gorbis는 이렇게 주장했다. "불과 5년 새 레즈비언, 게이, 양성애자, 성전환자들에 대한 사람들의 태도가 얼마나 달라졌는지를 보면 너무나 많은 젊은이가 갈수록 전 지구적인 대화에(흔히 가치에 관한 대화에) 더 빠져들고 있는 것과 어떤 관련이 있다고 믿게 되지요. 이 시스템은 그것을 거쳐 가는 모든 것을 증폭시키고, 약자를 못살게 구는 사람들에 대한 반응의 고리를 만들어냅니다. 그리고 이는 서로 의견을 주고받을 더 많은 문제를 만들어내고 동성애자를 만나기 싫어하던 사람들에게 더 많은 만남의 기회를 주지요. 그리고 이제 갑자기 훨씬 더 많은 사람이 동성애자들을 만나고 있습니다. 공감이 사람들의 상호작용을 통해 생기는 거라면 이 시스템은 그걸 위해 참으로 많은 기회를 창출합니다."

고비스를 인터뷰한 날, 미래연구소의 연구원인 베티나 워버그Bettina

Warburg는 자신이 얼마 전 샌프란시스코 지역에서 출근하면서 겪은 이야기를 들려주었다. "어느 날 아침에 저는 같은 방향으로 가는 사람들이 승차 공유 서비스인 리프트Lyft를 이용해 출근하는 중이었어요. 그 차 운전기사와 가벼운 이야기를 나누었는데, 자기가 바로 전에 태웠던 승객 중 한 명이 극단적인 동성애 혐오를 드러내는 언사를 쓴다는 이유로 다른 승객들의 '투표'에 따라 차에서 내려야 했다고 말했습니다. 그는 '그런 가치관을 갖고는 샌프란시스코에서 차를 탈 수 없다'면서 '이곳은 그런 사람에게 맞지 않는 도시'라고 말했어요. 그때 우리 차에는 흑인 한 명, 히스패닉 한 명과 여성 한 명이 타고 있었는데, 그런 편협함은 다양한 가치를 가진 사람들의 참여를 바탕으로 경제발전을 이루는 이곳에 맞지 않는다는 이야기를 하고 있었지요."

페이스북의 글로벌 운영과 미디어 파트너십을 맡은 저스틴 오소프스키Justin Osofsky는 모르는 사람들과 접촉할 수 있는 온갖 기술적인 기회를 고려할 때 "공동체의 개념이 새롭게 진화하게 될 것"이라고 말했다. 페이스북이 나오기 전, 소셜 네트워크 이전 시대에 공동체는 '내 주위에, 그리고 그 시대와 장소에 한정된' 개념이었다. 여러 소셜 네트워크가 있는 지금은 원하기만 하면 삶의 모든 형태에서 관계를 유지할 수 있으며 10년 전까지만 해도 상상도 할 수 없던 새로운 형태의 관계를 만들어낼 수도 있다. 그는 이렇게 설명했다. "지금 같은 수준의 연결성을 갖지 못했을 때 당신은 따로따로 분리된 장章에 속한 삶을 살고 각각의 장 안에서 자랐지만 이제 각 장 사이에 연결성이 생겼습니다. 그리고 관심을 공유하는 사람들이 모여 있다면 당신은 지리적으로 멀리 떨어진 곳에 있는 장도 열 수 있게 되었지요. 우리의 사명은 세계를 연결하는 것입니다. 그러면 '공동체의 본질'이 달라질 것입니다. 과거에 당신은 두 가지 삶의 선택을 갖고 있었습니다. 공동체 안에 머무르거나 그곳을 떠나는 것이었지요. 지금처럼 모바일 전화기로 페이스북을 하는 세계에서는 공동체에 머무르거나 그곳을 떠나는 사람들 모두에게 공동체에 대한 연결성이 강력하게 유지될 수 있습니다."

오소프스키는 또 이렇게 말했다. "더욱이 당신이 에리트레아 정치에 관한 전문가라면 생각이 같은 사람들을 청중으로 엄청나게 많이 모을 수 있지요. 당신이나 당신의 자녀가 희귀한 병을 앓고 있었다면 페이스북이 나오기 전에는 외로움을 느끼고 어찌할 바를 몰랐을 겁니다. 이제 당신은 즉시 같은 어려움을 헤쳐나갈 후원 그룹을 찾을 수 있지요." 이는 오늘날 디지털 흐름의 세계화에서 가장 좋은 측면이다. 이는 생각이 같은 낯선 사람들 사이의 접촉을 촉진하거나 낯선 사람처럼 되어버린 옛 친구를 다시 공동체와 친구들에게 돌아오게 하는 능력을 키워주는 것이다.

불행히도 이처럼 생각이 같은 이들을 쉽게 찾을 수 있게 된 데는 나쁜 측면도 있다. 어떤 사람들은 신나치주의자나 자살 공격을 하는 지하디스트jihadist가 되려고 후원 그룹을 갈망하기도 한다. 소셜 네트워크는 극단주의자들을 서로 연결하고, 젊고 감수성이 예민한 외부인들을 모집하는 데 하늘이 준 선물이 되었다. 그리고 슈퍼노바는 확실히 그들의 화력을 계속해서 키워주었다. 이는 힘들지만 피할 수 없는 일이다. (이 문제는 제9장에서 '파괴자들'을 다룰 때 더 논의할 것이다.) 그러나 지금 나는 나쁜 점들보다 좋은 점을 훨씬 많이 본다.

실제로 그 흐름을 끌어들여 나쁜 것들에 대항하고 좋은 것들을 촉진하기가 얼마나 쉬워질 수 있는지 생각하면 사실 상당히 흥분된다. 벤 래트레이Ben Rattray는 2007년에 누구나 디지털 세상의 다윗이 되어 어떤 골리앗에게도 덤빌 수 있는 플랫폼을 구축하려 '체인지'를 만들었다. 그 골리앗은 기업계나 정부, 혹은 다른 어떤 곳에도 있을 수 있다. 「패스트 컴퍼니는 2013년 8월 5일에 체인지를 '아마추어 운동가들과 목소리를 높이는 모든 유형의 활동가들의 최종 선택지'로 묘사했다. 이 사이트의 이용자는 이제 전 세계적으로 1억 5,000만 명을 넘어 꾸준히 늘어나고 있다. 그리고 이들은 하루에 1,000건이 넘는 청원을 내고 있다. 체인지는 온라인 청원을 어떻게 시작하는지 조언해주면서 그것을 전 세계에 널리 알리고 관심을 끌고 지지자를 모을 수 있는 글로벌 플랫폼을 제공하고 있다.

글로벌 흐름을 지렛대 삼아 변화를 촉진하는 체인지의 능력에 대한 놀라운 증거는 남아공의 레즈비언인 은두미 푼다Ndumie Funda의 사례에서도 볼 수 있다. 그녀의 여자 친구는 섹슈얼리티sexuality 때문에 다섯 명의 남자에게서 이른바 교정강간corrective rape이라고 하는 윤간을 당했다. 그리고 그것이 직접적인 원인이 돼 뇌와 척주가 감염되는 크립토콕쿠스 수막염에 걸렸고 2007년 12월 16일 사망했다. 푼다는 2011년 2월 15일 우먼뉴스네트워크에 실린 인터뷰에서 이렇게 말했다. "교정강간은 비교적 새로운 용어이지요. 이러한 '증오로 가득한' 형태의 강간은 전 세계에서 찾아볼 수 있습니다. 레즈비언을 억지로 남성과 관계하게 하는 것이 '일탈의 삶'을 사는 그녀를 '치료'하는 거라는 생각에 바탕을 둔 이 행위는 거의 모두 극단적인 폭력을 수반하지요."

2010년 12월, 푼다는 케이프타운의 인터넷 카페에 앉아 체인지를 통해 정부에 남아공의 빈민가에서 레즈비언을 대상으로 한 '교정강간'이 사라지도록 조치를 취하라고 요구하는 청원을 시작했다. 그 청원은 즉시 세계 전역에서 17만 명의 서명자들을 모았다. 또 하나의 청원 운동은 디지털 운동가를 위한 사이트 아바즈Avaaz.org에서 시작됐다고 우먼뉴스네트워크가 전했다. 이 두 청원이 함께 전 세계에서 모은 서명자는 거의 100만 명에 이르렀고, 당황한 남아공 의회는 그 관행을 막기 위해 국가 차원의 태스크포스를 만들었다. 남아공에서 동성 결혼은 2007년에 합법화되었다. '교정강간'은 여전히 문제가 되고 있지만 가해자들은 더 이상 과거에 그랬던 것처럼 쉽게 대중에게 받아들여지지 않는다.

나는 래트레이에게 그와 체인지 팀이 이번 경험으로 무엇을 배웠는지 물어보았다. 그의 대답은 이랬다.

"사람들에게 강간과 같은 큰 사회문제에 관해 물어보면 그들은 그것에 반대한다고 말할 겁니다. 그러나 그들이 그에 대해 어떤 행동을 하는 건 드물지요. 하지만 직접적으로 피해를 입은 누군가의 개인적인 이야기를 들려주고 변화를 위한 운동에 동참할 기회를 주면 그들은 보통 즉각적으로 반응해 행동을 취할 것입니다."

벽을 쌓지 말고 발판을 깔아라

세계화는 언제나 양면성을 지니고 있었다. 세계화는 놀라울 만큼 대중화될 수도, 거대한 다국적 기업들에 엄청난 힘을 몰아줄 수도 있다. 또 놀라울 만큼 개별화될 수도, 동질화될 수도 있다. 이제 한편으로는 가장 작은 목소리들이 어디에서나 들릴 수 있게 되었고 다른 한편으로는 유명 브랜드들이 어디에서나 모든 걸 뒤덮어버릴 수 있게 되었다. 세계화는 믿을 수 없을 만큼 힘을 줄 수 있다. 그래서 작은 기업과 개인들이 글로벌 고객과 공급자와 협력자들과 더불어 하루아침에 글로벌 기업이 될 수 있다. 세계화는 또한 믿을 수 없을 만큼 힘을 빼앗을 수 있다. 그러므로 알 수 없는 곳에서 갑자기 나타난 거대한 힘이 당신의 사업을 무너뜨릴 수도 있다. 그 힘은 당신이 그들을 같은 사업 분야의 경쟁자라고 생각해본 적조차 없을 때 나타난다. 이처럼 양면성을 가진 세계화가 어느 쪽으로 기울어질지는 우리가 이러한 흐름에 어떤 가치와 수단을 적용하느냐에 달려 있다.

통제되지 않은 이민이 늘어남에 따라 오늘날 세계화는 어느 때보다 많은 위협을 받고 있는 것으로 느껴진다. 이는 영국이 국민투표를 통해 유럽연합에서 탈퇴하기로 한 것과 도널드 트럼프가 미국 대통령에 당선된 것만 봐도 알 수 있다. 갈수록 디지털로 더 많이 연결되는 세계, 그 디지털 흐름이 신선하고 도전적인 아이디어와 혁신, 그리고 상업적 에너지의 결정적인 원천이 되는 세계에서 떨어져 나오는 건 경제성장을 위해 좋은 전략이 아니다.

사람들은 몸과 마음을 갖고 있다. 당신이 몸과 마음 중 어느 한쪽을 만족시키면서 다른 쪽을 간과한다면 반드시 문제가 생긴다. 자신의 정체성과 소속감이 위협받는다고 느낄 때 사람들은 즉시 경제적 이익은 제쳐둔 채 연결망을 버리고 장벽을 선택할 것이다. 모두가 그런 선택을 하지는 않겠지만 많은 이가 그렇게 할 것이다.

문제는 올바른 균형을 찾는 것이다. 지난 10년 동안 서방의 주요 산업민주주의 국가에서 우리는 균형을 찾는 일에 수없이 실패했다. 요즘에는 많은 미국인이 세계화에 압도당하고 있다고 느낀다. 그렇다면 이는 우리가 (이민과 교역, 그리고 디지털 흐름들과 같은) 세계화를 촉진하는 모든 물리적 기술이 (학습과 적응을 위한 수단이 될) 사회적 기술들보다 지나치게 앞서가도록 내버려두었기 때문이다. 사회적 기술들은 세계화의 충격을 누그러뜨리고 사람들이 건강한 공동체에 닻을 내리는 데 필요하다. 이는 변화의 바람이 요란스럽게 불면서 너무나 많은 낯선 이와 낯선 생각이 거실로 직접 들이닥치는 시대에 그들이 번영할 수 있도록 도와준다. 이때 조심해야 할 것이 있다. 가속의 시대에는 사회에서 사람들이 딛고 설 발판을 깔지 않으면 사람들은 벽을 넘으려 할 것이다. 그게 스스로 패배하는 길이라고 해도 말이다. 너무나 많은 것이 빨리 변화하기 때문에 오늘날에는 사람들이 '고향'을 잃어버렸다는 느낌을 갖기 쉽다. 그리고 그들은 저항할 것이다. 그 불안을 해소하는 건 오늘날 리더십의 엄청난 도전이며 나는 이 책 뒷부분에서 이 문제를 논의할 것이다.

그러는 동안 미래에 대해 낙관적인 태도를 가질 가장 중요한 한 가지 이유가 있다면, 그리고 디지털 세계화의 가장 좋은 점을 취하면서 최악의 충격을 완화하기 위해 계속 노력할 이유가 있다면 그건 바로 확실히 이 모바일 (광대역) 슈퍼노바가 그토록 많은 흐름을 만들어내고 있기 때문이다. 그 흐름은 훨씬 더 많은 사람이 스스로 가난에서 벗어나고 세계의 가장 큰 문제들을 해결하는 데 참여하도록 해준다. 우리는 훨씬 더 많은 두뇌를 이용하고 있으며 그들을 글로벌 신경망으로 끌어들여 '창조자'가 되게 하고 있다. 이는 확실히 오늘날 세계의 가장 긍정적인 추세이지만 가장 적게 논의되거나 가장 낮게 평가되는 추세이기도 하다. 오늘날 서방에서는 '세계화'가 전적으로 교역에 따른 혼란과 관련된 것이라는 인식 때문에 추한 말이 되고 있다.

바로 그 때문에 나는 세인트루이스에 위치한 워싱턴 대학교 의과대학의 신경외과 의사이자 신경과학기술혁신센터 소장인 에릭 로이타르트 Eric Leuthardt 박사의 말로 이 장을 끝내고 싶다. 그는 '뇌와 기계'라는 그의 블로그에서 "세계는 왜 이토록 빠르게 변하는가?"라는 질문을 던지고 그에 답한다.

나는 변화가 가속화하는 이유가 네트워크로 연결된 컴퓨터들이 그토록 강력해진 까닭과 비슷하다고 본다. 컴퓨터는 정보를 처리하는 용량을 늘릴수록 주어진 일을 더 빨리 수행한다. 그와 마찬가지로 인간들이 더욱 집중적으로 아이디어를 교환할수록 더 빠르게 새로운 통찰을 얻을 수 있다. 무어의 법칙이 분석 기능을 더 빨리 수행하기 위해 논리 단위를 엮는 일과 관련된 것이라면 늘어난 소통은 창조적인 일을 더 많이 수행하기 위해 창조 단위(즉, 인간)를 엮어준다.

06

대자연
―검은 코끼리가 나타났다

신은 언제나 용서한다. 인간은 자주 용서한다. 그러나 자연은 결코 용서하지 않는다.
―속담

우리는 복리계산의 의미를 이해하는 데 지독히 서투르다.
―제러미 그랜섬(Jeremy Grantham), 투자가

2015년 7월 31일 「유에스에이투데이」는 페르시아 만에 인접한 이란 남부 도시로 10만 명이 살고 있는 반다르마샤르의 열지수heat index(기온과 습도에 따라 사람이 실제로 느끼는 더위를 지수화한 것―옮긴이)가 깜짝 놀랄 만한 수준인 섭씨 72도까지 치솟았다고 전했다.

열기의 파도가 이미 지구상에서 가장 뜨거운 지역인 중동을 계속해서 달구고 있다. 아큐웨더AccuWeather의 기상학자 앤서니 사글리아니Anthony Sagliani는 발표 자료에서 "이는 지금까지 내가 본 가장 믿기 어려운 온도 관측치 중 하나이며, 전

세계의 관측 사상 가장 극단적인 수치에 속하는 것"이라고 밝혔다.

기온은 '불과' 섭씨 46도밖에 안 됐지만 이슬점은 상상하기 어려운 섭씨 32도였다. 열기와 이슬점으로 가늠한 습기의 조합으로 나타내는 열지수는 바깥에서 실제로 느끼는 온도를 표시한다. 사글리아니는 "강력한 고기압이 7월 내내 중동의 상공에 머물렀고 그에 따라 많은 이가 세계에서 가장 뜨거운 곳이라고 생각하는 지역에서 극심한 열파가 나타났다."고 말했다.

그 기사를 읽으면서 나는 2014년 오스트레일리아 시드니에서 열린 세계공원총회World Parks Congress에 참석했을 때 배운 새로운 표현 하나를 떠올렸다. 그것은 '검은 코끼리black elephant'라는 말이었다.

런던에서 활동하는 투자가이자 환경운동가인 애덤 스웨이든Adam Sweidan은 나에게 '검은 코끼리'는 '검은 백조black swan'와 '방 안의 코끼리elephant in the room'를 합성한 말이라고 일러주었다. 검은 백조는 엄청난 결과를 초래하는 매우 드물고 가능성이 낮고 예상하지 못한 사건을 뜻하며, 방 안의 코끼리는 모든 사람에게 뚜렷이 보이지만 아무도 해결하려고 하지 않는 문제를 의미한다. 그러므로 '검은 코끼리'는 언젠가 검은 백조와 같이 엄청난 파장을 낳을 것이라는 걸 분명히 알면서 해결하지 않는 문제를 가리킨다.

스웨이든은 나에게 말했다. "지구 환경에는 지금 한 무리의 검은 코끼리들이 나타나고 있습니다." 그중 네 가지만 들자면 글로벌 온난화, 삼림 파괴, 대양의 산성화, 그리고 생물 다양성을 파괴하는 대규모 멸종이 그것이다. "그런 것들이 나타나면 우리는 아무도 예측할 수 없었던 검은 백조라고 주장하겠지만 사실은 지금도 아주 잘 보이는 검은 코끼리이지요." 우리는 단지 필요한 규모와 속도로 그 문제들을 다루지 않고 있을 뿐이다.

이란의 섭씨 72도의 열지수는 검은 코끼리다. 당신은 그 코끼리가 방 안에 앉아 있는 걸 볼 수 있고 느낄 수 있으며 그에 관한 이야기를 신문에서 읽을 수 있다. 다른 모든 검은 코끼리와 마찬가지로 당신은 그것이 정상적인 범위를 벗어나 있으므로 검은 백조의 모든 특징을 가지고 있다는 걸 안다. 또한 그것이 우리의 기후 체계에 거대하고 예측할 수 없는, 우리가 통제하지 못할 변화의 전조라는 걸 안다.

하지만 어찌 된 일인지 이 문제는 미국의 수도 워싱턴에서, 특히 공화당에서 대다수 사람들의 의식을 뚫고 들어가지 못했다. 윌슨센터Wilson Center의 부소장이자 핵 확산 문제에 관해 클린턴 전 대통령의 자문위원이었던 로버트 리트바크Robert Litwak는 이렇게 지적했다. "냉전 기간 중 우리는 가능성이 낮지만 중대한 결과를 초래하는 핵전쟁과 같은 사건을 억제하는 일에 백지수표를 써주었지요. 그런데 지금은 가능성이 높고 중대한 결과를 초래하는 기후변화와 같은 사건을 억제하는 데에는 단 한 푼도 더 내려 하지 않습니다."

물론 한 차례 나타난 특이한 날씨로는 기후변화에 대해 아무것도 말해줄 수 없다. 그러나 놀라운 건 완전히 정상을 벗어난 날씨와 기후에 관한 기록이 엄청나게 쌓이고 있다는 점이다. 이 자료들은 기후변화, 생물 다양성의 훼손, 그리고 인구 증가에 관한 한 무어의 법칙이 대시장에서 그러했듯이 대자연 역시 체스판의 후반부에 접어들었음을 우리에게 소리쳐 알리고 있다. 그리고 대자연은 여러 측면에서 기술과 세계화의 가속화에 이끌려 지금의 상황에 이르렀다.

지구상에 더 많은 사람이 살게 되고 한 사람 한 사람이 갖는 영향력이 커지면 '다수의 힘'은 올바른 목적으로 쓰일 경우 놀라울 만큼 생산적인 것이 될 수 있다. 그러나 어떤 식으로든 환경 보존의 윤리에 따라 억제되거나 완화되지 않은 상태로 방치될 경우 그 힘은 엄청나게 파괴적인 것이 될 수 있다.

그리고 그것이 바로 지금 일어나고 있는 현상이다. 인간과 기계와 디지털 흐름의 힘이 일터와 정치, 지정학, 경제, 심지어 우리의 윤리적 선택까지 바꿔놓고 있을 때 다수의 힘은 대자연에서 변화의 가속화를 부추기고 있다. 이는 지구 생태계 전체를 바꿔놓고 있다. 그리고 우리가 가진 유일한 살 곳인 지구라는 행성의 물리적·기후적 특성을 바꾸고 있다.

기후어 배우기

우리는 그러한 변화를 눈으로 보기 전에 귀로 들을 수 있다. 요즘 사람들이 어떤 표현을 쓰고 어떻게 말하는지 듣기만 해도 알 수 있다. 그들은 뭔가가 닥쳐오고 있다는 걸 안다. 나는 그 언어를 '기후어climate-speak'라고 부른다. 이 언어는 이미 여러 나라에서 쓰이고 있고 우리 자녀들은 분명히 그것을 술술 말하게 될 것이다. 아마 당신도 그 말을 써왔을 테지만 그 사실을 모르고 있을 뿐이다.

나는 2008년 8월 당시 덴마크 기후·에너지 장관이었던 코니 헤데고르Connie Hedegaard와 함께 그린란드의 빙상을 둘러보고 칼럼을 쓰면서 기후어를 처음 배웠다. 그린란드는 기후변화의 효과를 관찰할 가장 좋은 장소 중 하나다. 이곳은 세계에서 가장 큰 섬이지만 불과 5만 7,000명이 살고 있고 산업체는 아무것도 없다. 그러므로 이곳의 기온, 강설량, 바람과 거대한 빙상의 상태는 그곳으로 모이는 기류와 해류의 영향을 많이 받는다. 그린란드에서는 중국이나 브라질에서 무슨 일이 벌어지든지 그것을 느낄 수 있다. 그리고 그린란드 사람들은 자연 가까이 살기 때문

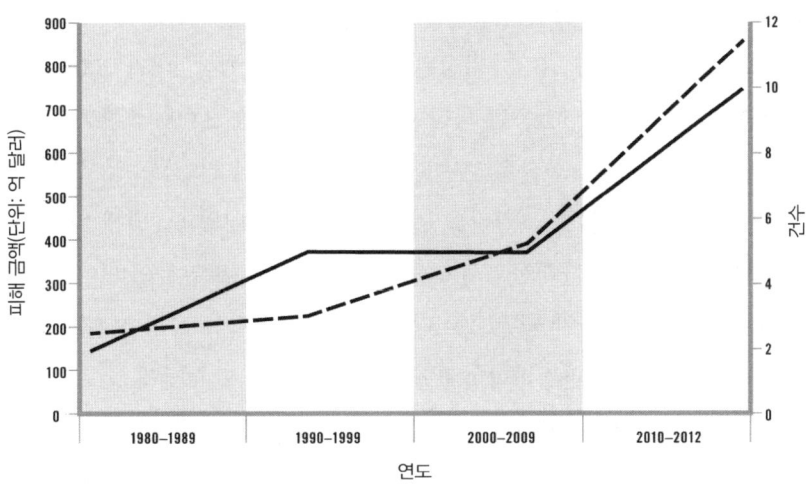

[도표 6-1] 극단적 날씨 변화에 따른 피해(1980~2012년)

----- 10억 달러 이상 피해를 낸 날씨 변화의 연평균 발생 건수.
——— 10억 달러 이상 피해를 낸 날씨 변화에 따른 연 평균 피해 금액.

자료: 미국 해양대기청

에 기후변화의 걸어 다니는 척도이며 기후어에 능통하다.

기후어는 배우기 쉽다. 단 네 개의 구절에만 통달하면 된다. 그중 첫 번째 것은 "불과 몇 년 전에는 이러저러했지만 그 후 뭔가 달라졌어."라는 구절이다. 이를 그린란드 상황에 적용하면 이렇다. 불과 몇 년 전에는 겨울에 그린란드에서 개썰매로 65킬로미터의 얼음 층을 가로질러 디스코 섬에 갈 수 있었다. 하지만 그 후 그린란드의 겨울 기온이 높아져서 섬까지 닿았던 얼음 층이 녹아버렸다. 이제 디스코 섬은 떨어져 나갔다. 그리고 개썰매는 박물관에나 넣어둬야 할 판이다. 2015년 12월에 15명의 과학자들이 「네이처」에 발표한 연구 결과에 따르면 그린란드에서 얼음이 사라지는 현상은 가속화하고 있다. 2003~2010년 기간 중 얼음덩어리의 연평균 감소량이 1983~2003년의 두 배 이상일 뿐만 아니라 20세기 전 기간 연평균 감소량의 두 배를 넘는다고 한다. NASA의 보고에 따르면 이제 그린란드에서 한 해 2,870억 톤의 얼음이 사라지고 있다고 2015년 12월 16일 「워싱턴포스트」가 보도했다. 내가 2008년에 그곳에 갔을 때는 한 해 동안 사라지는 얼음이 '불과' 2,000억 톤이었다.

기후어의 두 번째 구절은 "우아, 전에는 그런 걸 본 적도 없어."라는 표현이다. 내가 방문한 그린란드 일루리사트에서 12월과 1월에 비가 왔다. 그곳은 북극권 한계선(북위 66도 33분—옮긴이) 위쪽에 있다. 그곳은 겨울에 비가 와서는 안 되는 곳이다. 당시 얼음이 녹는 상황을 관찰하던 콜로라도 대학교의 환경과학협력연구소 소장 콘라트 슈테펜$_{Konrad\ Steffen}$은 나에게 그 방문에 관해 이렇게 말했다. "20년 전에 내가 일루리사트 사람들에게 2007년 크리스마스에 비가 올 것이라고 얘기했다면 그들은 그저 웃고 말았을 겁니다. 지금은 그게 현실이 됐지요."

세 번째 구절은 "글쎄, 보통 그렇긴 하지만 이제 더 이상은 모르겠어."다. 그린란드의 어르신들이 평생 알고 지내온 전통적인 기후 패턴은 이제 너무 많이 변해서 나이 많은 이들이 쌓은 지혜와 통찰이 지난날처럼 값진 것이 못 된다. 늘 그곳에 있었던 강은 이제 말라버렸다. 언제나 언덕을 덮고 있던 빙하는 사라져버렸다. 해마다 8월 1일에 사냥철이 시작되면 늘 그 자리에 있었던 순록들이 올해는 나타나지 않았다.

그리고 마지막 구절은 이렇다. "우리는 언제 이후로 그런 것을 보지 못했지." 그리고 몇 해 전부터 그렇게 됐는지 알려주는 아주 오래전 숫자를 '언제' 대신 집어넣는다. 2013년 5월에 하와이의 마우나로아 관측소는 대기 중의 이산화탄소 농도가 잠시 인류 역사상 최고치인 400피피엠$_{ppm}$(공기의 분자 100만 개당 이산화탄소 400개—옮긴이)까지 치솟았다고 보고했다. 그 후 앤드루 프리드먼$_{Andrew\ Freedman}$은 같은 달 3일 클라이미트센트럴 사이트$_{ClimateCentral.org}$에 이런 글을 썼다. "마지막으로 지구의 대기 중에 이렇게 많은 이산화탄소가 있었던 때는 현생인류가 존재하기 전이다. 그 대신 커다란 이빨을 지닌 상어들이 큰 바다를 배회하고 있었고 세계의 해수면은 오늘날보다 30미터나 높았다. 세계 평균 표면 온도는 지금보다 섭씨 6도 정도 높았다."

2016년 1월 7일 「블룸버그」에 실린 환경 기사도 한번 생각해보자. "이산화탄소는 지금 지구가 1만 2,000년 전 마지막 빙하기에서 벗어나고 있을 때보다 100배나 빠르게 대기 속으로 흡수되고 있다. 대기 중 이산화탄소 농도는 지난 80만 년 중 정점에 이르렀을 때보다 35퍼센트 높은 수준이다. 해수면은 11만 5,000년 동안 기록한 것보다 높은 데다 상승도 가속화하고 있다. 한 세기 동안의 합성비료 생산은 지구의 질소순환nitrogen cycle에 지난 25억 년 동안 일어난 어떤 사건보다 더 큰 혼란을 일으켰다."

그리고 대자연이 체스판의 후반부에 들어가면서 때때로 자연 관찰 기록들이 너무나 많이 깨지고 그 정도도 심해서 그것을 추적하는 정부 기관들이 눈앞에 보이는 검은 코끼리를 묘사하는 데 쓸 기후어가 바닥이 날 정도다. 2016년 4월에 나온 미국 해양대기청의 보고서를 보자.

"지난 3월 지구의 평균기온은 20세기 평균보다 섭씨 1.2도 정도 높았다. 이는 1880~2016년 중 매년 3월의 기록 가운데 가장 높은 것일 뿐 아니라 월간 온도 편차temperature departure 역시 기록된 모든 달 중 최고였다. 이달 온도 편차는 한 달 전에 세운 사상 최고 기록을 섭씨 약 0.01도 웃돌았다. 3월은 또한 월간 전 세계 온도 최고 기록이 내리 11개월째 깨진 달이었다. 이 연속 기록은 해양대기청의 137년 기후 관측 기록 중 가장 긴 것이다." 하지만 그 후 2016년 7월이 왔다. 이 달은 매년 7월 기록으로는 가장 더웠다. 그뿐만이 아니다. 「디스커버」는 "보통 7월은 세계적으로 연중 가장 더운 달이므로 이번 7월은 관측 기록이 있는 1,639개월

중 가장 더웠다는 뜻이 된다."고 지적했다.

"기록을 넘어섰다." "가장 뜨거웠다." "최고 기록이다." "기록이 깨졌다." "가장 큰 폭이다." "최장 기록이다." 이런 말들은 모두 기후다. 그 숫자들은 믿기 어려운 것들이다. 그것들은 뭔가 거대하고 근본적으로 다른 일, 까마득히 오랜 기간 우리 인류가 경험하지 못한 어떤 일이 일어나고 있다는 걸 말해준다. 우리의 행성은 갈수록 커지는 다수의 힘에 따라 바뀌고 있다. 수천 년 동안 우리의 생물권을 규정한 경계는 하나씩 무너지고 있거나 거의 다 무너졌다.

우리의 에덴동산

우리가 환경의 관점에서 이 순간의 중요성을 이해하려면 잠시 지질학적 시대에 관해 간단히 공부할 필요가 있다.

과학사에 관한 웹사이트인 사이언스뷰스ScienceViews.com의 설명을 보자. "지구에 관한 연구는 처음 시작될 때부터 지금까지 지질학자들이 우리의 행성을 현재와 같은 모습으로 바꿔놓은 사건들을 밝히려고 시도하는 일이었다. 지구는 암석층에 지질학적 사건의 역사를 간직하고 있기 때문이다. (중략) 과학자들은 이 암석층들을 함께 짜 맞추면서 암석에 기록된 다양한 시대를 나타내는 주상단면도stratigraphic column라는 걸 분석해왔다. 이 기록은 46억 년에 걸친 지구의 역사를 담고 있다. 어마어마한 양의 지질학적 정보를 단순화하기 위해 지질학자들은 지구의 역사를 몇 가지 시대로 나누었다. 지질학적인 대代, era, 기紀, period, 그리고 세世, epoch가 그것이다."

지구는 약 46억 년 전에 형성됐지만 화석의 기록으로 볼 때 단순한 생명체의 흔적은 약 38억 년 전에야 나타나기 시작한다. 그리고 복잡한 생명체는 약 6억 년 전에 와서야 형성된다. 생명체는 그 시대에 따라 수천 년에 걸쳐 형태가 바뀌고 진화해왔다. 지질학자들은 인류가 '대빙하 시대Great Ice Age'라고도 하는 플라이스토세Pleistocene epoch에 이어 지난 1만 1,500년 동안 홀로세Holocene epoch에 살았다고 한다.

우리는 왜 이런 것에 신경을 쓰는가? 홀로세가 끝나버리면 우리는 그것을 아쉬워할 것이기 때문이다. 그리고 그 시대는 실제로 끝나가고 있는 것으로 보인다.

당시 스톡홀름복원력센터 소장이었고 『큰 세계, 작은 지구Big World, Small Planet』의 저자인 요한 록스트룀Johan Rockström은 지구의 기후는 46억 년의 역사 중 대부분의 기간에 인류에 호의적이지 않았으며 혹독한 빙하기와 초목이 무성한 따뜻한 시기를 오갔다고 설명했다. 세계적인 지구과학자이면서 기후에 관해 나를 가르쳐준 스승인 그는 그 때문에 인류는 반쯤은 유목민 같은 생활양식을 벗어나지 못했다고 밝혔다. 우리가 온화하고 안정된 기후조건을 누릴 수 있었던 건 지난 1만 1,000년뿐이다. 그런 기후 덕분에 우리 선조들은 구석기시대의 동굴에서 나와 계절에 따른 농경을 하고 가축을 기르고 도시와 마을을 세웠다. 그리고 마침내 문예부흥과 산업혁명, 그리고 정보 기술 혁명을 시작했다.

록스트룀은 지질학자들이 홀로세라고 이름 붙인 이 기간은 거의 기적적으로 안정되고 따뜻한 간빙기의 균형이 이뤄진 시기로, 지금과 같은 현대 세계를 유지할 수 있다고 우리가 믿는 유일한 지구환경이라고 말했다. 이러한 환경은 마침내 우리 문명의 기반이 되는 숲과 평원, 산호초, 목초지, 물고기, 포유류, 박테리아, 대기의 질, 빙하, 기온, 마실 수 있는 물, 그리고 생산적인 토양의 이상적인 균형을 만들어주었다.

지질학적 시대에 관한 한 홀로세는 우리에게 에덴동산의 시대였다고 록스트룀은 덧붙였다. 이 홀로세 기간에는 대기 중의 이산화탄소, 대양의 산성도, 바닷속의 산호, 적도를 덮은 열대우림, 그리고 물을 저장하고 햇빛을 반사할 두 극지방 얼음의 양이 사람들이 살 수 있고 세계 인구가 꾸준히 늘어나도록 딱 맞게 유지됐다. 이 모든 것의 균형이 우리의 기후를 결정하고 궁극적으로 기상을 결정한다. 이들 시스템 중 어느 하나라도 균형을 벗어나면 대자연은 지구 전체에 대한 최악의 충격을 흡수하고 약화시키는 놀라운 능력을 갖고 있다.

그러나 이런 상황은 무한히 지속될 수 없다. 대자연을 자동차에 비유하자면 그 범퍼와 완충장치와 예비 타이어가 무한하게 있는 게 아니다. 그리고 바로 지금 우리의 모든 기후어와 그 모든 검은 코끼리가 말해주고 있는 것은 우리가 지구환경을 이루는 '시스템의 시스템' 안의 여러 개별 시스템에 대해 버틸 수 있는 한계를 넘을 때까지 압박을 가하고 있다는 점이다. 그 '시스템의 시스템'은 인류에게 우리가 알고 있는 가장 안정적이고 온화한 지질학적 시대인 홀로세를 가져다주었다.

그렇다면 이제 그런 세계를 바꿔버리는 것들에 관해 이야기해보자.

록스트룀은 우리는 지금 지구가 이 최적의 시기에 머무르지 못하도록 밀어내려 하고 있다고 말했다. 홀로세처럼 인간의 삶과 문명에 도움이 되는 매력적인 시기와는 완전히 다를 것 같은 지질학적 시기로 지구를 떠밀고 있다는 것이다. 지금 벌어지는 논쟁은 모두 이 문제에 관한 것이다.

그 논쟁에서 핵심적인 주장은 산업혁명 이후, 특히 1950년 이후 지구의 필수적인 생태계와 안정화장치에 미치는 인간의 영향력이 가속적으로 커졌다는 것이다. 그 생태계는 홀로세에서 우리가 균형을 유지할 수 있게 해준 것이다. 지난 수십 년 동안 인간이 그에 미친 영향이 너무나 커지고, 많은 개별 시스템의 작동 방식을 바꿔놓기 시작했다. 그 때문에 많은 과학자가 우리가 상대적으로 온화한 홀로세에서 벗어나 미지의 새로운 지질학적 시대로 들어가고 있다고 믿는다.

이것이 내가 말한 '다수의 힘'이다. 하나의 종으로서 우리는 이제 '자연에 대한 힘'이자 '자연 가운데 있는 자연의 힘'이다. 20세기 전에는 인류가 그런 힘으로 인식된 적이 없었다. 그러나 산업혁명의 위력이 특히 중국, 인도, 브라질 같은 지구상의 새로운 지역까지 완전히 미치고 그에 따라 중산층이 늘어나기 시작한 1960~1970년대부터는 그런 인식이 나타났다. 사실상 전 세계적으로 훨씬 더 많은 사람이 자동차를 몰고, 한 가족만을 위한 집에 살며, 고속도로와 항공 여행을 하고, 고단백 식사를 하는 미국 중산층과 같은 삶을 살기 시작했다.

그 후 2000년대부터는 또 한 차례 슈퍼노바가 글로벌 산업 생산, 도시화, 정보통신, 관광, 그리고 무역이 급격히 늘어나도록 했다. 이 모든 추세가 어우러지면서 지구 역사에서 일찍이 보지 못했던 수준으로 지구의 중요한 생태계 하나하나에 압력을 가하기 시작했다. 그 결과는 무엇일까? 그것은 바로 에덴동산 시절과 같은 삶의 방식은 이제 위험에 처했다는 것이다.

대가속

그런 사태가 얼마나 깊숙이 진행되고 있는지 밝혀내기 위해서는 과학자들이 대자연에 대한 가속화되는 스트레스를 계량화하는 것이 중요하다. 이 스트레스는 거의 확실히 대자연을 쾌적한 환경과 정상적인 작동 범위에서 벗어나도록 밀어낸다. 과학자들은 '대가속the Great Acceleration'이라는 말로 이러한 스트레스를 일컫는다. 제2장에서 이야기했듯이 대가속을 보여주는 그래프들은 처음에 오스트레일리아 국립대학교의 윌 스테펀이 이끄는 팀의 과학자들이 만들어서 2004년에 펴낸 『글로벌 환경 변화와 지구: 압력받는 행성』에 실었던 것들이다.

이 그래프들은 '다수의 힘'을 생생하게 보여준다. 여러 기술적·사회적·환경적인 힘이 더욱더 많은 사람의 손을 통해 정확히 얼마나 대자연의 몸에(지구상의 인간과 생물물리학적인 모습에) 가속적인 영향을 미치는지 보여주는 것이다. 그래프는 1750년부터 2000년까지, 특히 1950년 이후의 영향을 보여준다. 스테펀과 그의 동료인 웬디 브로드게이트Wendy Broadgate, 리사 도이치Lisa Deutsch, 오언 가프니, 그리고 코닐리아 루드윅Cornelia Ludwig은 1750년부터 2010년까지 확장한 대가속 그래프들을 2015년 3월 2일 「인류세 리뷰」에 발표했다. 새 그래프들은 이러한 가속화가 홀로세의 지구한계planetary boundary(인류가 안전하게 활동할 수 있는 지구환경의 한계—옮긴이)를 벗어나 무엇을 모르는지조차 모르는 미지의 세계로 우리를 이끌고 있음을 훨씬 더 설득력 있게 보여준다.

그들은 이렇게 설명한다.

대가속은 지구 시스템 중 인간의 영역인 글로벌 사회경제 시스템의 경이로운 성장을 보여준다. 그 변화의 규모와 속도는 아무리 높이 잡아도 지나치지 않다. 두 세대 남짓한 기간에, 혹은 한 사람의 일생 동안에 전체 인류는 전 지구적인 규모의 지질학적 힘을 지니게 되었다(아주 최근까지만 해도 인류의 일부만이 힘을 가졌다). 지금까지 인간의 활동은 생물물리학적 지구 시스템에 견줘 그리 중요하지 않았으며 이 둘은 상호 독립적으로 움직였다. 그러나 지금은 어느 하나를 다른 것에서 떼어내서 볼 수 없다. 대가속의 추세는 사회경제적 시스템과 생물물리학적 지구 시스템의 결합을 보는 동태적인 관점을 제공한다. 세계화를 통해 이뤄지는 이 새로운 형태의 결합은 전 지구적으로 나타난다. 우리는 이미

[도표 6-2] 지구 시스템의 추세

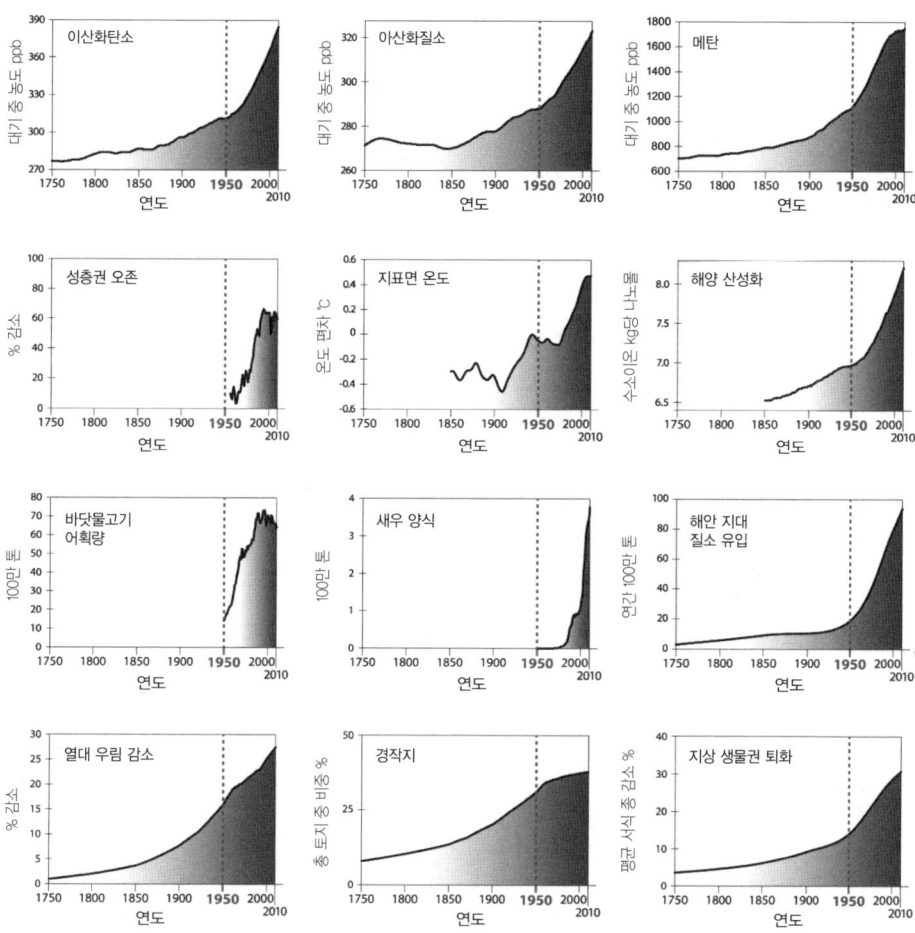

자료: Steffen, W., Broadgate, W., Deutsch, L., Gaffney, O., and Ludwig, C., "The Trajectory of the Anthropocene: The Great Acceleration," 『인류세 리뷰』(제2권, 1호), 81~98쪽. 저작권(©2015) 저자 보유. 세이지출판사 허락하에 복제.

[도표 6-3] 사회경제적 추세

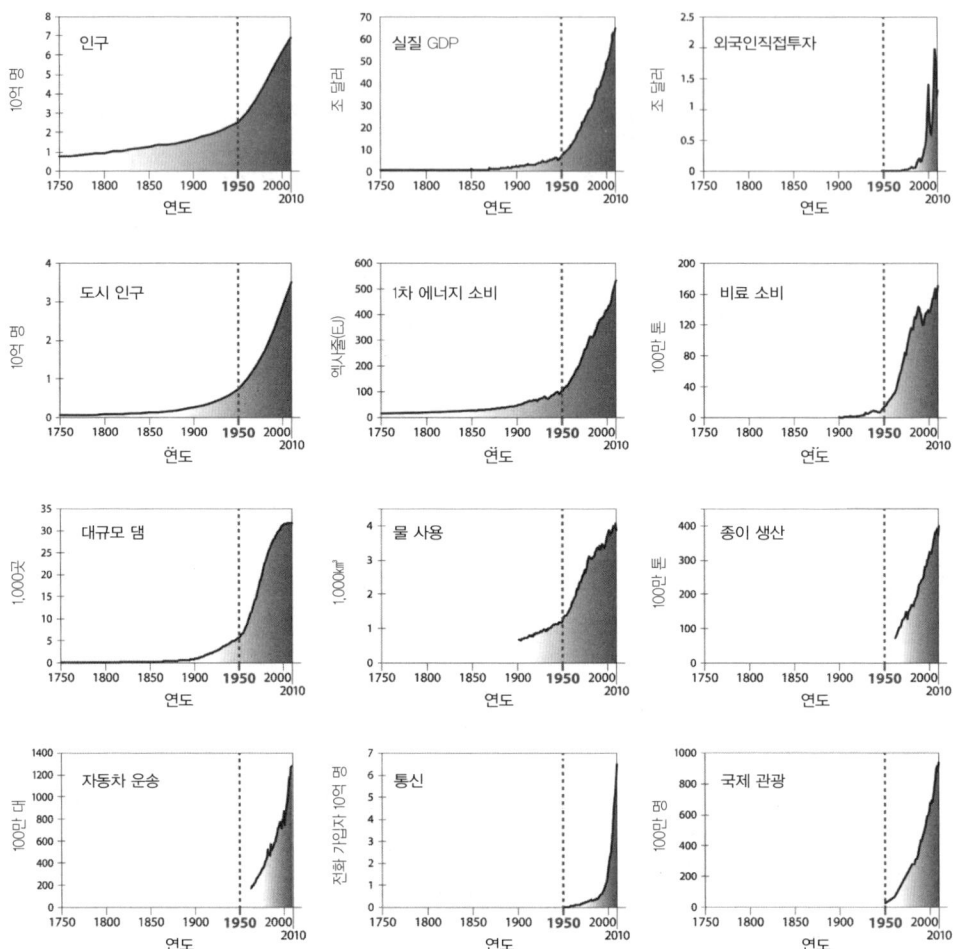

자료: Steffen, W., Broadgate, W., Deutsch, L., Gaffney, O., and Ludwig, C., "The Trajectory of the Anthropocene: The Great Acceleration." 「인류세 리뷰」(제2권, 1호), 81~98쪽. 저작권(©2015) 저자 보유. 세이지 출판사 허락하에 복제.

여러 생물물리학적 지표가 홀로세에서 움직일 수 있는 범위를 명백히 넘어서는 지점에 이르렀다. 우리는 이제 연속적인 세계에 살고 있는 게 아니다.

그 말을 되풀이해보자. "우리는 이제 과거와 비슷한 연속적인 세계에 살고 있는 게 아니다." 이는 우리가 인류라는 하나의 종으로서 한 번도 가본 적이 없는 어딘가에 서 있다는 걸 뜻한다. 우리는 지구의 모든 핵심적인 시스템을 홀로세를 규정하는 안전한 활동 범위의 한계까지, 그리고 그 한계를 넘는 수준까지 밀어낸 것이다. '불연속적인 세계no-analogue world.' 나는 이 표현을 기후어 사전에 꼭 넣으려고 한다.

지구한계

일단 이러한 가속화가 뚜렷해지고 나면 그것이 대자연의 가장 중요한 시스템들에 미치는 영향을 계량화할 필요가 있다. 대자연은 스스로 우리에게 이야기할 수 없기 때문이다. 그래서 2008년에 록스트룀과 스테펀, 다른 지구 시스템 과학자들이 머리를 맞대고 각각의 영역에서 우리가 벗어나지 말아야 할 한계와 함께 인간의 생존에 필요한 '지구 생명 유지 장치'를 찾아냈다. 이러한 한계 안에 머무르는 것은 홀로세를 끝장내고 지구를 살 수 없는 곳으로 만드는 '갑작스럽고 돌이킬 수 없는 환경 변화'를 일으키는 걸 피하기 위한 것이다. 그들은 이렇게 알아낸 것들을 2009년 「네이처」에 발표했으며, 그 후 이를 새롭게 정리해 2015년 2월 13일 「사이언스」에 실었다.

그들의 주장은 단순한 것이다. 알고 있든 모르고 있든 우리는 홀로세의 환경을 바탕으로 우리 사회와 산업, 그리고 경제를 조직했다. 그러므로 우리가 오랫동안 홀로세를 지속시킨 핵심적인 환경 시스템의 활동 범위를 벗어나면 지구의 상태가 갑자기 바뀔 수 있다. 그래서 우리가 즐기는 법을 배운 현대 생활을 불가능하게 만들 수 있다. 이는 대자연을 '건강한 사람'으로 생각하면서 그 사람이 건강을 유지하며 마라톤도 할 수 있도록 몸무게, 콜레스테롤, 혈당, 지방, 산소흡입, 혈압, 그리고 근육량의 최적 범위를 알아내는 것과 같다.

인간의 몸이 각자 최적의 활동 조건을 가진 여러 기관과 시스템의 시스템이듯이 대자연도 그와 똑같다고 록스트룀은 설명한다. 우리의 기관들과 몸 전체는 이 최적의 조건들을 넘어서 작동할 수 있고 실제로 그렇게 작동한다. 우리는 그럴 때마다 최적 조건을 벗어나 얼마나 멀리 갈 수 있는지 모르지만 어떤 경우에는 알 수 있다. 우리는 몸 중심의 최적 온도가 36.5도라는 것을 안다. 우리는 평균적인 사람들은 몸이 42도 안팎으로 뜨거워지거나 20도 내외로 차가워지면 내부 시스템이 망가져서 죽고 말 것이라는 걸 배웠다. 이는 우리 인간의 건강을 유지하는 데 있어서 참을 수 있는 한계이며 그 양극단에 가까이 갈수록 장기와 몸속 흐름들의 기능이 나빠진다.

과연 대자연은 바다, 숲, 대기, 만년설 같은 여러 기관과 시스템의 시스템이며, 지구과학자들은 여러 해 동안의 연구로 각 기관과 시스템 별로 어디까지가 가장 안정적으로 작동하는 수준인지를 알아냈다. 물론 대자연은 사람처럼 살아 움직이는 것이 아니다. 대자연은 어떻게 느끼고 있는지 우리에게 말해줄 수 없다. 그러나 록스트룀은 이렇게 말했다. "대자연은 인간의 몸과 같이 합리적으로 기능하는 하나의 생물지질물리학적 복잡계입니다. 우리는 대자연으로서의 지구를 인간의 몸만큼 잘 이해하지 못하기 때문에 그 작동 한계가 정확히 어디까지인지 알지 못합니다. 하지만 대자연은 그것이 어디까지인지 정확히 알고 있지요. 그리고 거기에는 신축성이 없습니다. 그린란드를 덮고 있는 빙하는 그 자체의 티핑 포인트(급격한 변화가 시작되는 점—옮긴이)에서 녹고 있습니다. 아마존의 우림도 그 자체의 티핑 포인트에 닿고 있지요. 우리가 결코 우리 몸을 티핑 포인트의 끝자락에 닿을 때까지 부리지 않는 것처럼 지구에 대해서도 그런 일을 하지 말아야 합니다."

이처럼 대자연은 가장 중요한 시스템이 어떻게 느끼고 있는지 우리에게 말해줄 수 없기 때문에 록스트룀과 스테펀을 비롯한 지구한계팀 과학자들은 그 수준을 넘으면 시스템들이 다른 상태로 바뀌어버리는 티핑 포인트가 어디쯤 있는지 추산해보기로 했다. 그들은 우리 인간들이 넘어서지 말아야 할 (혹은 이미 몇 가지는 넘어섰기 때문에 더 이상 나아가지 말아야 할) 아홉 가지의 핵심적인 지구한계를 찾아냈다. 그러한 한계들을 넘어서면 지구의 시스템이 연쇄반응을 일으켜 지구를 현대 문명이 지속될 수 없는 상태로 바꿔놓을 수 있다.

그들이 2015년에 내놓은 지구한계의 검진보고서를 보자. 미리 경고하자면, 그 상태는 좋지 않은 것으로 보인다.

그 첫 번째 한계는 '기후변화'의 한계다. 우리는 이미 그 한계를 넘어섰다. 지구한계팀은 기후과학자들 사이의 지배적인 견해에 따라 우리가 산업혁명 이후 세계 평균기온 상승 폭이 섭씨 2도를 넘지 않도록 여유 있게 머무를 수 있으려면 지구의 대기 중 이산화탄소를 350피피엠 아래로 유지해야 한다고 믿는다. 대부분의 기상학자들은 기온 상승이 이 한계를 넘어서면 우리가 어떻게 할 수 없을 정도로 급속히 얼음이 녹고, 해수면이 높아지고, 극단적인 기온 변화가 나타나며, 훨씬 더 혹독한 폭풍과 가뭄이 닥칠 것이라고 믿는다. 지금 대기 중에는 400피피엠이 넘는 이산화탄소가 있다. 이산화탄소의 담요는 갈수록 더 두꺼워지고 있고 그러한 변화의 속도는 가속적으로 높아지고 있다. 앞서 이야기한 것처럼 이는 전 세계의 육지와 바다 표면 위의 평균온도를 산업혁명 이후 사상 최고 수준으로 끌어올렸다.

대자연은 자기 몸에 열이 오르고 있다는 걸 안다. 2015년 말 NASA가 발표한 「지구의 생체 신호Vital Signs of the Planet」 보고서는 지구 표면 온도에 대해 "134년의 관측 사상 가장 뜨거웠던 연도들은 1998년을 제외하면 모두 2000년 이후였으며, 2015년은 역사상 가장 뜨거운 해였다."고 밝혔다. 기후 체계는 살아 있는 모든 종의 성장을 위한 환경을 결정한다. 그 환경은 지금 지구한계를 넘어서는 지점으로 다가가면서 지구를 인류가 이전에는 살아본 적이 없는 온실 같은 곳으로 만들고 있다.

지구한계팀이 주장하는 두 번째 한계는 '생물 다양성'의 한계다. 이는 지구의 생물권에 있는 모든 생물 종과 지구를 덮고 있는 모든 자연에 관한 문제다. 다시 말해 숲, 초원, 늪, 산호초, 그리고 그 안에 서식하는 모든 식물과 동물에 관한 것이다. 지구한계팀은 우리가 산업혁명 이전 생물 다양성 수준의 90퍼센트를 유지해야 한다고 판단했다. 그러나 아프리카 일부 지역에서는 그 수준이 이미 84퍼센트까지 떨어졌으며 지금도 계속해서 떨어지고 있다.

록스트룀은 사람들이 생물 다양성을 잃어버리면 기후를 조절할 수 없다는 걸 잊어버린다고 지적했다. 공중에서 꽃가루를 옮기는 것들과 흙 속의 미생물, 그리고 배설물로 씨앗을 퍼뜨리는 다른 동물들이 없으면 숲도 사라진다. 숲이 사라지면 탄소를 빨아들이는 나무도 사라진다. 탄소를 빨아들일 나무가 사라지면 탄소는 대기 중에 머물며 지구 온난화를 부추기거나 바닷속에 들어가 그 성분을 바꿔놓는다. 일반적인 자연 상태에서 생물 종이 줄어드는 속도는 한 해 100만 종 가운데 한 종이나 그보다 적을 정도로 느리다. 하지만 오늘날 세계는 해마다 100만 종당 10종 내지 100종을 잃고 있다. 이는 우리가 생물 다양성을 얼마나 잃고 있는지 보여주는 가장 근사한 대리 지표다. 록스트룀은 이렇게 지적했다. "우리는 그 한계를 10종으로 설정했지만 세계화와 더불어 그 한계를 넘는 경우가 잦습니다."

록스트룀은 우리가 넘어선 세 번째 한계는 '삼림 파괴'의 한계라고 말한다. 이는 홀로세의 균형을 유지하고 잘 조절될 수 있도록 우리가 땅위에서 유지해야 할 주요 생물군계biome—주로 열대, 한대, 온대 우림—의 최소 수준에 관한 문제다. 과학자들은 우리가 최소한 당초 지구에 있었던 삼림의 75퍼센트 안팎을 유지해야 한다고 추정한다. 삼림은 이제 당초 수준의 62퍼센트로 줄었으며 일부 삼림은 탄소를 예전보다 덜 흡수하는 징후를 보이고 있다.

이미 그 선을 넘어버린 네 번째 한계는 '생물지질화학적biogeochemical 흐름'과 관련된 것이다. 록스트룀은 말했다. "우리는 지금 전 세계의 농산물 경작 과정에서 비료와 농약을 통해 질소와 인, 그리고 다른 화학 성분들을 너무 많이 뿌려서 지구가 중독되게 하고 있습니다." 이런 화학물질들은 또한 바다로 흘러들어 그곳의 식물과 물고기의 삶을 해치고 있다. 그는 이렇게 설명했다. "단백질을 섭취하고 그것을 만들어낼 식물과 동물들이 자라도록 하려면 질소와 인의 균형이 필요합니다. 그 균형이 해양과 육지의 상태를 결정합니다. 질소와 인이 너무 많으면 바다와 땅은 질식하게 되고 너무 적으면 동식물이 자라지 않지요. 이는 모두 우리가 같은 생물권에 있는 다른 식물들을 질식시키지 않으면서 비료와 농약을 얼마나 사용할 수 있느냐 하는 문제입니다." 기후변화는 위로부터 변화를 촉발하고 비료와 농약의 남용은 아래로부터 변화를 촉발할 수 있다. 록스트룀은 우리가 당장 그 사용량을 현재의 25퍼센트로 줄여야 한다고 말했다.

다른 네 가지 영역에서는 지구한계팀이 설정한 범위를 벗어나지는 않았지만 여유가 그리 많은 것은 아니다. 그중 하나는 '해양 산성화' 수준이 높아지는 것이다. 이산화탄소 가운데 일부는 대기 중으로 들어가지만 사실 많은 부분이 해양으로 흡수된다. 이는 물고기나 바닷속 열대 우림이라고 할 수 있는 산호초에 해를 끼친다. 이산화탄소와 물을 섞으면 탄산이 생기고 이는 모든 해양 생물 조직, 특히 조개와 산호초의 필수적인 구성 요소인 탄산칼슘을 용해시킨다. 록스트룀은 그런 일이 일어나면 바다는 해양 생물들의 안식처가 되는 게 아니라 그것들을 파괴하게 된다고 말했다. "바다는 홀로세가 시작된 후 지금까지 언제나 물고기와 산호초를 품어왔으나, 오늘날은 해양 생태계가 뒤바뀌어서 더 이상 그것이 불가능해질 때까지 수없이 많은 탄산칼슘을 파괴하기만 할 것입니다."

지구한계팀이 밝힌 또 한 가지 문제는 '담수 이용'이다. 우리는 이 문제에서 아직까지는 간신히 한계 안에 머무르고 있다. 담수 문제는 습지와 우림이 계속해서 홀로세의 상태로 남아 있고 우리가 계속 대규모로 농사를 짓는 가운데 세계의 강과 지하저수지에서 최대한 퍼 올릴 수 있는 물이 얼마나 되는지 하는 문제다.

우리가 아직 선을 확실히 넘지 않은 세 번째 한계는 '대기 중 미세먼지'의 양이다. 이는 공장과 발전소, 자동차와 같은 재래의 오염원에서 대기로 내뿜는 극히 작은 입자들이다. (대부분 주방의 스토브에 올라가는) 생물질$_{biomass}$이나 화석연료를 비효율적으로 태우면 스모그 층이 만들어지고 이는 햇빛을 막아 식물 생장에 해를 끼친다. 미세먼지는 또한 인간의 천식과 다른 폐질환을 일으키기도 한다.

그리고 우리가 여전히 한계선 바로 전에 있는 네 번째 분야는 '신물질 도입'과 관련된 것이다. 다시 말해 화학제품, 합성 물질, 플라스틱, 핵폐기물과 같이 자연에 대해 이질적인 것들이 발명되고 계속해서 땅과 물속에 스며드는 것이다. 이런 것들은 우리가 완전히 이해하지 못하는 특수한 작용을 하며, 언젠가는 인간을 포함한 여러 종의 유전자 암호까지 바꿔놓을 것이라는 두려움을 낳고 있다.

우리가 과거에 한계선을 넘어섰다 안전하게 되돌아온 분야가 한 가지 있다. 이는 피부암을 일으키는 위험한 자외선 복사로부터 우리를 보호해주는 '오존층'의 적절한 두께에 관한 것이다. 그 오존층이 없으면 지구의 많은 부분이 살 수 없는 곳이 될 것이다. 사람이 만든 화학 성분인 염화불화탄소cfc 때문에 오존층 구멍이 계속해서 커지고 있다는 걸 과학자들이 발견한 후 세계 각국이 모여 1989년부터 염화불화탄소를 금지하는 몬트리올 의정서Montreal Protocol를 이행했다. 그 결과, 오존층은 산업화 이전 수준에서 5퍼센트 넘게 파괴되면 안 된다는 지구한계 안에 여유 있게 머무르고 있다.

지구한계팀은 그들이 설정한 한계가 어떤 경우에도 변하지 않는 것이라거나 우리가 그 선을 넘어서면 바로 낭떠러지로 떨어질 것이라고 주장하지는 않는다. 그들의 운용 한계는 계산된 추정치이며, 그 선을 넘어서면 '불확실성의 지대'로 진입한다는 뜻이다. 우리 인류는 아직 거기까지 가본 적이 없으므로 그곳에 이르면 무슨 일이 벌어질지 아무도 예측할 수 없다. 록스트룀은 우리에게 유리한 한 가지가 있다면 그건 지금껏 대자연이 스트레스에 적응하는 길을 찾는 데 아주 뛰어났다는 점이라고 밝혔다. 바다와 숲은 여분의 이산화탄소를 흡수한다. 아마존과 같은 생태계는 삼림 파괴에 적응하면서 여전히 비를 내리고 담수를 공급한다. 북극의 얼음은 줄어들고는 있지만 사라지지는 않는다. 다시 말하면 지구는 많은 완충장치와 적응 능력을 갖고 있다. 그러나 우리는 결국 그것들을 고갈시킬 수 있다. 그리고 지금까지도 그렇게 해왔다. 특히 지난 반세기에 더욱 그랬다.

록스트룀은 이렇게 덧붙였다. "지구는 균형을 유지하는 데 인상적인 능력을 보여주었습니다. 우리의 행동이 미치는 영향을 완화함으로써 현재의 상태로 남아 있기 위해 갖고 있는 모든 기술을 썼지요. 하지만 우리가 계속해서 이러한 지구한계들을 넘으면 지구를 친구에서 적으로 돌려놓게 될 것입니다." 그런 세계에서는 아마존이 사바나(열대초원)로 바뀌고 북극은 사계절 내내 바다가 돼서 태양열을 지구 밖으로 반사하기보다는 흡수하게 될 것이다. 그렇게 되면 거의 확실히 '홀로세처럼 온화하고 인류에게 우호적인 것과는 거리가 먼' 세계가 만들어질 것이다. 다시 말해 우리가 아는 유일한 문명을 지속시켜준 안정된 상태와는 동떨어진 세계다.

이미 많은 지구과학자가 현재의 지질학적 시대를 홀로세라고 표현하는 건 더 이상 적절하지 않다고 주장한다. 그들은 우리가 '이미' 그 시기를 지나 새로운 시대에 들어섰다고 믿는다. 이 새로운 시대는 우리가 움직이는 것이다. 이 시대에 붙여진 이름은 '인류세Anthropocene'인데, 여기서 'anthropo'는 사람을 의미하며 'cene'은 새롭다는 뜻이다. '다수의 힘'을 의미하는 화려하고 과학적인 이름이다.

영국지질연구소의 콜린 워터스Colin Waters는 인간의 활동은 광범위하고 오래가는 흔적을 지구에 남긴다고 말했다. 그는 2016년 1월 8일 자 「사이언스」에 실린 글에서 인류세가 홀로세와 구별되는 새로운 시대로 규정될 만하다는 점을 증명한 공동 저자 중 한 사람이다.

그 글의 저자들은 이렇게 밝혔다. "인류세가 하나의 지질학적 시대로서 공식적인 인정을 받을 수 있는지 여부는 과연 인류가 퇴적물과 얼음에 홀로세와 구별되는 층서層序(지층이 쌓이는 순서—옮긴이)상 특징을 나타낼 만큼 지구라는 시스템을 충분히 바꿔놓았는지 여부에 달려 있다." 그리고 현실의 논거를 들어 그것을 보여주었다. 지구의 표면 전반에 걸쳐 우리가 쏟아부은 수억 톤의 시멘트에서부터 원자폭탄 실험에서 나오는 방사성핵종에 이르기까지 모든 것이 지구의 모습을 오래오래 바꿔놓을 것이다.

가수 조니 미첼은 언젠가 '빅 옐로우 택시'의 노랫말로 이 문제를 짚었다. 그녀는 "사람들은 낙원을 덮어버리고 / 주차장을 만들었다네"라고 노래했다.

워터스와 동료들은 그저 그 가사를 과학적 언어로 바꾸었을 뿐이다.

최근에 인간 활동의 영향으로 만들어진 퇴적물은 새로운 광물과 특이한 암석을 포함하고 있다. 그것들은 금속 상태의 알루미늄, 콘크리트, 플라스틱을 비롯한 새로운 물질들이 전 세계적으로 급속히 퍼지고 있는 걸 반영한다. 이런 신물질들은 급격히 형성되는 대량의 '기술화석technofossil'을 만들어낸다. 화석연료 연소는 블랙카본black carbon과 무기질 구상재inorganic ash spheres, 탄소질 구상 입자들spherical carbonaceous particles을 전 세계로 퍼뜨렸다. 이런 물질들은 1950년부터 세계적으로 거의 동시에 증가했다. 삼림 파괴와 도로 건설에 따른 침식이 늘어나면서 인간 활동으로 인한 퇴적물 유출은 심해졌다. 댐 뒤에 퇴적물을 가둬두는 경우가 늘어나면서 삼각주의 침하가 촉진됐다.

미래의 지질학자들이 우리 때에 형성된 퇴적층을 보면서 아이팟과 지느러미 달린 캐딜락, 셀카봉 같은 것들이 도대체 무엇인지 알아내려고 애쓰는 걸 상상해보면 묘한 기분이 든다. 설사 지질학자들이 새로운 시대를 규정하는 것에 동의한다고 해도 그것이 언제 시작됐는지에 관한 논란은 여전히 남는다. 어떤 이들은 인류세가 수천 년 전 농경과 더불어 시작된 것으로 봐야 한다고 말한다. 또 어떤 이들은 그것이 17세기 초 대양을 가로질러 확산된 서구 식민주의와 함께 시작됐다고 주장한다. 스테펀과 대가속 팀은 이렇게 썼다.

"인류세가 시작된 날로 볼 수 있는 시점은 다양하지만 그 가운데 대가속의 출발점이 곧 인류세의 시작이라는 주장이 지구 시스템 과학의 관점에서 볼 때 단연코 가장 설득력이 있다. 지구 시스템의 상태와 기능이 근본적으로 바뀐 명백한 증거가 나타난 건 20세기 중반 이후였다. 그 변화가 (1) 홀로세에 나타날 수 있는 변동성의 범위를 벗어나고 (2) 자연적인 변동성이 아니라 인간의 활동에 따라 발생한 변화라는 사실이 그 증거다."

이러한 논쟁 때문에 지질학적 시대의 이름을 정하는 국제층서위원회 International Commission on Stratigraphy는 우리를 아직 홀로세에 잡아두고 있다. 그러나 이 책의 취지에 따르면 우리는 지금 인류세에 살고 있다. 인류세는 이제 다수의 힘—우리 모두의 위력을 의미한다—이 여러 지구 시스템을 바꾸고 다시 바꾸며 지구한계 밖으로 밀어내는 결정적인 요인이 되는 시대다.

하지만 우리가 어느 시대에 살고 있든 간에 이 행성을 가능한 한 홀로세에 가까운 상태로 남겨두어야 할 책임을 갖고 있다고 록스트룀은 강조한다. 하지만 그건 쉽지 않을 것이다. 왜냐하면 다수의 힘을 발휘하는 '다수' 역시 여러 지역에서 사람들이 생각하는 것보다 더 가속적으로 늘어나고 있기 때문이다.

많고 많고 많은 것의 힘

내가 2016년 4월에 기후변화가 아프리카 이민의 양상에 미치는 영향에 관한 다큐멘터리 제작을 위해 니제르에 갔을 때 우리가 처음 머문 곳은 사하라 사막 한가운데에 있는 니제르 북부 디르코우라는 마을이었다. 4월

인데도 그곳의 기온은 섭씨 41.6도였다. 나는 아프리카의 이민자들을 인터뷰했는데 그중에는 니제르 출신이 많았다. 그들은 일을 찾을 수 있을까 해서, 그리고 운이 좋은 몇몇은 물이 새는 배라도 타고 유럽으로 갈 수 있을까 해서 리비아로 갔던 사람들이었다. 그러나 앞서 말했듯이 대부분은 일자리를 얻지도, 배를 타지도 못하고 리비아 사람들에게 학대만 당했다. 리비아 사람들은 자기들도 경제와 정치의 붕괴를 겪고 있던 터라 다른 나라의 이민자들이 들어오는 걸 바라지 않았다.

우리가 디르코우에서 만난 건 니제르와 서아프리카의 여러 나라에서 온 수백 명의 남자들이었다. 일자리도, 더 이상 남은 돈도 없이 어정쩡한 상태에서 빈둥거리고 있는 그들은 일을 찾아 북쪽으로 갈 수도, 고향을 찾아 남쪽으로 갈 수도 없는 처지였다. 그들은 국제이주기구International Organization for Migration의 보살핌을 받고 있었다. 나는 남쪽으로 가는 상품을 넘치게 실은 세미트레일러 옆에서 타는 듯이 뜨거운 햇볕을 받고 서 있는 남자들 중 몇 명을 인터뷰했다. 그들 대부분은 고향 마을을 1년 이상 떠나 있었다. 그래서 나는 그들 가운데 니제르 출신의 마티 알마니크에게 가족은 어떻게 지내고 있는지 물어보았다. 그는 세 명의 아내와 열일곱 명의 자녀를 집에 남겨둔 채 리비아나 유럽에서 일을 구하려고 떠나왔지만 깊은 환멸을 느끼고 돌아왔다. 알마니크는 고향에 약간의 식량을 남겨두고 왔지만 지금쯤 틀림없이 그걸 다 먹어치웠으리라는 걸 알고 있다고 말했다. "그들이 어떻게 될지는 이제 신의 손에 달려 있어요." 그가 말했다. 벼랑 끝의 삶은 그런 것이었다. 그의 옆에 있던 동행자 가운데 한 사람은 자기가 열두 명의 자녀를 집에 남겨두고 떠나왔다고 말했다. 이는 특별한 경우가 아니었다. 니제르의 어머니들은 평균 일곱 명의 아이들을 갖는다.

나는 이 모든 이야기를 「뉴욕타임스」 칼럼에 썼는데, 그다음 날 인구

연구소 소장인 내 친구 로버트 워커Robert Walker에게서 이메일을 받았다. 그는 이렇게 말했다. "1950년 니제르의 인구는 불과 250만 명이었네. 오늘날 그 나라 인구는 1,900만 명이고, 유엔의 최근 인구 추계에 따르면 2050년까지 7,200만 명에 이를 것이라고 하네. 출산율이 떨어지고 있는데도 그렇다네. 지역적인 갈등과 불안에 더해 기후변화 요인까지 고려하면 분명히 지속 불가능한 나라라는 결론이 나오지. 지속가능성을 더욱 악화시키는 건 니제르에 널리 퍼져 있는 조혼 풍습일세. 이 나라의 조혼 비율은 세계 최고라네."

니제르는 여전히 인구가 가속적으로 늘어나는 많은 나라 가운데 하나에 불과하다. 이처럼 늘어나는 인구는 점점 더 많은 '자연자본'을 소비하고 자국은 물론 나라 밖에 이르기까지 강과 호수, 토양, 그리고 숲에 해를 끼친다.

비록 세계의 다른 많은 지역에서 인구 증가가 멈추었고 심지어 감소세로 돌아서기도 했지만, 유엔의 최근 보고서에 따르면 지구상의 총인구는 현재 약 75억 명에서 2050년까지 약 97억 명으로 불어날 것이다. 불과 30년 남짓한 기간에 지구상에 20억 명이 더 살게 된다는 이야기다.

그보다 훨씬 더 중요한 건 인구 증가가 이 행성의 자연계와 기후에 미치는 파괴적인 영향이 기하급수적으로 커진다는 사실이다. 왜냐하면 그 97억 명 중 갈수록 더 많은 사람이 대도시 지역으로 옮겨 가 사회경제적 사다리를 타고 올라 각국의 중산층으로 진입할 것이기 때문이다. 그렇게 되면 그들은 더 많은 차를 몰고 더 큰 집에 살며 더 많은 물과 전기를 소비하면서 더 많은 단백질을 먹게 될 것이다.

개개인이 지구에 미치는 영향은 훨씬 더 커질 것이다. 오늘날 미국 사람들 중 대략 86퍼센트가 집에 에어컨을 갖고 있다. 브라질은 그 비율이 7퍼센트밖에 안 되고 인도는 그보다 낮다. 그러나 일단 기본적 욕구가 채워지고 나면 그들도 에어컨을 갖고 싶어 할 것이고, 그들은 일본이나 유럽 혹은 미국에 살고 있는 누군가와 다를 바 없이 그것을 요구할 자격이 있다.

나는 1953년에 태어난 베이비부머인데 그 때문에 매우 특이한 집단에 들어가게 되었다. 아담과 하와가 만나 카인과 아벨을 낳고부터 지금까지 어느 세대도 나와 내 또래 베이비부머들이 할 수 있는 이야기를 하지 못했다. 그것은 바로 지구촌 인구가 우리 일생 동안 배로 늘었다는 이야기다. 실제로 요거트를 충분히 먹고 운동을 잘 하고 요가를 하면 우리는 그 인구가 세 배로 늘어나는 걸 볼 만큼 오래 살 수 있을 것이다. 세계 인구는 1959년 30억 명에서 1999년 60억 명으로 늘었고, 이제 앞서 이야기한 대로 2050년에는 97억 명 선을 돌파할 것으로 예상된다.

나는 인구연구소가 2015년에 낸 보고서에서 강조한 점을 부각시키기 위해 "돌파할 것으로 예상된다."는 표현을 썼다. 잠시 보고서 내용을 보자. 세계가 전반적으로 높은 사망률과 높은 출산율의 구조에서 낮은 사망률과 낮은 출산율 구조로 인구변천을 겪고 있는 건 사실이다. 세계 여러 지역에서 그 변천이 뚜렷이 진행되고 있다. 유럽과 북미, 그리고 남미와 동아시아의 많은 지역에서 사망률과 더불어 출산율이 급작스럽게 큰 폭으로 떨어져서 이제 인구대체율replacement rate(인구를 유지하는 데 필요한 출산율—옮긴이) 수준이나 그 이하로 내려갔다. 대만과 독일, 일본에서는 사실 인구가 줄고 있다. 그러나 지구촌이 다 그런 건 아니다.

인구연구소는 이렇게 지적했다. "세계 '인구 양극화demographic divide'를 보여주는 다른 한쪽에서는 사망률과 출산율이 상대적으로 높은 수준에 머물러 있지만 사망률이 더 빨리 떨어진다. 그에 따라 인구가 늘어나고 있으며, 어떤 경우에는 급속히 증가하고 있다. 지금 같은 속도라면 '거의 40개국에서 앞으로 35년 안에 인구가 두 배로 늘어날 수 있다'."

이 이야기는 많은 주의를 끌지 못했다. 그러나 유엔의 인구 관련 조직인 경제사회국 인구과는 세계 인구 전망치를 소리도 없이 계속 올리고 있다. 이 기구는 2015년 7월 29일에 낸 「세계 인구 전망: 2015년 추계」 보고서에서 불과 2년 전에 내놓은 전망치를 수정했다. 보고서는 2015년 기준 73억 명인 세계 인구가 2030년까지 (직전 전망치 84억 명보다 많은) 85억 명에 이르고, 2050년에는 (직전 전망치 95억 5,000만 명보다 많은) 97억 명에 달할 것이라고 밝혔다. 그리고 2100년에는 그 전에 추계한 108억 명보다 늘어난 112억 명에 이를 것으로 전망했다.

유엔의 전망을 보자.

우리가 추계한 세계 인구 증가의 대부분은 출산율이 높은 소수의 국가에 원인을 돌릴 수 있는데 이는 주로 아프리카 나라들이나 이미 많은 인구를 가진 나라들이다. 2015년부터 2050년까지 늘어나는 세계 인구 중 절반이 9개국, 즉 인도와 나이지리아, 파키스탄, 콩고민주공화국, 에티오피아, 탄자니아, 미국, 인도네시아, 그리고 우간다에 집중될 것으로 예상된다. (중략) 중국과 인도는 세계에서 인구가 가장 많은 두 나라로 남아 있다. 인구가 10억 명이 넘는 이 두 나라는 각각 세계 인구의 19퍼센트와 18퍼센트를 차지한다. 그러나 2022년이 되면 인도 인구는 중국을 제칠 것으로 예상된다.

현재 인구가 가장 많은 10개국 중 하나는 아프리카(나이지리아), 다섯은 아시아(방글라데시, 중국, 인도, 인도네시아, 파키스탄), 둘은 남미(브라질, 멕시코), 또 하나는 북미(미국), 마지막 하나는 유럽(러시아) 국가다. 이들 중 나이지리아의 인구는 현재 세계 7위이며 가장 빠르게 늘어나고 있다. 2050년쯤에는 나이지리아 인구가 미국을 추월해 세계 3위에 오를 것으로 전망된다. 2050년까지 인구가 3억 명이 넘는 나라는 6개국일 것으로 예상되며, 해당 국가는 중국, 인도, 인도네시아, 나이지리아, 파키스탄, 그리고 미국이다. (중략) 인구 증가율이 가장 높은 아프리카는 2015년부터 2050년까지 늘어나는 세계 인구의 절반을 차지할 것으로 예상된다. 이 기간 중 아프리카 28개국의 인구는 두 배 이상 불어날 것으로 추산된다.

인구연구소는 추정된 인구 증가의 대부분이 이미 기아와 심한 가난에서 벗어나려고 힘겹게 싸우고 있는 나라들에서 인구가 늘어나기 때문이라고 지적했다.

인구가 급속히 늘어나는 많은 나라가 물 부족이나 삼림 파괴로 위협을 받고 있다. 다른 나라들은 분쟁이나 정치적 불안으로 어려움을 겪고 있다. 발전 가능성을 배제할 수는 없지만 이들 나라의 급속한 인구 증가는 어려움을 가중시키고 있다. 이들은 인구 변화 면에서 취약하며 기아, 가난, 물 부족, 환경 훼손, 그리고 정치적 혼란을 겪을 가능성이 크다.

다시 말해 어떤 나라가 높은 사망률에서 낮은 사망률로 이행하면서 동시에 높은 출산율에서 낮은 출산율로 옮겨 가지 않으면 큰 부담이 생긴다. 만약 한 여성이 스무 명의 아이를 낳고, 그 스무 명이 모두 자라서 스무 명씩 아이를 낳으면 한 가족에 400명의 아이들이 생긴다. 이는 니제르 같은 곳에서 실제로 일어나는 일이다. 워커는 높은 출산율과 낮은 사망률이 지속되면서 인구가 계속해서 불어나는 나라들은 또한 "성 불평등이 심하고 조혼이 널리 퍼진 나라들"이라고 설명했다. 워커는 "니제르는 합계출산율(한 여성이 평생 낳을 것으로 예상되는 자녀 수—옮긴이)이 가장 높은 나라"라고 덧붙였다. 사우디아라비아와 이집트, 파키스탄도 수위를 다툰다. 이는 피임 수단이 모자라서 그런 게 아니다. 현대적인 성 규범gender norms이 결여돼 있고 완고한 남성들이 종교적인 이유로 출산 조절을 반대하기 때문이다. 이들 나라에서는 "일곱 아들과 일곱 딸을 낳으리라."라는 축복의 말이 여전히 회자되고 있다. 가난과 모자라는 학교와 불충분한 기반 시설의 문제 역시 여전히 남아 있다.

이러한 조합은 결코 좋은 결과를 낳지 못했다. 무어의 법칙과 세계화가 지금처럼 가속화할 때 어떤 나라가 교육과 기반 시설에서 뒤떨어지면 낙오하는 속도 또한 갈수록 빨라지게 된다. 따라서 글로벌 흐름에 참여할 수 있는 능력이 부족한 사람들이 늘어나게 된다. 그러면 그들은 일종의 사회보장으로서 아이들을 더 많이 갖는다. 여기에 기후변화까지 가세해 농업 기반을 침식한다. 인구가 너무나 많이 늘어나고 정부는 그 수렁에서 빠져나올 장비가 부족할 때 이런 문제들은 수많은 혼란을 불러일으킬 수 있다. (우리는 곧 이 문제를 살펴볼 것이다.) 이는 아프가니스탄과 중동, 서아프리카에서 이미 진행되고 있는 무서운 악순환이다.

영국 금융감독청 청장을 지냈고 지금은 신경제사고연구소Institute for New Economic Thinking 회장이며 『빚과 악마 사이에서: 통화, 신용, 그리고 글로벌 금융개혁Between Debt and the Devil: Money, Credit, and Fixing Global Finance』을 쓴 어데어 터너Adair Turner는 2015년 8월 21일 「프로젝트 신디케이트」에 쓴 글에서 이 문제를 간명하게 표현했다. 그는 유엔의 최근 인구 추계를 보면 유럽과 러시아, 그리고 일본이 낮은 출산율 때문에 심각한 고령화 문제에 직면했음을 보여주는 게 사실이지만 이는 관리할 수 있는 문제라고 지적했다.

그는 관리할 수 없는 문제는 따로 있다고 썼다. "1950년부터 2050년까지 우간다의 인구는 20배로, 니제르 인구는 30배로 늘어나게 된다. 19세기에 산업화의 길을 걷던 나라들과 20세기 후반 선진국 따라잡기에 나선 성공적인 아시아 국가들 중 어느 나라도 그처럼 빠른 인구 증가를 경험한 적이 없다. 인구가 그토록 빨리 불어나면 경제적 추격에 성공하기 위해 1인당 자본과 생산 기술을 쌓거나 만성적 실업을 막기 위해 충분한 일자리를 만들 시간이 부족하다."

그리고 이 모든 건 갈수록 힘이 커지는 기계와 로봇들이 끼어들기도 전에 벌어지는 일들이다. 기계와 로봇들은 선진국에서는 말할 것도 없고 이들 개발도상국에서도 맨 아래층의 생산직과 사무직 근로자들을 대체하고 있다.

터너는 또한 이렇게 밝혔다.

선진국의 자동화는 일하는 사람을 거의 찾아볼 수 없는 공장에서 물건을 만들 수 있도록 함으로써 성공적인 동아시아 경제가 추구했던 수출주도형 성장의 경로를 끊어버릴 수 있다. 그에 따른 높은 실업, 특히 젊은이들의 실업은 정치적 불안정을 초래할 수 있다. 이슬람국가(ISIS)의 과격한 폭력에는 여러 뿌리가 있지만 지난 50년 동안 북아프리카와 중동에서 인구가 세 배로 불어난 것도 분명히 그중의 하나다. (중략) 앞으로 85년 동안 아프리카의 인구가 30억 명 넘게 늘어날 가능성이 큰 가운데 유럽연합은 거대한 이민의 물결에 직면할 수 있다. 그에 비하면 수십만 명의 난민을 수용하기 위한 지금의 논의는 별 의미가 없는 것으로 보일 수 있다. (중략) 수명이 늘어나고 출산율이 떨어지는 건 모두 인류의 복지에 긍정적인 발전들이다. (중략) 이 목표를 이루는 데 중국의 한 자녀 정책과 같은 수용하기 어려운 강제성이 필요한 건 아니다. 높은 수준의 여성 교육, 피임 수단의 제한 없는 공급, 그리고 여성들이 자신의 출산 문제에 대해 스스로 선택할 수 있는 자유가 필요할 뿐이다. 그 선택은 보수적인 종교 당국, 또는 급속한 인구 증가가 국민경제의 성공을 이끈다는 잘못된 생각을 갖고 정책을 펴는 정치인들에게 구속받지 않아야 한다.

영국의 환경단체 E3G, 즉 '제3세대 환경운동Third Generation Environmentalism'

회장인 톰 버크Tom Burke는 그 문제를 1, 1.5, 2.0, 2.5 네 개의 숫자로 압축하기를 좋아한다. 버크의 말을 들어보자.

오늘날 지구촌에는 안정된 자산과 안정된 고소득을 갖고 중산층이나 그보다 높은 계층에 이른 10억1 billion 명이 있다. 과도기에 있는 15억1.5 billion 명도 있다. 그들은 신흥국에서 15년 전에 도시로 이주했다. 이제 그들은 얼마간의 자산과 안정된 소득을 갖게 됐다. 그러나 그들 중 많은 이가 공공 부문에서 일하고 세계화와 기술 발전으로 압박을 받고 있기 때문에 불안감을 느끼기 시작했다. 또 다른 20억2.0 billion 명은 최근에 막 도시로 옮겨 왔고 재산이 거의 없으며 상당히 불안정한 소득을 얻고 있다. 당신은 길거리에 앉아 물건을 파는 그들을 볼 수 있다. 그리고 시골에서 가난하게 사는 25억2.5 billion 명이 있다. 생계를 위해 농사를 짓거나 숲속에 사는 이들은 세계 경제에 전혀 참여하지 못하고 있다. 기후가 변하면 그들 중 일부는 이주를 해야 하며 나머지 사람들은 죽는다.

1.5와 2.0에 해당하는 이들은 주로 초연결세계HyperConnected World(미국 시장조사 업체 가트너가 2008년 처음 사용한 용어로 사람과 사람, 사람과 사물, 사물과 사물이 고도로 연결된 세계―옮긴이)의 도시에 살면서 그들에게 부족한 것들을 다 볼 수 있다. 버크는 우리가 그들의 기대를 충족시켜주지 못하면 그들은 모든 국가의 중산층을 흔들어놓을 것이라고 말했다. 그들은 이슬람의 극단주의 ISIS가 자랄 수 있는 토양이 되고 다른 불만을 품은 이들의 운동을 받쳐주는 토대가 될 것이다. 미래의 성장과 안정은 도시 인구 중 소득 하위 50퍼센트의 실질소득을 늘려줄 수 있느냐에 크게 좌우된다. 그들은 돈이 생기면 곧바로 물건을 사는 사람들이며, 식품 가격과 물가가 오르고 심한 이상기후가 나타나면 가장 큰 타격을 받는 사람들이다. 2010년에 시작된 아랍의 각성Arab Awakening 운동에 참여한 사람들

중 상당수가 최근에 도시화된 1.5와 2.0 사람들이다.

로버트 워커는 2015년 1월 30일 「허핑턴포스트」에 처음 올린 기사에서 이런 견해를 밝혔다. "기후 문제를 부인하는 이들이 있는 것과 마찬가지로 인구문제를 부인하는 사람들도 늘 있으며, 그들은 인구 증가가 지구에 미치는 영향을 인정하기를 거부할 것이다. 인구문제는 이런저런 이유로 기후변화를 비롯한 온갖 과학적 우려를 자아낸다. (중략) 세계 인구가 지금 예상대로 늘어난다면 기후변화와 관련된 목표들을 달성하기 어렵다. 그 목표는 기후변화에 따른 최악의 영향을 피하기 위해 반드시 이뤄야 하는 것이다."

몇몇 국가는 특히 여성을 대하는 문화적 관습에 문제가 있으며, 그들 자신을 위해 그걸 극복해야 한다. 그렇다고 결코 개발도상국들을 비난하려는 것은 아니다. 오히려 기후변화에 미치는 악영향은 오랫동안 서방 국가들이 훨씬 더 크게 끼쳤다. 우리에게는 모든 지구한계의 안쪽에 머무르기 위해 청정에너지를 개발하고 에너지 효율성을 높이고 지구가 어느 때보다 많은 중산층을 품을 수 있게 해줄 환경 보존 모델을 찾아내는 데 훨씬 더 큰 책임이 있다.

레인 룸

2015년 11월 1일, 미국 공영 라디오방송 NPR의 〈위켄드 에디션Weekend Edition〉 프로그램은 대자연의 대가속이 제기한 도전을 그 무엇보다 잘 조명한 이야기를 전했다. 로스앤젤레스 카운티 미술관이 선보인 '레인 룸Rain Room'이라는 제목의 특이한 전시에 관한 이야기였다. 그 작품을 만든 미술가 중 한 사람인 하네스 코흐Hannes Koch는 인터뷰에서 그와 동료 작가들은 예술과 자연, 그리고 기술의 관계를 탐구해보고 싶었다고 말했다.

그들은 그래서 레인 룸이란 것을 만들었다. 아트넷Artnet.com은 2015년 10월 30일 기사에서 레인 룸을 "한쪽 구석에서 밝은 스포트라이트를 비추는 가운데 인공 비가 내리게 한 하나의 크고 어두운 방"이라고 묘사했다. 관람객들은 그 방 안의 어디에 서 있든 감지기들이 확실히 비를 멎게 할 것으로 믿고 대담하게 그 안으로 들어가도록 초대를 받았다. 아트넷의 기사는 이렇게 설명했다. "다시 말해 그들은 세찬 비가 잦아들지 않아도 자신은 비에 젖지 않을 것이라고 생각하며 과학과 예술을 믿고 맹렬하게 퍼붓는 빗속으로 들어가라는 요청을 받았다. (중략) 그 방에는 한 번에 7명만 들어갈 수 있고 15분 넘게 있을 수는 없었다. 그곳에 한 번 들어가볼까 하는 이들은 당황스러울지 모르지만 그건 전적으로 유익한 일이다. 센서들은 관람객이 나타난 것을 탐지해 그들 위에서 내리는 비를 그치게 하고 폭 1.8미터의 비 없는 지점을 만들어낸다. 너무 많은 사람이 들어가면 비는 아예 멎어버릴 것이다."

나는 이 대목이 좋았다. "너무 많은 사람이 들어가면 비는 아예 멎어버릴 것이다."

'다수의 힘'이 미치는 영향은 이런 것이다. 무어의 법칙과 세계화는 기계의 힘과 개인의 힘, 흐름의 힘을 엄청나게 확장했다. 그러는 사이 다수의 힘 또한 어마어마하게 확장됐다. 이러한 사실은 인류와 지구의 역사상 처음으로 인간의 숫자가 충분히 늘어나고 슈퍼노바 덕분에 그 역량이 강화돼 '자연의' 힘인 동시에 '자연을' 움직이는 힘이 되었다.

우리의 활동은 과거 어느 때보다 더 쉽게 비를 오게 할 수도, 멎게 할 수도 있다. 기후변화는 더 극단적인 기상을 의미한다. 어떤 지역에서는 더 맹렬한 폭풍우가 몰아치고 다른 지역에서는 더 긴 가뭄이 오는 것이다. 이 힘은 너무나 새로운 것이어서 사람들이 이해하기 힘들다. 회의적인 사람들은 이렇게 말할 것이다. "좋아, 기후가 바뀐다고 치자. 하지만 그것이 인간과 어떤 관련이 있다고 믿지는 않아." 자연은 무한하다는 생각은 우리 머릿속에 박혀 있다. 자연은 그토록 오랫동안 무한한 것처럼 보였기 때문이다. 그리고 우리는 자연에 힘을 미치기에는 상대적으로 소수였고 가벼운 존재였다. 그러니 어떻게 우리가 자연 자원을 원하는 만큼 미친 듯이 먹어치우지 않을 수 있겠는가? 하지만 우리는 이제 다수이고, 그 다수는 더 큰 다수가 되고, 그럴 때마다 훨씬 더 큰 영향력을 갖고 과거 어느 때보다 많은 것을 소비한다.

유명한 글로벌 투자가인 제러미 그랜섬은 언젠가 이렇게 말한 적이 있다. "우리는 복리계산의 의미를 이해하는 데 지독히 서투르다." 대시장과 대자연과 무어의 법칙이 체스판의 후반부에서 한꺼번에 가속화할 때 우리가 환경에 얼마나 강력한 영향을 미칠 수 있는지 인식하기는 어렵다.

애덤 스웨이든은 그의 블로그에서 이렇게 설명했다. "사실대로 말하면 우리는 지금까지 기술 진보가 미칠 결과에 마땅히 쏟아야 할 관심을 기울이지도 않고 그 열매를 따 먹었다. 모든 살아 있는 것은 생태계 안에서 그 일부로 존재한다. 그 생태계는 모든 생명과 상업의 토대다. 그 토대가 무너지면 결국 그 위의 피라미드도 붕괴하게 될 것이다." 우리가 지구한계에 주의하지 않으면 대기계는 바로 그런 상황으로 우리를 몰고 갈 것이다. 스웨이든은 이렇게 덧붙였다. "오늘날 그 시스템은 고삐가 풀린 것 같다. 상품에 대한 수요가 늘어나면서 경제가 계속해서 성장할 수 있도록 자연 자원을 뽑아내기 위해 더욱 발전되고 침투력이 강한 기술을 이용하게 된다. 이는 땅을 함부로 해치고 자연의 생태계를 무너뜨리며, 그러는 동안 불평등은 높아지고 사람들은 고향을 잃게 되며 사회적 혼란이 일어난다."

록스트룀은 그의 책 『큰 세계, 작은 지구』에서 그런 일은 너무나 빨리 일어난다고 했다. "단 두 세대 만에 인류는 우리의 세계를 계속해서 안정적으로 뒷받침해줄 지구의 능력을 압도해버렸다. 우리는 이미 큰 지구상의 작은 세계에서 작은 지구상의 큰 세계로 옮겨 왔다. 이제 지구는 환경 측면에서 세계 경제에 충격을 주는 식으로 반응하고 있다. 이는 커다란 전환점이다."

그 결말이 꼭 이런 식이어야 하는 건 아니다. 홀로세로 가는 문이 우리 등 뒤에서 완전히 닫혀버렸다고 볼 필요는 없다. 만약 그 문이 닫혀버렸더라도 언젠가 록스트룀이 나에게 말했듯이 '우리에게 맞는 인류세의 지구적 균형'을 찾는 것은 여전히 가능할 수 있다. 뜨거워진 지구가 재앙을 부르도록 해서 우리를 돌이킬 수 없는 영구적인 불균형 상태로 몰아넣어야 할 까닭은 없다.

그러나 우리가 확실히 알고 있는 건 '바로 지금'이 우리가 할 수 있는 선택이 무엇인지 분명히 정해지는 전환점이라는 사실이다. 많은 것이 우리가 가속의 시대를 우리의 친구로 만드느냐, 아니면 치명적인 적으로 만드느냐에 달려 있다. 슈퍼노바는 지구를 보호하고 보존하는 우리의 힘을 파괴할 수도, 강화해줄 수도 있다.

우리는 새롭게 발견한 개인의 힘, 기계의 힘, 그리고 흐름의 힘을 우리의 적으로만 만들지 말고 친구로 만들어야 한다. 그리고 지구한계 내에 안전하게 머무를 수 있도록 많은 여유를 만들어낼 수단으로 활용해야 한다. 그러나 그 힘들을 그렇게 활용하기 위해 우리 스스로를 조직하려면 인류 전체가 지금까지 보여준 적이 없는 강한 의지와 책임의식, 그리고 집단적인 행동이 필요하다. 날마다 태양열 에너지와 풍력, 전지, 그리고 에너지 효율성 관련 기술에 새로운 돌파구가 마련되고 있으며, 이는 우리가 수십억 명에게 보급할 수 있을 만한 가격과 규모로 청정에너지를 이용할 수 있다는 희망을 갖게 한다. 우리가 탄소에 값을 매겨서 청정에너지 기술이 급속히 확산되고, 또한 청정에너지의 생산량이 늘어나면서 비용이 줄어들 수 있도록 하겠다는 의지가 있으면 가능한 일이다.

환경운동가들이 흔히 지적하듯이 우리는 지정학적인 큰 격변에 대응하는 데에는 훌륭한 모습을 보여주었다. 예컨대 아돌프 히틀러Adolf Hitler가 이웃 나라들을 침공한 후, 일본이 진주만을 공격한 후, 9·11 테러가 일어난 후에 그랬다. 하지만 지금처럼 우리 모두가 스스로에게 집단적으로 가한 위협에 대응해 행동해야 하는 건 인류 역사상 처음 있는 일이다. 우리는 대규모로, 그 위협의 결과가 완전히 느껴지기 전에, 아직 태어나지 않은 세대를 위해 행동해야 하며, 또한 모든 지구한계를 넘어서기 전에 그렇게 해야 한다.

이는 지금, 바로 지금 인류 앞에 닥친 도전이다. 그리고 지금 세대가 맞서야 할 도전이다. 우리는 2차 세계대전 후 유럽을 재건했고, 무너진 세계무역센터 자리에서 다시 일어났으며, 1929년과 2008년에 무너진 경제도 다시 일으켜 세울 수 있었다. 그러나 우리가 대자연의 지구한계를 넘어가면 결코 재건할 수 없는 것들이 있다. 우리는 그린란드의 빙상이나 아마존의 우림, 또는 오스트레일리아 해안의 그레이트배리어리프Great Barrier Reef(대보초)를 재건할 수 없다. 코뿔소와 마코앵무새와 오랑우탄도 마찬가지다. 어떤 3D 프린터도 그것들을 되살릴 수 없을 것이다.

바로 그 때문에 일이 잘못된 쪽으로 기울기 전에 이러한 복합적인 위협에 맞서는 유일한 방법은 우리의 모든 책무를 다하면서 집단적인 행동을 위한 강력한 의지를 발휘하는 것이다. 그 의지는 청정에너지를 생산하고 더 효율적으로 소비하기 위한 복합적인 연구와 투자를 하는 데 필요한 것이다. 그리고 청정 발전과 에너지 효율성 제고를 위한 복합적인 투자를 하려면 탄소세를 부과하려는 의지도 있어야 한다. 적어도 미국에서는 그게 필요하다. 그에 더해 여성 교육과 모두를 위한 역량 강화의 윤리를 실천하는 것도 중요하다.

이 모든 분야에서 우리가 직면한 도전에 걸맞은 몇 배의 복합적인 노력을 기울이지 않으면 지구를 안정적으로 보존할 기회는 없다. 슈퍼노바의 힘으로 강력해진 도구를 갖춘 인구가 많이 늘어날 때 이러한 노력 없이는 안정적인 보존은 이루어지지 않는다.

나는 이 이야기를 전에도 한 적이 있으며 내가 살아 있는 한 계속 할 것이다. 우리 세대에게 '나중'이라는 건 곧 대자연의 모든 완충장치와 예비 타이어, 그리고 새로운 환경에 적응하고 회복하기 위한 요령과 수단이 모두 소진되는 때를 뜻한다. 이런 상황에까지 이른 세대는 우리가 처음이다. 모두가 함께 재빨리 행동하지 않으면 우리에게 '나중'은 너무 늦은 때가 될 것이다. 우리는 인류 역사상 그런 상황을 맞은 첫 세대다.

저명한 해양학자인 실비아 얼Sylvia Earle은 그것을 간명하게 표현했다. "우리가 바로 지금 하고 있는 일, 혹은 하지 못하는 일이 미래를 결정할 것이다. 우리만의 미래가 아니라 지구상의 모든 생명을 위한 미래를."

제3부

혁신의 시대

Thank You

for Being Late

07 역동적 안정성을 유지하라

우리는 가속의 시대로 들어서고 있다. 주로 선형적 변화에 바탕을 둔 각급 사회의 모형들은 새로 정의되어야 할 것이다. 기하급수적 성장의 폭발력 때문에 21세기는 지금의 발전 속도로 따지면 2만 년의 진보와 맞먹을 것이다. 여러 조직들은 점점 더 빠르게 스스로를 재정의할 수 있어야 한다.
―레이 커즈와일(Ray Kurzweil), 구글 엔지니어링 이사

내가 가진 또 다른 차는 무인차입니다.
―실리콘밸리의 한 자동차 범퍼에 붙은 스티커

우리는 이제 이 가속의 시대를 정의했다. 그러고 나니 두 가지 질문이 떠오른다. 하나는 원초적인 것이고 다른 하나는 지적인 것이다. 원초적인 질문은 '이건 너무 빨라지는 것 아닌가?'이고, 지적인 질문은 '그렇다면 우리는 어떻게 적응해야 하는가?'이다.
 첫 번째 질문에 대한 당신의 대답이 '그렇다'는 것이라면 그렇게 생각하는 이는 당신 혼자가 아니라는 걸 확실히 말해줄 수 있다. 에릭 브린

욜프슨과 앤드루 맥아피의 책 『제2의 기계 시대』에서 내가 가장 좋아하는 대목이 있다. 네덜란드 체스 그랜드마스터인 얀 하인 도너Jan Hein Donner는 IBM의 컴퓨터 딥 블루Deep Blue와 체스 대결을 한다면 어떻게 준비할 것인가에 대한 질문을 받았다. 이에 대해서 이렇게 대답했다. "망치를 가져올 겁니다."

최근에 발전한 소프트웨어와 인공지능AI을 박살내고 싶다는 공상에 빠지는 건 도너만이 아니다. 이처럼 발전한 컴퓨터는 블루칼라뿐만 아니라 화이트칼라 노동자도, 심지어 체스 그랜드마스터도 대체하고 만다. '창조적 파괴' 때문에 일자리는 언제나 생겼다 사라지기를 반복했다. 만약 말들이 투표를 할 수 있었다면 자동차는 결코 나오지 않았을 것이다. 하지만 요즘 파괴는 확실히 갈수록 더 빨리 찾아오는 것으로 보인다. 기술 발전이 또 다른 기술 발전의 토대가 되는 식으로 계속해서 축적이 이뤄지면서 우리를 하나의 플랫폼에서 다른 플랫폼으로 옮겨가게 하고 노동시장에서 갈수록 더 많은 부분을 바꿔놓기 때문이다.

나는 그걸 잘 알고 있다. 예순셋의 언론인으로서 지금까지 여러 차례 그러한 플랫폼 교체를 겪었고 그것이 갈수록 빨라지는 것을 보았기 때문이다. 나는 이미 내 손주들 중 한 녀석이 "할아버지, 타자기가 뭐예요?"라고 묻는 날이 올 것이라고 생각하고 마음의 준비를 하고 있다.

개인적으로 나는 일을 하면서 기술 변화의 가속도를 온몸으로 느꼈다. 나는 옥스퍼드 대학교에서 아랍어와 현대 중동지역학 전공으로 석사학위 과정을 마친 직후인 1978년 봄 뉴스 통신서비스 회사인 UPIUnited Press International의 런던 지국에 채용돼 첫 일자리를 얻었다. 플리트 스트리트(Fleet street, 영국의 신문사들이 모여 있는 거리—옮긴이)에 있는 UPI 런던 지국에서 기사를 쓸 때 나는 책상 위에 놓고 손으로 치는 타자기와 초기 워드프로세서를 사용했다.

너무 젊어서 타자기에 대해 잘 모르는 독자를 위해 어바웃닷컴About.com 의 설명을 소개하면 "타자기는 전기나 수동으로 움직이는 작은 기계로, 활자 키로 롤러에 끼워 넣은 한 장의 종이 위에 한 번에 한 자씩 글자를 찍어낼 수 있는 물건"이었다. 위키피디아는 이렇게 설명한다. "타자기는 1860년대에 발명됐으며, 곧 개인적인 서신을 제외하고는 사실상 모든 서류 작성에 필수적인 도구가 되었다. 1980년대 말까지 사무실에서 직업적으로 글을 쓰거나 집에서 사업상 편지를 쓸 때 널리 이용됐다. 그 이후에는 워드프로세서와 개인용 컴퓨터가 (중략) 서방 세계에서 (중략) 대부분의 타자기를 대체했다."

생각해보라. 작가들, 그리고 기업과 정부에서 글을 쓸 때 한 세기 넘게 기본적으로 같은 기계(타자기)를 사용했다. 3세대 동안 같은 기계를 쓴 것이다. 이는 기술 변화의 속도가 얼마나 느렸는지 보여준다. 비록 산업혁명 이전보다는 훨씬 더 빨랐지만 말이다. 물론 그때는 몰랐지만 나는 산업혁명의 맨 끝자락에서(타자기 시대가 막을 내리는 시점에), 그리고 정보 기술 혁명의 전야에 기자 생활을 시작하고 있었다.

20세기 말에 이르자 기술 발전의 흐름은 훨씬 더 급격해지기 시작했다. 그러나 나는 산업혁명의 시대에서 출발했으므로 먼저 타자기를 빠르게 치는 법을 배워야 했다. 내가 1978년 UPI에 채용된 후 가장 먼저 한 일은 런던의 야간 비서학교에 가서 속기로 글을 쓰는 법과 타자를 빨리 치는 법을 배우는 것이었다. 같은 반 수강생들은 대부분 비서 일을 시작하려는 젊은 여성이었다.

그때는 휴대폰도 없었다. 그래서 나는 기자로서 첫 번째 큰 교훈을 얻었다. 그 교훈은 내가 런던 지국에 들어간 후 UPI가 처음으로 나에게 실제 뉴스를 취재하라고 내보냈던 바로 그때 얻은 것이었다. 그 교훈은 '무슨 일이 있어도 경쟁자에게 내 전화를 끊지 말아달라고 부탁해서는 안 된다'는 것이었다.

이란에서 이슬람 혁명이 막 시작되고 있을 때였다. 런던에서 아야톨라 호메이니Ayatollah Khomeini를 지지하는 한 무리의 이란 학생들이 그곳의 이란 대사관을 점거하고 왕이 보낸 외교관들을 내쫓은 다음 대사관 본관 안에서 문을 닫아걸고 있었다. 나는 간신히 그 건물 안으로 들어가 혁명을 외치는 학생 몇몇을 인터뷰할 수 있었다. 그들이 무슨 말을 했는지는 기억나지 않는다. 하지만 나는 그게 무엇이 됐든 너무나 흥분해서 일단 취재수첩을 채우자마자 지국에 내 기사를 불러주려고 대사관 옆에 있는 공중전화 박스로 달려갔다. 거기에는 예닐곱 명의 기자들이 줄을 서서 각자 기사를 불러주려고 자신의 차례를 기다리고 있었다. 모두 머리가 희끗한 영국의 베테랑 기자들이었다. 나는 참을성 있게 내 차례를 기다렸다. 줄에서 약 20분을 기다린 후 전화박스 안으로 들어간 나는 흥분한 목소리로 편집자들에게 대사관 안에서 본 것과 이란 학생들에게서 들은 이야기를 모두 보고했다. 작은 것들이라도 놓치지 않으려고 취재수첩을 휙휙 넘겨가며 이야기했다. 그러던 중 어느 순간 내 기사를 받아 적던 데스크가 대사관 건물에 관해 세부적인 것을 하나 물었는데 나는 대답을 할 수 없었다. 그래서 나는 이렇게 말했다. "잠시만 기다리세요, 확인해볼게요."

그런 다음 빨간색 전화박스 문을 열고 내 뒤에 줄을 서서 기다리고 있던 다른 기자에게 말했다. "부탁 하나 할게요, 전화를 끊지 말아주세요." 그러고는 데스크에게 말해줄 사소한 내용을 확인하려고 전화박스를 뛰쳐나갔다.

내가 두 걸음도 떼기 전에 내 뒤에 줄을 서 있던 그 남자는 전화박스 안으로 슬그머니 들어가 수화기를 쾅하고 내려서 내 전화를 끊고는 자기 신문사로 다이얼을 돌리기 시작했다. 그리고는 나를 돌아보며 내가 결코 잊지 못할 두 마디를 했다. "미안하네, 친구."

그다음부터 나는 절대로 경쟁자에게 전화를 끊지 말아달라고 부탁하지 않았다. 물론 지금처럼 어느 곳에나 모바일 전화가 있는 시대에는 어떤 기자도 그 교훈을 배우거나 가르칠 필요가 없을 것이다.

그 이듬해인 1979년 UPI는 나를 내전이 벌어지고 있던 베이루트의 특파원으로 보냈다. 그곳의 내 기술 플랫폼은 이랬다. 나는 먼저 책상 위의 큰 수동 타자기로 기사를 썼다. 그리고는 그걸 런던의 본부에 텔렉스telex로 보냈다. 여기서도 너무 젊어서 그걸 기억하지 못하는 이들에게 메리엄 웹스터Merriam-Webster의 대학생용 사전에 나오는 정의로 텔렉스는 소개하면 "자동교환 전화선에 연결된 전신타자기teletypewriter를 이용하는 통신 서비스"다. 우리가 기사를 보내는 방식은 이렇다. 먼저 평범한 흰 타이핑 종이에 기사를 치는데 한 줄씩 띄어서 한 번에 세 문단씩만 쓴다. 그리고 그 세 문단짜리 기사를 텔렉스 기사에게 넘겨주면 그는 그 내용을 텔렉스 종이테이프에 구멍을 뚫는 방식으로 입력한 후 그 부호가 표시된 테이프를 우리 사무실에서 철컥거리며 돌아가던 큰 텔렉스 기계에 넣는다. 그러면 그것은 국제전화 케이블을 타고 세계의 한쪽 끝에서 바다를 건너 세계의 다른 쪽 끝에 있는 텔렉스 인쇄기로 토해낸다. 내 경우에 세계의 다른 쪽 끝은 처음에는 런던의 UPI 본부였고 나중에는 맨해튼에 있는 「뉴욕타임스」 본사였다.

문단을 옮기거나 지우거나 철자법 검사를 할 수 없는 상황에서 한 번에 세 문단의 기사를 쓰는 것은 쉬운 일이 아니다. 나중에 한번 시도해보기 바란다! 내가 그 일을 하는 방식은 이렇다. 일단 취재 기사나 뉴스 분석을 처음부터 끝까지 타자기로 친 다음 그 전 과정을 다시 한 번 되풀이한다. 그런 다음 그 문단들을 순서에 맞게 적절히 편집해 마음에 들고 기사 방향을 제대로 잡았다고 생각되면 그것을 세 단락으로 다시 쳐서 텔렉스 천공 기사에게 넘겨준다. 베이루트의 텔렉스 시스템은 레바논의 우편전화전신국인 PTT를 통해 운영됐다. PTT는 내전으로 갈라진 베이루트 중심가의 경계선에 자리 잡고 있었다.

1981년에 나는 「뉴욕타임스」로 이직했다. 한 해 동안 뉴욕에서 경제 기자로 일했고, 이듬해 다시 베이루트로 돌아와 지국장으로 일했다. 나는 휴대용 타자기를 갖고 그곳으로 돌아갔다. 하얀 케이스의 독일제 아들러Adler 타자기였다. 들고 다닐 수 있는 수동 아들러 타자기는 당시에 살 수 있는 최고의 제품이었는데 아마 300달러쯤 주고 샀을 것이다. 그걸 갖게 됐을 때 '이제야 내가 진짜 해외특파원이 됐구나!' 하는 생각이 들었고 그 타자기가 무척 자랑스러웠다.

이 책을 쓰면서 구글에 '아들러 휴대용 타자기'를 다시 한 번 검색해봤다. 검색 결과 중 세 번째 항목이 눈길을 끌었다. 거기에는 이렇게 쓰여 있었다. "보기 드문 빈티지 골동품 독일제 클라인 아들러 휴대용 타자기, 이베이서 팝니다."

어이쿠! 거의 40년 전에 내가 기자 생활을 시작하면서 썼던 집필 도구가 이제 '보기 드문 빈티지 골동품'이라니 믿기 어려웠다. 그렇게 표현하니 그것이 1878년에 나온 어떤 물건인 것처럼 느껴진다. 내 타자기 사진을 보여주고 싶지만 안타깝게도 나는 그것을 더 이상 갖고 있지 않다. 그것은 베이루트에 있는 내 아파트의 다른 세간들과 함께 폭파돼 날아가버렸다. 1982년 6월 이스라엘-팔레스타인 전쟁이 시작되고 처음 며칠 사이였다. 남부 레바논에서 온 두 난민 집단이 블리스 거리에 가까운 우리 아파트의 빈 집을 누가 차지하느냐를 놓고 싸움을 벌였을 때였다. 패배한 쪽에서 그 건물 전체를 파괴했고 그 때문에 우리 집 사무실에 앉아 있던 내 운전기사의 아내와 두 딸이 비극적으로 목숨을 잃었다.

1982년 6월 초 이스라엘이 침공했을 때 나는 남부 레바논에 있었고 여름 내내 베이루트에 머물렀다. 나와 「뉴욕타임스」 사이의 합의는 야세르 아라파트Yasser Arafat의 팔레스타인해방기구Palestine Liberation Organization 전투원들이 베이루트 항구에서 배로 떠나기 시작할 때까지 내가 그곳에 머무른다는 것이었다. 결국 철수 시점은 협상에 따라 1982년 8월 21일로 정해졌다. 나는 내 스크랩북의 맨 앞과 맨 뒤에 "이스라엘, 침공하다."와 "아라파트, 떠나다."라는 두 개의 6단 크기 제목이 나오기를 바랐다. 그리고 마침내 그날이 왔다. 쾌청한 아침이었다. 나는 ABC 뉴스의 피터 제닝스Peter Jennings와 함께 그 항구에 서 있었다. 그리고 트럭에 올라탄 팔레스타인 게릴라들이 칼라시니코프 소총을 허공에 쏘며 알제리와 튀니지, 그리고 알 수 없는 미래를 향해 베이루트를 떠나는 것을 함께 지켜보았다. 그것은 극적이고, 비통하고, 대단히 생생한 장면이었다. 철수가 끝났을 때 나는 베이루트의 로이터 지국으로 가 그곳에 있던 내 책상에 휴대용 타자기를 올려놓고 그 모든 이야기를 (한 번에 세 문단씩) 쓰기 시작했다. 그 여름 내내 쏟은 열정과 에너지를 한 데 모아 긴 이야기의 마지막 장을 써내려갔다.

기사가 완성되자 나는 그것을 텔렉스 기사에게 넘겨주었고 그는 천공 테이프에 기사를 쳐 넣었다. 그러나 그가 기사를 뉴욕에 있는 「뉴욕타임스」 사무실로 보내기 전에 베이루트와 나머지 세계를 연결하는 모든 통신이 끊어졌다. 그 당시에는 모든 통신이 PTT에 있는 하나의 교환장치를 통해 밖으로 나갔는데 어찌된 영문인지 그것이 작동을 멈춘 것이었다. 나는 밤새도록 잠을 자지 않고 텔렉스 기계 옆에서 그 기계가 다시 살아나기를 기다렸다. 하지만 끝내 살아나지 않았다.

그래, 얘들아, 실제로 그런 일이 벌어졌던 시절과 장소가 있었단다. 전화도 텔렉스도 휴대폰도 인터넷도 아무것도 없었던 시절이었다. 나는 여전히 우리 집 지하실에 있는 상자에 그 텔렉스 천공테이프를 보관하고 있다. 다음 날인 1982년 8월 22일 아침 「뉴욕타임스」는 아라파트가 베이루트를 떠난 걸 1면 머릿기사로 올렸는데 바이라인(기사 작성자 이름—옮긴이)은 'AP 통신'으로 돼 있었다. AP는 나보다 몇 시간 앞서 PTT 통신이 끊어지기 전에 기사를 보냈던 것이다.

1984년에 내가 베이루트의 여정을 마칠 무렵에는 디지털 정보 기술 혁명이 막 모습을 드러내기 시작했다. 그때 「뉴욕타임스」는 나에게 '텔러램 포터버블TeleRam Portabubble'이라는 걸 보내주었다. 그것은 조그만 스크린이 있는 여행 가방 크기의 워드프로세서로, 그 위쪽에는 컵처럼 움푹한 자리에 전화기를 얹어놓게 돼 있었다. 이는 음파를 통해 '타임스퀘어'에 있는 「뉴욕타임스」의 제1세대 컴퓨터로 기사를 전송하기 위한 것이었다. 나는 1984년에 베이루트에서 예루살렘으로 옮겨 1988년까지 있었다. 거기에서도 처음에는 텔러램으로 작업했지만 결국 마지막 해 전후에는 커다란 플로피 디스크가 있는 첫 IBM 데스크톱을 받았다. 변화의 속도는 조금 빨라지기 시작했다. 내 기술 플랫폼은 더 빨리 개선되고 있었다.

예루살렘에서의 여정을 마치고 나는 워싱턴 지국으로 옮겨 1989년부터 「뉴욕타임스」 외교 담당 기자로 일했다. 외교팀 1진 기자로 제임스 베이커James Baker 국무장관과 함께 여행하며 베를린 장벽이 무너지고 냉전이 끝나는 것을 취재했다. 그 여행 중에 우리는 탠디Tandy 노트북 컴퓨터로 기사를 쓰고 장거리 전화로 전송했다. 기자들은 전 세계의 호텔 방에서 전화기를 떼어내고 탠디 컴퓨터에 전화선을 바로 연결하는 데 전문가들이 되었다. 우리는 출장을 갈 때는 언제나 취재수첩과 함께 조그만 스크루드라이버를 갖고 가야 했다.

내가 자리를 옮겨 1992년에 대통령에 당선된 빌 클린턴의 백악관을 취재하게 됐을 때 내가 아는 누구도 이메일을 쓰지 않았다. 하지만 클린턴이 두 번째 임기를 마칠 즈음에는 내가 아는 거의 모든 사람들이 이메일을 쓰고 있었다. 1995년 1월부터는 칼럼니스트로서 일을 시작했다. 바로 그해 8월 9일 넷스케이프라는 스타트업 기업이 주식을 공개했다. 이 회사는 인터넷 '브라우저'라는 걸 팔았는데 이는 인터넷과 이메일, 그리고 결국 월드와이드웹처럼 과거에는 존재하지도 않았던 것들이 컴퓨터 화면에서 살아나게 할 것이었다. 넷스케이프의 주식은 주당 28달러로 값이 매겨졌지만 상장 첫날 장중에 74.75달러까지 치솟았다 58.25달러로 장을 끝냈다. 넷스케이프의 주식공개는 인터넷 활황과 거품의 시작을 알리는 것이었다.

그때부터 델과 IBM, 그리고 애플의 노트북과 데스크톱 컴퓨터들이 갈수록 빨리 교체되고 점점 더 빠른 속도로 인터넷에 연결되었다. 10년 전부터는 신문 업계가 급속히 위축되고 있다는 게 분명해졌다. 많은 신문사들이 문을 닫고, 광고가 인터넷으로 옮겨가고, 수많은 사람들이 신문을 모바일 기기로 읽고 있기 때문이다. 나는 기자들이 「뉴욕타임스」의 종이 신문에 하루 한 건의 기사를 쓰던 시대에서 매일 여러 건을 써야 하는 시대로 옮겨가는 것을 지켜보았다. 인터넷 판을 계속해서 바꿔줘야 할 뿐만 아니라 트위터와 페이스북에도 기사를 올리고 동영상으로도 이야기를 해야 하기 때문이다. 그것은 정확히 내가 베이루트에서 통신기자로 일하던 시절을 떠올리게 한다. 속보 기사를 보내고 사진을 전송하고 라디오에도 잠깐씩 출연하면서 그 모든 일들을 정신없이 한꺼번에 해야 했을 때 나는 마감 시간이 한 번만 있는 신문기자로 일하고 싶었다. 그러나 이제 신문기자들도 통신기자들과 똑같이 1초에 한 번씩 마감 시간이 있다.

나는 한 해가 지나갈 때마다 내가 사용하는 도구들, 그리고 다른 화이트칼라 근로자들의 도구들이 슈퍼노바 덕분에 그 어느 때보다 빨리 바뀌는 걸 본다. 2013년 5월에 나는 런던 히스로 공항의 입국심사대 앞에서 입국 허가 도장을 받으려고 줄을 서서 기다리고 있었다. 그때 내 앞에 서 있던 남자가 돌아서서 자기가 내 독자라고 말했고, 나와 친근한 대화를 나누게 되었다. 나는 그에게 무슨 일을 하느냐고 물었다. 그는 자신의 이름이 존 로드John Lord이며 소프트웨어 업계에서 일한다고 했다. 그는 자기 회사의 목표는 가능한 어디에서든 '변호사들을 쓸모없게' 만드는 거라고 말했다. 사람들이 점점 더 많은 법률적인 일을 변호사의 도움 없이 할 수 있게 해주는 소프트웨어 애플리케이션을 만들겠다는 것이었다. 실제로 그의 회사인 네오타 로직Neota Logic은 자사의 목표가 '필요할 때 변호사를 쓸 수 없는 40퍼센트가 넘는 미국인들'을 위해 법적 조언을 해주고 정의에 대한 접근성을 크게 개선하는 것이라고 밝혔다. 유언장이나 기본적인 법률 문서들을 작성하는 데, 그리고 심지어 주택 압류나 가정 폭력, 또는 어린이 보호와 같은 생활상의 중대한 문제들을 다루는 데 도움을 주려는 것이다.

네오타 로직은 '전문가 시스템'이라는 새로운 계통의 소프트웨어를 만드는 기업이다. 이 회사는 고객들이 해야 할 일 가운데 변호사들이 수수료를 물리고 있지만 사실은 소프트웨어로 할 수 있는 많은 업무를 찾아내려 한다. 법률 분야의 터보 택스TurboTax(세금 신고용 소프트웨어—옮긴이)를 생각해보면 된다. 이 회사의 웹사이트는 한 해설자의 불평을 인용했다. 네오타 로직의 기술이 "행간을 읽거나 손을 잡아주고 눈물을 닦아줄 수는 없다."는 내용이었다. 그에 대해 네오타 로직은 이렇게 응수했다. "우리가 그렇게 할 수 있게 됐을 때 당신은 반드시 우리 보도자료를 보겠지요." 로드는 나중에 나에게 이렇게 설명했다. "저는 언제나 소송 변호사들에 대한 특별한 존경심을 갖고 있었습니다. 그리고 알고리듬이 그들과 배심원들을 대체하기까지 오랜 시간이 걸리기를 바랍니다. 물론 그 바람이 이뤄질 가능성이 아예 없는 건 아니겠지요. 그렇지만 네오타가 이루고자 하는 일 또한 가능성이 없는 건 아니지요."

나는 순간 내 딸이 변호사가 될 계획을 갖고 있지 않다는 게 기뻤다.

그러나 놀라운 일들은 끊임없이 이어지고 있다. 예전에는 꿈도 꿀 수 없었던 일들이 계속해서 펼쳐지는 광경을 목격하고 있는 내 자신을 발견한다. 그리고 슈퍼노바가 우리 세계를 영원히 바꿔놓았음을 상기하게 된다. 2015년 초에 나는 운전자가 없는 자동차의 뒷자리에서 내 휴대폰 카메라로 리포트를 하고 있었다!

나는 구글의 연구소이자 혁신 실험실인 구글 X를 방문하던 중 운전자가 없는 렉서스 RX 450h 스포츠 유틸리티 차량을 시승하게 되었다. 앞자리에는 두 명의 구글 X 연구원들이 타고 있었다. 조수석에 앉은 이는 무릎 위에 노트북 컴퓨터를 펴놓은 구글의 엔지니어였다. 운전석에 앉은 다른 이는 핸들을 잡지 않고 있었다. 그는 기본적으로 정지신호 때 우리와 나란히 차를 세울 다른 운전자에게 누군가가 이 차를 운전하고 있다고 안심시키기 위해 거기에 앉아 있었다. 실제로 그는 운전을 하지 않고 있었지만 말이다! 그리고 나는 뒷자리에 앉아 있었다.

우리는 캘리포니아 주 마운틴뷰의 주택가와 상업 지구를 통과하며 나아갔다. 그 경로는 미리 프로그래밍이 되어 있었고 차는 스스로 운전했다. 아니, 그보다는 그 차의 소프트웨어가 운전을 했다. 우리는 '자동 모드'에 있었다. 그 차가 침착하게 모든 교차로를 건너가고, 완벽하게 좌회전을 하고, 건널목에서 기다리며, 자전거 옆을 신중하게 지나가는 걸 5분 동안 지켜보고 나서 내 자신이 결코 예상하지 못했던 어떤 선을 이미 넘어섰다는 걸 깨달았다. 나나 다른 어떤 기사보다 소프트웨어가 운전하는 차에서 더 안전하다고 느낀 것이다.

그럴 만한 충분한 이유가 있었다. 구글 X 웹사이트는 전형적인 미국의 거리에서는 하루에 수천 건의 사소한 사고가 발생하고, 그중 94퍼센트는 인간의 과실과 관련된 것이며, 55퍼센트나 되는 사고는 보고되지도 않는다고 전했다. 그러나 2016년까지 구글의 자동차 53대가 230만 킬로미터 넘게 자동으로 운행하는 동안 충돌 사고는 단 17건에 그쳤고, 이쪽의 잘못으로 일어난 사고와 치명적인 사고는 한 건도 없었다. 하지만 구글은 임박한 충돌을 피하기 위해 인간 운전자가 10여 차례 개입해야 했음을 시인했다. (안타깝게도 2016년 2월 14일 구글의 자율주행차는 길 위의 모래주머니를 피하려다 시속 3킬로미터도 안 되는 속도로 가면서 버스의 옆 부분을 스쳤다. 이는 6년 동안의 운전 기록으로는 꽤 훌륭한 것이다.)

그래서 나를 태우고 다니는 자율주행차 앞자리에 앉은 구글의 여성 엔지니어에게 내가 얼마나 편안하게 느끼고 있는지 솔직히 말했을 때, 그녀는 그 차의 모든 움직임을 추적하고 있는 노트북에서 눈을 떼고 조용히 돌아보며 내가 기자로서 한 번도 들어본 적이 없는 말을 해주었다. 그녀는 이렇게 말했다. "프리드먼 씨, 이 차에는 사각지대가 없습니다. 거의 모든 사고가 운전자들이 주의를 기울이지 않아서 우리 차 뒤를 추돌한 것입니다."

"이 차에는 사각지대가 없다!" 나는 취재수첩에 그 말을 적었.

우리가 구글 X의 본부로 돌아왔을 때 구글의 공동 창업자인 세르게이 브린이 안내를 맡았다. 그는 그곳에서 구글의 2인승 자율주행차의 시제품을 내게 보여주었다. 그 차는 아직 이름이 없는데 바퀴가 달린 커다란 달걀처럼 생겼다. 그 차에는 계기판도 핸들도 아무것도 없었다. 그것은 완전한 자율주행을 하는 차였다.

"이 차에 행선지를 어떻게 말합니까?" 내가 브린에게 물었다.

"그냥 당신의 휴대폰으로 그걸 프로그래밍하면 되지요." 그는 그게 세상에서 가장 명백한 것인 양 대답했다.

물론이지, 내가 왜 그 생각을 못했을까! 내가 유능한 기자로서 사진을 찍는 데 쓰는 내 휴대폰이 내 다음 번 차의 열쇠 구실도 함께 할 것이다. 왜 안 되겠는가? 조직 컨설턴트 워런 베니스Warren Bennis는 언젠가 이런 유명한 농담을 했다. "미래의 공장에는 종업원이 사람 한 명과 개 한 마리, 단 둘밖에 없을 것이다. 사람은 개에 먹이를 주려고 거기에 있을 것이고, 개는 그 사람이 기계를 건드리지 못하게 막으려고 거기에 있을 것이다." 나는 갑자기 그것이 무슨 뜻인지 이해하게 됐다. 그리고 그 농담에도 더 이상 웃지 않게 됐다. 그것은 점점 더 심각하게 느껴지고 정곡을 찌르고 있다는 생각이 들기 시작했다.

2015년 3월 7일 「뉴욕타임스」는 이런 뉴스 퀴즈를 실었다. "이 기사를 사람이 썼을까요, 아니면 컴퓨터가 썼을까요? 우리가 읽고 있는 글 중 충격적일 만큼 많은 부분이 사람이 아니라 컴퓨터 알고리듬으로 쓴 것입니다. 당신은 그 차이를 알아볼 수 있나요? 퀴즈를 풀어보세요."

1. 미국 지질조사국Geological Survey에 따르면, 월요일 아침 캘리포니아 주 웨스트우드에서 8킬로미터 떨어진 얕은 곳에서 진도 4.7의 지진이 발생한 것으로 보고됐다. 이 지진은 태평양 표준시 오전 6시 25분에 지표 8킬로미터 아래에서 일어났다.
   □ 사람   □ 컴퓨터

2. 애플의 2014년 휴가철 이익은 기록을 깨는 것이었다. 이 회사는 746억 달러의 매출을 올리고 180억 달러의 순익을 냈다. 그 순익은 역사상 어떤 회사가 기록한 것보다 많은 것이다.
   □ 사람   □ 컴퓨터

3. 꿈속에서 너의 가장 아름다운 그림자를 보고 있을 때
   아침이 오면 그 꿈속의 그림자가 내 잠을 깨운다
   낮 동안 내 사랑의 그늘이 나타나고
   무서운 밤이 희미해진 그림자를 찾아온다.
   ☐ 사람   ☐ 컴퓨터

4. 베너는 해밀턴 A의 포시니 팀을 위해 타석에서 좋은 경기를 펼쳤다. 베너는 투 스트라이크 스리 볼 접전 끝에 주자 한 명을 불러들이고 1득점을 올렸다. 베너는 3회에 1루타, 5회에 2루타를 쳤다.
   ☐ 사람   ☐ 컴퓨터

5. 키티는 오랜 시간이 지나도록 잠들지 못했다. 그녀의 신경은 팽팽하게 잡아당긴 두 줄처럼 긴장하고 있었다. 브론스키가 마시라고 준 따뜻한 와인도 별 도움이 되지 않았다. 침대에 누운 그녀는 풀밭에서 본 소름끼치는 장면을 생각하고 또 생각했다.
   ☐ 사람   ☐ 컴퓨터

6. 화요일은 W. 로버츠에게 굉장한 날이었다. 데번포트필드에서 벌어진 경기에서 이 3학년 투수는 퍼펙트게임을 펼쳐 버지니아팀이 조지워싱턴 팀을 상대로 2 대 0 승리를 거두었다.
   ☐ 사람   ☐ 컴퓨터

7. 나는 푹신한 미국산 밴 좌석에 모로 퍼져 있었는데 젊은 녀석들 몇이 여전히 나에게 억지로 보드카를 권했고, 러시아인에게 그걸 거절하는 건 불손한 일이기 때문에 나는 의무적으로 받아마셨다.

□ 사람   □ 컴퓨터

8. 사실은 너를 위해 몇 구절의 시를 짓고 싶다
하루에도 수없이 그 구절들이 나를 휘감게 하기 위해
그러니 내가 곱씹을 수 있는 새로운 생각을 달라
나는 한없이 기다린다, 당신을 내게 머물게 하기 위해.

□ 사람   □ 컴퓨터

정답: 1. 컴퓨터 알고리듬 2. 사람 3. 컴퓨터 시작詩作 앱 4. 컴퓨터 알고리듬 5. 컴퓨터 알고리듬 6. 컴퓨터 알고리듬 7. 사람 8. 컴퓨터 시작 앱

오늘은 시인이 로봇과 경쟁한다. 내일은 칼럼니스트가 그럴 것이다.

앞서 이야기했듯이 2016년 4월 나는 니제르 북부 사하라 사막에 있는 아가데즈를 방문했다. 니제르 환경장관인 아다모우 차이포우Adamou Chaifou와 함께 그 일대의 경제적 이민 대열이 니제르를 거쳐 리비아로 가고, 계속해서 많은 이들이 바라는 유럽으로 가는 걸 지켜보기 위해서였다. 2016년 4월 13일 나는 니제르에서 차이포우의 말을 인용한 칼럼을 하나 썼다. 그 칼럼은 미국 동부 표준시로 새벽 3시 20분, 니제르 현지 시간으로 오전 8시 20분에 「뉴욕타임스」 인터넷 판에 올라왔다. 나는 그날 오후 그 나라를 떠나려고 오후 1시쯤 공항에 갔다. 차이포우는 나에게 작별 인사를 하려고 나왔고, 나는 그에게 처음으로 그 칼럼에 관해 말할 기회를 갖게 됐다. "내가 오늘 「뉴욕타임스」 칼럼에 당신이 한 이야기를 인용했습니다. 그 칼럼은 지금 우리 웹사이트에 올라와 있어요."

그는 이렇게 대답했다. "알아요. 우리 아이들이 중국에서 공부하고 있는데 그 칼럼을 벌써 나에게 보내주었지요!" 그러니까 내가 그곳에서 쓴

칼럼을 베세스다에 있는 내 아내가 아침에 일어나 읽기도 전에 니제르의 장관이 중국에서 공부하는 아이들에게서 이메일로 먼저 받아보았다고 이야기하고 있는 것이다. 오늘날은 그런 시대다.

그리고 마지막으로, 이 책을 쓸 때의 이야기다. 이 책을 쓰려고 2년 반 동안 조사를 하는 동안 나는 과학기술 분야의 거의 모든 주요 전문가들을 적어도 두 차례씩, 때로는 세 차례씩 인터뷰해야 했다. 내가 쓰고 있는 이야기들이 이미 지나가버린 일들이 아님을 확인하기 위해서였다. 한 사람의 저자로서 예전에 그렇게까지 했던 적은 없었다. 그건 마치 잠자리채를 가지고 나비를 쫓는 것과 같았다. 내가 나비를 잡으려고 움직일 때마다 그것들은 내 팔이 살짝 못 미치는 곳으로 날아가버린다.

바로 그거다. 40년이 채 안 되는 시간에 나는 수동 타자기로 한 번에 세 문단씩 기사를 쓰던 시대에서 자율주행차를 타고 내 휴대폰에 그걸 기록하는 시대로, 알고리듬이 솜씨를 부린 시를 읽는 시대로, 니제르에서 무선으로 기사를 보내 인터넷에 올리고, 다음 날 아침 중국에서 읽힌 그 기사가 니제르의 장관에게 내가 그의 말을 인용했다고 알려주기도 전에 이메일로 먼저 소식이 전해지는 시대로, 그리고 '새로운 기술 변화에 계속해서 추월당하는' 기술 변화에 관해서 책을 쓰는 시대로 옮겨온 것이다.

지금 망치가 필요한 사람은 바로 나인가?

틈새를 조심하세요

나는 언젠가 그에 대해 많은 생각을 해봤는데, 그 대답은 '아니오'다. 우리에게는 이 새로운 변화의 속도를 익히고 그에 적응하는 수밖에 다른 선택이 없다. 변화에 적응하는 일은 더 어려워질 것이고 더 많은 자발적인 동기를 요구할 것이다. 그리고 그와 같은 현실은 확실히 오늘날 전 세계, 특히 미국과 유럽의 정치를 어지럽게 하는 요인 중 하나다. 우리가 이야기한 가속화는 실제로 기술 변화, 세계화, 환경 파괴의 속도, 그리고 그 변화에 적응하고 그걸 관리할 수 있는 사람들과 지배 구조의 능력 사이의 격차를 크게 벌려놓았다. 많은 사람들이 통제력을 잃었다고 느끼며 그 변화를 이해하고 방향을 잡는 데 필요한 도움을 절실하게 바라고 있는 것으로 보인다.

누가 그들을 나무랄 수 있는가? 그토록 많은 것들이 한꺼번에 가속화할 때 사람들은 세찬 급류 속에서 카약을 탄 것처럼 갈수록 빨라지는 흐름에 떠밀려간다고 느끼기 쉽다. 그런 상황에서는 본능적이지만 잘못된 행동을 하려는 유혹에 거의 저항할 수 없게 된다. 속도를 늦추려고 노를 계속 물속에 담가두고 있는 행동이 그것이다.

캐나다의 자유형 급류타기 카약 팀의 일원이었던 애너 레베스크는 그렇게 하는 건 효과가 없다고 설명한다. 그녀는 선수로서 그리고 강사와 가이드로서 15년 넘게 경험을 쌓았고 올림픽 동메달을 따기도 했다. 그녀는 빠르게 흐르는 강에서 어떻게 카약을 조종하는지 설명하는 글을 자신의 블로그에 올렸다. 그녀가 제시한 간단한 전략은 우리의 가속화 시대를 관리하기 위해서도 기억해둘 만하다.

그녀의 글은 "'노를 계속 물속에 두라'는 것이 왜 초보자에게 나쁜 조언인가"라는 제목으로 올라와 있다.

"노를 계속 물속에 두라"는 말이 무슨 뜻인지 곰곰이 생각해본 적이 있나요? 당신이 그것을 생각해보았다면 급류타기 초보자에게 절대 권하지 않을 겁니다. 카약을 타는 사람과 강사가 그런 조언을 한다면 그것은 "급류에서 안정을 유지하려면 계속 노를 저어라."라는 의미입니다. 초보자들이 그 격언대로 정말로 노를 계속 물속에 담가두고만 있다면 그들은 배를 조종하는 데 노의 날을 쓰는 동안 물속의 노가 선미 옆으로 끌리면서 방향을 잘못 잡게 됩니다. 이는 좋지 않은 자세입니다. (중략) 급류에서 안정성을 높이려면 노를 물의 흐름만큼, 혹은 그보다 더 빠르게 움직이는 것이 중요합니다. 방향을 바꾸려고 하거나 노를 물속에서 끌 때마다 당신은 탄력을 잃고 배는 뒤집히기 쉬워집니다.

오늘날 변화를 관리하는 일도 마찬가지다. 방향을 잡으려면 기술과 세계화, 환경 변화만큼 빠르거나 그보다 빠른 속도로 노를 젓는 수밖에 없다. 번영으로 가는 유일한 길은 '역동적 안정성'을 유지하는 것이다. 애스트로 텔러가 이야기한 자전거 타는 요령과도 같은 것이다. 그렇다면 정치사회적인 차원에서 물의 흐름과 같은 속도로 노를 젓는다는 것, 또는 역동적인 안정성을 유지한다는 것은 무슨 뜻인가?

그것은 '기술 외의 모든 일에서' 혁신을 이루는 것이다. 그것은 우리 사회의 일터와 정치, 지정학, 윤리, 그리고 공동체를 다시 상상하고 설계하는 것이다. 또한 우리가 지금처럼 빠른 변화를 겪을 때 더 많은 시민들이 더 오랫동안 더 다양한 방식으로 그들의 삶을 바꿔놓는 가속화된 흐름에 보조를 맞추고 안정성을 높일 수 있도록 하는 것이다.

그러자면 일터의 혁신이 필요하다. 그를 통해 사람들이 정확히 무엇을 기계보다 더 잘할 수 있고, 무엇을 기계와 '함께' 잘할 수 있는지 확인하고 사람들이 그러한 역할을 할 수 있도록 훈련시켜야 할 것이다. 지정학적인 혁신도 필요하다. 개인의 힘과 기계의 힘, 흐름의 힘, 그리고 힘이 허약한 나라를 무너뜨리고 파괴자에게 강력한 힘을 실어주며 강한 나라들을 압박하고 있는 세계를 우리가 집단적으로 관리할 수 있는 길을 찾아내야 할 것이다. 정치의 혁신도 필요하다. 산업혁명과 뉴딜, 그리고 냉전 시대에 대응하는 과정에서 탄생한 우리의 전통적인 좌파와 우파 정당 체제는 3중의 대가속 시대에 사회적 복원력에 대한 요구를 충족시킬 수 있도록 조정돼야 할 것이다. 도덕의 혁신도 필요하다. 개인의 힘과 기계의 힘이 너무나 커져 인류가 거의 신과 같은 존재가 되고 있을 때 어떻게 하면 오랫동안 지속될 수 있는 가치를 모두에게 확산시킬 수 있는지 새로운 상상력이 필요할 것이다. 그리고 마지막으로, 사회적 혁신이 필요하다. 더욱 다양한 인구 구성을 촉진하고 정착시키며 더 건강한 공동체를 건설하기 위해 새로운 사회계약을 맺고 평생학습 기회를 주고 정부-민간 파트너십을 확장하는 법을 배워야 할 것이다.

이 도전과 관련해 내가 좋아하는 사상가 중 한 사람은 옥스퍼드 대학교에 있는 신경제사고연구소 소장이면서 『부는 어디에서 오는가: 진화하는 경제생태계에서 찾은 '진짜' 부의 기원 The Origin of Wealth: The Radical Remaking of Economics and What It Means for Business and Society』의 저자인 에릭 바인하커 Eric Beinhocker 다. 바인하커는 인터뷰에서 우리 앞의 도전을 간명하게 정리했다. 그는 먼저 석기, 말이 끄는 쟁기, 마이크로칩 같은 '물리적 기술'의 진화와 화폐, 법치, 규제, 헨리 포드 Henry Ford 의 공장, 유엔과 같은 '사회적 기술'의 진화를 구분했다.

사회적 기술은 우리가 협력—비제로섬 게임 non-zero-sum game —의 이득을 확보하는 방법이다. 물리적 기술과 사회적 기술은 공진화한다. 물리적 기술의 혁신은 새로운 사회적 기술을 실현할 수 있게 해준다. 화석연료 기술이 대량 생산을 가능하게 하고, 스마트폰이 공유 경제를 가능케 하는 것과 같은 것이다. 반대로 사회적 기술은 새로운 물리적 기술이 실현될 수 있게 해준다. 글로벌 공급망이 없었다면 스티브 잡스도 스마트폰을 만들 수 없었을 것이다.

그러나 그는 이 두 가지 형태의 기술 사이에 큰 차이가 하나 있다고 덧붙였다.

물리적 기술은 과학의 속도로 빠르게 진화한다. 그리고 갈수록 가속적으로 빨라진다. 반면 사회적 기술은 사람들이 변할 수 있는 속도로 훨씬 더 느리게 진화한다. 물리적 기술 변화가 놀라운 물건들과 새로운 기기들, 더 좋은 의약품을 만들어내는 반면 사회적 기술 변화는 흔히 엄청난 사회적 긴장과 혼란을 조성한다. 아랍의 봄Arab Spring 바람이 불었던 나라들이 부족적인 독재 체제에서 법치가 확립된 민주주의 체제로 이행하려고 시도했을 때처럼 말이다. 또한 핵 확산, 생물학 무기를 이용한 테러, 사이버 범죄에서 보듯이 우리의 물리적 기술은 그것들을 관리할 수 있는 사회적 기술의 능력을 멀찌감치 앞서갈 수 있다. 그중 일부는 지금 우리 주변에서 일어나고 있다.

우리의 물리적 기술은 속도가 줄지 않을 것이다. 무어의 법칙이 승리할 것이라는 말이다. 그래서 우리는 지금 사회적 기술이 그것을 따라가도록 경주를 벌이고 있는 것이다. 개인의 심리와 조직, 기관, 그리고 사회가 어떻게 작동하는지 더 깊이 이해하고 그것들의 적응과 진화를 가속화할 방법을 찾아야 한다.

이는 계속해서 진행되는 엄청난 도전이 될 것이다. 모든 사회와 모든 공동체는 사회적 기술을 새롭게 상상하고 발명하는 속도를 높여야 한다. 우리의 물리적 기술이 가까운 장래에는 속도를 늦출 가능성이 거의 없기 때문이다. 시스템 사상가 린 웰스는 2014년 11월 1일 '철저히 포괄적인 접근이 더 나은 결과를 낳는다'는 제목의 글에서 이렇게 표현했다.

대략적으로 말해 일정한 단위 비용 당 컴퓨팅 능력이 18개월마다 두 배가 된다면 우리는 18개월 만에 100퍼센트 많은 능력을 갖게 된다. 그리고 5년 동안에는 900퍼센트, 10년 동안에는 1만 퍼센트 넘게 능력이 확대된다. (중략) 더욱이 그 변화는 정보 기술의 영역에서만 일어나는 게 아니다. 바이오 기술은 정보 기술보다 훨씬 더 빨리 바뀌고, 로봇 기술과 자동 제어 시스템은 어디에서나 볼 수 있으며, 나노 기술은 신소재 개발부터 에너지 저장에 이르기까지 일련의 상업적으로 유용한 분야에 영향을 미치려 하고 있고, 에너지 분야 자체도 사회 전반에 영향을 미치는 근본적인 변화를 겪고 있다. 이들 5가지, 즉 바이오$_{bio}$, 로봇$_{robo}$, 정보$_{info}$, 나노$_{nano}$, 그리고 에너지$_{energy}$ (앞 글자만 따서 BRINE이라고 한다) 분야만 보더라도 급속한 기술 변화는 총체적으로 법률과 윤리, 정책, 경영, 그리고 전략 면에서 기회를 만들어준다. 그리고 어떤 기업이나 개인도 혼자서는 다룰 수 없는 리스크도 던져준다.

이는 사회의 재창조를 위한 가장 큰 도전이다.

미국은 50개 주, 그리고 지배 구조에 대해 여러 가지 다른 실험을 할 수 있는 수천 개의 지방자치단체로 권력이 나누어져 있고 바로 그 때문에 사회의 재창조를 위한 대단히 광범위한 계획을 실행하는 데 더할 나위 없이 적합하다. 그러나 모든 분야에 걸쳐 가속화하는 새 기술이 탄생한 2007년의 바로 다음 해에 혹독한 경제 침체기에 들어갔고 이는 다시 워싱턴의 정치적 교착상태를 불러왔다. 그 결과 우리는 물리적 기술이 질주를 계속하는 동안 우리의 사회적 기술은 멈추어버리는 걸 지켜보았다. 사회적 기술은 우리가 그러한 가속화에 보조를 맞추고 그로부터 최선의 효과를 얻어내면서 최악의 충격을 누그러뜨리기 위해 필요한 학습, 관리, 규제 시스템이다. 내가 앞서 시사한 것처럼 이는 마치 모든 사람들의 발아래 기반이 갈수록 더 빨리 움직이고 있는 바로 그때 사람들이 스스로 조정하고 적응할 수 있게 도와주어야 할 관리 시스템은 얼어붙어버린 것과 같다. 그리고 사람들에게 무슨 일이 벌어지고 있는지 설명할 수 있는 정치 지도자들은 거의 없었다.

이러한 정책의 벌어진 틈새는 미국과 세계 각국에서 수많은 시민들이 마치 닻을 내리지 못한 채 바다 위를 떠다니는 것처럼 느끼게 하고 갈수록 더 많은 이들이 극좌나 극우 성향의 후보들을 찾도록 부추기고 있다. 그래서 오늘날 많은 사람들이 이러한 변화에 제동을 걸거나, 변화의 힘을 깨버릴 망치를 갖고 오거나, 아니면 그들의 걱정을 사라지게 할 단순한 해법을 제시해줄 누군가를 찾고 있는 것처럼 보인다.

지금은 상상력과 혁신으로 그 불안한 틈새를 메우는 노력을 배가해야 할 때이지 사람들에게 겁을 주거나 효과도 없는 극히 단순한 해법에 기댈 때가 아니다. 나는 이 문제를 푸는 데 충분한 해법을 모두 알지 못하며, 알고 있는 척 하지도 않을 것이다. 하지만 다음 장에서 그러한 적응을 위한 최선의 아이디어들을 제시할 것이다. 내가 지금까지 하나씩 모은 그 아이디어들은 다섯 가지 핵심적인 분야(일터, 지정학, 정치, 윤리, 그리고 공동체 건설)에서 사람들이 이 가속의 시대에 닻을 내린 것처럼 더 안정감 있고, 강한 회복 탄력성과 추진력을 지니고 있다고 느낄 수 있도록 돕기 위한 것이다. 우리에게 결코 바람직하지 않은 건 모두가 속도를 늦추려고 각자 '급류 속에 노를 담가두고' 있는 것이다. 그렇게 하는 것은 바로 카약이나 한 국가를 불안정하게 만드는 것이다.

/ 08 /

인공지능을
똑똑한 도우미로

한 가지만 분명히 해두자. '로봇이 모든 일자리를 빼앗아가는 것이 필연적인 건 아니다.' 그런 일은 로봇이 그렇게 하도록 우리가 내버려둘 때에만 일어난다. 다시 말해 우리가 노동과 교육, 창업 분야에서 혁신을 가속화하지 않고, 초등교육에서부터 평생학습에 이르기까지 배움의 컨베이어 벨트 전부를 새로운 발상으로 생각하지 않는다면 그런 일이 벌어질 것이다.

우리는 일 문제에 대한 솔직한 대화부터 시작해야 한다. 그러나 미국에서 우리는 지금까지 오랫동안 솔직한 대화를 하지 않았다. 1990년대 초 이후 빌 클린턴 대통령과 그의 후임자들은 미국 국민에게 줄곧 오래된 말을 똑같이 되풀이하곤 했다. 당신이 '열심히 일하고 규칙에 따라 행동하면' 미국의 체제는 당신이 품위 있는 중산층의 삶을 누리게 해주고 당신의 자녀들이 더 나은 삶을 살 수 있는 기회를 줄 것이라는 말이다. 한때는 그 말이 사실이었다. 그러나 이제 '평범하게 자기 일을 하며 규칙에 따라 행동하면 모든 게 잘될 것'이라는 생각에 작별을 고해야 할 것이다.

우리는 기후에 있어서 홀로세를, 다시 말해 자연의 모든 것들이 훌륭하게 균형을 유지하는 완벽한 에덴동산의 시대를 막 떠나가고 있는 것처럼 보이며, 일에 있어서도 홀로세와 같은 시대를 떠나고 있다.

제2차 세계대전 후 그 '영광스러운' 수십 년 동안 아직 대시장과 대자연, 그리고 무어의 법칙이 체스판의 후반부에 접어들기 전에 당신은 평범한 고등학교나 4년제 대학 교육을 받은 평범한 근로자로 평범한 노동조합에 가입하든지 가입하지 않든지 품위 있는 삶을 이끌어갈 수 있었다. 그리고 주 5일, 하루에 평균 여덟 시간을 일하기만 하면 당신은 집을 사고 평균 두 명의 아이를 갖고 가끔 디즈니월드에 가며 은퇴 후와 황혼기에 평균적인 삶을 살 수 있었다.

따라서 그때는 많은 것들이 평균적인 근로자에 유리했다. 미국은 제2차 세계대전 후 유럽과 아시아 여러 나라들의 산업 기반이 파괴된 가운데 세계 경제를 지배했으며, 그에 따라 한동안 제조업 쪽에 채워야 할 일자리가 많이 있었다. '아웃소싱'은 제한적이었고 중국은 아직 세계무역기구에 가입하지 않았으며(가입은 2001년 12월에 이뤄졌다), 중국의 노동력은 아직 대부분의 유능한 블루칼라 일자리에 큰 위협이 되지 않았다. 세계화가 비교적 온건하게 가다 서다 하고 혁신은 느리며 다른 산업 분야에 대한 진입 장벽은 높았다. 노조는 비교적 강했고, 협상을 통해 사용자들에게서 지속적으로 상당한 임금 인상과 근로복지 혜택을 받아낼 수 있었다.

기업들은 또한 이동성이 낮아서 새로운 기술을 배우거나 그만둘 가능성이 적은 근로자들을 사내에서 훈련시킬 수 있는 여유가 있었다. 변화의 속도가 느렸기 때문에 고등학교나 대학에서 배운 건 무엇이든 오래 적합한 기술로 써먹을 수 있었다. 기술 격차는 그리 크지 않았다. 기계와 로봇, 그리고 무엇보다 소프트웨어는 많은 복잡성을 그토록 쉽고 싸게 제거할 수 있을 만큼, 그리고 그렇게 하는 과정에서 제조업과 서비스업 노조의 협상력을 침식할 만큼 발달하지 않았다. 교육 단체 칼리지보드College Board의 글로벌 정책과 활동 책임자인 스테퍼니 샌퍼드Stefanie Sanford는 "이 모든 요인들이 어우러진 결과 많은 근로자들이 이 같은 노동계의 홀로세에서 '고임금·중기술직'으로 알려진 일자리를 즐겼다."고 설명했다.

자, 이제 이런 것들에게도 작별인사를 해야 할 것이다.

고임금·중기술 일자리는 코닥 필름처럼 사라져버렸다. 가속의 시대의 동물원에는 갈수록 그런 동물이 사라지고 있다. 고임금·고기술 일자리는 아직 있다. 아직 중임금·중기술 일자리도 있다. 그러나 고임금·중기술 일자리는 더 이상 찾아보기 어렵다.

평균의 시대는 공식적으로 끝났다. 내가 대학을 졸업했을 때는 일자리를 '찾아야' 했다. 하지만 내 딸들은 일자리를 '발명해야' 한다. 나는 평생 써먹을 기술을 배우러 대학에 갔고, 그 후 나에게 평생학습은 하나의 취미였다. 내 딸들은 첫 일자리를 얻을 수 있는 기술을 배우러 대학에 갔고, 그들에게 평생학습은 그 후 일자리를 얻을 때마다 필수가 됐다. 오늘날 아메리칸 드림은 정해진 목적지가 아니라 하나의 여행과 같은 것이며, 이는 내려가는 에스컬레이터를 거꾸로 걸어 올라가는 것과 같다. 당신은 그렇게 할 수 있다. 우리 모두 어릴 때 장난삼아 했던 행동이다. 하지만 그러자면 당신은 분명 에스컬레이터보다 빨리 걸어야 한다. 이는 당신이 더 열심히 일하고, 정기적으로 스스로를 재창조하고, 어떤 형태든 적어도 중등교육 이후의 훈련을 받고, 반드시 평생학습에 참여하고, 새로운 규칙에 따라 행동하며 그중 일부는 새로 만들기도 해야 한다는 것을 뜻한다. '그렇게 하면 당신은 중산층이 될 수 있다.'

이는 차 범퍼에 붙일 만한 멋진 스티커 구호가 아니라는 걸 나도 안다. 그리고 나는 기쁜 마음으로 그 말을 하는 게 아니다. 나도 지난날의 세계를 좋아한다. 그러나 우리가 다른 이야기를 한다면 사람들을 심하게 오도하는 것이다. 오늘날 일터에서 성공하려면 링크트인의 공동 창업자인 리드 호프먼Reid Hoffman이 말한 것처럼 '자기 자신의 스타트업'에 투자하는 것이 가장 중요하다. 미국의 어떤 정치인도 당신에게 이런 말을 하지 않겠지만 경영자는 모두 이렇게 말할 것이다. 당신은 그저 경기장에 나타나기만 해서는 안 된다. 성공할 수 있는 계획이 있어야 한다.

가속의 시대에는 다른 모든 것들과 마찬가지로 일자리를 확보하고 유지하는 데에도 '역동적 안정성'이 필요하다. 당신은 쉼 없이 계속 페달을 밟거나 노를 저어야 한다. 코드카데미Codecademy를 창업한 자크 심스Zach Sims는 이렇게 주장한다. "당신은 더 많이 알아야 하고, 알고 있는 걸 더 자주 새롭게 해야 하며, 그걸 가지고 그저 일상적인 과업을 수행하는 게 아니라 더 창조적인 일을 해야 합니다. 그렇게 되풀이되는 순환 고리는 실제로 오늘날 일과 학습을 규정합니다. 자발적인 동기부여가 더 중요해진 것도 그 때문이지요." 너무나 많은 학습이 이제 교실에서 하는 학과 공부가 아니라 고등학교나 대학, 혹은 부모의 집을 떠나고 오랜 시간이 지난 뒤에 이루어져야 할 터이므로 스스로 하는 동기부여가 훨씬 더 중요해졌다는 말이다. 컴퓨터 코드 작성법을 쉽게 배울 수 있는 플랫폼을 만드는 심스는 이렇게 덧붙였다. "온디맨드의 세계에서는 모두에게 온디맨드 학습이 필요하지요. 그 학습은 전 세계 어디에서나 누구나 휴대폰과 태블릿으로 접근할 수 있어야 합니다. 이는 확실히 학습의 개념을 바꿔놓고 있습니다. 지하철에서 누군가가 휴대폰으로 '캔디 크러시 사가' 게임을 하고 있는 걸 보면 나는 그들 자신을 향상시키는 데 쓸 수 있는 5분이 허비되는구나 생각하지요."

1990년대 중반 인터넷이 뜬 후 10년 이상 지나는 동안 '디지털 격차

digital divide'를 안타까워하는 목소리가 많았다. 지금까지는 인터넷이 뉴욕시에서는 연결되지만 뉴욕 주 북부에서는 안 되고, 미국에서는 되지만 멕시코에서는 안 되고, 남아공에서는 되는데 니제르에서는 안 되는 문제가 있었다. 이는 당신이 무엇을 배울 수 있는지, 어디에서 어떻게 사업을 할 수 있는지, 그리고 누구와 협력할 수 있는지를 결정하기 때문에 대단히 중요한 문제였다. 하지만 앞으로 10년 안에 디지털 격차는 거의 사라질 것이다. 미래연구소 소장인 마리나 고비스는 그렇게 되면 '동기 격차$_{motivational\ divide}$' 한 가지만 문제가 될 것이라고 말한다. 미래는 값싸고 자유롭게 쓸 수 있는 그 모든 도구들과 슈퍼노바의 흐름들을 유익하게 활용하려는 자발적인 동기를 가진 사람들 몫이 될 것이다.

만약 세계를 하나의 다이얼로 나타낼 수 있다면 제2차 세계대전 후 50년 동안에는 그 다이얼이 왼쪽을 가리키게 돼 있었다. 소련에 가까운 나라일수록 다이얼은 더 왼쪽으로 향했다. 그리고 그것은 이런 표시를 가리켰다. "당신은 확정급여형$_{defined\ benefits}$ 세계에 살고 있습니다. 매일 정상 출근해서, 일반적인 업무를 하고, 평균적으로 살면 당신이 얻을 혜택이 여기에 있습니다." 하지만 슈퍼노바가 부상한 후 그 다이얼은 오른쪽으로 급격하게 돌아갔다. 그리고 오늘날에는 이런 표시를 가리킨다. "당신은 확정기여형$_{defined\ contributions}$ 세계에 살고 있습니다. 당신의 임금과 복지 혜택은 이제 점점 더 직접적으로 당신의 기여도를 반영할 것입니다. 그리고 빅데이터 덕분에 우리는 당신의 기여도가 얼마나 되는지 점점 더 정확히 측정하게 될 것입니다." 이제 우리는 401(k)(미국의 퇴직연금제도—옮긴이) 세계에 살고 있다. "엉클 샘은 당신을 원한다."라는 2차 세계대전 당시의 옛 포스터에 빗대 말하자면 지금 엉클 샘은 당신에게 더 많은 책임을 부여할 것을 원한다.

제너럴일렉트릭의 최고경영자인 제프 이멀트는 2016년 5월 20일 뉴욕 대학교의 스턴경영대학원 졸업식 연설에서 그것을 직설적으로 이야기했다. "기술 발전으로 기업과 사람들의 경쟁에 필요한 자격 조건은 더 높은 수준으로 올라갔습니다." 경영 컨설턴트인 존 헤이글은 훨씬 더 직설적으로 말한다. "개인이든 기관이든 우리 모두에게 성과에 대한 압력이 커지고 있습니다. 지금과 같은 모든 연결성은 진입과 이동을 가로막는 장벽들이 크게 낮아지고 변화가 가속화하며 극단적이고 파괴적인 일들이 갈수록 자주 일어난다는 걸 뜻합니다. 그 모든 것들이 우리의 기관들에 큰 압력을 가하는 것이지요. (중략) 개인적인 차원에 대해 제가 예로 드는 건 이곳 실리콘밸리의 고속도로에 서 있던 광고판이 말해주는 것입니다. 그 광고는 이런 간단한 질문을 던지지요. '전 세계에 당신의 일을 할 수 있는 이들이 적어도 100만 명이 있다는 걸 알게 되면 기분이 어떨까요?' 우리는 그것이 1,000명이냐 100만 명이냐를 놓고 입씨름을 할 수도 있지만 20년이나 30년 전에 그렇게 물었다면 어처구니없는 질문이었을 겁니다. 왜냐하면 그건 정말로 문제가 되지 않았을 테니까요. 나는 여기에 있고 그들은 어딘가 다른 곳에 있었기 때문이지요. 하지만 오늘날 그것은 더욱더 핵심적인 질문이 되고 있고, 누군가는 이렇게 물을 수도 있겠지요. '당신의 일을 할 수 있는 로봇이 적어도 100만 기가 있다는 걸 알게 되면 어떤 기분이 들까요?' 우리는 매우 개인적인 차원에서 성과에 대한 압력을 점점 더 느끼고 있지요."

새로운 사회계약

하지만 과연 모두가 변화의 속도를 따라갈 수 있을까?
  이는 우리 시대에 가장 중요한 사회경제적 질문들 가운데 하나다. 아마도 그중에서도 제일 중요한 질문일 것이다. 그에 대해서는 여러 가지 방식으로 생각할 수 있겠지만 여기서는 오바마 전 대통령의 경제자문관을 지낸 바이런 어거스트Byron Auguste의 생각을 들어본다. 그는 10년 안에 '배우고 일하고 소득을 얻는 데 최대한의 잠재력을 발휘할 수 있는' 미국인들을 적어도 100만 명 늘리는 걸 목표로 하는 사회적 벤처 오퍼튜니티앳워크Opportunity@Work를 공동으로 설립했다. 어거스트는 이렇게 주장했다. "경제적으로 중대한 변화가 일어날 때마다 새로운 유형의 자산이 생산성 향상을 이루고 부와 기회를 창출하는 데 주된 기반이 됐습니다. 농업 경제에서 그 자산은 땅이었지요. 산업 경제에서 그것은 물리적 자본이었고, 서비스 경제에서는 일하는 방식과 디자인, 소프트웨어, 특허 같은 무형자산이 중요했습니다."

그는 또 이렇게 말했다. "오늘날의 지식과 인간 중심의 경제knowledge-human economy에서 그 자산은 재능과 기술, 암묵적인 노하우, 공감, 그리고 창의력 같은 인적 자본이지요. 이는 잠겨 있는 재능을 풀어주어야 할 엄청나게 많고 저평가된 사람들을 자산으로 보는 것입니다. 우리의 교육기관과 노동시장은 그런 상황에 적응해야 합니다."

우리는 운이 좋은 소수에게만 돌아가는 자산이나 기회를 바탕으로 하는 성장 모형은 무슨 수를 쓰든지 피해야 한다. 그러한 사회를 지탱하기 위해 필요한 부의 대규모 재분배는 정치적으로 지속될 수 없다.

어거스트의 주장을 들어보자. "우리는 인적 자본에 대한 투자에 바탕을 둔 성장 모형에 초점을 맞춰야 합니다. 그렇게 하면 더 역동적인 경제와 포용적인 사회를 만들 수 있습니다. 재능과 인적 자본은 기회나 금융자본보다 훨씬 더 평등하게 분배되기 때문이지요."

그렇다면 어디서부터 시작해야 할까? 어거스트는 그에 대해 짧게 답한다. 가속의 시대에 우리는 근로자와 사용자, 학생과 교육기관, 그리고 시민과 정부 간의 세 가지 핵심적인 사회계약을 다시 생각해야 한다는 것이다. 그것만이 모든 개인이 잠재적인 재능을 완전히 실현할 수 있는 환경, 그리고 인적 자본이 보편적이고 양도할 수 없는 자산이 될 수 있는 환경을 만들어낼 유일한 길이다.

인공지능과 일자리의 변화

그러한 일련의 새로운 사회적 계약들에 어떤 구성 요소들이 필요한지 이해하려면 노동시장에서 실제로 어떤 일이 벌어지고 있는지 분명한 그림을 가지고 시작해야 한다. 그래야 우리가 정확히 무엇을 해결하려 하는지 알 수 있다.

여기서 나는 보스턴 대학교 로스쿨의 연구원 겸 강사로 『실행을 통한 학습: 혁신과 임금, 부의 실제 연계Learning by Doing: The Real Connection Between Innovation, Wages, and Wealth』를 쓴 경제학자 제임스 베센James Bessen의 뛰어난 연구에 의존하려 한다. 사실 이 문제를 둘러싸고 많은 신화와 오해들이 있다.

베센은 우리가 노력을 집중해야 할 핵심적인 과제는 일자리가 아니라 기술이라고 주장한다. 그는 여러 작업을 자동화하거나 하나의 직업을 완전히 자동화하는 것과 인간을 아주 필요 없게 만드는 것 사이에는 엄청난 차이가 있다고 강조한다. 확실히 어떤 직업들은 완전히 사라졌다. 그 산업이 사라졌기 때문이다. 오늘날 미국에서는, 아니 아마도 세계 어디에서든 마차를 몰 때 쓰는 채찍을 만들며 살아가는 이는 한 사람도 없을 것이다. 마차가 자동차에 밀려난 후에는 그 일로 생계를 유지하는 이는 없다. 그러나 심지어 어떤 일을 98퍼센트 자동화하더라도 이는 100퍼센트 자동화하는 것과 같지 않다는 점을 기억해야 한다. 오늘날은 19세기에 옷감 한 마를 짜는 데 필요했던 노동의 98퍼센트가 자동화됐다. 즉, 100퍼센트 사람 손으로 하던 것에서 2퍼센트만 사람의 노동이 필요한 것으로 바뀌었다.

베센은 이렇게 말한다. "그다음 무슨 일이 일어났습니까? 오히려 방직업의 일자리가 늘어났지요. 주로 사람 손으로 하던 일을 자동화하면 그 일을 엄청나게 더 생산적으로 할 수 있기 때문입니다. 그리고 그런 일이 일어나면 그 제품의 가격은 내려가고 수요는 늘어나지요." 19세기가 시작될 때에는 많은 사람들이 한 벌의 옷을 갖고 있었다. 그것들은 다 사람 손으로 만든 옷이었다. 그 세기가 끝날 무렵에는 대부분의 사람들이 여러 벌의 옷과 창문에 치는 커튼, 바닥에 까는 양탄자, 그리고 가구에 씌울 덮개를 갖고 있었다. 다시 말해 옷감 짜는 일의 자동화가 일어나자 가격이 내려갔고 사람들이 옷감을 훨씬 더 많은 곳에 사용하면서 실제로 기계가 노동을 대체한 효과를 상쇄하기에 충분할 만큼 수요가 폭발했다고 베센은 설명했다.

베센은 정부 자료를 이용해 1980년부터 2013년까지 317개 직종에 대해 컴퓨터와 소프트웨어, 그리고 자동화가 미치는 영향을 연구했다. 2015년 11월 13일 발표한 연구 논문에서 그는 "컴퓨터를 더 많이 활용하는 직종에서 고용이 훨씬 더 빨리 늘어난다."고 결론지었다. 그는 1990년대에 대량으로 보급되기 시작했고 지금은 어디에서나 볼 수 있는 현금자동입출금기ATM의 사례를 들었다. 모든 사람들이 그 기계가 은행 창구직원을 대체할 것이라고 추측했지만 그런 일은 일어나지 않았다.

ATM은 때때로 기술이 근로자들을 대체하는 전형적인 사례로 제시된다. ATM은 현금을 다루는 업무를 대신한다. 그러나 1990년대 말과 2000년대 초에 ATM이 널리 보급된 후에 전일 근무 기준으로 환산한 은행 창구 직원 수는 늘어났다. 실제로 2000년 이후 전일 근무 기준 은행 창구 직원 수는 연간 2퍼센트씩 늘어났는데 이는 전체 고용 증가율 1퍼센트보다 빠른 속도다. 왜 은행 창구 직원 고용은 줄어들지 않았는가? ATM 덕분에 은행이 지점들을 더 낮은 비용으로 운영할 수 있게 되었기 때문이다. 그렇게 되자 은행들은 훨씬 더 많은 지점을 열었고 그에 따라 줄었던 창구 직원 일자리가 다시 늘어난 것이다. 이와 함께 창구직원의 기능도 바뀌었다. 단순 반복 업무가 아닌 마케팅과 사람을 상대하는 기술이 더 값진 것이 되었고 일상적으로 현금을 다루는 일은 덜 중요해졌다. 다시 말해 은행 창구 직원들은 단순 업무를 상대적으로 덜 하게 되었지만 고용은 늘어났다.

ATM이 단순한 현금 입출금 업무를 자동화했지만 그 기술 자체가 창구 직원의 고용이 늘어나거나 줄어들게 한 건 아니다. 중요한 것은 경제 원리다. 새로운 기술은 어떤 직업에 대한 수요를 늘려 사람들이 예상하는 일자리 감소를 상쇄할 수 있다. 이 사례는 예외적인 것이 아니다.

- 바코드를 읽는 스캐너는 계산원의 계산 시간을 18~19퍼센트 줄여주지만 1980년대에 스캐너가 광범위하게 보급된 후 계산원 수는 늘어났다.
- 1990년대 말 이후 법률 업무 진행을 돕는 전자 서류 검색 소프트웨어는 법무 보조원이 하던 일을 수행하면서 10억 달러 규모의 사업으로 성장했지만 법무 보조원 수는 크게 늘어났다.
- 전자상거래 또한 1990년대 말 이후 급속히 성장해 이제 소매 판매의 7퍼센트 넘게 차지하지만 2000년 이후 판매직으로 일하는 사람 수는 이전보다 늘어났다.

베센의 논지는 기술의 영향이 일률적이지 않다는 것이다. 기술은 어떤 활동에 대한 수요를 줄일 수 있다. 예를 들어 전화를 받고 메시지를 전하는 것과 같은 일상적인 업무는 보이스 메일이 나타나면서 거의 사라졌다. 그러나 기술은 어떤 직업의 업무들을 다른 직업으로 옮겨놓을 수 있다. 베센은 이렇게 지적했다. "전화를 받고 메시지를 전하는 상담원은 여전히 있지만 그들은 다른 일도 같이 하지요. 그래서 전화 교환원들 숫자가 (전일 근무 기준으로 1980년 31만 7,000명에서 오늘날 5만 7,000명으로) 극적으로 줄어드는 동안 상담원 수는 (43만 8,000명에서 89만 6,000명으로) 그보다 많이 늘어났습니다. 물론 상담원은 전화 교환원보다 새롭고 다른 기술을 갖춰야 하지요."

그와 동시에 기술은 완전히 새로운 일에 대한 수요를 창출할 수 있다고 베센은 밝혔다. 데이터 분석 엔지니어를 생각해보면 알 수 있다. 과학기술은 일상적인 업무를 하는 아주 오래된 직업에 필요한 업무 기술을 바꿔놓는다. 은행 창구 직원과 법무 보조원, 가게 점원들처럼 컴퓨터와 로봇 때문에 쓸모가 없게 될 걸로 보였지만 실제로는 그렇지 않은 일들의 경우에 그렇다. 그리고 과학기술은 오래된 직업을 바꿔놓으면서 그 일을 하는 데 필요한 기량을 급속히 향상시켜준다. 예컨대 그래픽 디자이너의 일이 그렇다. 바로 그 때문에 컴퓨터 보조 디자인 소프트웨어를 이용하는 그래픽 디자이너들이 예전의 식자공보다 훨씬 많은 돈을 버는 것이다.

어떤 경제학자들은 업무 기술의 수요와 공급 사이의 격차는 있을 수 없다고 줄곧 이야기한다. 만약 그런 격차가 있다면 기술을 갖춘 노동력의 공급이 수요에 맞추지 못할 때 그 직종의 중위 임금은 올라갈 터이기 때문이라는 것이다. 하지만 베센은 그들이 이 문제를 더 깊이 들여다봐야 한다고 주장한다.

베센은 "중위 근로자의 임금은 중간 수준 근로자의 공급이 부족하지 않다는 것만 알려줄 뿐"이라고 말한다. 그렇다고 해도 여전히 어느 한 분야의 일부 근로자들에 대한 수요는 훨씬 더 많을 수 있고 그러한 노동력의 공급은 수요에 못 미칠 수 있다. 베센은 "과학기술은 모든 근로자들의 업무 기술을 더 값지게 만들어주지 않으며, 어떤 업무 기술은 가치가 높아지고 다른 것들은 쓸모없게 된다."고 설명한다. 여러 가지 직종의 속사정을 들여다보면 과학기술을 가장 잘 활용할 수 있는 이들에 대한 수요가 급증하면서 그들의 임금은 치솟고 그런 능력이 가장 떨어지는 이들에게는 그 반대 현상이 나타난다는 걸 알 수 있다. 많은 직종에서 실제 '기술 부족skills gaps'이 나타나는 건 바로 그 지점에서다. 지금 실리콘밸리에서 슈퍼노바를 활용해 건초 더미에서 바늘을 찾을 수 있는 실력 있는 데이터 분석 기술자를 뽑으려 하는가? 그렇다면 줄을 서라!

이 모든 이유로 일자리는 사라지지 않고 좋은 일자리에 필요한 업무 기술 수준은 높아진다고 베센은 결론 내린다. 그리고 지금 우리가 이용하는 이 새로운 기술 플랫폼에서는 그 모든 일이 빠르게 이루어진다. 예를 들어 웹 기반 모바일 앱을 만들기 위한 자바 기반 프로그래밍 언어인 '앵귤러제이에스AngularJS'와 '노드제이에스Node.js' 같은 새로운 소프트웨어가 갑자기 나타나서 산업 표준이 될 수 있다. 어떤 대학도 그보다 빨리 커리큘럼을 조정할 수 없다. 그런 일이 일어날 때는 그 기술을 가진 사람에 대한 수요와 임금은 치솟는다.

그러므로 이제 우리는 문제를 조금 더 명확히 규정할 수 있다. 끝난 것은 일자리가 아니라 '직업 세계의 홀로세'다. 모든 중산층 일자리는 이제 사방에서 동시에 압박을 받고 있다. 시민들이 그런 세상에서 성공할 수 있도록 훈련하려면 각 방향에서 작용하는 힘에 관해, 그리고 일자리를 찾고 그걸 지키고 그 분야에서 발전하기 위해 필요한 기술과 태도에 관해 새로운 발상을 해야 한다.

먼저 중산층 일자리가 급속하게 '어려워지고' 있으며 그 일을 성공적으로 수행하려면 더 많은 지식과 교육이 요구된다는 점을 생각해야 한다. 그 일자리를 얻기 위해 경쟁하려면 세 가지 R, 즉 읽기reading, 쓰기writing, 셈하기arithmetic와 네 가지 C, 즉 창의력creativity, 협력collaboration, 소통communication, 그리고 코딩coding 기술이 더 많이 필요하다.

2014년 4월 22일 자 「뉴욕타임스」에 실린 이야기를 생각해보자.

뉴욕 주 북부의 여러 농장에서 뭔가 신기한 일이 벌어지고 있다. 젖소들이 스스로 젖을 짜고 있는 것이다.
이 지역의 목장을 운영하는 이들은 믿을 만한 노동력이 절실한 데다 마침 우윳값이 치솟아 용기를 얻게 되자 로봇 착유기로 젖소 유방 관리의 멋진 신세계에 뛰어들었다. (중략) 로봇은 소들이 하루 대여섯 차례 자동 착유를 위해 줄을 서며 스스로 젖을 짤 시간을 정할 수 있게 해준다. 목장의 농부들이 오랫동안 동트기 전과 늦은 오후쯤에 젖을 짜던 관행을 과거의 일로 돌려버린 것이다.
젖소들은 목에 건 트랜스폰더transponder(송수신장치—옮긴이)를 통해 개별적으로 맞춤 서비스를 받는다. 레이저로 그들의 아랫배를 스캔해서 그 모습을 그려내면 컴퓨터가 각자의 '젖 짜는 속도'를 차트로 보여준다. 이는 24시간 작업에 필수적인 요소다.
그 로봇은 또한 각각의 젖소가 생산한 우유의 양과 품질, 그 기계를 방문한 빈도, 사료 섭취량을 모니터링하며, 심지어 각각의 소가 하루에 떼놓은 발걸음 수를 살펴 언제 발정 상태가 됐는지 알려준다.

미래에는 소젖 짜는 직종에서 성공하려면 데이터를 읽고 분석하는 데 기민한 전문가가 돼야 할 것이다.
모든 일자리가 더 빠르게 '갈라지고' 있다는 점도 생각해야 한다. 예를 들어 소젖을 짜는 일도 여러 가지로 분화될 것이다. 그 일 중에서도 고급 기술이 필요한 부분은 더 높은 수준으로 옮겨가서, 이제 당신은 그 일을 하려면 컴퓨터를 배우거나, 젖소의 몸 구조를 이해하는 수의사가 되거나, 아니면 젖소의 행동을 분석할 수 있는 빅데이터 과학자가 돼야 한다. 동시에 그 일 중 기술이 덜 필요한 부분(소들을 젖 짜는 축사로 몰아넣거나 거름을 치우는 일)은 더 낮은 수준으로 끌어내려져 최저임금을 받는 누구나 그 일을 할 수 있게 될 것이다. 아마도 곧 로봇이 하게 될 수도 있다. 이는 노동시장에서 나타나는 하나의 큰 추세라고 베센은 지적했다. 각 직업에서 숙련이 필요한 부분에 대해서는 더 많은 숙련을 요구하면서 더 많은 보상을 해주고, 훨씬 더 쉽게 자동화할 수 있는 단순하고 반복적인 일을 하는 부분에 대해서는 최저임금을 주거나 그냥 로봇에게 넘겨주게 될 것이다.

그와 동시에 모든 일자리가 더 빠르게 '빠져나가고' 있다는 점도 생각해야 한다. 이제 더 많은 기계와 로봇, 그리고 인도와 중국의 근로자들이 그 일자리의 대부분 또는 전부를 차지하기 위해 경쟁할 수 있다. 그래서 평생학습을 통해 로봇, 인도인, 중국인, 그리고 숙련된 외국인들보다 한 발 앞서갈 수 있도록 새로운 기술을 배우거나 사회적·정서적 역량을 키우려면 더 많은 자발적 동기부여와 끈기, 그리고 용기가 필요하다.

그리고 마지막으로 모든 직업이 더 빠르게 '사라지고' 있다는 걸 생각해야 한다. 지금과 같은 형태의 일자리는 역사상 그 어느 때보다 빠르게 아웃소싱이 되고 금세 낡은 것이 되어버린다. 그러므로 이익을 내고 고용을 창출할 어떤 일을 시작하기 위해 끊임없이 새로운 틈새와 기회를 탐색하며 모든 수준에서 보다 기업가적으로 생각하는 노력이 필요하다.

그래서 적어도 우리의 교육 체계만큼은 필요한 기량과 자질을 극대화할 수 있도록 개편해야 한다. 모든 수준에 걸쳐 우리에게 필요한 것은 읽기, 쓰기, 컴퓨터 코드 작성과 수학의 탄탄한 기초, 그리고 창의력과 비판적 사고, 소통, 협력, 용기, 자발적 동기부여, 평생학습 습관, 기업가 정신과 상황 대처 능력이다.

복합적 해법

다행히 새로운 기술적 도구들이 이러한 노력에 도움이 될 것이다. 우리가 창조적인 방법을 찾는다면 정부, 기업, 사회단체, 그리고 근로자 사이에 새로운 사회적 계약을 맺는 것은 훨씬 더 실현 가능성이 높아질 것이다. 그 창조적인 방법은 네스트랩스Nest Labs의 창업자인 토니 파델Tony Fadell의 표현을 빌리자면 "AI를 IA로" 바꾸는 것이다. 내 나름대로 해석하자면 그것은 인공지능Artificial Intelligence을 똑똑한 도우미Intelligent Assistant와 똑똑한 알고리듬Intelligent Algorithm으로 바꾸는 것이다.

'지능적 도움'은 정부와 개별 기업, 그리고 비영리 사회단체들이 평생학습을 위한 더욱 정교한 온라인과 모바일 플랫폼을 개발하는 데 인공지능을 활용하는 것이다. 그 플랫폼은 모든 근로자가 자기 시간에 평생학습에 참여하고 그 진도에 따라 인정과 보상을 받게 함으로써 그들의 역량을 강화할 수 있도록 해주는 것이다. '똑똑한 도우미'는 우리가 인공지능을 이용해 사람들과 소프트웨어 도구들 사이의 인터페이스를 향상시킬 때 살아 움직인다. 그렇게 할 때 사람들은 더 빠르게 배울 뿐만 아니라 더 빠르고 영리하게 행동할 수 있다. 마지막으로, 우리는 더 '똑똑한 알고리듬'을 만들기 위해, 혹은 리드 호프먼이 '인적 네트워크'라고 표현한 것을 만들기 위해 인공지능을 이용한다. 그렇게 함으로써 우리는 사람들을 일자리, 각각의 일자리에 필요한 기술, 그리고 그 기술을 싸고 편리하게 배울 수 있는 교육 기회와 훨씬 더 효율적으로 연결해줄 수 있다.

호프먼은 "복합적인 문제에 부딪혔을 때에는 복합적인 해법이 필요하다."고 덧붙였다. 그는 "일자리 문제는 거듭제곱 법칙(한 수가 다른 수의 거듭제곱으로 표현되는 함수관계. 멱법칙이라고도 한다—옮긴이) 문제이며 거듭제곱 법칙 문제는 인간의 적응 능력을 향상시키기 위한 거듭제곱 법칙 해법으로 풀어야 한다."고 말했다. 더 많은 유형의 AI를 더 많은 유형의 IA로 바꾸는 게 그 해법이다.

AT&T의 지능적 도움

나는 이 책을 쓰기 위해 조사를 하면서 많은 기업들을 방문했는데, 자사 종업원들이 평생학습을 하도록 돕는 똑똑한 도우미를 만드는 일에 AT&T보다 더 혁신적인 기업은 없었다. '엄마 벨Ma Bel(AT&T의 애칭—옮긴이)'이라는 별명에 속지 말기 바란다. 오클라호마 출신인 AT&T의 최고 경영자 랜덜 스티븐슨의 허물없는 남부 지역 말투에도 속지 말기 바란다. 이 회사 인사 부문 책임자인 빌 블레이즈Bill Blase의 상냥한 중서부 지역 사람의 태도에도 틈을 보여서는 안 된다. 그리고 당신이 무슨 일을 하더라도 이 회사 최고전략책임자인 존 도너번과 AT&T 연구소 수장인 크리슈 프라부에게서 눈을 떼지 말아야 한다. 왜냐하면 그들은 당신의 경쟁자들 중 하나를 위해 하루아침에 당신의 사업을 파괴할 수도 있기 때문이다. 그들은 심지어 재미로 그렇게 할 수도 있다.

'K마트에서 쇼핑하는 보통 사람들은 주의하기 바란다. 이 회사는 당신의 할머니가 알던 옛날의 엄마 벨이 아니다!'

2007년 당시 AT&T는 아이폰의 첫 독점 네트워크 공급자로서 아이폰에서 창출된 데이터가 폭발적으로 늘어나는 것에 대응해 소프트웨어 기반 네트워크를 개척했는데, 그때 이 회사는 스스로 혁신의 신진대사를 강화해야 한다는 걸 깨달았다. 혁신은 광범위하고 신속하게 이뤄져야 했다. 당신이 애플과 함께 달리고 있다면 애플만큼 빨리 달릴 수 있어야 한다. 2016년 AT&T는 여전히 그런 일을 하고 있었다. 그해 이 회사는 댈러스에 네트워크 기술자들로 가득 채운 혁신 공장인 '사물인터넷 공장Internet of Things Foundry'을 개설했다. 이 회사 부회장 랠프 드 라 베가Ralph de la Vega는 이렇게 설명했다. "우리는 이런 제안을 하며 고객들을 초대했습니다. '우리가 어떤 문제를 풀어주기를 원하는지 말해주십시오. 그러면 우리는 2주일 안에 실제 살아 있는 네트워크에서 작동하는 시제품을 만들어드리겠습니다.' (중략) 우리가 그렇게 할 때마다 그 작업은 계약으로 이어졌습니다."

예를 들어 글로벌 해운업계의 거인인 머스크Maersk는 이 회사의 컨테이너가 세계 어디에 있든 그것을 추적할 수 있도록 회사가 갖고 있는 모든 컨테이너에 부착할 수 있는 센서가 필요했다. 20만 개의 화물선 냉동 컨테이너에 부착해야 할 그 센서는 습도와 온도, 그리고 손상 여부를 측정하고 본부에 그 데이터를 전송할 수 있어야 했다. 그리고—이건 정말로 중요한 문제인데—그 센서는 전지 없이 작동하고 10년 동안 지속될 수 있어야 했다. 그 센서를 항상 충전하는 건 불가능하기 때문이다. AT&T 엔지니어들은 2주 안에 신발 상자 절반 크기의 센서 시제품을 만들었다. 머스크의 모든 컨테이너에 부착할 그 센서는 태양열과 동력 에너지를 결합해서 작동할 것이었다.

슈퍼노바가 AT&T의 사업을 하루아침에 바꿔놓은 것이다. 용량을 늘리기 위해 네트워크를 가상현실로 바꾸기로 한 결정으로 이 회사는 소프트웨어와 네트워킹 업체에 가까워졌고, 빅데이터가 부상하면서 금맥을 캘 수 있었다. 이는 AT&T가 자사 네트워크로 실어 나르는 데이터와 음성 트래픽을 모아서 익명으로 처리한 다음 어떤 추세를 찾아낼 수 있게 됐다는 뜻이다. 그래서 이 책의 초반에 이야기한 것처럼 갑자기 AT&T는 무선전화 데이터를 이용해 광고 업체들에 고속도로 광고탑을 지나가는 운전자 중 얼마나 많은 이들이 그 광고에 등장하는 가게에서 쇼핑을 하게 됐는지 말해줄 수 있게 됐다. 그리고 그 광고탑이 디지털화해서 매시간 바뀐다면 어떤 메시지가 가장 효과적이었는지 말해줄 수도 있게 됐다. AT&T는 고객 회사들에 '우리가 데이터를 분석해 고객들의 문제나 궁금증을 풀어주는 데 이용할 수 있다면 전송 비용은 할인해줄 수 있다'고 이야기하기 시작했다. 우리에게 친근했던 전화회사는 눈 깜짝할 새 다방면에 걸친 비즈니스 솔루션 회사로 IBM이나 액센추어와도 경쟁하게 되었다.

스티븐슨은 AT&T가 성공하려면 고객들이 네트워킹을 활용할 수 있게 하고 그들에게 솔루션을 제공하면서 세계에서 가장 파괴적인 회사로 거듭나야 한다는 걸 이해했으며, 바로 그 때문에 자사의 근로자들도 혼란에 빠질 수밖에 없다는 걸 알았다.

도너번은 이렇게 말했다. "우리는 직원들을 다시 훈련시켜야 한다는 기본적인 의무감을 느꼈습니다. 더 적은 숫자의 더 똑똑한 인력이 필요했어요. 이제 내기에 걸린 판돈은 STEM(과학, 기술, 공학, 수학─옮긴이) 기술이었지요." 그러나 그들은 교육시켜야 할 직원이 30만 명이나 될 때 각자 기술 수준을 향상시키도록 유도하려면 전략이 필요하다는 것도 알았다. 그 전략은 내가 '지능적 도움'이라고 부르는 것으로, 그토록 많은 사람들이 새로운 배움의 여정을 계속할 수 있도록 발판과 유인을 제공하는 것이다.

AT&T의 지능적 도움은 먼저 경영진이 회사가 나아갈 방향과 필요한 기술에 관해 더욱 투명하게 밝히는 데서 출발한다고 블레이즈는 설명했다. 스티븐슨은 해마다 연초에 AT&T의 최고위급 관리자들이 모인 자리에서 연설을 한다. 이는 "회사가 어느 방향으로 나아가고 있는지, 그리고 어떤 도전 과제를 안고 있는지 직원들에게 투명하게 이야기하기 위한 것"이라고 스티븐슨은 설명했다.

그 메시지는 하위직 관리자들에게 전파되고 결국 모든 직원들이 향후 12~14개월 동안 회사가 이뤄야 할 목표가 무엇인지 그리고 향후 5~10년 동안 회사가 어느 방향으로 나아갈지 큰 그림으로 이해하게 된다. "우리는 그 일을 1월에 시작하는데 7월이 되면 모두가 그 내용을 알게 됩니다." 블레이즈는 덧붙였다.

대부분의 직원들은 이렇게 말하는 게 보통이다. "알겠습니다. 나도 동참하겠습니다. 나는 30만 명 중 한 사람입니다. 어떻게 참여하면 좋을까요?" 다른 이들은 이렇게 말할 것이다. "어떠냐고요? 나는 35년 동안 일했습니다. 이제 그만둘 때입니다. 뭔가 새로운 걸 배울 준비가 안 돼 있습니다." 그래서 해마다 AT&T 인력 중 약 10퍼센트는 빠져나간다.

블레이즈는 이렇게 덧붙였다.

회사 안에 이러한 변화를 효과적으로 이끌어가는 사람들은 충분하지 않습니다. 우리가 팔고 있는 것들이나 그 밑바탕에 있는 기초적인 기술적 지식도 마찬가지지요. 그래서 우리는 해마다 바깥에서 3만 명을 (직원으로) 고용합니다. 또 다른 3만 명은 순환근무나 승진을 통해 채우지요. 누군가를 채용하면 그 비용만 2,000달러쯤 됩니다. 그래서 우리는 언제나 사내 인력을 활용하는 쪽을 좋아하지요. 그렇게 하면 비용도 더 절약되고 직원들의 참여도와 생산성도 높일 수 있습니다. 이는 직원들이 더 많이 뛴다는 뜻이며, 그래서 고객들은 더 좋은 서비스를 받고 주주 가치는 높아진다는 의미입니다. 직원들의 참여도가 가장 높은 계열사들은 참여도가 낮은 회사들의 세 배를 벌지요.

하지만 이는 훨씬 더 많은 직원들에게 더 많은 평생학습을 요구한다는 걸 의미한다. 블레이즈는 이렇게 말했다. "대부분의 직원들은 우리가 시도하는 것을 받아들입니다. 그들은 이렇게 말하지요. '나에게 학습 도구를 주고, 올바른 방향을 일러주고, 내가 직무 전환을 매끄럽게 할 수 있게 도와주고, 그걸 낮은 비용으로 모바일과 웹 기반으로 할 수 있게 해달라. 그러면 나는 내 시간에 유연하게 학습하고, 훈련 과정을 빠르고 효과적으로 배울 수 있는 형태로 만들겠다.'"

도너번은 이렇게 덧붙였다. "직원들 중에는 회사의 주축이 되려는 사람들이 있습니다. 우리는 그들에게 기회를 주어야 합니다. 그들 중 많은 이들이 고등학교만 나온 전통적인 블루칼라였는데 우리는 그들이 네트워크로 연결된 집에서 일할 수 있도록 끊임없이 새로 훈련시켜야 하지요."

그러한 계획을 실행하기 위해 AT&T는 5년 전에 10만 7,000명의 관리자 전원에게 링크트인 계정에 올리는 것처럼 내부적으로 업무 경험과 기술, 교육, 자격증, 전문성을 적은 약력을 올리도록 요청했다. (여기서 관리자는 그들이 다른 이들을 감독하는 자리에 있든 개별적으로 업무에 기여하든 상관없이 노조에 가입하지 않은 전문직으로 분류되는 이들이다.) 현재 11만 명의 관리자 중 90퍼센트가 그렇게 했다. 이제 새로운 일자리가 나왔을 때 블레이즈의 팀이 맨 먼저 하는 일은 그 약력을 검토해 필요한 기술을 가진 사내 후보를 찾는 것이다. 동시에 새로 생긴 일자리를 게시해 그것들이 어디에 있고, 그 일자리를 얻으려면 정확히 어떤 기술이 필요하며, '그 기술을 얻으려면 어떻게 훈련을 받을 수 있는지' 알린다.

훈련 기회를 주는 데 도움을 받기 위해 AT&T는 조지아 공대부터 노트르담 대학교, 오클라호마 대학교, 스탠퍼드 대학교, 그리고 유다시티와 코세라 같은 온라인 대학에 이르기까지 여러 대학들과 협력 관계를 맺었다. 이를 통해 적정한 비용으로 학사나 석사 학위를 딸 수 있게 하거나 회사에 필요한 각각의 기술에 대한 특화된 훈련 기회를 제공한다. AT&T가 요구하는 유일한 조건은 그 과정을 '자기 시간에' 이수하라는 것이다. 회사는 한 해 8,000달러까지 (어떤 과정은 그보다 많이) 수업료를 지원해주고 전체 재직 기간 중 3만 달러까지 보조해준다.

그리고 그 돈이 확실히 가장 효과적으로 쓰이도록 AT&T는 대학들이 그 예산에 맞는 온라인 학습 프로그램을 만들라고 요구했다. 이러한 접근 방식은 교육에 많은 혁신을 불러왔다. 특히 유다시티와 AT&T, 그리고 조지아 공대가 제휴해 전 과정을 6,600달러에 이수할 수 있는 온라인 컴퓨터과학 석사 과정을 만들었다. 이는 조지아 공대 캠퍼스에서 그 과정을 이수할 때 2년 동안 4만 5,000달러를 들여야 하는 것과 비교된다. 코세라는 존스홉킨스 대학교, 라이스 대학교와 함께 데이터과학 분야에 비슷한 과정을 개설했다.

이는 모두의 교육비를 끌어내리고 있다. 블레이즈는 교육의 파이가 더욱 커졌다며 자신들은 이제 직원들이 꿈꾸던 일자리를 가질 수 있도록 돕고 있다고 말했다. 이것이 지능적 도움이다. 블레이즈는 AT&T가 한 해 2억 5,000만 달러를 들여 직원들을 훈련시킨다며 이렇게 말했다.

> 직원들이 전신주를 오르고 서비스를 개통하고 소매점을 운영하는 것도 가르치지만 이제 데이터과학, 소프트웨어 기반 네트워크, 웹 개발, 프로그래밍 기초, 기계학습, 그리고 사물인터넷에 관한 교육을 더 많이 하고 있습니다. 그리고 직원들이 일반적인 STEM 과정을 이수하기 원한다면 그 비용도 지원할 것입니다. 누구라도 배우기를 원한다면 우리는 최선을 다해 도울 것입니다. 다시 말하지

만 그렇게 함으로써 직원들이 더욱 적극적으로 새로운 흐름에 참여하도록 할 수 있기 때문이지요. 이는 곧 더 나은 고객 서비스, 더 충성스러운 고객, 그리고 더 높은 주주 가치로 이어집니다. 내가 이 회사에서 크고 있을 때는 이런 지원이 전혀 없었습니다.

이러한 지원은 연봉 6~9만 달러짜리 일자리를 위한 것이다.
이 회사는 직원들이 취득한 모든 수료증과 학위를 자사 경력 관리 시스템에 등록하고 빅데이터 도구를 이용해 쉽게 찾아볼 수 있다. 블레이즈는 "누구든 이런 높은 단계의 학위와 수료증을 얻으려는 동기부여가 돼 있다는 걸 보여주면 우리는 일자리가 나왔을 때 그에게 맨 먼저 기회를 줄 것"이라며 직원들이 학습에 대한 확고한 동기부여가 돼 있으면 그에 대해 보상을 받게 될 것이라고 말했다.
블레이즈는 그 시스템이 작동하는 방식을 이렇게 설명했다.

예를 들어 당신이 관리자 중 한 사람이고 자리가 난 기술직 열 개를 채워야 한다고 해봅시다. 당신이 인사팀에 찾아가면 그들은 우선 사내에서 후보를 찾아봐야 한다고 말합니다. 그러면 당신은 온라인으로 약력을 훑어보고 그러한 직무를 얻으려는 의지를 말이나 행동으로 보여준 사람들을 찾습니다. 그럼 인사팀은 필요한 기술 대부분을 갖춘 이들을 포함해 그 열 개의 직무를 수행할 수 있는 사람들의 명단을 뽑지요. 의욕이 있고 그 자리에 꼭 맞는 사람들을 가려내서 직원 채용을 원하는 당신에게 그 사람들을 추천합니다.

그렇게 되면 그 직원들은 다른 직원들에게 '나는 새 규칙에 따랐고 보상을 받았다'며 경험담을 이야기할 것이다. 블레이즈는 이렇게 말했다.

그것은 회사와 종업원들 사이의 계약입니다. 하나의 새로운 거래지요. 당신이 성과 평가에서 우수 등급을 받으려면 이제 '무엇을' 하고 '어떻게' 하는지 알아야 합니다. '어떻게'는 동료들과 잘 어울리면서 효과적으로 협력 관계를 맺고 팀을 이뤄 성과를 내며, 그냥 자기 자리에만 앉아 있지 않고 다른 이들을 통해 (그들과 함께) 변화를 이끌어가는 방식을 말합니다. '무엇을'은 자기가 하는 일에 능숙할 뿐만 아니라 능력을 향상시키기 위해 새로운 기술을 익히고 배우기를 계속하며 지금의 위치를 뛰어넘으려는 의욕을 가져야 한다는 의미입니다. 당신은 영업직으로 일하지만 기술적 측면도 알게 됨으로써 스스로 회사에 더 값진 존재가 될 수 있습니다. 단지 물건을 파는 데 그치는 게 아니라 네트워크가 어떻게 작동하는지 이해할 수 있게 되는 것이지요. 가장 뛰어난 직원들은 그것을 완벽하게 이해하고 있으며 '무엇을 어떻게' 해야 하는지를 알고 있습니다.

도너번은 이렇게 덧붙였다.

새로운 사회계약은 '평생학습을 할 각오가 돼 있다면 평생직장을 가질 수 있다'는 것입니다. 우리는 그를 위한 플랫폼을 마련해줄 수 있지만 그 혜택을 받기 위해서는 여기에 참여해야 합니다. (중략) 모든 직원들이 개인적으로 학습 포털에 가입해 있고, 그들이 얻으려는 일련의 기술이 무엇이든 그 최종 목표와 그곳에 이르는 과정들을 알 수 있습니다. 직원들은 각자가 선택하는 미래에 따라 그곳에 어떻게 이를지도 달라지지요. 이 시스템 안에서 원하는 무엇이든 될 수 있습니다. 그러나 다시 말하지만 '참여해야 합니다.' 여기서 경영자가 할 일은 미래의 비전을 제시하는 것입니다. 회사의 책임은 직원들이 그곳에 이르도록 수단과 플랫폼을 제공하는 것이며, 개인이 해야 할 일은 직원들을 선택하고 동기부여를 해주는 것입니다. 경영자는 회사가 플랫폼을 제공하지 않았기 때문에 이 회사를 떠나는 이들이 없도록 해야 하며, 원하던 일을 이루지 못하는 건 동기부여가 부족하기 때문임을 분명히 해야 합니다.

AT&T는 하나의 큰 고래다. 이 회사가 직원 교육에서 이런 방향으로 움직이면 이는 커다란 파장을 만들어낸다. 블레이즈는 이렇게 말한다. "이제 대학들은 시장에서 우리를 만나기 위해 그들의 행동을 수정하고 있습니다. 우리는 새로운 청사진을 만들고 있어요. 대학들이 주의를 기울인다면 그들에게는 이익이 되고, 우리의 교육 모형에는 비용이 절감되는 학위와 수료 과정을 더 많이 만들 수 있을 겁니다."

도너번은 이 새로운 사회계약이 회사의 평균 기술 수준과 사기를 함께 올려주고 있다고 굳게 믿는다. "우리가 한 일은 우리의 역량을 최대한 끌어내 그것을 평균으로 만드는 것입니다. 그리고 우리는 지금 바로 그 평균 수준에 이르렀습니다. 이제 (새로운 아이디어의) 순환 주기는 훨씬 더 빨라졌습니다. 누구든 새로운 솔루션을 찾으면 우리는 전사적으로 그것을 확산시킬 수 있지요. 종업원 참여도 조사 결과 연간 병가 일수에서 30퍼센트가 개선된 것으로 나타났습니다. 사람들은 역량이 더 강화되고, 주인정신을 갖게 되고, 더 잘 연결됐다고 느끼기 때문에 아프다며 출근하지 않는 경우가 줄어들고 있지요."

새 교육과정의 발진

AT&T 모형은 교육계 전체에 광범위한 시사점을 갖는다. 조지아 공대와 함께 저비용 온라인 컴퓨터과학 석사 학위 과정을 만든 유다시티를 생각해보자. AT&T와 함께 교육과정을 만든 이 업체는 전 세계에 그와 같은 지능적 도움을 줄 수 있게 되었고 진정한 교육 혁명의 씨를 뿌릴 수 있었다.

유다시티는 독일 출신의 로봇 전문가로 스탠퍼드 대학교에서 인공지능 분야를 가르치는 교수를 지낸 서배스천 스런이 창업했다. 스런은 댈러스의 AT&T 본사에서 랜덜 스티븐슨과 처음으로 만났던 이야기를 하기 좋아한다. 두 사람은 스티븐슨의 사무실 바닥에 나란히 앉았고, 스런은 자신의 노트북 컴퓨터로 그 AT&T 경영자에게 최신 기술을 가르치는 미니 온라인 교육과정이나 초미니 학위 과정들이 어떻게 이 회사 근로자들의 기량을 향상시킬 수 있는지 설명했다. 스티븐슨은 시연이 끝난 후 자리에서 일어나 바로 그 과정에 가입했다. 조지아 공대와 팀을 이뤄 6,600달러짜리 온라인 컴퓨터과학 석사 과정을 만들면서 스런이 배운 것 중 하나는 그 과정이 이 대학의 훨씬 더 비싼 석사 과정을 잡아먹지 않는다는 것이다. 거기에는 두 개의 다른 시장이 있었다. 하나는 캠퍼스 경험을 원하는 사람들을 위한 시장이고, 다른 하나는 자기가 감당할 수 있는 값으로 남는 시간에 할 수 있는 평생학습에 목마른 사람들을 위한 시장이었다. 그는 온라인 과정 학생의 평균 나이는 서른네 살이지만 캠퍼스 과정 학생들은 스물세 살이라고 설명했다. 더 많은 평생학습 플랫폼에 대한 수요는 분명히 있었다. 사람들은 그걸 선택한다. 그래서 지금 유다시티는 여러 과정 중에서도 특히 웹사이트 제작, 프로그래밍 기초, 기계학습, 안드로이드 모바일 기기용 앱 개발, 그리고 애플 모바일 기기를 위한 앱 개발 분야의 초미니 학위과정을 열고 있다. 그러나 정말 흥미로운 건 따로 있다. 유다시티는 구글 엔지니어들의 도움을 받아 몇 가지 새로운 교육과정을 개발하고 있다. 여기 한 가지 사례가 있다. 2015년 10월 구글은 오픈소스 커뮤니티가 공용으로 쓸 수 있도록 텐서플로 TensorFlow라는 기본적인 알고리듬을 내놓았다. 텐서플로는 빠른 컴퓨터가 빅데이터를 가지고 '딥러닝'을 함으로써 어떤 과업을 인간의 두뇌보다 더 잘 수행하도록 하는 일련의 알고리듬이다. 스런은 "2016년 1월 우리는 텐서플로 오픈소스 플랫폼을 이용해 기계들이 원고 교열, 비행기 조종, 또는 법적 서류 검토를 비롯해 무슨 일이든 할 수 있게 가르치는 딥러닝 알고리듬을 작성하는 법을 교육할 온라인 과정을 개설했다."고 밝혔다. 이는 컴퓨터과학의 광활한 새 지평이다. 텐서플로는 10월에 일반에 공개되었고, 이듬해 1월에는 유다시티가 구글 엔지니어들과 직접 협력해 그 플랫폼에서 기술을 가르치기 시작했다. 스런은 "우리는 이제 당신의 기술을 무어의 법칙과 같은 속도로 산업의 변화와 보조를 맞춰 새롭게 해줄 수 있다."고 설명했다. 어떤 대학이 그런 텐서플로 교육과정을 개설하려면 아마 1년은 걸릴 것이며 그보다 더 걸리는 경우도 많을 것이다.

유다시티는 온라인 학생들의 성적을 평가하기 위해 전 세계에서 고용해 필요할 때 쓰는 프리랜서들을 두고 있으며 학생들은 그 평가자들을 평가한다. 스런은 "일주일 안에 전 세계에서 1,000명의 평가자를 모을 수 있으며 그들을 시험적으로 써봐서 가장 우수한 200명을 뽑고 나머지 800명은 그냥 보내면 된다."고 말했다. 이는 수준 높은 평가자를 뽑는 지름길이다. 유다시티의 프리랜서 평가자들 중에는 전 세계에 있는 학생들이 제출한 (구글의 GPS에서 지도를 제작하는 방법과 같은) 컴퓨팅 과제를 평가하면서 한 달에 수천 달러를 버는 이들도 있다. 스런은 한 달에 2만 8,000달러를 버는 프로젝트 평가자도 한 명 있다고 밝혔다. 그는 "긱 경제gig economy(필요에 따라 임시로 계약해 일을 맡기는 고용 형태가 일반화된 경제—옮긴이)가 뜨고 있으며, 이는 단순한 태스크래빗TaskRabbit(단기 아르바이트 중개서비스 업체—옮긴이)식 심부름과는 다른 것"이라고 말했다.

유다시티는 단지 AT&T 같은 기업에만 지능적 도움을 제공한 것이 아니다. 그 플랫폼은 '당신 자신의 스타트업'을 위한 지능적 도움을 주고 있다. 당신이 어디에 있는 누구든 상관없다. 2015년 가을에 나는 팰로 앨토에 있는 유다시티 본사의 조그만 회의실에서 스카이프를 이용해 서른 살의 레바논 여성 가다 슬레이먼Ghada Sleiman을 인터뷰했다. 그녀는 자신의 웹페이지 디자인 기술을 향상시키려 유다시티 온라인 교육과정을 밟고 있었다. 그녀는 베이루트에 있는 자기 집에 앉아서 오스트레일리아와 영국에 있는, 대부분 한 번도 직접 만나본 적이 없는 고객들에게 더 나은 서비스를 제공하기 위해 팰로앨토의 회사가 만든 교육과정을 밟고 있다고 밝혔다.

그녀의 이야기를 들어보자. "저는 베이루트 동쪽 근교의 아쉬라피야에 있는 아메리칸 과학기술대학교에서 그래픽 디자인을 공부했습니다. 대학을 마치고 웹 디자인 교육과정을 찾고 있었는데 유다시티의 과정을 발견하고 한번 배워보기로 했지요. 저는 2014년에 시작했어요. 예전에는 개인 지도로만 (웹 디자인을) 배웠습니다. 그렇지만 유다시티의 플랫폼에서는 다른 사람들과 소통할 수 있어서 커뮤니티 의식을 가질 수 있다는 걸 발견했습니다. 그래서 상호작용이 더 쉽고 더 흥미로웠지요."

나는 그녀가 왜 웹을 통해 이 과정을 밟아야 했는지를 물었다.

그녀는 이렇게 설명했다. "이곳 대학들은 그래픽 디자인과 컴퓨터과학 교육과정을 개설하고 있지만 웹 디자인 과정은 없습니다. 웹 디자인은 완전히 새로운 분야여서 대학들이 새로운 흐름을 따라가지 못했지요. (중략) 내가 (유다시티에서) 이수하는 과정은 웹 디자인과 프로그래밍입니다. 저는 디자인은 잘 하지만 프로그래밍 개발 부분은 더 깊이 이해해야 합니다. 그리고 그 과정은 제 일을 보완해주지요."

오스트레일리아에는 어떤 고객들이 있는지 내가 묻자 슬레이먼이 대답했다. "창업 관련 간행물이나 비즈니스 관련 블로그, 첫 아이를 가진 엄마를 주제로 한 블로그, 오스트레일리아의 사회적 미디어 회사입니다." 그녀는 자신의 별명 '아스트라Astra'와 '예술적artistic'이라는 형용사를 합쳐서 이름을 지은 웹사이트 아스트라에스틱닷컴Astraestic.com을 통해 직접 마케팅을 했다. "처음에는 부모님이 놀라서 '그 사람들을 어떻게 알게 됐느냐'고 물었습니다. 하지만 지금은 내 아이디어를 좋아하고 다른 나라의 사람들과 만날 수 있는 이 일 덕분에 내 미래가 희망찰 거라고 믿고 있지요. 여기에는 고객들이 그리 많지 않아서 전 세계에서 고객을 찾아야 합니다."

같은 또래의 젊은이들에게 어떤 조언을 해주고 싶은지 묻는 나의 질문에 그녀의 답은 이랬다. "무엇보다 자신의 기술적인 능력을 계발해야 한다고 말해주고 싶습니다. 하지만 그걸로는 충분하지 않지요. 스스로를 시장에서 파는 법을 알아야 합니다. 마케팅은 판촉 직원들만의 일이 아니지요. 그것은 일을 구하는 데 있어 무척 중요한 부분입니다. 그래서 '스스로에게' 더 공을 들이라고 말해주고 싶네요."

슬레이먼의 이야기는—일과 학습을 위해 새로운 글로벌 흐름을 이용하려는 더 적극적인 동기부여를 통해—당신이 스스로와 맺어야 할 새로운 계약과 학교가 학생들과 맺어야 할 새로운 계약을 잘 보여준다. 사람들은 무크가 출현하면서 교육 혁명을 알렸다고 생각했다. 그것은 하나의 혁명이었지만 빙산의 일각이었을 뿐이다. 왜냐하면 여전히 예전의 모형에 바탕을 둔 것이었기 때문이다. 무크는 본질적으로 옛날식의 강의를 인터넷과 영상이라는 새로운 시스템을 써서 전달한 것뿐이다. 슈퍼노바는 유다시티와 에드엑스, 코세라 같은 학습 플랫폼들이 촉발한 더욱 심층적인 혁명이 막 시작될 수 있도록 해주었다. 이는 교육 그 자체의 형태와 신진대사를 바꿀 것이며, 애스트로 텔러가 주장한 것과 같이 적응력 곡선을 끌어올려줄 것으로 기대되고 있다. 유다시티와 같은 회사가 구글의 텐서플로와 같은 중대한 기술적 약진에 발맞추어 전 세계의 누구에게든 석 달 안에 마칠 수 있는 온라인 교육과정을 제공할 수 있다면 그 이야기는 널리 퍼지고 시장은 바뀔 것이다. 이런 상황에서 누가 대학 캠퍼스에서 교육과정을 이수하려고 다음 해까지 기다리겠는가? 학교가 교과 과정을 그렇게 빨리 바꿀 수 있다고 하더라도 말이다.

게다가 이제 크라우드소싱 컴퓨터 게임인 폴드잇Foldit과 같은 게임 플랫폼들이 누구나 중요한 과학적 연구에 참여할 수 있도록 해준다. 이는 인기 있는 학습 플랫폼이 되고 있다. 폴드잇은 온라인 '게임'을 만들어 누구나 그에 참가하면서 단백질 설계로 상당한 현상금도 탈 수 있도록 했다. 폴드잇 사이트는 "여러 가지 단백질은 너무나 많은 질병의 일부이므로 치료의 일부도 될 수 있으며, 참가자들은 중요한 질병을 예방하거나 치료하는 데 도움을 줄 새로운 단백질을 설계할 수 있다."고 설명했다. 그 게임에는 전 세계에서 정식 생물학 교육을 전혀 받지 않은 이들을 포함해 수천 명의 참가자들이 상금을 바라고 몰려들었으며, 그렇게 하면서 과학 학사 학위를 받은 것이 아니라 곧 시장에서 학위보다 더 의미 있게 받아들여질 평판의 배지를 얻었다.

빠른 학습에 대한 이 새로운 접근방식은 이미 전통적인 기관에 스며들고 있으며, 그에 따라 근본적으로 새로운 모형들이 튀어나오고 있다. 그 예를 한 가지만 생각해보자. 올린 공과대학Olin College의 경우다. 이 대학의 학장인 리처드 밀러Richard Miller는 한 연설에서 "1997년 F. W. 올린 재단은 학생들이 가장 큰 문제들에 도전할 수 있는 공학 분야의 모범적인 혁신가가 되도록 가르침으로써 공학 교육의 새로운 패러다임을 창조한다는 명확한 목표를 가지고 (매사추세츠 주 니덤에) 올린칼리지를 설립했다."고 설명했다. 밀러는 "우리가 생각하는 엔지니어의 역할은 복잡한 기술적·사회적·경제적·정치적 시스템들이 지금 우리가 직면한 전 세계적인 문제들에 대응할 수 있도록 하는 '시스템 설계자'"라고 말했다.

그러한 엔지니어를 길러내기 위해 올린은 인터넷의 속도로 움직일 수 있는 대단히 유연한 구조를 유지하고 있다. 밀러는 "올린은 내부적으로 조직을 학과별로 나누지 않으며 교수들의 종신 재직권을 없애고 재계약이 가능한 다양한 기간 계약으로 고용한다."고 설명했다. 나는 2016년 올린 공과대학의 졸업식에 연설을 하러 갔을 때 졸업자의 절반이 여성이라는 것을 보고 놀라지 않을 수 없었다. 이는 공대에서는 전례 없는 일이었다.

밀러는 "올린 공과대학의 중요한 특성 중 하나는 끊임없는 개선과 혁신에 헌신해야 한다는 가르침에 따르는 것"이라고 덧붙였다. 그래서 올린에서는 거의 모든 것들에 '종료일'이 있다. 여기에는 학칙과 교과도 포함된다. 밀러는 올린 공과대학의 커리큘럼은 설계에 따라 계속해서 진화하고 있다며 이렇게 말했다. "지금의 커리큘럼에는 엔지니어링 교육의 새로운 패러다임을 제공하기 위해 올린 공동체가 기울인 최선의 노력이 반영돼 있습니다. 현재 커리큘럼은 7년마다 종료되며, 적극적인 재검토를 거쳐 수정되거나 재개되지요." 밀러는 또 이렇게 덧붙였다. "올린의 학생들이 졸업하려면 한 해 동안 작은 팀을 꾸려서 엔지니어링 설계 프로젝트를 수행해야 하는데 이때 후원기업이 각각의 프로젝트에 대한 재정적 지원을 합니다. 그 프로젝트를 할 때는 기업과 연락할 창구가 필요하며, 흔히 비공개 협약을 맺고 신제품 개발을 하지요."

올린은 규모가 작고 젊은 대학이지만 이 엔지니어링 연구 대학은 결국 대부분의 대학에 도입될 혁명적인 특성들을 많이 보여준다. 교수의 종신 재직권이 없고, 업계와 조정자를 통한 긴밀한 협력 관계를 맺고 있으며, 학과가 없고 커리큘럼은 끊임없이 새로운 환경에 맞춰가며, 생물학과 대유행병의 역사를 함께 가르치는 교과를 만드는 것처럼 공학과 인문학을 섞어 종합적인 교육이 이뤄지도록 하는 것이다. 이는 가장 좋은 형태의 지능적 도움이다. 그것은 진정한 교육 혁명이다. 갈수록 많은 근로자들이 똑똑한 도움의 필요성을 느끼고 요구함에 따라 그 혁명은 당신 주변의 공동체로 다가올 것이다. 밀러는 그것을 '탐험학습'으로 일컫는다. 이는 자기 자신의 지식을 창조하고 자신의 경력을 만들어내는 학습을 말한다.

그는 이렇게 말했다. "상황 변화에 즉각적으로 대처하는 건 당신이 끊임없이 해야 하는 일입니다. 이는 문제해결식 학습을 넘어서는 것이며 심지어 프로젝트 기반 학습을 크게 뛰어넘는 것입니다. 지금 문자 그대로 한 번도 본 적이 없는 것을 찾아 지금까지 아무도 탐사하지 않은 숲속으로 성큼성큼 걸어 들어가고 있는 것입니다."

밀러는 자신이 분명히 이야기할 수 있는 건 당신이 거기에서 끊임없이 빠르게 배워야 하는 일, 오늘날에는 상상할 수 없는 일을 찾게 되리라는 것뿐이라고 말했다.

인공지능 도우미

런업닷컴LearnUp.com은 내가 이 책을 준비하면서 알게 된 똑똑한 온라인 도우미들 가운데 가장 흥미로운 사례다. 내가 인도에서 처음 만난 모험적인 젊은 기업가 알렉시스 링월드Alexis Ringwald가 이 회사의 공동 창업자였다. 거기에서 그녀는 동반자와 함께 그 나라의 생활 속 재생에너지 운동을 부각시키려는 듯 태양광 자동차를 타고 이곳저곳을 돌아다니고 있었는데, 태양열에 힘을 얻는 록밴드 음악과 함께 여행하고 있었다.

미국에서 태양에너지 스타트업을 운영해본 후 링월드는 고용 분야에 흥미를 갖게 돼 일자리를 찾는 근로자들을 인터뷰하면서 반년을 보냈다.

그녀는 생각지 못한 사실을 하나 발견했다. 오늘날의 일자리 중 대다수는 4년제 대학 학위를 요구하지 않으며, 고용 인원이 가장 많은 직종 열에 아홉은 고등학교 졸업 이상의 학력을 요구하지 않는다는 사실이다. 하지만 이러한 인식과 달리 누구든 면접장에 나타나서 맥박이 뛰고 있다는 것만 보여주면 이 초보적인 일자리를 얻을 수 있다는 생각은 훨씬 더 잘못된 것임을 발견했다. 이러한 일자리는 지원자들이 갖추지 못한 기본적인 기술을 요구하고 있다.

그녀는 이렇게 말한다. "갭 매장에서 일하는 직원이나 맥도날드에서 햄버거를 뒤집는 사람, 혹은 손님을 응접하는 사람도 어떤 기본적인 업무 기술이 필요합니다. 하지만 그 일을 원하는 사람들 대부분은 그 기술을 갖추지 못하고 있지요. 그들은 그냥 이렇게 생각합니다. '아, 나는 옷을 좋아해서 여기서 일할 수 있어.' 그리고 고등학교나 지역 대학에서는 그들에게 그 기술을 가르치지 않지요." 링월드는 또 이렇게 설명한다. "제가 첫 번째로 깨달은 건 이 시스템 전체가 사람들을 받아들이는 게 아니라 골라내도록 설계되어 있다는 점이었어요. 전체적인 시스템은 고용주들이 자사의 채용 시스템으로 홍수처럼 밀려드는 사람들을 막아내도록 만들어진 것이지요. 그래서 사람들은 그곳에 스스로를 내던지듯이 한꺼번에 100곳씩 지원합니다. 그러고는 이유도 모른 채 거절당하지요. (중략) 저는 초보적인 일자리에 대한 자격도 갖추지 못한 지원자들이 밀어닥쳐 고용주들이 애를 먹는 걸 보았습니다. 지원자들은 자기들이 무슨 일에 지원하는지조차 제대로 알지 못했지요."

그녀는 또한 사람들이 일단 일자리를 얻고 나면 대개 그것을 지키는 데 엄청난 어려움을 겪는다는 걸 알게 됐다. 사람들은 아프거나 차가 고장 나거나 아니면 아이들과 집에 있어야 해서 일을 하러 갈 수 없으면 그것을 관리자에게 이해시키려고 하지 않고 자기가 일을 그만둬야 한다고 생각한다.

링월드는 이는 모두 해결할 수 있는 문제들이라고 생각해 바로 그 일을 하기 위해 2012년에 런업을 창업했다. 구직자들은 어떤 일자리에 지원하기 전에 런업의 웹사이트에 들어가서 온라인 플랫폼에서 실제로 그 일자리에 필요한 자격 조건과 기술에 관해 알아볼 수 있는 간단한 교육을 받을 수 있다. 이 사이트는 자리가 생긴 여러 가지 일에 구체적으로 어떤 기술이 필요한지 알려줄 뿐만 아니라 면접을 어떻게 준비해야 하는지도 가르쳐주는 학습 기회를 제공한다. 예컨대 AT&T에서 고객과 관계를 어떻게 맺어야 하는지, 올드네이비Old Navy에서 의류를 어떻게 팔아야 하는지, 프레시마켓Fresh Market에서 고객의 고충을 어떻게 풀어주어야 하는지를 가르쳐주는 것이다. 당신이 스테이플스Staples와 같은 소매 업체에 지원한다면 고객이 자신에게 맞는 옷을 고르도록 도와주고, 매장이 더 좋아보이게 만들고, 복사기와 같은 사무실 장비들을 조작하는 법을 알려준다. 이러한 훈련 과정은 한 시간이나 두 시간밖에 소요되지 않지만 구직자들이 지원할 회사에 관해 알아보고 그 일에 필요한 기술을 배워 지원 자격을 갖추는 데에는 그것으로 충분하다. 런업은 또한 그 회사를 위해서는 기본적인 것들을 배우는 참을성을 누가 가졌고 누가 가지지 못했는지 알려준다. 그 과정을 마치고 나면 실제로 당신이 선택한 회사와의 면접을 주선해준다.

링월드의 설명을 들어보자. "런업은 실제로 면접 기회가 있는 구체적인 일자리와 연결되어 있습니다. 올드네이비, 프레시마켓, AT&T를 비롯해 우리와 협력하는 회사에 생긴 일자리에 온라인으로 지원하려는 구직자들이 이들 회사의 채용 사이트에 나와 있는 '지원하기 전에 준비하세요' 버튼 하나만 누르면 런업에 접속되지요." 이때 런업은 후보자들을 추려내지 않는다. 그보다는 특정 일자리에 맞춰 그들을 훈련시키고 지도하려고 노력한다. 후보자들이 런업을 통해 그 일에 대해 더 많이 알게 되면 그들은 지원 절차를 계속 진행하거나 "이 일을 원하지 않습니다." 버튼을 눌러 그만둘 수 있다.

가장 중요한 건 런업이 구직자들을 격려해주고, 그들에게 면접 시 유의해야 할 것들을 일러주고, 질문에 답해주고 조언해주는 온라인 '코치'가 되어준다는 점이다. 미국에서는 직업에 대해 조언해줄 부모가 없거나, 직업적인 네트워크나 동문 네트워크를 갖지 못한 사람이 많고, 심지어 주변에 어떻게 일자리를 구해야 할지 상의할 수 있는 조력자가 전혀 없는 사람들도 있다는 사실을 잊어버리기가 너무나 쉽다. 링월드는 "채용 면접 때 어떤 옷차림을 하고 가야 하나요?" 혹은 "면접에 늦으면 어떻게 하나요?" 따위의 간단한 물음에 답해줄 코치가 있는 사람들이 얼마나 드문지 알게 되고는 놀랐다. 어떤 지원자들은 채용 면접에 입고 갈 옷을 차려입고 찍은 사진을 첨부한 메시지를 보내며 이렇게 물을 것이다. "괜찮나요?"

링월드는 이러한 질문들이 너무나 초보적인 것으로 들릴지 모르지만 얼마나 많은 사람들이 이런 조언을 필요로 하는지 알게 되면 누구나 놀랄 거라고 말했다. 그녀는 "우리가 상담하는 모든 사람들이 그에 대해 고마워한다."며 이렇게 설명했다.

코치 버튼은 우리가 고용지원센터에서 실제로 만난 코치들의 영향력을 보고 그에 영감을 얻어 만든 것입니다. 그들의 열정과 지원은 구직자들의 성공에 큰 영향을 미치지요. 바로 그 때문에 우리는 이 플랫폼에 '코치'라는 항목을 만들었습니다. 한편으로는 자신의 생활과 가족의 생활을 돌보려고 애쓰면서 일자리를 구하는 과정에는 참으로 많은 어려움이 있습니다. 어느 곳에 지원을 해야 할지 결정하는 것에서부터 지원서를 작성하고, 자신이 사는 곳에서 직장이 충분히 가까이 있는지 알아보고, 스스로 자격 조건을 갖추고 있는지 확인하고, 면접 준비를 하고, 면접 장소의 교통편을 알아보고, 적당한 옷차림을 하고, 올바른 대답을 하고, 면접 결과를 알아보는 것에 이르기까지 챙겨야 할 게 한두 가지가 아닙니다. 그리고 일자리를 탐색하면서 그 일을 1,000번이나 되풀이해야 한다는 걸 한 번 생각해보세요. 사람들은 단지 의사결정을 하는 데 피로감을 느낄 뿐만 아니라 희망을 잃고 혼란을 겪게 되지요. 너무나 많은 선택지가 있는 세상에서는 무엇을 해야 할지 알기 어렵습니다. 당신 주변에 그 일을 해낸 사람이 아무도 없을 때에는 1,000배나 더 어렵지요. 학위가 필요 없는 일을 하는 사람들 중 70퍼센트는 그런 세상에 살고 있습니다. 가족이나 지역사회의 도움을 받지 못하는 사람들에게는 너무나 힘든 일입니다. (중략) 런업 코치의 강점은 접근이 용이하고 사용이 쉽다는 점입니다. 미국에서 학위가 없는 사람들 대부분은 조언자나 멘토를 찾아갈 생각조차 하지 못할 겁니다. 사실 사람들이 실업자 상담소를 찾아가 도움을 요청할 때에는 수치심도 느낄 것 같습니다. 그건 정말 힘든 일이지요.

링월드에게 런업의 코치들이 채용 과정에 어떤 일을 해주는지 예를 들어달라고 부탁하자 그녀는 다음과 같은 목록을 보내왔다.

- 면접 날 어떤 옷을 입어야 할지 말해주고 날씨 정보를 알려준다.
- 구글의 거리 지도를 보면서 면접 장소를 어떻게 찾아가야 하는지, 대중교통은 어떻게 갈아타야 하는지 알려준다.
- 면접 시작 시간과 면접 장소까지 가는 데 걸리는 시간을 상기시켜준다.
- 전화로 코치와 면접 연습을 할 수 있게 하고, 답변을 녹음해주며, '가장 모범적인 답변'을 들려준다.
- 각 단계마다 이전에 채용된 구직자나 관리자의 조언을 들려준다.

- 일자리 탐색의 각 단계마다 무슨 일을 왜 해야 하는지 투명하게 알려줌으로써 그 이점을 명확히 해준다.
- 면접 장소에서 이전에 채용된 다른 구직자들을 만나게 해준다.
- 직장 위치와 관리자에 관한 흥미로운 사실들을 구직자와 공유한다.
- 구직자가 만나게 될 채용 담당자에 관한 추가 정보를 제공한다.
- 구직자들이 자신에 관한 흥미로운 사실들을 채용 담당자와 공유하도록 조언한다.
- 리프트나 우버를 통해 그들을 면접장에 데려다줄 차편을 예약한다.
- 면접 담당자에게 감사 메시지 보내는 걸 잊지 않도록 상기시킨다.

링월드는 이렇게 결론을 내렸다. "누구나 '나는 당신을 믿어요'라고 말해줄 사람이 필요하지요. 문제는 기술 부족뿐만이 아니라 자신감도 부족하다는 것입니다." 사람들은 다른 이들의 도움 없이는 계속해서 그 부족함을 채워갈 수 없다.

똑똑한 조언자 칼리지보드

아마도 오늘날 세계에서 가장 인기 있는 똑똑한 도우미는 칸아카데미일 것이다. 2006년에 교육자인 살만 '살' 칸Salman "Sal" Khan이 설립한 칸아카데미는 수학, 미술, 컴퓨터 프로그래밍, 경제학, 물리학, 화학, 생물학, 의학에서부터 금융과 역사, 그리고 다른 여러 분야에 이르기까지 다양한 주제에 관해 짧은 영어 강의 동영상을 무료로 유튜브에 올려준다. 어디에 사는 누구든 그곳에서 어떤 주제에 관해서든 배울 수 있고 예전에 배운 걸 다시 공부할 수도 있다. 칸아카데미는 일반적인 학습에서 세계적으로 가장 중요한 똑똑한 도우미가 되었을 뿐만 아니라 2014년에는 대입 수학능력시험SAT과 예비수능시험PSAT을 주관하는 칼리지보드와 협력 관계를 맺었다. 이들은 대학에 들어가려고 SAT 시험 성적을 올리고 싶어 하는 모든 학생들을 위해 똑똑한 도우미를 만들었다. 그들은 공짜로 SAT 시험 준비를 할 수 있는 수단을 제공함으로써 부모가 아이들을 대학에 보내기 위해 시험 준비를 돕는 사설 교육에 돈을 쓸 필요가 없도록 해주었다. 그뿐만 아니라 학생들이 지식 격차를 메우는 걸 돕는 놀라운 연습용 플랫폼도 만들었다.

칼리지보드의 스테퍼니 샌퍼드는 그 시스템이 어떻게 작동하는지 설명했다. 대학에 가려는 학생들은 10학년이나 11학년에 SAT 예비시험인 PSAT를 친다. 예를 들어 영어와 수학 시험에서 1,600점 만점에 1,060점을 얻었다고 하자. 성적을 컴퓨터에 집어넣으면 컴퓨터는 인공지능과 빅데이터를 활용해 이런 메시지를 전해준다. "톰, 당신은 참 잘했지만 분수에 대해 조금 더 공부할 필요가 있네요. 분수에 대해 당신만을 위한 맞춤형 수업을 받으려면 여기를 누르세요."

당신이 정확히 무엇을 더 공부해야 할지 알 수 있을 뿐만 아니라 그 약점을 해소해줄 연습 프로그램을 이용하도록 똑똑한 도움을 받을 수도 있다. 이제 복습 문제에 빠져 허우적대며 모든 문제를 연습할 필요가 없다. 칼리지보드 플랫폼의 인공지능이 도움을 받아야 할 부분이라고 지적한 곳에만 집중하면 된다. 지금까지 140만 명이 넘는 학생들이 칸아카데미의 무료 온라인 SAT 준비 과정을 공부하기 위해 등록했다. 이는 한 해 상업적인 시험 준비 강의를 이용하는 전체 학생의 네 배에 이르는 숫자다. 실제로 이제는 모든 소득계층에서 돈을 내고 시험 준비를 하는 학생보다 칸아카데미를 이용하는 학생들이 더 많다. 이는 칸아카데미가 똑똑한 도우미로서 얼마나 값진 것이 되었는지 말해준다. 그리고 45만 명의 학생들이 틀린 문제에 대한 맞춤형 지도를 받으려고 칼리지보드의 PSAT 성적을 칸아카데미에 올렸다. 그들은 어디에서든 자기 시간에 그 문제들을 연습할 수 있으며 휴대폰을 통해서 할 수도 있다.

이것은 오늘날 미국에서 무료로 이용할 수 있는 교육 수단 가운데 가장 조용하지만 가장 중요한 지능형 도우미다. SAT 연습을 하고 대학 입학에 관한 조언을 받는 것은 실력보다는 특권이 중요하고 주로 부유층에 접근이 허용되는 분야로 여겨졌다.

칼리지보드 회장인 데이비드 콜먼은 이렇게 설명했다. "우리는 더 많은 학생들이 마음대로 그 수단을 이용할 수 있도록 그러한 교육 시스템의 구조를 바꾸려고 합니다. 학생들이 자신의 재능을 계발하고 직업의 길을 찾아가는 데 훨씬 더 큰 통제력을 가질 필요가 있는 시기에 개인별 맞춤형 학습 기회를 제공하고 있습니다. 과거에 칼리지보드는 그저 학습에 얼마나 진전을 이루었는지 측정하고 점수를 매기는 시험 기회만 주었지만 지금은 모자라는 부분을 연습할 수단을 제공하면서 학습 진로를 바꾸도록 지도하고 있지요." 하지만 그렇게 하려면 직업의 세계가 바뀌어가는 방향에 맞는 중요한 태도 변화가 이뤄져야 한다. "학생들은 자기 학습을 스스로 주도해야 합니다. 학습 성과는 주어지는 게 아니라 연습을 통해 이루는 것임을 깨달아야 하지요." 콜먼은 이 시험이 단순히 지능지수(IQ)나 일반적인 적성을 측정하는 게 아니라 고등학교와 대학에서 수없이 되풀이해서 써야 할 일련의 기능을 계발하는 데 초점을 맞출 수 있도록 SAT의 모든 측면을 바꾸는 작업을 해왔다. 그는 이렇게 덧붙였다. "바로 그 때문에 우리는 칸아카데미와 협력 관계를 맺었고 시험 준비를 위한 최고의 수단을 제공하고 있습니다. 이제 모든 학생들이 가장 좋은 연습 수단에 접근할 수 있기 때문에 누구나 자기 자신의 학습을 주도할 수 있습니다."

이 모든 것들은 다시 칼리지보드가 또 다른 형태의 IA를 만들어낼 수 있도록 해주었다. 인공지능에게서 얻은 정보를 오직 한 사람만을 위해 맞춤형으로 제공하는 '똑똑한 조언intelligent advice'이 바로 그것이다. 콜먼은 말했다. "상담자들이 충분한 정보를 갖고 조언할 수 있도록 보장하기 위해 우리는 학생들과 학부모들의 허락을 받아 개별 학생에 대한 데이터뿐만 아니라 칼리지보드가 데이터에서 찾아낼 수 있는 패턴들을 상담자들과 공유하고 있습니다." 가장 절실하게 필요한 학생들에게 조언자와 코치들을 확실히 연결해주기 위해 칼리지보드는 미국소년소녀클럽Boys & Girls Clubs of America과 손을 잡았다. 가능한 한 많은 학생들이 미국 전역에서 무료로 연습 수단들을 이용할 수 있게 보장하려는 것이다. 칼리지보드는 또한 대학진학지원단College Advising Corps과 협력해 학업 성취도가 높고 중하위 소득계층에 속하는 학생들이 대학에 들어갈 때 최선의 선택을 하도록 돕기 위해 훈련된 상담원을 무료로 연결해주고 있으며, 장래에 대학 장학금을 받을 수 있는 기회도 안내해주고 있다. 이 플랫폼은 또한 11~12학년 때 성공적으로 AP 과정Advanced Placement Course(고교 심화학습 과정—옮긴이)을 밟을 수 있는데도 너무 두려워 등록을 못하거나 자신의 실력이 충분치 않다고 생각하는 학생들을 찾아낸다. 이는 흔히 이런 기회를 가지려는 경쟁에서 따돌림을 당하는 유색인 학생들에게 적용되는 경우가 많다. 그래서 스테퍼니 샌퍼드는 이렇게 말하기를 좋아한다. "사람들은 시험이 편향적이라고 말합니다. 글쎄요, 시험은 사람들만큼 편향적이지는 않지요." 그래서 똑똑한 도우미는 피부색을 구분하지 않는다.

칸아카데미와 칼리지보드의 협업은 정말로 연구해볼 만한 가치가 있다. 그것은 우리가 어떻게 로봇을 이길 수 있는지, 이 가속의 시대에 교육에서 직업으로, 그리고 다시 평생학습으로 전환하기 위한 사회계약을 어떻게 바꿔갈 수 있는지 보여주는 하나의 축소판이기 때문이다. 칸-칼리지보드 혁명에는 세 가지 기본적인 요소가 있다. 첫째, 이제 당신 하기 나름에 따라 더 많은 것들이 달라진다. 그러므로 당신은 그 사실을 받아들이고 가능한 한 어디서나 똑똑한 도우미를 찾아내고 도움을 얻는 것이 좋다. 둘째, 더 많은 것들이 당신에게 달려 있다는 바로 그 사실 때문에 정부와 사회의 기관들은 당신에게 아무 수단이나 제공하는 게 아니라 훨씬 더 나은 수단들을 제공하기 위해 진지하게 노력할 필요가 있다. 인공지능을 이용해 정보를 얻어서 당신의 처지와 필요에 꼭 맞는 수단들을, 돌봐주는 어른이나 코치의 도움과 함께 가능한 어디서든 제공해야 하는 것이다. 그리고 마지막으로 기술이 모든 문제를 끝까지 해결해주는 것은 아니다. 학습에 집중하는 것 또한 중요하다. 콜먼은 "오늘날 학습을 방해하는 기술은 학습에 집중하도록 하는 기술을 추월했다."는 말을 즐겨한다. 집중은 어느 때보다 중요해졌다. 학생들은 오랫동안 집중하는 자제력을 배우고, 헤드폰을 끼지 않고 연습에 몰두할 필요가 있다. 어떤 운동선수, 어떤 과학자, 어떤 음악가도 집중해서 연습하지 않고는 기량을 향상시킬 수 없었으며, 당신이 내려받는 어떤 프로그램도 저절로 집중력이 생기게 해주지 않는다. 그것은 내면에서 나와야 한다.

요컨대 당신이 찾아오면 그들은 시스템을 만들어줄 것이다. 인공지능을 똑똑한 도우미로 바꾸는 일은 해가 갈수록 더 효율적으로 이뤄진다. 살 칸은 "예를 들어 옛날에는 누가 미적분 교과서를 내도 사람들에게 어떤 것이 효과적이고 어떤 것이 효과적이지 않은지 반응을 알려주는 데이터를 전혀 얻을 수 없었다."고 설명했다. 그래서 그들은 다음 5년 동안은 그저 페이지 숫자만 바꾸면서 보냈다. 지금 칸아카데미는 몇 가지 미적분 강의를 올린 다음 몇 시간 안에 학생들이 올바른 답을 알아낼 수 있도록 돕는 데 어느 것이 가장 효과적인지 볼 수 있고, 즉시 그것을 되풀이하면서 몇 시간이 더 지나면 최고의 강의를 전 세계로 확산시킬 수 있다. 강의 내용을 가다듬고 개선하는 능력은 놀랍다.

칸은 높은 문자 해독률은 선진국의 성장 촉진제였다며 이제 개발도상국에서도 그런 촉진제를 가지게 되었다는 것을 생각해보라고 말한다. 과거와 같이 인구의 5퍼센트만 성장에 참여하고 기여할 수 있는 것이 아니라 50퍼센트가 그럴 수 있게 되었다는 것이다. 배우고자 하는 의욕이 있는 젊은이들은 이제 칸의 플랫폼을 이용해 맘껏 빨리 달릴 수 있으며, 일부는 실제로 빨리 달리기 시작했다.

칸이 말했다. "이제 더 이상 한계는 없지요."

영리한 건물 관리인

똑똑한 도우미는 단순히 당신이 접속할 수 있는 웹사이트만이 아니다. 새롭게 개발한 놀라운 방식으로 인공지능을 똑똑한 도우미로 바꿀 수 있는 휴대용 도구들도 있다. 이 도구들은 얼마나 교육을 받고 얼마나 솜씨가 좋은지 따질 필요 없이 훨씬 더 많은 사람들이 평균적인 적응력 곡선 위쪽에서 살고 그곳에서 성공할 수 있게 도와주고 있다.

샌디에이고에 있는 퀄컴 캠퍼스의 건물 관리인이라는 자리가 어떤 것인지 생각해보자. 여기 힌트가 있다. 똑똑한 도우미 덕분에 그것은 지식 근로자의 일자리가 되었다. 퀄컴 스마트시티 프로젝트에 참여하는 제품 관리 담당 이사 아쇼크 티피르니니Ashok Tipirneni는 나에게 왜 그런지 설명했다. 퀄컴은 어떻게 기업들이 빌딩 구석구석에 무선 센서를 설치해 실시간으로 중단 없이 이어지는 EKG(심전도―옮긴이)나 MRI와 같은 효과를 낼 수 있는지 알려주는 사업을 시작했다. 이 장치들은 빌딩 시스템의 모든 부분에 대해 그 안을 깊숙이 들여다볼 수 있게 해준다. 이를 시연할 모델을 만들기 위해 티피르니니는 샌디에이고에 있는 퀄컴의 퍼시픽센터 캠퍼스 내 빌딩 여섯 동부터 일을 시작했다. 약 3,200명이 이용하는 그곳은 주차장, 사무 공간, 그리고 푸드 코트를 포함해 총 9만 3,000제곱미터쯤 되는 지역이었다. 그들은 자체 동력을 갖고 클립으로 고정되는 조그만 센서들을 새로 설치해 출입문, 쓰레기통, 화장실, 창문, 조명 시스템, 난방 시스템, 전선, 냉각장치, 펌프에 관한 모든 데이터를 그 캠퍼스에 있는 수신자에게 전송하도록 했다. 수신자는 그 모든 데이터를 슈퍼노바에 보내 저장하고, 분석하고, 건물 관리자를 위한 똑똑한 조언으로 전환해준다. 티피르니니는 말했다. "우리는 내부를 들여다보기 위해 벽을 한 곳도 부술 필요가 없습니다."

그 결과 무엇보다 상당한 비용 절감이 이뤄졌다. 연구실들은 누가 가장 많이 절약할 수 있느냐를 두고 경쟁했다. 티피르네니는 이렇게 말했다. "우리는 연구실의 PC들이 많은 에너지를 쓰고 있으며 빌딩 여섯 개 동에서 쓰지 않고 있는 PC들을 절전 모드로 바꿔놓기만 해도 한 해 대략 100만 달러를 절약할 수 있다는 걸 발견했습니다. 그렇게 쉬운 해결책을 찾을 수 있다는 데 깜짝 놀랐습니다. 데이터가 우리에게 그 통찰을 주었지요."

그러나 더 재미있는 부분은 그 모든 데이터가 태블릿으로 흘러가도록 하고 건물 관리원 각자가 태블릿의 아이콘을 통해 그걸 확인할 수 있는 시스템을 갖추어준 것이다. 뭔가가 누출되거나 부족하거나 어떤 밸브가 열려 있게 되면 그 사실이 바로 태블릿에 나타난다. 그리고 뭔가가 부서졌다면 태블릿은 즉시 수리 절차를 보여준다. 만약 부서지거나 누출됐는데 관리팀이 어떻게 해결해야 할지 모른다면 그들은 태블릿으로 사진을 찍어 보낸다. 티피르니니는 이렇게 말했다. "우리 시스템은 이 빌딩에서 문제가 된 부분이 4층의 파이프와 연결돼 있고 4층 담당 기사가 누구인지를 압니다. 그래서 그 기사에게 문제를 해결하라고 자동적으로 지시를 보내지요. 기기는 문제의 파이프가 정확히 벽 뒤의 어느 위치에 있는지 압니다." 그러므로 어디에 구멍을 뚫어야 할지 추측할 필요가 없다. "우리는 시간과 돈을 절약해 필요한 곳에만 가장 효율적으로 쓸 수 있습니다. 절약한 시간은 겉으로 드러난 증상을 다루는 대신 근본 문제를 바로잡는 데 쓰지요."

퀄컴은 이런 센서 클립들을 샌디에이고의 48개 빌딩 모두에 부착하고 있다. 건물 관리인들은 갑자기 데이터 엔지니어들로 변신했는데 그들에게는 신나는 일이라고 티피르니니는 덧붙였다. 그들은 데이터를 뽑아낼 때 확실히 관리인들이 쉽게 이해하고 대응할 수 있는 형태로 만들었다. 예전에는 설비 관리자가 빌딩을 살펴보면서 '뭔가가 새고 있으면 누가 나에게 전화를 해주거나 내가 그걸 볼 수 있겠지' 하고 생각했을 것이다. 그들은 현상에 반응하는 식이었다. 그러나 지금은 달라졌다. 티피르니니는 이렇게 말했다. "우리는 어떤 누출 사고가 일어나 건물을 파괴하기 전에 누출 가능성을 가리키는 신호와 데이터를 보라고 건물 관리인들을 훈련시킵니다. 그들은 어떤 데이터를 봐야 할지 몰랐어요. 그래서 센서가 보낸 데이터를 그들이 이해하기 쉽게 만드는 게 우리의 과제였지요. 그들이 너무 많은 데이터에 파묻혀 '뭐가 문제인지 모르겠으니 당신들이 알아내라'고 하지 않도록 말이죠. 우리의 목표는 '당신들이 쓸 수 있는 정보를 주겠다'는 것이었습니다."

그는 이렇게 덧붙였다. "인지부하$_{cognitive\ load}$가 지나치게 많을 때 기술은 사용자에게 그 부하를 줄여줘야 합니다. 개인적인 도우미가 필요한 누구나 그걸 가질 수 있도록 할 것입니다."

관리팀원들은 이제 단순한 건물 관리인이라기보다는 전문 기사처럼 느끼고 있다. 관리원이 이제 스스로 한 단계 올라선 것처럼 느끼고, 기술적인 접촉면을 갖게 된 걸 매우 신나는 일이라고 생각한다.

그는 가장 신나는 이야기가 있다며 이렇게 덧붙였다. "우리는 네 곳의 도시에서 40명의 공무원들을 시연회에 초대했습니다. 이곳 관리팀 사람들 몇이 나와 시스템을 설명하고 그동안 무엇을 배웠는지 보여주었는데 그게 시 공무원들의 마음을 움직였지요. 그들은 몇 달 만에 이런 것들에 관해 자신 있게 이야기하고 다녔어요."

똑똑한 도우미가 할 수 있는 일은 이런 것이다.

똑똑한 알고리듬

나는 가속의 시대에 일의 세계에서 똑똑한 도우미가 왜 가치가 있는지 길게 이야기할 수 있다. 하지만 그보다는 마스터 카드의 컴퓨터 서버 엔지니어인 라샤나 루이스LaShana Lewis가 어떻게 그 일자리를 얻게 되었는지 이야기하려 한다. 나는 오퍼튜니티앳워크가 마련한 '미국 노동시장의 개조' 방법에 관한 패널 토론에서 루이스를 알게 되었다.

마흔 살의 아프리카계 미국인 여성인 루이스는 일리노이 주 이스트세인트루이스에서 (라샤나를 가졌을 때 열다섯 살밖에 안 된) 싱글맘의 딸로 태어났다. "엄마는 복지 지원으로 살아가고 우리는 공공주택에서 살았습니다. 우리 주변에는 대부분의 사람들이 복지 지원으로 살아가고 있었지요. 집에 가진 것이 별로 없었어요. 학교는 재산세 수입으로 운영되었는데 컴퓨터가 한 대도 없었습니다." 그러나 루이스는 자신이 어릴 때부터 뭔가를 고치는 데 재주가 있다는 걸 발견했다. 그래서 집 안에 있는 (토스터부터 싱크대까지) 무엇이든 망가지면 그녀가 직접 수리했다. 컴퓨터가 있는 고등학교에 들어가자 그녀는 바로 컴퓨터과학 과정에 뛰어들었다. 그녀는 나중에 다른 학생들을 지도할 정도였고 이는 선생님의 눈에 띄었다. 선생님은 루이스에게 대학에 가서 컴퓨터를 전공하라고 조언했다. 그녀는 미시간 공대에 들어가면서 장학금을 받았지만 혼자 힘으로 공부하는 데에는 충분치 않아서 3년 반을 다닌 뒤 학위도 없이 그만두고 말았다. 계속 다녔다면 1998년에 졸업했을 것이다.

루이스의 이야기를 들어보자. "학교를 그만두고 집에 돌아와 컴퓨터와 관련된 일을 얻으려고 했지만 번번이 벽에 부딪혔어요. 사람들은 저에게 대학을 졸업했느냐고 물었고 저는 거짓말을 하기 싫어 아니라고 대답했지요. 그러다 겨우 제가 다녔던 이스트세인트루이스의 고등학교에서 지역 전문대학까지 방과 후 학습 프로그램에 참석하는 흑인 아이들을 태우고 오가는 운전 일자리를 얻었습니다. 그렇게 밴을 몰고 있었는데 하루는 그 방과 후 프로그램에서 컴퓨터과학을 가르치던 교사가 그만두었어요. 사람들이 저에게 그 자리를 메워달라고 부탁했고 저는 그렇게 했지요. 그 달이 끝날 때 저는 풀타임으로 일할 수 있을지 물어보았는데 그들은 '당신은 학위가 없어서 안 된다'고 말했습니다. 그렇게 좌절을 겪은 다음에 일자리 소개 업체를 찾아갔고 거기서 상담데스크 자리를 얻었지요."

그녀는 나 같은 컴맹들이 패스워드를 재설정하는 것과 같은 일을 도와주며 10년 동안 상담데스크에서 일했다.

기회는 그녀가 세인트루이스의 웹스터 대학교의 상담데스크에서 일하고 있을 때 찾아왔다. 함께 일하던 어떤 교수가 그녀의 재능이 얼마나 뛰어난지 알아보았기 때문이었다. (그녀는 늘 정보기술팀 주변에 머무르며 후선 기술자로 일했다.) 루이스가 웹스터 대학교의 컴퓨팅 재교육 과정을 듣고 있던 어느 날이었다. 새로 나온 똑똑한 도우미 론치코드LaunchCode.org

에 관해 들어서 알고 있던 교수가 그녀에게 그것에 관해 한 번 알아보라고 권했다. 론치코드의 목표는 '기술 분야 일자리를 얻으려고 준비할 때 온라인과 지역사회에서 최선의 도움을 받을 수 있도록 하는 것'이다. 이 업체는 이렇게 약속한다. "자격증을 따려고 애쓰지 말고 당신이 무엇을 할 수 있는지 보여주기만 하세요. 온라인으로 론치코드 견습 프로그램에 지원하세요. 우리는 당신을 멘토와 맺어주고 진전 상황을 평가하면서 당신이 기량을 높이고 기술에 대한 열정을 키울 수 있도록 도울 것입니다. 론치코드는 당신을 우리의 500개 협력사 중 한 곳과 맺어줄 것이며, 이 경우 보통 12주 동안 유급으로 견습 생활을 하게 됩니다. 경험 많은 멘토에게서 배우면서 당신의 기술을 갈고닦으세요. 견습생 10명 중 9명은 풀타임 직원으로 채용됩니다."

루이스는 2014년 6월에 론치코드에 등록했고 그해 10월 세인트루이스에 있는 마스터 카드에 견습생으로 고용됐다. 그리고 11월에는 이 신용카드 회사가 거대한 서버 네트워크를 관리하는 일을 돕는 풀타임 시스템 엔지니어 보조원으로 승진했으며, 2016년 3월에 정식 시스템 엔지니어로 올라갔다.

루이스는 눈을 반짝이며 나에게 말했다. "저는 아직도 학사 학위가 없습니다."

대략적으로 추산할 때 오늘날 미국에는 약 3,500만 명의 라샤나 루이스가 있다. 대학에 들어갔지만 마치지는 못한 이들이다. 그 3,500만 명이 지니고 있는 지식의 값어치를 알아보고 활용할 길을 찾을 수 있다면 미국이 얼마나 더 생산적인 나라가 될 수 있을지 상상해보라. 사람들을 학위가 있느냐 없느냐로 나누는 이 이분법적인 체제를 계속해서 끌고 갈 수는 없다. 그것은 사람들이 실제로 무엇을 알고 무엇을 할 수 있느냐가 아니라 어떤 집안에서 태어났느냐를 기준으로 삼는 체제다. 론치코드와 같은 똑똑한 알고리듬과 네트워크가 부상하면서 사람들의 낭비되고 있는 재능을 활용할 길이 열리고 있다. 고용주들은 이런 것들을 믿을 만한 감별기로 활용해 사람들을 시스템 밖으로 솎아내는 게 아니라 시스템 안으로 끌어들일 수 있다.

루이스는 이렇게 말한다. "당신이 그 일을 할 수 있으면 그 일을 얻을 수 있어야 합니다."

다행히 똑똑한 알고리듬과 똑똑한 네트워크들이 부상해 새로운 사회계약을 맺을 수 있게 해준다. 실제로도 고용주들이 원하는 기술을 갖고 있지만 인정받을 수 있는 전통적인 자격증은 갖지 못한 사람들이 많이 있다. 그런 기술을 배우고 싶어 하지만 학습 플랫폼에 대한 정보가 없거나 그것에 접근할 수 없는 사람들도 많다. 그 플랫폼들 중 일부는 옛날 것이 아니며 전통적으로 정부가 자금을 지원하던 것도 아니다. 어떤 고용주들은 새로운 일자리에 맞는 기술을 가진, 또는 그 기술을 배우려는 의욕을 가진 종업원을 두고 있다. 그러나 고용주는 누가 그런 기술을 가졌는지 알지 못하며 지금으로서는 온라인 훈련 기회를 제공할 준비도 안 돼 있다. 그리고 실제로 그러한 기술을 가르치는 데 뛰어난 학교들이 있지만 어느 학교가 그 일을 가장 잘하는지 알지 못한다.

바이런 어거스트는 '이러한 노동시장의 실패를 뛰어넘기 위해' 똑똑한 알고리듬을 더 많이 개발하면서 더 많은 기계와 로봇이 등장해도 그보다 많은 사람들이 일을 하도록 이끌 수 있다고 주장했다. 우리 경제와 사회에 더 많은 기여를 할 인재들이 자신의 재능과 더 잘 맞는 일을 할 수 있도록 하는 것이다. 이러한 똑똑한 알고리듬이나 네트워크들은 '온라인 재능 플랫폼'으로 불린다.

노동의 계층 사다리에서 맨 꼭대기에 있는 전문직들은 이미 세계적으로 통하는 똑똑한 도우미에 의지할 수 있다. 전문직 소셜 네트워킹 사이트인 링크트인이 그것이다. 그러나 이 회사의 창업자들은 이제 글로벌 '경제 그래프(링크트인의 실시간 데이터를 이용해 만드는 세계 경제의 디지털 지도―옮긴이)'를 만들어냄으로써 그 똑똑한 알고리듬을 일의 세계 전체로 확대하려 한다. 링크트인의 최고경영자인 제프 와이너Jeff Weiner는 자사 블로그에서 이렇게 설명한다.

> 리드 호프먼과 링크트인의 다른 창업자들은 처음에 사람들이 자신의 직업적 네트워크의 가치를 활용하는 걸 돕기 위한 플랫폼을 만들고, 그 인맥 관계를 3단계까지 지도로 만들 수 있는 하부구조를 개발했습니다. 그렇게 하면서 그들은 나중에 세계에서 가장 큰 직업 그래프가 될 기초를 제공했습니다.
> 링크트인이 지금 갖고 있는 장기 비전은 이 직업 그래프를 경제 그래프로 확장하는 것입니다. 이는 전 세계의 모든 경제적 기회(즉, 상용직과 임시직을 포함한 일자리)를 얻는 데 필요한 기술, 그러한 기회를 제공하는 전 세계 모든 기업의 개황, 글로벌 노동시장에 참여하는 약 33억 명 한 사람 한 사람의 직업상의 약력을 디지털 방식으로 보여주는 것입니다. 그런 다음 (개별 전문직들이 자신의 전문성과 경험을 다른 누구와도 나눌 수 있도록) 그 개인들과 기업들의 직업상 지식이 그 '그래프' 위에 겹치게 하는 것이지요.

누구나 링크트인의 글로벌 그래프와 같은 똑똑한 네트워크에 접근하고, 어떤 기술에 대한 수요가 있는지 혹은 어떤 기술을 이용할 수 있는지 알아볼 수 있고, 심지어 온라인 교육과정을 제공할 수도 있게 될 것이다. 당신은 뜨개질이나 편집, 또는 정원 관리, 배관, 엔진 수리를 가르쳐줄 수도 있다. 그래서 더욱더 많은 사람들이 자신의 전문성을 다른 이들에게 제공할 유인을 갖게 되고 그를 위한 시장이 엄청나게 넓어지게 될 것이다.

와이너는 이렇게 덧붙였다.

경제 그래프를 가지고 있기 때문에 우리는 특정 지역에서 어느 회사에 일자리가 있는지 볼 수 있고, 그 지역에서 가장 빨리 성장하는 일자리와 그런 일자리를 얻는 데 필요한 기술, 그리고 그곳에 있는 전체 노동력의 기술 수준을 알아보고 그 격차를 계량화해 볼 수 있습니다. 그보다 더 중요한 건 우리가 그 데이터를 지역의 직업훈련 시설과 전문대학 같은 곳에 제공해 그들이 적절한 교육 과정을 개발할 수 있도록 하는 것입니다. 그러한 교육과정은 그 지역의 구직자들이 단지 예전에 있었던 일자리가 아니라 지금 나와 있고 앞으로 나올 일자리를 얻는 데 필요한 기술을 제공하는 것입니다.

그와 별도로 우리는 지금 대학에 다니는 학생들이 그 학교 동문들이 직업적으로 어떤 경로를 거쳤는지 회사, 지역, 직무별로 알아볼 수 있게 해줍니다.

예컨대 링크트인닷컴의 교육 카테고리에 들어가보라. 링크트인은 다양한 분야의 직종에서 어느 학교가 졸업생들을 주요 기업에 가장 많이 입사시키는지 알아내려고 직장인 1억 명의 데이터베이스를 조사했다. 당신이 그 결과를 보면 놀랄 것이다. 회계 분야에서는 빌라노바_Villanova_와 노트르담, 미디어 분야에서는 뉴욕과 호프스트라_Hofstra_, 소프트웨어 개발 분야에서는 카네기멜론, 칼텍, 코넬 대학교가 꼽힌다. 당신이 배관공이 되려 하든 아니면 외과의사가 되려 하든 어느 학교 졸업생들이 주요 기업에서 잘나가고 있는지 아는 건 가치가 있다.

링크트인은 이미 몇몇 시범적인 도시부터 시작해 그 그래프를 열심히 만들고 있으며, 언젠가 전 세계에 걸쳐 그토록 똑똑한 알고리듬을 만들어내는 데 성공한다면 그것은 엄청나게 값진 성취가 될 것이다. 그러나 노동시장의 절반은 아직 링크트인의 전문직 가입자들처럼 네트워크에 참여하지 않고 있는데 어떻게 하면 그들에게 이처럼 똑똑한 도구를 제공할 수 있을까? 바로 이런 의문 때문에 링크트인의 공동 창업자인 리드 호프먼이 오퍼튜니티앳워크라는 똑똑한 알고리듬의 주요 후원자 중 한 사람이 됐다. 어거스트와 캐런 초프라Karan Chopra가 이끄는 이 업체는 노동시장의 가장 아래층의 문제를 해결하려 노력하고 있으며, 라샤나 루이스도 거기에서 기회를 얻었다. 그리고 그곳에서는 훨씬 더 큰 '재능 차익거래talent arbitrage' 기회도 찾을 수 있다.

루이스처럼 스스로 기술을 연마했지만 자격증이나 학위를 갖지는 못한 사람들이 너무 많다. 고용주들은 지금까지 자격증을 보고 사람들을 채용하는 데 점점 더 익숙해졌으며, 사람들이 스스로 배울 수 있는 길이 이토록 많은 시대에 그런 것들에 지나치게 의존하고 있다.

오퍼튜니티앳워크는 지역사회 차원에서 똑똑한 네트워크를 만들어냄으로써 이 문제를 풀려고 노력하고 있다. 채워야 할 기술직 일을 실제로 할 수 있는 사람이라면 누구든 채용할 준비가 되어 있는(심지어 절실히 원하는) 고용주들에게 이러한 네트워크는 큰 도움이 된다. 많은 고용주들이 학위는 그들에게 필요한 기술과 꼭 일치하지 않는다고 말한다. 그러나 그들이 채용 과정에서 활용하는 선별 수단을 보면 기술을 갖고 있지만 그걸 증명할 졸업장이나 학위가 없어서 눈에 띄지 않는 사람들이 많다는 걸 짐작할 수 있다.

오퍼튜니티앳워크는 IT 시스템 관리자나 웹 개발자가 될 수 있는 기술을 가지고 있는—그러나 족보가 있는 학위나 전문직 경력은 없는—사람들을 자사의 테크하이어TechHire.org 플랫폼에서 시험한 다음 다양한 직종별로 그 기술에 숙달했다는 인증을 해준다. 그런 다음 그들을 가장 적합한 고용주에게 소개해주거나 적당한 훈련 과정에 연결해준다.

초프라는 이렇게 주장한다. "사람을 채용할 때는 그의 이력이 아니라 기술력을 바탕으로 뽑는 사례를 늘려야 합니다. 우리는 학습 곡선을 가파르게 오르게 할 수 있지만 그렇게 학습한 기술이 노동시장에서 인정받지 못하면 그렇게 할 유인도 보상도 없습니다." 오늘날에는 모든 사람의 최고의 재능을 가장 잘 이용할 수 있도록 연결해주는 '맺어주기' 소프트웨어보다는 학습이 아니라 학위를 기준으로 사람들을 솎아내는 '골라내기' 소프트웨어에 투자하는 기업들이 너무 많다.

얼마나 말도 안 되는 일인가? 버닝 글래스 테크놀로지스Burning Glass Technologies가 2015년에 내놓은 노동시장 조사를 보면 한 가지 흥미로운 점이 있다. 새로 나온 임원 비서와 보좌 역 일자리의 65퍼센트는 학사 학위를 요구하고 있다. 하지만 현재 그런 자리에 고용돼 일하고 있는 사람들 중 학위를 가진 이는 19퍼센트에 지나지 않는 것으로 나타났다. 그러므로 오늘날 비서 중 5분의 4는 자기 분야에 나온 일자리 중 3분의 2에 대해 아예 고려 대상에서 제외될 것이다. 그들이 이미 하고 있는 일에 대한 학위를 갖지 않았다는 이유로 말이다.

고용주의 메시지는 이렇다. "당신이 지금 학위 없이 비서로 일하고 있는데 자리를 옮기기를 원하면 다른 고용주가 당신의 채용을 고려할 것이다. 하지만 당신은 먼저 지금 일을 그만두고 8만 달러의 빚을 얻어 학사 학위를 딴 다음에 당신이 이미 하고 있는 일과 정확히 같은 일을 얻기 위해 면접시험을 보아야 한다. 오늘날 미국의 일자리 시장에 온 걸 환영한다." 버닝글래스는 그 시장에 대해 "학위를 요구하는 고용주들이 갈수록 늘어나기 때문에 더 많은 구직자들이 중급 기술이 필요한 중산층의 직업에서 배제되는 상황에 직면한다."고 지적한다. 학위는 그 일자리나 지원자의 진정한 능력과 무관한데도 마치 그 일을 할 수 있는 자격을 보여주는 증표처럼 요구한다는 말이다.

오퍼튜니티앳워크가 이 회사의 네트워크를 통해 만들어내려는 건 다름 아닌 '인적 자본에 대한 수요를 나타내는 새로운 신호'다. 그 신호는 이렇게 말하는 것이다. "업무를 정해진 기준에 맞게 할 수 있는 사람은 누구나 지원할 수 있다. 우리는 당신이 그걸 어떻게 배웠는지 상관하지 않는다. 우리는 간판이 아니라 실력을 보고 사람을 뽑는다. 모두가 일자리를 얻을 수는 없겠지만 누구나 시도할 수는 있다. 그리고 당신이 갖추지 못한 기술이 있다면 지역 학교와 학습 플랫폼들이 있으니 원하는 시간에 모자라는 부분을 채워 넣으면 된다."

지금 당장 그 플랫폼을 구축할 유인을 가진 고용주는 아무도 없으며, 바로 그 때문에 오퍼튜니티앳워크나 링크트인과 같은 그룹들이 필요한 것이다. 이들은 모두에게 그 플랫폼이 어떻게 작동하는지 보여주는 똑똑한 네트워크를 만들어낸다. 일자리를 얻는 데 한 명의 승자와 1,000명의 패자가 있는 지금의 시스템은 그야말로 너무 많은 인적 자본을 낭비하는 것이며, 가속의 시대에는 정치적으로 위험한 것이다. 초프라와 어거스트는 지원자의 이력이 아니라 그가 보여준 기술을 바탕으로 채용하는 고용주가 늘어나면, 그리고 그들이 장래의 종업원을 수요가 가장 많은 기술을 배우도록 돕는 학교나 코치, 또는 지도교사와 연결해줄 수 있으면 노동시장을 조금씩 바꿀 수 있다고 확신한다.

당신이 지역 대학 경영자라면 이러한 똑똑한 네트워크들은 고용주가 무엇을 원하는지, 그래서 당신이 무슨 기술을 가르쳐야 하는지 알아볼 좋은 수단이다. 어거스트는 이러한 혁신을 똑똑한 금융을 만드는 혁신과 섞어볼 수 있다고 말한다. 예컨대 저소득층의 재능 있는 학생이 15주간 '컴퓨터 코딩 훈련 캠프'에서 배울 수 있도록 수업료와 생활비를 대주는 미소 지분 투자micro-equity investment를 생각해볼 수 있다. 이 지분은 그 학생이 소프트웨어 개발자로서 첫 일자리를 얻어야만 채권으로 전환된다. 우리가 공공과 민간 부문의 학자금 대출에 있어서 지금의 낡은 틀을 버리고 개인의 처지에 더 잘 맞게, 재능을 바탕으로 미리 베풀어주는 금융 시스템으로 바꾼다면 일자리 기회의 문호를 넓히고, 기술 불일치 문제를 풀고, 인적 자본의 엄청난 가치를 살려나갈 수 있다. 이런 시스템에서는 교육기관과 고용 기업 모두 학생들이 원하는 일자리를 확보하도록 함으로써 확실히 투자에 대한 보상을 얻어내는 데 더 큰 관심을 기울이게 된다.

어거스트는 이렇게 말했다. "지금의 기관들은 어떻게 하면 금융자본에 대한 수익률을 극대화할 수 있는지 알아내는 데 너무 많은 시간을 씁니다. 이제 인적 자본에 대한 수익률을 극대화하는 방안을 더 많이 생각해야 할 때가 왔습니다."

혁명이 온다

이 책에서 나는 줄곧 기술이 한 플랫폼에서 다음 플랫폼으로 단계적으로 발전한다고 강조했다. 그러나 모든 플랫폼들이 생겨날 때부터 같은 건 아니다. 그리고 나는 우리가 밟아온 지난 두 단계의 기술 발전이 사람, 기계, 집단, 그리고 흐름의 힘이 변화하는 과정에서 근본적인 변곡점을 이루는 것이었다고 주장한다. 그중 하나는 2000년경에 나타난 것으로 모든 연결을 빠르고, 값싸고, 누구에게나 쉽고, 어디에나 있는 것으로 만들었으며, 다른 하나는 2007년경에 나타난 것으로 온갖 복잡성을 다루는 일을 빠르고, 값싸고, 누구에게나 쉽고, 보이지 않는 것으로 만들었다. 그 변곡점은 너무나 심층적인 것이어서 산업혁명이 길드를 기반으로 한 생산 체제를 날려버린 이후 우리가 지금까지 알았던 기본적인 생산 체제를 파괴해버렸다. 슈퍼노바 덕분에 생산 체제는 우리가 일찍이 보지 못한 속도, 범위, 규모로 세계화, 디지털화, 로봇화되고 있다. 이 흐름에 영향을 받지 않는 직업은 생각하기 어렵다. 바로 그 때문에 사람들이 일을 할 수 있게 교육하고, 일터에서 사람들을 조직하고, 사람들이 이 두 가지 새로운 현실에 맞춰가도록 돕는 일에 관한 사고방식에 근본적인 의문을 제기하고 있는 것이다.

오늘날 중산층의 좋은 일자리(외주화, 자동화, 로봇화, 디지털화할 수 없는 일자리)는 대부분 내가 '공감형 기술직 STEMpathy job(STEMpathy는 과학, 기술, 공학, 수학을 뜻하는 STEM과 공감을 뜻하는 empathy을 합친 조어―옮긴이)'이라고 하는 일일 가능성이 크다. 이런 일은 과학기술과 대인관계 기술을 이용하는 능력을 요구하고 그에 대해 보상하는 일이다. 수학적 계산과 인간의 (또는 동물의) 심리를 결합하고, 암 진단을 내리기 위해 왓슨과 대화하면서 그 결과를 알려주려고 환자의 손을 잡고, 로봇이 젖소의 우유를 짜게 하면서 부드러운 접촉으로 돌봐줘야 할 소들을 적절히 보살피는 것과 같은 일이다. 역사학자인 월터 러셀 미드Walter Russell Mead는 2013년 5월 10일 「아메리칸 인터레스트The American Interest」에 '일자리의 위기: 당신이 생각하는 것보다 심각하다'는 제목의 글에서 "19세기에는 대부분의 미국인들이 시골의 야외에서 동물과 식물을 기르며 시간을 보냈다."고 밝혔다.

20세기에는 미국인들 대부분이 사무실에서 종이를 넘기거나 공장에서 기계장치를 두드리며 시간을 보냈다. 21세기에는 우리 대부분이 서로의 삶을 향상시키는 서비스를 제공하며 사람들과 함께 일하게 될 것이다. (중략) 우리는 사람이 사물에 하는 게 아니라 사람이 사람에게 하는 일의 고유한 존엄성을 발견해야 할 것이다. 다른 사람들의 일에 관여하면서 그들의 바람과 필요를 이해하고 그들이 원하는 것을 감당할 수 있는 가격에 제공하는 것이 정직한 일임을 깨달아야 할 것이다.

최근의 연구는 이러한 주장을 뒷받침한다. 클레어 케인 밀러Claire Cain Miller는 2015년 10월 18일 자 「뉴욕타임스」에 쓴 '왜 당신이 유치원에서 배운 것이 일하는 데 결정적으로 중요한가'라는 제목의 글에서 이렇게 지적했다. "수술을 하든, 차를 운전하든, 음식을 나르든 이제 기계가 할 수 있게 된 모든 일에서 기계는 여전히 인간적인 특성 한 가지를 확실히 결여하고 있다. 그들에게는 사회적 기술이 없다. 하지만 협력과 공감, 유연성과 같은 것들은 현대의 업무에서 점점 더 필수적인 기술이 되고 있다."

그녀는 이렇게 덧붙였다.

새로운 연구에 따르면 1980년 이후 고도의 사회적 기술이 필요한 직업들이 다른 직업들보다 훨씬 더 빨리 늘어났다. 그리고 2000년 이후 임금 수준이 지속적으로 높아진 직업들은 인지적 기술과 사회적 기술을 모두 요구하는 직업들밖에 없다. (중략) 그러나 학생들이 우리가 일하는 방식의 변화에 대비할 수 있게 하려면 학교가 그들을 가르치는 기술도 바뀌어야 할 것이다. 전통적인 교육에서 사회적 기술이 강조되는 예는 매우 드물다.

클레이튼크리스텐슨연구소Clayton Christensen Institute의 공동 설립자로서 그곳에서 교육을 연구하는 마이클 혼Michael Horn은 "기계는 이 모든 것들을 자동화하고 있으며, 그래서 더욱 유연한 기술을 갖추고 인간적 감성을 이해하고 과학기술을 보완하는 방법을 아는 것이 필수적인데 우리의 교육 체제는 그렇게 할 수 있는 구조가 아니다."라고 말했다.

하버드 대학교 부교수로 교육·경제학을 가르치는 밀러는 이 주제에 대해 새로운 연구서를 낸 데이비드 데밍David Deming의 조언을 들었다. 밀러의 설명에 따르면 데밍의 연구는 기술산업에서 뜨고 있는 직업은 '그룹 프로젝트를 위해 일하는 컴퓨터과학자와 같이 과학기술과 대인관계 기술을 결합하는 일'이라는 것을 보여준다. 밀러가 전한 바에 따르면 노동문제 전문가인 MIT의 경제학자 데이비드 오터David Autor는 이렇게 지적했다. "단지 기술적 재능만 필요한 일이라면 자동화할 가능성이 상당히 크고, 공감이나 유연성만 필요한 일이라면 인력을 무한히 공급할 수 있으므로 그런 것들은 임금을 많이 받는 일자리가 될 수 없습니다. 이 두 가지가 상호작용해야 선순환이 될 수 있습니다."

다시 생각해보자. 가속의 시대에 생산방식이 바뀌면서 여러 가지 새로운 사회계약이 필요해졌다. 그중 하나는 경영자와 종업원들 사이의 계약이다. 경영자들은 사람들을 채용할 때 그들이 보란 듯이 내놓을 수 있는 이력서가 아니라 그들이 무엇을 할 수 있느냐를 기준으로 뽑는 법을 배워야 할 것이다. 또한 회사의 기본 틀 안에서 평생학습을 할 수 있는 여러 가지 길을 만들어주어야 한다. 또 하나는 자신과의 계약이다. 경영자가 학습 기회를 만들어주고 수업료도 보태준다면 당신은 그 두 가지를 이용해 자신의 학습과 재학습을 끊임없이 주도할 용기와 자발적 동기를 보여주어야 한다. 더 많은 사람과 기계, 그리고 로봇들이 일자리를 놓고 벌이는 경쟁은 모두가 점프 볼을 잡으려고 한꺼번에 뛰어오르는 것과 같다. 갈수록 더 많은 일자리가 그러한 점프 볼이 되는 시대에 당신은 기꺼이 뛰어오를 의지와 능력을 갖고 있어야 한다. 또 한 가지 새로운 계약은 교육기관과 학생들 사이에 맺어져야 한다. 기업들은 더 이상 대학들이 그들의 시장을 분석하고 그에 따라 교육과정을 바꾸고 그에 맞는 교수들을 고용하고 학생들에게 새로운 기술을 가르치도록 참을성 있게 기다려주지 않는다. 특히 새롭게 떠오른 온라인 교육 플랫폼이 그 모든 일을 처음부터 더 빠르게 수행하고 있는 때에는 그럴 필요가 없다. 모두가 평생학습을 해야 하는 세상에서 전통적인 고등교육 기관들이 의미 있는 존재로 남으려면 새로운 환경에 맞는 속도와 가격으로, 그리고 수요자에 맞는 이동성을 갖추고 그러한 교육 기회를 제공해야 한다. 마지막으로, 정부와 시민 사이의 새로운 사회계약을 맺어야 한다. 평생학습을 위한 똑똑한 도움과 도우미들, 똑똑한 네트워크와 금융을 제공하는 모든 기업, 그리고 그것들을 이용하는 모든 근로자들에게 규제와 세제 측면에서 가능한 한 모든 유인을 만들어주어야 한다.

그러나 지금 경험하고 있는 '근로자들의 홀로세'가 끝난다고 눈물짓기 전에 잠시 멈추고 새로운 일터의 잠재적인 이점들을 생각해보자. 마리나 고비스는 우리가 올바른 기초를 마련할 때 이러한 변화가 어떻게 많은 근로자들에게 실제로 더 유리하게 작용할 수 있는지 메모로 정리해서 연구원들과 공유했다.

> 한 사람의 근로자로서 당신이 자신의 기술과 능력, 이전에 완수한 업무에 관한 정보를 이용해 언제 어떻게 소득을 올릴지 결정할 수 있다고 생각해보라. 당신은 소득을 올릴 기회에 가장 잘 맞는 업무와 맺어질 수 있다. 그와 같은 플랫폼 혹은 다른 플랫폼이 당신의 잠재적인 소득을 극대화할 수 있는 학습 기회로 이끌어주거나 새로운 기술을 배우려는 열망을 채워준다고 상상해보라. 당신이 굳이 사무실에 갈 필요 없이 자기 집이나 집 근처에서 여럿이 함께 일할 수 있는 공간 몇 군데서 일할 수 있고, 이때 사회적 관계를 맺고 커뮤니티에 참여하며 업무에 필요한 기반 시설을 제공받는다고 가정해보라. 그리고 사회안전망(당신이 받는 모든 혜택)이 당신의 고용주에게 매여 있지 않고 옮겨갈 수 있는 것이라고 상상해보라. 당신이 대가를 받고 일할 때마다 어떤 플랫폼을 쓰고 어떤 조직에 속해 있는지와 상관없이 당신의 복지 혜택은 개인별 사회보장 계정에 발생하는 것이다. 이처럼 새로운 일의 생태계는 이미 부분적으로 형성되고 있지만 그 과정에서 많은 틈새와 실수가 나타나면서 단편적으로 이뤄지고 있다.

그녀는 이어서 해법을 이야기한다.

그에 대한 해결책을 찾는다면서 주문에 따라 일하는 맞춤형 근로자on-demand worker들을 억지로 정식 W2(세금신고에 쓰는 급여명세서—옮긴이) 고용으로 전환해서 새로운 근로 형태의 긍정적인 요소들 중 가장 핵심적인 부분인 유연성과 자율성을 침식해서는 안 된다. 우리는 낡은 운영체제로 되돌아가서는 안 된다. 낡은 운영체제를 업그레이드하거나 재구축해서 그 혜택이 갈수록 늘어나는 맞춤형 근로자뿐만 아니라 기존의 조직에서 일하고 있는 근로자들에게도 돌아가도록 해야 한다. 회사의 종업원들이 그들 개인과 가족의 필요에 따라 원하는 시간에 일할 수 있다면 일터는 어떻게 바뀔까? 기업들이 큰 두려움을 안겨주는 성과 평가에 힘을 쓰는 대신에 우버와 업워크Upwork의 힘을 키워준 것과 같은 업무 조정 알고리듬을 활용해 업무를 배정하고, 동태적인 평판 측정과 평가 절차를 만들 수 있다면 어떨까? 설계를 잘 하면 새로운 체제는 전례 없는 수준의 자율성과 유연성을 가져다주는 것 외에도 우리가 채용과 승진에서 편향을 제거하는 데에도 도움을 줄 수 있다. (중략) 어쩌면, 정말 어쩌면 기존 조직에 새로운 조정 장치를 도입하면 근로자들의 참여와 만족도는 실제로 높아질 것이다.

요컨대 아침 9시부터 저녁 5시까지 일하던 옛 시절을 생각하며 슬퍼하지 마라. 그 시절은 지나갔고 다시 오지 않을 것이다. 전환기는 힘난할 것이다. 그러나 나는 이 전환기를 지나고 나면 저편에 더 멋지고 공정한 일터가 기다리고 있을 거라고 확신한다. 우리가 인공지능처럼 새로운 것들 중 가장 좋은 부분과 아직 변하지 않았고 앞으로도 절대 변하지 않을 것들 중 가장 좋은 부분을 결합하는 법을 배울 수 있다면 말이다. 자발적 동기, 보살펴주는 선배와 멘토, 관심을 끌거나 영감을 주는 분야에서 스스로 자신을 계발하는 것들은 앞으로도 중요할 것이다.

2014년 새 학년이 시작되기 직전 갤럽은 취업한 지 5년 이상 된 대졸자들을 상대로 실시한 대규모 설문조사 결과를 내놓았다. 그 조사는 이런 질문에 답을 얻으려는 것이었다. "일반대학이나 전문대학에서 어떻게 생활(공부)했을 때 성공적인 경력을 쌓고 열심히 일하는 직장인이 될 수 있는가?"

갤럽의 교육 부문 이사인 브랜든 버스티드Brandon Busteed는 그 조사에 관한 칼럼을 쓰려던 나에게 이렇게 설명했다. "사람들은 보통 어느 대학에 가는가가 중요한 요인일 거라고 생각하지요. 하지만 우리는 어떤 유형의 대학에 가든—공립이든 사립이든, 입학생을 까다롭게 고르는 대학이든 그렇지 않은 대학이든—장기적인 성과에는 아무런 차이가 나타나지 않는다는 걸 발견했습니다. 대신 대학 교육을 어떻게 받느냐가 가장 중요한 것으로 나타났습니다."

100만 명이 넘는 미국 근로자, 학생, 교육자, 그리고 고용주들을 대상으로 한 조사에서 그들의 경험 중 두 가지가 두드러졌다. '성공적인 학생들에게는 그들에게 멘토가 되어주고 그들의 포부에 진정으로 관심을 기울여준 한 명 또는 그 이상의 스승이 있었다. 그리고 그들은 학교에서 배우고 있는 분야에서 인턴으로 직업 연수를 받았다.' 버스티드에 따르면 가장 열심히 일하는 직장인들은 일관되게 자신이 성공한 것은 '개인적으로 그들을 보살펴준' 한 명 또는 여러 명의 교수들이 있었거나, '그들이 목표와 꿈을 쫓도록 격려해준' 멘토가 있었거나, '그들이 배우고 있는 것을 적용해볼 수 있는' 인턴 과정을 밟았기 때문이라고 밝혔다. 이러한 직장인들은 그들의 일에 몰두할 가능성이 배가되고 전반적으로 성공적인 삶을 누리는 것으로 나타났다.

바로 여기에 중요한 메시지가 있다.

09 통제냐 혼돈이냐

예멘의 폭력적인 대혼란에 비하면 내전조차 질서 있는 상황으로 보일 것이다.
—사이먼 핸더슨(Simon Henderson), "붕괴되는 예멘의 커지는 위협", 2015년 3월 23일, 「월스트리트저널」

1965년부터 1970년까지 미국 텔레비전 시청자들은 〈겟 스마트〉라는 인기 시트콤을 즐겼다. 이 쇼는 제임스 본드 영화를 흉내 낸 것이었는데 돈 애덤스가 '에이전트 86'이라는 암호명으로 통하는 맥스웰 스마트 역을 맡았고 바버러 펠던이 그의 동료 '에이전트 99'를 연기했다. 벅 헨리와 멜 브룩스가 쓴 〈겟 스마트〉는 미국 시청자들에게 신발 속에 숨긴 전화shoe phone를 소개한 것으로 유명하지만 이 쇼는 다른 것들도 소개했다. 이 쇼 나름의 지정학과 양극화된 세계가 그것이다.

 맥스웰 스마트가 일했던 정보기관 이름은 '컨트롤'이라는 기관이었다. 그럼 컨트롤이 세계적으로 맞서 싸우는 적의 이름은 무엇인지 기억하는가? 그것은 '카오스'라는 국제적인 악의 조직이었다.

〈겟 스마트〉를 만든 사람들은 그들의 시대를 한참 앞서갔다. 어쨌든 지금 우리가 살고 있는 '탈탈냉전post-post-Cold War 시대의 세계'에서 가장 중요한 경계는 '컨트롤'의 영역과 '카오스'의 영역, 혹은 내가 더 좋아하는 표현을 쓰자면 '질서의 세계World of Order'와 '혼란의 세계World of Disorder'를 나누는 것이다. 그 점은 점점 더 분명해지고 있다.

그건 냉전 후 미국과 유럽 사람들이 기대한 것이 아니었다. 냉전은 경쟁하는 두 체제 사이의 싸움이었다. 냉전 체제는 경쟁하는 두 초강대국이 지배했다. 그 둘은 어느 때보다 동맹국들에 대해 이념적으로 줄을 세우고 물리적으로 지켜주며 군사적으로 억지력을 발휘할 수 있었다. 지리적·이념적으로 의미 있는 경계선은 동과 서, 공산주의와 자본주의, 전체주의와 민주주의를 나누는 것이었다.

1989년부터 2000년대 초까지 탈냉전 시대에 지배적인 싸움은—그것은 도무지 진짜 싸움 같지도 않았지만—패권을 잡은 미국과 나머지 모든 나라 사이의 싸움이었다. 이 싸움에서는 자본주의 경제와 정치 체제가 '승리'했다. 공산주의 체제는 패배했다. 그리고 대부분의 경우에 유일하게 남은 문제는 각국이 성공을 위해 우리의 민주주의적 자본주의 공식을 얼마나 빨리 채택하느냐 하는 것뿐이며 그걸 채택하고 나면 이 세계 안에서 살아가는 데 아무런 문제가 없으리라고 생각했다.

미국과 동맹국들은 군사력과 경제력에서 충분한 여유가 있었기 때문에 그중 일부를 이라크의 사담 후세인, 아이티의 군부 통치자, 그리고 세르비아·보스니아의 슬로보단 밀로셰비치Slobodan Milošević와 같이 민주화의 흐름에 저항하는 세력과 맞서는 데 썼다. 또한 인권 운동을 통해 중국을 압박하고 북대서양조약기구NATO와 유럽연합 확장 운동을 통해 러시아를 압박하는 데 썼다. 전 세계가 미국과 같은 길을 걷게 되는 건 단지 시간문제로 보였다.

존스홉킨스 대학교의 외교정책 교수인 마이클 만델바움이 그의 저서 『실패한 사명: 탈냉전 시대의 미국과 세계Mission Failure: America and the World in the Post- Cold War Era』에서 주장한 것처럼 미국이 압도적인 지배력을 가진 이 시기에 미국 대외 정책의 초점은 전쟁에서 지배 구조governance로 바뀌었으며, 다른 나라 정부가 국경 밖에서 무슨 일을 하는지 따지기보다는 그들이 자국 내에서 무슨 일을 하고 어떻게 지배 구조를 조직하는지 따져보는 쪽으로 바뀌었다.

미국이 소말리아와 아이티, 보스니아, 코소보, 이라크, 아프가니스탄에서 작전을 벌이고, 중국의 인권, 러시아의 민주화, NATO의 확장, 이스라엘-팔레스타인 평화 정착을 위해 개입한 것을 두고 만델바움은 이렇게 썼다. "냉전 후 미국은 여러 나라들 중에서 (중략) 개인으로 치면 마치 수십억 달러를 가진 대부호가 된 것 같았다. 냉전 기간에는 지정학적인 필수품을 구하며 살았지만 이제 그 세계에서 벗어나 여러 가지 선택을 할 수 있는 세계로 옮겨온 것이다. 이 나라는 비축해둔 엄청난 힘 가운데 일부를 지정학적인 사치품에 쓰기로 했다. 그 사치품은 다른 나라들을 개조하는 것이었다."

그러나 미국이 이라크와 아프가니스탄에 개입했다가 실패해 수렁에 빠지고 2008년의 대침체가 미국 경제의 성장세를 꺾어놓았을 때 그 시대는 좌초하고 말았다. 이 모든 것들이 어우러져 미국의 힘과 자신감을 무너뜨렸다. '미국은 세계를 안정시키기 위해 무슨 일을 해야 할지 알고, 그 일을 어떻게 해야 할지 알며, 실제로 그 일을 할 수 있다'는 자신감이 무너진 것이다. 이 모든 건 버락 오바마 대통령의 대외 정책에 반영되었다. 오바마의 대외 정책의 특징은 움츠러든 포부, 미국이 가장 잘 아는 것들에 대한 겸손한 태도, 외국인에 대한 회의주의, 그리고 소극적인 해외 파병에 있다. 외국인에 대한 회의는 특히 미국과 가치를 공유하고 있다고 주장하면서 미국을 동반자로 끌어들이려 손짓하는 중동 사람들을 대할 때 심하며, 해외에 파병할 때는 마치 안약을 한 방울씩 떨어트릴 때처럼 병사들을 하나하나 세어가면서 보냈다. 나는 비판을 하려고 이런 이야기를 하는 건 아니다. 중동 정책에 관한 한 오바마가 신중한 자세를 취해야 할 충분한 이유가 있었다. 그밖에 동유럽이나 아시아 같은 지역에서 오바마는 실제로 러시아, 중국과 균형을 맞추기 위해 현지의 미군 전력을 강화했다. 서아프리카에서 에볼라 바이러스 차단을 위해 미군을 투입한 것은 세계적인 감염 확산을 막은 단호한 조치였다. 따라서 오바마 행정부 때 미국이 세계에서 철수했다는 생각은 오산이다. 그러나 미국은 중동에서는 물러났고 이는 두 가지 중요한 결과를 불러왔다. 그것은 이라크와 시리아에서 이슬람국가ISIS의 발호를 부추겼고 그 지역에서 유럽으로 엄청난 난민들이 유입되는 데 일조했다. 난민 유입은 다시 반이민 기류를 만들어내는 데 기여했으며, 이는 영국이 유럽연합에서 탈퇴하고 이 연합의 거의 모든 회원국에서 포퓰리스트와 국수주의자들이 부상하도록 부채질했다.

　기억해야 할 것은 미국은 세계 무대에서 중요한 역할을 하기 때문에 미국이 힘을 쓰는 데 작은 변화만 주어도 다른 나라들에 결정적인 영향을 미칠 수 있다는 점이다. 한편에서는 미국의 힘이 움츠러들고 있는 가운데 대시장과 대자연, 그리고 무어의 법칙이 가속화하면서 더욱 광범위하게 세계를 바꿔놓고 있다. 오늘날 우리가 살고 있는 시대는 이 두 가지 흐름을 합친 것으로 정의할 수 있으며, 나는 이를 '탈탈냉전' 세계로 일컫는다. 이 세계의 특징은 아주 오래된 형태와 새로운 형태의 지정학적 경쟁이 한꺼번에 맞물려 돌아간다는 점이다. 다시 말해 전통적인 강대국들 간 경쟁이 주로 미국과 러시아, 그리고 중국 사이에서 그 어느 때보다 치열하게 재연되고 있다(그 경쟁이 과연 사라진 적이 있었는지는 모르겠지만 말이다). 이 세 강대국들은 NATO와 러시아 사이의 경계나 남중국해와 같은 해묵은 전선을 따라 다시 영향권을 넓히기 위해 다투고 있다. 이 경쟁은 역사적·지리적 위치, 그리고 전통적인 강대국들의 지정학적 규칙의 영향을 받고 있으며, 오늘날 러시아와 중국에서 민족주의가 부상하면서 한층 강화되고 있다. 이 경쟁의 구도는 이들 세 거대 국가들 간 세력 균형에 따라 결정된다. 이에 대한 분석은 많이 이뤄졌으며 이 책의 주제는 아니다.

내가 가장 많은 관심을 갖는 건 이 탈탈냉전 세계에서 새롭게 나타나는 현상이다. 동시에 가속화하는 대시장과 대자연, 그리고 무어의 법칙이 어떻게 국제 관계를 바꾸어놓고 있으며, 미국과 세계가 지정학적 안정성을 추구하는 방식을 다시 생각하도록 요구하고 있다. 제2차 세계대전 후 새로운 질서가 형성되는 시기에 미국 국무장관을 지낸 딘 애치슨Dean Acheson은 『창조의 현장에서Present at the Creation』라는 제목으로 국무부 재임 기간에 관한 회고록을 썼다. 그때는 소련이 글로벌 초강대국으로 부상하고 핵무기가 확산되고 제국들이 사라져가고 많은 신생국들이 떠오르던 시기였다. 지금 우리는 냉전이 시작된 후 어느 때 못지않게 다시 창조의 현장에 서 있다.

지정학에서 가속의 시대는 그때와 똑같은 하나의 형성기이지만 미국이 제2차 세계대전 후 정치가들이 그랬던 것처럼 이 시기를 안정시키기 위해 동맹과 국제기구들을 구축할 능력이나 상상력을 가지고 있는지는 아직 분명하지 않다. 하지만 그것은 미국의 사명이다.

나는 몇 가지 새로운 도전들이 나타나고 있는 것을 본다. 첫 번째 도전은 세계의 상호의존성이 커지는 것과 관련이 있다. 특히 상호의존성은 미국의 모든 대외 정책 결정에 영향을 미치는 어떤 이례적인 지정학적 전도顚倒 현상을 만들어냈다. 예를 들어보자. 냉전 기간 중 당신의 동맹국은 당신을 적에게서 보호해주었다. 하지만 각국이 너무나 상호의존적인 탈탈냉전 세계에서는 이제 당신의 동맹국이 (그리스처럼) 적국보다 더 빨리 당신을 죽일 수 있다. 그리스가 국가와 민간의 채무를 갚지 못하거나 영국의 탈퇴로 유럽연합에 금이 가기 시작하면 도미노가 쓰러지듯 연쇄반응을 일으켜 유럽연합과 NATO를 무너뜨릴 수 있다. 이는 러시아나 중국이 가할 수 있는 것과 똑같이 깊숙하고 빠르게 미국에 타격을 입힐 수 있다. 이러한 상황은 미국에 전략적으로 엄청난 영향을 미칠 것이다. 유럽연합은 미국과 더불어 전 세계에서 민주주의적 자본주의의 큰 중심을 이루는 두 지역 중 하나이며, 그러한 가치를 세계적으로 확산시키고 전반적으로 세계를 안정화하는 데 큰 역할을 한 미국의 주된 동반자이기 때문이다.

상호의존성의 시대에는 그와 비슷한 전도 현상이 미국과 러시아, 그리고 미국과 중국의 관계도 좌우한다. 오늘날 그들이 강한 것과 약한 것 중 어느 쪽이 미국에 더 큰 위협이 되는지는 분명치 않다. 두 나라 중 하나라도 붕괴해서 혼란의 세계로 들어가면 이는 재앙이 될 것이다. 러시아는 아홉 개의 시간대에 걸쳐 있고, 여전히 통제되어야 하는 수천 기의 핵탄두와 수백 명의 핵폭탄 설계자들을 보유하고 있다.

미국은 핵무기를 봉인하고 마피아 보스와 마약 공급자, 그리고 사이버 범죄자 들을 막을 합리적 국가로서 러시아가 필요하다. 또한 중국의 대항력으로 작용하고 유럽에 에너지를 공급하고 자국의 고령화되는 시민들을 보살필 안정적인 러시아가 필요하다. 한편 중국이 혼란으로 빠져들면 당신의 발을 감쌀 신발과 당신의 몸에 걸칠 셔츠뿐 아니라 당신의 집에 딸린 주택대출, 당신 지갑 속 돈의 가치에 이르기까지 모든 것에 부정적인 영향을 줄 것이다. 중국은 미국의 경쟁자일지 모르지만 오늘날의 상호의존적인 세계에서 중국이 무너지는 것은 부상하는 것보다 미국에 훨씬 더 큰 위협이 된다. 아마도 부상하는 중국이 끼칠 가장 나쁜 해악은 자기네 줄에 서도록 이웃 나라들을 괴롭히거나 남중국해에서 더 많은 섬들을 차지하거나 아니면 외국인 투자자들에게 더 많은 양보를 하도록 요구하는 것일 수 있다. 그러나 추락하는 중국은 미국 주식시장을 붕괴시키고 글로벌 경기 침체를 촉발할 수 있다. 그 이상 나빠지지는 않는다고 해도 말이다.

이러한 고도의 상호의존성이 일련의 새로운 문제들을 일으키는 가운데 여러 나라에서 국가 실패의 위험이 높아지고 있는 것은 또 다른 문제를 낳고 있다. 그 위험은 세계 곳곳에서 찾아볼 수 있다. 대서양조약협회Atlantic Treaty Association 부회장이면서 워싱턴의 미국 국방대학 객원연구원인 줄리언 린들리프렌치Julian Lindley-French는 그가 국가의 '약화 체제weakism' 또는 '분열 체제disintegrationism'로 부르는 것들의 위험성을 경고한다. 이는 국가가 갱이나 부족 수준으로 분열돼 이슬람국가와 보코하람 같은 집단들이 그 힘의 공백을 메우면서 부상하는 것을 의미한다. 아프리카와 중동의 약한 국가들이 겪고 있는 바로 그와 같은 실질적인 국가 해체는 이제 광범위한 혼란의 지대를 만들어내는 지경에 이르고 있다. 〈겟 스마트〉의 표현을 빌리면 카오스 지대인 이 혼란의 지대는 너무나 많은 난민과 경제적 이주자들을 쏟아내고 있어서 '질서의 세계'가 유지하던 안정을 위협하기 시작했다. 유럽연합이 쪼개지고 있는 것만 봐도 알 수 있다.

냉전 시대에 미국의 대외 정책에서 가장 큰 도전은 대부분 힘을 관리하는 것이었다. 미국의 힘뿐 아니라 유럽연합, 일본 같은 동맹국들의 힘, 그리고 러시아, 중국 같은 주요 경쟁국들의 힘을 관리해야 했다. 오늘날 미국 대통령은 약점을 관리하고 극복하는 데 훨씬 더 많은 시간을 쓴다. 유럽연합과 일본 같은 동맹국들의 약점, 분노하고 굴욕감을 느끼며 경제적으로 취약한 러시아의 약점, 해체된 국가들의 약점, 그리고 9·11 테러와 2008년 금융위기 후 미국 경제의 약점을 관리해야 한다. 약점을 관리하는 건 엄청난 골칫거리다. 미국의 입장에서 보면 해체되는 국가들을 지원하기 위해 개입하지 않으면 혼란이 확산되는 걸 피할 수 없다. 반대로 개입하기 위해 그곳에 발을 들여놓으면 바로 그 발이 마룻장 밑으로 빠져서 다시 빼내려면 극심한 고통을 겪게 될 수 있다. 그리고 엄청난 계산서를 받아들게 된다(아프가니스탄과 소말리아, 그리고 이라크의 경우를 보라).

린들리프렌치가 말한 약화 체제와 분열 체제는 우리가 오늘날 직면한 또 하나의 새로운 문제와 동시에 나타나거나 그 문제를 키우는 것이다. 그것은 무어의 법칙과 대시장이 내가 '초강력 파괴자'라고 부르는 새로운 범주의 국제적인 세력을 낳고 있는 문제다. 앞에서 슈퍼노바 덕분에 창조자의 역량이 어떻게 강화되는지 논의했다. 하지만 창조자들의 힘을 키워주는 같은 에너지원이 지하디스트, 북한 같은 불량 국가, 분노하는 외로운 늑대들, 엄청나게 확장된 공격 면에 걸쳐 초강대국들과 초강력 창조자들을 상대로 싸우는 사이버 범죄자들의 힘도 키워주고 있다. 그 공격 면에는 일반 가정의 컴퓨터도 포함된다. 사이버 공격자들은 컴퓨터를 인질로 잡아 주인이 몸값을 낼 때까지 컴퓨터를 사용하지 못하게 잠가버린다.

이 모든 오래된 도전과 새로운 도전들을 한 데 합쳐보면 적어도 미국에서는 우리가 왜 냉전 기간 중 상대적으로 편하게 지냈는지 이해할 것이다. 그때 우리는 한 가지 통일된 정책(소련 봉쇄)만 고수하면 됐고, 대외 정책에 관한 모든 질문에 대한 답도 그것이었다. 하지만 탈탈냉전 세계의 도전은 가속의 시대에 다른 모습으로 나타나며 과거에 비해 훨씬 더 복잡하다. 그래서 종전과 같이 전통적인 경쟁국들을 억제하면서 동시에 혼란의 세계를 축소하고 약한 국가의 해체를 막기 위해 미국이 할 수 있는 일을 해야만 한다. 그렇지 않으면 국가 해체로 난민들이 쏟아져 나오기 때문이다. 난민들은 특히 유럽연합의 결속을 위협하고 있다. 미국은 또한 초강력 파괴자들을 봉쇄하고 무력화해야 한다. 과거보다 훨씬 더 상호의존적인 세계에서 이 모든 것을 해내야 한다.

바로 그 때문에 오늘날과 같은 가속의 시대에는 지정학을 새롭게 인식하는 것이 절대적으로 중요하다. 그러나 겸허해질 필요가 있다. 헨리 키신저Henry Kissinger는 2015년 1월 29일 미국 상원 군사위원회에서 증언하면서 이렇게 말했다. "미국은 제2차 세계대전이 끝난 후 지금까지 이처럼 복합적인 위기에 직면해본 적이 없습니다. 역사적으로 평화를 위협하는 문제는 힘의 축적에 따라 발생하는 것이었습니다. 잠재적으로 지배적인 국가가 부상하면서 이웃나라들의 안보를 위협하는 것이었지요. 지금은 흔히 권력의 해체가 평화를 위협합니다. 국가의 권위가 무너지면서 '지배력 부재의 지대'가 생기고 이는 그 지역과 국경 너머로 폭력을 확산시키고 있습니다." 이러한 위협은 특히 중동 지역에서 극심하다고 키신저는 덧붙였다. "여러 가지 격변이 한꺼번에 일어나고 있습니다. 국가 내부에서 권력 투쟁이 벌어지고, 국가 간에 싸움이 벌어지며, 인종과 종파가 다른 집단들 간에 분쟁이 벌어지고, 또한 국제적인 체제에 대한 공격이 이뤄지고 있는 것이지요. 그 결과 상당한 지리적 공간이 더 이상 통치할 수 없게 되었거나 이미 통치가 안 되는 상황입니다."

미국 대외 정책의 표준적인 각본에는 이런 세계가 등장하지 않는다. 전통적인 정책 수단들은 이러한 세계에 맞게 설계된 것이 아니다. 국제 기구들은 아직 이러한 세계에 적응하지 못하고 있다. 그리고 미국의 국내적 논의는 실제로 이런 세계의 도전에 맞게 조율되지 않고 있다. 이러한 탈탈냉전 세계의 대외 정책 면에서 '자유주의적'이라거나 '보수주의적'이라는 건 과연 무슨 의미인가?

그렇다. 실제로 우리는 지정학적 세계에서 뭔가 새로운 것이 창조되는 현장에 다시 서 있다. 그리고 그것을 이해하고 관리하기 위한 혁신적인 정책들을 제시하며 관대함을 보여야 할 많은 책임을 미국이 맡게 될 것이다. 다음에 나오는 이야기는 우리가 어떻게 여기까지 왔는지, 그리고 앞으로 어떻게 나아가야 하는지에 대한 고민을 시작해야 한다는 차원에서 내 견해를 밝힌 것이다.

그러나 그 전에 조언을 한마디 해야겠다. 혹시 대통령이 당신에게 전화해 국무장관 자리를 제안하거든 당신은 비행기 타는 걸 좋아하기는 하지만 사실은 농무장관에 마음을 두고 있다고 말하기 바란다.

지정학의 홀로세

오늘날에는 제2차 세계대전 후 지구상에 정착되고 냉전 시대 내내 지속된 세계 질서가 (돌이켜보면) 지정학적으로 기후변화상의 홀로세에 해당하는 시기임을 잊어버리기 쉽다. 다시 말해 지질학적인 홀로세가 지구에 완벽한 에덴동산 같은 기후를 가져다준 것과 똑같이 지정학적 홀로세는 중산층 근로자들에게 완벽한 경제적 환경을 만들어주고 새롭게 독립한 나라들에 완벽한 생존의 환경을 만들어주었다. 그런 나라들은 아주 많았다.

제1차 세계대전과 몇몇 제국의 몰락으로 수많은 독립국이 탄생했다. 오스트리아-헝가리 제국은 오스트리아와 헝가리, 체코슬로바키아, 그리고 유고슬라비아로 나뉘었다. 러시아는 핀란드, 에스토니아, 라트비아, 그리고 리투아니아의 독립을 용인했다. 그리고 러시아와 오스트리아-헝가리 제국은 폴란드와 루마니아를 새롭게 탄생시켰다. 오스만 제국은 여러 나라들이 새롭게 독립하거나 식민지가 되도록 허용했는데, 레바논과 이집트, 시리아, 이라크, 요르단, 키프로스, 알바니아가 그들이다. 그리고 아프리카에서는 독일 제국이 분해되면서 나미비아와 탄자니아 같은 나라들이 생겼다. 그런 다음 제2차 세계대전의 결과로 탈식민지의 물결이 밀어닥쳐 인도와 파키스탄, 리비아, 수단, 튀니지, 에티오피아, 모로코, 말리, 세네갈, 콩고, 소말리아, 니제르, 차드, 카메룬, 나이지리아, 알제리, 르완다, 에리트레아, 잠비아, 인도네시아, 베트남, 라오스, 캄보디아, 태국, 말레이시아, 싱가포르, 한국과 그 밖의 여러 나라들이 독립국으로 탄생했다. 그 후 1990년대 초 소련이 무너진 후 그 주변의 모든 위성국들이 해방됐다. 카자흐스탄, 키르기스스탄, 타지키스탄, 투르크메니스탄, 우즈베키스탄, 아르메니아, 아제르바이잔, 그리고 몰도바가 그들이다. 유고슬라비아의 여러 지역이 슬로베니아, 크로아티아, 보스니아와 헤르체고비나, 세르비아, 몬테네그로, 그리고 마케도니아로 분리되었음은 새삼 말할 것도 없다. 리투아니아, 라트비아, 조지아, 그리고 에스토니아도 독립국이 되었다.

  이들 신생국 가운데 산업화된 나라로 발전하는 데 필요한 경제적 자원이나 천연자원, 혹은 인적자원을 가진 나라들은 거의 없었다. 그러나 냉전 기간과 그 직후의 여러 해 동안 신생국의 약점은 다양한 요인들에 가려져 있었으며, 이 요인들은 '평균' 또는 '평균 이하'의 국가들이 지속적으로 발전할 수 있도록 해주었다.

  무엇보다 전 세계적으로 지정학적 환경이 두 차례 세계대전이 일어났던 시기에 비해 매우 안정적이었다. 두 체제 가운데 어느 쪽도 히틀러나 지하디스트 같은 사람이 이끌지 않았다. 두 초강대국은 핵무기를 가지고 직접 열전을 벌이게 되는 사태를 막기 위해 상대방에 대한 어떤 오해도 해소할 수 있도록 백악관과 크렘린을 연결하는 핫라인도 유지했다.

양측 모두 전략적으로 선제공격 능력뿐만 아니라 상대가 먼저 공격하면 2차적으로 보복 공격을 할 수 있는 능력을 확보하려고 충분한 핵무기를 배치했다. 이는 MAD라는 '상호확증파괴mutual assured destruction' 체제를 만들어냈다. 양쪽 모두 갖고 있는 원자탄 중 어떤 것도 사용하지 않도록 사실상 보증하는 체제였다.

그러나 더 중요한 건 미국과 소련이 이 체스판에서 다른 나라들을 각자 자기편으로 더 많이 끌어들이려고 치열한 경쟁을 벌이면서 이들 신생국 중 많은 나라의 질서를 확보하고 강화하기 위해 꾸준히 자원을 공급했다는 점이다. 그 덕분에 많은 나라들이 C^+ 학점의 리더십으로도 그럭저럭 굴러갈 수 있었다. 이를 사람 몸에 빗대 이야기하면 규칙적인 운동을 하고 콜레스테롤 수치를 낮추고 근육을 만들고 열심히 공부하고 심장박동 수를 높이는 노력을 하지도 않고 그럭저럭 살아가는 것과 같다. 두 초강대국이 그들에게 도로를 건설할 자금을 퍼부어주고 정부를 운영할 기술적 도움을 주며 국경과 국민을 통제하기 위한 국내 치안 체제를 구축하도록 무기를 대주었다. 모스크바와 워싱턴은 또한 해외 원조 자금으로 수십억 달러와 수십억 루블을 보내 평균적인 국가와 지도자들이 재정수지를 맞추고 학교를 운영하고 경기장을 짓도록 도와주었다. 그들은 또 러시아 인민친선대학교나 미국 텍사스 대학교에 입학하도록 외국의 젊은이들에게 장학금도 주었다.

워싱턴과 모스크바로서는 글로벌 체스판 위의 모든 칸에서 안정을 이루는 게 중요했다. 그래서 소련은 이스라엘과 1967년, 1973년, 1982년에 벌인 세 차례 전쟁에서 패전한 시리아군을 재건해줄 준비가 돼 있었고, 미국은 남아메리카에서 필리핀까지 부패한 정권을 언제나 지원할 준비가 돼 있었다. 그리고 원조가 효과를 내지 못할 때 그들은 동맹국을 지원하기 위해 직접 개입했다. 러시아는 동유럽과 아프가니스탄에서,

미국은 남미와 남쪽 베트남에서 그렇게 했다. 미국은 유럽의 지친 동맹국들이 식민지를 잃거나 독립을 허용한 후 그 신생국에서 러시아를 등에 업은 공산주의자들이 정권을 잡지 못하도록 보장하고 싶어 했다. 그러는 동안 크렘린은 동유럽을 손아귀에 넣어두거나 미국 진영에 속한 중앙아메리카 국가를 소련 편으로 끌어들이기 위해 거액을 뿌렸다.

그와 같은 시대에는 다른 나라에 영향을 미치는 것이 그리 어렵지 않았다. 신생국의 인구는 상대적으로 적고 교육 수준도 낮았으며, 자신들의 환경과 다른 나라 국민의 환경을 비교해볼 수 있는 사람들은 거의 없었기 때문에 해외 원조는 약효가 오래갔다. 예를 들어 지금 8,000만 명이 넘는 이란의 인구는 1980년에 4,000만 명에 불과했다. 그리고 기후 변화는 우리가 지금 목격하고 있는 것과 같은 파괴적인 극단에 이르지 않았기 때문에 농사철은 더 믿을 만했다. 그 당시 중국은 스스로 문을 닫아걸고 있어서 세계 모든 나라들의 저임금 노동자들에게 위협이 되지 않았다. 물론 소젖을 짜거나 직물을 짜는 로봇들은 없었다.

한편 경제적인 흐름과 인구 추세 또한 미국이 수많은 평균적인 나라들을 지원하기 쉽게 해주었다. 에릭 브린욜프슨과 앤드루 맥아피가 그들의 책에서 지적한 것처럼 냉전 기간 중 대부분의 경우 경제가 얼마나 건강한지를 나타내는 네 가지 핵심 지표들(1인당 GDP, 노동생산성, 일자리 수, 그리고 중위 가구 소득)이 모두 함께 올라갔다. 브린욜프슨은 2015년 6월 「하버드 비즈니스 리뷰」와의 인터뷰에서 이렇게 지적했다. "제2차 세계대전 후 30년 넘게 네 가지 지표가 모두 거의 완벽하게 발을 맞춰 꾸준히 올라갔습니다. 달리 말하면 일자리 증가와 임금 상승은 생산 규모, 그리고 생산성 증가에 보조를 맞출 수 있었지요. 미국 근로자들은 더 많은 부를 창출했을 뿐만 아니라 그 이익 중 적절한 비율로 나눈 몫을 가져갔습니다."

매킨지 글로벌연구소 이사 중 한 사람인 제임스 마니카는 돌이켜보면 제2차 세계대전부터 베를린 장벽 붕괴에 이르는 시기는 거짓말 같은 경제적 안정의 시기였다고 주장했다. 그리고 경제적 안정은 정치적 안정과 견실함을 이끌었다. 이는 더 쉽게 다른 계층을 포용하고 이민을 받아들이게 해주었다. 대다수 국가는 또한 여전히 건강 증진과 유아 사망률 감소에 따른 혜택을 보고 있었다. 젊은 인구가 늘어나고 돌봐야 할 고령자들이 상대적으로 적은 인구배당 효과가 나타나고 있었던 것이다. 이는 여러 나라에서 더 후한 연금제도를 운영하기 쉽게 해주었다. 그리고 대부분의 국가들은 그때까지 자국의 자연자본을 잠식하지 않았다. 대체로 냉전 시대에는 '평균적인' 민주주의 국가나 독재국가가 되기는 비교적 쉬웠다. 탈냉전 시대에 접어들어서도 마찬가지였다. 그 시기는 지정학적인 홀로세였다.
　자, 이제 그것에도 작별을 고하자.

평균적인 국가의 시대는 끝났다

　냉전과 그 이후 시대에 약소국이 비교적 쉽게 살아갈 수 있도록 해준 모든 요인들은 이제 사실상 사라졌다. 그 요인들을 하나하나 살펴보자. 이제 전 세계에 걸쳐 저임금 노동자의 일자리, 특히 섬유와 같이 산업의 계층 사다리에서 맨 아래 칸에 있는 일자리를 중국이나 베트남이 채울 수 있다. 그리고 이제 로봇들이 소젖을 짤 수 있다. 세계시장에서 유가는 떨어져서 산유국들과 그들 덕분에 간접적으로 득을 본 나라들이 모두 활력을 잃었다. 그와 동시에 중국의 성장이 둔화하면서 아프리카, 오스트레일리아, 그리고 남미 지역 상품에 대한 탐욕스러운 식욕이 줄어들었다. 중국은 최근 몇 년 간 글로벌 성장의 3분의 1 이상을 책임졌으며, 중국의 성장 엔진은 원자재를 베이징에 수출하는 많은 나라들의 성장률을 몇 배로 높여주었다. 이제 그 속도는 느려졌다. 중국의 총부채는 2007년 GDP의 약 150퍼센트에서 현재 240퍼센트로 불어났다. 불과 10년 새 엄청나게 늘어난 부채 때문에 중국의 성장과 수입은 둔화되고 해외 원조를 위한 지갑은 얇아지고 있다. 아프리카와 남미의 상품 수출국들에 대한 투자도 움츠러들고 있다.

2011년 5월 나는 호스니 무바라크Hosni Mubarak 축출 이후의 혼란을 취재하기 위해서 이집트에 출장을 갔다. 일정을 마치고 카이로 공항에서 시간이 남아 기념품 몇 가지를 살 수 있을까 하고 '이집트의 보석'이라는 가게를 뒤지고 다녔다. 그곳에서는 다양한 기념품을 팔았는데 투트Tut 왕 문진이나 피라미드 재떨이에는 관심이 없었지만 봉제 낙타 인형에는 마음이 끌렸다. 혹을 누르면 낙타 울음소리가 나오는 것이었다. 내가 어느 나라에서 만든 것인지 보려고 그것을 뒤집자 '메이드 인 차이나'라고 씌어 있었다. 피라미드 재떨이도 마찬가지였다. 이집트는 인구의 절반 가까운 사람들이 하루 2달러도 안 되는 돈으로 살아야 하고 인구의 12퍼센트가 실업자인 나라였다. 청년 실업률은 더 높았다. 그런데 지구 반 바퀴 떨어진 곳에 있는 어떤 나라는 이집트의 국가 상징물들을 재떨이와 혹에서 울음소리가 나는 낙타로 만들어서 그걸 싣고 대륙을 건너와 이집트인들보다 더 효율적으로 이익을 내고 있다. 그러니까 이집트는 갑자기 그런 세상에서 경쟁하게 된 것이다. 그러는 동안 이집트 국내의 혼란은 관광객들이 진짜 낙타를 타러 오지 못하게 가로막고 있다.

워런 버핏이 말했듯이 "물이 빠질 때 비로소 누가 발가벗고 헤엄을 치고 있었는지 드러나는 법"이다. 그 모든 강대국의 지원이 끊기고 글로벌 경제 환경이 바뀜에 따라 실제로 어느 나라가 국내 경제의 기초를 닦아왔는지, 그리고 어느 나라가 단지 농산물과 석유 수출 호황에만 올라타고 있었는지 드러나고 있다. 많은 나라들이 발가벗고 있었다는 사실이 밝혀졌다. 그리고 베네수엘라처럼 돈이 들어오는 대로 써버리고 어려울 때를 대비한 저축을 전혀 하지 않았던 나라들은 이제 무너져 내리고 있다. 그뿐만이 아니다. 기후변화는 이제 많은 개발도상국, 특히 중동과 아프리카 국가들의 농산물 생산에 훨씬 더 강력한 타격을 주고 있다. 그리고 우리가 앞서 보았듯이 아프리카와 일부 아랍 세계에서는 인구가 계속해서 빠르게 늘어나면서 모든 압력을 가중시키고 있다. 게다가 인터넷과 휴대폰, 그리고 소셜 미디어는 불만을 품은 이들이 정부를 무너뜨리는 일을 보다 쉽게 조직할 수 있도록 해주고 안정적인 대안을 찾기 위해 뭉치는 일은 훨씬 어렵게 하고 있다.

그리고 그 나라들이 헤엄치던 물은 훨씬 더 많이 빠지고 있다. '신흥시장emerging market'이라는 말을 만들어낸 투자가 앙트완 반 아그마엘Antoine van Agtmael은 실제로 제조업 분야에서 많은 일자리가 개발도상국에서 미국과 유럽으로 되돌아오는 패러다임 전환이 시작되고 있다고 주장했다. 아그마엘은 "지난 25년은 누가 물건을 가장 싸게 만드는가가 중요했지만 다음 25년은 누가 물건을 가장 영리하게 만드는가가 중요할 것"이라고 말한다. 그는 값싼 에너지와 더욱 유연하고 개방적인 혁신이 어우러지면 "미국은 다음 차례의 거대한 신흥 시장이 될 것"이라고 말한다. 미국은 대학과 스타트업들이 새로운 발견들을 시장에 내놓기 위해 다른 기업들과 두뇌를 공유하고, 제조 업체들이 새로운 세대의 로봇과 3D 프린터를 활용해 더 많은 생산이 지방에서 이뤄질 수 있도록 하며, 새로운 제품에 무선으로 연결되는 센서를 갖추고 신소재를 써서 어느 때보다 똑똑하고 빠르게 작동하게 만들 수 있는 곳이다. 이는 미국에는 좋은 일이지만 기존의 신흥 시장에는 그렇지 않을 수 있다.

이 모든 것들을 함께 생각해보면 평균적인 개발도상국들이 왜 오늘날보다 냉전과 탈냉전 시대에 살아가기가 편했는지, 그리고 왜 어떤 나라들은 혼란의 세계로 굴러떨어지기 시작했는지 이해할 수 있다. 오늘날 그러한 세계에는 소말리아, 나이지리아, 남수단, 세네갈, 이라크, 시리아, 이집트에 속하는 시나이반도, 리비아, 예멘, 아프가니스탄, 파키스탄 서부, 차드, 말리, 니제르, 에리트레아, 콩고의 일부 지역과 엘살바도르, 온두라스, 과테말라를 포함한 중앙아메리카의 여러 지역, 그리고 해적이 들끓는 인도양이 포함된다. 그 세계에는 또한 러시아가 주변의 이웃 나라들에서 잘라낸 후 군벌들이 지배하게 된 지역도 포함된다. 우크라이나 동부와 압하스, 체첸, 남오세티야, 트란스니스트리아 같은 곳이다. 이 모든 지역에서 공통적인 것은 중앙의 권위가 무너졌거나 수도 바깥에는 그 영향력이 거의 미치지 못한다는 점이다. 어떤 경우에는 미국과 그 동맹국들이 (이라크와 리비아에서처럼) 이들 정부의 목을 치고도 다음 정부를 효과적으로 세우지 않았기 때문에 불안정이 초래되기도 했다. 다른 나라들은 내전과 환경 악화, 그리고 극심한 빈곤에 따른 압력에 스스로 무너졌으며, 그들은 이제 온 세상에 난민들을 쏟아내고 있다.

우연의 일치일 뿐인지도 모르지만 전부는 아니라도 많은 경우에 이처럼 실패한 나라들은 거의 완전히 직선으로 이뤄진 국경을 갖고 있다. 90도로 꺾이는 곧은 국경선은 대부분 식민지를 거느리던 제국들이 그려놓은 것이다. 이는 역사적으로 식민지 시대에 그들의 특별한 이해관계에 맞춘 것이며, 실제 민족, 종교, 인종, 또는 부족의 이해에 맞지 않거나 심지어 지리적인 이치에도 맞지 않게 땅을 나눈 것이었다. 자발적으로 모인 사람들이 사회적 계약을 통해 하나의 국가로 결속하지 못한 건 두말할 필요도 없다.

이들 나라는 가속의 시대를 헤쳐나갈 역량이 부족하다. 그들은 트레일러 파크~trailer park~(이동주택 주차장—옮긴이)에 실질적인 기초나 기반도 없이 쌓아올린 이동주택과 같다. 사람들은 흔히 이런 궁금증을 갖는다. "토네이도는 왜 늘 트레일러 파크만 때릴까?" 사실은 그렇지 않다. 트레일러 파크는 단지 엄청나게 약해서 토네이도에 부서지기 쉬울 뿐이다. 그것이 바로 오늘날 평균적인 국가들에 그토록 흔히 일어나는 일이다. 세 가지 가속화가 마치 토네이도가 트레일러 파크를 훑고 지나가듯이 얄팍하고 억지로 꾸민 듯 부자연스러운 나라들을 헤집어놓고 있다.

그러나 이 문제는 국경이 직선인 나라들만 괴롭히는 것이 아니라 다양한 형태와 규모의 약한 국가들에 영향을 미치고 있다. 나는 지난 몇 년 동안 혼란의 세계에서 취재를 하면서 가속의 시대에 가장 큰 타격을 받는 나라들을 살펴보았다. 여기 마다가스카르부터 시리아, 세네갈, 니제르에 이르기까지 간략하게 살펴볼 표본적인 사례들이 있다. 이들 나라는 냉전 시대의 세계가 끝나고 대시장과 대자연, 그리고 무어의 법칙이 가속화하면서 형성된 새로운 세계가 부상함에 따라 이미 취약해진 나라들이 어떻게 극한으로, 그리고 그 이상으로 몰리고 있는지 뚜렷이 보여준다.

마다가스카르

마다가스카르는 아프리카 동부 해안에서 조금 떨어져 있는 섬나라로, 세계에서 가장 가난한 10개국 중 하나다. 나는 2014년 여름에 그곳에 갔다. 이 나라의 경험은 세 가지 가속화 때문에 어떻게 '평균의 시대가 끝났는지' 보여주는 전형적인 사례다. 어디서부터 이야기를 시작해야 할까? 마다가스카르의 인구는 지난 20년 동안 폭발적으로 늘어났다. 연간 인구 증가율은 2.9퍼센트로 아프리카에서 가장 높았다. 이 섬의 인구는 2008년부터 2013년에 이르는 기간에만 300만 명 넘게 늘어 1990년 인구의 두 배 가까운 2,300만 명에 달했다. 이곳은 섬이다. 더 커질 수가 없다. 냉전이 끝난 후 외국의 원조가 줄어든 데다 갈수록 가혹해지는 사이클론에 따른 피해가 겹쳐 도로와 발전소, 그리고 수자원 기반 시설은 황폐해졌다. 나는 두 시간 동안 지프를 타고 이 나라의 대동맥에 해당하는 도로를 따라 내륙으로 들어갔는데, 도로 유실이 심해서 끊임없이 이어지는 웅덩이들을 지나가야 했다. 그것은 내가 지구상에서 다녀본 길 중에서 단연 최악이었다. 마다가스카르 인구의 90퍼센트 이상이 하루에 2달러에도 못 미치는 돈으로 살아가고 있으며, 따라서 학교에 가야 할 60만 명의 어린이들이 배움터에 가지 못하고 있는 것도 놀라운 일이 아니다.

마다가스카르는 냉전 시대의 여러 단계를 거치면서 이곳저곳에서 원조를 받았다. 미국은 한동안 그곳에 NASA의 위성 추적을 위한 관측소를 두면서 대가를 지불했다. 프랑스는 옛 식민지인 이 나라에 원조를 해주고 마다가스카르 군대에 전투기를 포함한 무기를 보내주었다. 쿠바는 교사를 파견했으며, 중국은 도로 건설 인력을 보내고 설탕공장도 지어주었다. 그리고 마지막으로 놀랍게도(결코 지어낸 이야기가 아니다) 이 나라의 빛나는 흰색 대통령궁(마다가스카르판 백악관)은 1970년대에 북한이 설계하고 지어준 것이다. 그들은 또한 마다가스카르 대통령 경호원들을 위해 세부적인 것들을 훈련시키고 농업과 관개 사업에도 도움을 주었다.

오늘날 그 원조 중 대부분은 더 이상 제공되지 않고 있으며, 이 섬의 일부는 씻겨나가고 있다. 마다가스카르의 농업 용지는 철분이 많고 자양분이 부족하며 보통 매우 부드럽다. 지난 한 세기 동안 마다가스카르 사람들은 숲의 90퍼센트를 화전농업 용지와 목재, 땔감, 그리고 숯을 얻기 위해 베어버렸다. 실제로 대부분의 언덕에는 비가 올 때 토양 유실을 막아줄 나무가 더 이상 없다. 북서쪽 해안을 따라 날아가다 보면 문제의 심각성을 드러내는 장면을 목격하게 된다. 붉은 색 토양이 마치 피를 흘리듯 벳시보카 강으로 흘러들고, 이는 다시 봄베토카 만으로, 그리고 인도양으로 흘러드는 모습을 볼 수 있다. 공중에서 보면 거대한 붉은 깃털 모양을 이루고 있다. 그 혼란상은 너무나 넓게 퍼져 있어서 우주비행사들이 우주 공간에서 사진을 찍은 적도 있다. 그 모습은 마치 온 나라가 피를 흘리는 것 같다.

이는 모두에게 비극이다. 세계야생동물기금World Wildlife Fund은 "마다가스카르 지상의 포유류 98퍼센트, 파충류 92퍼센트, 식물 68퍼센트, 그리고 번식 조류의 41퍼센트는 지구상의 다른 어느 곳에도 서식하지 않는다."고 밝혔다. 마다가스카르는 또한 전 세계 카멜레온의 3분의 2와 여우원숭이 50종의 고향인데 이들은 이 섬에서만 볼 수 있다. 불행히도 너무나 많은 동물들이 사냥에 희생됐다. 온갖 불법적인 교역이 세계화하면서 마다가스카르는 야생동식물 불법 거래의 장이 되었고, 중국 상인들은 값나가는 자단 목재부터 희귀한 각종 거북에 이르기까지 모든 것들을 불법적으로 수출하기 위해 부패한 관리들과 결탁하고 있다.

한동안 세계화 바람을 타고 일부 섬유 제조 업체들이 마다가스카르에 들어와 일자리를 만들었다. 그들은 공장을 짓고 낮은 수준의 기술이 필요한 고용 기회를 제공했지만 나중에 현지 정치가 지나치게 불안정해지자 갑자기 투자를 중단하고 베트남 같은 곳으로 옮겨가버렸.

이들 제조 업체들은 선택권을 갖고 있었고 정치적 혼란에 겁을 먹게 되자 바로 떠나버렸다. 텅 빈 공장들이 바로 그런 이야기를 들려주고 있다. 그리고 탈탈냉전의 세계에서는 한때 마다가스카르가 평균이라고 생각했던 것이 이제 평균에 훨씬 못 미치는 것이 되고 말았다. 마다가스카르에서 의무교육은 열다섯 살까지만 제공되며 현지의 마다가스카르어로 이뤄진다. 이런 식으로는 고임금 일자리를 위해 예컨대 초등학교 1학년 때부터 컴퓨터 코딩을 가르치는 에스토니아 같은 나라들과 경쟁하기 어렵다.

마다가스카르가 어떻게 이러한 추세를 바꿀 수 있을지 알아내기는 어렵다. 1984년부터 마다가스카르에서 환경 보전을 돕는 일을 해온 국제보존협회Conservation International의 저명한 영장류 학자인 러스 미터마이어Russ Mittermeier는 "토양이 더 많이 침식될수록 사람들이 뭔가를 가꿀 땅이 더 줄어든다."고 말했다. 사람들이 불안을 더 많이 느낄수록 그들은 일종의 보험으로서 아이들을 더 많이 낳는다.

시리아

시리아는 가속의 시대에 나타나는 지정학적인 슈퍼스톰이다. 그것은 모든 나쁜 추세들이 한곳으로 집중될 때 일어난다. 극단적인 기후, 극단적인 세계화, 극단적인 인구 증가, 극단적인 무어의 법칙, 그리고 미국과 그보다 작은 여러 강국들의 극단적인 의지 부족이 그것이다. 이러한 의지 부족은 새롭게 나타난 현상으로서, 여러 강국들이 결국 받아들일 것이라고는 청구서밖에 없기 때문에 약한 나라들의 문제에 개입하기 꺼리는 것을 말한다.

그러나 이 문제를 충분히 이해하려면 먼저 대자연에 관한 이야기부터 시작해야 한다. 2014년에 나는 칼럼도 쓰고 다큐멘터리 작업도 하려고 시리아 북부를 찾아갔다. 당시 쇼타임Showtime 채널에서 방영하던 텔레비전 시리즈 〈기후변화: 위기의 시대〉에 내보낼 내용으로 아랍어로 '자파프jafaf'라고 하는 가뭄이 그곳의 내전에 미치는 영향을 취재하려는 것이었다. 시리아 경제학자 사미르 아이타Samir Aita는 내게 가뭄이 시리아 내전의 원인이 아니라고 하면서도 정부가 그 문제를 다루는 데 실패한 것이 결정적인 압박 요인으로 작용해 반란에 기름을 부었다고 말했다.

그는 그 내막을 이렇게 설명했다. 바샤르 알아사드Bashar al-Assad 대통령은 2000년에 사망한 아버지의 정권을 물려받은 후 많은 규제를 받고 있던 시리아의 농업 부문을 기업형 농사를 짓는 업자들에게 개방했다. 대부분 정부와 연줄이 있던 그들이 땅을 사 모으고 원하는 만큼 지하수를 퍼올리게 되자 결국 지하수면은 급격히 내려갔다. 그에 따라 소규모로 농사를 짓던 이들이 농촌에서 밀려나기 시작했고 도시로 떠밀려간 그들은 일거리를 찾아 헤매야 했다. 시리아에서는 1980~1990년대에 사망률이 떨어지면서 실제로 인구가 폭발적으로 늘어나기 시작했기 때문에 농촌을 떠나는 이들은 대가족과 함께 움직였으며 알레포 같은 도시 주변에 정착했다. 그중 어떤 곳은 인구 2,000명의 소읍에서 약 10년 만에 40만 명을 헤아리는 큰 도시로 불어나기도 했다. 정부는 이처럼 팽창한 젊은 인구를 위해 적당한 학교와 일자리, 혹은 서비스를 제공하는 데 실패했다.

그다음에는 대자연이 모습을 드러냈다. 2006년부터 2011년까지 시리아 땅덩어리의 약 60퍼센트가 현대 역사에서 최악으로 기록된 가뭄으로 황폐해졌다. 이미 지하수면이 너무 낮고 강물을 끌어들이는 관개도 위축된 상태에서 닥친 가뭄으로 적게는 80만 명, 많게는 100만 명의 시리아 농민과 목축민들의 생계 수단이 완전히 말라붙었다. 그리고 이런 사태는 시리아 인구가 60년 새 네 배로 불어난 상황에서 벌어졌다. 그에 따라 2000년부터 티그리스 강과 유프라테스 강 사이에 살고 있던 인구

절반이 땅을 등지고 도시 지역으로 옮겨갔다고 아이타는 말했다. 그리고 아사드가 가뭄에 따른 난민들을 돕기 위한 일을 전혀 하지 않자 아주 순박한 농민들과 그들의 아이들까지 정치화되었다.

아이타는 이렇게 말했다. "한 국가의 정부라는 개념은 세계의 다른 지역이 아닌 이곳에서, 고대 메소포타미아에서 관개와 농작물 재배를 관리하기 위해 발명됐습니다. 그런데 아사드는 그 기본적인 과업을 수행하는 데 실패했어요." 일자리에 목말라하는 젊은이들과 농민들(그리고 물에 목말라하는 땅)은 혁명을 하라는 명령과도 같은 것이었다.

그것은 파텐과 같은 가뭄 피해 난민들의 명확한 메시지였다. 나는 파텐을 2013년 5월 시리아 국경 근처의 터키 도시 산리우르파에 있는 그녀의 소박한 아파트에서 만났다. 그때 서른여덟 살이었던 파텐은 수니파 무슬림으로 열아홉 살 된 아들 무함마드와 함께 그곳으로 피신해 있었다. 자유시리아군Free Syrian Army(시리아 반정부군—옮긴이)의 일원인 무함마드는 몇 달 전 총격전에서 큰 부상을 입었다. 시리아 북동부 모하센 지역의 농촌 마을에서 자란 파텐은 나에게 자기의 성은 밝히지 말아달라고 부탁하면서 이런 이야기를 들려주었다. "저와 남편은 우리 소유의 땅에서 농사를 지었습니다. 우리는 한해살이 작물을 재배했어요. 밀과 보리, 그리고 채소와 오이 같은 일상적인 먹을거리를 길렀지요. 시장에서 사는 대신 키울 수 있는 건 무엇이든 심었어요. 고맙게도 그때는 비가 왔고 수확은 아주 좋았습니다. 그런데 갑자기 가뭄이 닥쳐왔어요."

내가 가뭄이 어땠는지 묻자 그녀는 이렇게 말했다. "땅을 바라보면 우리는 슬펐어요. 땅은 사막같이 되었어요. 소금같이 변했지요." 실제로 모든 것이 누렇게 변했다.

"아사드 정부는 도와주었나요?"

"그들은 아무 일도 하지 않았어요. 우리는 도와달라고 요청했지만 정부는 신경 쓰지 않았어요. 이 문제에 관심이 없었지요. 단 한 번도 관심을 보이지 않았지요. 우리는 스스로 문제를 해결해야 했습니다."

"그래서 어떻게 했나요?"

"가뭄이 닥쳤을 때 우리는 2년 동안은 대처를 할 수 있었지만 그 이후에는 '더는 못 하겠다'고 손을 들고 말았지요. 그래서 도시로 옮겨가기로 했습니다. 저는 간호사로 정부가 주는 일자리를 얻었고 남편은 가게를 열었지요. 생활은 힘들었습니다. 대다수 사람들이 마을을 떠나서 일자리를 얻으러 도시로 갔고 먹고살기 위해 무슨 일이든 하려고 했어요."

공부를 하거나 결혼을 하고 싶어도 더 이상 어느 것도 할 수 없게 된 젊은이들에게 가뭄은 특히 힘든 것이었다고 파텐은 말했다. 가족들은 딸들을 부양할 수가 없어서 어린 나이에 결혼을 시켜 내보냈다. 검은 스카프를 가지고 보수적으로 머리를 감싼 파텐은 가뭄 문제에 전혀 반응을 보이지 않는 시리아 정부가 그녀와 이웃들, 그리고 그녀의 아들들을 급진적으로 변하게 했다고 말했다. 그녀의 아들들은 반군에 합류했다. 그래서 2011년 3월 시리아 남부의 작은 도시 다라아에서 처음으로 혁명적인 시위의 불꽃이 튀었을 때 파텐과 다른 가뭄 난민들은 주저 없이 시위에 뛰어들었다. "처음 '알라후 아크바르('신은 위대하다'는 의미의 아랍어—옮긴이)'의 외침이 터져 나온 후 우리는 모두 혁명에 참가했지요. 그 즉시 말입니다."

"그건 가뭄과 관련이 있나요?"

"물론이죠. 가뭄과 실업은 사람들을 혁명으로 내몬 중요한 계기였어요." 그녀가 말했다(실제로 그녀는 아들 무함마드가 치료를 위해 터키에 와 있었고, 무함마드는 인터뷰 도중 조용히 앉아서 휴대폰으로 전투 사진과 시리아 내 반군 지역 방송국에서 보내는 위성 텔레비전 방송을 번갈아 보고 있었다).

마흔여덟 살의 아부 칼릴은 그냥 시위에 참가하는 것만으로 그치지 않았다. 그는 면화를 재배하는 농민이었지만 가뭄으로 농장에 아무것도 남지 않게 된 후 열여섯 명의 아이들과 생계를 유지하기 위해 밀수업자가 되었다. 그리고 내전이 일어나자 자유시리아군의 텔아비야드 지역 사령관이 됐다. 우리는 텔아비야드에 있는 시리아 정부군의 파괴된 검문소에서 만났다. 내가 시리아에서 가뭄이 가장 극심한 라카 지방으로 건너갔을 때였다. 작지만 강인한 복싱 선수와 같은 체형을 가진 아부 칼릴은 첫 만남에서 나를 그의 부대원에게 소개했다. 그는 부대원들을 계급이 아니라 핏줄로 소개했는데 그의 주위에 있는 무장한 남자들을 한 사람씩 가리키며 말했다. "내 조카, 내 사촌, 내 동생, 내 사촌, 내 조카, 내 아들, 내 사촌······." 자유시리아군은 흔히 가족 모임이다. 수십 년 동안 정부가 '아무도 다른 사람을 믿지 않기'를 원했던 나라에서는 놀라운 일도 아니다.

아부 칼릴은 이렇게 말했다. "가뭄은 알라의 뜻이므로 우리는 그걸 받아들일 수 있습니다. 그러나 정부가 아무 일도 하지 않은 건 받아들일 수 없어요." 그는 '이것은 배고픈 자들의 혁명'이라는 점이 중요하다고 말했다. 헤어지기 전에 그는 나를 한쪽으로 잡아끌고는 그의 부대에 필요한 건 대전차 무기와 대공 무기뿐이며 그것들만 있으면 아사드 정부를 끝장낼 수 있다고 말했다. 그러고는 이렇게 말했다. "오바마는 마피아가 우리에게 그 무기들을 보내도록 내버려둘 수 없나요? 걱정하지 말아요. 우리는 그 무기를 이스라엘을 공격하는 데 쓰지 않을 테니."

일부 외교관들은 이 모든 사태가 닥쳐오고 있는 걸 보았다. 2014년 1월 21일 나는 「뉴욕타임스」에 2008년 11월 8일 다마스쿠스의 미국 대사관에서 국무부로 보내는 전문을 이용해 칼럼을 썼다. 이는 위키리크스의 폭로로 알려진 것이었다. 그때는 시리아의 가뭄이 한창일 때였다. 대사관은 유엔 식량농업기구UNFAO의 시리아 대표인 압둘라 빈 예히아Abdullah bin Yehia

가 가뭄 피해를 줄이기 위한 유엔의 지원을 얻어내려고 하면서 미국이 기여해주기를 바라고 있다고 국무부에 보고했다. 여기에 몇 가지 핵심적인 대목을 소개한다.

유엔 인도지원조정실은 9월 29일 유엔이 이 나라에서는 40년 만에 최악이라고 설명한 가뭄의 피해자들을 돕기 위해 약 2,023만 달러를 요청하는 청원을 개시했다. (중략) 예히아는 그 청원으로 마련한 자금을 시골 지역 농업 공동체의 사회적·경제적 구조를 보전하려는 노력의 일환으로 시리아 북동부 1만 5,000곳의 소규모 농가에 씨앗과 기술을 지원하자고 제안했다. 예히아는 UNFAO의 노력이 실패한다면 북동부 지역에서 대규모 이주가 발생해 이미 이 지역의 안정을 위협하고 있는 사회적·경제적 압력을 증폭시키는 요인이 될 것이라고 예측했다. (중략) 예히아는 '바샤르 알아사드 정부가' 시리아 국민 누구도 굶어죽도록 내버려둘 것이라고 생각하지 않는다. (중략) 그러나 예히아는 우리에게 시리아 농업장관이 가뭄에 따른 경제적·사회적 악영향은 "한 국가로서 우리의 관리 능력을 벗어나는 것"이라고 공개적으로 말했다고 전했다. 예히아는 유엔이 이 청원을 통해 맞서 싸우려는 것은 시리아 시골 지역의 농업 기반을 침식할 잠재적인 '사회적 파괴'라고 말했다. 이러한 사회적 파괴는 정치적 불안정으로 이어질 것이다.

아랍의 봄을 그 몇 년 전인 2009~2010년의 파괴적인 기후와 떼어서 생각할 수는 없다. 예를 들어 세계 4위 밀 수출국인 러시아는 이 기간 중에 100년 만에 최악의 가뭄을 겪었다. '흑해 가뭄'이라는 별명이 붙은 이 가뭄은 산불까지 일으키는 바람에 어마어마한 규모의 러시아 삼림을 불태우기도 했다. 가뭄으로 농장이 바싹 말라붙고 빵 바구니가 가벼워지자 러시아 정부는 1년 동안 밀 수출을 금지했다.

이와 동시에 또 하나의 주요 밀 수출국인 오스트레일리아에는 엄청난 홍수가 발생했다. 『왜 열대는 죽음의 땅이 되었나: 기후변화와 폭력의 새로운 지형도Tropic of Chaos: Climate Change and the New Geography of Violence』의 저자인 크리스천 파렌티Christian Parenti는 2011년 7월 20일 CBS닷컴에 쓴 글에서 오스트레일리아에 홍수가 일어난 것과 같은 시기에 미국 중서부와 캐나다에서도 폭우가 내려서 옥수수와 밀 생산에 커다란 해를 끼쳤다고 밝혔다. 그는 또한 "파키스탄에서 발생한 유난히 큰 규모의 홍수로 이 나라의 20퍼센트가 물에 잠긴 사태가 시장을 놀라게 하고 투기꾼들을 자극했다."고 썼다.

그 결과는 무엇일까? FAO 세계식량가격지수는 아랍의 각성이 시작된 바로 그 시기인 2011년 2월 사상 최고로 치솟았다. 유엔에 따르면 그 때문에 약 4,400만 명이 빈곤의 수렁으로 굴러떨어졌다. 이상기후에 따른 곡물 가격 상승은 이집트에서 빵 가격을 극적으로 끌어올려 이 나라의 격변을 초래하는 불씨가 됐다. 중동에서 그와 같은 격변이 확산될수록 유가는 더 올라 배럴당 125달러에 이르렀고, 그에 따라 비료와 트랙터 운행 비용이 오르면서 모든 상황이 악화됐다.

2013년 6월 나는 카이로에 있었다. 어느 날 아침 나는 극빈층이 사는 임바바 지역에서 정부 보조금을 받아 빵을 만드는 상점이 어떻게 장사를 하는지 보려고 5시에 일어났다. 빵가게 뒤편에서는 열린 창문으로 코란을 가르치는 학교의 아이들이 선생님 앞에서 즐겁게 경전 구절을 외우는 소리가 들렸다. 빵가게가 문을 열자마자 한 무리의 남자와 여자, 그리고 어린이들이 서로를 밀치며 그들의 주식인 피타 빵 봉지를 집어 들었다. 그들은 가게 주인이 보조금을 받는 빵을 딱 그만큼만 팔기 때문에 그곳에 일찍 와야 한다는 걸 알고 있었다. 그는 정부 보조금을 받는 밀가루를 남겨서 암시장에 파는데 민간의 빵집은 그걸로 빵을 만들어

정가의 다섯 배를 받는다. 그 빵가게 주인은 나에게 연료비가 치솟고 있어서 자기도 어쩔 수 없다고 말했다. 나는 실제로 젊은 남자들이 정부의 보조금 지급 스탬프가 찍힌 밀가루 포대를 어깨 위에 매고 옆문으로 나르는 것을 지켜보았다. 상점 주인은 나에게 '이건 이집트에서 제일 어려운 일'이라고 말했다. 모두가 늘 그에게 화가 나 있으며 특히 아침 일찍 줄을 섰는데도 빵을 구하지 못하고 돌아서야 하는 이들이 그렇다.

2011년에 무바라크 대통령을 끌어내린 시위대의 주된 구호가 "빵, 자유, 존엄성"이었던 데에는, 그리고 그 구호의 맨 앞에 빵이 나온 데에는 그만한 이유가 있었다. 가속의 시대에 정치란 그런 것이다.

세네갈과 니제르

나는 유엔 사막화방지협약Convention to Combat Desertification을 이끄는 모니크 바르부트Monique Barbut를 2015년 말 유엔 파리 기후회의에서 처음 만났다. 그녀의 명함에는 세 개의 아프리카 지도가 그려져 있는데 그 각각에는 대륙의 중간 부분에 몰려 있는 여러 개의 점 주위에 길쭉한 윤곽선이 표시돼 있다. 첫 번째 지도는 2008년 아프리카에서 사막화에 가장 취약한 지역을 표시한다. 두 번째 지도는 2007~2008년 아프리카에서 분쟁과 식량 폭동이 일어난 곳을 보여준다. 그리고 세 번째 지도는 2012년 아프리카에서 테러리스트 공격이 있었던 곳을 알려준다. 세 지도는 모두 사하라 남쪽 아프리카의 중심에서 겹친다. 바르부트는 경제적 이주와 인종 간 분쟁, 극단주의를 비롯해 오늘날 우리가 목격하고 있는 정치적 도전에 있어서 사막화는 방아쇠 역할을 하며, 기후변화는 증폭기 구실을 한다고 설명했다.

바르부트의 논점은 혼란의 세계가 확장되는 문제를 낳는 건 중동의 전쟁만이 아니라는 것이다. 아프리카의 기후, 사막화, 그리고 인구 문제도 심각하다. 곧 부서질 것 같은 배가 이민자들을 빽빽하게 태우고 지중해의 거친 바다를 건너다 뒤집힌 장면을 보여주는 방송은 사람들의 가슴을 아프게 한다. 그들은 질서의 세계로 가기 위해 앞 다투어 혼란의 세계를 탈출하려는 것이다. 바르부트는 그러나 사람들이 흔히 보지 못하고 지나치는 건 이들 난민 중에서 시리아와 이라크, 그리고 아프가니스탄에서 오는 사람들은 약 3분의 1밖에 안 된다는 사실이라고 지적한다. 3분의 2는 주로 국토가 바싹 마른 일단의 아프리카 국가들, 즉 세네갈과 니제르, 나이지리아, 감비아, 그리고 에리트레아에서 오는 난민들이다. 아프리카 지역에서 확산되는 혼란을 이해하는 가장 좋은 방법은 이러한 이주자 흐름의 원류를 찾아 북동쪽으로 방향을 잡고 니제르를 거쳐 리비아로 가서 유럽으로 건너가는 배를 타려는 이주자들을 따라가는 것이다.

세네갈의 북서쪽 끝에 있는 은디아마구엔 마을에서 시작해보자. 내가 당신에게 길을 알려준다면 그곳은 종점의 종점이라고 말할 것이다. 이 마을은 고속도로가 끝나고, 포장도로도 끝나고, 자갈길도 끝나고, 사막에 난 길도 끝나고 나서야 나타난다. 마지막 바오바브나무에서 왼쪽으로 꺾으면 비로소 마을이다. 그러나 이 이주가 어디에서 왜 시작되었는지 알아보려 한다면 그 여행은 보람이 있다.

나는 2016년 4월 기후변화와 사람들의 이주 사이의 관계에 관한 칼럼을 쓰고 이제 내셔널지오그래픽 채널에서 방영되는 〈기후변화: 위기의 시대〉 제작팀과 또 하나의 다큐멘터리 작업을 하려고 그곳에 갔다. 우리가 도착한 2016년 4월 14일 그곳 기온은 섭씨 45도였다. 같은 날의 역사적 평균 기온을 훨씬 웃도는 말도 안 되는 극단적인 날씨였다. 그러나 진흙 벽돌로 집을 짓고 짚으로 지붕을 덮은 농촌 마을 은디아마구엔에는 훨씬 더 이상한 점이 있었다. 촌장은 우리를 맞이하려고 그 마을에 사는 거의 모든 사람들을 불러 모았고, 알록달록하게 물들인 옷을 입은 여자들과 눈부신 미소를 머금은 소년소녀들이 우리 주위에 빙 둘러서며 환영했다. 활기찬 소년소녀들은 학교에 갔다 점심을 먹으러 집에 온 참이었다. 그러나 그들과 함께 자리에 앉자마자 나는 그 장면에서 뭔가 잘못된 것이 있음을 깨달았다.

300명이 살고 있는 이 마을에 청년이나 중년 남성은 거의 찾아볼 수 없었다. 그들은 모두 사라졌다.

질병 때문이 아니었다. 그들은 모두 길을 떠난 것이었다. 기후변화에 피해를 입은 이 마을의 농토는 더 이상 주민들을 부양할 수 없었고, 아이들이 너무 많아서(세네갈 인구의 44퍼센트는 열네 살 미만이다) 줄어드는 소출로는 그 많은 입을 먹여 살릴 수가 없었다. 그래서 남자들은 사방으로 흩어져 자신도 먹고 살면서 아내와 부모에게 약간의 돈을 부칠 수 있을 만큼 벌이가 되는 어떤 일이라도 찾아보려고 했다. 이런 추세는 서아프리카 전역에 걸쳐 되풀이되고 있다. 이들 젊은 아프리카 남자들에게 그들이 유럽으로 갈 수 있는 가능성이 매우 낮다고 말하면 그들은 이렇게 대답할 것이다. 그리고 실제로 한 남자가 그렇게 말했다. "아픈 어머니를 위해 아스피린 한 알을 살 돈도 없다면 그 가능성을 따질 필요도 없습니다. 그냥 떠나면 되지요."

촌장 은디오우과 은디아예는 나에게 이렇게 설명했다. "우리는 대부분 농민이고 농사에 의존하고 있지만 이제 그런 식으로는 살 수 없지요." 촌장은 1970~1980년대에 가끔씩 가뭄이 있긴 했지만 그 이후 날씨 패턴은 조금 안정됐었다고 한다. 하지만 10여년 전부터 날씨가 이상해졌다. 과거에는 우기가 언제나 6월에 시작돼 10월까지 이어졌다. 지금은 우기 시작을 알리는 비가 8월까지도 오지 않을 수도 있고, 우기가 시작된 후에도 한동안 비가 그쳐서 들판이 바싹 마른 다음에야 다시 오기 시작한다. 그러나 다시 오는 비는 난폭하게 쏟아져서 홍수를 낸다. "그러니 무엇을 심어도 곡식을 망치게 됩니다. 거둬들여도 남는 게 없지요." 촌장이 말했다.

자기 나이를 일흔 살로 밝혔지만 확실하지는 않다는 촌장은 자신이 젊었을 때는 곡식을 심는 철이 되면 언제라도 들에 나가서 걸을 때 촉촉한 땅 속으로 발이 움푹움푹 들어갔다고 한다. "흙은 미끄러우면서 윤기가 났고 종아리와 발에 들러붙어 벗겨내야 했지요." 그러나 지금은 그렇지 않다고 촌장은 말했다. "뜨거운 모래를 한 움큼 집어 들면 흙은 가루처럼 부서집니다. 그것은 더 이상 살아 있는 흙이 아니지요."

그는 '기후변화'라는 말을 들어본 적이 있을까? 내가 물어보았다. "우리는 라디오에서 그에 관해 들었고 우리 두 눈으로 그것을 보았지요. 동쪽에서 서쪽으로 부는 바람은 변했고 서쪽에서 불어오는 바람은 더 따뜻해졌습니다. 겨울은 더 이상 오래 지속되지 않아요. 올해는 아예 겨울이 없었지요. 우리는 끊임없는 여름에 살고 있습니다."

'우리는 끊임없는 여름에 살고 있다'는 촌장의 대략적인 느낌은 틀리지 않았다. 세네갈의 기상청은 1950년부터 2015년까지 이 나라의 평균 기온은 섭씨 2도나 올랐는데 이는 예상보다 훨씬 빠른 것이었다. 1950년 이후 연평균 강우량은 약 50밀리미터 감소했다. 그래서 은디아마구엔 마을의 남자들은 더 큰 도시로 이주하거나 나라 밖으로 나가는 수밖에 없다. 운이 좋은 몇 안 되는 사람들은 리비아를 거쳐 스페인이나 독일로 몰래 들어가는 길을 찾는다. 리비아는 마치 아프리카를 틀어막는 코르크 마개 같다. 미국과 NATO가 리비아의 독재자를 쓰러트렸을 때—그러나 새로운 질서를 확립하도록 돕기 위한 지상군은 투입하지 않았을 때—그들은 사실 아프리카의 코르크 마개를 뽑아낸 것이다. 그래서 지중해 해안으로 이주자를 쏟아내는 거대한 깔때기가 만들어졌다.

그보다 운이 좋지 않은 이들은 다카르나 리비아, 알제리, 모리타니에서 일자리를 구하며, 가장 운이 좋지 않은 이들은 그 길 위의 어딘가에서 빈둥거린다. 고향을 떠나왔지만 아무것도 얻지 못하고 돌아갈 곳도 없는 굴욕적이고 불확실한 상황에 갇힌 것이다. 따라서 신병을 모집하려는 보코하람과 같은 지하디스트 집단들에게는 그들이 점점 더 끌리는 목표가 될 수 있다. 그 집단들은 한 달에 수백 달러를 주겠다고 제안할 수 있는데 이는 하루에 2달러로 살아가는 이들에게는 왕의 몸값처럼 큰 돈이다.

촌장은 나에게 일을 찾아 떠난 한 소년의 아버지를 소개해주었다. "내 아들은 지난해 리비아로 갔는데 그 후로 아무런 소식을 듣지 못했습니다. 전화도 없고 아무 연락도 없었지요." 그가 이야기를 계속했다. "아들은 타일공이었는데 아내와 두 아이를 남겨두고 떠났어요. (가까운 도시에서) 돈을 조금 쥐게 되자 모리타니로 갔고, 그 다음에는 니제르로 갔다 다시 리비아까지 갔습니다. 하지만 그 이후에는 그에게서 소식을 듣지 못했어요."

그 아버지는 눈물을 보이기 시작했다. 이 사람들은 벼랑 끝에 정말 가까이 살고 있다. 그들이 그토록 많은 아이들을 갖는 이유 중 하나는 자식들이 나이든 부모에게 일종의 안전망 구실을 한다는 점이다. 그러나 젊은이들은 모두 떠나고 있고 벼랑 끝은 더욱 가까워지고 있다. 이는 그들이 넉넉하게 가진 유일한 자산을 잃어가고 있다는 걸 의미한다. 깊은 공동체의식이 그것이다. 이곳에서는 사람들이 가족과 함께 자라고, 부모가 자녀들을 돌보고, 자녀들이 부모를 보살피며 모두가 함께 먹고 같이 살아간다.

그러나 이제 땅은 더 이상 먹을 것을 충분히 생산하지 못하며 그들은 공동체를 잃어가고 있다고 촌장은 말했다. "어느 집에서나 식구 중 (남자) 하나는 이곳을 떠나야했지요. (중략) 내가 젊었을 때는 동생과 함께 들에 나가서 아버지를 도와 곡식을 가꾸었습니다. 어머니들은 우리가 생산한 걸 집으로 가져오기를 기다렸다가 나머지 일을 처리했지요. 그리고 거둬들인 것을 즐기기 위해 온 가족이 한데 모였습니다. 지금 같은 상황이 계속되면 우리가 먹고살 수가 없어서 이곳에 머무르지 못하게 될 날이 올 것입니다. 우리는 아이들을 따라 다른 곳으로 떠날 수밖에 없게 되겠지요."

모든 데이터가 그 방향을 가리키고 있다. 세네갈의 민간항공·기상청 기후 부문 책임자인 오우스만 은디아예Ousmane Ndiaye는 컬럼비아 대학교에서 기후과학을 공부했다. 다카르 공항에 있는 그의 단조로운 사무실에서 은디아예는 나에게 자신의 컴퓨터에 있는 기후 그래프들을 보여주며 소름끼치는 이야기를 들려주었다.

"지난주 기온은 정상적인 날씨의 평균 기온보다 섭씨 5도나 높았는데 연중 이 시기의 기온으로는 아주 극단적인 수준이었습니다." 그는 이렇게 설명하고 나서 두 번째 그래프를 클릭했다. "1950년부터 2015년까지 세네갈의 평균 기온은 섭씨 2도 상승했습니다." 은디아예는 그렇게 말하고 나서 2016년 유엔 파리 기후회의에서 모든 논의는 어떻게 하면 산업혁명 이후 세계의 평균 기온이 2도 이상 상승하지 않도록 막을 수 있는가 하는 것이었는데 세네갈에서는 이미 그 수준에 이르렀다고 덧붙였다. "유엔의 기후변화에 관한 정부 간 패널Intergovernmental Panel on Climate Change 은 2010년에 세네갈에 대해 네 가지 시나리오를 제시했는데 그중 최악의 경우는 믿을 수 없는 것이었지요. 그런데 지금 관측치는 우리가 상상한 것보다 더 빨리 진행되고 있다는 걸 말해줍니다. 2100년까지 평균 기온이 섭씨 4도 올라가게 된다는 것이지요. 사람들은 여전히 기후변화에 회의적입니다. 그런데 우리는 이미 그런 세상에 살고 있지요. 사람들은 이곳에 살면서 텔레비전으로 (유럽의) 다른 사람들이 민주주의를 누리며 풍족하게 잘 살고 있는 걸 보지요. 그런데 이곳 사람들은 가난하게 살고 뭔가를 해야 합니다. 그들은 여기에서 생존 수단을 갖지 못하고 있습니다. 인간은 확실히 매우 지능적인 동물이고, 만약 누구든지 극단적인 상황으로 내몰리면 살아남기 위한 동물적 본능이 튀어나올 것입니다."

난민의 흐름을 보여주는 그림을 완성하려면 사하라 사막의 남쪽 끝에 있는 니제르의 아가데즈에 가봐야 한다. 그곳에서는 2015년부터 매주 월요일 저녁마다 하나의 의식이 되풀이된다. 월요일 저녁에만 규칙적으로 재연되는 그 의식은 수천 명의 젊은 남자들이 도요타 픽업트럭 뒤에 빼곡히 올라타고 긴 여행을 할 대규모 행렬을 이루는 것이다. 그들은 순한 혼란의 세계(니제르)에서 출발해서 거친 혼란의 세계(리비아)를 통과해 질서의 세계(유럽)로 건너가는 어떤 배라도 잡아탈 수 있을까 하는 희망을 품고 길을 떠나는 것이다.

사람들이 이 행렬에 합류하기 위해 집결하는 광경은 참으로 볼만하다. 초저녁이지만 바깥 기온은 여전히 섭씨 40도에 이른다. 취재팀의 카메라맨 둘은 열기에 지쳐 장비를 힘겹게 끌면서 다니고 있다. 이곳은 아가데즈의 끝자락에 있는 사막으로 밤을 밝히는 초승달밖에는 보이는 게 거의 없다.

그러다 갑자기 사막이 살아난다.

서아프리카 전역에 걸쳐 사람들을 실어 나르는 밀입국 네트워크와 연계되어 활동하는 알선책들이 모습을 드러낸다. 그러고는 스마트폰으로 왓츠앱 메시징 서비스를 이용해 이 도시 곳곳의 안전가옥과 지하실에 숨어 있던 이주자들을 은밀하게 트럭에 태우는 일을 시작한다. 대부분 젊은 남자인 이주자들은 일주일 내내 아가데즈로 모여들었다. 니제르 내의 도시뿐만 아니라 세네갈, 시에라리온, 나이지리아, 코트디부아르, 라이베리아, 차드, 기니, 카메룬, 그리고 말리에서 온 사람들이다. 픽업 트럭마다 뒤쪽에 열다섯 명 안팎의 남자들이 빽빽이 올라타고 있어 그들의 팔과 다리가 옆으로 삐져나와 있다. 차들은 그런 골목길을 빠져나와 앞서 달리는 정찰 차량을 따라간다. 정찰차는 돈을 받기 위해 성가시게 굴 경찰관이나 국경수비대원들이 잠복해 있지는 않은지 살핀다. 그 광경은 마치 교향악단처럼 보이지만 지휘자가 어디에 있는지는 전혀 알 수 없다. 마지막에는 모든 차량들이 이 도시 북쪽의 집결지에 모여 매주 월요일마다 100~200대에 이르는 거대한 행렬을 이룬다. 사막의 강도들을 물리치기 위해서는 그만한 숫자의 힘이 필요하다.

나는 아가데즈 고속도로 통제소에 서서 이 호송대를 지켜보고 있었다. 트럭들이 먼지를 일으키며 내 옆을 휙 지나갈 때, 차 뒤쪽에 잠자코 서 있는 젊은 남자들의 달빛에 비친 멋진 실루엣이 사막의 길을 수놓는다. 그들은 리비아 해안으로 가는 동안 24시간이 넘도록 그렇게 서 있어야 할 것이다. 그들에게 약속된 땅이 전쟁으로 황폐해진 리비아라는 걸 생각하면 그들이 떠나온 곳이 얼마나 절망적인 상황에 있는지 알 수 있다. 매월 1만 명에 가까운 남자들이 이 여정에 나선다.

지난날 아가데즈는 모험 관광이나 교역으로 살아갔다. 잘 꾸민 진흙 벽돌 건축물들은 유네스코 세계문화유산으로 지정됐다. 유네스코 사이트에 따르면 아가데즈에는 흙으로 만든 수많은 집들과 잘 보존된 일단의 궁전과 종교적 건축물이 있으며 진흙 벽돌로만 만든 탑으로는 세계에서 가장 높은 27미터 높이의 미나레트$_{minaret}$(모스크에 딸린 탑―옮긴이)도 있다. 하지만 관광객들을 실어 나르던 차들은 이제 혼란의 세계에서 질서의 세계로 사람들을 실어 나르는 차로 개조되고 있다. 한 밀입국 알선

책은 우리에게 이렇게 말했다. "전에 우리는 관광업계에 있었습니다. 우리가 이곳 아가데즈에서 한 일은 관광업이었지요. 그런데 관광은 더 이상 존재하지 않아요. 우리는 차를 갖고 있습니다. 이제 그걸로 먹고살지요. 우리는 사람을 실어 나르며 살아갑니다."

이렇게 몰래 출국하는 이들 중 몇 사람은 잠시 멈추고 우리와 이야기를 나누었다. 니제르의 다른 지역에서 온 젊은 남자들은 나에게 그들이 니제르 북쪽 멀리 있는 자도 지역에서 사금을 채취하려고 몰려드는 사람들과 합류할 것이라고 말했다. 더 전형적인 경우는 다른 것도 아니고 스키 마스크로 얼굴을 가리고 세네갈 억양의 프랑스어로 말하는 다섯 명의 젊은 남자들이 들려준 것이었다. 그들은 익히 알고 있는 이야기를 들려주었다. 마을에 일거리가 없어서 도시로 갔고, 도시에도 일거리가 없어서 북쪽으로 가고 있다는 것이다.

이곳이든 다른 곳이든 사막화는 방아쇠로 작용하고 기후변화와 인구 증가는 증폭기로 작용한다. 인종 간, 부족 간 분쟁은 정치적 부산물이며, 왓츠앱은 사정이 더 나은 곳(유럽)의 매혹적인 그림과 그곳에 이르는 이주 행렬에 뛰어들 수 있도록 값싼 수단을 모두 제공한다. 바르부트는 이렇게 말한다. "옛날에는 우리가 그저 유럽이나 미국에서 라이브 에이드 콘서트(아프리카 기아 난민을 돕기 위한 자선공연—옮긴이)만 한 번 열어주고 그들을 잊어버리면 그만이었지요. 그러나 그건 더 이상 효과가 없습니다. 그들은 그것에 만족하지 않을 겁니다. 그리고 이제 문제는 너무나 커졌습니다."

어떤 장벽도 그 이주자들을 언제까지나 저지하지는 못할 것이다. 나는 아가데즈에 있는 국제이주기구의 지원센터에서 적어도 아프리카 10개국에서 온 20명의 남자를 인터뷰했다. 모두가 일단 리비아로 간 다음 유럽으로 가려고 시도했다 실패해 되돌아온 적이 있고, 돈이 한 푼도 없어서 고향 마을로 돌아갈 수도 없는 이들이었다. 나는 그들에게 물었다. "합법적으로 아프리카를 떠나 유럽으로 갈 수 있다면 당신과 친구들 중 얼마나 많은 이들이 이곳을 떠나겠는가?"

"투 르 몽드." 그들은 이렇게 외치며 모두 손을 들었다. 나는 프랑스어를 잘 모르지만 그 말이 '모두'를 뜻한다는 것을 직감적으로 알았다.

우리가 오늘날 전 세계에서 목격하고 있는 것처럼 난민과 경제적 이주민이 이처럼 폭발적으로 늘어난 건 주로 국가 간 전쟁이 아니라 민족국가의 붕괴에 따른 것이라는 점이 가장 놀랍다. 실제로 전쟁 피해를 입은 30여 개국에서 구호 활동을 감시하는 국제구호위원회International Rescue Committee의 데이비드 밀리밴드David Miliband 위원장은 "국가 간 전쟁이 사상 최저로 줄어든 오늘날 세계적으로 더 많은 사람들이 분쟁을 피해 도망가고 있다."고 지적했다. 이는 지금 시민들의 기본적인 수요를 충족시킬 수 없거나 내전을 억제할 능력이 없는 30개 가까운 취약 국가에서 내전이 진행되고 있기 때문이다. 이는 가속의 시대의 무게에 짓눌려 취약 국가들이 안으로부터 무너지고 있다는 신호다.

미국도 이러한 이주민의 홍수에서 안전하지 않았다. 최근 몇 년 동안 남미에서 오는 이민이 크게 줄어들긴 했지만 2014년 10월 미국은 과테말라, 엘살바도르, 그리고 온두라스에서 보호자 없이 온 5만 명의 어린이들로 가득했다. 복스닷컴Vox.com은 "그들은 고국에서 가해지는 위협과 폭력을 피해 도망치고 있으며, 이들 나라의 상황은 너무나 악화돼 많은 가족들이 자녀들을 북쪽으로 길고 위험한 여행을 떠나도록 보내는 수밖에 없다고 믿는다."고 지적했다. 온두라스와 과테말라, 그리고 엘살바도르는 중미에서 환경이 가장 많이 훼손되고 삼림이 파괴된 지역에 속한다. 그들이 숲을 베어내면 미국은 그들의 아이들을 받게 된다.

혼란의 세계에서 오는 경제적·환경적 이주자들에게 약속의 땅이 된

곳은 유럽과 미국뿐만이 아니다. 최근 몇 년 동안 이스라엘에는 주로 에리트레아와 수단에서 약 6만 명의 불법적인 이민자들이 쏟아져 들어왔다. 많은 이민자들이 머물고 있는 텔아비브의 중앙버스터미널 주위를 걸어 다니다 보면 거리마다 휴대폰으로 통화하는 아프리카 남자들이 눈에 띈다. 그들은 배나 버스를 타고, 혹은 걸어서 이스라엘 국경까지 왔다. 어떤 이들은 혼자 힘으로, 또 어떤 이들은 아랍계 유목민들의 도움으로 이집트의 시나이 사막을 건너 밀입국했다. 그들은 시온주의나 유대주의에 이끌려서 온 것이 아니라 단지 질서와 일자리를 바라고 온 것이다.

각국 정부와 제휴 기관, 그리고 자체 보고를 바탕으로 전 세계의 강제 이주를 추적하는 유엔난민기구는 2016년 6월 20일 보고서에서 2015년 말까지 모두 6,530만 명이 살던 곳에서 쫓겨났다고 밝혔다. 이는 불과 12개월 전 5,950만 명에서 크게 늘어난 것이다. 2013년 말 그 숫자는 5,120만 명이었고, 10년 전에는 3,750만 명이었다. 더욱이 보고서는 상황이 더욱 나빠질 가능성이 크다고 밝혔다. 세계적으로 인구 122명 중 한 명은 난민이거나 국내에서 강제 이주를 당하거나 아니면 망명을 신청한 사람이다. 보고서는 이들을 한 나라의 인구로 친다면 세계 12위 인구 대국이 될 것이라고 밝혔다.

불평등한 자유

가속화하는 대시장과 대자연, 그리고 무어의 법칙은 취약 국가를 외부에서만 압박하는 것이 아니다. 나라의 안에서도 압박하고 있다. 다시 말해 오늘날 기술과 세계화는 독재 사회를 합의를 존중하는 사회로 개조하려는 '정치적 창조자'의 역할을 하기도 하지만 효과적으로 통치할 능력도 없으면서 종교나 이념적인 전제정치를 하는 정부를 무너뜨리려는 '정치적 파괴자'의 역할을 하기도 한다.

먼저 정치적 창조자를 보자. 역사학자인 월터 러셀 미드는 1990년대 혁명으로 소련이 무너진 후 러시아 사람들은 이런 말을 즐겨 했다고 지적했다. "수족관을 생선 수프로 바꾸기가 생선 수프를 수족관으로 바꾸기보다 쉽다."

어떤 나라가 한 번 무너지고 나면 여건이 아무리 좋아도 국민들이 그 나라를 일종의 영속기업going concern으로 복원하기는 결코 쉽지 않다. 가속의 시대에는 복원이 훨씬 더 어렵다. 일반 국민이 받아야 할 평생학습 기회를 제공하고, 글로벌 흐름들을 이용하는 데 필요한 기반 시설을 갖추고, 또한 경제성장을 이어가기 위한 빠른 혁신을 이루기는 더 어려워졌다. 어떤 나라가 탈탈냉전 시대에, 다시 말해 어떤 초강대국도 더 이상 대가 없이(심지어 대가를 지불해도) 그 나라를 재건해주겠다고 나서지 않는 시대에 시간을 허비했다면 앞선 나라들을 따라잡기는 정말 어려워질 것이다. 그리고 한 가지 놀라운 요인이 더 있다. 그것은 바로 인터넷이다. 각종 소셜 네트워크 때문에 주어진 질서를 혁명으로 바꾸는 것이 혁명을 지속될 수 있고 동의할 수 있는 새로운 질서로 바꿔가는 것보다 훨씬 더 쉬워졌다는 증거는 많다.

도브 사이드먼은 이사야 벌린Isaiah Berlin의 '적극적 자유'와 '소극적 자유'의 개념에 영향을 받아서 자유를 두 가지로 구분한다. 사이드먼은 이제 세계 어디에서든 사람들이 전례 없는 수준으로 뭔가로부터 '벗어날 자유freedom from'를 확보하고 있다고 주장한다. 독재자로부터의 자유뿐만 아니라 시시콜콜 간섭하는 상사로부터의 자유, 광고를 보라고 강요하는 네트워크로부터의 자유, 그리고 동네 가게로부터의 자유, 지역 은행으로부터의 자유, 호텔 체인들로부터의 자유가 뭔가로부터 벗어날 자유다.

그러나 정치에 관한 한 사람들이 가장 소중히 여기는 자유는 '행동할 자유freedom to'라고 사이드먼은 주장한다. 이는 사람들이 원하는 방식대로 살아갈 자유를 말한다. 그들의 자유는 합의를 이루기 위한 선거, 헌법, 법의 지배, 그리고 의회 제도에 바탕을 두고 있기 때문에 소중한 것이다. 오늘날 세계에서는 많은 지역에서 '벗어날 자유'는 확보했지만 '행동할 자유'는 확보하지 못하고 있다. 그런 까닭에 많은 지역에서 혼란이 확산되면서 좀처럼 사라지지 않고 있는 것이다. 사이드먼은 리비아나 시리아, 예멘, 또는 호스니 무바라크 대통령 추락 이후의 이집트와 같은 나라들이 벗어날 자유는 확보했지만 행동할 자유는 얻지 못한 점에 주목해 그 차이를 '자유의 불평등'이라고 표현했다. 이는 오늘날 세계에서 가장 중요한 의미를 지니는 불평등일 것이다.

사이드먼은 이렇게 지적했다. "'벗어날 자유'를 얻는 건 신속하고 격렬하고 극적으로 이뤄집니다. 그러나 '행동할 자유'를 얻는 데는 시간이 걸리지요. 이집트의 파라오에게서 벗어나 자유를 얻은 유대인들은 법률과 도덕률을 만들어 행동할 자유를 갖게 되기 전까지, 40년 동안 광야에서 헤매야 했습니다."

소셜 네트워크와 값싼 휴대폰, 그리고 메시징 앱은 집단행동을 촉진하는 일과 방해하는 일에 모두 효과적인 것으로 드러났다. 그것들은 사람들을 훨씬 더 쉽고 효율적으로 연결될 수 있도록 해주지만 동시에 밑바닥에 있는 개인들이 정상에 있는 이들을 (그들이 동지든 적이든) 더 쉽고 효율적으로 끌어내릴 수 있도록 해주기도 한다. 군사전략가라면 그 네트워크가 지금 같은 기술적 변화의 시기에 가장 강력한 조직 형태라고 말할 것이다. 이 평평한 세계에서 전통적인 위계는 어떤 행동을 최적화할 수 없지만 네트워크는 그렇게 할 수 있다. 각종 네트워크는 누가 맨 꼭대기에 있든 명령과 통제 체제를 흔들어놓지만, 동시에 누구든 맨 밑바닥에 있는 이들이 응수할 수 있도록 목소리를 키워준다. 소셜 미디어는 집단적인 공유에는 효과적이지만 집단적인 구축에는 효과적이지 않고, 집단적 파괴에는 능하지만 집단적 건설에는 능하지 못하며, 플래시 몹을 조직하는 일은 기가 막히게 잘 하지만 정당이나 헌법 체제에서 번개처럼 합의를 이끌어내는 일은 그다지 잘하지 못한다.

지난 10년 동안 일어난 '광장 혁명'의 주역들 중 몇몇의 이야기만 들어봐도 정치적 도구로서 인터넷의 한계에 관해 그들이 얼마나 힘들게 교훈을 얻었는지 알 수 있다. 2014년에 홍콩에 갔을 때 나는 스물네 살의 대학생 알렉스 용캉 차우周永康를 인터뷰했다. 홍콩 대학교 4학년으로 문학을 공부하는 그는 당시 민주화 시위에 앞장 선 홍콩 학생회 연합의 리더였다. 2014년 9월 28일에 시작된 시위는 '센트럴을 점령하라'는 구호를 내건 시민 불복종 운동이었다. 그 운동은 상대적으로 민주적인 홍콩 정치에 대한 베이징의 영향력을 줄인다는 목표를 갖고 이 도시국가의 중심지를 부분적으로 폐쇄하려 했다. 그러한 시도는 완전한 실패는 아니었지만 성공적이었다고 하기도 어려웠다.

차우가 나에게 말했다. "그 (센트럴 점령) 운동에서 아쉬웠던 건 서로 다른 관점을 가진 이들이 토론하고 차이를 조율할 수 있는 절차가 빠져 있었다는 점입니다. 그러한 다툼이 운동의 내부에서 해소되지 못하면 나중에 많은 불화를 낳고 비통함이 남겠지요. 어떤 제안이 나올 때마다 사람들은 그것을 거부할 겁니다. 그때는 다툼을 해결할 방법이 없었어요. 어떤 조직도 모든 참가자들의 충분한 신뢰를 얻을 수는 없었습니다. 그리고 홍콩 사람들은 토론을 통해 다툼을 해결하는 정치적 문화가 부족했지요."

페이스북과 다른 소셜 네트워크들은 어땠는지 내가 묻자 그는 이렇게 말했다. "그 기술은 의사소통에 유용했습니다. 센트럴 점령 운동 때 사람들은 몇 개의 팀으로 나뉘었습니다. 어떤 이들은 경찰의 움직임을 지켜보다 다른 사람들에게 알려주었고, 다른 이들은 온라인 토론을 모니터링하고 최전선에 있는 사람들에게 정보를 알려주었지요. 이런 식으로 우리는 정보가 빠르게 전달되게 하고 사람들이 즉각적으로 재빨리 반응하도록 했습니다. 운동가들은 온라인으로 페이스북에 들어가 거기서 새로운 정보를 얻습니다. (중략) 이 기술들은 진보적인 운동을 촉진하거나 정부의 선전에 맞서는 데 아주 유용합니다."

하지만 단점도 있지 않았을까? 차우가 말했다.

"우리가 이들 앱과 소셜 미디어를 이용할 때 정부도 그 메시지들을 지켜보며 해독하고 있었습니다. 중국 정부에서 보낸 사람들이 그렇게 했지요. 스마트폰은 감시받고 있었습니다."

마지막 차우는 스스로에게 가장 아날로그적인 물음을 던졌다. "한 조직이 어떻게 하면 신뢰와 정당성을 얻고 사람들을 연결할 수 있을까요? 홍콩 학생 연합회는 학생들에 대해 책임을 지고 있습니다. 하지만 우산혁명에 동원된 100만 명의 홍콩 사람들에게도 책임을 져야 하지요. 그러면 하나의 학생 조직이 100만 명의 열망을 전달하면서 동시에 학생들에게 봉사해야 하는데 그 둘 사이에 어떻게 균형을 맞출 수 있을까요?" 그는 스스로 대답했다. "신뢰와 연결이 필요합니다. 그것들은 얼굴을 마주보면서 구축해야 하므로 시간이 걸리지요. 지속 가능한 전략을 마련하는 데 빠져 있었던 건 바로 그것입니다. 신뢰와 연결만 확보되면 상대에게 맞설 대연합을 이룰 수 있습니다. 신뢰와 연결이 없으면 우리가 정부를 흔들기는 대단히 어렵고 정부가 우리를 쓰러트리기는 쉽지요."

페이스북이 촉진한 아랍의 각성에서 튀니지를 다른 나라들의 사례와 구분해주고, 지금까지 가장 성공적인 사례로 만들어준 것이 있다. 그것은 대단히 아날로그적인 속성을 지닌 것으로서 튀니지의 시민사회에 깊이 뿌리를 내리고 있는 노동조합, 변호사회, 여성단체, 경제단체, 인권단체 같은 조직이다. 이들은 튀니지의 독재 체제가 무너진 후 이슬람주의자들과 세속주의자들 사이에 다리를 놓기 위해서 얼굴을 맞대고 집단적인 노력을 기울였으며, 그 공로로 이들 중 몇몇 단체는 2015년 노벨평화상을 받았다.

다른 곳에서는 진정한 정치적 질서를 확립하는 데 어려움을 겪었으며, 이에 따라 세계적으로 자유롭지 못한 사람들이 늘어났다. 사이드먼은 "소득 불평등은 불안정을 초래하지만 자유의 불평등도 마찬가지"라고 말했다. 그는 "'벗어날 자유'가 '행동할 자유'를 앞지를 때, 역량이 커졌지만 파괴적인 생각에 사로잡힌 사람들은 더 많은 해악과 파괴를 초래할 것이며, 그들은 건설적이고 인간적인 노력에 고취되고 그에 협력하지 않는 한 탈주한 죄수와 같이 될 것"이라고 주장했다.

벗어날 자유와 행동할 자유를 보장하는 것의 차이를 와엘 고님보다 더 잘 증언해준 이는 없다. 일명 '구글 가이Google guy'로 알려진 그는 2011년 이집트에서 호스니 무바라크 대통령에 저항한 혁명이 촉발되도록 도운 사람이다. 나는 그때 카이로에 있었는데 무바라크가 사임하기 하루 전에는 알아라비아 위성 텔레비전이 카이로에서 송출한 금요일 정오 뉴스에 고님이 나오는 걸 지켜보았다. 그는 그때 막 감옥에서 풀려났고 이집트 정권에 대한 분노와 민주 혁명을 위한 열정으로 가득했으며 혁명을 촉발하는 역할을 한 소셜 미디어에 관해서도 열정적으로 이야기했다.

하지만 그 혁명은 결국 탈선하고 말았다. 진보적 세력이 단결하지 못했고, 무슬림 형제단Muslim Brotherhood이 혁명을 종교적인 운동으로 바꾸기를 원했으며, 이집트 군대가 권력 핵심과 경제에 대한 장악력을 유지하기 위해 이들 시민단체의 약점을 이용할 수 있었기 때문이었다.

2015년 12월 실리콘밸리로 옮겨 와 있던 고님은 내가 칼럼에서 인용한 테드 강연을 하나 인터넷에 올렸다. 그 강연에서 그는 무엇이 잘못되었는지 물었다. 딱 잘라서 말하면 이런 질문이다. "인터넷은 행동할 자유보다 벗어날 자유를 얻는 데 더 효과적인가?" 그가 내린 결론의 핵심은 이렇다. "나는 한때 이렇게 말했습니다. '사회를 해방시키고 싶은가? 그렇다면 인터넷만 있으면 된다.' 하지만 그 말은 틀렸습니다. 나는 그 말을 지난 2011년에 했습니다. 내가 익명으로 만든 페이스북 페이지가 이집트 혁명을 촉발하는 데 도움을 준 해였지요. 아랍의 봄은 소셜 미디어의 가장 큰 잠재력을 보여주었지만 가장 큰 결점도 드러냈습니다. 우리가 독재자를 넘어뜨리도록 결속시켜준 바로 그 도구가 결국 우리를 분열시켰지요."

2000년대 초 아랍인들은 웹으로 몰려들었다. 고님의 설명을 들어보자. "지식에 목마르고, 기회에 목마르고, 전 세계 사람들과의 연결에 목이 말라서 우리는 좌절감을 느끼게 하는 정치 현실에서 도망쳐 가상의 삶, 대체의 삶을 살았지요. 그러던 중 2010년 6월 인터넷은 내 삶을 영원히 바꿔놓았습니다. 나는 페이스북을 둘러보다 사진 한 장을 보게 되었습니다. (중략) 경찰에 고문을 당하다 사망한 젊은 이집트 남자의 주검이었어요. 알렉산드리아 출신으로 스물아홉 살인 칼리드 사이드라는 청년이었습니다. 그의 사진에서 내 자신을 보았습니다. (중략) 나는 익명으로 페이스북 페이지를 하나 만들어서 '우리는 모두 칼리드 사이드다'라는 이름을 달았습니다. 단 사흘 만에 10만 명이 넘는 사람들이 그 페이지를 찾았습니다. 같은 염려를 하고 있는 동시대의 이집트 사람들이었어요."

고님과 그의 친구들은 곧바로 크라우드소싱으로 아이디어를 얻기 위해 페이스북을 이용했다. "그 페이지는 아랍 세계에서 가장 많은 사람들이 팔로우하는 페이지가 됐습니다. 이 운동에는 소셜 미디어가 결정적으로 중요했습니다. 그것은 권한이 분산된 운동이 일어나도록 도와주었지요. 그것은 또 자신이 혼자가 아님을 사람들이 깨닫게 해주었습니다. 그리고 정권이 그것을 멈추는 걸 불가능하게 만들었지요." 결국 고님은 이집트 보안국에 추적당해 두들겨 맞고 열하루 동안 독방에 갇혔다. 그러나 그가 석방되고 사흘 후에 그의 페이스북 포스트에 고무된 수백만 명의 시위자들이 무바라크 정권을 무너뜨렸다.

하지만 안타깝게도 행복은 금세 사라지고 말았다. 고님은 그것이 자신들이 합의를 이루지 못했기 때문이며 "정치적 투쟁은 극심한 양극화로 이어졌다."고 말했다. 그는 이렇게 지적했다. "소셜 미디어는 잘못된 정보와 소문, 메아리방 효과(특정한 정보나 사상이 사람들 사이에서 돌고 돌면서 관점이 다른 외부 정보의 유입을 막으면 그 집단에 속한 사람들은 왜곡된 관점을 갖게 되는 효과—옮긴이), 그리고 증오의 말이 확산되도록 촉진함으로써 양극화를 증폭시키기만 했어요. 그런 환경은 아주 유해한 것이었지요. 이제 온라인 세상은 악성 댓글, 거짓말, 경멸적 언어의 싸움터가 되고 말았습니다." 군의 지지자들과 이슬람교도들은 서로를 중상하는 데 소셜 미디어를 이용했고, 그러는 동안 고님과 다른 수많은 사람들이 진을 치고 있던 민주적인 중도파는 무대에서 밀려났다. 그들의 혁명은 무슬림 형제단에 도둑맞았고, 군부의 개입으로 혁명이 실패했을 때 당초 혁명의 동력이 되었던 수많은 젊은이들이 체포됐다. 군은 이제 스스로를 변호하기 위한 페이스북 페이지를 갖고 있다.

고님은 이렇게 말했다. "반성의 시간을 갖고 난 뒤 내게 분명해진 것이 있습니다. 기본적으로 양극화된 대립을 이끌어가는 건 우리 인간의 행동이지만 소셜 미디어는 그런 행동을 촉발하고 그에 따른 충격을 증폭시킵니다. 예를 들어 당신은 사실에 근거하지 않은 뭔가를 말하거나, 싸움을 걸거나, 당신이 좋아하지 않는 누군가를 무시하고 싶어 할 수 있습니다. 이런 것들은 모두 자연스러운 인간적인 충동이지만 기술 발전으로 이러한 충동에 따라 행동하는 것은 클릭 한 번으로 가능하게 됐지요."

고님은 오늘날 정치 분야에서 소셜 미디어가 직면한 5가지 핵심적인 도전이 있다고 밝혔다.

첫째, 우리는 루머를 어떻게 다뤄야 하는지 모릅니다. 사람들의 편향을 확인해 주는 루머는 믿음으로 바뀌어 수백만 명에게 퍼지죠. 둘째, 우리는 스스로 메아리방을 만듭니다. 자신과 생각을 같이하는 사람들하고만 소통하는 경향이 있습니다. 소셜 미디어 덕분에 다른 모든 사람들의 목소리를 들리지 않게 할 수 있고, 팔로우를 끊을 수 있으며, 접근을 막을 수 있지요. 셋째, 온라인 토론은 순식간에 분노한 군중의 언어로 전락합니다. 우리는 장막 뒤의 사람들이 단순한 아바타가 아니라 실제 사람이라는 걸 잊는 듯합니다. 넷째, 견해를 바꾸기가 무척 어렵습니다. 빠르고 간결한 소셜 미디어 때문에 우리는 서둘러 결론을 내리고 세상의 복잡한 현안들에 관해 140자 내로 뚜렷한 견해를 밝혀야 하지요. 일단 그렇게 하고 나면 그것은 인터넷에 영원히 남게 되고, 우리는 심지어 새로운 증거가 나타나더라도 그 견해를 바꿀 동기가 별로 없습니다. 다섯째, 이것이 가장 중요한데, 오늘날 우리가 경험하는 소셜 미디어는 어떤 일에 참여하기보다는 말을 퍼뜨리는 방식으로, 토론보다는 일방적인 글을 올리는 식으로, 깊은 대화보다는 얄팍한 논평을 하는 식으로 설계되어 있습니다. 마치 상대와 이야기를 주고받기보다는 상대에게 일방적으로 말을 하기 위해 이곳에 와 있는 것 같지요.

어떻게 온라인 괴롭힘에 맞서고 악성 댓글과 싸워야 하는지 오늘날 많은 논의가 이뤄지고 있습니다. 이것은 정말 중요합니다. 누구도 아니라고 할 수 없지요. 그러나 우리는 어떻게 하면 예의바른 태도를 장려하고 사려 깊은 행동에 보상을 해주는 소셜 미디어를 설계할 수 있는지도 생각해봐야 합니다. 더 선정적이고 일방적이며 때로는 분노로 가득 찬 공격적인 글을 쓰면 더 많은 사람들이 그 포스트를 보게 할 수 있다는 사실을 알고 있습니다. 내가 더 많은 주목을 받게 되는 것이지요. 그런데 우리가 질적인 것에 더 많이 초점을 맞추면 어떻게 될까요? 우리는 또한 널리 퍼진 온라인 정보의 사실 여부를 확인하고 그 과정에 참여한 사람들에게 보상해주는 효과적인 크라우드소싱 방식에 관해 생각해볼 필요가 있습니다. 요컨대 우리는 오늘날의 소셜 미디어 생태계를 다시 생각해보고 사려 깊고 예의 바르며 서로 이해해주려는 태도에 대해 보상을 해줄 수 있도록 그것을 재설계해야 합니다.

5년 전에 나는 사회를 해방시키고 싶으면 인터넷만 가지면 된다고 말했습니다. 그러나 지금은 우리가 사회를 해방시키기를 원하면 먼저 인터넷을 해방시켜야 한다고 믿습니다.

국제적인 여론조사 베테랑인 크레이그 차니Craig Charney는 고님과 차우의 이야기가 명백히 밝혀주는 것은 인터넷은 사람들을 연결할 수 있는 능력을 키워주지만 정치적인 조직이나 문화, 또는 리더십을 대체할 수는 없으며, 자발적인 운동은 보통 이 모든 면에서 대단히 취약하다는 점이라고 말한다. 아랍의 각성을 위한 많은 노력들이 결국 실패한 것은 그들이 진보적인 생각들을 지배적인 다수의 견해로 바꿀 수 있는 정치적 조직을 구축하지 못했기 때문이다. 컬럼비아 대학교 역사학 교수로 『세계의 지배: 사상의 역사, 1815년부터 현재까지Governing the World: The History of an Idea, 1815 to the Present』를 쓴 마크 마조워Mark Mazower는 2014년 2월 28일 「파이낸셜타임스」에 기고한 글에서 이렇게 지적했다.

레닌주의자의 근본적인 통찰은 여전히 유효하다. 조직 없이는 아무것도 할 수 없다. 폴란드 자유노조가 스스로 변신해 이 나라 정치에 지속적인 영향력을 미칠 수 있었다면 이는 그 지도자들이 스스로를 조직해야 한다는 걸 이해했기 때문이며, 또한 그들이 노조 행동주의에 뿌리를 두고 있어 활동을 시작할 고유의 기반이 있었기 때문이다. (중략) 폭군을 제거하면 실제로 자유를 얻을 수 있다. 그러나 때로는 폭군을 없애면 새로운 유형의 폭군이 나타나기도 한다. 혁명가들이 자유를 사랑할 뿐만 아니라 장기적인 정치적 투쟁을 위해 조직을 효과적으로 갖출 수 있을 때 혁명은 행복한 결과를 낳는다.

혁명 다음 날 아침에 무엇보다 필요한 조직적인 근육을 만들고 시민적 습관을 형성하려면 때로는 집집마다 문을 두드리고, 전단을 인쇄하고, 이웃의 얼굴을 마주보며 설득하는 아날로그적인 절차를 거쳐야 한다. 이 오래된 교훈을 다시 배울 때까지 우리는 혼란의 세계가 확장되는 걸 보게 될 것이며, 점점 더 많은 사람들이 행동할 자유가 아니라 벗어날 자유를 얻기가 더 수월하다는 걸 알게 될 것이다.

파괴자들

2004년 11월에 나는 미국 합참의장 리처드 마이어스Richard Myers를 따라 이라크에 갔다. 내가 그 여행에서 본 숱한 장면 가운데 가장 기억에 남은 것은 라마디 근처 수니 삼각지대의 제24해병원정부대가 그곳을 방문하는 합참의장을 위해 준비한 전시물이었다. 뇌관을 제거한 사제 폭탄들을 탁자에 올려놓은 것이었는데 폭발물에 휴대폰을 묶어 만든 것들이었다. 미군 차량이 지나갈 때 휴대폰 번호를 누르기만 하면 폭탄이 터

지도록 설계되어 있었다. 그 탁자는 상상할 수 있는 모든 색깔과 형태의 휴대폰 폭탄으로 가득했다.

나는 혼자서 생각했다. "지옥의 문 앞에 전자제품 면세점이 있다면 그 진열대는 이렇게 생겼겠지."

세 가지 가속화는 우리가 서로에게 더욱더 의존하게 만들면서 약한 나라들을 해체하고 강한 나라들을 압박할 뿐만 아니라 더 큰 혼란을 일으킬 수 있는 개인의 힘을 엄청나게 키워줌으로써 지정학을 변화시키고 있다. 올린 공과대학의 학장인 리처드 밀러는 슈퍼노바가 인간 행동에 대해 일종의 증폭기 구실을 한다며 이렇게 말했다. "세대가 바뀔 때마다 점점 더 적은 사람들이 새로운 기술을 적용해 보다 많은 타인의 삶에 영향을 미칠 수 있게 됩니다. 그것은 의도적일 수도, 아닐 수도 있으며, 그 영향은 혜택을 주는 것일 수도, 아닐 수도 있습니다. 새로운 기술이 끊임없이 개발되면서 각 세대에 미치는 사회적·경제적·정치적 영향은 갈수록 커지고 있지요."

우리는 그러한 힘을 건설적으로 활용하는 '창조자'로서의 초강력 개인과 집단에 관해 이야기했다. 그러나 앞서 지적했듯이 그와 같은 기술이 분노한 군중을 초강력 '파괴자'가 되게 하기도 한다. 지금은 창조자들에게 대단한 시대이지만 불행히도 파괴자들에게도 대단한 시기다.

당신이 뭔가를 대규모로 파괴하고 싶다면 지금이 호기다. 크레이그 먼디는 이렇게 설명했다. "옛날에는 중요한 기술 발전이 전 세계에 곧바로 전파될 수 있는 체제가 갖춰져 있지 않았기 때문에 그 기술들이 오늘날 볼 수 있는 것처럼 빠르게 악의를 가진 사람들의 손에 넘어가지 않았지요. 국가만 이런 기술을 이용할 수 있을 때에는 실행할 수 있는 목표로서 파괴적 기술의 비확산을 이야기할 수 있었습니다." 그러나 더 이상은 아니다. 지금은 비자 카드 한 장만 있으면 누구나 이러한 도구 중 많은 것들을 살 수 있고, 그것을 어떻게 만드는지 가르쳐주는 설명서를 클라우드에서 내려받을 수 있다. 그래서 파괴자들은 이 에너지원을 개인의 힘을 증폭시키는 데, 그리고 생각이 같은 사람들과 연결하고 소통하고 협력하는 데 모든 창조자와 똑같이 쉽게 이용할 수 있다.

오늘날 파괴자들이 훨씬 더 강력해진 만큼 그들을 억제하기는 더 어려워졌다. 이제 알카에다나 ISIS가 극단으로 치닫는 걸 막을 상호확증파괴MAD 독트린은 없다. 상황은 그 정반대다. 자살폭탄 공격을 하는 지하디스트에게 상호확증파괴는 파티 초대장과 같은 것이며 99명의 처녀들과의 데이트에 초대받는 것과 같다. 하버드 대학교의 전략가 그레이엄 앨리슨Graham Allison은 이렇게 요약했다. "역사적으로 사람들이 개인적으로 갖는 분노와 그들이 그 분노로 할 수 있는 일 사이에는 언제나 간극이 있었다. 그러나 오늘날은 첨단 기술 덕분에, 그리고 기꺼이 자살을 하려는 사람들의 의지 때문에 정말로 분노한 개인들은 이제 적당한 도구만 구할 수 있으면 수백만 명을 죽일 수도 있다." 실제로 각종 흐름들의 세계화로 인해, 그리고 조건만 적당하면 지하실에서 거의 모든 것을 만들 수 있도록 해주는 3D 프린팅의 부상으로 인해 그 일은 갈수록 더 쉬워지고 있다.

분노한 초강력 개인들이 얼마나 많은 혼란을 얼마나 쉽게 퍼뜨릴 수 있는지 보여주는 무서운 사례들을 몇 가지 짚어보자.

「USA 투데이」는 2013년 12월 19일 이렇게 전했다. "이라크와 아프가니스탄에서 죽거나 다친 미국인 중 적게는 절반 많게는 3분의 2가 땅속이나 차량 또는 건물 안에 숨겨두었거나, 사람이 자살폭탄 조끼로 걸치거나, 자살폭탄 차량에 실린 급조폭발물IED, improvised explosive device에 의해 희생됐다고 미국 국방부의 합동급조폭발물무력화기구JIEDDO가 밝혔다. 그렇게 사망한 사람이 3,100명이 넘고 부상한 사람이 3만 3,000명에 달했다. 군 자료에 따르면 이라크와 아프가니스탄에서 1,800명 가까운 미군이 팔이나 다리를 잃었는데 이 최악의 희생자 대다수가 이런 폭발물에 당했다. (중략) 이러한 폭탄은 미군이 전쟁 지역에서 이동하는 방식에 근본적인 영향을 미쳐서 도로를 피하기 위해 헬리콥터와 다른 항공기에 더 많이 의존하도록 했다고 JIEDDO 국장인 존 존슨John Johnson 육군 중장이 밝혔다. 존슨은 '그것들은 우리에게 많은 고통을 안겨주었고 많은 노력과 많은 비용을 요구했다'고 말했다. 급조폭발물은 차량의 보호 장비와 병사들의 보호복, 로봇, 지면 투과 레이더, 감시 시스템, 전파 방해, 대(對)정보활동, 컴퓨터 분석, 컴퓨터 설계 의족 분야에서 수십억 달러 규모의 산업을 일으켰다. 미국 회계감사원GAO은 두 전쟁에서 이런 폭탄에 대응하는 데 비용이 모두 얼마나 들었는지 추산하기는 불가능하다고 밝혔다. 그러나 펜타곤은 장갑차와 이러한 무기를 물리치는 데 필요한 장비에 적어도 750억 달러를 썼다." 그러나 급조폭발물을 만드는 데는 100달러가 채 들지 않는다.

2015년 1월 26일 「뉴욕타임스」 보도를 보자. "항공기와 미사일, 대형 드론 같은 비행물체들을 탐지하기 위해 설계된 백악관의 레이더 시스템은 월요일 이른 아침 백악관 남쪽 정원의 나무에 충돌한 작은 드론을 탐지하지 못했다. 이 충돌은 '만약 비슷한 물체가 오바마 대통령을 위험에 빠트린다면 백악관 비밀경호국이 그것을 격추시킬 수 있을지' 의문을 제기했다." 당시 술을 마신 것으로 알려진 한 정부 기관 직원이 그 장치를 조종하고 있었던 것으로 밝혀졌다. 「뉴욕타임스」는 이렇게 전했다. "비밀경호국은 백악관 남쪽을 담당하는 요원이 '그 드론의 소리를 듣고 눈으로 보기도 했지만' 아무도 드론이 백악관 담을 넘어와 나무에 부딪치기 전에 격추할 수 없었다고 밝혔다. 경호국 관계자는 드론이 레이더로 탐지하기에는 너무 작았을 뿐만 아니라 낮게 날고 있었다며 그 크기 때문에 큰 새로 쉽게 혼동할 수도 있었다고 덧붙였다." 그때 대통령과 영부인은 공식 방문으로 인도에 가 있었지만 두 딸 사샤와 말리아는 관저에 있었다.

2015년 1월 27일, 오바마 대통령은 60센티미터 크기의, 프로펠러가 네 개 달린 드론이 백악관 뜰에 추락한 후 CNN의 파리드 자카리아와 인터뷰하면서 이렇게 밝혔다. "백악관에 착륙한 그 드론은 라디오섀크에서 살 수 있습니다."

빅데이터와 슈퍼노바 덕분에 우리는 이제 믿을 수 없을 만큼 쉽게 건초 더미에서 바늘을 찾을 수 있다. 그와 동시에 초강력 파괴자들은 이제 그 바늘을 다른 사람들에게 믿을 수 없을 만큼 강하고 정확하게 찔러 넣을 수 있다. 미래는 그들 중 누가 누구를 먼저 발견하느냐를 시험할 것이다. 2016년 2월 18일 「뉴사이언티스트」 사이트에 나온 이야기를 생각해보자.

누군가에게 돈을 뜯어내는 것은 그 어느 때보다 큰 비즈니스다. 이제 강탈 행위는 가방에 현금을 채워서 넘겨주는 사람들에게 의존할 필요가 없다. 이달 초 사이버 범죄자들은 로스앤젤레스에 있는 한 병원을 공격한 다음 병원이 컴퓨터를 다시 쓸 수 있도록 해주는 대가로 비트코인을 지불하라고 요구했다. 이는 랜섬웨어로 알려진 소프트웨어를 이용한 첨단 수법의 사이버 강탈 사례다.

공격을 받은 할리우드장로교의료센터는 사실상 오프라인으로 가동해야 했다. 그 결과 환자들을 다른 병원으로 이송해야 했고 진료 내용은 펜과 종이를 써서 기록했으며 직원들이 서로 연락하려면 팩스에 의존해야 했다.

공격자들은 9,000비트코인을 요구했다. 약 360만 달러에 해당하는 액수다. 2주일 동안 버틴 끝에 병원은 어제 1만 7,000달러를 지불했다. (중략) 전직 영국 경찰 수사관으로 지금은 플로리다에 있는 협박 범죄 정보 업체 팀 킴루에서 일하는 스티브 샌토렐리는 "랜섬웨어는 지난 몇 년 동안 정말 폭발적으로 늘었다."고 말한다. 사이버 공격자들은 크립토록커 3.0이라는 한 가지 랜섬웨어 패키지만으로 2015년 한 해 동안 3억 2,500만 달러를 벌었다.

사이버보안 업체인 렌디션 인포섹Rendition Infosec 창업자인 제이크 윌리엄스Jake Williams는 "이 자들은 지독하게 교활한 사람들"이라고 말한다. (중략) 케임브리지 대학교에서 보안 문제를 연구하는 로스 앤더슨Ross Anderson은 사이버 공격자들이 잡히지 않고 돈을 챙기는 데 비트코인이 도움을 주었다고 말한다. "옛날에는 몸값을 챙기는 것이 정말 어려웠습니다. 경찰은 20파운드짜리 지폐를 가득 채운 여행용 가방 속에 무선 추적 장치를 넣어 대부분의 범인을 잡을 수 있었지요. 하지만 이제 비트코인으로 몸값을 받을 수 있게 됐습니다. 많은 사람들이 그렇게 하고 있지요."

마지막 사례다. 미국 국가정보국 국장인 제임스 클래퍼James Clapper는 2016년 2월 9일 상원 군사위원회에 제출한 보고서에서 유전자 편집gene editing을 처음으로 '대량 살상 무기'가 가하는 위협 목록에 추가했다. 같은 날 「MIT 테크놀로지 리뷰」는 이렇게 지적했다. "유전자 편집은 살아 있는 세포 안의 DNA를 바꾸는 몇 가지 새로운 방식을 말한다. 그중 가장 인기 있는 크리스퍼CRISPR(유전자 가위―옮긴이) 기법은 과학적인 연구를 혁명적으로 바꿔 새로운 동물과 곡물을 만들어내고 있으며, 심각한 질병을 고치는 새로운 유전자 치료법에 힘을 실어줄 가능성이 크다. 보고서의 평가에 따르면 유전자 편집을 이용하기가 상대적으로 쉬워진 것이 미국 정보 당국의 우려를 낳고 있다." 클래퍼의 보고서는 이렇게 밝혔다. "이러한 이중 용도의 기술이 널리 보급되고, 비용이 낮아지고, 개발 속도가 빨라지고 있어서 그것을 의도적으로 또는 무의식적으로 잘못 사용하면 경제와 국가 안보에 심대한 영향을 미칠 수 있다."

외로운 늑대들

개인적인 파괴자들이 이제 더 적은 비용으로 더 쉽게 더 많은 피해를 입힐 수 있다는 사실만이 우리를 낙담케 하는 것은 아니다. 파괴자들은 더 이상 그들을 무장시키고 지휘할 전통적인 조직을 필요로 하지 않는다. 경찰이나 군대가 추적해서 제거할 조직이 없는 것이다.

최근에 우리는 집단이 아닌 '외톨이 테러리스트'가 꾸준히 늘어나는 모습을 지켜봤다. 우리는 보통 심리적으로 불안정한 개인이나 남녀 한 쌍, 혹은 흔히 형제와 사촌으로 이뤄진 아주 작은 그룹이 지하디스트나 다른 온라인 흐름들과 접촉한 후 매우 짧은 기간에 과격해지는 모습을 봤다. 그들은 밖으로 나가 무고한 시민들을 상대로 엄청난 폭력을 저지르며, 그들 중 다수가 오로지 이슬람주의자에 대한 충성을 외치거나 과거로 거슬러 올라가서 찾아낸 다른 명분을 주장한다.

2016년 7월 14일, 바로 그런 남자 한 명이 니스에서 프랑스혁명 기념일인 '바스티유의 날'을 즐기던 군중 속으로 트럭을 몰고 돌진해 86명을 죽이고 수백 명을 다치게 했다. 이러한 현상은 「데일리 텔레그래프」 기사 몇 문단에 모두 압축돼 있다.

> 튀니지에서 태어난 무함마드 라후에유 부렐은 프랑스 여권을 가지고 리비에라 시에 살았으며 자주 법적 문제를 일으켰다. 아내가 떠났을 때 '우울증에 걸린' 그는 '기이한 외톨이'로 알려졌다.
> 부렐은 테러리스트 감시 대상에 올라 있지 않은 것으로 전해졌으며, 수사관들은 그의 범행 동기를 찾아내려고 애쓰면서 공모 가능성도 조사하고 있다. 2004년에 그를 진료했던 한 신경정신과 의사는 「렉스프레스 L'Express」지에 부렐이 이상행동 문제 때문에 진료받으러 왔으며 그가 '정신이상의 초기 단계'를 겪고 있

다는 진단을 내렸다고 밝혔다.

베르나르 카즈뇌브Bernard Cazeneuve 프랑스 내무장관은 그 테러범이 대단히 빠르게 과격해진 것으로 보인다고 말했으며, 그와 헤어진 아내의 한 이웃은 부렐이 (중략) 4월 이후에야 모스크에 나가기 시작했다고 덧붙였다.

부렐의 휴대폰에는 메시지와 영상, 사진이 가득 들어 있었고 그중에는 최근 그가 함께 잔 남자들과 여자들의 사진도 있었던 것으로 알려졌다. (중략) 그는 정기적으로 체육관과 살사 바에 갔고, '처형 장면을 보여주는' 웹사이트에도 방문했다고 BFM TV가 보도했다. 최근에 종교적 믿음을 찾은 남자의 문란한 성생활이 그 휴대폰의 데이터에 드러나 있다고 BFM은 덧붙였다.

이혼했지만 세 아이의 아버지인 그는 바스티유의 날 불꽃놀이 쇼를 즐기던 어린이 수백 명이 포함된 시민들을 공격할 준비를 하려고 그 휴대폰을 이용했다. 또한 테러 직전에 차 안에서 직접 자신의 사진을 찍어 고국 튀니지의 가족들에게 이메일로 보냈다.

소셜 네트워크를 통해 가속화된 글로벌 흐름들이 사회 주변부에 살고 있는 사람들을 흥분시키고, 영웅 심리에 빠뜨려 폭력 행위에 가담하도록 부추기고 고무하는 것 같다. 그들은 어떤 조직에 공식적으로 들어가지 않더라도 세상에 나가 전 세계가 볼 수 있게 테러를 저지르고 싶어 한다.

전략가이면서 조사 업체 지오폴리티컬 퓨처스Geopolitical Futures 회장인 조지 프리드먼George Friedman은 왜 스스로 동기부여된 이 외로운 늑대들과 소규모 그룹들이 테러리즘의 미래가 될 수 있는지, 왜 그들을 억제하기가 그토록 어려운지 설명한다. 프리드먼은 2016년 7월 26일 지오폴리티컬 퓨처스닷컴에 쓴 글에서 9·11 테러 이후 10년 동안 미국의 전략은 본질적으로 테러리스트 집단을 찾아내 파괴하는 것이었다고 밝혔다. 그의 주장을 들어보자. "그 전략은 테러에 조직이 필요하다고 가정한 것이었다. 이 전략에서 진전을 이룬다는 것은 테러 작전을 계획하는 조직을 확인하고 와해시키거나 파괴하는 것을 의미했다. (중략) 작전의 차원에서는 그 전략이 먹혀들었다. 테러리스트들은 적발되고 제거됐다. 조직들이 분해되고 파괴되면서 테러는 줄어들었다. 하지만 그러고 나서 다시 급증했다."

테러가 다시 급증한 건 이제 파괴자들이 창조자의 스타트업과 똑같이 너무나 쉽게 서로 힘을 합치고 스스로 행동할 수 있기 때문이다. 그 결과 ISIS와 같은 집단들은 명령과 통제보다 파괴자들을 고무하는 일에 더 많이 의존할 것이다. 그 집단들은 소셜 네트워크를 통해 개별 구성원들을 활성화하고 그런 다음 뒤로 물러앉아 쇼를 즐긴다.

프리드먼은 급진적인 이슬람주의에 대한 끊임없는 오해가 근본 문제였다며, 그것은 하나의 운동이지 조직이 아니라고 말했다. 조직은 침투하고 파괴할 수 있고 그들의 지도부와 본부를 무력화할 수 있다. 분산된 운동을 그렇게 하려면 훨씬 더 어렵다. 펜타곤이 계속해서 이런저런 'ISIS의 고위급 지도자'를 제거했다고 발표하지만 그 운동이 계속되는 것도 바로 그 때문이다.

프리드먼은 이렇게 설명했다. "15년 동안 미국의 작전은 테러 조직을 파괴하는 데 초점을 맞춰왔다. 특정 테러 집단을 파괴하면 어떤 진전이 이뤄졌다는 착각을 하게 되기 때문이다. 그러나 집단 하나가 파괴되면 이름을 바꾼 다른 집단이 생긴다. 예를 들어 알카에다는 ISIS로 대체됐다. 이슬람주의자들의 테러가 지니는 진정한 힘은 그 운동에 있으며, 테러 조직은 그 운동에서 스스로 정당성을 이끌어내고 또한 운동에 자양분을 제공한다. 그 운동이 유지되는 한 조직들을 파괴하는 데 어떤 성공을 거두더라도 이는 기껏해야 일시적인 것이며, 사실은 착각에 불과하다."

이제 우리가 특수한 작전에 바탕을 둔 전통적인 접근 방식으로 이러한 현상에 맞서 상대를 패배시키려면 성공할 수 없다는 것을 분명히 알아야 한다. 프리드먼은 글에서 이렇게 주장했다. "유일하게 효과를 낼 수 있는 전략은 이슬람교 국가들이 지하디스트들을 상대로 전쟁을 벌이고 다른 이슬람 세력들도 그렇게 하도록 압력을 가하는 것이다. 그 압력은 강해야 하며 보상이 확실해야 한다. 그것이 성공할 가능성은 낮다. 하지만 이 운동을 제거할 유일한 방법은 이슬람교도들이 그 일을 하도록 유도하는 것이다." 이런 유형의 파괴자들을 억제하는 데 있어서 우리의 첫 번째 방어선은 그들의 가족과 정신과 의사, 학교 교사, 이웃 들이다. 그들은 개인의 행동이 달라지는 것을 정보 당국보다 훨씬 더 빨리 알아낼 수 있다. 이런 유형의 파괴자 한 사람을 억제하는 데에는 온 마을이 나서야 한다.

새로운 힘의 균형

냉전 기간의 글로벌 세력 균형에 관심이 있는 이들은 런던의 국제전략연구소가 발간하는 「군사적 균형The Military Balance」 조사 보고서를 봤을 것이다. 연구소는 이 보고서에 대해 171개국의 병력 규모와 국방 예산, 군사 장비에 관한 가장 신뢰할 수 있는 자료라고 자평한다. 그 책자는 각국 육해공군의 상대적인 전력을 의미하는 '하드 파워'와 그 나라의 상대적인 경제력, 사회적인 매력, 기업가 정신의 수준과 같은 문화적인 힘을 뜻하는 '소프트 파워'를 알려준다. 이 모든 숫자를 더하면 서로 다른 국민국가 사이의 힘의 균형을 대략적으로 가늠할 수 있다.

하지만 더 이상은 아니다. 오늘날 힘의 균형을 평가하려면 훨씬 더 넓은 렌즈가 필요하다. 국제전략연구소 소장인 존 치프먼John Chipman은 나에게 이렇게 말했다. "옛날에 사람들이 힘의 균형에 관해 이야기할 때는 재래식 전력과 핵전력, 그리고 그것들을 규제하기 위한 무기 통제의 기본 틀에 관해 이야기했습니다. 군사력을 가늠하는 모든 기준과 계산 방식에 대해 쉽게 합의가 이뤄졌죠. 그것은 순전히 산술적인 문제였습니다." 그러나 오늘날에는 전통적인 군사력이 여전히 중요하기는 해도 이는 하나의 요소일 뿐이다. 이제 힘의 균형을 가늠해보려면, 그리고 지정학적 구도를 관리하는 건 차치하고 그것을 설명이라도 할 수 있으려면 개인의 힘과 기계의 힘 그리고 각종 흐름의 힘을 고려해야 한다. 또한 그러한 모든 힘이 더욱더 상호의존적인 세계에서 어떻게 약한 나라들을 무너뜨리고 파괴자들의 힘을 키워주는지 따져봐야 한다.

미국 국방장관 애슈턴 카터Ashton Carter는 이런 견해를 나타냈다. "그런 세계를 관리하려고 할 때 옛날 교본을 꺼내 들어서는 안 됩니다. 이제 더욱더 강력한 파괴력이 더욱더 작은 손에 넘어갈 수 있습니다. (중략) 누구든 이를 국가 차원의 문제로만 생각해도 되는 세계에 살고 있다고 생각한다면 그건 착각하고 있는 것입니다."

증폭시키고, 억제하고, 무력화하라

이 모든 것을 고려할 때 가속의 시대에서는 다른 모든 것과 마찬가지로 지정학도 새로운 관점에서 다시 생각해야 한다. 물론 신문 의견란이나 선거 유세장에서 정치인들은 미국이 과거에 해오던 것을 지금도 여전히 할 수 있는 것처럼 말하면 높은 점수를 딸 수 있다. 케네디 대통령은 취임사에서 "자유의 생존과 성공을 보장하기 위해 어떤 대가든 치르고, 어떤 짐이든 지고, 어떤 어려움이든 맞서며, 어떤 친구든 돕고, 어떤 적이든 싸우자."고 말했다. 그러나 그런 일은 일어나지 않을 것이다. 탈탈냉전 세계는 안타깝게도 (나 자신은 물론) 미국의 '할 수 있다'는 낙관주의에 찬물을 끼얹었다. 우리는 이라크와 아프가니스탄에서 자유가 뿌리내리는 건 미국이 무엇을 하느냐가 아니라 '그들이' 무엇을 하느냐에 따라 결정된다는 점을 힘들게 배웠다. 그리고 그들이 자유를 얻기 위해 대가를 치르고 짐을 지고 어려움에 맞서며 서로 돕고 집단적으로 자유의 적과 싸울 준비가 안 돼 있다면 미국이 그들 대신 그 일을 할 수는 없다. 우리는 심장을 이식할 수도 있고 지상군을 이식할 수도 있지만, 신뢰의 토양이 없을 때에는 정치 문화, 특히 다원주의 윤리는 이식할 수 없다는 점을 배웠다.

마지막으로, 기존 국가의 '약화 체제'와 '분열 체제' 그리고 초강력 개인들과 소규모의 파괴자 집단들이 불안정을 초래하는 중대한 위협이 될 때 미국의 전통적인 힘은 이러한 위협에 대응하는 데 충분하지 않다. 미국의 힘만으로는 모든 험프티 덤프티Humpty Dumpty(영국 동요 속 달걀 모양의 캐릭터로, 여기서는 한 번 깨지면 원상태로 돌아가지 못하는 특성을 표현한다—옮긴이) 국가를 원래대로 되돌려놓지 못한다. 그리고 미국의 힘만으로는 바늘이 찌르기 전에 건초 더미의 모든 바늘을 찾아낼 수 없다. 마찬가지로 모든 분노한 초강력 개인을 다 찾아낼 수 없는 것이다.

요컨대 우리는 오늘날 지정학에 대해 두 가지 기본적인 사실과 마주해야 한다.

첫 번째 사실: 필요한 건 불가능하다.

두 번째 사실: 불가능한 건 필요하다.

다시 말해 그 어느 나라도 널리 퍼진 혼란의 세계를 자신의 힘만으로 바로잡을 수 없으며, 다른 한편으로는 그것을 무시할 수도 없다. 상호의존적인 세계에서 혼란은 전이된다. 가속의 시대에서는 우리가 혼란의 세계를 찾아가지 않으면 그것이 우리를 찾아올 것이다. 이는 무엇보다 가속의 시대에 취약 국가들이 계속해서 타격을 받고 초강력 파괴자들이 늘어날 뿐만 아니라 특히 아프리카와 중동에서 유럽으로 이주의 물결이 일고 있다는 것을 생각하면 확실해진다.

그럼 무엇을 해야 하나?

역사적으로 앞선 시대에 우리는 보통 어떤 거대한 제국주의의 힘이 나이지리아 북부나 리비아, 예멘, 소말리아 혹은 시리아와 같은 혼란의 지역을 휩쓸고 들어가 외부로부터 질서를 부여하고 '파괴자'들을 쳐부술 것으로 기대할 수 있었다. 냉전 시대에 러시아는 사실상 모든 동유럽을 점령해 그 지역의 자유뿐만 아니라 인종 간 분쟁도 억눌렀다. 5세기 동안 오스만 제국은 그와 같은 방식으로 중동 지역 대부분을 관리했다. 그러나 오늘날 우리는 탈제국주의, 탈식민주의 세계에 살고 있다. '어떤 강대국도 다른 나라를 점령하고 싶어 하지 않는다.' 우리가 앞서 보았듯이 주요 강대국들은 다른 나라를 점령했을 때 얻을 것이라고는 청구서밖에 없다는 사실을 어렵게 배웠다. 어느 한 나라가 다른 나라들을 인수하는 것보다는 노동과 자연 자원을 수입하거나 온라인으로 두뇌의 힘을 이용하는 것이 훨씬 더 쉽다.

또한 역사적으로 제2차 세계대전이나 냉전 기간처럼 더 앞선 시대에는 전 세계의 안정에 대한 위협과 싸우기 위해, 생각이 같은 민주주의 국가들과의 동맹을 더 쉽게 활성화할 수 있었다. 오늘날의 '약화 체제'와 '분열 체제'는 나치즘이나 공산주의 위협Red Menace과 같은 전격적인 힘이 없다. 또한 그들은 탱크와 공군기, 전투부대 같은 전통적인 전쟁 수단에 의존하지 않으며, '유럽 전승 기념일(최종적인 승리의 날)'에 대한 기대와 색종이를 뿌리는 가운데 '조니가 고향으로 행진해올 때'를 부르며 퍼레이드를 하는 만족스러운 기대를 품지 않는다. 국가를 재건하거나 혼란을 줄이거나 파괴자를 억제하는 일은 더욱 산만하고 장기적인 과제로서 도덕적인 만족감이 훨씬 덜한 일이다.

더욱이 우리가 '그쪽'에 개입해 혼란의 문제를 풀 수 있는 자원을 확보하지 못하고 있다면 '이쪽(서방)'에서도 혼란의 문제를 풀 수 없다. 아프리카와 중동에서 갑자기 쏟아져 들어온 대규모 난민은 유럽연합의 흡수 능력을 압도하고 포퓰리스트들과 국수주의자들의 반발을 불러일으켰다. 이는 유럽연합이 서둘러 국가 간의 자유로운 이동을 제한하는 정책을 취하도록 했다. 2016년 6월 유럽연합에서 탈퇴하기로 한 영국의 국민투표는 반이민 정서의 영향을 받은 것이다.

그리고 우리는 아직도 미국과 경쟁하는 초강대국 러시아와 중국이 국제 질서에 내민 도전장을 무시할 수 없다. 이들은 권위주의 국가들이기 때문에 서방의 열린사회들처럼 혼란이나 파괴자들에 취약하지 않다.

자, 여러분, 이 모든 것을 종합해보면, 우리는 수많은 이해관계자가 있지만 문제의 정의나 해법에 관한 합의는 없는 '사악한 문제'의 완벽한 사례를 보게 될 것이다. 그리고 아무 일도 하지 않는 것은 갈수록 지지하기 어려운 대안이 될 것이다.

그래서 되풀이해 묻는다. 우리는 무엇을 해야 하나?

미국과 서구의 관점에서 이러한 세계의 지정학을 다시 생각한다면 내가 해줄 수 있는 가장 솔직한 말부터 시작할 것이다. 나는 혼란의 세계에서 질서를 회복하기 위해 무엇을 해야 하는지 모른다. 이처럼 사악한 문제를 마주했을 때에는 누구나 매우 겸손해야 한다. 그러나 나는 무엇이 '필요한'지는 아주 확실히 알고 있다. 이는 ADD라고 부를 수 있는 정책이다. 증폭시키고$_{amplify}$ 억제하고$_{deter}$ 무력화한다는$_{degrade}$ 뜻이다.

무기냐 교육이냐

어떻게 해서 ADD의 각 요소가 어우러져 오늘날 미국 같은 나라에 국가 안보 전략이 되는지 먼저 '증폭시키기'부터 하나하나 따져보자. 오늘날 중동과 아프리카에서 일어나는 커다란 혼란과 파괴자들의 등장은 가속의 시대를 쫓아가지 못하고 젊은이들이 잠재력을 충분히 실현할 수 있도록 돕지 못한 국가에 원인이 있다. 이는 뻔한 소리 같지만 다시 한 번 강조할 만하다. 이러한 추세는 기후변화와 인구 증가, 환경 훼손 때문에 더 악화됐다. 이러한 요인들은 아프리카와 중동의 시골 땅에 사는 엄청난 인구를 먹여 살릴 농업 기반을 침식하고 있다. 국가와 농업의 실패가 겹치면서 일자리나 권력을 잡아본 적이 없고, 특히 남자들의 경우 여자 손을 잡아본 적도 없는 젊은이들이 생겼다.

온갖 굴욕적인 병리 현상들로 끔찍한 상태가 된 젊은이들은 (돈을 가진) 지하디스트와 이슬람주의자의 이념을 가진 이들의 먹잇감이 된다. 지하디스트들은 젊은이들이 더욱 후진적인 삶을 살면(7세기로 거슬러 올라가 엄격한 이슬람주의자의 삶을 살면) 구원받을 수 있고 천국에 가 99명의 처녀들을 만날 수 있다고 약속한다. 조지 프리드먼이 앞서 지적한 것처럼 이러한 추세를 우리 힘만으로는 되돌릴 수 없으며, 그렇게 할 의지는 그들의 사회 안에서 나와야 할 것이다. 하지만 우리는 과거로의 회귀를 막을 의지를 가진 사람들의 숫자를 늘림으로써 그들이 스스로 문제를 해결할 가능성을 높일 수 있다. 미국과 서방의 국가들이 할 수 있는 건 (그리고 지금까지 충분히 하지 않았던 건) 혼란의 세계 안에 있거나 그 경계선 위에 있는 나라들에서 섬처럼 고립된 안정 지대를 확장하고 역량 강화의 엔진에 투자하는 것이다. 젊은이들이 잠재력을 충분히 실현할 수 있도록 투자할 때 우리는 굴욕감이 확산되는 것에 대항하고 있는 것이다. 그 굴욕감은 사람들이 밖으로 뛰쳐나가 파괴적인 행동을 하는 가장 큰 동기다.

아랍의 각성 운동이 분출되고 1년이 지난 2012년 5월에 미국은 각각 숫자 1과 3으로 시작되는 두 가지 재정 지원을 약속했다. 이집트의 군사정권에 13억 달러어치의 탱크와 전투기를 주었으며, 레바논 공립학교 학생들에게 성적을 바탕으로 주는 1,350만 달러의 대학 장학금 프로그램을 만들어줬다. 이에 따라 레바논 학생 117명이 관용, 성 평등과 사회적 평등, 그리고 비판적 사고를 장려하는 미국식 학교에 들어갔다. 당시에 이 두 나라를 방문한 나는 한 칼럼에서 13억 달러어치의 탱크와 전투기보다 1,350만 달러의 전액 장학금이 레바논에는 더 많은 역량을, 그리고 미국에는 더 많은 우정과 지역의 안정을 가져다줬다고 지적했다. 그러니 이제 어리석은 일은 그만하면 좋지 않을까? 여성의 절반과 남성의 4분의 1이 글을 읽지 못하는 나라(이집트)에 전투기와 탱크를 보내주는 것이 어떻게 좋은 결과를 가져올 수 있겠는가?

베이루트 주재 미국 대사관은 2012년 나에게 레바논 장학생들 중 네 명을 소개했다. 그들은 오늘날 미국식 학사 학위를 주는 레바논 아메리칸 대학교나 하이가지안 대학교에서 공부하고 있었다. 칼럼에서 밝혔듯이 카브 엘리아스 마을 출신으로 컴퓨터과학을 공부하고 있는 당시 열여덟 살의 이스라 야신은 나에게 이렇게 말했다. "이 프로그램 전체가 젊은이들이 이 나라를 바람직한 모습으로 바꿀 수 있는 능력을 갖추도록 도와주고 있지요. 우리는 좋은 사람들이고 능력을 갖고 있고 많은 일을 할 수 있지만 그럴 기회가 없었습니다. 제 남동생은 고등학교를 막 졸업했는데 대학에 들어갈 여유가 없었습니다. 동생의 미래는 멈춰버렸지요. 미국은 우리에게 상황을 바꿀 기회를 주고 있습니다. (중략) 우리는 더 이상 얕보이지 않을 겁니다. 레바논의 마을마다 전 세대에 걸쳐 주민들 수백 명이 일도 하지 않고 대학에도 가지 않고 아무것도 하지 않는 모습을 보면 정말 슬퍼요." 트리폴리에서 온 당시 열여덟 살의 위살 차반 역시 레바논 아메리칸 대학교에 다니면서 마케팅을 공부하고 있었다. 그는 장학금 프로그램이, 많은 차이점을 갖고 있고 심지어 종교도 다른 그들을 받아들이도록 개방성을 장려하는 대학에 젊은이들을 보내기 때문에 미국의 이해에도 맞는 것이라고 말했다.

학생들과 대화하고 며칠이 지나 나는 요르단의 암만으로 가서 퀸 라니아 교육대학에서 연구 중인 교사 몇 명과 인터뷰했다. 이 학교는 컬럼비아 대학교에서 온 팀과 함께 수업 기술을 향상시키기 위한 작업을 하고 있었다. 그들에게 미국 장학금 1,350만 달러와 군사적 지원금 13억 달러의 대비에 관해 이야기했는데, 암만의 공립학교에서 영어를 가르치는 주마나 자브르는 그 문제를 나보다 더 잘 요약했다. 그녀는 둘 중 하나는 '사람을 만드는 것'이고 다른 하나는 '사람을 죽이는 것'이라고 말하며 이렇게 덧붙였다. "미국이 전사들을 훈련하는 데 돈을 쓰고 싶다면, 글쎄요, 교사도 전사라고 할 수 있는데 왜 우리를 훈련하는 데 돈을 안 쓰지요? 당신들이 13억 달러를 써서 훈련시키는 군인들을 바로 우리가 가르치지요."

2014년 6월, 나는 쿠르디스탄의 술라이마니야에 있는 이라크 아메리칸 대학교의 졸업식에서 연설해달라는 초청을 받았다. 당시 칼럼에 썼듯이 나는 졸업식 연설자로서는 풋내기지만 그때는 여러 다른 감정에 한껏 사로잡혀 있었다. 무엇보다 쿠르디스탄 고지대의 경치는 굉장했다. 2014년 졸업생 중 학생 연설자로서 고별사를 하게 된 디나 다라가 단상에 올랐을 때, 막 지고 있던 해가 아즈마르 산을 적갈색 휘장으로 바꿔놓고 있었다. 그 학급의 70퍼센트는 쿠르드인이었고 나머지는 이라크 전 지역에서 왔으며 종교와 종족도 달랐다. 자녀들이 미국식 대학 학위를 받는 모습을 보려고 가장 좋은 옷을 차려입고서 멀리 바스라와 바

그다드에서 차로 달려온 학부모들은 자부심으로 가슴이 터질 것 같은 표정을 하고서 한 손에는 휴대폰 카메라를, 다른 손에는 꽃다발을 들고 있었다. 쿠르드 TV 방송국 세 곳에서 졸업식을 생중계했다.

"이 여정은 정말 굉장했습니다." 이미 터프츠 대학교 대학원의 입학 허가를 받은 다라가 학우들에게 말했다. (이 대학이 2007년에 문을 연 후 고별사를 한 학생은 모두 이라크 여성이었다.) "우리는 기숙사에서 생활하며 완전히 다른 경험을 했습니다. 오늘 저녁 (중략) 우리는 두 가지로 무장했습니다. 첫째, 높은 평가를 받고 있는 미국식 교육은 우리가 세계의 다른 학생들만큼 경쟁력과 자격을 갖출 수 있게 해주었습니다. 둘째, 우리는 교양 교육 덕분에 역량을 키울 수 있었습니다. 이곳 교육의 핵심인 비판적 사고를 실행할 때, 그리고 전통적인 관습과 다른 이들이 정한 한계를 넘어 나아가려 할 때 우리는 허우적거릴 수도 있습니다. 하지만 나라를 건설하는 일이 본래 그런 것 아닌가요?"

당시 스물다섯 살의 쿠르드인인 카르완 가즈나이는 사담 후세인에 관한 책들을 읽으며 자랐다고 말했다. "이제 우리는 이런 미국식 교육을 받지요. 저는 토머스 제퍼슨Thomas Jefferson이 누군지 몰랐습니다. 제임스 매디슨James Madison이 누군지도 몰랐지요. 이제 정부가 뭔가 잘못된 일을 할 때 우리는 이렇게 말할 수 있습니다. '그건 잘못된 일입니다. 나는 그렇게 교육을 받았습니다.' (중략) 나는 학생회장 선거에 나갔고 아랍 학생들이 나에게 표를 던졌습니다. 우리는 대학에서 한 가족처럼 살고 있지요. 나는 이라크에 대해 비관적이지 않습니다. 우리는 원하면 함께 일할 수 있습니다."

혼란의 세계가 안정되고 질서 잡힌 지대가 확장되도록 돕기 위해 미국 정부가 할 수 있는 최선의 장기 투자는 중동과 아프리카, 남미 전역에서 미국식 교양 교육과 기술 교육을 촉진하는 각종 학교와 대학교가 재원을 마련하고 교육을 강화하도록 돕는 것이다. 불행히도 사람을 죽이는 도구들을 만들기 위한 자금 조달을 촉진하는 거대 방위산업의 로비스트는 많지만, 사람을 만드는 학교의 자금 조달을 옹호하는 이들은 너무나 적다. 이런 상황은 달라져야 한다. 교육 하나로 모든 걸 치료할 수는 없지만 드론 하나로는 아무것도 치료할 수 없다. 교육은 질서의 섬들은 넓혀나가지만 드론은 드론 하나로 끝나버린다.

닭, 텃밭 그리고 웹

교육 기회를 확대할 때에는 가난한 이들 중에서도 가장 가난한 이들에게 그 기회를 넓혀줘야 한다. 특히 아프리카 사람들이 그들 고향 마을의 땅에 머무를 수 있게 해야 한다. 혼란이 더 이상 확산되지 않게 하려면 선진국들은 한 번도 시도해본 적 없는 규모로 그 일을 해야 한다. 이 주제와 관련해 내가 아는 가장 현명한 두 사람은 빌 게이츠와 유엔 사막화방지협약의 모니크 바르부트다. 이 문제에 관해 그들 둘이 무슨 말을 하는지 들어볼 만하다. 그리고 그들이 말하는 건 기본적으로 같다. 특히 아프리카와 같은 혼란스러운 사회에서 생활의 기본적인 토대를 안정시켜야 한다는 것이다. 이는 닭장처럼 단순한 것으로 문제를 풀기 시작해야 한다는 뜻일 수도 있다.

　게이츠는 나에게 이런 식으로 설명했다. "좋은 일이 일어나게 하려면 많은 것이 잘 돌아가야 합니다. 제대로 안정을 이루려면 많은 것이 필요하지요." 그중 하루아침에 이뤄지는 일은 아무것도 없다. 그러나 우리는 혼란의 세계에 여전히 남아 있는 질서의 힘을 이용해 이전과는 다른 궤도를 구축하기 시작해야 한다. 그 일은 모든 기본적인 것, 즉 기본적인 교육, 도로·항만·전력·통신·모바일 뱅킹 같은 기본적인 기반 시설, 기본적인 농업, 기본적인 지배 구조부터 시작해야 한다. 게이츠는 이러한 노력의 목표는 취약한 국가들이 어느 정도 안정성을 갖도록 하는 것이라고 말했다. 그래서 충분히 많은 여성이 교육을 받고 역량을 갖춰서 인구 증가율이 안정되고, 농부들이 그들 가족을 부양할 수 있으며, 젊은이들이 이민을 가지 않고 고국에 머무르면서 오늘날의 글로벌 흐름에 접속하고 기여하며 그 흐름에서 혜택을 받을 기회가 있다고 느끼게 해 '두뇌 유출의 역전이 이뤄지도록' 하는 것이다.

믿거나 말거나, 그 일을 시작할 좋은 방법은 닭을 기르는 것이라고 게이츠는 주장했다. 그가 제4세계무역센터 68층에 커다란 닭장 모형을 세워놓고 나와 다른 관심 있는 방문객들에게 설명한 해법이다. "만약 당신이 하루 2달러로 살아간다면 삶을 개선하기 위해 무엇을 하겠습니까?" 게이츠는 자신의 블로그에서 이렇게 물었다. "이는 오늘날 극단적인 가난 속에 살고 있는 10억 명에 가까운 사람들에게는 실제적인 질문입니다. 물론 단 하나의 정답이 있는 건 아닙니다. 그리고 가난은 지역마다 다른 모습으로 나타납니다. 그러나 재단과 함께 일하며 가난한 나라에서 닭을 키우는 많은 사람을 만났습니다. 그리고 닭을 소유하는 것에 대해 상세하면서도 많은 내용을 배웠습니다. (중략) 극심한 가난 속에 살고 있는 사람들이 닭을 기르면 형편이 나아지리라는 점은 분명해 보입니다. 사실 내가 그들의 처지였다면 바로 그것이 내가 할 일입니다. 나는 닭을 기르겠습니다."

그는 그 이유를 이렇게 설명했다.

닭들은 돌보기 쉽고 비용도 많이 들지 않아요. 많은 종이 땅 위에서 발견하는 건 무엇이든 먹을 수 있지요(먹이를 줄 수 있으면 빨리 자라기 때문에 더 좋습니다). 암탉에게는 알을 품을 수 있게끔 몸을 숨길 곳이 필요한데, 닭들이 자라면 나무와 철망으로 닭장을 만들어줄 수도 있겠지요. 마지막으로 얼마간의 백신이 필요합니다. 치명적인 뉴캐슬병을 예방하는 데 드는 비용이 한 마리에 20센트가 채 안 됩니다.

이는 훌륭한 투자입니다. 새내기 농부가 암탉 다섯 마리를 키우기 시작했다고 해봅시다. 그의 이웃 중 한 집에 암탉이 알을 배도록 할 수탉이 있습니다. 석 달 후 암탉은 병아리 40마리를 깔 수 있지요. 나중에 닭 한 마리에 (서아프리카에서 일반적으로 매기는 값인) 5달러를 받고 팔면 농부는 한 해에 1,000달러 넘게 벌 수 있습니다. 극단적인 빈곤선인 한 해 700달러와 비교되는 금액이지요.

닭은 아이들을 (계속 먹일 수 있게 해줘서) 건강하게 키우는 데 도움을 줍니다. 한 해 영양실조로 죽는 아이들만 310만 명이 넘지요.

그리고 다른 무엇보다 중요한 것이 있다고 그는 덧붙였다.

그들은 여성의 힘을 키워줍니다. 닭은 몸집이 작고 보통 집 근처에 머무르기 때문에 여러 문화권에서 염소나 소처럼 큰 가축들과 달리 여성이 키우기에 알맞는 동물이라고 여깁니다. 닭을 판 여성들은 돈을 가족들에게 재투자할 가능성이 큽니다. (중략) 우리 재단과 함께 일해온 부르키나파소 출신의 인류학자 바타마카 소메Batamaka Somé 박사는 경력 대부분을 그의 고국에서 닭 사육의 경제적 효과를 연구하면서 (그리고 그 가치를 증명하면서) 보냈습니다. (중략) 우리 재단은 닭에 투자하고 있습니다. (중략) 우리의 최종 목표는 사하라 사막 남쪽 아프리카의 시골 가구 중 30퍼센트가 백신 접종을 받은 개량된 종의 닭을 기르도록 하는 것입니다. 지금은 5퍼센트만 그렇게 하고 있지요.

내가 자랄 때 닭은 연구할 값어치가 없었습니다. 바보 같은 농담거리가 되는 일이었지요. 하지만 그것이 가난에 맞서 싸우는 데 얼마나 큰 효과를 낼 수 있는지 알게 되면서 나는 눈이 번쩍 뜨였습니다. 우습게 들리겠지만 내가 닭을 보고 흥분했다는 건 사실입니다.

바르부트도 게이츠와 견해가 같다. 사람들이 어쩔 수 없이 '도망치거나 싸우지' 않도록 사회적 피라미드의 밑바닥을 안정시키려면 기본을 바로 세워야 한다고 생각하는 것이다.

바르부트는 '문제의 근원에서' 해법을 찾아야 한다고 말했다. "우리는 모두가 기술에서 해법을 찾을 수 있으리라는 믿음을 가진 세계에 살고 있습니다. '미안하지만 아직 전 세계가 그런 수준에 이르지 못했을 수도 있다'라고 말하는 사람을 만나기는 아주 어렵지요. 하지만 우리는 먼저 영세농의 문제를 다루어야 합니다. 오늘날 세계에는 3헥타르도 안 되는 농장이 5억 개 있고 이들이 25억 명을 직접 부양해야 합니다. 이는 전 세계 인구 중 3분의 1이 이들 소규모 농가에 의존해 살아야 한다는 뜻이지요." 지금 서아프리카와 사헬 지역 전역에 걸쳐 나타나기 시작한 것과 같은 기후변화와 사막화로 이들 농장들이 사라져버리면 중대한 위기가 찾아올 것이다. "니제르 인구의 80퍼센트가 그 땅에 의지해서 살아갑니다. 그 조그만 땅을 잃어버리면 모든 걸 잃게 되지요."

바르부트가 지적한 것처럼 과거에는 가뭄이 들면 끝날 때까지 한 철만 이주하면 되었다. 그러고는 돌아와서 다시 농사를 짓는 것이다.

"우리는 갈수록 가혹해지는 가뭄을 목격하고 있습니다. 이것이 기후변화와 밀접하게 관련되어 있다고 생각합니다. 이제 3년이나 4년마다 가뭄이 듭니다. (중략) 따라서 사람들이 땅을 잃었기 때문에 한 철 이주 대신 영구 이주를 해야 합니다. (중략) 이 땅은 원상태로 회복시키기 위한 대대적인 조치를 취하지 않는 한 생산력 전부를 영원히 잃게 되는 것이지요. 우리는 이러한 현상이 현저히 늘어나고 있는 걸 보고 있습니다

다." 이러한 추세가 계속되면 남부 아프리카와 혼 곶이 있는 남미 대륙 끝에 사는 수백만 명이 생계 수단을 잃게 될 것이다. 그건 바로 그들 농가가 먹여 살렸던 인구를 더 이상 먹여 살리지 못하며, 그래서 식료품 가격에 영향을 미치리라는 걸 뜻한다. 또한 아프리카인들 수백만 명이 이 대륙의 남쪽으로 피난을 가 그 지역의 불안정을 초래하거나 지중해를 건너 유럽으로 가려고 시도하리란 걸 의미한다.

바르부트는 비용을 감당할 수 있는 현대 아프리카 마셜 플랜을 위한 그녀만의 구상을 갖고 있다. "퇴락한 땅 1헥타르를 복구하는 데 100~300달러가 듭니다." 그녀는 이탈리아의 난민 캠프에 난민 한 사람을 수용하는 데 이 나라 정부가 쓰는 비용이 하루에 42달러라며 이같이 말했다. "그러므로 부디 우리가 엄청나게 큰 금액을 이야기하고 있는 것이 아니라는 점을 알아주기 바랍니다." 그녀의 제안은 이렇다. 말리부터 지부티에 이르기까지 13개국에서 5,000명의 '녹색 봉사단'을 운영할 자금을 마련하는 것이다. 그리고 각국에서 마을마다 한 명씩 배정될 이들에게 기본적인 훈련을 시키고 묘목을 주어서 물과 토양을 보존할 나무를 심게 한 다음 그 식수를 돌보도록 한 달에 200달러씩 지원하는 것이다. 이는 실제로 아프리카 지도자들에게서 처음 나온 구상이다. '녹색 만리장성'이라고 부르는 이 구상은 사하라 사막 남쪽 가장자리에 띠 모양으로 뻗은 토양을 복구해 사막화를 저지하면서 사람들이 실제로 살고 싶은 공동체에 닻을 내리고 살도록 도우려는 계획이다. 이는 유럽을 둘러싼 장벽을 세우는 것보다 훨씬 더 큰 의미가 있다. 비싼 비용을 들여서 쌓아도 빈틈이 있는 이 장벽은 아프리카 이주자들 수백만 명이 밀려들면 결코 유지될 수 없을 것이다.

바르부트가 말했다. "오늘날 사람들은 곳곳에 장벽을 세우고 있지요. 나도 어떤 장벽을 꿈꾸고 있습니다. 우리가 '녹색 만리장성'이라는 이름을 붙인 장벽이지요. 우리는 (사하라에서) 사막이 내려오는 것을 막아야 합니다. 사막이 더 확대되는 것을 막고 토양의 비옥도와 수분 저장 능력을 회복할 수 있도록 충분한 식물을 다시 심어야 할 것입니다. 그렇게 하면 수억 명이 돌아와 일할 수 있을 것입니다. 또한 사람들을 먹여 살리고, 이산화탄소 배출을 억제할 수 있을 것이며, 기후변화 문제 해결에도 도움이 되지요."

이처럼 특별한 기술 없이도 사람들의 품위와 역량을 제고할 수 있다. 하지만 그에 더해 우리가 투자해볼 만한 한 가지 첨단 기술이 있다. 아프리카의 모든 마을을 초고속 광대역 무선통신으로 연결하는 것만큼 이 지역의 경제성장에 큰 도움이 될 만한 것은 없다. 이 주제에 관한 모든 연구가 가난한 이들을 (교육과 상거래, 정보, 좋은 지배 구조의) 흐름의 세계에 연결해주면 경제성장이 촉진되고 사람들이 고향에 머무르면서 소득을 올릴 수 있게 된다는 점을 보여준다.

요컨대 기본적으로 닭장과 텃밭과 웹이 필요하다. 그것들로 몇 가지 조합을 만들거나 다른 것들을 추가할 수도 있을 것이다.

억제와 무력화

냉전이 끝난 지는 오래되었지만 초강대국들의 경쟁은 사라지지 않은 세계에서, 억제는 여전히 핵심적인 전략으로 남아 있다. 러시아는 여전히 NATO 국가의 동맹을 깨고 싶어 한다. 마찬가지로 NATO는 여전히 러시아의 어떤 공격이든 봉쇄하는 걸 가장 중요한 사명으로 여긴다. 중국은 미국이 남중국해에서 물러나고 아시아에서 전반적으로 영향력을 줄이는 걸 보고 싶어 한다. 반면 미국은 글로벌 해상 항로를 개방적으로 유지하는 역할을 하려면 태평양에서는 말할 것도 없고 남중국해에서도 중국이 맘대로 규칙을 정하지 못하도록 확실히 막아야 한다고 굳게 믿고 있다. 러시아와 중국 모두 여전히 미국을 겨냥한 핵무기를 보유하고 있으며, 북한이라는 불량 국가도 분명히 그와 같은 핵무기를 갖길 열망하고 있다. 이 모든 나라의 전력은 미국의 강력한 핵 억지력으로 견제해야 한다. 그러지 못하면 러시아와 중국의 이웃 나라들은 스스로를 지키기 위한 핵무기를 가지려 할 것이다.

그게 다가 아니다. 특히 오늘날 러시아를 억제하는 일은 단순히 미사일 전력을 구축하는 것 이상의 복잡한 난제다. 「워싱턴포스트」의 칼럼니스트이자 동유럽 문제 전문가인 앤 애플바움Anne Applebaum은 2016년 7월 28일 블라디미르 푸틴 러시아 대통령이 통상적인 외교와 군사력, 경제적 부패, 첨단 기술을 동원한 정보 전쟁을 뒤섞은 전략을 쓰며 혼성적인 대외 정책을 개발했다고 지적했다. 실제로 미국은 어느 날이나 다를 바 없이 러시아 정보 당국의 해커들이 미국 민주당의 컴퓨터 시스템을 공격하는 사이버 테러에서부터 우크라이나 동부에서 민간인 복장을 한 러시아 군인들이 하는 일을 속이기 위한 역정보, 우크라이나에서 전사한 병사들의 미망인들이 남편의 죽음을 애도하고 있을 때 그들의 페이스북 페이지를 망가뜨리려는 러시아 당국의 시도, 크렘린과 연결된 러시아 부호들로부터 서방의 정계와 미디어로 흘러드는 핫머니의 흐름에 이르기까지 모든 문제를 다루고 있다. 요컨대 러시아는 온갖 흐름이 가속화하는 시대의 이점을 충분히 활용해 훨씬 더 폭넓게 미국과 맞서고 있는 것이다. 러시아는 질서의 세계에 살고 있지만 푸틴의 통치 아래 있는 러시아 정부는 서슴지 않고 혼란을 조장한다. 실제로 석유 생산국들은 어느 정도의 혼란은 반기는데 그 혼란이 세계를 계속 안절부절못하게 하고, 그래서 유가를 높은 수준으로 유지해주기 때문이다.

중국은 현상 유지를 훨씬 더 많이 추구하는 강대국이다. 중국은 미국과 교역하고 세계시장에 수출해야 하므로 튼튼한 미국 경제와 안정된 글로벌 경제 환경이 필요하다. 바로 그 때문에 중국은 이웃에 있는 나라들을 압도하는 데 더 초점을 맞추고 있다.

그러나 미국은 한 손으로는 다른 두 초강대국을 억제해야 하고, 동시에 다른 한 손으로는 혼란의 세계가 확산되고 초강력 파괴자들이 발호하지 않도록 억제하는 데 두 나라의 도움을 얻어야 한다. 바로 이 지점에서 문제가 복잡해지기 시작한다. 러시아는 세계의 한 지역에서는 정면으로 부딪치는 적이고, 다른 곳에서는 동반자며, 또 다른 곳에서는 이간질하는 자다.

오바마 행정부는 시리아에서 극히 어려운 문제와 끊임없이 씨름했다. 미국과 동맹국들은 먼저 잔학한 시리아 대통령 바샤르 알아사드를 제거하기 위해 노력해야 하는가? 아니면 이란과 러시아의 암묵적인 지지를 받아 ISIS를 먼저 제거하면서 알아사드가 권좌에 머무르도록 허용해야 하는가? 알아사드를 먼저 제거하면 미국과 동맹국들은 이란과 러시아의 지지를 잃을 것이며 단기적으로 시리아에 더 많은 혼란을 가져올 가능성이 크다. ISIS를 먼저 제거하면 전면적인 혼란은 억제할 수 있지만 더 세속적이고 민주적인 시리아 야당도 억눌리게 될 것이다. 이 책을 쓰고 있는 시점까지도 미국은 이 딜레마를 풀지 못했다.

세계의 다른 지역에서 미국은 중국의 도움을 얻어야 한다. 예를 들어 북한의 핵미사일 개발을 저지하고 북한이 혼란의 세계에 핵무기를 확산시키는 것을 막기 위해 중국의 도움이 필요하다. 우리는 중국이 미국을 돕는 데 동의할 것이라고 가정할 수 있다. 하지만 이는 남중국해에서 미국이 베이징에 가하는 압박을 좀 더 느슨히 하는 경우에만 가능할 것이다.

파괴자들에 관해 말하자면 개인이든, ISIS나 알카에다 같은 집단이든 우리는 그들을 완전히 단념시킬 수 없다. 하지만 그들이 작전을 펴는 다양한 무대를 공군력과 특수부대, 드론, 현지 군대를 활용해 봉쇄하고 무력화할 수 있다. 그러나 결국에는 그들이 속한 공동체가 파괴자들이 하는 주장에 대해 정당성을 박탈하고 최종적으로 그 지도자들을 제거하거나 감옥에 가둬야만 영구적으로 붕괴시킬 수 있다. 외부인들은 그들을 무력화하는 걸 도울 수는 있지만 궁극적으로는 그 지역 공동체만이 그들을 무너뜨릴 수 있다.

물론 그렇게 하는 건 상당히 혼란스러운 전략적 환경을 향해 나아가는 것이다. 그 때문에 미국 국무장관의 일이 더 힘들어지는 것이다. 웨일런 제닝스가 이를 노랫말에 넣었다면 '엄마들이여, 딸들이 자라서 국무장관이 되게 하지 마시오.'라고 했을지도 모른다(미국 컨트리음악 가수 제닝스는 '엄마들이여, 아이들이 자라서 카우보이가 되게 하지 마시오.'라는 노래를 불렀다—옮긴이). 우리는 꼭 그래야만 하는 곳에서는 드론과 장벽을 번갈아 이용하고, 그렇게 할 수 있는 곳에서는 닭과 텃밭과 학교에 투자하고, 어디에서든 인간답게 살 수 있는 곳을 발견하면 그것을 확장하며, 언제든 경쟁자인 초강대국들의 도움을 받을 수 없을 때는 그들을 억제할 필요가 있다. 또한 우리가 확장하고 억제하고 무력화시키는 대외 정책을 쓸 때는 대개 최악을 피해 가장 덜 나쁜 쪽에 서야 한다는 현실 속에 살아가는 법을 배울 필요가 있다. 그리고 마지막으로, 인간답게 살 수 있는 지역을 확장하는 것은 선거 민주주의에 필요한 선행조건이며 많은 나라에서 선거 민주주의보다 더 중요한 것임을 인정해야 한다.

캡틴 필립스

이런 구상들 가운데 그 어느 것도 대단한 지정학적 독트린에 들어 있지 않다. 그러나 가속의 시대는 크고 화려한 구상들의 무덤이 될 것이다. 필요한 것은 불가능하고 불가능한 것은 필요할 때, 그리고 어떤 강대국도 혼란의 세계를 갖고 싶어 하지 않지만 갈수록 그것을 무시할 수 없을 때, 가속의 시대에 필요한 안정성을 창출하려면 드론과 장벽, 항공모함과 자발적인 평화 봉사단에 더해 닭과 텃밭, 웹을 섞는 혼성 결합이 필요할 것이다.

이 장을 미래를 예시하는 텔레비전 시트콤으로 시작했으니 현재를 부각시키는 (그리고 다행히 미래를 예시하지 않는) 영화로 마무리하자. 이는 〈캡틴 필립스〉라는 영화로 2009년에 무장하지 않은 미국 컨테이너선 머스크 앨라배마호가 쾌속정을 탄 소말리아 해적 떼에 납치된 실화에 바탕을 둔 것이다. 영화는 톰 행크스가 연기한 앨라배마호의 선장 리처드 필립스와 소말리아 해적 두목 무세가 벌이는 싸움을 중심으로 전개된다. 필립스와 그의 배를 인질로 잡은 무세 역은 미네소타 주에서 난민으로 살고 있던 소말리아 배우 바크하드 압디가 연기했다. 소말리아 해적들은 동아프리카 인근 인도양을 통과하던 배를 탈취한다. 보스턴에서 자란 필립스를 심문하던 중 그의 배경을 알게 된 무세는 그를 '아이리시Irish'라는 별명으로 불렀다.

위급한 순간에 필립스는 그 소말리아 납치범을 설득하려 하지만 오늘날 혼란의 세계를 사로잡고 있는 절망의 깊이에 대한 무지만 드러낼 뿐이다. 어느 순간 그는 해적에게 말한다. "고기잡이를 하거나 사람들을 납치하는 것 말고 뭔가 할 일이 있을 텐데."

그 말에 무세가 이렇게 대답한다. "아마도 미국에는, 아이리시. 아마도 미국에는."

무세가 묵상하듯 한 말이 가슴 깊이 사무친다. 우리는 그 말을 다시 생각하고 그 뜻을 헤아려야 한다. 혼란의 세계 안에 살고 있는 어떤 이들에게는 스스로 삶을 유지하기 위해 할 수 있는 일이 (더 이상 충분치 않을) 고기잡이나 납치밖에 없다는 생각을 우리는 다시 숙고해봐야 한다. 그런 세계는 악몽 같은 곳이 될 것이다. 확장하고 억제하고 무력화하는 정책은 그 대안을 촉진하려는 것이다.

그와 동시에 미국인들은 미국이 얼마나 많은 사람에게 마지막 희망이자 최선의 희망이며 대체할 수 없는 질서의 원천인지 인식해야 한다. 최근에 본 작은 사례 하나만 들어보자. 2014년에 서아프리카에서 에볼라 바이러스가 나타났을 때 이를 일소하기 위해 인력 3,000명을 파견하고 30억 달러를 지원한 건 미군이었다. 위험지역에 뛰어든 러시아나 중국의 원조 사절단은 없었다. 물론 그곳에 유엔과 세계은행, 그리고 페이스북과 구글을 통해 세계를 엮어주는 글로벌 흐름들이 있었다는 건 반갑다. 그러나 결국에는 그들 모두 미국의 건실한 경제, 힘을 쓸 수 있고 독재 체제를 억제할 수 있는 강력한 군대, 나라 안팎에서 다원주의와 민주주의를 위협하는 세력에 맞서 그러한 가치들을 지키려는 흔들리지 않는 의지에 기댈 것이다. 미국과 더불어 민주주의와 자유 시장의 거대한 중심인 유럽연합이 최근에 약해지면서 전 세계적으로 그러한 가치들을 유지하는 미국의 중추적인 역할은 더욱더 중요해졌다.

요즘 많은 미국인이 자국의 성취와 지구촌을 안정시키는 이 나라의 중요한 역할을 잊어버렸다. 짐바브웨에서 온 이민자이며 내 친구인 레슬리 골드와서는 내게 이렇게 말한 적이 있다. "당신네 미국인들은 이 나라를 축구공인 양 함부로 차고 있어요. 하지만 그건 축구공이 아닙니다. 파베르제의 달걀(19세기 러시아의 보석 명장 카를 구스타보비치 파베르제가 만든 장식품—옮긴이)이지요. 당신들은 그걸 깨버릴지도 몰라요." 그녀의 말이 옳다. 우리는 그것을 깨버릴 수 있다. 그리고 (안정된 사회를 떠받치는 기둥으로서) 자유와 자유 시장, 다원주의, 법의 지배가 파괴자들과 무질서의 도전을 받는 시대에 그렇게 행동하면 우리 스스로 위험에 빠지게 된다.

10 대자연이라는 정치적 멘토

살아남는 것은 가장 강한 종이 아니라 가장 잘 적응하는 종이라는 이야기는 찰스 다윈의 말로 자주 인용된다. 그러나 쿼트 인베스티게이터 닷컴Quote Investigator.com에 따르면 그는 고전적인 저서 『종의 기원』에 그 말을 쓰지 않았으며, 그가 다른 어떤 곳에서도 그 말을 했다는 증거가 없다. 쿼트 인베스티게이터의 조사는 그 인용구가 루이지애나 주립대학교 경영학 교수인 리언 C. 메긴슨Leon C. Megginson이 1963년 남서부 사회과학학회 총회에서 연설을 한 다음부터 시간을 두고 부상했음을 시사한다.

메긴슨은 이렇게 말했다고 한다.

그렇습니다. 변화는 자연의 기본 법칙입니다. 그러나 시간이 지나면서 일어난 변화는 개인과 기관에 따라 서로 다른 방식으로 영향을 미칩니다. 다윈의 『종의 기원』에 따르면 살아남는 것은 가장 지능적인 종도, 가장 강한 종도 아닙니다. 살아남는 종은 자신이 처한 환경의 변화에 가장 잘 적응하고 맞춰갈 수 있는 종입니다. 이러한 이론적인 개념을 우리 개인에게 적용하면 살아남을 수 있는 문명은 자신이 처한 물리적·사회적·정치적·윤리적·정신적 환경의 변화에 적응하는 능력이 있는 문명이라고 말할 수 있습니다.

고마워요, 메긴슨 교수님!
　다윈이 말했든 안 했든 간에 정말 멋진 말이다. 바꾸어 말하면 살아남는 건 가장 강한 인용구가 아니라 상황에 가장 잘 맞는 인용구다. 그리고 이 인용구는 우리 시대에 참으로 적합한 것이다. 21세기의 첫 16년 동안 우리는 중요한 기술적 변곡점을 지나왔다. 연결성은 이제 더 빠르고, 값싸고, 누구에게나 쉽고, 어디에나 있으며, 복잡성을 다루는 일은 더 빠르고, 값싸고, 누구에게나 쉽고, 보이지 않는 것이 되었다. 우리가 앞서 살펴봤듯이 이는 기후변화와 어우러져 우리의 일터와 지정학을 바꿔놓은 에너지의 흐름을 만들어냈다. 그리고 우리가 그 두 가지 문제에 접근하는 방식을 다시 생각하도록 촉진하고 있다. 그러나 그 발상의 전환은 따로따로 다뤄서는 성공할 수 없다. 미국의 국내 정치 또한 다시 생각해야 한다. 생산 현장과 지정학적 구도에서 미국에 필요한 구체적인 정책 처방을 실행하기 위해서, 더 일반적으로 이야기하자면 대시장과 대자연, 그리고 무어의 법칙이 모두 가속화할 때 우리가 번영하는 데 필요한 복원력을 가진 사회를 만들어내기 위해서 국내 정치를 다시 생각해야 하는 것이다. 그러자면 일반적으로 정치에 대한 아주 다른 접근 방식이 필요할 것이며, 그러한 정치적 재편은 이미 진행되고 있는 것으로 보인다.
　앞 장에서 나는 가속의 시대에 일부 약한 나라들은 폭발하고 말 것이라고 주장했다. 강한 나라들에서는 그들의 정치가 내부적으로 파열하는 일이 벌어진다. 다시 말해 국경은 유지되지만 정당들이 파열되기 시작하는 것이다. 그들이 지금 같은 형태로는 상호 관련성을 갖고 동시에 나타나는 기술 발전, 세계화, 그리고 환경 변화에 충분하고 일관되게 대응할 수 없기 때문이다. 미국과 유럽의 주요 정당들은 산업혁명과 뉴딜, 냉전, 시민권 운동, 그리고 초기 정보 기술 혁명에 대응해 개발된 것과 같은 구시대의 의제들에 갇혀 있었다. 지금과 같은 연정과 내부적인 타협으로는 가속의 시대에 대처할 수 없을 것이다. 균열은 다른 무엇보다도 기후변화의 현실조차 부인하는 공화당 내부에서 이미 시작됐다. 그러나 수많은 젊은 민주당 지지자들을 끌어들인 버니 샌더스의 성공은 민주당도 균열을 피할 수 없으리라는 걸 시사한다. 유럽에서도 같은 변화가 일어나고 있다. 영국이 국민투표를 통해 유럽연합에서 탈퇴하기로 한 일은 보수당과 노동당 양측 모두의 깊은 균열을 드러냈으며, 혼란의 세계에서 쏟아져 들어오는 이민자의 문제는 갈수록 심각해져 유럽 대륙의 모든 나라에서 오랫동안 기반을 다져온 정당들을 압박하고 있다.

내가 앞서 지적했듯이 2007년 이후 미국과 다른 많은 산업민주주의 국가의 시민들은 지난날에 비해 훨씬 더 빠르게 미래로 돌진하고 있음을 느꼈다. 그들의 일터는 발아래에서 빠르게 바뀌고, 사회적 관습은 귓가에서 빠르게 변하며, 세계화는 수많은 노동력과 아이디어를 그들 면전에 쏟아내고 있었다. 그러나 워싱턴이나 브뤼셀 같은 곳의 지배 구조는 관료주의의 수렁 혹은 교착상태에 빠졌다. 사람들에게 그들 주변의 세계에서 무슨 일이 일어나고 있는지 올바르게 진단해주는 이가 아무도 없었고, 가장 기반이 잘 다져진 정당들은 가속의 시대에 전혀 적합하지 않은 교리문답서를 제공하고 있었다. 이 진공상태, 이 빈방에 포퓰리스트들이 쉬운 해답을 갖고 발을 들여놓는다. 민주당 대통령 후보를 바라보던 버니 샌더스는 '지배 권력'을 끌어내림으로써 모든 문제를 해결하겠다고 약속했고, 도널드 트럼프는 그 자신이 '지배 권력'이기 때문에 직접 변화의 태풍을 저지함으로써 모든 문제를 없애겠다고 약속했다. 미국이나 유럽의 중도좌파나 중도우파 모두 근본적인 발상의 전환에 필요한 자신감을 갖지 못했고 가속의 시대에 필요한 정치적 혁신을 이루지도 못했다.

2016년 5월 16일 「뉴욕타임스」는 오스트리아의 분열을 초래하는 선거에 관한 기사를 실으면서 선진국의 많은 유권자들에게 시사점을 던져주는 두 사람의 말을 부각시켰다. 그중 하나는 진보적인 주간지 「프로필」의 칼럼니스트 게오르크 호프만오슈텐호프Georg Hoffmann-Ostenhof가 한 말이다. "우리는 사람들이 더 이상 세상을 이해하지 못하는 상황에 처했다. 세계가 너무나 빨리 변화하기 때문이다. 그리고 이주자들이 밀려왔고, 사람들은 정치인들이 국경의 통제력을 잃었다는 말을 들었다. 그에 따라 통제가 사라졌다는 전반적인 느낌이 강해졌다." 다른 하나는 경륜 높은 외교관이자 오스트리아의 전 중도좌파 총리 브루노 크라이스키Bruno Kreisky의 수석 보좌관이었던 볼프강 페트리치Wolfgang Petritsch가 한 말이다. "사회민주주의는 언제나 사상으로 움직였다. 그러나 이제 그 사상이 사라져버렸다."

이러한 진공상태가 나타난 시기는 최악이었다. 사실상 우리가 세 가지 '기후' 변화를 한꺼번에 경험하고 있는 시기에 나타났기 때문이다. 기술적인 면에서의 기후변화와 세계화 흐름의 기후변화, 그리고 실제 환경문제로서의 기후변화가 동시에 가속화되고 있는 것이다. 주요 산업민주주의 국가들이 잠시 멈춰 서서 정치를 새로운 관점에서 다시 생각하고 상상해야 할 때가 있다면, 그건 바로 지금이다.

이 장은 그와 같은 다시 생각하기에 대한 내 견해를 밝힌 것이다. 이 일을 시작하려고 준비하면서 나는 아무것도 쓰지 않은 종이 한 장을 가지고 스스로 질문을 던졌다. 오늘날 '보수적'이라거나 '진보적'이라는 것이 무슨 의미인지 물은 게 아니라(솔직히 말해 누가 신경 쓰겠는가?) 어떻게 하면 미국의 모든 시민과 공동체의 복원력과 자체 추진력을, 다시 말해 이 가속의 시대에 충격을 흡수하면서 계속해서 앞으로 나아갈 수 있는 능력을 극대화할 수 있는지 물었다. 이는 정치에 대한 다른 접근 방식이며—나는 이러한 접근 방식이 필요하다고 믿는다— 오늘날 미국에 제시된 그 어떤 것과도 다른 정치적 의제를 이끌어낸다.

대자연의 킬러 앱

그러나 빈 종이를 꺼내들기 전에 나는 결정적으로 중요한 일을 한 가지 했다. 멘토를 찾는 일이었다. 나는 기후변화의 충격을 흡수하고 복원력을 유지하며 계속해서 번영하는 경험을 가장 많이 한 '인물'이 누구인지 자문해봤다. 답은 쉽게 나왔다. 약 38억 년 동안 그 일을 해온 여성을 알고 있다. 그녀의 이름은 대자연이다.

나는 그녀보다 더 나은 정치적 멘토를 생각할 수 없다. 요한 록스트룀이 지적했듯이 대자연은 살아서 걸어 다니는 존재가 아니라 생물물리학적이고, 합리적으로 기능하며, 해양, 대기, 삼림, 강, 토양, 식물, 그리고 지구라는 행성에 처음으로 생명의 암시가 나타난 이후 진화한 모든 동물이 공존하는 복잡계다. 대자연은 끊임없는 충격과 기후변화, 놀라운 사건들, 심지어 한두 차례 소행성과의 충돌까지 견뎌내는 법을 배움으로써 거의 40억 년 동안 최악의 시간에서 살아남고 가장 좋은 시기에 번영해왔다. 그것 하나만으로도 대자연은 중요한 멘토가 될 수 있다. 그러나 오늘날 인간들은 손과 두뇌, 근육, 컴퓨터, 기계를 써서 우리만의 복잡한 글로벌 시스템을 구축했기 때문에 대자연은 훨씬 더 의미 있는 멘토가 될 수 있다. 이들 네트워크는 서로 복잡하게 얽혀서 초연결 상태에 이르고 상호의존성이 너무나 높은 수준에 이르러 자연계의 복잡성, 그리고 상호의존적인 생태계의 작동 방식을 그 어느 때보다 많이 닮게 되었다.

물리학자이면서 환경운동가인 에이머리 러빈스Amory Lovins는 우리가 자연과 닮아가는 쪽으로 진화하고 있다면 정말로 훌륭하게 잘 진화해야 할 것이라고 말했다.

동의한다. 그러므로 먼저 대자연이 충격을 흡수하면서도 앞으로 나아갈 수 있는 탄력적인 생태계를 만들기 위해 채택한 기본적인 전략을 이해하려고 노력하고, 그런 다음에는 그 전략을 우리가 이 가속의 시대를 더 잘 헤쳐나갈 수 있도록 돕기 위해 하나의 정당이 지지할 만한 정책들로 바꾸도록 노력해보자.

자연을 하나의 은유적인 표현으로 쓰면 좋다는 것을 강조한 사람은 내가 처음이 아니다. 생체모방biomimicry의 어머니로 알려진 재닌 베니어스Janine Benyus는 자연을 '모델', '기준', '멘토'라고 말하길 좋아한다. 지금 내가 가장 관심을 기울이는 건 그 모델과 멘토 역할이다. 확실히 대자연이 하는 모든 일은 무의식적으로 이뤄졌고, 수천 년에 걸쳐 진화해온 것이지만 그렇다고 해서 우리가 자연에서 배울 수 없거나 자연을 모방할 수 없는 건 아니다. 대자연의 킬러 앱(경쟁 제품을 압도할 만큼 혁신적인 소프트웨어—옮긴이)이 기후변화 시대의 번영을 위한 복원력을 만들어내는 것이라고 묘사할 수 있다면 대자연은 우리에게 무엇을 말해줄 수 있을까?

대자연은 분명히 자연선택을 통한 진화를 비롯해 오랫동안 다양한 방식으로 놀라운 적응력을 보여주었다는 이야기부터 시작할 것이다. 러빈스는 대자연이 시도한 실험들 중 99퍼센트는 효과가 없었으며 대자연이 생산한 것들은 대부분 '제작자의 리콜'로 반품된 것이 사실이라고 지적했다. 그러나 살아남은 1퍼센트는 자연의 세계에서 특정 틈새에 적응하는 법을 배웠고, 그래서 번식하고 번성하며 그들의 DNA를 미래로 퍼뜨릴 수 있었기 때문에 생존할 수 있었다. 대자연에서 생존한 것들은 또한 '사회적 전문화'나 학습 행동을 통해 적응했다. 러빈스는 이러한 적응 방식은 수천 년에 걸쳐 진화한 것이라고 설명했다. "어떤 개미들은 밖으로 나가 먹이를 찾고 어떤 개미들은 집에 남아 어린것들을 돌봄으로써 먹이를 찾는 개미들이 더 넓은 지역에서 활동할 수 있도록 해주었습니다. 전문화된 개미 군집에는 먹이를 모아 오는 개미와 집을 돌보는 개미가 있습니다. 이것 또한 하나의 적응이며 학습 행동이지요. 이것은 그들의 DNA에 들어 있는 것이 아닙니다. 이처럼 분화된 행동을 염기서열 분석으로 밝혀낼 수는 없지만 그들을 관찰하고 모방할 수는 있습니다. 오랫동안 그렇게 행동하는 유기체는 대단히 강력해지며 경쟁에서 유리한 위치를 차지할 수 있기 때문에 그들이 속한 틈새에서 다른 모든 경쟁자를 압도할 수 있지요. 포유류로서 우리가 그런 것과 마찬가지로요." 이를 인간의 삶에 빗대어 말하면 대자연은 평생학습의 가치를 믿는다고 할 수 있다. 계속해서 배우고 적응하지 않는 종들은 사라지고 만다.

묘하게도 DNA를 통한 진화적 적응을 관찰하는 좋은 방법 중 하나는 사막에 가보는 것이다. 사막은 탐험 여행을 하기에는 최악의 장소로 보일 것이기에 나는 '묘하게도'라고 표현했다. 그러나 훌륭한 안내자를 따라가면 사막의 생물 다양성이 풍부하다는 걸 발견할 수 있으며, 그뿐만 아니라 사막에서는 가장 작은 딱정벌레도 두드러져 보이기 때문에 대자연의 비상한 적응력(디자인 기술)을 바로 곁에서 볼 수 있다.

나는 아내와 함께 나미비아 북서쪽 끝에서 앙골라 국경의 쿠네느 강이 내려다보이는 세라 카페마 캠프에 갔을 때 그런 안내자를 만났다. 그곳에서는 수분을 포집하고 보존하기 위해 별난 방식으로 진화함으로써 사막의 모진 환경에서 살아남는 법을 터득한 극소수의 벌레와 식물을 아주 가까이서 볼 수 있다.

2012년 11월 26일 「와이어드」는 미국의 어떤 스타트업 기업에 관한 기사를 실었다.

이 기업은 나미브 사막의 보잘것없는 딱정벌레가 하는 것과 같은 방식으로 공기 속에서 습기를 빨아들이고 응결시켜서 스스로 물을 채우는 병을 개발하고 있다. 한 해 강우량이 1.3센티미터에 불과한 나미브 사막의 고유종인 이 딱정벌레는 학계에서 몇 가지 새로운 착상을 시험하는 데 영감을 주었지만, 스스로 채워지는 물병이 고안된 것은 이번이 처음이다. 이 딱정벌레는 날개의 딱딱한 껍질로 바다에서 불어오는 미풍의 수분을 모아 응결시킴으로써 생존한다. 그 껍질은 아주 작은 돌기들로 덮여 있는데 그 돌기의 끝은 수분을 빨아들이는 성질(친수성親水性)이 있고 옆은 수분을 내치는 성질(소수성疏水性)이 있다. 딱정벌레는 바닷바람이 불어오는 쪽을 향해 날개를 뻗어 습기를 포집한다. 그러다 보면 마침내 지름이 15~20미크론에 불과한 아주 작은 물방울이 등에 모여 곧장 입으로 흘러내린다.
생물학자 두 명, 유기화학자 한 명 그리고 기계공학자 한 명으로 이뤄진 NBD 나노는 과거 연구의 바탕 위에서 딱정벌레 껍질을 모방하되 구조적으로 우월한 합성 물질을 만들고 있다.

대자연이 복원력을 만들어내는 또 다른 방식은 끊임없이 기업가적으로 행동하는 것이다. 다시 말해 늘 새로운 틈새를 찾아서 개발하고 채워주며, 늘 어느 식물과 동물이 최선의 공진화를 하고 있는지 알아보는 실험을 하는 것이다. 러빈스는 이렇게 말했다. "자연에 열린 공간이 있다면 어떤 동식물이 다른 종들과는 상이한 방식으로 그곳에 적응하며 거기에서 살아가는 방법을 찾아낼 것이고, 그러면 다른 동식물이 그들 종을 먹고서 부산물을 생산할 것입니다. 또한 그 부산물은 또 다른 동식물이 열심히 먹어치우거나 비료로 이용할 것입니다." 그는 또 말했다. "자연은 언제나 혁신하며 새로운 기회가 생길 때마다 새로운 돌연변이를 창조해내지요."

그리고 그러한 돌연변이들은 전체적인 시스템의 맥락에서 과연 훌륭한 발상인지(그들이 시스템에 잘 들어맞고 시스템 전체의 복원력을 키워주는지) 시험받는다. 만약 그들이 뜻하지 않게 시스템에 해를 끼칠 독소를 만들어낸다면 대자연은 교정 작업을 시작할 것이다. 대자연은 독단적인 것과는 거리가 멀다. 항상 민첩하고 이단적이고 합성을 좋아하고 기업가적이며 실험적인 사고를 한다. 조지 메이슨 대학교의 환경 과학 교수인 톰 러브조이Tom Lovejoy는 말했다. "자연은 쉬지 않고 활동하고 늘 탐색하고 투자하고 시도하고 그리고 실패합니다. 각각의 생태계와 각각의 유기체는 일련의 문제에 대한 하나의 답이지요."

그런 의미에서 대자연의 또 다른 킬러 앱은 다양성을 바탕으로 번창하는(모든 식물과 동물 종에 있어서 다양성을 키워주고 보상해주는) 능력이다. 대자연이 최선의 아이디어를 발전시키고 촉진하는 가장 좋은 방법은 다양한 아이디어를 가지고 어느 것이 어느 틈새에 적응할 수 있는지, 시스템 전체에 도움이 되는지 알아보는 것이다. 그러므로 그녀는 매우 다원주의적이다. 대자연은 식물과 동물 종이 각자 서로에게 적응하고 또한 특정 영역의 환경에 적응하면서 풍부한 다양성을 유지하는 것보다 생태계의 복원력과 건강한 상호의존성을 더 많이 향상시키는 건 없다는 점을 이해한다.

생물 다양성이 풍부하다는 건 생태계의 모든 영역이 채워지고 각각의 영역이 시스템 전체의 균형을 유지하는 데 제 역할을 한다는 것을 의미한다. 러빈스는 느릿느릿 움직이는 느림보로리스(로리스과의 영장류로 동작이 느리고 밤에만 활동한다—옮긴이)를 생각해보라고 말한다. "이 조그만 야행성 영장류는 나뭇가지를 따라 아주 조용하고 부드럽게 나타납니다. 마치 누군가가 느린 동작으로 태극권을 하는 것처럼 보이지요. 그들은 가느다란 나뭇가지의 맨 끝에 있는 가장 가느다란 잔가지에 달린 잎을 먹고서 그것을 에너지로 바꿉니다." 그보다 더 무거운 또 다른 종류의 로리스는 자신의 몸무게를 지탱할 수 있는, 나뭇가지의 보다 굵은 부분에 달린 잎을 먹도록 특화되었다. 자연은 틈새마다 그에 맞는 생물체를 진화시킨다. 채울 수 있는 물리적인 틈새가 존재하는 한 대자연은 거기에 가장 잘 적응하고 그에 맞춰 진화한 종으로 틈새를 채울 것이다. 그리고 그 모든 부류 사이의 동태적인 변화는 더 큰 복원력과 균형, 성장을 불러온다.

미네소타 대학교의 생물학자 G. 데이비드 틸먼G. David Tilman은 생물 다양성에 관한 연구를 선도하는 세계적인 전문가 중 한 사람인데, 2000년 5월 11일 「네이처」에 '생물 다양성의 원인, 결과 그리고 윤리'라는 제목으로 실린 논문에서 이 주제에 관한 주요 과학적 현장 연구들을 평가했다. 그는 이렇게 썼다.

평균적으로 다양성이 더 풍부해질수록 식물군락들의 생산성은 더 높아지고, 생태계는 더 많은 영양소를 보전하며 생태계의 안정성은 더 높아진다. 예컨대 북미 지역, 그리고 유럽 남동쪽의 그리스에서 서쪽의 포르투갈과 아일랜드, 북쪽의 스웨덴에 이르기까지 이 대륙의 여덟 곳에서 실시한 초지 현장 실험들은 한 구획의 땅에 서식하는 식물 종의 숫자가 절반으로 줄어들 때마다 생산성이 10~20퍼센트 감소하는 결과를 보여준다. 하나의 식물 종만 서식하는 구획은 24~32종이 서식하는 구획에 비해 평균적으로 생산성이 절반에도 못 미친다. 또한 식물의 다양성이 줄어들수록 토양의 침출에 따른 영양소 손실률이 더 높아지며, 이는 궁극적으로 토양의 비옥도를 떨어트려서 식물의 생산성을 더욱 낮추는 결과를 가져온다.

대자연이 복원력을 만들어내는 또 다른 방식은 스스로 연방적인 조직을 만드는 것이다. 대자연은 자신의 공동체들(주state, 카운티county, 소도시town에 비유되는)에 보금자리를 만들어주면서 전체가 부분의 합을 넘어서는 유연한 구조를 유지한다. 말하자면 대자연은 헤아릴 수 없을 만큼 많은 소규모 네트워크를 바탕으로 미생물부터 시작해 점점 더 큰 생태계를 구축해간다. 그러나 이들은 각자 하나의 작은 공동체를 이루며 생존하고 번창하기 위해 자연스럽게 적응하고 진화한다.

러브조이는 미생물부터 최상위 포식자까지 생태계는 하나의 공동체이고 마치 하나의 생물체처럼 움직인다고 말했다. 그리고 헤아릴 수 없이 많은 소규모 네트워크가 함께 어우러져 생태계를 형성하면 전체적인 시스템을 파괴하기가 매우 어렵다. 그 시스템은 복원력이 있다. 생태교육센터의 '생태학적 원리 안내서'에서 마이클 스톤Michael Stone은 이렇게 표현했다. "모든 살아 있는 것은 하나의 생태계 안에서 숱한 관계망들로 서로 연결되어 있습니다. 그들은 살아남기 위해 이 관계망에 의존하지요. 예를 들면 정원에서는 가루받이 매개체들의 네트워크가 유전적 다양성을 촉진합니다. 식물들은 그 대가로 매개체들에 꿀과 꽃가루를 주지요. 자연은 시스템 안에 둥지를 튼 시스템들로 이뤄져 있습니다. 개별 시스템은 각자 하나의 통합된 완전체이며 그와 동시에 더 큰 시스템들의 일부입니다." 그는 생명체들이 지구를 얻은 건 싸움을 통해서가 아니라 하나의 생태계를 다음 생태계와 연결해주는 네트워킹을 통해서라고 덧붙였다.

대자연은 자신의 방식으로 주인 정신의 힘, 그리고 어떤 지역에 소속

된다는 것의 장점을 인식한다. 확실히 자연계에는 인간들이 만든 여러 시스템과 달리 소유주나 이기적인 관리자 자체가 없다. 자연에 라이언 킹 같은 건 없다. 하나의 종이 집단적인 이익을 위해 전체 시스템을 관리한다는 개념, '지배'라는 관념은 인간이 만들어냈다. 그렇기는 하지만 여러 종은 그들에게 가장 잘 맞는 장소와 틈새에서 공진화한다. 각각의 건강한 생태계는 식물과 동물, 미생물 그리고 그 밑바탕의 작동 방식과 그들을 맺어주는 연결 방식에서 독특한 생태적인 균형을 찾고 있다. 이 끊임없이 진화하는 조합이 각각의 생태계를 독특하게 만드는 것이다. 그리고 그곳에서 진화하는 일련의 식물과 동물 종의 독특한 집합은 '단순히 그 장소에 속해 있는 것이 아니라 그 장소 자체를 이루는 것'으로 인식된다. 그들은 그곳을 집으로 삼고 그곳에 뿌리를 내리며 맞춰가고 소속된다. 이는 동식물이 그곳에서 균형을 맞출 수 있기 때문이며 그 균형은 엄청난 복원력을 만들어낸다. 그런 의미에서 동식물은 그 장소를 '소유'한다. 모든 틈새가 그곳에 적응한 동식물로 채워져 있다면 어느 한 침입 종이 쳐들어와 시스템 전체를 혼란에 빠트리는 일은 더 어려워진다. 하나의 외래종이나 파괴적인 요소가 모든 것을 무너뜨릴 수는 없다.

그렇다 하더라도 그 생태계와 균형은 날마다 재생산되고 방어되어야 한다. 종들은 매순간 부상하고 추락하며 서로 경쟁한다. 이는 대자연의 또 다른 킬러 앱이다. 대자연은 결코 안정과 정체를 혼동하지 않는다. 단지 끊임없이 활기차게 행동함으로써 안정성을 만들어낼 수 있다는 걸 이해한다. 대자연은 우리에게 안정성에는 어떤 고정적인 요소도 없다고 말할 것이다. 자연에서 안정된 것, 균형을 잡은 것으로 보이는 시스템은 정적인 것이 아니다. 정적인 시스템은 곧 없어질 시스템이다. 대자연은 계속해서 안정적인 상태로 남으려면 끊임없는 변화 가능성을 열어두어야 한다는 걸 안다. 어떤 식물이나 동물도 이 시스템에서 차지하는 위치를 당연하게 여길 수 없다. 메릴랜드 대학교의 허먼 데일리Herman Daly가 지속성 있는 경제는 거시적으로 안정되고 미시적으로 변동한다고 말한 것과 똑같은 이치다.

국제자연보호협회의 대외 협력 책임자인 글렌 프리킷Glenn Prickett은 가장 강한 복원력을 가진 생태계와 국가는 전반적으로 안정성을 유지하면서 외래의 영향을 흡수하고 그것을 자신의 시스템에 통합할 수 있는 것들이라고 지적했다. 미국이나 인도 또는 싱가포르를 생각해보라.

강한 복원력을 지닌 생태계를 만들어내는 대자연의 또 다른 킬러 앱은 식량을 구하고, 먹고, 배설하고, 씨 뿌리고, 심고, 기르고, 식량을 구하고, 먹고, 배설하고, 씨 뿌리고, 심고, 기르는 일을 반복하는 대단히 복잡한 순환 시스템을 통해 높은 지속 가능성을 유지하는 것이다. 어떤 것도 허비되지 않는다. 모든 것이 순환하며, 끝이 없는 세계다.

또한 대자연은 파산의 가치를 믿으며, 생태계 전체가 성공하려면 개별적인 식물과 동물에게는 실패가 용인되어야 한다고 믿는다. 대자연은 자신의 실수와 약한 자에 대해, 또는 씨와 DNA를 다음 세대에 물려주는 데 적응할 수 없는 자에 대해 자비심을 갖지 않는다. 약한 자가 죽어 없어지도록 용인하면 강한 자에게 더 많은 자원과 에너지가 흘러가게 할 수 있다. 대자연은 시장에서 파산법이 수행하는 기능을 산불로 대신한다. 영국의 은행가이자 인류학자인 에드워드 클로드Edward Clodd는 1897년에 출간한 『탈레스부터 헉슬리까지, 진화론의 선구자들Pioneers of Evolution from Thales to Huxley』에서 자연은 실패의 흔적을 지움으로써 성공의 여지를 확보하려 한다며, 적응하지 못하는 자는 소멸하고 오로지 적응하는 자만이 생존한다고 기록했다. 잿더미에서 새로운 생명이 움트는 것이다.

대자연은 결정적으로 지표면의 흙이 중요하다고 믿는다. 모든 풀과 나무가 토양의 맨 위층에 뿌리를 내리고 거기서 기본적인 영양분을 얻어내 바깥세상으로 자라나기 때문이다. 지구를 생각해보자. 실제로 지구는 단지 하나의 거대한 돌덩어리로, 하층토와 표층토로 이뤄진 극히 얇은 층으로 덮여 있다. 에너지 이노베이션Energy Innovation의 설립자인 할 하비Hal Harvey는 모든 생태계를 지탱해주는 가장 기본적인 기반은 표층토라며 이렇게 지적했다. "표층토에 대해 가장 먼저 알아야 할 점은 대부분 지역의 표층토는 무척 얇으며 쉽사리 씻겨갈 수 있다는 점입니다. 지구 표면에 막을 입혀놓은 것 같은 이 깨진 조각 모양의 검은 층이 그 아래의 생명체가 살 수 없는 약 1,600킬로미터 두께의 암석을 덮고 있지요." 평균적으로 표층토의 두께는 보통 15~25센티미터를 넘지 않는다. 그러나 하비는 "표층토에서 생겨나는 생태계는 너무나 풍부해서 수없이 다양한 동식물의 생명을 유지할 수 있게 해준다."고 밝혔다. 반대로, 재레드 다이아몬드와 앞선 역사학자들이 기술했듯이 거의 모든 실패한 문명은 이 표층토를 제대로 관리하지 못했기 때문에 무너졌다.

대자연은 인내의 미덕을 믿는다. 그리고 급하게 서두르면 그 무엇도 강해질 수 없다는 걸 안다. 대자연은 늦어도 괜찮다고 생각한다. 대자연이 복원력을 갖는 이유도 천천히, 참을성 있게 생태계를 구축했기 때문이다. 대자연은 서둘러 사계절을 둘로 압축할 수 없다는 걸 알고 있다. 새끼 코끼리나 새끼 개미가 빨리 태어나도록 임신과 부화 기간을 단축할 수 없는 것처럼 튼튼한 바오바브나무를 급하게 키워 억지로 3,000년을 산 것처럼 만들 수는 없다.

마지막으로, 대자연은 복원력을 만들어내기 위해 지금까지 이야기한 모든 전략을 쓰기 때문에 도브 사이드먼이 '해로운 상호의존성'에 상대되는 말로 '건강한 상호의존성'이라고 부르는 것의 가치를 이해한다. 사이드먼은 건강한 상호의존성을 가진 시스템에서는 그것을 구성하는 모든 부분이 함께 발전하고, 해로운 상호의존성을 지닌 시스템에서는 모두가 함께 추락한다고 설명했다.

건강한 상호의존성은 대자연의 모든 킬러 앱이(적응력, 다양성, 기업가 정신, 주인 정신, 지속 가능성, 파산, 연방 체제, 인내심 그리고 표층토라는 앱이) 한꺼번에 작동하는 것과 같다. 정치적인 면에서는 미국과 캐나다가 건강한 상호의존성을 갖는다. 그들은 함께 발전하는 것이다. 러시아와 우크라이나는 해로운 상호의존성을 지니며 함께 추락했다.

나는 국제보존협회의 러스 미터마이어에게 모든 생태계가 함께 발전할 수 있도록 해줄 자연의 건강한 상호의존성을 가장 생생하게 보여주는 사례를 들어달라고 부탁했다. 그는 중남미의 열대우림에 사는 거미원숭이와 양털원숭이를 둘러싼 생태계의 사례를 제시했다.

미터마이어는 이들 영장류가 주로 활엽수에서 나는 열매를 먹고 살아간다고 설명했다. 대자연은 과일을 먹는 동물들이 쉽게 발견하고 몰려들도록 그 열매의 껍질 색깔을 밝게 하는 법을 진화를 통해 배웠다. 원숭이들은 열매를 깨서 그 안의 씨앗을 싸고 있는 가종피假種皮의 당분이 많은 과육 층을 먹는데 이는 자연이 원숭이와 새를 끌어들이는 미끼로 만들어둔 것이다. 원숭이들은 과육만 빨아 먹을 시간이나 재주가 없으므로 씨앗 전체를 입에 넣고서 즐긴 다음 달콤한 과육 부분만 소화하고 나머지는 창자로 넘겨버린다. (어떤 씨앗은 실제로 이런 동물들의 창자를 통과하지 않으면 싹이 트지 않는다. 창자 속의 박테리아가 씨의 껍질을 벗겨주는 효소를 분비하기 때문이다.) 몇 시간 후 그들은 씨앗을 배설하는데, 그 씨앗들은 열대우림의 바닥에 떨어졌을 때 비료 기능을 할 배설물로 잘 덮여 있다. 그 씨앗은 결국 자라서 더욱 빽빽한 활엽수가 되어, 사실상 원숭이들이 가장 좋아하는 먹이를 얻을 수 있는 정원을 이룬다. 또한 활엽수들은 대기 중의 탄소를 빨아들여서 격리하는 가장 효율적인 자연의 도구다. 미터마이어는 큰부리새와 여러 종의 봉관조 같은 큰 새, 숲에 서식하는 거북이도 원숭이들과 비슷하게 활엽수들의 씨앗을 먹고 퍼트리는 역할을 한다고 설명했다.

그러나 이처럼 복원력이 있는 상호의존적 생태계는 쉽게 유해한 것으로 바뀔 수 있다. 건강한 상호의존성을 지니고서 열대우림을 지키는 이 같은 종들(거미원숭이와 양털원숭이, 거북이와 큰부리새) 중 많은 종이 흔히 가장 집중적으로 사냥을 당하며, 그러지 않았다면 고스란히 보존되었을 여러 숲에서 멸종될 지경에 이르렀다고 미터마이어는 지적했다. 그렇게 되면 무슨 일이 벌어질까? 거미원숭이와 거북이, 큰부리새를 너무 많이 죽이면 우리가 미처 인식하기도 전에 씨앗을 퍼뜨리는 동물들을 잃게 되고, 결국 활엽수가 줄어들게 되며, 따라서 울창한 숲이 줄어들고 격리되는 탄소도 적어진다. 그렇게 되면 우리가 알지 못하는 사이 지구온난화는 더 많이 진행되고, 수십 년 안에 당신의 집 근처 해수면이 몇 센티미터 (때에 따라서는 수십 센티미터) 더 높아지게 된다. 자연에서는 모든 것이 다른 모든 것과 연결되어 있다. 그 상호의존성이 건강한 것이든 해로운 것이든 간에.

미터마이어는 이처럼 인간들이 대자연에서 배울 것이 많지만 결코 자연을 가장 이상적인 것으로 생각해서는 안 된다고 주장했다. "자연은 잔인합니다. 자연은 충돌과 압박과 적응의 시스템이며, 서로 다른 식물과 동물 종이 1년 365일 하루 스물네 시간을 서로 사정없이 치고받으며 스스로를 재생산하기 위해 역동적으로 투쟁하는 곳이지요. 자연을 움직이는 동력은 성공적인 재생산을 바라는 각 식물과 동물의 욕구, 그리고 다음 세대로 넘어갈 자손과 씨앗을 가장 잘 생산할 수 있는 방식으로 적응하는 능력입니다." 그러는 사이 다른 종들은 자신의 후손을 낳으려고 그들을 잡아먹거나 쫓아내려 한다.

고도의 다양성을 지닌 시스템에서 모든 동식물이 동시에 유전자를 재생산하려고 애쓸 때, 이는 날마다 남에게 먹히는 어느 한 동물 종이나 씨앗에는 건강하거나 복원력이 강한 시스템이 아닐 수도 있다. 그렇다고 해도 그것이 전체적으로 균형 잡힌 교향곡처럼 될 경우 매우 건강하고 복원력도 강할 수 있다. 각각의 부분들이 함께 번성한다는 의미에서 건강한 것이며, 기후나 발전 과정에 어떤 갑작스러운 변화가 닥쳐도 전체 시스템의 복원력은 더 강해진다는 의미에서 건강한 것이다. 이러한 복원력은 경쟁과 협력이 어우러지도록 하는 데서 나온다. 각각의 다른 유기체들은 서로를 잡아먹기만 하는 것이 아니다. 그들은 다 같이 번영할 수 있는 여건을 함께 만들어낸다.

문화와 정치

그렇다면 잠시 멈추고 대자연에 관한 이 모든 논의가 우리 사회와 무슨 관련이 있는지 살펴보자. 그 답은 메긴슨의 격언에서 찾을 수 있다. "살아남을 수 있는 문명은 그것이 처한, 변화하는 물리적·사회적·정치적·윤리적·정신적 환경에 적응할 수 있는 문명이다." 나는 이 가속의 시대에 복원력과 추진력을 만들어내기 위해서 의식적인 선택을 통해 대자연의 킬러 앱들을 모방하는 나라와 문화, 정치적 시스템이 가장 적응력이 강할 것이라고 주장한다. 여기에서 핵심은 '의식적인 선택'이다. 대자연은 자신의 적응 기술을 수십억 년에 걸쳐 무의식적으로 발전시켜왔다. 윤리 문제에는 전혀 개의치 않았다. 우리 인간들은 복원력을 추구하면서 그토록 인정사정없이 행동하거나 윤리적으로 무관심할 수 없으며, 완벽한 도구들을 만드는 법을 알아내는 데 수천 년을 쓸 수도 없다. 우리는 대자연의 킬러 앱을 계획적으로, 의식적으로, 가능하면 어디서든 합의에 따라, 그리고 가능한 한 신속히 인간의 정치로 변환해야 한다.

나는 우선 이들 킬러 앱 중 오늘날 지배 구조에 바로 적용할 수 있는 다섯 가지에 초점을 맞출 것이다. (1) 우월한 경제력과 군사력을 가진 낯선 자들과 부딪쳤을 때 굴욕을 당해 비틀거리지 않고 적응할 수 있는 능력, (2) 다양성을 포용할 수 있는 능력, (3) 미래와 자기 자신의 문제에 대해 주인 정신을 가지는 능력, (4) 연방과 지방 사이의 올바른 균형을 찾는 능력, 즉 건강한 열대우림처럼 건강한 사회는 수많은 생태계를 기반으로 그 위에 구축한 건강한 생태계의 네트워크이며 각자 스스로 번성하지만 전체 시스템에 의해 강화된다는 걸 이해하는 능력, 그리고 아마도 가장 중요한 것으로 (5) 가속의 시대에 정치를 하고 문제를 해결할 때 기업가적이고 혼합된 것과 이질적인 것을 받아들이며 독선적이지 않은 마음가짐으로 접근하는 능력, 다시 말해 복원력과 추진력을 만들어내는 것이라면 누구 '편'에서 나온 것인지 따지지 않고 어떤 발상이나 이념이라도 한데 섞고 공진화할 수 있는 능력이다.

물론 어떤 사회에서든 이러한 전략을 받아들이는 속도는 언제나 정치와 문화, 리더십의 상호작용의 산물일 것이다. 문화는 한 사회의 정치적 반응에 영향을 미치며, 그 사회의 리더십과 정치는 반대로 문화에 영향을 미친다. 문화란 정확히 무엇인가? 나는 비즈니스딕셔너리 BusinessDictionary.com에서 제공한 이 간결한 정의를 좋아한다.

문화는 역사적으로 어떤 집단의 구성원들 사이, 그리고 그들과 그 집단의 환경 사이의 상호작용으로 일어난 문제들을 다루는 과정에서 발견하고 개발하고 발명한 반응 양식이다. 이러한 반응은 인식하고 느끼고 생각하고 행동하며 몰입과 교육을 통해 새로운 구성원들에게 전달해주는 올바른 방식으로 여겨진다. 문화는 무엇을 받아들일 수 있고 무엇을 받아들일 수 없는지, 무엇이 중요하고 무엇이 중요하지 않은지, 무엇이 옳고 무엇이 그른지, 무엇이 작동하고 무엇이 작동하지 않는지를 결정한다.

기자로서 할 수 있는 최악의 실수 가운데 하나는 여러 사회가 큰 변화에 반응하는 방식에 있어서 문화의 힘을 얕잡아보는 것이다. 또 다른 실수는 문화는 변하지 않으며 절대 변할 수 없다고 결론 내리는 것이다. 문화는 변할 수 있으며, 자주 변한다. 때로는 사건들의 노골적인 압력과 생존의 필요에 따라, 때로는 지도자들이 꾀한 정치적 선택에 따라. 고 대니얼 패트릭 모이니핸Daniel Patrick Moynihan 상원 의원은 이런 유명한 말을 했다. "중도 보수주의자에게 진실은, 한 사회의 성공을 결정하는 것은 정치가 아니라 문화라는 것이다. 중도 진보주의자에게 진실은, 정치는 문화를 바꿀 수 있으며 문화를 그 자체로부터 구할 수 있다는 것이다."

바로 그 때문에 나는 리더십 전문가인 하버드 대학교의 로널드 하이페즈Ronald Heifetz가 제시한 정의도 좋아한다. 그는 리더의 역할이 변화하는 환경 속에서 사람들이 현실과 직면하는 걸 돕고 그들이 공동체의 안전과 번영을 위해 변화를 만들어내도록 동원하는 것이라고 말했다. 가속의 시대에는 참으로 많은 사람에게 물리적·기술적·사회적 환경이 바뀌는 만큼 오늘날의 리더십은 대자연의 킬러 앱들을 가장 잘 모방할 수 있는 문화적 태도와 구체적인 정책 선택을 장려해야 한다.

내가 가장 좋아하는 영화 가운데 그런 비전을 가진 지도자의 힘을 멋지게 그려낸 작품이 있다. 이 영화에서는 한 사회와 문화가 적응이 필요한 중요한 순간들을 잘 헤쳐나갈 수 있도록 돕는 지도자의 힘이 드러난다. 이 영화 〈우리가 꿈꾸는 기적: 인빅터스Invictus〉에서는 넬슨 만델라가 남아공 대통령으로서 첫 번째 임기를 지내는 동안, 이 나라의 유명한 럭비팀인 스프링복스Springboks에 1995년 럭비 월드컵에서 우승하라는 사명을 부여하면서, 아파르트헤이트로 찢긴 땅에서 치유를 하는 데 어떻게 도움을 받았는지를 보여준다. 거의 모든 선수가 백인인 스프링복스는 그때까지 백인의 지배를 상징하는 팀이었으며, 흑인들은 일상적으로 그들의 반대편을 응원했다. 아파르트헤이트가 폐기된 후 흑인들이 주도하는 남아공 스포츠위원회가 이 팀의 이름과 색깔을 바꾸려고 했을 때 만델라 대통령은 그들을 제지했다. 흑인들이 주도하는 남아공에서 백인들이 편안하게 느끼도록 하려면 그들의 축복받은 상징들을 모두 뿌리 뽑아서는 안 된다고 설명했다.

"그건 이기적인 생각입니다." 모건 프리먼이 연기한 만델라가 극 중에서 말했다. "그렇게 하는 것은 이 나라에 도움이 되지 않습니다." 그런 다음 남아공의 백인들에 관해 이야기하면서 만델라는 이렇게 덧붙였다. "우리는 공감과 절제, 그리고 관용으로 그들을 놀라게 해야 합니다."

나는 그 대사를 좋아한다. "우리는 그들을 놀라게 해야 한다." 문화를 바꾸는 데에는, 지도자가 자신의 경력과 유권자들과 여론조사를 넘어서서 오로지 나라를 위해 올바른 일을 함으로써 지지자들과 반대자들을 놀라게 하는 것보다 더 좋은 방법은 없다. 만델라는 그의 현명한 리더십으로 남아공의 문화를 바꾸는 데 많은 일을 했다. 그는 조금 더 많은 신뢰, 그리고 흑인과 백인 사이의 건강한 상호의존성을 만들어냈으며, 그 과정에서 그 나라의 복원력을 강화했다.

만델라의 사례를 기억하면서 대자연의 가장 중요한 다섯 가지 킬러 앱 이야기로 돌아가 그것들이 왜 오늘날 그토록 적합한지에 대해 생각해보자.

낯선 자들과 부딪혔을 때 적응하기

어떤 문화나 정치 체제가 얼마나 열린 자세로 변화에 적응하느냐를 판단하는 중요한 기준 가운데 하나는 낯선 이들과 접촉했을 때 어떻게 반응하느냐는 것이다. 그들에게 얼마나 뒤떨어져 있는지 생각하고서 쉽게 굴욕감을 느끼며 지금의 자리를 고수하는 문화를 가졌는가, 아니면 자존심을 굽히고서 낯선 이들에게서 배우려고 노력하는 문화를 가졌는가? 낯선 이들 간의 접촉이 그 어느 때보다 많이 이뤄지는 시대에서 이는 결정적인 문제다.

환경에 큰 변화가 닥쳤을 때 왜 어떤 지도자와 문화는 다른 이들이나 문화보다 더 잘 적응하는지는 인생과 역사의 거대한 수수께끼 중 하나다. 그러나 우리는 그 차이를 무시할 수 없다. 한 가지 분명히 말할 수 있는 건, 내가 1978년 기자가 된 이후로 지금까지 언론인 경력의 많은 시간을 바로 이 문제와 관련해 사람과 사회, 지도자 그리고 문화권 사이에 어떤 차이가 있는지 취재하면서 보냈다는 사실이다. 그 한편에는 '다른 이들'에게서 배우는 데—그들에게서 뒤떨어진 후 따라잡는 데—집중하는 이들이 있고, 다른 한편에는 낯선 이들과 접촉한 다음 굴욕감을 느끼며 힘든 적응 과정에 참여하기보다는 '다른 이들'을 몰아세우는 이들이 있다. 이 주제는 내 글에 너무나 깊숙이 스며들어 있어서 나는 가끔 내 명함을 '토머스 L. 프리드먼, 「뉴욕타임스」 글로벌 굴욕 전문 기자 Global Humiliation Correspondent'로 바꿀까 하는 생각이 들기도 했다.

문화적 기질이 적응 문제에 대한 태도에 어떻게 영향을 미칠 수 있는지 심오한 진실을 담고 있는 이야기가 하나 있다. 골프에 관한 잘 알려진 짤막한 이야기다. 마크 롱과 닉 세이츠는 「골프 다이제스트」 2012년 9월 호에 쓴 '캐디의 수다'라는 글에서 오랫동안 톰 왓슨의 캐디를 한 브루스 에드워즈가 해준 이야기를 전했다. 에드워즈는 여러 해 동안 왓슨의 캐디를 한 다음 잠깐 그레그 노먼과 일하고서 다시 왓슨에게 돌아갔다. 에드워즈는 왓슨과 노먼이 완벽한 드라이브 샷을 날려 공이 페어웨이 가운데 떨어졌지만 결국 디벗에 빠지고 말았을 때 그 둘이 얼마나 다르게 반응하는지 묘사했다. "나는 몇 년 전 브루스 에드워즈에게 몇 해 동안 그레그 노먼과 지낸 후 톰 왓슨에게 돌아가니 어떠냐고 물어봤다. 그때는 그레그가 잘나갈 때였지만 그 둘은 몇 년 동안 우승하지 못했다. 브루스는 이렇게 말했다. '그날 3언더파를 쳤지만 16번 홀에서 드라이브로 친 공이 디벗에 빠졌다고 칩시다. 노먼은 나를 보고 이렇게 말할 겁니다. 브루스, 어쩌면 이렇게 운이 나쁠 수 있지? 반면에 톰은 그 공을 보고, 또 디벗을 보면서 이렇게 말할 겁니다. 브루스, 내가 어떻게 하는지 봐!'"

끊임없이 자신의 불운을 탓하는 사람들이 있는가 하면 그 공이 어디에 떨어져 있든 간에 하나의 도전으로 보고서 할 수 있는 한 최선을 다해 공을 치려는 사람들도 있다. 그들은 자신이 통제할 수 있는 건 그 공이 튀는 방향이 아니라 그것을 치는 자신의 태도뿐이라는 걸 안다. 그런 맥락에서 자신감과 낙관주의는 그 자체로 힘이 된다. 어떤 문화에서는 사람들이 역경이나 외부의 중대한 도전을 마주했을 때 집단적으로 이렇게 말하는 경향이 있다. "내가 뒤처져 있는데, 나에게 무슨 문제가 있는 거지? 문제를 해결하는 데 가장 뛰어난 이들에게서 배워야지." 그리고 그들은 변화에 대한 적응을 배운다. 그와 달리 이렇게 말하는 사람들도 있다. "내가 뒤처져 있는데, '당신'이 나에게 무슨 짓을 한 거지? 이건 당신 잘못이야."

예컨대 19세기의 일본은 확실히 굴욕 없이 적응할 수 있는 능력을 보여준 사례로 설명할 수 있다. 당시 일본은 낯선 이들과 접촉하지 않고 바깥 세계에 문을 걸어 잠그기 위해 최선을 다하고 있었다. 이 나라의 경제와 정치는 봉건제하에서의 농업과 유교적 위계를 중시하는 사회구조가 지배적이었으며, 그 둘 다 계속해서 쇠퇴하고 있었다. 상인들은 가장 낮은 사회계층이었고, 중국과 네덜란드와의 제한적인 접촉을 제외하면 외국인들과의 교역은 사실상 금지되었다. 그러나 그때 일본은 매슈 페리 제독이라는 낯선 사람과 예기치 못하게 맞닥뜨렸다. 페리 제독은 1853년 7월 8일에 갑자기 들이닥쳐 미국과의 교역을 위해 일본 항구를 열어달라고 요구하고, 난파선 선원들을 더 잘 대우해야 한다고 주장했다. 그의 요구는 거부됐지만, 1년 후 페리는 더 큰 함대와 더 강한 화력을 갖추고서 다시 돌아왔다. 페리는 일본인들에게 다른 나라들과의 교역에서 얻는 이점을 설명했고, 결국 그들은 1854년 3월 31일 외국과의 교역을 위해 일본 시장을 열고서 200년 동안 이어진 사실상의 고립을 끝내는 가나가와 조약을 체결했다. 이 만남은 일본의 정치적 엘리트들에게 충격을 주었고, 그들은 일본이 미국과 다른 서양 국가들에 비해 군사기술이 얼마나 많이 뒤떨어졌는지를 깨닫게 되었다.

이러한 깨달음은 내부적으로 1603년 이후 일왕의 이름으로 에도를 지배했던 도쿠가와 막부를 무너뜨리는 혁명에 시동을 걸었고, 그 자리는 메이지 일왕과 개혁가들의 연합이 차지했다. 그들은 패배를 안겨준 이들에게서 배움으로써 적응을 선택했다. 그들은 일본의 정치, 경제, 사회를 탈바꿈하는 개혁에 착수했다. 이는 일본이 서양 국가들처럼 강해지려면 당시의 문화적 규범을 깨고 서양의 과학과 기술, 공학, 교육, 예술, 문학, 심지어 복식과 건축양식까지 통째로 가져와야 한다는 생각에 바탕을 둔 것이었다. 생각보다 어려운 일이었지만, 그 결과 일본은 19세기 말에 이르러 자립적으로 산업 강국의 반열에 올랐다. 일본은 서양의 강대국들이 강요한 불평등 경제조약들을 되돌려놓았을 뿐만 아니라 실제로 그 강대국들 중 하나인 러시아에 1905년 전쟁에서 패배를 안길 만큼 영향력이 커졌다. 메이지유신으로 일본은 복원력을 갖게 되었을 뿐만 아니라 더욱 강력해졌다.

안타깝게도 모든 문화가 일본이 그랬던 것처럼 낯선 이들과 접촉하면서 배울 수 있는 게 있다면 무엇이든 간에 자존심을 삼키고 가능한 한 빨리 빨아들일 수 있는 것은 아니다.

실제로 중국인들은 일본이 번영하던 그 시기에 '굴욕의 세기'라는 표현을 썼다. 중국이 처음으로 영국의 제국주의를 맛본 1840년대부터 일본의 침략과 그 후 국가 붕괴에 이르는 시기를 묘사하기 위해 이 표현을 썼다. 2014년 8월 23일 「이코노미스트」는 중국에 관한 이야기를 다루며 이렇게 지적했다. "몇 세기 동안 중국은 모든 것의 중심에 있었으며, 다른 아시아 왕국들은 중국이라는 태양 주위를 돌았다. 19세기 중반에 처음으로 서양인들이 중국을 약탈했고, 19세기 말에는 일본에 패배하는 바람에 중화주의는 끝장이 났다." 그러나 1970년대에 세계에 문을 개방한 후 중국은 미래의 활력을 높이는 데 역사를 이용했다. 특히 덩샤오핑의 리더십 아래 중국은 디벗에 빠졌다는 것을 인정하고 세계로 나아가 새로운 환경에 적응하며, 선진국을 따라잡고, 위대함을 재건하기 위해 배울 수 있는 건 모두 배우려고 했다.

그와 대조적으로 러시아는 소련이 무너진 후 굴욕감이 다른 감정을 이기도록 내버려두었다. 푸틴 대통령은 소련 붕괴를 '20세기 최대의 비극'이라고 말한 적도 있다. 로런스 E. 해리슨Lawrence E. Harrison은 공동 편집한 『문화가 중요하다—러시아에서, 그리고 어디에서든Culture Matters in Russia-and Everywhere』에서 이렇게 썼다.

공산주의의 붕괴는 러시아에 굴욕감을 주었다. 이 나라는 초강대국의 지위를 잃었으며 예전의 동맹국이자 경쟁자인 중국이 그 지위를 향해 나아가는 모습을 옆에서 지켜보고 있다. 러시아의 수출품은 제3세계와 마찬가지로 석유와 천연가스를 비롯한 자연 자원 비중이 압도적으로 높게 구성되어 있다. 우주개발에서 미국을 제쳤던 이 나라는 (정보 기술에서 상대적으로 처지는 것은 말할 것도 없고) 수출 가능한 수준의 자동차도 생산하지 못했다.

이 국가적인 굴욕의 시기에 벤쿠버에서 열린 2010년 동계 올림픽과 런던에서 열린 2012년 하계 올림픽에서 러시아 선수들이 상대적으로 좋지 않은 성적을 올리자 어째서 러시아 지도부가 심각한 우려를 표명했는지 충분히 이해할 수 있다.

그러나 오늘날까지도 푸틴은 진정으로 자국민의 위대함과 재능을 발휘하도록 하기보다는 계속 잘못된 곳에서 (우크라이나를 괴롭히거나 시리아 내전에 뛰어들면서) 러시아의 체면을 세울 수 있길 바라고 있다.

일부 아랍과 이슬람교 국가들, 그리고 테러 집단들은 분명히 "누가 우리에게 이런 짓을 했지?" 하는 마음을 갖게 됐다. 인도 태생의 이슬람교도인 아스라 Q. 노마니Asra. Q. Nomani는 전직 『월스트리트저널』 기자로, 이 신문의 대니얼 펄Daniel Pearl이 파키스탄에서 살해당하기 전에 그와 함께 일했다. 그는 2012년 6월 20일 미국 하원 국토안보위원회가 '미국인 이슬람교도의 지역사회 내 급진화'를 주제로 연 청문회에서 증언했다.

전직 FBI 특별 수사관인 조 나바로Joe Navarro는 『테러리즘 사냥: 테러의 정신병리학적 고찰Hunting Terrorism: A Look at the Psychopathology of Terror』이라는 책에서 '상처 수집자들wound collectors'이라는 테러리스트 개념을 만들어냈습니다. 이 책은 스페인에서부터 오늘날의 이슬람권에 이르기까지 전 세계의 테러리스트들을 분석한 경험을 여러 해 동안 모은 것입니다. 그는 "테러리스트들은 수십 년 전, 심지어 몇 세기 전 과거의 사건들을 들춰내는 영원한 상처 수집자들"이라고 썼습니다. 그는 이렇게 지적했습니다. "오늘날 이러한 사건들을 회상하는 일이 그들에게는 당초 그 사건들이 일어났을 때만큼이나 의미 있고 고통스러운 일이다. 그들에게 고통을 줄여야 한다는 규칙 같은 건 없다. 상처 수집은 대부분 그들의 두려움과 편집증에 따른 것이며, 이는 그들의 완고한 이데올로기와 잘 맞아떨어진다. 상처 수집은 테러를 지지하고 정당화하는 데 도움을 준다. 과거의 모든 사건을 생생하게 유지하고, 그래서 그 사건들이 현재에 갖는 중요성을 부풀리면서 그 안의 공포와 불안을 광적으로 합리화하는 것이다."

제가 보기에 이 현상은 더 광범위한 이슬람 사회에 퍼지고 있습니다. 그곳에서는 거실에서 벌이는 토론에서 이러한 상처들이 이야기되며, 이를 통해 많은 이슬람교도가 '소파 위의 지하드 전사couch jihadis'의 지위를 얻고 있습니다. 이 표현은 미국의 법 집행기관의 한 관계자가 저와 이야기하는 중에 그들을 가리켜 말한 것입니다. 저는 저녁 모임에서 남자들끼리 이야기할 때 나오는 이런 '소파 위의 지하드 전사'란 말을 곁에서 들으며 자랐습니다. 실제로 조 나바로는 저에게, 전 세계의 지역사회에서 상처 수집은 문화적인 현상이 되고 있다고 말했습니다. 확실히 공동체의 상처에 관해 안다는 건 그 사회의 역사를 이해하는 데 중요하다고 말했습니다. 하지만 극단주의가 대단한 건 가해자에 대한 용서를 허용치 않는다는 것이라고 지적했습니다.

나는 중동에서 많은 상처 수집자를 취재했지만 그들 역시 보편적이지는 않았다. 똑같은 아랍의 이슬람 세계에서도 굴욕감을 극복하기 위해 상대를 때리는 데 그토록 열중하는 가말 압델 나세르Gamal Abdel Nasser와 오사마 빈라덴 같은 이들이 나오는가 하면, 하비브 부르기바Habib Bourguiba가 이끈 튀니지와 무하마드 빈 라시드 알막툼Mohamed bin Rashid al Maktoum이 통치하는 두바이처럼 깊이 탐구하며 다른 이들에게서 배우고 건설하는 나라들도 있다. 똑같은 남미에서도 베네수엘라의 우고 차베스 같은 독재자가 배출되는가 하면 멕시코의 에르네스토 세디요_Ernesto Zedillo 같은 역동적인 민주적 대통령이 나오기도 한다. 푸틴을 배출한 러시아에서도 미하일 고르바초처럼 그 나라에 대해 상대적으로 더 자유주의적인 비전을 가진 이들도 나온다. 같은 동남아에서도 캄보디아의 폴 포트_Pol Pot 같은 인종 청소자가 나오는가 하면 싱가포르의 리콴유_李光耀 같은 지도자가 나오기도 한다.

다양성 끌어안기

오늘날 변화하는 환경에서 복원력을 만들어내는 데에는 다양성을 포용하는 것이 그 어느 때보다 중요하다. 기후변화가 우리의 환경에 어떤 영향을 미치든, 다양성 덕분에 어떤 유기체나 유기체의 총체는 그 문제를 어떻게 다뤄야 할지 알 것이다. 에이머리 러빈스는 매우 다원적인 시스템을 갖게 되면 그것이 모든 형태의 역경을 유리한 것으로 바꾸지는 못하더라도 그 역경을 관리할 수 있는 문제로 바꾸는 데 자동적으로 적응할 것이라고 말했다(그의 타계한 멘토 에드윈 랜드가 "실패는 아직 당신에게 완전히 유리하게끔 바뀌지 않은 환경"이라고 한 것을 고쳐 말한 것이다).

하버드 대학교의 다원주의 프로젝트는 자신들의 웹사이트에서 "다원주의는 단순히 다양성만을 뜻하는 것이 아니라 다양성을 가지고 적극적으로 참여하는 것이며, 실제로 서로 마주치면서도 관계를 맺지 않는 단순한 다양성은 우리 사회에서 갈수록 많은 긴장을 낳을 것"이라고 설명한다. 단순히 '다원적'인 사회는 하나의 현실이다(시리아와 이라크를 보라). 진정한 '다원주의'가 정착된 사회는 하나의 성취다(미국을 보라). 하버드 다원주의 프로젝트는 또 이렇게 지적한다. "다원주의는 우리에게 정체성과 그와 관련한 책무를 버리라고 요구하지 않는다. (중략) 이는 우리 내면 가장 깊숙한 곳의 차이, 심지어 종교적인 차이까지도 유지하되 고립된 상태가 아니라 다른 이들과 관계를 맺으면서 유지하는 것을 의미한다. 진정한 다원주의는 대화와 호혜 관계, 비판과 자기비판을 바탕으로 하는 것이며 대화는 말하는 것과 듣는 것 둘 다를 의미한다."

이런 유형의 진정한 다원주의를 받아들이고 북돋워줄 수 있다는 것은 한 사회의 엄청난 자산이다. 여러 가지 이유로 그렇게 할 수 없다면 이는 엄청난 부채다. 실제로 나는 한 걸음 더 나아가 가속의 시대에 다원주의의 ROI(투자수익률)가 치솟을 것이며, 정치와 경제 어느 모로 보나 한 사회가 경쟁에서 우위를 차지하게 해주는 가장 중요한 특성이라고 생각한다.

먼저 정치적인 면을 보자. 다원적인 사회가 진정한 다원주의를 확립하면 훨씬 더 높은 정치적 안정성을 누릴 수 있다. 그런 사회는 철권을 휘두르며 맨 위에서부터 아래까지 모든 사람을 줄 세우는 독재자에게 의존할 필요 없이, 평등한 시민끼리 다 함께 평등하게 살기 위한 사회적 계약을 맺는 데 훨씬 더 뛰어나다. 모든 하향식 명령과 통제체제가 힘을 잃어가는 세계에서 질서를 유지하는 유일한 방법은 다양한 유권자가 상향식으로 맺은 사회적 계약들을 통하는 길뿐이다. 예컨대 시리아와 리비아, 이라크, 아프가니스탄 그리고 나이지리아는 모두 다원적인 사회지만 다원주의가 결여된 탓에 엄청난 대가를 치르고 있으며, 이제 이들 사회의 다양성은 더 이상 하향식으로 통제할 수 없다. 다양한 시민이 한데 어우러져 크고 어려운 일들을 함께할 수 있게 하는 효과적인 용광로는, 수많은 사람이 이동하는 21세기에 엄청난 이점이 될 것이다.

이와 동시에 가속의 시대에—서로 다른 성, 이념, 인종, 민족을 포용하는—다원주의를 배양하는 사회는 다른 모든 조건이 같을 경우 더욱 많은 혁신을 이루는 경향이 있다. 진정한 다원주의를 받아들이는 다원적 국가는 훨씬 더 혁신적인 나라로 성장할 잠재력을 갖는다. 이런 나라는 전 세계 어디에서든 최고의 인재를 끌어와 더 많은 다양한 관점을 섞을 수 있기 때문이다. 흔히 그러한 생각들이 함께 연소하는 과정에서 최고의 아이디어가 떠오른다. 민족적으로나 종교적으로 다양하지 않은 (한국, 타이완, 일본 그리고 중국 같은) 나라들도 다원적인 관점을 갖는다면 다원주의의 과실을 즐길 수 있다. 세계 어디로든 나아가 최고의 아이디어를 구하고 그것을 채택하며 변화에 적응하는 습관을 들인다면 가능한 일이다.

사회학자 리처드 플로리다Richard Florida는 2011년 12월 12일 시티랩닷컴 CityLab.com에 쓴 글에서 이 주제를 다뤘다.

경제의 성장과 발전은 천연자원, 기술혁신 그리고 인적 자본에 달려 있다고 오랫동안 여겨져왔다. 그러나 내 연구를 포함해 점점 더 많은 연구가 지리적 근접성과 문화적 다양성(서로 다른 문화, 종교 그리고 성적 지향에 대한 지역의 개방성) 또한 경제성장에 핵심적인 역할을 한다는 걸 시사한다.

회의적인 이들은 다양성이 경제 발전에 따라 생긴 산물이지 발전에 기여하는 요인은 아니라고 반박한다. 그들은 다양한 사람이 특정 지역에 몰리는 이유는 그들이 이미 부자이거나 빠르게 부유해지기 때문이라고 주장한다.

경제학자인 윌리엄스 대학의 쾀룰 아슈라프Quamrul Ashraf와 브라운 대학교의 오데드 갈로르Oded Galor의 중요한 새 연구는 회의적인 이들이 내놓은 여러 주장을 잠재우는 데 도움이 될 것이다. 전미경제연구소NBER가 최근 내놓은 '문화적 다양성, 지리적 고립, 그리고 국부의 기원'에 관한 연구 보고서는 산업화 이전 시대에서부터 현대에 이르기까지 지리적 고립, 근접성 그리고 문화적 다양성이 경제 발전에 미치는 영향을 보여준다.

이 연구는 문화적 동화와 문화적 전파 사이의 상호작용이 전 세계에 걸쳐 차별적인 경제 발전 양식을 낳는 데 중요한 역할을 해왔음을 밝혀냈다. 쉽게 말하자면 다양성은 경제의 발전을 자극하고 동질성은 발전을 늦춘다. (중략) 지리적 개방성과 문화적 다양성 그리고 관용은 경제적 진보의 부산물이 아니라 핵심적인 동력이라는 증거가 쌓이고 있다.

P. V. 캐넌P. V. Kannan은 24/7 커스터머24/7 Customer의 공동 창업자다. 인도에서 콜센터를 운영하며 시작한 이 회사는 2007년 이후 전 세계에 거래처 1,000곳을 확보한 고객 서비스 및 분석 회사로 사업을 확장했다. 나는 이 회사가 수많은 사람이 전화를 받는 벵갈루루의 스타트업에서 고액 연봉을 받는 데이터 기술자들이 컴퓨터 스크린을 보며 일하는 글로벌 빅데이터 서비스 업체로 커오는 모습을 지켜봤다. 내가 그의 고객들에 대해 물어보자 캐넌은 이렇게 대답했다. "제가 시드니에 있는 고객사에 접속해보면 그 회사의 데이터 전문가는 캘리포니아에 앉아서 필리핀과 인도에 있는 그들의 콜센터에 관해 이야기하고 있고, 그들의 최고경영진은 전 세계에 흩어져 있지요. 심지어 시드니에 있는 직원들도 다 다른 나라에서 온 이들입니다. 백인 남자들이 한곳에 모여 있을 거라는 고정관념은 전부 사라졌습니다. 누군가 영리한 회사를 경영하고 있다면 그 회사는 세계 곳곳에서 온 사람들로 가득할 겁니다. (중략) 다원주의 덕분에 빠르고 똑똑해질 수 있지요."

이런 추세는 무어의 법칙과 대시장이 체스판의 후반부로 깊숙이 들어가면서 더 뚜렷해졌다. 러빈스의 주장을 들어보자.

두 가지 유전체가 있다고 해보죠. 유전체 A는 현재의 추운 환경에 완벽하게 적응한 유전자 하나를 갖고 있고, 유전체 B는 유전자 스무 개를 지니고 있는데 그 중 하나만 추위에 저항력을 가진 것으로 나타났습니다. 환경이 바뀌어 문제가 생기면 유전체 A에게는 유전자 돌연변이가 일어나 어쩌다 해결책을 찾는 한 가지 길밖에 없습니다. 그러지 못하면 A는 죽게 되죠. 유전체 B는 자식을 스무 종 낳을 수 있습니다. 잠재적인 답을 스무 가지 갖는 것이죠. 이 유전체는 그 스무 개의 유전자 각각을 표현하거나 조절할 것이고, 이 경우 그들 중 하나가 당면한 문제에 대한 올바른 해결책이 될 가능성이 매우 높습니다.

내가 다양성의 미덕에 관해서 받은 개별지도 가운데 가장 값진 것은 2014년 쇼타임 채널의 〈기후변화: 위기의 시대〉 다큐멘터리 시리즈에 참여했을 때 받은 것이다. 그 시리즈는 전 세계적으로 기후변화와 환경 훼손이 미치는 영향을 조명하는 것이었다. 내가 맡은 일은 기후변화와 환경 파괴가 시리아와 예멘 그리고 이집트에 어떤 영향을 미쳤는지 살펴보는 일이었다. 하지만 내가 가장 많이 배운 인터뷰는 캔자스 주 설라이나에서 한 것인데, 그때 단종재배monoculture와 다종재배polyculture의 차이가 자연과 정치에서 아주 유사하게 나타난다는 것을 깨달았다.

우리 팀의 기사는 캔자스 주 중부의 밀 재배 농장으로 가서 촬영했다. 앞서 보았듯이 2010년 그곳에 닥친 가뭄이 결국 이집트의 빵 가격을 끌어올리고, 2011년 초 혁명에 불을 붙이는 데 기여한 과정을 보여주기 위해서였다. 우리의 취재는 랜드 인스티튜트라는 실험적인 농장의 설립자이자 회장인 웨스 잭슨Wes Jackson과의 인터뷰를 중심으로 이뤄졌다. 그곳에서는 생명과학자팀이 해마다 밭을 갈고 씨를 뿌릴 필요가 없는 컨자라는 다년생 밀을 개량하려 하고 있었다. 생명과학자이면서 맥아더 재단의 '천재' 장학금을 받은 적 있는 잭슨은 대초원prairie에 관한 개별 교습을 해주는 것으로 인터뷰를 시작했다. 나는 그걸 받아 적어서 관련 내용의 칼럼을 썼다.

잭슨은 대초원이 다양성을 지닌 야생이었다고 설명했다. 이 복잡한 생태계는 유럽인들이 오기 전까지 아메리칸인디언뿐만 아니라 모든 종류의 야생동물을 자연적으로 먹여 살렸다. 하지만 유럽인들은 초원을 갈아엎고 그곳을 단일 종 곡물 농장으로 바꿔버렸다. 대부분 밀이나 옥수수 혹은 콩을 심는 단종재배였다. 매년 되풀이되는 단종재배는 병충해에 훨씬 더 취약했으며, 그 땅의 복원력을 유지하기 위해서는 (밭갈이와 비료, 살충제에 들어가는) 훨씬 더 많은 화석연료 에너지가 필요했다. 단종재배에서는 한 종류의 병충해가 들판 전체를 휩쓸어버릴 수 있기 때문이다. 또한 단종재배는 생명 유지에 너무나 중요한 표층토의 지력을 고갈시킨다. 그와 대조적으로 다종재배는 생물 종의 다양성을 유지할 수 있게 해주고 이는 화학적 다양성을 유지하게 해준다. 이는 다시 병충해에 대한 훨씬 더 강한 저항력을 유지할 수 있게 해주며 '우리와 함께 진화해오지 않은 화석연료들과 화학물질들을 대체할 수 있게' 해준다. 또한 다종재배는 표층토를 자연적으로 유지해준다. 바로 그 때문에 1930년대 더스트볼(모래바람이 많이 부는 로키산맥 동쪽의 분지—옮긴이)의 건조기에 단종재배를 한 곡물은 모두 말라 죽었지만 다종재배를 한 대초원의 나머지 지역은 다양한 생태계를 유지하며 살아남았다고 잭슨은 지적했다. 대초원에서 다종재배를 한 지역은 물을 저장하고 영양소를 순환시키고 해충을 조절하며 갈수록 더 다양하고 생산적이고 아름답고 적응력이 강해졌다.

나는 이 모든 것을 설명하는 잭슨의 이야기를 들으면서 이런 생각을 했다. 흔히 이슬람 세계의 힘을 되찾으려면 외국의 영향으로 더럽혀지지 않은 아라비아반도의 세계와 단종재배가 이뤄지던 '순수한' 이슬람 시대로 되돌아가야 한다고 알카에다가 이야기하는 것이 흥미롭지 않은

가? 그러나 사실 보기에 따라서는 스페인과 북아프리카를 중심으로 세계 최대의 다종재배 지역이 형성된 8세기부터 13세기에 이르는 시기가 아랍-이슬람 세계의 황금기였다. 이는 아랍-이슬람 세계에서 대대적인 지적 발효가 이뤄진 시기로, 당시 그곳은 과학과 수학, 천문학, 철학 그리고 의학 연구의 중심지가 되었다. 그리고 그 지적 발효를 촉진한 것은, 당시 이슬람 학자들이 중국과 인도에서 페르시아와 그리스에 이르기까지 광범위한 지역의 다양한 문명에서 최상의 가르침을 중개하고 통합하는 방식이었다. 그것은 다름 아닌 다종재배였는데, 아랍 세계를 놀라울 만큼 부유하고 건강한 곳으로 만들어주고 강한 복원력을 갖게 해주었다.

불행히도 오늘날 중동에서는 알카에다와 ISIS가 화석연료를 팔아서 마련한 자금과 페르시아 만의 수니파 근본주의자들이 기부한 현금을 가지고 이라크와 예멘, 리비아 그리고 시리아에서 어떤 종교적 또는 민족적 다양성도 깨끗이 없애버리려 하고 있다. 그들은 이 지역의 모든 다종재배지를 갈아엎고, 이들 사회의 새로운 아이디어를 발화시킬 능력을 떨어트리는 단종재배지로 바꾸려 하고 있다. 한때 유대교와 기독교, 이슬람교를 믿는 사람들, 그리고 그리스, 이탈리아, 쿠르드, 투르크멘, 아랍 사람들의 거대한 용광로였던 바그다드, 알레포, 팔미라, 트리폴리와 알렉산드리아를 생각해보라. 알카에다와 ISIS는 발전으로 나아가는 길에서 스스로 뛰쳐나와 특수한 폐쇄적 시스템으로 가려 하고 있다. 다시 말해 (지속적으로 다종재배가 이뤄지는 대초원에서와 같이) 다양성과 관용은 한때 중동에서 자생하는 식물이었으며, 이는 이 지역에 엄청난 복원력 그리고 다른 수많은 문명과의 건강한 상호의존성을 가져다주었지만 알카에다와 ISIS는 고밀도 화석연료를 이용해 그 모든 다양성을 깨끗이 없애버리고, 음모론과 병든 사상에 극히 취약한 단종재배지를 만들어내려 애쓰고 있다. 이는 그곳에 사는 모든 사람에게 메마르고 유약하며 유해한 지역을 남겨주는 것이다.

나는 그와 같은 일이 미국 공화당에서도 일어나고 있다고 생각한다. 공화당은 지난날 대단히 기름진 다종재배지였다. 공화당은 우리에게 다양한 아이디어를 주었다. 국립공원(시오도어 루스벨트 정부 때), 환경보호청과 깨끗한 공기, 깨끗한 물에 관한 법률(리처드 닉슨 정부 때), 철저한 핵무기 통제와 오존 구멍을 막기 위한 몬트리올의정서(로널드 레이건 정부 때), 산성비를 줄이기 위한 탄소 배출권 거래제(조지 H. W. 부시 정부 때), 시장 기반 의료보험 개혁(밋 롬니가 매사추세츠 주지사였을 때) 같은 것들이다. 수십 년 동안 이 정당 자체가 북부의 자유주의적 공화주의자들과 남부와 서부의 보수주의자들이 섞인 다원적인 혼합물이었다. 그러나 최근 몇 년 동안 티 파티와 다른 극단적인 보수주의 세력들이, 주로 화석연료 기업들과 석유 부호들에게서 자금을 지원받아 한때 비옥했던 공화당의 다종재배지를 깨끗이 없애버리고 이를 병든 생각에 너무나 취약한 단종재배지로 바꾸려 애를 썼다. 예컨대 기후변화는 날조된 것이라거나, 진화는 결코 일어난 적이 없다거나, 우리에게 이민개혁법이 필요 없다고 주장하는 것만 봐도 알 수 있다. 이 모든 것이 공화당의 기반을 약화시키고 도널드 트럼프와 같은 일종의 침입 종이 정원 깊숙이 침투해 들어오도록 길을 열어준다.

2012년 카우프만 재단Kauffman Foundation의 연구에 따르면 이민자들이 미국의 기술 스타트업 기업 중 4분의 1을 창업했다고 밝혔다. 2012년 10월 2일 로이터는 '미국의 새로운 이민 기업가들: 과거와 현재'라는 제목의 이 연구 보고서가 엔지니어링과 기술 스타트업 기업들 중 24.3퍼센트는 핵심적인 역할을 하는 창업자 중 적어도 한 명이 이민자임을 보여준다고 전했다. "이 연구는 실리콘밸리에 특별한 관심을 기울여 그곳의 엔지니어링과 스타트업 기업 335곳을 분석했다. 그리고 이들 기업 중 43.9퍼센트는 적어도 한 명의 이민자가 창업한 회사임을 알아냈다. 이 보고서의 저자들은 '높은 수준의 기술 이민자들은 글로벌 경제에서 미국의 경쟁력을 유지하기 위한 결정적 자산으로 남아 있을 것'이라고 썼다."

이는 미국만의 현상이 아니다. 싱가포르 내각의 경륜 있는 장관인 조지 요George Yeo는 2014년 10월 리콴유 공공정책대학의 한 콘퍼런스에서 이렇게 말했다. "촘촘한 네트워크를 통해 일하고 서로 다른 문화권을 연결하며 이를 우리의 경제적 강점으로 바꿀 수 있는 능력이 싱가포르의 비밀 소스입니다. 궁극적으로 싱가포르를 이끌어가고 싱가포르에 특별한 경쟁 우위를 가져다주는 것은 여러 문화 사이에서 차익 거래를 할 수 있는 능력입니다."

주인 정신의 문화

자연이 무의식적으로 생태계에 대한 소속감을 발전시키는 방식과 완벽하게 일치하는 인간의 행동 양식은 없지만, 그 둘 사이에는 대략적인 유사점이 있다. 그것은 인간 사회에서 주인 정신의 문화를 촉진시키는 것이다. 이는 언제나 더 강한 복원력을 만들어낸다.

칼리지보드의 교육 전문가 스테퍼니 샌퍼드는 주인 정신 하나로 여러 가지 문제를 풀 수 있고, 이는 다시 다른 문제들을 더 쉽게 풀도록 해준다고 주장한다. 그녀는 시민들이 자기 나라에서, 교사들이 자기 교실에서, 학생들이 그들의 교육에서 주인 정신을 느낄 때 나쁜 일보다는 좋은 일이 일어나는 경향이 있다고 말한다. 이런 때에는 훨씬 더 본질적인 것으로서 자체적으로 지속성을 갖는 성과를 얻을 수 있다. 그리고 주인 정신이 없을 때, 사람들이 임차인이나 임시 체류자처럼 느낄 때에는 나쁜 일이 더 많이 일어나는 경향이 있다.

몸에 주인 정신이 배어 있을 때에는 남들이 요청하기 전에 그들 스스로가 더 많은 것을 주문한다. 샌퍼드는 "교육에서는 당신이 먼저 스스로 주인이 되지 않으면 내가 당신에게 해줄 수 있는 건 아무것도 없다."고 주장한다. 국제학업성취도평가PISA 시험을 주관하는 안드레아스 슐라이허Andreas Schleicher는 세계 각국 학생들의 학업 성과를 가늠해볼 때 최고의 성적을 내는 나라들은 주인 정신의 문화를 가진 나라들, 다시 말해 교사들이 높은 수준의 직업적 자율성을 가진 아시아 국가들이라고 밝혔다. 이들 국가에서는 교사들이 평가 기준과 교과 과정을 만드는 데 참여하고, 지속적으로 전문성을 키우는 데 많은 시간을 할애한다고 슐라이허는 말했다. 그들은 남이 만든 요리를 다시 데우기만 하는 요리사처럼 자신의 기술을 발휘할 수단에서 분리되어 있는 것이 아니다.

당신이 뭔가의 주인일 때 당신은 그것을 보살피고 주의를 기울이며 관리 의무를 수행하면서 그것의 미래를 생각한다. 당신이 재빨리 팔아버릴 집을 짓는다면 그 기초를 얼마나 튼튼히 다지겠는가? 사람들은 항상 실제로 살지 않을 집을 지을 때는 이런저런 과정을 건너뛰는 경향이 있다. 바로 그 때문에 나는 지난 몇 년 동안 "세계 역사상 빌린 자동차를 세차하는 이는 아무도 없다."는 격언을 그토록 자주 인용한 것이다. 주인 정신은 당신이 단기적인 사고보다는 장기적인 사고에, 전술보다는 전략에 집중하게 해준다. 나는 미국 내에서, 그리고 해외에서 서로 다른 집단들이 사회에 대한 주인 정신을 주장하며 벌이는 싸움과 주인 정신이 없을 때 나타나는 결과를 취재하면서 많은 시간을 보냈다. 그리고 주인 정신이 얼마나 빨리 행동을 바꾸고, 적응과 자체 추진력, 복원력, 건강한 상호의존성을 가능하게 해주는지를 발견하고서 늘 놀란다.

나는 2011년 2월 이집트 대통령 호스니 무바라크를 끌어내리는 시위가 절정에 이르렀을 때 카이로의 타흐리르 광장에 있었다. 광장의 봉기는 오랫동안 억눌려왔던 사람들이 스스로 역량을 강화했음을 의미하는 것이었다. 사람들은 더 이상 두려워하거나, 자유를 빼앗기지 않길 바랐고, 30년 동안 그들이 민주주의를 실현할 준비가 안 돼 있다고 말했던 자국의 지도자들에게 더 이상 굴욕당하지 않길 바랐다. 확실히 이집트의 민주화 운동은 호스니 무바라크가 그렇지 않다고 부인했던 모든 특성을 지닌 것이었다. 그것은 자생적이고 지칠 줄 모르며 진정으로 이집트적인 운동이었다. 2월 9일 아침, 나는 광장에서 젊은 이집트 학생들이 비닐장갑을 낀 두 손으로 검은 비닐봉지에 쓰레기를 주워 담으며 광장을 말끔하게 치우는 모습을 지켜보면서 사진도 찍었다. 몇 세기 동안 아랍 사람들은 자기네 나라를 왕과 독재자들, 식민 국가들로부터 임차해왔다. 따라서 그걸 깨끗이 하려는 마음이 없었다. 하지만 지금은 있다. 그때 광장 근처에는 이런 표어가 쓰여 있었다. "타흐리르—이집트에서 유일하게 자유로운 곳." 나는 쓰레기를 치우는 카림 투르키라는 한 젊은이에게 다가가 내 칼럼에 쓸 질문을 던졌다. "왜 이런 일을 자원했나요?" 그는 영어가 서툴러서 하고 싶은 말을 충분히 빠르게 말하지 못했다. "이곳은 우리 땅입니다. 이곳은 우리 나라입니다. 이곳은 우리 집입니다. 저는 무바라크가 물러날 때까지 이집트를 청소할 겁니다."

3년 후인 2014년 4월, 나는 우크라이나 사람들이 '마이단Maidan'이라고 부르는 키예프의 독립 광장에 서 있었다. 이 나라의 부패한 지도자에 저항하는 봉기가 일어난 직후였다. 자갈과 타이어, 나무 기둥을 쌓아 만든 바리케이드와 우크라이나 혁명 시위대가 세워놓은 불탄 자동차들이 여전히 그곳에 있었다. 모든 장면이 브로드웨이의 〈레 미제라블〉 무대 같았다. 사람들은 그곳에서 죽은 100명도 넘는 사람들을 위해 임시로 세운 참배 시설에 변함없이 싱싱한 꽃들을 가져다놓고 있었다. 현지 안내자는 지난겨울 혁명이 일어났을 당시 그 광장과 옆길은 시 당국이 한 번도 제대로 치우지 못한 얼음 층으로 덮여 있었다고 설명했다. 하지만 시위대가 광장을 차지하고 나서부터는 나이 많은 여성들이 작은 곡괭이와 삽을 가지고 와서 얼음을 찍어내 깨끗이 치웠다. 그들은 자발적으로 나서서 일했다. 타흐리르 광장의 젊은 학생들과 똑같이 대가를 받지 않고 일한 것이다.

또한 주인 정신은 자체적인 추진력을 가지며 그 때문에 복원력의 중요한 구성 요소가 된다. 2015년 2월, 나는 코네티컷 주 뉴런던에 있는 미국 해안경비사관학교 Coast Guard Academy에서 강연해달라는 초청을 받았다. 나는 캠퍼스 안에서 묵었는데, 강연을 한 다음 오전 시간을 그곳에서 글쓰기를 가르치던 브룩 밀러드 소령의 안내를 받아 이곳저곳 둘러보았다. 전에 해안경비대 쾌속정을 지휘했던 그녀는 나보다 키가 훨씬 작았기 때문에 어떻게 그 모든 남성 대원을 지휘할 수 있었는지 물어보지 않을 수 없었다. 그 일을 (계급이 높든 낮든, 공식적인 권한이 있든 없든) 대양에 나가서 하기란 결코 쉽지 않았을 것이기 때문이었다. 그녀는 며칠 동안 생각한 다음 이런 이메일을 보내왔다. 메일은 주인 정신을 높여 조직을 이끌어간다는 생각을 더할 나위 없이 잘 표현하고 있었다.

질문에 감사드립니다. 쾌속정 지휘관으로 근무하기 전에 일했던 부대에서 저는 10명쯤 되는 대원들을 맡고 있었는데, 그들은 열여덟 살이나 그 이상 된 남자들로 모두 특수 분야의 전문가였습니다. 저는 4년 경력의 신참 소령이었고 스물여섯 살이었습니다. 제가 그들에게 뛰라고 하면 "얼마나 높이 뛸까요?" 하는 반응이 나올 줄 알았는데, 그 대신 그들은 '매우 적대적인' 태도를 보였습니다. 그곳에서의 첫 6개월은 힘들었어요. 저는 다른 리더십 기법을 찾아내야 했습니다.

저는 아이들이 음식을 먹을 때 흔히 두 가지 선택이 주어진다는 걸 알고 있었습니다. "간식으로 당근을 먹을래 아니면 사과를 먹을래?" 하는 식으로 말이지요. 두 가지 모두 엄마가 괜찮다고 생각하는 음식이지만, 아이에게 선택권을 주면 그 아이는 한 가지를 고를 수 있고 의사 결정의 주체가 되는 법도 배울 수 있습니다. 비슷한 기법을 대원들에게 시도했습니다. 문제와 현안을 제시하고 그들의 의견과 조언을 구한 다음 마지막으로 행동을 위한 두 가지 대안을 찾아냈습니다. 보통 그중 하나는 다른 것보다 나은 것이었고, 당연히 그들은 제가 더 좋아하는 대안을 선택했지요. 하지만 그 방식은—적어도 그들에게는—자기들이 선택했고, 그래서 자기들이 결정한 것으로 보였습니다. 그 방식은 훈련을 지휘하는 데 효과적이었고, 저는 한 배의 선장으로서 여러 가지 결정을 할 때에도 같은 방식을 적용했습니다. 스물아홉 살에, 저는 남자들 17명을 지휘했습니다. 적어도 5명은 저보다 나이가 많았지요. 저는 주요 결정을 내릴 때 핵심 그룹의 동의를 얻은 것이 도움이 되었다고 생각합니다. 이는 그들에게는 역량이 강화되고 자신의 의견이 존중된다는 느낌을 주었고, 저에게는 대안들을 저울질하고 결정을 실행할 때 필요한 지지를 얻는 데 도움을 주었습니다.

밀러드는 그녀의 배가 가진 문제와 해결책에 대한 주인 정신을 공유했고, 그렇게 함으로써 대원들의 에너지를 충분히 활용해 배 전체가 더 강한 복원력을 가질 수 있게 했다. 뭄바이에 있는 매킨지 경영 컨설턴트의 알로크 크쉬르사가Alok Kshirsagar는 언젠가 나에게 이렇게 말한 적이 있다. "큰 문제를 풀고 싶으면 먼저 신용을 얻고, 그다음에 신용을 공유하고, 그러고서 신용을 몇 곱절로 확대해야 합니다. 모든 효과적인 시스템은 신용을 확대하지요." 신용을 확대하는 것은 그 시스템 안에 있는 모두가 주인 정신을 느끼게 하는 또 하나의 방식이며, 그렇게 하는 과정에서 복원력과 추진력이 나온다.

연방주의 바로 세우기

자연과 정치 둘 다 개별적인 생태계들과 더 큰 전체가 서로를 북돋울 수 있도록 그 둘 사이의 올바른 균형을 찾는 일이 대단히 중요하다. 그 일을 하는 데 불변의 규칙은 없지만, 복원력은 알맞은 시간에 알맞은 균형을 찾는 데서 나온다. 진보정책연구소Progressive Policy Institute의 윌 마셜Will Marshall은 가속의 시대에 이르러 오늘날 미국 정치에서는 연방과 주 그리고 그 아래 수준의 지역 간 재균형이 필요하다고 지적했다.

20세기 대부분의 기간 동안 당시의 큰 문제를 다루는 데 있어서 역사의 화살이 정치권력의 중앙집권화와 정책 수단의 국유화 쪽으로 나아갔다고 그는 말했다. 마셜은 '새롭게 부상하는 연방 차원의 관료 제도와 행정을 하는 주'가 그 당시 정치의 기본적인 수단으로 여겨졌다고 설명했다. 20세기 초 미국에서 이는 대단히 합리적인 것이었다. 왜냐하면 '주와 지방정부는 새로운 독점적 경제행위자를 다루는 데 연방 정부의 영향력이 필요했기 때문'이다. 그런 행위자들은 돈으로 입법부를 살 수 있었고, 지방정부는 말할 것도 없고 주 정부의 보잘것없는 힘을 압도할 수도 있었다. 그러고 나서 대공황과 그 후의 혼란이 찾아왔다.

마셜은 이렇게 덧붙였다. "뉴딜로 대규모 공공사업과 구호 계획이 시작되면서 연방 정부의 힘이 미치는 범위는 극적으로 확대됐습니다. 정부는 가격과 임금을 규제하고 국가 차원에서 소득 지원과 노동자 보호 정책을 시행하며 사회보장제도를 확립했습니다. 그리고 대학을 졸업한 새로운 유형의 기술 관료들로 채운 연방 기구들을 늘렸지요. 또한 워싱턴은 경기변동을 관리하기 위해 자유방임주의를 버리고 케인스학파의 처방에 따라 재정지출을 늘렸습니다." 그는 국가의 역할을 확대하는 추진력은 제2차 세계대전으로 더욱 강해졌다고 지적했다. "그 절정은 LBJ(린던 B. 존슨Lyndon B. Johnson 대통령—옮긴이)의 '위대한 사회'였습니다. 자유주의liberalism(진보적 자유주의를 의미한다—옮긴이)가 확대된 이 시기에는 그때까지 주로 각 주와 지방정부가 맡았던 문제들을 연방 정부가 책임지게 되었지요. 인종차별, 빈곤, 질병, 성 불평등, 도시의 쇠퇴, 교육 불평등과 오염 문제가 그랬습니다." 지정학적 구도 역시 미국이 소련과 경쟁하는 글로벌 냉전 체제의 자금을 대고 그것을 유지할 것을 워싱턴 D.C.에 요구했다. 더욱이 복잡한 산업화 시대에 새롭게 대두되는 여러 문제를 해결하는 데 실질적인 전문성을 가진 연방 정부가 필요했다.

이는 오늘날 우리가 알고 있는 '좌파'와 '우파'의 정치적 의제들 가운데 여러 핵심적인 강령들을 만들어낸 20세기 미국 정치의 폭넓고 뚜렷한 추세를 보여준다. 보수주의적인 우파는 자산 소유주와 자본의 이해에 더 호의적인 경향이 있으며, 언제나 시장 원리에 더 충실한 해결책을 찾고 연방 정부의 규제를 줄이려 한다. 이에 비해 진보주의적인 좌파는 정부 주도의 해결책에 더 많이 끌리는 경향을 보이며, 특히 소수집단과 빈곤층에 대해 평등한 기회뿐만 아니라 평등한 결과를 추구한다.

그러나 가속의 시대에는 산업화 시대와는 다른 도전과 기회가 나타나며, 그에 따라 중심부와 주변부, 연방 정부와 지방정부 사이에 과거와는 다른 균형이 필요한 게 사실이다. 오늘날 우리는 지난 한 세기 동안 경험한 권력의 중앙집권화를 되돌려 분권화 쪽으로 나아갈 필요가 있다. 연방 정부는 관료주의적으로 지나치게 비대해져서 '변화하는 속도의 변화'를 따라가기에는 너무나 느리다. 그러는 사이에 각 주와 지방정부는 더 유연하고 유능하게 커왔다. 그들은 빙산의 가장자리에 살면서 기온과 바람의 모든 변화를 먼저 느낀다. 그들은 재빨리 반응해야 하고, 이제 그렇게 할 수 있다.

이제 많은 기업이 세계 무대에서 뛰고 있으며 대단히 역동적이다. 많은 도시가 자체적으로 국제 무역 사절단을 후원하며 노동력의 질을 높이기 위해 지역 기업과 교육기관, 자선단체 들로 자체적인 컨소시엄을 만든다. 또한 지역의 싱크탱크들과 대학들이 공공 정책에 참여한 덕분에 그 지역에 특화된 풍부한 전문 지식을 활용할 수 있다. 나는 경쟁력이 필요한 세계를 훨씬 더 잘 이해하는 시장들을 그 지역의 의원들보다 더 자주 만난다. 한편 연방 정부는 각 주와 지방정부의 재정 부족을 메워줄 처지가 못 되며, 이런 상황은 앞으로 베이비부머들이 사망할 때까지 적어도 한 세대 동안 계속될 것이다. 따라서 지방정부는 그들의 연금 제도를 유지하기 위해 성장하고 소득을 창출하는 법을 스스로 알아내야 할 것이다.

그렇다고 우리가 연방 정부 없이도 살아갈 수 있다는 뜻은 아니다. 전혀 그렇지 않다. 우리에게는 국가 경제와 안보, 의료보장, 조세 그리고 사회 안전망을 관리하기 위해 여전히 연방 정부가 필요하다. 하지만 마셜은 이렇게 말했다. "우리는 이제 다른 세계에 살고 있습니다. 오늘날 권력은 워싱턴에서 빠져나가고 있지요. 한 세대 전에는 경제적·사회적 기능장애가 주로 일어나는 곳이었던 미국의 도시들은 이제 이 나라의 공공 혁신 실험실이 되었습니다."

그러므로 정말 중요한 질문은 연방 정부와 주 정부가 어떻게 지역의 지도자들과 더 좋은 동반자 관계를 맺을 수 있느냐 하는 것이라고 마셜은 주장한다. 간단히 답하면 이렇다. 가능하다면 어느 곳에서든 연방 정부는 국가 관료 주도의 해결책을 제시하는 데서 벗어나 각 지방별로 상향식 혁신이 이뤄지도록 유인을 제공하고 역량을 키우고 실험 정신을 고취하는 데 추진력을 발휘하는 방향으로 나아가야 한다.

우리는 다음 두 장에서 이 문제를 더 자세히 살펴볼 것이다. 여기에서는 연방과 주 정부 지도자들이 경제와 사회 양면에서 지방 스타트업의 복합적인 가속화가 이뤄질 수 있게 해줘야 한다고 말하는 것으로 충분하다. 그렇게 함으로써 시민들이 가속의 시대에 변화의 속도를 따라갈 수 있도록 제도적 뒷받침을 얻고 기술을 갖춰 강한 복원력을 가지면서 번영할 수 있게 해야 한다.

대자연의 정당

이는 대자연의 킬러 앱 중 마지막 것으로 이어진다. 그것은 가속의 시대에 이뤄지는 정치에 우리가 의식적으로 적용해야 할 앱이다. 우리는 기업가적인 마음을 가져야 하며, 정치를 하고 문제를 풀어갈 때 전통적인 좌파와 우파의 교리문답서와 상관없이 매우 합성적이고 이단적이며 독선적이지 않은 생각들을 뒤섞으면서 서로 맞춰갈 필요가 있다. 그렇게 해야 자연에서 여러 식물과 동물이 그러하듯 모든 종류의 아이디어가 공진화할 수 있다.

안타깝게도 앞서 지적했듯이 그것은 오늘날 미국의 두 정당의 마음가짐이 아니다. 지금 그들의 마음가짐은 자신들의 오래된 생각을 고집스럽게 지켜내는 것이다. 공화당은 세금 감면과 규제 완화 그리고 이민에 대한 반대를, 민주당은 사회복지 확대와 교원 노조에 대한 지원 확대, 규제 강화, 정체성 정치 강화 그리고 매우 느리게 커지는 파이에 대한 더 많은 분배를 고집하고 있다. 이들 두 정당은 정체성과 정치자금 조달 문제 때문에 실제로 서로 가장 잘 맞는 생각들이 짝을 짓도록 허용하지 못하고 있다. 또한 지난날의 유산 때문에 아무것도 적히지 않은 빈 종이를 꺼내들고서 대가속화를 둘러싼 혁신에 관해 완전히 새로운 발상을 할 수 없다. 우리는 지금보다 더 잘할 수 있다. 그리고 그것은 두 정당의 차이를 벌려서가 아니라 두 정당을 넘어서고 초월해야 할 수 있는 일이다. 그들이 한꺼번에 닥친 세 가지 기후의 변화를 맞아 무너지고 나서 대자연을 멘토로 삼아 스스로를 완전히 재구성할 때까지 그렇게 해야 한다.

대자연이 하나의 정당이라면—그 정당을 '모두를 위한 미래를 만들어가는 당'이라고 하자—여기에 그 당 정강의 일부로 포함될 거라 생각하는 몇 가지 정책들이 있다. 대자연은 좌파 중에서도 좌파인 '동시에' 우파 가운데서도 우파가 되는 데 아무런 문제가 없다. 공진화해야 하는 것은 무엇이든 공진화해야 한다. 그 의미는 이런 것이다.

1. 대자연의 정당은 (식료품과 다른 생필품을 제외하고 부과하는) 누진적인 부가가치 소비세로 재원을 마련하는 단일 보험 형태의 보편적 건강보험 체계(하나의 공적 보험이 의료비를 지불하며 보편적 서비스를 제공하는 건강보험 체계—옮긴이)를 선호할 것이다. 세금 부담 수준은 의료 서비스의 비용에 따라 해마다 조정해서, 시민들이 의료 서비스의 비용과 가계에서 내는 부가가치세의 관련성을 느낄 수 있도록 할 것이다. 단일 보험 시스템이 캐나다와 오스트레일리아 그리고 스웨덴에서 일반적으로 더 낮은 가격에 더 나은 의료 서비스 성과를 내는 데 효과적일 수 있다면 우리에게도 효과적일 수 있다. 이는 미국 기업들이 건강보험 체계 밖으로 빠져나갈 수 있게 해주고, 메디케어(공공 의료보장제도—옮긴이) 비용을 급여세로 충당하지 않도록 해줄 것이다.

2. 이 정당은 근로장려세제(EITC, Earned Income Tax Credit)와 자녀세액공제를 연장하고 확대할 것이다. 이 제도는 저소득 근로자들의 임금에 정부가 장려금을 얹어주는 식으로 일할 유인을 제공함으로써 사람들이

가난에서 벗어날 수 있도록 하는 필수적인 도약대다. (이들 두 제도 모두 2017년에 끝난다.) 가톨릭 사회정의를 위한 네트워크 로비Network Lobby for Catholic Social Justice 그룹은 이 세액공제의 작동 방식을 이렇게 설명했다. "자녀가 둘 있는 부부의 경우 소득 1만 3,090달러까지는 EITC 세액공제율이 40퍼센트이며, 소득이 2만 2,300달러에 이르면 공제액이 5,236달러로 최대가 된다. 소득이 그 수준을 넘어서면 공제율은 크게 떨어지며 소득이 4만 7,162달러를 웃도는 납세자들은 제로가 된다. (중략) 자녀세액공제는 17세 미만의 자격 있는 자녀 한 명당 1,000달러씩 소득 세액을 깎아주며 세액이 그에 못 미쳐도 차액을 돌려주지는 않는다."

일(그리고 품위, 절제, 일에서 배우는 지식)에 대한 유인을 제공하는 정책들은 가족이 가난에서 벗어날 수 있도록 지속적으로 도와주는 가장 좋은 기제들이다. 또한 최근의 몇몇 연구는 EITC를 통해 저소득 근로자들의 임금에 장려금을 얹어주면 그들의 자녀에게 유치원 입학 전 지원 혹은 유아교육 지원 프로그램인 헤드 스타트Head Start보다 지속적으로 더 많은 혜택을 준다고 밝혔다.

3. 이 정당은 미국과 태평양 연안국들 간의 환태평양경제동반자협정TPP, Trans-Pacific Partnership, 미국과 유럽연합 간의 범대서양무역투자동반자협정TTIP, Transatlantic Trade and Investment Partnership과 같은 여러 자유무역협정에 대한 지지를 이끌어내면서 그 협정으로 타격을 받는 근로자들에 대한 임금보험 제도를 운영할 것이다. 지금까지 경제학자들의 연구에 따르면 중국이 2001년 세계무역기구에 가입하라는 초청을 받은 후 미국으로 들어오는 수입이 급증하면서 특정 분야의 미국 근로자들은 타격을 받았지만 훨씬 더 광범위한 대중은 값싼 수입품 덕분에 혜택을 본 사실이 입증되었다. 우리는 중국 혹은 다른 어떤 나라

와도 교역을 막을 것이 아니라 경제 전체에 혜택을 주는 교역을 확대해야 한다. 그러는 동안 특별히 교역으로 피해를 입은 이들을 보호하는 데 진지한 노력을 기울여야 한다. MIT의 경제학자 데이비드 오터는 2016년 2월 많은 관심을 모은 「중국 쇼크: 노동시장 조정과 대규모 무역 구조 변화의 교훈The ChinaShock: Learning from Labor Market Adjustment to Large Changes in Trade」이라는 논문의 공저자다. 이 논문은 중국산 수입품이 미국의 특정 지역사회에 미치는 일자리 파괴 효과를 자세히 분석한다. 오터는 2016년 5월 12일 「워싱턴포스트」와의 인터뷰에서 이렇게 말했다. "미국 경제의 파이가 전체적으로 3퍼센트 커지는 가운데서도 어떤 부문은 40퍼센트나 줄어드는 것이 충분히 가능한 일이며, 우리는 실제로 이를 보았습니다. 많은 이가 일터를 잃었고 많은 사람이 분노하고 있지요."

이는 공정하지도, 지속 가능하지도 않다. 브루킹스 연구소의 정책전문가인 빌 갤스턴Bill Galston은 2016년 5월 10일 「월스트리트저널」과 인터뷰하면서 교역이나 오프쇼어링offshoring(생산기지 해외 이전—옮긴이) 때문에 일자리를 잃은 많은 근로자가 예전만큼 급여를 주는 새 일자리를 찾지 못하고 있다고 지적했다.

> 이 근로자와 그 가족은 전에 벌었던 것보다 40퍼센트 적은 소득으로 살아가야 하는 처지에 몰렸습니다. 바로 그 때문에 효과가 거의 없는 무역조정지원Trade Adjustment Assistance 프로그램을 보강하기 위해 임금보험 시스템을 도입해야 합니다. 이 시스템하에서는 일자리를 잃은 근로자들이 현재와 과거 임금의 차액 중 절반을 한 해 최대 1만 달러까지 보전받게 될 것입니다. 이러한 임금 보전은 영구적인 것이 아니지만 고용과 연계되어 있고 전통적인 실업보험보다 더 후하기 때문에 근로자들

이 가능한 한 빨리 일자리를 찾으려는 유인을 주지요. 이는 장기 실업의 부정적 효과를 최소화하면서 미국 노동력의 성장을 뒷받침할 것입니다.

4. 이 정당은 중등교육을 마친 다음에 공인된 오프라인이나 온라인 대학, 또는 기술학교에서 받는 모든 교육의 학비를 전액 소득공제 해줄 것이다. 앞으로 모든 사람이 평생학습자가 되어야 한다면 그 교육을 받는 모두에게 가능한 한 경제적 부담을 줄여줘야 한다. 게다가 이는 일자리를 만들어낼 것이다. 더 많은 사람이 평생학습자가 될수록 더 많은 이들이 평생교육자가 될 것이다. 어떤 주제든 간에 전문성을 가진 사람이라면 누구나 (제빵, 배관, 칼럼 쓰기 같은) 자신의 전문 분야를 가르치기 위해 앱과 팟캐스트를 만들 수 있을 것이다. 동시에 이 정당은 나라 전체의 교육 수준을 높이기 위해 '공통 핵심 교육 기준'을 국법으로 만들고, 그래서 고등학교 졸업자들이 좋은 일자리를 얻는 데 갈수록 더 필요해지는 높은 기술 수준을 충족시킬 수 있도록 할 것이다. 그러나 그러한 높은 기준은 충분한 재원이 마련되는 가운데 단계적으로 도입되어야 한다. 그래야 모든 교사가 그러한 기준이 요구하는 새로운 교과를 배우며 직업적인 개발에 필요한 시간을 갖고 가르치는 데 필요한 교재를 살 수 있다.

또한 대자연의 정당은 공적인 권위를 이용해 모든 대학교가 4년제 학사 학위 과정을 3년제로 바꾸라고 촉구할 것이다. 옥스퍼드 같은 유럽 대학교들이나 테크니언 같은 이스라엘 대학교들이 3년 안에 젊은이들이 문학사나 의학사 학위를 따도록 충분히 교육할 수 있다면 미국의 대학교 역시 그렇게 할 수 있다. 그렇게 되면 대학생 가족들은 그가 학위를 받는 데 들어가는 비용을 25퍼센트 절감할 수 있고 학생들의 빚도 줄일 수 있다.
5. 이 정당은 2005년 파산법 '개혁'을 하지 않은 상태로 되돌릴 것이다. 그 법 때문에, 기업가들이 파산을 선언하고 다시 시작하는 데 훨씬 더 많은 비용을 들이게 되면서 스타트업 기업이 타격을 받았다. 특히 신용카드로 종잣돈을 마련한 이들의 타격이 컸다. 「비즈니스 인사이더」는 2011년 3월 8일 이렇게 보도했다.

> 파산 제도 개혁이 기업가 사이에 공포감을 부추기고 새로운 벤처기업의 성장을 방해하며 경제 회복을 지연시키고, 새로운 소기업들이 꾸준히 해오던 일인 일자리 창출을 하지 못하게 막는다는 증거들이 늘어나고 있다.
> 2010년 서던캘리포니아 대학교는 미국 파산법의 변화와 기업가 활동 감소 사이의 직접적인 연관성을 입증했다. 연구자들은 이런 결론을 내렸다. "많은 기업가가 성공에 이르기 전에 몇 차례 비즈니스 모델을 거친다. (중략) 개정된 법의 가혹한 조항들은 일부 잠재적인 기업가가 새로운 사업을 시작하지 못하게 방해하고, 사업에 실패한 기업가들이 재기하지 못하게 막는 것으로 보인다."

6. 이민과 관련해서 이 정당은 매우 높은 장벽과 매우 넓은 문을 선호할 것이다. 다시 말해 우리는 1만 9,223킬로미터 길이의 멕시코 국경에서 물리적인 장벽과 센서, 드론, 텔레비전을 이용한 가상의 장벽을 늘리며 경비를 강화할 필요가 있다. 미국 국민은 국경이 제대로 통제되는 나라에 살고 있다는 믿음을 가질 수 있어야 한다. 그러나 한 나라로서 번영하려면 합법적인 이민의 꾸준한 흐름이 필요하다는 것 또한 이해해야 한다. 다양성을 포용하는 능력은 미국이 가

진 가장 큰 경쟁 우위 가운데 하나다. 저기술 이민을 통제해 미국의 저기술 근로자들이 임금 수준이 맞지 않아 일자리에서 밀려나지 않도록 조치할 필요가 있으며, 한편으로는 외국의 숙련된 지식 근로자들을 위한 전문직 취업 비자의 모든 제한을 없애야 한다. 또한 기초연구를 촉진하기 위해 모든 국립 연구소와 의료기관을 위한 연구기금을 두 배로 늘려야 한다. 새 일자리와 산업을 창출하는 데에는 더 많은 기초 연구와 더 많은 지식 근로자를 결합하는 것만큼 좋은 방법이 없을 것이다.

7. 차세대 인터넷 서비스가 확실히 미국에서 개발되도록 이 정당은 유선과 무선 네트워크를 통한 초고속 통신 보급을 급속히 확대할 것이다. 이를 위해 규제 장벽을 제거하고 세제 혜택이 가속적으로 확대되는 새로운 제도를 시행할 것이다. 수많은 연구에 따르면 인터넷 접속 속도와 범위는 경제성장과 직접적인 상관관계가 있다.

8. 이와 함께 이 정당은 제로에 가까운 지금의 금리로 약 500억 달러를 차입해 우리의 항만과 공항, 전력망을 개선하고 일자리를 창출할 것이다.

9. 이 정당은 모든 반자동식 총기와 군대식 총기의 제조와 판매를 금지하고, 유통되는 어떤 장총이나 권총이든 정부가 되사겠다고 제안하게 할 것이다. 이것이 모든 총기 문제를 해결해주지는 못하겠지만 총기 사망을 줄이는 데 도움이 될 수 있음을 오스트레일리아의 사례가 보여주었다.

10. 이 정당은 정부가 여러 투자에 자금을 대기 위해 충분한 재정 수입을 확보하도록 중요한 세제 개혁을 지지할 것이다. 이 정당은 먼저 현재 35퍼센트로 세계에서 가장 높은 미국의 법인세를 완전히 없앨 것이다. 세계 평균 법인세 세율은 20퍼센트 초반이다.『부의 제

국: 미국은 어떻게 세계 최강대국이 되었나An Empire of Wealth: The Epic History of American Economic Power』의 저자 존 스틸 고든John Steele Gordon은 2014년 12월 29일 「월스트리트저널」에 쓴 글에서 이 정책의 많은 혜택을 지적했다. "우리는 기업 관련 세제를 놓고 게임을 하면서 시간을 낭비하는 로비스트와 회계사 군단을 없앨 수 있을 것이다. 이처럼 세금 부담이 가벼워지면서 늘어난 이익으로 많은 기업이 배당을 늘리고 공장과 설비에 대한 투자를 확대할 것이며, 이는 경제 전반에 매우 긍정적인 영향을 미치고 개인소득세가 늘어나면서 정부의 세수도 늘어나게 될 것이다. 동시에 미래 이익 예상에 따라 결정되는 주가가 크게 오르고, 사람들이 자신의 401(k)와 뮤추얼 펀드 가치가 오르는 걸 보면서 부의 효과wealth effect가 나타날 것이다. 이는 소비 증가로 이어지고 따라서 세수도 늘어날 것이다. (중략) 영리기업과 비영리기업 사이의 구분은 사라질 것이다. 그러므로 비영리기업들이 그 지위를 얻기 위해 무슨 짓이든 할 필요가 없어질 것이다. 그리고 미국 기업들이 해외에서 번 약 2조 달러 중 많은 금액이, 지금은 본국으로 송금할 때 물어야 할 세금을 피해 해외에 있지만 앞으로는 이 나라로 흘러들어올 것이다. 마지막으로, 미국은 법인세 세율이 가장 높은 나라에서 가장 낮은 나라로 바뀔 것이며, 이는 많은 외국 기업들이 미국에 투자하도록 끌어들이게 될 것이다."

이와 함께 이 정당은 오바마 대통령이 첫 임기 중 고민했던, 사회보장연금 지급액을 결정하기 위해 물가에 연동하는 생계비 증가율의 계산 방식을 바꾸는 방안을 수용할 것이다. 그렇게 함으로써 연간 사회보장 지출 증가율을 낮춰서 미래 세대를 위해 이 제도의 지급능력을 확실히 유지할 수 있다. 이 정당은 사회보장연금의 다른 부분은 건드리지 않을 것이다. 제로 금리 시대에 은퇴자들은 그 어느 때보다도 이 연금이 필요할 것이다.

기업에 물리는 여러 세금과 다른 정부 수입원을 대체하기에 충분한 세수를 창출하기 위해서, 이 정당은 탄소세와 (주식, 채권, 현금 거래 같은) 금융거래에 물리는 소액의 세금, 그리고 총알에 물리는 세금을 활용할 것이다. 최저 소득 계층에는 세금을 감면해줄 것이다. 또한 배당소득과 자본이득에 대한 세제 우대를 없애고 다른 소득과 똑같이 정상적인 세율로 과세할 것이다. 우리 모두가 원하는 것(투자, 일, 고용)에 대해서는 구체적으로 유인을 제공할 필요가 있다. 반면 우리가 원하지 않는 것(탄소 배출, 기업의 조세 회피, 과잉 규제, 기후 변화, 그리고 총기를 쓰는 폭력)은 억제하는 조세체계가 필요하다. 더 이상은 그런 것들을 용인할 여유가 없다.

이런 것을 생각해보자. 2013년 1월 1일, 미국 상원은 세수를 한 해 600억 달러씩, 10년 동안 총 6,000억 달러 늘린다는 데 합의하고 재정 절벽 협상을 마무리했다. 불과 며칠 전인 2012년 12월 28일, 상원은 폭풍이 한차례 휩쓸고 지나가면서 큰 피해를 입은 뉴욕과 뉴저지 지역의 복구를 돕기 위해 약 604억 달러의 자금 지원 계획을 승인했다. 2012년 10월에 슈퍼스톰 '샌디'가 마치 갈퀴처럼 미국 동부를 긁고 지나간 뒤였다. 달리 말하면 우리는 그해 새로 증액된 세수를 전부 폭풍 하나에 쏟아부은 것이다.

11. 이 정당은 설탕이 들어간 음료수와 캔디, 당분 함량이 높은 패스트푸드에 대해 (담뱃갑에 흡연이 암을 유발할 수 있다고 경고 표시를 하는 것과 같이) 그것들을 지나치게 섭취할 경우 당뇨병이나 비만을 유발할 수 있다는 경고 표시를 의무화할 것이다. 2016년 4월 6일, 저명한 학술지 「랜싯The Lancet」에 발표된 연구에 따르면 이제 세계적으로 당뇨병에 따른 비용이 한 해 약 8,250억 달러에 이른다. 그 보도자료

는 이렇게 밝혔다. "당뇨병은 환자가 혈액의 당분 수준을 조절할 수 없게 되는 결과를 초래하며 심장과 신장 질병, 시력 상실, 손발 절단의 위험을 증가시킨다. (중략) 연구진은 연령을 통제한 수치를 파악해 지난 35년 동안 세계적으로 남성 가운데 당뇨병 환자의 비율이 두 배 이상 늘어난 사실을 알아냈다. 평균 연령이 높아진 데 따른 효과를 제외했을 때 당뇨병 환자 비율은 1980년 4.3퍼센트에서 2014년 9퍼센트로 높아졌다. 같은 기간에 여성 가운데 당뇨병 환자 비율은 5퍼센트에서 7.9퍼센트로 높아졌다." 이 자료는 "국가별로 보면 가장 큰 비용이 발생한 나라는 중국(1,700억 달러), 미국(1,050억 달러), 그리고 인도(730억 달러)였다."고 덧붙였다. 대자연은 누구에게라도 무엇을 먹으라고 알려주지는 않겠지만, 무엇이든 지나치게 먹으면 어떻게 되는지 분명히 가르쳐줄 것이다.

12. 이 정당은 도드프랭크Dodd-Frank 금융개혁법과 서베인스옥슬리Sarbanes-Oxley 회계규제법을 재검토할 독립적인 위원회를 설치해 이들 법 가운데 (그런 조항이 있다면) 어떤 조항이 불필요하게 기업가들의 자본조달과 창업을 더 어렵게 하는지 평가하도록 할 것이다. 우리는 리스크 감수를 막는 것이 아니라 무모함을 예방하려 한다는 걸 분명히 해야 한다.

13. 또한 이 정당은 2013년 5월 진보정책연구소가 정책 보고서에서 제안한 것과 같이 규제개선위원회를 만들 것이다. 연구소는 이렇게 주장했다. "시간이 지나면서 자연스럽게 쌓이는 연방 정부 규제들은 기업과 경제성장에 뜻하지 않은 큰 비용을 안긴다. 그러나 현재로서는 과거를 돌이켜보면서 규제를 개선하거나 제거하는 효과적인 절차는 존재하지 않는다." 흔히 정부 기관들은 그들 자신의 규제를 재검토하라는 주문을 받지만 그에 따라 의미 있는 변화가 나

타나는 경우는 매우 드물다. 진보정책연구소가 제안한 규제개선위원회는 방어 기지 폐쇄 및 재편성 위원회Defense Base Closure and Realignment Commission의 성공 모델을 본떠 만들 것이다. 이 위원회는 대통령과 의회가 지명하는 위원 8명으로 구성되며, 이들은 규제에 대한 공식적인 재검토가 끝난 후 15~20가지 개선 사항 목록을 의회에 제출해 찬반 표결을 할 수 있게 할 것이다. 그 개선이 발효되려면 의회의 승인이 필요하지만 의회는 어떤 수정도 하지 않고 일괄적으로 전체 개선안에 대한 찬반 표결만 할 수 있게끔 할 것이다.

14. 이 정당은 영국의 경우를 본받아 전국적인 선거운동 비용을 제한하고 선거운동 기간을 몇 달로 줄일 것이다. 지금처럼 갈수록 빠르게 발전하는 세계에서 미국은 4년마다 100일씩 선거운동을 하고 나머지 시간은 중간 선거와 대통령 선거를 준비하며 보낼 여유가 없다. 그것은 정신 나간 짓이다.

15. 이 정당은 은퇴한 법학자들이 초당파적인 위원회에 참여해 가능한 한 가장 균형 잡힌 의회 선거구를 획정하도록 한 캘리포니아의 조치를 본받아 모든 주가 게리맨더링gerrymandering(어느 한 정당에 유리하도록 기형적으로 선거구를 획정하는 일—옮긴이)을 끝내도록 장려할 것이다. 선거구의 경계가 초당파적으로 결정되면 그곳에서 공화당이나 민주당이 안전하게 의석을 차지할 가능성이 훨씬 줄어들 것이고, 선거에서 중원을 차지하려는 경쟁이 훨씬 치열해질 것이다. 이 경우 후보자들은 독립적인 유권자들에게 지지를 호소해야 할 것이다. 안전한 선거구에서는 대부분의 경우 공화당 후보는 더 보수적인 다른 공화당 후보에게만 질 수 있고, 민주당 후보는 더 진보적인 다른 민주당 후보에게만 밀릴 수 있다. 그 결과 의회는 이 나라의 진정한 정치 성향을 나타내기보다는 극우나 극좌 성향의 인사들로 구성

된다. 중도좌파 민주당 의원들과 중도우파 공화당 의원들이 많아지면, 입법 과정에서 양 극단에서 안쪽으로 밀고 들어오는 것보다 중도에서 밖으로 퍼져나가는 형태의 연합이 더 많이 이뤄질 가능성이 크다.

또한 이 정당은 모든 상원과 하원 선거에 순위선택투표ranked-choice voting를 도입할 것이다. 이 시스템에서는 유권자가 한 후보에만 표를 주지 않고 좋아하는 순서에 따라 각각 후보의 순위를 매긴다. 아무도 과반을 차지하지 못하면 첫 번째 선호 표를 가장 적게 얻은 후보가 탈락한다. 그런 다음 그 후보의 표가 그에게 표를 준 유권자들의 두 번째 선호에 따라 다른 후보들에게 배분되며, 누군가가 과반을 차지할 때까지 이 과정이 계속된다. 이는 유권자들이 대안적인 후보들을 받아들이고 기존의 틀에서 벗어난 누군가에게, 예컨대 제3당이나 제4당에서 나올지도 모를 이에게 행운을 기대해볼 수 있게끔 해준다. 유권자가 표를 던진 후보가 패배하면 그 표는 두 번째로 선호했던 후보에게 배분되므로 유권자는 누군가에게 내기를 걸어볼 수 있다. 스탠퍼드 대학교의 정치학자인 래리 다이아몬드Larry Diamond는 이 투표 방식이 혁신과 새로운 대안 후보의 진입을 장려한다고 설명했다. 또한 이 정당은 패배를 깨끗이 인정하지 못하는 사람의 출마를 금지하는 제도를 폐지할 것이다. 미국의 45개 주에서 소속 당의 예비선거에서 진 사람은 법에 따라 총선 출마가 허용되지 않는다. 이는 소속 당의 예비선거에서는 극우나 극좌 성향 후보에게 지겠지만 모든 유권자가 투표에 참여할 경우 당선될 가능성이 가장 높을 수 있는 온건한 후보의 출마를 막는 것이다.

16. 국가 안보와 관련해 이 정당은, 오늘날 정보 당국이 사이버공간을 활용하는 테러리스트들과 맞서는 데 필요한 모든 활동에 대해 법적

인 감시를 전제로 자유롭게 운신할 수 있도록 보장해줄 것이다. 만약 9·11 테러와 같은 사태가 한 번이라도 더 일어나면 많은 유권자가 기꺼이 모든 시민적 자유를 내던져버릴 터이기 때문이다. 세계가 '질서'의 지대와 '혼란'의 지대로 갈라짐에 따라 우리는 전자를 보호하고 후자를 안정시키는 데 더 많은 힘을 기울여야 할 것이다.

혼란의 세계와 관련해 평화 봉사단을 육군과 해군, 공군, 해안경비대 그리고 해병대와 같은 복무 분야로 승격시키고 확대할 것이다. 평화 봉사단 자체 사관학교도 만들 것이다. 육해공군과 해안경비대, 해병대가 우리의 '방어' 전력을 구성한다면 평화 봉사단은 우리의 '공격' 전력이 될 것이다. 그들의 일차적인 임무는 마을과 이웃 차원에서 활동하며 혼란의 세계에서 경제적 기회와 지배 구조를 창출하고, 이를 통해 더 많은 사람이 질서의 세계로 몰려갈 수밖에 없다는 강박관념을 느끼지 않고서 자기가 태어난 나라에서 인간답게 살아가도록 하는 것이다.

17. 이 정당은 미국이 개발도상국들에 제공하는 모든 해외 원조에 그 나라들이 성 평등 문제에 진전을 이룰 것과, 원하는 모든 여성이 가족계획 기술family planning technology을 이용하게 할 것을 조건으로 내걸 것이다. 우리는 하나의 글로벌 공동체이자 환경으로서 존재한다. 그런 우리는 인구 폭발이 기후변화와 사막화, 시민들 간 분쟁과 어우러져 사람들이 살 수 없는 지역이 갈수록 늘어나는 걸 더 이상 내버려둘 수 없다. 질서의 세계에서 늘어나는 복지 부담과 지구 전반에 가중되는 압력은 갈수록 파괴적이고 통제할 수 없게 될 것이다. 가족계획을 실시하고 빈곤을 경감시키며 기후변화를 누그러뜨리는 일은 분리해서 다룰 수 없으며 함께 발전시켜야 할 정책들이다.

18. 이 정당은 연방 차원에서 사회적 기술의 혁신을 대대적으로 가속화

하기 위해 (각각 1억 달러, 7,500만 달러, 5,000만 달러의 상금을 걸고) 세 가지 '정상을 향한 경주'를 제안할 것이다. 어느 주가 근로자들의 재교육을 위한 가장 좋은 플랫폼을 제시할 수 있는가? 어느 주가 어디서나 쓸 수 있는 와이파이와 자율주행차부터 교육과 청정에너지, 적당한 가격의 주택, 의료, 녹지 공간에 이르기까지 모든 것이 기가비트급 용량의 플랫폼으로 통합되는 미래 도시나 공동체를 실험적으로 설계할 수 있는가? 어느 도시가 공립학교들을 하루 16시간 운영되는 시민 문화회관과 성인 학습센터 그리고 공공 의료 센터로 전환할 최고의 프로그램을 제시할 수 있는가? 우리에게는 사회적 혁신을 실험하고 촉진할 수 있는 50개 주와 수백 개의 시가 있다는 점을 잘 활용해야 한다.

요컨대 극단적인 기후와 세계화, 극단적으로 빠르게 바뀌는 노동시장, 극단적인 소득 격차, 유럽의 불안정을 초래하는 아프리카의 극단적인 인구 폭발, 극단적인 재정 적자, 극단적으로 낮은 금리, 극단적으로 재원이 부족한 연금 부채의 시대에 우리는 극단적으로 혁신적인 정치를 해야 한다. 미국은 전통적인 정치적 스펙트럼 중 어느 쪽에서 나온 생각이든 간에 두려워하지 않고 결합하고 또한 그것을 뛰어넘을 수 있는 역동적이고 혼성적인 정치가 필요하다. 나는 일자리를 바탕으로 한 안전망을 강화할 수 있는 정치를 이야기하고 있는 것이다. 이는 오늘날의 세계가 너무나 빨라서 따라가지 못하는 사람들을 잡아줄 수 있는 안전망이다. 나는 또한 그처럼 필요한 안전망이 지속될 수 있도록 기업가 정신과 혁신 능력, 성장 잠재력이 한껏 발휘될 수 있게 해주는 정치를 이야기하고 있다. 그리고 지금 가속의 시대에 자극받은 그 모든 물리적 기술의 변화를 따라가는 데 필요한 사회적 기술이 더 많이 개발되도록 촉진할 수 있는 정치를 말하고 있다. 마지막으로, 나는 여론조사 전문가인 크레이그 차니가 말했듯이 오늘날의 세계에서 커다란 정치적 분열은 "좌파와 우파의 분열이 아니라 개방적인 정치와 폐쇄적인 정치 사이의 분열이라는 것"을 이해하는 정치, 그리고 우리는 (무역과 이민 그리고 글로벌 흐름들에) 문을 닫아거는 데 반대하고 열어놓는 쪽을 선택해야 한다는 것을 이해하는 정치를 이야기하고 있다.

미국과 전 세계에서 전통적인 좌익과 우익 정당들이 스스로 이 새로운 의제에 맞춰갈 수 있다면 괜찮을 것이다. 이는 정치에 대한 훨씬 더 비정통적인 접근 방식을 요구한다. 하지만 짐작해보건대 많은 정당이 내부적으로 파열하고 말 것이다. 그들의 경직적인 정통성을 지키기에는 가속의 시대에 적응하고 대자연을 모방하며 복원력과 추진력을 만들어내야 한다는 압력이 너무나 커지고 있기 때문이다.

대자연의 지혜에 관한 이야기로 이 장을 시작했으므로 같은 이야기로 마무리하자. 에이머리 러빈스는 번창하는 생물체의 시스템은 모두 한 가지 공통점을 지녔다고 밝혔다. "그들은 모두 적응력이 강합니다. 나머지는 전부 세부 사항일 뿐이지요."

11 사이버 세계의 신

인류가 뭔가를 할 수 있는 능력이 있는데도 결국 그 뭔가가 실현되지 않았던 적은 지금까지 단 한 번도 없었지요. 이는 다음 세 가지 중 하나를 의미합니다. (1) 앞으로 인간의 정신에 근본적인 변화가 일어나거나 (잘되길 빕니다!) (2) 전 세계적으로 사회적 계약이 바뀌어서 '분노한 사람들'이 더 이상 '역량을 갖추지' 못하게 되거나 (역시 잘되길 빕니다!) 그것도 아니면 (3) 쾅!
—개릿 앤드루스, 「뉴욕타임스」 웹사이트에 2015년 10월 21일 게재한 내 칼럼에 달린 댓글

우리가 우리의 ****(욕설) 문제들을 해결할 수 있을 만큼 서로 사랑하지 않으면 사랑은 승리하지 못하지요.
—코미디언 서맨사 비, 2016년 6월 13일 그녀의 TBS 쇼 〈풀 프런털〉에서 올랜도 학살 사건에 관해 이야기하면서

나는 1989년 『베이루트에서 예루살렘까지』를 출간한 이후 지금까지 다른 여러 책들을 소개하면서 이곳저곳을 다녔다. 나는 서로 다른 청중들에게 수백 번이나 내 책에 관해 이야기했다. 그럼 어느 책에 관해서든 간에 지금까지 청중들이 내게 질문한 것 가운데 최고의 질문은 무엇일

까? 대답하기 쉬운 질문이다. 내가 1999년 오리건 주 포틀랜드에서 열린 『렉서스와 올리브나무』 판촉 행사에 갔을 때였다. 포틀랜드 극장의 발코니에서 한 젊은 남성이 일어나더니 이렇게 물었다. "사이버공간에 신이 있을까요?"

고백하건대 나는 그의 질문에 어떻게 대답해야 할지 몰랐다. 그는 지극히 진지하게 물었으며 대답을 원했다. 어쨌든 인류는 인간의 상호작용을 위한 거대한 영역을 새롭게 창조했다. 하늘과 땅 사이의 어딘가에 슈퍼노바가 있다면 누가 그곳을 지배하는가? 아마존인가 아니면 저 높은 곳의 신인가? 그 질문은 나를 사로잡았다. 그래서 나는 가장 소중한 정신적 스승인 랍비 츠비 마르크스Tzvi Marx에게 연락했다. 예루살렘의 샬롬 하트먼 연구소Shalom Hartman Institute에서 알게 된 그는 탁월한 탈무드 학자로, 지금은 암스테르담에 살고 있다. 내가 어떻게 대답해야 할지 그가 조언해주길 바랐다.

나는 랍비 마르크스의 대답이 너무나 훌륭해서 『렉서스와 올리브나무』 보급판에 그 내용을 끼워 넣고 나서는 거의 잊고 있었다. 하지만 이 책의 결론을 지으려고 공을 들일수록 랍비 마르크스의 대답은 물론 그 질문을 곱씹게 되었다. 실제로 나는 때때로 기회가 생기면 종교 지도자들을 비롯해 여러 사람에게 같은 질문을 했다. 저스틴 웰비 캔터베리 대주교에게 "사이버공간에 신이 있나요?"라고 묻자 그는 농담부터 했다. 그는 런던에서 지하철을 탈 때마다 사람들이 휴대폰을 들여다보며 "하느님 맙소사Oh God, 왜 연결이 안 되는지 모르겠네"라고 말하는 걸 듣는다면서 그러니 신은 분명히 사이버공간에 있다는 것이었다.

랍비 마르크스는 당초 이렇게 대답했다. 그는 먼저 내가 "사이버공간에 신이 있나요?"라는 질문을 받을 때마다 "당신이 신에 대해 어떻게 생각하는지에 달려 있습니다."라는 말부터 해야 할 거라고 제안했다. 만약 당신이 '신은 문자 그대로 전능한 존재이며 성스러운 개입으로 (악을 쳐부수고 선에 대해 보상을 해주며) 자신의 실재를 느끼게 한다'고 생각한다면 그런 신은 사이버공간에 없다. 그 공간은 온갖 증오의 말과 사이버 범죄, ISIS처럼 증오를 부추기는 집단의 동조자 모집 행위는 말할 것도 없고 포르노그래피, 도박, 자신과 다른 이들을 무차별적으로 공격하는 블로그와 트위터 글, 외설적인 가사와 욕설이 나오는 팝과 랩뮤직으로 가득 차 있다. 실제로 월드와이드웹에서 제일 자주 쓰이는 세 글자 낱말은 '신God'이 아니라 '섹스sex', 그리고 한때 무료로 음악을 내려받는 데 필수적인 프로토콜이었던 'MP3'라는 말이었다.

그러나 랍비 마르크스는 신에 대한 성서 후 시대postbiblical view of God 유대인의 관점이 있다고 말했다. 성서 시대의 신에 대한 관점에 따르면 신은 모든 일에 개입한다. 신은 우리의 행동에 책임이 있으며, 악을 벌하고 선에 보상한다. 성서 후 시대 신에 대한 견해는 우리 자신의 선택과 결정으로 신을 실재하게 한다고 말한다. 유대인의 전통에서 신에 대한 성서 후 시대의 견해는 사이버공간에서든 이웃의 쇼핑몰에서든 신의 존재는 언제나 숨어 있다고 말하는 것이다. 그리고 그것이 실제 방이든 채팅방이든 당신의 방에서 신을 만나려면 신을 그곳으로 불러와야 하는데, 이는 그곳에서 어떤 도덕적 선택을 하고 어떻게 행동하느냐, 어떻게 마우스를 클릭하느냐에 달려 있다는 것이다.

랍비 마르크스는 구약의 「이사야」서에는 "너희는 나의 증인이요 나는 하나님이니라"라는 구절이 있다고 지적하고, 2세기 랍비 강해자들이 그 구절을 '너희가 나를 알아보면 내가 너희의 하나님이지만 알아보지 못하면 하나님이 아니다'라는 뜻으로 풀이했다고 덧붙였다. 달리 말하면 우리가 스스로 올바른 행동을 함으로써 신의 실재에 대한 증인이 되지 못하면 신은 실재하지 않는 것이라고 그는 설명했다. 우리가 신이 모든 일을 관장하고 있는 것처럼 생각하고 행동하지 않으면 신은 그렇게 하고 있지 않는 것이다. 성서 후 시대의 세계에서 우리는 신이 이 세계의 첫날부터 인간의 선택을 믿었다고 이해한다. 신은 에덴의 동산에서 아담에게 어느 과일을 먹을 것인지 올바른 결정을 내리도록 맡겼다. 우리는 우리가 하는 일과 우리의 선택으로 신의 존재를 드러내야 할 책임이 있다. 이 문제가 사이버공간에서 가장 심각하게 드러나는 까닭은 그곳에는 책임지는 이가 아무도 없기 때문이다. 오늘날의 세계에서 신이 인간에게 준 선택의 자유를 사이버공간보다 더 많이 누리는 곳은 없다. 사이버공간은 우리 모두가 연결되어 있으며 아무도 책임지지 않는 곳이다.

그래서 『렉서스와 올리브나무』 보급판에도 썼듯이 나는 "사이버공간에 신이 있나요?"라고 물어보는 사람이 누구든 간에 일단 "아니오"라고 답하고 그러나 신이 그곳에 있기를 바란다고 말한다. 우리만이 그곳에 신을 불러올 수 있으며, 이는 우리가 그곳에서 어떻게 행동하느냐에 달려 있다는 말이다. 신은 인간이 많은 자유를 누리는 세계를 축복한다. 신은 자신이 세상에 진정으로 모습을 드러내는 일은 그가 모든 일에 개입할 때가 아니라 우리가 무엇이든 선택할 수 있는 환경에서 모두가 존엄성과 도덕성을 선택할 때에만 가능하다는 걸 알고 있기 때문이다. 랍비 마르크스는 이렇게 말했다. "성서 후 시대 유대인의 세계관에 따르면 당신이 완전한 자유를 누리기 전에는 도덕적일 수 없습니다. 당신이 자유롭지 않으면 진정으로 능력을 부여받지 못한 것이고, 그 힘을 갖지 못하면 당신이 한 선택은 온전히 당신의 것이 아니지요. 신은 사이버공간에 대해 당신이 그곳에서 진정으로 자유로우며 올바른 선택을 하길 바란다고 말합니다. 당신이 그렇게 해야 신이 그곳에 실재할 수 있으니까요."

타계한 이스라엘 철학자 데이비드 하트먼David Hartman은 한 가지 중요한 논점을 추가했다. "어떤 면에서 사이버공간은 예언자들이 '모든 인류가 하나가 되고 완전히 자유로운 곳'이라고 말한 세계를 닮았다. 그러나 우리가 신이 없는 (어떠한 가치 체계도 없고, 어떠한 여과기도 없으며, 진정한 지배 구조도 없는) 사이버공간에서 인류를 하나로 통합하고 있는 것은 위험하다." 바로 그 때문에 나는 이 본질적인 질문을 다시 묻고 있는 것이다. 과연 사이버공간에 신은 존재하는가? 사람들이 20년 전에 염려했던 문제들이 오늘날 가속의 시대에 이르러 모두 (100만 배나 더) 실재하는 것으로 드러났다.

왜냐하면 우리가 모든 하향식 권력 구조를 약화시키고 상향식 구조를 강화시킬 때, 초강대국뿐만 아니라 초강력 개인들이 힘을 발휘하는 세계를 만들 때, 멀리 떨어져 있던 수많은 낯선 이를 가까이서 만날 때, 온갖 아이디어와 혁신을 위한 에너지의 흐름들을 가속화할 때, 기계에 생각할 능력을 부여하고 질병을 없애기 위해 DNA를 바꾸고 식물과 신물질을 설계할 때, 세금을 내지 않는 그리스인들이 독일 본과 미국 메릴랜드 주 저먼타운의 채권시장과 은행에 타격을 줄 때, 말레이시아에 있는 코소보인 해커가 미국 소매 업체의 컴퓨터 파일을 빼내 알카에다의 공작원에게 팔고, 그 공작원이 해킹으로 빼낸 미국 군인들의 인적 사항들을 트위터에 올려 위협을 가할 때, 이 모든 일이 한꺼번에 일어날 때 우리는 각각의 개인들이 상상하고 믿고 갈망하는 것이 그 어느 때보다 중요해지는 세계를 집단적으로 창조한 것이기 때문이다. 이제 그 개인들은 자신의 상상력과 신념, 열망에 따라 그 어느 때보다 더 빠르고 심층적으로 비용을 적게 들이면서 광범위하게 활동할 수 있기 때문이다.

우리가 잠시 멈춰 서서 도덕적인 반성을 해야 할 때가 있다면 바로 지금이다. 리언 위절티어는 2015년 1월 11일 「뉴욕타임스」 '북리뷰'에 모든 기술은 완전히 이해되기 전에 쓰인다고 썼다. "하나의 혁신이 이뤄지고 나서 그에 따른 결과를 이해하기까지는 언제나 시차가 존재한다. 우리는 그 시차 속에 살고 있으며 지금은 침착함을 잃지 않고 그에 대한 반성을 해야 할 때다. 우리는 얻을 것도 많고 잃을 것도 많다."

직설적으로 말하자면 우리는 인간이 그 어느 때보다 더 신적인 존재가 되어가는 세계를 창조했다. 그리고 우리는 법과 가치 체계에서, 아마 신으로부터도 자유로운 (사이버공간이라고 하는) 거대한 새 영토를 지닌 세계를 창조했다. 이 두 가지 추세를 함께 생각해보면 최근 몇 년 사이 내게 가치에 관해 물어보는 사람들이 늘어난 까닭을 이해할 수 있을 것이다. 짐작건대 그들은 사이버공간을 신이 지배하고 있는지 나름의 방식으로 질문을 던졌을 것이다. 그들은 우리가 하나의 종으로서 더욱 신을 닮아가고 있는 세계, 그리고 신과 가치 체계와 법으로부터 자유로운 것으로 보이는 영역이 늘어나는 세계에서 어떻게 기존의 윤리를 다시 생각하고 올바른 가치를 배양할 수 있는지 나름의 방식으로 물어보고 있었던 것이다.

요컨대 그들은 도덕의 혁신을 기대하는 것이다. 누가 그들을 탓할 수 있겠는가?

하나의 종으로서 우리는 지금껏 단 한 번도 이런 지점에 이른 적이 없었다. 우리가 능력 면에서 더욱 신적인 존재가 되었다는 건 명백하다. 신경과학자인 에릭 루서트Eric Leuthardt는 오늘날에는 당신이 뭔가를 상상할 수 있으면 그게 현실로 나타날 것이라고 주장한다. "문제는 그렇게 하는데 비용이 얼마나 드느냐 하는 것뿐이지요. 당신이 빈곤이나 말라리아 문제와 관련해 엄청난 혼란이나 대규모의 해법을 상상할 수 있다면 그 일이 과거 어느 때보다도 쉽게 일어나도록 할 수 있습니다." 오늘날 개인적인 행동의 확장성은 문제인 동시에 해법이다. "이제 개인의 행동은 세계적인 영향력을 지닐 수 있습니다. 내 행동이 세계로 확장될 수 있고 세계가 내게로 확장될 수도 있지요."

생명 활동을 생각해보자. 크레이그 먼디는 과거에는 오로지 대자연만이 생물 종들의 진화를 통제했지만 지금은 인간이 그 거대한 능력을 물려받고 있다고 지적했다. "우리는 모든 생명의 바탕을 이루는 활동을 조작하기 시작했습니다." 예를 들어 오늘날 사람들은 이렇게 묻는다. 지카 바이러스를 옮기는 모기 종을 깨끗이 없애버려야 할까? 데이터 수집과 계산을 통해 그렇게 할 수 있는 기술이 있기 때문이다. 이런 기술을 '유전자 드라이브'라고 한다. 「MIT 테크놀로지 리뷰」는 2016년 2월 8일에 이렇게 전했다.

과학자들은 지카 바이러스를 옮기는 모기를 멸종시킬 수 있는, 논란의 여지가 있는 유전공학을 몇 달 내에 이용할 수 있게 될 것이라고 말한다.
'유전자 드라이브'라고 부르는 이 기술은 지난해에 이르러서야 효모 세포와 초파리 그리고 말라리아를 옮기는 한 모기 종에서 증명됐다. 이는 유전자를 잘라내는 크리스퍼 기술을 이용해 유전적 변화가 개체의 재생산 과정에서 집단 전체로 확산되도록 강제하는 것이다.
미국의 실험실 세 곳이 모기를 연구하고 있는데, 두 곳은 캘리포니아 주, 한 곳은 버지니아 주에 있다. 이들은 이미 지카 바이러스를 퍼뜨리는 것으로 알려진 이집트 숲 모기에 대한 유전자 드라이브 기술을 개발하고 있다. 기술이 실제로 적용되면 이론적으로 이 모기 종을 멸종에 이르게 할 수 있다.

슈퍼노바는 전에는 존재하지 않았던 유기체를 만들어내는 데 합성생물학을 이용하기 쉽게 해주었다. 이 기술은 기존의 유기체에 전에 갖고 있지 않던 특성들을 불어넣고, 대자연이 스스로 진화시킨 유기체 중 문제가 있거나 비생산적인 것들을 제거한다. 이 모든 일이 과거에는 대자연이 자연선택을 통해 수행하던 것들이다. 하지만 사람들은 곧 집에서도 이런 게임을 할 수 있게 될 것이다.

확실히 1945년 8월 6일 오전 8시 15분 미국의 폭격기가 일본의 히로시마에 원자폭탄을 떨어트려서 그에 따른 핵무기 경쟁을 촉발한 후 지금까지, 우리는 한 나라의 정부가 지구 전체를 파괴할 수도 있는 세계에서 살아왔다. 그러나 이제 같은 이야기를 사람들에게도 할 수 있다. 과거에는 한 사람을 죽이는 데 한 사람이 필요했다. 그다음에는 한 사람이 10명을 죽일 수 있게 되었다. 그다음 한 사람이 1,000명을 죽일 수 있게 되었다. 이제 우리는 단 한 사람 또는 작은 집단 하나가 모두를 죽일 수도 있는 세계에 다가가고 있다. 과거에는 한 나라나 조직 하나가 필요한 일이었다. 그러나 더 이상은 아니다. ISIS가 3D 프린팅 기술과 설계도를 입수해 약간의 핵물질만으로 여행 가방 크기만 한 핵폭탄을 조립할 수 있다는 기사를 읽게 될 때까지 얼마나 더 걸릴까? 어떤 테러리스트나 심리 상태가 불안정한 개인이 에볼라 같은 바이러스를 구해 생물학무기로 바꾸려고 하기까지 얼마나 더 걸릴까? 2016년 3월에는 ISIS의 과격분자들이 벨기에의 핵물리학자를 인질로 잡아 벨기에 핵 연구 시설에 침투하려고 모의한 사실이 보도되었다.

그러나 동시에, 우리는 모두가 협력한다면 거의 모든 사람을 지속적으로 먹이고 입히고 보금자리를 마련해줄 수 있을 뿐만 아니라 거의 모든 질병을 치료하고, 거의 모든 사람의 자유 시간을 늘려주고, 거의 모든 아이를 교육시키며, 거의 모든 이가 자신의 잠재력을 전부 실현할 수 있도록 해주는 세계에 다가가고 있다. 슈퍼노바는 세계의 모든 중대한 문제를 해결하기 위해 많은 사람이 협력할 수 있게끔 해준다. 종교 간 화합을 위한 글로벌 운동을 펼치는 월드 페이스World Faith의 설립자 프랭크 프레더릭스Frank Fredericks는 가장 큰 도전들을 해결할 수 있는 사람과 아이디어, 자원을 갖춘 첫 번째 세대가 우리라고 주장했다.

내가 하나의 종으로서, 지금 우리는 일찍이 가본 적 없는 도덕적인 갈림길에 서 있다고 주장하는 것도 바로 이 때문이다. 다시 말해 우리 가운데 한 사람이 우리 모두를 죽일 수도 있고 우리 모두가 진정으로 마음만 먹으면 모든 문제를 해결할 수도 있는 갈림길에 서 있는 것이다.

그러므로 우리 세대의 손에 쥐어진 힘을 올바르게 사용하려면 상당한 수준의 도덕적 혁신과 윤리의 기초 교육이 필요하다. 미국에서든 전 세계에서든 우리는 아직 도덕적 혁신에 대한 모색을 시작하지 않고 있으며 지도자들 대부분은 윤리에 대한 기초 교육이 부족한 상태다.

예일 대학교 경영대학원장을 지낸 제프리 가튼Jeffrey Garten은 이렇게 말했다. "이렇게 말하면 지나치게 낭만적으로 들릴지 몰라도 나는 지도자들에게 가치와 윤리를 이해하는 능력이 필요하게 될 것이라고 생각합니다."

교육에는 많은 교양과목이 필요할 것입니다. 우리는 사생활 보호나 유전자 실험을 어떻게 생각해야 할까요? 이런 분야에는 국제적인 관리 체계가 전혀 없습니다. 사실 국내적으로도 관리 체계가 거의 없지요. 중국은 어떤 동물들을 대상으로 대규모 유전공학 실험을 시작했습니다. 그 연구는 어디로 가고 있을까요? 그런 활동은 어떤 법적·윤리적 원칙들을 바탕으로 이뤄져야 할까요? 올바른 원칙들을 확립하는 데 필요한 수단을 누가 갖고 있을까요? 우리는 기술적 진보와 이러한 인간적인 의미 사이에서 어떻게 균형을 맞춰야 할까요? 당신이 MIT에 들어가서 한 일이라고는 핵물리학을 공부한 게 전부라면 이런 문제를 풀 수 없을 겁니다. 이는 가장 큰 역설입니다. 우리의 기술이 발전할수록 훨씬 더 광범위한 사고 체계를 지닌 사람들이 필요합니다. 당신은 여러 시스템을 작동하기 위해 과학기술 전문가를 고용할 수 있겠지만, 그 목표를 설정하는 일에서는 다른 유형의 지도자가 필요할 것입니다.

관리되지 않는 영역들

우리가 관리되지 않는 (신은 물론이고 규칙과 법률, FBI에게서 자유로운) 거대한 새 공간을 만들어내고 있는 건 확실하다. 지난 2년 사이 터진 이상한 뉴스 몇 꼭지를 떠올려보자. 첫 번째 뉴스는 유튜브가 ISIS와 다른 테러리스트 집단들이 올린 동영상이 나가기 전에 상업광고들을 내보낸다는 사실이 폭로된 것이다.

2015년 3월 3일 CNN머니는 "제니퍼 애니스턴은 아비노 로션이 좋다고 감탄하고, 버드라이트는 콘서트장에서 맥주를 과시적으로 보여주며, 시크릿은 향이 상쾌한 탈취제를 판다. 매우 일반적인 광고들이다. 하지만 그 뒤에 나오는 내용이 다른 광고와는 다르다. 이 경우, 광고 뒤에 ISIS와 지하드 전사의 동영상이 따라온다."고 보도했다.

유튜브가 기업들에게 광고 자리를 팔면 그 광고는 알고리듬에 따라 자동적으로 동영상 앞부분에 끼어 들어간다. CNN머니가 지적한 것처럼 광고주들은 목표로 삼고 싶은 소비자들의 인구 특성을 정해줄 수는 있지만 자기네 광고가 어디에 들어가는지는 직접 통제하지 않는다. 이 기사는 법률 분석가인 대니 세발로스Danny Cevallos의 말을 전했다. "계약이라는 관점에서 볼 때, 유튜브 클릭을 얻기 위해 많은 돈을 낸 이 기업들은 자기네 광고가 ISIS의 대원 모집 동영상 바로 앞에 나가는 것을 좋아하지 않을 겁니다."

아마도 ISIS 추종자들 가운데 맥주 소비자들이 많지는 않을 것이다. 유튜브의 알고리듬은 이들 사이트에 젊은 남성이 많이 몰려온다는 사실을 간파하고 그들 중 맥주를 마시는 이가 많을 거라고 추정했는지도 모른다! 어떻게 된 일이든 광고주들은 그 사실을 알지 못했거나 즐거워하지 않았다.

앤호이저부시Anheuser-Busch(버드와이저 맥주 생산 업체―옮긴이)의 소비자 관계 담당 상무는 그 동영상들 중 하나를 검토한 후 CNN머니에 이렇게 말했다. "우리는 광고 중 일부가 이 동영상과 같이 재생되는 줄 몰랐습니다." 유튜브는 CNN머니 기사가 나간 후 ISIS 관련 동영상을 삭제했다. 버슬닷컴Bustle.com 웹사이트는 그 대목에서 다시 이야기를 이어갔다.

유튜브에서 광고가 작동하는 방식은 이렇다. 기업들이 자사 브랜드 광고를 위해 돈을 내면 이 동영상 사이트의 알고리듬은 그 광고를 어떤 동영상 앞에 무작위로 끼워 넣을 것이다. 그러나 유튜브와 광고주들은 그 동영상을 보기 전까지는 정확히 어느 동영상 앞에 광고가 들어갈지 알지 못한다. 그 기업들이 특정 동영상 앞에 자사 광고를 넣어달라고 요청할 수는 없지만 목표로 하는 특정 인구 집단을 지정해 요청할 수는 있다. 그렇다면 버드라이트와 도요타 그리고 스위퍼Swiffer 광고가 어째서 ISIS가 만든 동영상 앞에 들어가게 되었는지는 분명히 수수께끼다. 이들 중 어느 기업도 세계에 대한 테러를 부추기려는 18세부터 55세 사이의 극단주의자 전사들을 목표 고객으로 선택하지 않았을 것이기 때문이다.

혹은 오스트레일리아 시드니에서 일어난 일을 생각해보자. 2014년 12월 24일 모바일 택시 예약 앱 회사인 우버는 이 도시의 한 카페에서 테러 사건이 벌어지는 동안 택시 요금이 치솟도록 만든 데 대해 이용자들에게 사과해야 했다. 당시 16시간 동안 인질극이 이어지면서 범인을 포함한 세 사람이 사망했다. BBC 뉴스는, 총을 가진 범인이 카페를 장악한 후 사람들은 그 지역을 걷거나 차를 타고 빠져나오기 시작했는데 이때 우버의 '할증 요금surge pricing' 알고리듬이 택시 요금을 평상시의 네 배까지 올려놓았다고 보도했다.

우버는 시드니 도심의 마틴 플레이스Martin Place에서 인질 사건이 터진 날(2014년 12월 15일—옮긴이) 택시 요금을 올린 데 대해 소셜 미디어에서 거센 비난을 받은 후 그곳에서 택시를 타는 이들에게 무료로 승차 서비스를 제공하기 시작했다. 또한 이 회사는 높은 요금을 물렸던 이들에게는 승차 요금을 돌려주겠다고 밝혔다. (중략) "우리는 그 즉시 할증 요금을 중단하지 않았습니다. 그건 잘못된 결정이었습니다." (우버는 블로그에 올린 포스트에서 이렇게 밝혔다.) (중략) 이 회사는 가능한 한 많은 사람이 중심 상업 지역을 안전하게 벗어나는 것이 우선이라고 밝혔지만 소통이 '불완전하게' 이뤄지는 바람에 회사의 동기에 대한 많은 오해를 낳았다.

우버는 다른 도시에서는 할증 요금 전략을 옹호했지만, 국가적 재난 기간에는 그 정책을 제한하기로 미국 규제 당국과 합의했다.

이들 이야기의 공통점은 관리 책임을 갖고 있는 주체가 사람도, 윤리도, 신도 아닌 알고리듬이라는 점이다. 또한 이런 모든 이야기의 공통점은 여러 기술적인 힘들이 함께 어우러져 인간과 기계의 힘의 기하급수적인 변화를 만들어냈다는 것이다. 그 변화는 우리 인류가 스스로 바꿔온 것보다 빠르고, 우리가 제도와 법률 그리고 리더십의 유형을 바꿔온 것보다 훨씬 더 빠르다.

도브 사이드먼은 이렇게 주장했다. "우리는 지금 인류가 결코 포기해선 안 될 일을 기술이 하도록 내버려두고 있습니다. 누군가는 유튜브 알고리듬이 그 광고들을 테러 집단의 동영상 앞에 넣게 하는 결정을 내렸습니다. 그런데 지금까지 그런 일이 기계의 몫이었던 적은 한 번도 없었지요. 기술은 새로운 행동과 경험과 연결의 가능성을 만들어냅니다. 그러나 이는 인간들이 원칙에 바탕을 둔 행동을 하고, 의미 있는 경험을 하며 공유하는 가치와 열망에 깊이 뿌리박은 연결을 추구하도록 요구하는 것이지요. 안타깝게도 인간의 진보와 도덕적인 발전에 무어의 법칙 같은 건 없습니다. 그 일은 혼란스럽습니다. 선형적인 분석 프로그램도 없지요. 진보는 올라갔다 내려갔다 이리 갔다 저리 갔다 하며 나아갑니다. 이는 어려운 일이지만 다른 길은 없습니다."

사이버공간이 일상으로 들어오면 특히 어려운 일이 된다. 2015년 11월 콜로라도 주 캐넌시티의 고등학교에서 100명 이상의 학생들이 누드 사진을 교환하고 스마트폰의 사진 저장 애플리케이션에 숨겼다가 적발된 이야기를 상기해보자. 학생들은 자신의 누드 사진을 찍고 그것들을 공유한 다음 사진들을 보관하고 감추기 위해 휴대폰의 '유령 앱'을 이용했다. 유령 앱은 다른 평범한 애플리케이션처럼 보이므로 (가장 인기 있는 것 중 하나는 계산기처럼 보인다) 학부모들이 그 휴대폰을 손에 넣더라도 보이는 건 그런 것뿐이다. 그러나 키패드에 암호를 입력하면 포르노 사진과 동영상 그리고 섹스팅sexting(휴대폰으로 성적인 문자나 사진을 주고받는 것—옮긴이) 메시지를 저장할 수 있는 숨겨진 페이지로 이동한다. 이는 10년 전에 큐가 제임스 본드의 휴대폰에 설치했을 듯한 무언가로 보인다. 그러나 이제 고등학생 누구나 그 앱을 이용할 수 있다. 프라이빗 포토 볼트Private Photo Vault는 애플 앱스토어에서 가장 많이 내려받는 사진·동영상 앱 중 하나다. 이는 학부모와 경찰, 그리고 지속적인 가치를 추구하는 사람 모두를 배제하려는 기술이다.

사이드먼은 이렇게 말했다. "옛날에 자기 아이가 나쁜 짓을 하는 걸 잡아낸 부모는 어떻게 했을까요? 그들은 '네 방으로 가.'라고 말했을 겁니다. 자기 아이들이 물리적으로 집 안 어디에 있는지 알고 있는 한 부모들은 아이들을 통제할 수 있었습니다. 그래서 아이들을 그들 방으로 보낸 것이지요. 그 방에는 텔레비전이 없었고요." 이제 당신이 아이들을 그들 방으로 보내도 아이들은 여전히 전 세계와 연결돼 있으며 부모가 뚫고 들어갈 수 없는 앱들을 가지고 있다고 그는 덧붙였다. 그곳에서 아이들은 계산을 하는 것처럼 보이지만 실제로는 섹스팅을 하고 있는 것이다.

당신이 아이들에게 휴대폰을 준 건 밤늦게까지 밖을 돌아다니는 아이들을 쉽게 찾아내고, 파티에 간 아이들이 우버 택시를 타고서 집으로 돌아올 수 있도록 하기 위해서다. 그러나 애플의 아이폰은 그저 아이들을 묶어두려고 길게 늘여놓은 줄이 아니라, 금단의 사과가 있는 세계로 들어가는 열쇠가 된다. 따라서 "네 방으로 가."라는 말은 이제 "네 스마트폰, 태블릿, 아이팟, 애플 워치, 무선 인터넷 카드, 사진 저장 앱 암호를 이리 주고 네 방으로 가."라는 말로 바뀌어야 한다.

불행히도 이처럼 관리되지 않는 영역들은 단순히 오늘날의 불안한 청소년들 사이에서 유행하는 놀이 도구에 그치지 않는다. 2015년 12월 17일 CNN닷컴은 그해 11월 파리에서 감행된 지하디스트의 자살 폭탄 공격과 관련해 이렇게 보도했다. "파리 테러 공격을 수사하는 당국자들은 일부 테러리스트들이 공격 음모를 숨기려고 암호화된 앱을 사용한 증거를 찾아냈다. (중략) 테러리스트들이 사용한 것으로 밝혀진 앱 중에는 왓츠앱과 텔레그램이 있는데, 이 둘은 사용자의 개인 비밀 보호를 위해 처음부터 끝까지 암호화를 하고 그것을 풀기 어렵게 했다는 점을 자랑한다."

이와 관련해 2016년 4월에도 유명한 사례가 있었다. 당시 FBI는 2015년 12월 2일 캘리포니아 주 샌버너디노에서 총을 난사해 14명을 죽인 사예드 리즈완 파룩이 사용했던 아이폰의 사이버 자물쇠를 풀 열쇠를 달라고 애플에 요구했다. 애플은 전 세계 아이폰 사용자들의 개인 정보 보호에 대한 염려를 이유로 FBI에 협조하기를 거부했다. FBI는 결국 제임스 코미 국장이 정체를 밝히지 않은 제3의 사이버 보안 그룹에서 '도구'를 구입하고서야 그 스마트폰을 뚫고 들어가 데이터를 빼냈다. 이와 같이 개인 정보 보호의 원칙과 안보상의 필요 사이의 갈등은 이제 막 시작됐을 뿐이다. 그러므로 미국 의회는 사이버공간에서 개인 정보를 어떻게 관리해야 하는지, 그리고 분노한 초강력 개인들의 영향력 확대와 개인 정보 보호 사이에서 어떻게 균형을 맞춰야 하는지에 관해 진지하게 재검토해봐야 한다.

황금률

틀림없이 세상에는 늘 악이 존재하고, 범죄가 발생하며, 기술적 진보의 성과나 사이버공간의 자유를 이용해 공동체나 이웃 또는 낯선 이들을 속이는 사기꾼이 있을 것이다. 어떻게 하면 그러한 영역을 더 잘 관리할 수 있을지 이야기하는 건, 늘 그렇지만 기껏해야 어떻게 하면 나쁜 행동을 조금이라도 억제할 수 있을지 이야기하는 수준에 그친다. 그런 행동은 결코 완전히 없애지 못할 것이기 때문이다. 어느 사회에서든 그에 대한 첫 번째 방어선은 법률, 정지신호, 경찰, 법원, 감시, FBI 그리고 페이스북과 트위터, 유튜브 같은 커뮤니티에서 예의를 지키는 기본적인 규칙들로 세운 철책들이다. 모두 필요한 것들이지만 가속의 시대에 충분한 대책이 될 수는 없다. 확실히, 어떻게 하면 도브 사이드먼이 '지속적 가치sustainable values'라고 표현한 솔직함과 겸손함, 정직성, 상호존중의 정신을 고취할 수 있을지 더욱 진지하고 절실하게 생각해봐야 한다. 이는 모든 학부모와 학교장, 대학 총장, 정신적인 지도자에게 달려 있다. 이러한 가치는 신뢰와 사회적 결속, 그리고 무엇보다도 희망을 낳는다. 이는 사이드먼이 '상황적 가치situational values'라고 말한 것과 상반되는 것이다. 상황적 가치란 지상에서든 사이버공간에서든 그저 '상황이 허락하는 건 무엇이든 하는 것'을 말한다. 글로벌 기업들을 상대로 어떻게 윤리적 성과를 향상시킬 수 있는지 조언해주는 LRN을 경영하는 사이드먼은 지속적 가치는 '이중 기능'을 하는 것이라고 덧붙였다. 그런 가치는 건강한 상호의존성과 신뢰를 낳는 행동을 고취하며, 또한 희망을 불어넣고 복원력을 북돋운다는 것이다. 지속적 가치는 나쁜 행동을 하는 이들과 마주쳤을 때 우리가 서로 의지할 수 있도록 해준다.

세계적인 차원에서 이 문제를 생각할 때 내가 내린 간단한 처방은, 우리가 더 많은 사람이 황금률Golden Rule을 실천하도록 하는 길을 찾아야 한다는 것이다. 당신이 어떤 표현의 황금률을 배웠는지는 상관없다. 그것은 '다른 사람들이 너에게 해주길 바라는 것을 그들에게 해주라'는 것일 수 있고, 아니면 바빌로니아 탈무드에서 나온 그 변형일 수도 있다. 유대인의 위대한 스승 랍비 힐렐Hillel은 이런 유명한 말을 했다. "당신에게 비열한 일이면 상대에게도 하지 마십시오. 이것이 토라의 전부이며 나머지는 각주일 뿐입니다. 가서 이것을 배우십시오." 황금률은 당신의 신앙에 따라 달리 변형된 것일 수도 있다.

우리 중 한 사람이 우리 모두를 죽일 수 있을 때, 우리 모두가 무엇이든 해결할 수 있을 때, 그리고 더 먼 곳에 있는 더 많은 이가 당신에게 영향을 미치고 당신은 더 먼 곳의 더 많은 사람에게 뭔가를 할 수 있을 때 황금률은 그 어느 때보다 중요하며 매우 필요하다.

하버드 경영대학원에서 조직 행동을 강의하는 가우탐 무쿤다Gautam Mukunda 교수는, "황금률이 그토록 특별한 이유는 그것이 모든 도덕적 지침들 중 가장 단순하면서도 모든 행동의 가장 복잡한 형태까지 다 규율할 수 있기 때문"이라고 말한다. 이는 그 어떤 지침서도 할 수 없었던 방식으로, 상상할 수 있는 모든 상황에 적용할 수 있을 만큼 적응력이 강한 지침이다. 세계가 이미 복잡할 때, 우리는 그것을 더 꼬이게 만들고 싶지 않다. 단순화하라. 황금률보다 더 강력한 효과를 내는 도덕적 명령은 없다. 다른 모든 건 각주일 뿐이다.

물론 더 많은 사람과 더 많은 상황에 황금률을 적용하자고 말하는 것은 극히 비현실적으로 들린다. 그러나 분명한 진실은 우리가 더 많은 사람으로 하여금 '다른 이들이 자신에게 해주길 바라는 것을 다른 이들에게 하도록' 하지 못한다면, 그리고 더 지속 가능한 가치들을 고취하지 못한다면 우리는 '스스로를 위험에 빠트린 첫 번째 종'이 될 것이라고 에이머리 러빈스는 주장한다.

당신이 생각하기에 이는 충분히 현실적인가?

사람들의 믿음을 바꾸기는 어렵다. 모든 사람이 황금률을 받아들이게 하는 건 생각조차 할 수 없다. 오늘날에는 그런 이야기를 꺼내는 것이 세상 물정을 모르는 말로 들린다. 하지만 나는 정말로 물정을 모른다는 것이 무엇인지 말해줄 수 있다. 지금과 같은 분노한 초강력 개인들의 시대에 이 (도덕적 혁신의) 문제를 무시하는 것이야말로 정말로 물정을 모르는 것이다. 그러나 결국 일이 잘 끝날 거라고 생각하는 건 순진함 그 자체다. 물론 그것은 무모한 생각이다. 그러나 내가 보기에는 그러한 순진함이야말로 새로운 현실주의new realism다.

오바마 대통령은 두 번째 임기가 끝나갈 무렵인 2016년 5월 27일, 미국 대통령으로서는 처음으로 히로시마를 방문해 연설하면서 정확히 이런 감정을 표현했다. "과학은 우리가 바다를 가로질러 소통하고 구름 위를 날아다니며, 질병을 치료하고 우주를 이해할 수 있도록 해주었지만 바로 그와 같은 발견들이 그 어느 때보다 더 효율적인 살인 기계들로 바뀔 수 있습니다. 현대의 전쟁들은 우리에게 그 진실을 가르쳐줍니다. 히로시마는 그 진실을 가르쳐줍니다. 그에 상응하는 인간적인 제도의 진보가 없으면 기술적 진보는 우리를 파멸에 이르게 할 수 있습니다. 원자도 쪼갤 수 있는 단계에 이른 과학 혁명은 그만한 도덕적 혁명을 요구하고 있습니다."

오바마는 이렇게 말을 이었다. "우리의 소명은 갈수록 커지는 상호의존성이 난폭한 경쟁이 아니라 평화적인 협력을 이끌어낼 수 있도록 하는 것입니다. 우리는 무엇을 파괴할 수 있느냐가 아니라 무엇을 건설할 수 있느냐로 국가를 규정해야 합니다. 그리고 무엇보다 우리가 같은 인류의 구성원으로서 서로 맺고 있는 관계를 재설정해야 할 것입니다."

더할 나위 없이 훌륭한 표현이다. 그리고 이는 물정을 모르는 것이 아니다. 오늘날 냉혹하고 명백한 현실의 핵심을 말한 것이다. 다시 말하지만 '순진함은 새로운 현실주의다'. 가속의 시대에는 새로운 영역과 기존의 영역 모두 새로운 방식으로 관리해야 한다. 그러지 않고도 우리가 하나의 종으로서 살아남을 수 있다고 생각하는 것이야말로 물정을 모르는 것이다. 물론 그렇게 하려면 대단히 빠른 도덕적·사회적 혁신이 필요할 것이다.

그 일을 시작이라도 하려면 어디서부터 출발해야 할까?

밤이 물러가고 새날이 온다

그 일을 시작하는 실제적인 방법은 가능한 한 많은 사람을 건강한 공동체에 정착시키는 것이다. 법률과 철책, 경찰과 법원을 넘어선 것으로서 강력한 공동체보다 더 나은 안전장치는 없다. 아프리카인이 괜히 "아이 하나를 키우려면 온 마을이 나서야 한다."는 말을 지어낸 게 아니다. 공동체들 또한 이중의 책무를 다해야 한다. 그것들은 소속감을 느끼게 하고, 소속감은 신뢰를 낳으며, 신뢰는 황금률의 바탕이 되어야 한다. 그뿐만 아니라 여전히 안전선을 넘으려는 이들에게 보이지 않는 안전띠가 되어야 한다.

나는 2001년 9월 11일 이스라엘에 가서, 다음 날 아침 그곳 정보기관 전문가들과 인터뷰하며 팔레스타인과 그토록 많은 전투를 치르며 대치할 때 자살 폭탄 테러범들에 관해 무엇을 알아냈는지 물었다. 나는 그들이 한 말을 잊어버릴 수가 없다. 전문가들은 자살 폭탄 테러범들 가운데 일부는 웨스트 뱅크(요르단 강 서안 지구—옮긴이)나 가자 지구의 마을을 벗어나 이곳의 버스나 레스토랑에서 자폭하기 전에, 곳곳에 깊숙이 깔려 있는 이스라엘의 정보망에 의해 저지된다고 밝혔다. 하지만 팔레스타인 마을에서 "테러 공격은 안 된다. 그런 공격은 우리가 인정하는 순교가 아니라 살인이다."라고 말하지 않는 한 테러범 가운데 몇몇은 언제나 방어망을 뚫고 들어올 것이라고 전문가들은 말했다.

건강한 공동체에서 사람들은 서로를 보살필 뿐만 아니라, 페이스북에서만 만나지 않고 직접 서로의 얼굴을 마주본다. 건강한 공동체는 파괴적인 행동과 남을 괴롭히는 행동에 부끄러움을 느끼게 하고 그에 반대하는 운동을 일으킨다. 가족과 공동체의 자제력, 그리고 문화적이고 종교적인 절제력이 사라지거나 처음부터 없다면 자살 폭탄 테러범들은 훨씬 쉽게 날뛸 수 있다.

니스에서 85명을 죽인 트럭 운전 테러리스트에 관한 또 하나의 기사를 보자. 다음은 AFP가 보도한 것이다.

금요일 니스의 해안에서 트럭 공격으로 수십 명을 죽인 혐의를 받고 있는 남성의 아파트를 과학수사대가 조사하고 있는 가운데, 이웃 사람들은 그가 뚜렷한 종교적 성향을 보이지 않는 외톨이였다고 밝혔다. AFP 기자들은 경찰이 그 트럭에서 발견한 신분증으로 31세의 튀니지계 프랑스인 무함마드 라후에유 부렐이라고 밝힌 남성의 이웃 수십 명을 인터뷰했다. 그들은 그 남성이 거의 말을 하지 않는 외톨이로, 니스의 서민층이 사는 4층짜리 집들이 밀집한 구역에서 길을 가다 마주쳐도 인사조차 받지 않았다고 밝혔다.

환경 전략가인 할 하비는 언젠가 이렇게 말한 적이 있다. "저는 어두운 방에 있는 어떤 남자가 배달된 피자를 먹으면서, 컴퓨터를 들여다보며 어떻게 후버 댐을 열 수 있는지 알아내려 하고 있다는 생각만 하면 밤에 잠을 이루지 못합니다. 도덕적으로나 사회적으로 다른 이들과 연결이 끊어진 사람이라면 얼마든지 그런 생각을 할 수 있지요. 댐을 짓는 것보다 부수는 것이 훨씬 더 쉬운 법입니다." 초강력 개인들이 활동하는 세계에서 가능한 한 다양한 방식으로 도덕적 환경과 건강한 상호의존성을 확실히 만들어내기 위해 우리는 몇 배의 노력을 기울여야 한다. 그렇게 함으로써 이민자와 이방인, 외톨이를 포용할 수 있고 더 많은 지역에서 더 많은 사람이 뭔가를 부수기보다 건설하기를 원하도록 고무할 수 있다.

당신이 하는 일을 친구들이나 가족이 싫어하거나 경멸할 거라는 생각보다 더욱 강한 자제력을 심어주는 건 없다. 그리고 그 힘은 오로지 공동체에서만 만들어질 수 있다. 내 친구인 데이비드 브룩스David Brooks는 2015년 11월 27일 「뉴욕타임스」에 쓴 칼럼에서 이렇게 지적했다. "전국의 많은 학교와 기관이 인성을 계발하는 새로운 방식을 알아내려 애쓰고 있다. 지금까지 내가 본 것들 가운데 인성 계발의 최선의 방식은 긴밀하고 두터운 공동체를 일구는 것이다. 대부분의 경우에 인성은 개인적인 성취가 아니다. 이는 집단 내에서 관심과 열정을 공유할 때 우러나는 것이다."

인성을 형성하는 공동체의 규범을 강화하고 확산시키는 방법 중 하나는 관심과 열정, 그리고 일손을 공유할 때 얻을 수 있는 기쁨과 성과를 보여주는 것이다. 단지 다른 이들이 싫어할 일을 하지 않는 것이 아니라 다른 이들과 함께 대범하고 열정적으로 일할 때 어떤 결과가 나타나며 어떤 차이를 만들어내는지 보여주는 것이다.

예를 들어 나는 영화 〈마션〉을 정말 좋아했는데, 화성에 고립된 미국 우주 비행사로 분한 맷 데이먼Matt Damon의 연기와 이야기 구성이 훌륭했기 때문만은 아니었다. 내가 가장 좋아하는 장면은 NASA가 오도 가도 못하게 된 우주 비행사에게 꼭 필요한 보급품을 보내주려고 신속히 로켓을 만들었지만 시간 제약 때문에 충분한 검사와 발사 전 시험이 이뤄지지 못해 이륙 직후 폭발해버린 대목이었다. NASA가 (다시 로켓을 만드는 데에는 시간이 걸리기 때문에) 허둥지둥 또 다른 해법을 찾을 때 영화는 갑자기 중국 우주항공 당국의 내부로 화면을 바꾼다. 「인민일보」는 2015년 9월 12일 영화 평에서 이렇게 썼다. "고위 당국자 둘이 (중략) 절망적인 상황에 빠져 있는 이들을 자기네가 어떻게 도와줄 수 있으며, 그렇게 한다면 중국에 정치와 외교, 경제적으로 어떤 영향이 있을까를 논의한다. 마침 바로 발사할 수 있는 로켓이 하나 있었지만 중국의 우주 계획은 너무나 철저하게 비밀에 싸여 있어서 그 사실을 아는 이는 전 세계에 아무도 없었고, 그들이 도와주겠다고 나서지 않으면 누구도 눈치채지 못할 상황이었다."

그러나 중국은 누가 시키지 않았지만 국제 협력의 정신으로 화성에 있는 미국 우주 비행사가 굶어 죽지 않도록 구조를 돕기로 결정했고, 그 '화성인'에게 절실히 필요한 구호 물품들을 배달할 로켓을 제공했다. 우리는 중국과 미국의 우주 전문가들이 그 문제를 해결하기 위해서 협력하는 모습을 보고, 영화 마지막에 이르러서는 중국 우주국의 지도자들이 NASA 당국자들과 나란히 서서 (전 세계 사람들과 더불어) 성공적인 구조 작전을 위해 함께 응원하고 있는 장면을 본다.

안타깝게도 이런 일은 할리우드에서만 일어날 수 있다. 이는 정치적 공상과학이다. 「인민일보」는 그 이유를 설명하면서 이렇게 지적했다. "미국 의회는 인권 문제와 국가 안보상의 우려를 들어 2011년부터 NASA가 중국과 협력하지 못하도록 금지했다. 당시 NASA를 감독하는 소위원회의 위원장이며, 버지니아의 공화당 하원 의원이었던 프랭크 울프Frank Wolf가 2011년 예산안에 이 조치를 포함시켰다. 그는 「사이언스 인사이더」에서 '중국에 우리 기술을 이용할 기회를 주는 걸 바라지 않으며, 그들과 거래해봤자 얻을 건 아무것도 없다'고 밝혔다."

원작 소설 『마션』을 쓴 작가나 영화 제작자는 그런 사정을 잘 알고 있었다. 나는 국제 협력을 그린 그 가상적인 장면에서 감동을 받았다. 그런 느낌을 받은 이는 나뿐만이 아니었다. 많은 영화관에서 관객들이 영화가 끝나갈 무렵 국제 협력에 대한 할리우드식 묘사가 나오자 박수를 친 것으로 알려졌다. 그러나 이 영화가 훌륭한 이유는 감독이 그것을 자연스럽고 논리적이고 올바르게 느끼게끔 해서 관객들이 '우리는 왜 저런 식으로 행동하지 않지? 그렇게만 하면 우리 모두의 사정이 얼마나 더 좋아질까?'라는 생각을 갖게 한다는 데 있다.

분명한 것은, 우리가 하나의 종으로서 생존하기 위해서는 우리의 '공동체'라는 개념 자체가 전 지구적인 범위로 확장되어야 한다는 점이다. 이는 거창한 말이지만 사실이다. 대자연이 우리 모두를 하나로 다루고 있다면, 그리고 개인과 기계, 각종 흐름의 힘이 우리 모두에게 한꺼번에 영향을 미친다면 우리가 좋아하든 싫어하든, 인정하든 인정하지 않든 우리는 하나의 공동체다. 그리고 우리가 글로벌 공동체라면 우리는 하나처럼 행동하기 시작해야 한다.

사이드먼은 상호의존성은 틀림없는 현실이라고 설명한다. "그것은 우리가 함께 올라가고 함께 떨어지는 현실입니다. 우리는 예전에는 도저히 불가능했던 방식으로 아주 먼 곳에 있는 상대방에게 큰 영향을 미칠 수 있습니다. 이런 세계에서는 생존하고 번영하기 위한 전략이 오직 한 가지밖에 없지요. 그것은 우리의 공동체 안에서, 그리고 기업 간, 국가 간에 건강하고 심층적이고 강인한 상호의존성이 형성되도록 해서 다 함께 오르고 내려가도록 하는 것입니다. 복잡하지는 않지만 어려운 일이지요." 영국의 환경운동가인 톰 버크는 "아이 하나를 키우려면 전 지구가 필요하다."라는 말이 우리의 좌우명이 되어야 한다고 덧붙였다.

그것은 왜 그토록 어려운 것일까? 이 물음에, 미래연구소 소장인 마리나 고비스는 우리 인류가 가진 큰 결함 중 하나는 우리가 부족적tribal이라는 점이라고 답한다. "우리는 언제나 우리에게 정체성을 부여하는 집단이 필요합니다. 본래 그렇습니다. 처음으로 모닥불을 피운 다음부터 인류는 부족적인 존재로 진화해왔지요."

바로 거기에서 풀어야 할 난제와 도덕적 혁신의 필요성이 생긴다. 훨씬 더 높은 상호의존성을 갖게 된 세계에서 우리는 소속된 부족을 다시 정의해야 한다. 오바마 대통령이 히로시마 연설에서 옹호한 것과 같이 공동체의 관념을 확장해야 한다. "우리의 종이 독특한 건 우리가 지난날의 실수를 되풀이하도록 하는 유전자 암호에 구속받지 않는다는 점에 있습니다. 우리는 자녀들에게 다른 이야기를 들려줄 수 있습니다. 공통의 인간성에 관한 이야기, 그리고 전쟁의 가능성을 줄이고 잔인성이 쉽게 받아들여지지 않도록 하는 이야기를 들려주는 것입니다. 이곳에서 세계는 영원히 바뀌었지만, 오늘 이 도시의 아이들은 평화롭게 미래를 살아갈 것입니다."

우리가 본래 부족적이라고 한 고비스의 말은 맞지만, 우리가 처음부터 가장 좁은 의미의 부족만을 생각하도록 만들어진 건 아니다. 다른 동물들과 달리 우리는 적응할 수 있으며, 생존하기 위해서는 모닥불의 둘레를 넓혀야 한다는 걸 배울 수 있다. 오페라 스타인 칼라 디믈리코프 커낼리스는 멕시코 출신 어머니와 불가리아 출신 아버지 사이에서 태어났고 미시간 주에서 자랐다. 그녀는 전 세계를 다니며 〈카르멘〉을 80회 이상 노래했다. 케네디 센터에서 열린 예술제에서 커낼리스를 처음 만났는데, 그녀는 내가 한 번도 들어본 적이 없는 설득력 있는 이야기로 이 문제를 명쾌하게 설명했다. 그녀는 미국에서 와스프WASP, White Anglo-Saxon Protestant(앵글로색슨계 백인 신교도—옮긴이)가 아닌 사람으로서 자란 삶에 대해, 인생을 '기타'라고 적혀 있는 네모 칸에 체크 표시를 하며 보냈다고 설명했다. "그렇게 하면 내가 어디에도 소속되지 않는다는 느낌이 들었어요. 내가 마치 외계인처럼 느껴졌지요. 그 느낌이 싫었습니다. 나는 우리 인간이 어딘가에 소속되길 갈망한다고 생각하거든요. 그런데 그 문제에 대해 더 넓게 생각해보니 나는 한 인간이고, 그래서 분명히 그 범주에 속한다는 생각이 들었습니다. 나는 '모두'라고 적혀 있는 네모 칸에 속하는 것이지요. 우리 전부 '모두' 네모 칸에 속합니다. (중략) 그리고 우리 전부가 '기타'에서 '모두'로 옮겨가야 합니다." 미국이 '소수 인종이 다수를 차지하는' 나라로 나아가고 있는 지금 커낼리스는 모닥불을 넓히기 위한 자신의 작은 조직을 만들기 시작했다. 다른 이들이 '기타'에서 '모두'로 옮겨가도록 도우려는 것이다.

　인간 행동의 숨은 패턴을 전문적으로 다루는 사회과학 담당 기자 샹카르 베단탐Shankar Vedantam은 2016년 5월 3일 미국 공영 라디오 NPR의 〈모닝 에디션〉에서 다른 이들과 함께 춤을 추면 건강에 유익하다는 새로운 연구 결과에 관해 보도했다. 베단탐은 옥스퍼드 대학교의 심리학 학술지 「진화와 인간 행동Evolution and Human Behavior」에 발표한 최신 연구 결과를 설명했다. "연구자들은 지원자들을 실험실로 불러 서로 다른 춤동작을 가르쳤습니다. 그들은 댄스 플로어에서 지원자들을 4명씩 한 그룹으로 나누고, 각자 헤드폰을 끼고 음악을 듣게 했습니다. 그들 중 일부에게는 같은 춤동작을 가르치고 다른 이들에게는 그와 다른 동작을 가르쳤습니다. 연구자들은 혈압을 재는 가압대로 지원자들이 음악에 맞춰 춤추기 전과 후에 고통을 느끼는 문턱값을 측정했습니다."

그들은 무엇을 알아냈을까? 베단탐은 이렇게 말했다.

지원자들이 함께 춤추기 전후로 고통을 느끼는 데에는 큰 차이가 있었습니다. (중략) 다른 사람들과 같은 춤동작을 배우고 같은 노래를 들었을 때 그들의 동작은 일치했습니다. (중략) 그런 다음에 이 지원자들은 훨씬 더 큰 고통을 참을 수 있게 되었습니다. 고통을 느끼는 문턱값이 올라갔지요.
이와 대조적으로 다른 노래를 들었거나 같은 음악에 다른 춤동작을 배운 지원자들은 동작이 일치하지 않았으며, 춤을 배운 후 고통을 인식하는 데 변화가 없거나 고통 인식도가 높아져 실제로 그 전보다 더 큰 고통을 느꼈습니다.

이 현상을 어떻게 설명할 수 있을까? 베단탐은 연구자들의 생각을 이렇게 설명했다.

어떤 경험이 좋게 느껴질 때 그것은 대개 진화적인 목적에 도움이 된다는 신호입니다. 두뇌는 어떤 종류의 음식이 맛있는지 알아보는 쪽으로 진화했는데, 선조들이 그러한 음식을 먹을 때 생존 가능성이 높아졌기 때문입니다.
사회성을 가진 종으로서 한 집단의 일원이 되면 생존 가능성이 높아집니다. 두뇌는 우리가 다른 사람과 함께 혹은 다른 사람을 위해 어떤 일을 했을 때 보상을 받는다는 느낌을 경험하게끔 진화했습니다. 특히 동작을 맞춰 춤추는 것은 실제로 다른 많은 사람과 마음이 맞는다는 신호를 줄 수 있습니다. 연구자들은 그토록 많은 문화권에서 동작을 맞춘 춤을 추고 또 그것이 건강에 도움을 주는 이유가 바로 그 때문이라고 생각하지요.

내가 미국 의무감(공중보건대 사령관으로 국가 보건 책임자—옮긴이) 비벡 머시Vivek Murthy와 인터뷰했을 때 그는 그러한 연구 결과에 대해 직감적으로 동조했다. "우리는 새로운 의약품과 치료법에 그토록 매료되지만 가만히 생각해보면 우리의 가장 오래된 약은 동정과 사랑이며 수천 년 동안 그래왔다는 것을 알 수 있습니다. 의사로 개업해보면 그러한 것들이 치유 과정의 일부로 얼마나 큰 역할을 하는지 금방 알게 되지요."

나는 그런 종류의 약을 확산시키는 것이 얼마나 어려운 일인지, 혹은 얼마나 많은 사람이 여전히 '모두'로부터 도망쳐 '기타'에서 피난처를 찾으려 할지 잘 안다. 유럽연합은 경쟁과 부족적인 증오가 세계대전을 두 차례 촉발한 후 유럽이 공동시장으로 움직이면 더 잘살게 될 것이라는 깨달음에서 비롯됐다. 하지만 요즘 그 통찰은 닳아 없어지고 있다. 영국이 국민투표로 유럽연합에서 탈퇴하기로 한 것을 보라. 이는 유럽에서만 일어나는 일이 아니다. 내가 어른이 된 후 평생 뉴스 기자와 칼럼니스트로서 취재했던 중동에서는 이스라엘과 팔레스타인, 시아파와 수니파, 이라크인과 이라크인, 시리아인과 시리아인이 잘못된 방향으로 걷다 못해 뛰고 있다. 가장 슬픈 건 그들 대부분이 그것이 잘못임을 알고 있다는 점이다.

내가 이 책을 마무리 짓고 있을 때인 2016년 5월 2일 「뉴욕타임스」는 5년 동안 내전을 겪은 그곳의 처참한 삶에 관한 기사를 실었다. 기사는 말미에 다마스쿠스의 모스크에서 일하는 86세의 관리인인 살림 알리파이가 최악의 참화도 영원히 계속되지는 않으며 "이 또한 지나갈 것"이라고 말했다고 전했다. 그러나 알리파이 씨는 그것이 지나가기 전에 그의 고국 사람들이 변화해야 한다고 주장했다. 그는 "우리는 신의 존재를 믿고 신이 우리에게 부탁한 일도 해야 한다. 그리고 우리는 다시 인간성을 되찾기 위해 서로 도와야 한다."고 말했다.

시리아 내전에서 이 나라 인구의 약 10분의 1인 25만 명이 죽었다면 시리아인들은 이 나라에서 어떻게 해야 인간답게 되는지를 잊어버렸다고 해도 좋을 것이다. 이는 이라크와 리비아, 소말리아, 예멘, 콩고, 르완다, 우크라이나 그리고 보스니아의 많은 사람에 대해서도 마찬가지다. 그들 중 많은 사람이 자기 자녀들을 사랑하는 것 이상으로 서로를 더 열심히 미워하는 지경에 이르렀다. 인간답게 되는 법을 잊어버린다는 건 바로 이런 것이다. 그것은 다른 사람들의 종파나 그들의 종교, 또는 신분증에 적혀 있거나 억양으로 드러나는 출생지를 근거로 그들을 죽이는 걸 의미한다. 심지어 그것이 그들 자녀들이 발을 딛고 선 땅과 그 아이들의 미래를 태워버릴 증오의 씨를 뿌리는 걸 의미한다는 사실을 알면서도 그렇게 하는 것이다. 이는 공동체 건설에 반하는 행위다.

그와 상반되는 주목할 만한 흐름들도 있다. 예를 들어 2016년 4월 22일 지구의 날에 전 세계 지도자 175명은 파리 기후협정에 서명했다. 비록 그 협정이 자율적으로 부과한 온실가스 배출 제한의 최소 공통분모만 달성한 것이라고 해도 그 최소 공통분모가 얼마나 큰 숫자가 되었는지를 무시할 수는 없다. 위험 수준에 이른 온실가스 증가 속도를 늦추기 위해 오랫동안 추진해온 이 협정만큼 전 세계적으로 이뤄진 합의는 없었다. 실제로 이 같은 대자연의 가속화에 따른 문제 때문에 인류가 마침내 '기타'에 한정된 사고를 '모두'를 위한 사고로 바꿨을 것이다. "우리는 지금 모두를 파괴하는 길을 택할 것이냐 아니면 모든 문제를 해결하는 길을 택할 것이냐 하는 기로에 서 있으며, 그러한 선택의 사례로서 기후

변화의 도전에 맞서 싸울 것이냐 말 것이냐 하는 것보다 더 중요한 것은 없다."고 할 하비는 지적했다. 하비는 재생에너지의 가격과 효율화 비용이 꾸준히 떨어지고 있어서 이제 기후 환경을 파괴하는 것과 보호하는 데 드는 비용이 같다며, 기본적으로 가격은 같지만 미시적인 차원에서는 승자와 패자가 엇갈릴 것이라고 말했다. 석탄과 석유 회사, 그리고 전통적인 공익 설비 회사는 패자가 될 것이다. 풍력과 태양열, 수력, 원자력 그리고 효율적이고 분산된 에너지 공급 업체들은 승자가 될 것이다. 하비는 이렇게 말했다. "그러나 거시적인 차원에서는 전 세계가 승자가 되거나 아니면 전 지구가 패자가 될 것입니다. 그 충격은 미래의 모든 세대에 미칠 것이며, 이때 국가 간 경계선은 무의미할 것입니다."

그것은 우리의 소명이다. 오바마 대통령이 히로시마에서 한 말을 되풀이하자면 "우리는 아이들에게 다른 이야기를 들려줄 수 있다." 우리는 그렇게 해야만 한다. 그리고 이는 물정을 모르는 게 아니다. 이는 전략적인 것이다. 또한 학부모와 정치인, 교사와 정신적 지도자, 이웃과 친구를 포함해 모든 이가 해야 할 일이다. 그를 위한 출발점이 될 만한 이야기를 찾는다면 나는 내 정신적 고향인 메릴랜드 주의 유대교회당 콜 샬롬에 있는 랍비 조너선 맬츠먼이 2015년 유대인 신년회에서 개막 설교로 들려준 이야기를 권하고 싶다. 이런 이야기다.

> 한번은 한 랍비가 그의 제자에게 물었다. "밤이 물러가고 새날이 시작됐음을 어떻게 알 수 있겠느냐?" 제자들은 자기가 그 질문의 중요성을 이해했다고 생각했다. 어쨌든 밤에만 할 수 있는 기도와 의례, 의식이 있었고 낮에만 해야 하는 기도와 의례, 의식이 있었다. 그러므로 언제 밤이 끝나고 낮이 시작되는지를 어떻게 알 수 있는가 하는 것은 중요한 문제였다.
> 그래서 가장 똑똑한 첫 번째 제자가 답을 내놓았다. "스승님, 제가 들판을 내다

보면서 제 땅과 이웃집 땅을 구분할 수 있으면 그때 밤이 물러가고 낮이 시작된 것입니다." 그러자 두 번째 제자가 답을 내놓았다. "스승님, 제가 들판에서 집을 바라다보며 그것이 이웃집이 아니라 제 집이라는 걸 알아볼 수 있으면 그때 밤이 끝나고 낮이 시작된 것입니다." 세 번째 제자가 다른 답을 내놓았다. "스승님, 제가 멀리서 어떤 동물을 바라보면서 그것이 무슨 동물인지, 소인지 말인지 양인지 알아볼 수 있으면 그때가 바로 밤이 끝나고 낮이 시작된 때입니다." 그러자 네 번째 제자가 또 다른 답을 내놓았다. "스승님, 제가 어떤 꽃을 보면서 그 꽃이 무슨 색인지, 빨간색인지 노란색인지 파란색인지 알아볼 수 있으면 그때 밤이 끝나고 낮이 시작된 것입니다."

제자들이 대답할 때마다 랍비는 슬픈 표정을 하고서 심하게 얼굴을 찡그렸다. 그러고는 마침내 소리 질렀다. "아니야! 너희 중 누구도 이해하지 못하는구나. 너희는 오로지 나누고만 있어. 너희 집을 이웃집과 나누고 너희 땅을 이웃집 땅과 나누고 어떤 종류의 동물을 다른 동물과 구분하고 어떤 색깔을 다른 모든 색깔과 구별 짓고 있지. 우리가 할 수 있는 일이 세상을 조각조각 나누고 떼어놓고 쪼개는 것, 그것뿐이더냐? 세상이 충분히 쪼개지지 않았더냐? 아직도 더 많은 조각으로 나눠야 하더냐? 그것이 토라가 가르치는 것이더냐? 그건 아니다. 내 사랑하는 제자들아, 그렇지 않다. 전혀 그렇지 않아."

할 말을 잃은 제자들이 랍비의 슬픈 얼굴을 들여다보며 물었다. "그럼 스승님, 가르쳐주십시오. 밤이 끝나고 낮이 시작된 걸 저희가 어떻게 알 수 있습니까?" 랍비는 제자들의 얼굴을 가만히 응시하다가 갑자기 부드러운 목소리로 간청하듯 말했다. "너희가 옆 사람의 얼굴을 들여다보면서 그 사람이 너희의 형제나 자매인지 알아볼 수 있으면 그때서야 마침내 밤이 물러가고 낮이 온 것이다."

그런 거룩한 날을 앞당기는 것이 우리 세대의 도덕적 임무다. 나는 그 일이 언제 끝날지는 모르지만 어떻게 시작해야 하는지는 알고 있다. 그것은 바로 강하게 결속된 가족과 건강한 공동체에 사람들을 정착시키는 것이다. 사람들이 닻을 내리지 못하고 표류하며 스스로 불안정하다고 느낄 때는 그들이 황금률을 널리 확산시키리라고는 기대할 수 없다. 어떻게 하면 결속력 강한 가족을 만들 수 있는지 알아내는 건 내 지식수준을 넘어서는 일이지만, 강력한 공동체에 관해서는 조금 알고 있다. 내가 그런 공동체에서 자랐기 때문이다. 그래서 이 가속의 시대에 복원력과 추진력을 키우는 데 필요한 마지막 혁신(건강한 공동체를 만드는 일에서의 혁신)을 논의하기 위해 여러분을 내 고향에 안내하는 것으로 이 여정을 끝내려 한다. 그 뜻을 너그럽게 받아주기를 바란다.

/ 12 /   태풍 한가운데에서 춤추기

언덕 위에서 자랐거나, 샘 옆에 앉아 물을 마시곤 했거나, 이웃의 광장에 나가 놀았던 이들은 다시 그 장소로 돌아갔을 때 참된 자아를 되찾을 기회가 올 것입니다.
— 2015년 5월 24일 기후변화에 관한 프란치스코 교황의 회칙 '찬미 받으소서(Laudato Si)' 중에서

이 책을 쓰고 있던 2015년 가을의 어느 오후, 나는 시리우스XM 라디오를 들으며 운전을 하고 있었다. 포크 뮤직을 틀어주는 커피하우스 채널을 듣던 중 가사가 꼭 나에게 이야기하는 것 같은 노래가 흘러나왔고, 그 가사가 너무 좋아서 정차할 수 있는 곳이 나오자마자 바로 차를 세우고서 가사와 가수 이름을 받아 적었다. 컨트리포크 가수 브랜디 칼라일과 밴드 동료인 팀 핸서로스가 가사를 쓰고 칼라일이 부른 '눈(The Eye)'이라는 노래였다. '눈'은 이 책의 테마곡이 되었기 때문에 나는 독자가 이 책장들을 넘길 때마다 홀마크(미국의 카드 회사—옮긴이) 생일 축하 카드처럼 이 노래가 흘러나왔으면 좋겠다.

주된 후렴구는 이렇다.

난 당신의 사랑을 사슬처럼 나에게 둘렀어요.
하지만 난 사랑이 시들까 봐 겁낸 적이 없지요.
당신은 폭풍 속에서 춤출 수 있어요.
당신이 그 눈 안에 서 있을 수만 있다면요.

우리는 앞으로 하루하루 대시장과 대자연, 그리고 무어의 법칙이 가속화하면서 시작된 폭풍의 한가운데서 춤을 추어야 한다는 것을 내가 이 책에서 분명히 보여주었길 바란다. 어떤 정치인들은 이 폭풍을 막는 장벽을 세우자고 제안한다. 이는 헛고생만 하는 일이다. 지금 같은 시대에 번영할 수 있는 유일한 길은 태풍의 눈을 찾아내고 자신만의 눈을 만들어내는 것이다. 태풍의 눈은 폭풍과 함께 움직인다. 태풍의 눈은 태풍에서부터 에너지를 이끌어내고 그 안에서 안정적인 피난처를 만든다. 그것은 역동적이면서도 안정적이다. 우리도 그래야 한다. 우리는 이러한 가속화의 흐름에서 도망칠 수 없다. 그 안으로 뛰어들어서 가능한 한 그 에너지와 흐름들을 이용하고 그 흐름들과 같이 움직이며, 그것들을 활용해서 더 빨리 배우고 더 똑똑하게 설계하고 더 긴밀히 협력해야 한다. 닻을 내린 것처럼 안정을 찾고서 나 자신과 가족들이 자신 있게 앞으로 나아갈 추진력을 얻기 위해 우리 자신의 태풍의 눈을 만들 수 있어야 한다.

정치의 영역에서 내가 생각할 수 있는 것들 중 태풍의 눈과 가장 유사한 것은 건강한 공동체다. 사람들이 공동체에 속해 있다고 느낄 때, 그들은 '보호받고 존중받고 연결되어 있다는' 느낌을 받게 된다. 이는 미네소타 주 덜루스에서 자란 아버지와 카사블랑카에서 태어난 어머니를 둔 내 친구 앤디 카스너가 즐겨 하는 표현이다. 그리고 이러한 느낌은 그 어느 때보다 중요하다. 사람들이 건강한 공동체 안에서 보호받고 존중받고 연결되어 있다고 느끼면 엄청난 신뢰가 생기기 때문이다. 게다가 더 많은 신뢰가 생기면 시민들이 대자연의 킬러 앱들을 본보기로 삼을 가능성이 커진다. 사람들은 서로 신뢰하면 훨씬 더 쉽게 적응하고, 모든 형태의 다원주의에 열린 자세를 취할 수 있다. 사람들이 서로 믿게 되면 장기적으로 생각할 수 있게 된다. 신뢰가 있으면 더 기꺼이 협력하고 실험하려 한다. 다른 사람들, 새로운 아이디어, 참신한 접근 방식에 대해 스스로 더 개방적인 태도를 갖게 되는 것이다. 그리고 황금률을 더 널리 확장하려 한다. 또한 그들은 모든 실수를 따져보며 힘을 낭비하지 않고, 편하게 실패하고 다시 시도하고 다시 실패하고 다시 시도한다.

우리 경제의 미래를 위한 기금Fund for Our Economic Future에서 여러 도시와 협력하며 일하고 있는 크리스 톰프슨은 이 기금의 웹사이트에 쓴 글에서 '협력은 신뢰의 속도로 움직인다'고 주장했다. 사람들이 서로를 신뢰할 때, 그들은 문제들에 대해 주인 정신을 가지고 관리 의무를 수행한다. 1996년 정치학자 프랜시스 후쿠야마Francis Fukuyama는 가장 성공적인 국가와 사회가 왜 높은 신뢰 수준을 보여주는지 분석하는 『트러스트: 사회 도덕과 번영의 창조Trust: The Social Virtues and the Creation of Prosperity』라는 고전적인 책을 썼다. 그는 이렇게 지적했다. "사회적 자본은 한 사회 또는 그중 어떤 부문에서 신뢰가 확산될 때 생기는 능력이다. 그것은 모든 사회 집단 가운데 가장 큰 국가뿐만 아니라 가장 작고 기초적인 집단인 가족, 그리고 그 둘 사이의 다른 집단에서 구현될 수 있다." 그는 신뢰가 널리 퍼진 곳에서는 사회와 집단이 여러 비공식적인 계약을 통해 신속히 움직이고 적응할 수 있다고 설명했다. 후쿠야마는 "그와 대조적으로 서로 신뢰하지 않는 사람들은 오로지 협상하고 동의하고 소송하며, 때때로 강제적인 수단으로 집행해야 하는 공식적인 규칙과 규제 체계 아래서만 협력하게 된다."고 썼다.

이 모든 이유로, 도브 사이드먼은 신뢰가 '유일하게 합법적인 경기력 향상 약물'이라고 주장한다. 그러나 신뢰는 강요할 수 없는 것이다. 그것은 오직 건강한 공동체가 사회적 계약으로 맺어져 있다고 느끼는 사람들 사이에 배양하고 고취할 수 있을 뿐이다. 하버드 대학교의 정치철학자 마이클 샌델Michael Sandel은 신뢰란 사람들이 상호 이익을 위해서 제도를 통해 정치적으로 상호작용하는 방식에 따라 다르게 나타난다면서, 건강한 공동체들은 더 높은 신뢰를 낳는 시민의 근육을 만들어낸다고 밝혔다.

실제로 신뢰가 한 사람이나 공동체에 미치는 정서적 효과에 관해 내가 들어본 것 중 가장 훌륭한 설명은 의무감 머시가 해준 것이었다. 그는 신뢰가 공동체에 생명을 불어넣는 방식과 우리 몸이 심장으로 산소를 보내주는 방식을 멋지게 비유했다.

심장의 펌프질은 두 단계 순환과정을 거치는데 심장이 줄어들 때인 수축기와 늘어날 때인 확장기가 그것입니다. 우리는 흔히 수축이야말로 가장 중요한 국면이라고 생각합니다. 심장이 줄어들면 우리 몸 구석구석으로 피가 흘러가기 때문이지요. 그러나 의학을 공부하는 이들은 관상 혈관을 채우고 심장 근육에 필요한 생명을 구하는 산소를 지속적으로 공급하는 것은 (심장이 이완하는) 확장기라는 걸 깨닫습니다. 그러므로 확장기 없이는 수축기도 있을 수 없으며, 심장이 늘어나지 않으면 줄어들 수도 없습니다.

인간관계에서 신뢰는 확장기를 만들어낸다. 사람들은 심장을 이완시키고 마음을 풀어놓을 때에만 열린 자세로 듣고 다른 이들과 관계를 맺을 수 있으며, 건강한 공동체는 그렇게 할 수 있는 환경을 만들어낸다.

다행히 오늘날 미국은 많은 건강한 공동체로 축복받고 있다. 바로 그 때문에 나는 흔히 외국인 방문자들에게 미국에 관해 낙관론자가 되고 싶으면 물구나무를 서보라고 말한다. 미국은 아래서 위로 올려다볼 때가 위에서 아래로 내려다볼 때보다 훨씬 낫기 때문이다. 미국 정치가 갈수록 독성이 강해지고, 가속화하는 대시장과 무어의 법칙을 따라가는 데 필요한 사회적 기술을 창출하지 못할 때에 지금까지 우리를 구해준 것은 크고 작은 도시와 지역사회의 밑바닥에서부터 나오는 역동성이었다. 그들은 효과적으로 일하기 위해 워싱턴 D.C.의 중앙정부를 기다리는 걸 포기했다. 그들 대부분은 그 지역의 시민과 아이들이 태풍 속에서 춤추는 데 필요하다고 보이는 정책들을 시행하기 위해 지역의 (기업과 교육자, 자선사업가, 그리고 정부가 참여하는) 공공 부문과 민간 부문 간 협력관계를 만들어가고 있다.

그리고 정말 다행스럽게도 크고 작은 도시와 지역사회가 21세기의 지배 구조에서 가장 중요한 구성 요소가 될 것이기 때문에 중앙정부를 기다리지 않아도 되는 것이다.

이 주제에 관해 나에게 많은 것을 가르쳐준 이들 중 한 사람이 이스라엘의 기디 그린스타인Gidi Grinstein이다. 그는 이스라엘에서 공동체에 대한 재검토에 초점을 맞춰 연구 조사를 해온 전략 그룹 로이Reut의 회장이다. 그는 지금 같은 가속의 시대에 우리가 사회의 기초적인 조직 단위를 재창조해야 한다고 주장한다. 물론 앞서 살펴본 것처럼 국가 경제와 복지, 안보 그리고 의료 체계의 기반을 유지하기 위한 연방과 주 정부는 여전히 필요하다. 그러나 그린스타인은, 강한 복원력을 가지고 번영하는 21세기 사회의 기본적인 구조는 건강한 지역사회의 네트워크가 되어야 한다는 점이 점점 더 분명해지고 있다고 말한다.

그는 중앙정부는 너무 성가시고 멀리 있으며 흔히 가속의 시대에 요구되는 민첩성을 갖기에는 너무 정체되어 있다고 주장한다. 또한 하나의 가족 단위는 폭풍 같은 변화의 바람에 맞서 홀로 서 있기에는 너무 약하다. 특히 편부모 가족을 비롯해 많은 가족이 저축이나 연금, 보유주택 없이 벼랑 끝 가까이에서 살아가고 있다. 건강 문제나 교통사고, 또는 고용과 관련해서 단 한 번만 위기가 닥쳐도 그들의 삶은 망가질 수 있다. 게다가 이런 가족들은 평생토록 일하고 소득을 유지하기 위해서 평생학습을 해야 하는 시대에 자신의 고용 가능성과 생산성을 확보하는 데 필수적인 시간과 재정적인 자원을 얻지 못한다.

그러므로 가속화하는 변화를 따라가기 위해 점점 더 많은 가족이 지역사회의 도움을 필요로 하는 때에 "구성원들의 고용 가능성과 생산성, 포용성 그리고 삶의 질 향상을 지원하는 데 초점을 맞추는 공동체가 21세기의 모범적인 공동체가 될 것"이라고 그린스타인은 주장한다.

또 건강한 지역사회는 그 핵심적인 기관(시민 문화 회관, 공원, 유아 보육 센터, 학교, 스포츠 시설, 문화시설 그리고 청년과 노인 센터)이 재창조된다는 걸 전제로 한다면 그러한 역할을 하는 데 더할 나위 없이 적합하다고 그린스타인은 강조한다. 이는 학교가 노인들의 평생학습 시설과 탁아소 구실을 함께 하며 어린이와 그 부모들 그리고 노인층에 다 같이 봉사해야 한다는 걸 의미한다고 그는 설명한다. 그렇게 함으로써 실제로 어떤 가족이나 어린이도 뒤떨어져서 방치되지 않도록 보장하는 사회적 서비스 그룹을 낳고, 21세기에 가장 필요한 기술을 배울 기회를 보장하기 위해 기업들과 협력 관계를 맺을 수 있다. 그린스타인은 사람들 대부분이 이러한 지역사회 기관들을 정기적으로 방문하기 때문에 "그 기관들은 주민들의 고용 가능성과 생산성 향상을 돕는 자연스러운 기반 시설을 제공한다."고 밝혔다.

그는 공동체가 제대로 작동하게 만들면 대다수 사람들의 삶의 질에 실질적인 영향을 미칠 수 있다고 덧붙였다. 그리고 여기 좋은 소식이 있다. 오늘날 미국을 돌아다니다 보면 지역사회 차원에서 참으로 많은 혁신이 일어나는 모습을 볼 수 있다. 이는 캐피털 힐(워싱턴 정가—옮긴이)에서 일어나는 것과 정반대의 현상이다. 그린스타인은 이렇게 결론지었다. "우리 사회가 맞닥뜨린 문제들을 해결하기 위한 혁신은 이미 우리 사이에서 싹트고 있습니다. 다만 그것을 부각시키고 본받고 확산시키는 일만 남았지요."

세인트루이스파크 이야기

나는 벽돌과 블록이 하나씩 쌓이고, 집이 하나씩 지어지고, 이웃이 하나씩 모여들면서 건강한 공동체가 만들어지는 장면을 보았기 때문에 이 문제에 관해 많은 것을 알고 있다. 바로 내가 자란 미네소타 주 미니애폴리스 근교에 있는 세인트루이스파크의 지역사회 이야기다. 그래서 나는 지금부터 두 장에 걸쳐, 문자 그대로 내 삶의 여정이 시작된 곳에 관한 이야기를 하며 이 책의 결론을 내리려 한다. 그곳은 1950년대 중반부터 1970년대 초까지 내가 고향이라고 부른 중서부 지역 공동체다.

이는 향수에 젖어 하는 이야기가 아니다. 세인트루이스파크로 돌아가는 것은 두 가지 이유에서 이 책을 마무리하는 적절한 방법이다. 첫째, 이 책 앞부분에서 설명한 것처럼 칼럼은 세 가지를 결합해야 한다. 당신 자신의 가치 체계, 이 세계를 움직이는 대기계의 작동 방식에 관한 관점, 그리고 대기계가 사람들에게 미치는 영향과 그 반대 방향으로 미치는 영향에 관해 지금까지 배운 것들이 그것이다. 먼저 나의 가치 체계,

그리고 포용성과 다원주의를 중시하고 언제나 대자연이 보여주는 최선의 원리에 따라 지배하려고 노력하는 (중도좌파와 중도우파를 결합한) 정치에 대한 선호는 내가 자란 공동체에서부터 자연스럽게 배어든 것이다. 또한 내가 그곳으로 돌아가는 이유는 그러한 가치가 오늘날 미국 전체에, 더 넓게는 전 세계에 그 어느 때보다 더 적합한 가치로 보이기 때문이다. 나는 지금처럼 인종 갈등이 고조되고 정치적 논쟁이 이 나라를 갈라놓는 시기에 내가 자란 작은 교외 지역이 어떻게 해서 정치적으로 그토록 활기찬 공동체가 되어 나와 다른 많은 이를 안정시키고 추진력을 갖게 해주었는지 갈수록 궁금해졌다. 내가 반세기 전에 그곳에서 자라며 그 포용적인 태피스트리가 직조되는 과정을 본 것이 과연 꿈속에서였는지 아니면 현실에서였는지 나 스스로 따져보고 싶어 못 견딜 정도였다. 그리고 그러한 시민사회의 엔진들이 (지역사회가 훨씬 더 다채로워진) 오늘날 얼마나 잘 작동되고 있는지, 과거의 교훈들은 얼마나 잘 공유되며 확산되고 있는지 평가해보고 싶었다.

힌트를 주자면, 물론 그것은 현실이었다. 공동체의 엔진들은 여전히 작동하고 있다. 물론 지금의 문제들은 훨씬 더 풀기 어렵다. 그리고 물론 아직 앞으로 어떻게 될지 모르겠지만 지금 그 엔진들은 어느 때보다도 중요하다.

베세스다의 주차장에서 아옐레 보지아를 만나기 훨씬 전에, 나는 칼럼을 쓰면서 글 속에 이질적인 가치 체계를 담고 있다는 걸 알았다. 자동차 범퍼에 내 핵심 가치를 알리는 스티커를 붙이고 다닐 수도 있지만 그러자면 수많은 범퍼가 필요할 것이다. 나는 사회 문제에 대해서는 자유주의적이고, 대단히 애국적이고, 다원주의를 사랑하고, 공동체 지향적이며 재정 문제에 대해서는 절제를 중시하고, 자유무역을 지지하는 편이며, 반드시 혁신해야 한다는 생각에 사로잡힌 환경주의자이면서 자본주의자다. 나는 미국이 최선의 상태일 때에는—우리가 늘 최선의 상태인 건 아니다—자국 국민이 품위를 유지하면서 안전하게, 기회를 갖고 자유롭게 살 수 있게 해줄 수 있으며, 전 세계 사람들에게 안정성의 보루이자 자유와 정의의 횃불이 될 수 있다고 믿는다. 나는 어떻게 이런 세계관을 갖게 되었을까? 내가 말한 것처럼 어느 특정 철학자들의 책을 읽어서 그렇게 된 건 아니다. 그보다는 이웃과 공립학교, 그리고 내가 인생의 첫 19년을 보낸 공동체의 토양에서 이런 세계관이 형성된 것이다.

나는 중산층이 된다는 게 사람들이 실제로 도착해서 머무를 수 있는 '최종 목적지'로 여겨지던 시대와 장소에서 자라났다. 1950년대에 내 어머니와 아버지는 엘리베이터를 타고 'MC$_{middle\ class}$'라고 표시된 단추를 누르고서 중산층이 사는 층에 내려 평생 그곳에서 머물렀다. 또한 나는 여전히 당파적이기는 해도 정치가 작동하고, 결국에는 두 주요 정당과 지역사회 지도자들이 협력하며 크고 어려운 문제들을 풀기 위해 타협하는 시대와 장소에서 컸다. 나는 대기업들이 총수익의 5퍼센트를 예술과 교육에 기부하면서 기업의 사회적 책임을 선도하는 시대와 장소에서 자랐다.

내 부모님은 어머니가 제2차 세계대전 때 미국 해군에서 복무한 덕분에 제대군인원호법$_{GI\ Bill}$ 혜택을 받아 처음 집을 샀다. 아버지는 1973년 세상을 떠날 때까지 한 해에 2만 달러 넘게 벌어본 적이 없지만 그래도 우리는 지역 골프 클럽에 들어갈 수 있었다. 그리고 친구들 대부분이 우리 집과 같은 크기의 소박한 단층집에 살았고, 나와 같은 공립학교를 다녔으며, 같은 종류의 자동차를 몰았다. 또 누군가가 다른 이들보다 더 잘산다고 해도 그다지 큰 차이는 없어 보였다. 나는 그런 시대와 장소에서 자랐다. 영화 〈제리 맥과이어〉에서 러네이 젤위거가 연기한 도러시 보이드라는 비서는 아들에게 비행기 1등석을 타는 것에 대해 이야기하며, "예전에는 1등석에 타는 것이 더 좋은 음식을 받는 걸 의미했는데 지금은 더 나은 인생을 의미한다."고 말했다. 내가 살던 곳은 아직 그런 1등석이 없던 세상이었다.

나는 '공공'이라는 말이 (공립학교, 공원, 공론, 공공 부문과 민간 부문 간 협력이라는 말에서처럼) 사람들에게 깊은 울림을 남기고, 혁신의 원천으로서 최고의 존경심을 불러일으키는 시대와 장소에서 자랐다. 그리고 하나의 중심을 가진 공동체에 닻을 내리고 아메리칸드림("우리 부모님은 조부모님들보다 더, 나는 내 부모님보다 더 잘살게 될 거야.")이 겨울이 지나면 봄이 오고, 봄이 지나면 여름이 오는 것처럼 확실해 보이던 시대와 장소에서 컸다.

그리고 나는 유대인들이 가장 큰 '소수집단'이었지만 점차 스스로 공동체에 통합되고, 압도적 다수였던 백인 비유대인 사회와 문화에 의해 통합되는 시대와 장소에서 컸다. 그러한 통합은 언제나 쉽고 멋진 일은 아니었지만, 어떻게든 이루어졌다.

그럼 무지개 너머에 있던 그곳은 어디이며 그런 일이 일어난 시대는 언제였는가?

내가 이야기하는 '오즈의 나라'는 미네소타 주였고, 내가 자란 에메랄드 도시는 앞서 말했듯이 미니애폴리스 바깥에 붙은 세인트루이스파크라는 작은 교외 도시였다. 그 시대는 (나는 1953년 7월 20일 태어났다) 1950년대, 1960년대 그리고 1970년대 초였다. 그 시대에 그 공동체에서 자란 것은 내 평생에 걸쳐 계속해서 받게 되는 (지속적인 가치와 낙관주의의) 선물이었다. 30년 동안 중동에서 취재를 하던 때에는 그 가치들이 내게서 빠져나가려고 한 적도 많았다. 그러므로 오늘날 내가 모든 일이 저절로 잘될 거라는 순진한 낙관주의를 갖고 있는 건 아니다. 나는 그처럼 물정을 모르지는 않는다. 그러나 나의 낙관주의는, 사람들이 타협의 정치를 실천하고 다원주의의 윤리를 추구할 자세가 되어 있다면 하는 일들이 잘될 수 있다는 끈질긴 자신감이다.

이렇게 말하면 촌스럽게 들릴 줄 알지만 '친절한 미네소타Minnesota nice'라는 것이 정말로 있다. 2014년 8월, 나는 결혼식에 참석하러 세인트루이스파크로 돌아가 식장에서 어릴 적 친구 제이 골드버그와 함께 앉게 됐다. 제이는 어느 날 그의 아내 아일린이 밖에 나갔다가 몹시 당황하고 화가 나서 돌아왔다는 이야기를 들려주었다. 그녀가 차를 몰고서 미니애폴리스 주변의 한 간선 고속도로를 달리고 있었는데 갑자기 다른 운전자가 끼어드는 바람에 거의 도로 밖으로 밀려날 뻔했다는 것이다.

아일린이 집에 돌아와서 제이에게 말했다. "여보, 나 너무 화가 나서 심지어 경적까지 울릴 뻔했어."

제이가 내게 이 이야기를 했을 때 나는 그에게 말했다. "'친절한 미네소타'를 그것보다 더 잘 정의하는 말이 있을까······. '나를 고속도로에서 거의 밀어낼 뻔했던 운전자에게 너무 화가 나 심지어 경적까지 울릴 뻔했어.'라니." 그것이 미네소타식으로 표현되는 도로 위의 분노다. 아일린은 근본적으로 품위 있는 지역에서 자라난, 근본적으로 품위 있는 사람의 반응을 보였다.

이 세인트루이스파크 이야기는 다원주의의 윤리와 건강한 공동체가 어떻게 한 번에 하나씩 관계를 맺고, 해체하고, 구성하고, 모욕을 견디고, 따뜻한 이웃을 늘려가고, 교실을 지었는지, 서로 잘 맞지 않는 벽돌과 통나무를 가지고 어떻게 그런 집을 지어왔는지를 말해준다. 내가 여기서 이 이야기를 하는 건, 최상의 상태일 때의 미국이 어떤 모습일지 보여주는 '일상의 기적들'의 축소판이 세인트루이스파크이기 때문이다. 앞으로 우리에게 이러한 일상의 기적들이 그 어느 때보다 더 필요할 것이기 때문에 이 이야기를 한다. 지역 주민들이 연결되고 존중받고 보호받고 있다고 느끼는 공동체에서는 시민들이 가속의 시대에 안정감을 느끼며 추진력을 가질 수 있다.

바로 그 때문에 그토록 여러 해가 지난 뒤에도 취재하고 칼럼을 쓰는 사람으로서 나는 여전히 미네소타를 바라보고 있으며, 늘 내가 자란 그 시대 그 장소에서 내게 스며든 포용의 정신과 시민적 이상주의를 재창조할 길을 찾고 있다. 요컨대 1973년 그곳을 떠나 대학에 다니고 언론 경력을 쌓으면서 계속 고향으로 돌아가려고 애썼다.

물속에 뭔가 있다

미네소타 주 세인트루이스파크에서 자라며 받은 영향을 돌이켜볼 때마다 나는 뮤지컬 〈저지 보이스Jersey Boys〉의 첫 장면을 떠올리지 않을 수 없다. 그룹을 결성한 토미 드비토Tommy DeVito가 나오는 장면이다. 그룹 포시즌스의 고전적인 곡 '오 왓 어 나이트'를 따라 등장한 드비토는 이렇게 선언한다. "저건 우리 노래지. '오 왓 어 나이트.' 프랑스에선 '세 스와레라Ces soirées-là'. 2000년 파리 1위 곡. 어떻게 그런 일이 일어났지? 네 남자에게 물어보면 네 가지 다른 이야기를 듣게 되지. 하지만 그 모든 일이 시작된 건 이곳, 뉴저지의 벨빌이지. 까마득히 오래전이었지. 대통령 아이젠하워, 권투 선수 로키 마르시아노의 시대, 가로등 아래서 남자 몇이 누군가의 최신 히트곡을 부르고 있었지."

그 반복되는 악절은 언제나 나를 어린 시절로 되돌려놓는다. 나는 그 작은 도시에서 시작해 「뉴욕타임스」의 칼럼에 이르기까지 긴 여정을 거쳐왔다. 어떻게 그런 일이 일어났을까? 미네소타. 60년 전. 휴버트 험프리. 월터 먼데일. 미네소타 바이킹스(프로 미식축구팀—옮긴이). 타깃(종합 유통 업체—옮긴이). 주 축제. 그리고 세인트루이스파크라는 교외 도시의 한 고등학교에서 자란 몇몇 남자와 여자.

세인트루이스파크는 1886년 마을을 이루었고 1955년 시가 되었다. 1950년대 말과 1960년대까지, 그곳 물속에는 뭔가가 있었다. 비유적으로, 그리고 문자 그대로. 문자 그대로 있었던 건 미네소타 주 보건국 웹사이트에 설명이 나와 있다. "1917년부터 1972년까지 세인트루이스파크에서는 리퍼블릭 크레오소팅 컴퍼니Republic Creosoting Company로 알려진 라일리 타르 앤드 케미컬 코퍼레이션Reilly Tar & Chemical Corporation이 콜타르를 추출해 레일 침목과 다른 목재를 방부 처리하는 데 쓰이는 크레오소트creosote를 포함한 다양한 제품을 현장에서 만들었다. 처음에는 그 지역에 사람들이 많이 살지 않았지만 제2차 세계대전 후 지역사회가 커졌고 그에 따라 작업 현장의 경관과 냄새는 시와 주 당국은 물론 지역 주민들에게도 갈수록 심각한 걱정거리가 되었다."

확실히 그랬다. 미국 환경보호청은 이렇게 발표했다. "라일리사는 현장 폐기물을 개천에 버렸고 이는 인근 습지로 흘러들었다. 1972년에 시설이 해체되어 세인트루이스파크 시에 매각됐다. (중략) 주된 오염 물질은 PAH, 즉 다환 방향족 탄화수소였는데 이 물질은 현장의 토양과 지하수, 인근 습지를 오염시켰다." 1986년 9월, 세인트루이스파크는 1980년 연방 슈퍼펀드법(환경오염 피해 배상법—옮긴이)이 처음으로 실행된 지역 가운데 하나가 됐다. 라일리사가 오염된 땅을 정화하고 시와 주, 연방 정부에 약 372만 달러를 배상한다는 데 합의한 후였다. 1980년대에 그 토탄 늪지는 깨끗한 토양으로 바뀌고 작업 현장은 시 공원과 다세대주택으로 재개발되었다. 환경청은 약 4만 7,000명이 현장 근처의 암반층 지하수를 사용하는 것으로 추정되며 이제 그 물은 모든 위생 기준을 충족시키도록 처리되고 있다고 밝혔다. 나와 부모님, 두 누나, 그리고 모든 이웃이 그 물을 마시며 살았다.

그러나 그 물에는 PAH 말고도 다른 뭔가가 있는 것으로 보인다.

1950년대 말과 1960년대, 그리고 1970년대 초에 약 28제곱킬로미터 크기에 4만 5,000여 명이 사는 세인트루이스파크 지역은, 영화감독인 조엘과 이선 코언Joel and Ethan Coen 형제, 정치학자인 노먼 온스타인Norman Ornstein, 전직 코미디언으로 상원 의원이 된 앨 프랭컨Al Franken, 그래미상을 두 번 탄 클래식 기타 연주자 샤론 이즈빈, 리듬앤드블루스의 대스타였던 고 프린스와 함께 활동한 드러머 보비 지, (우리 고등학교의 쿼터백이었고, 중학교 때는 보비 지와 함께 동네 밴드를 만들었던) 미식축구 시카고 베어스의 전 수석 코치 마크 트레스트먼의 어릴 적 고향이었다. 또한 페미니스트 역사가인 마거릿 스트로벨Margaret Strobel, 영국 가수 아델과 함께 그녀의 히트곡 '섬원 라이크 유'를 쓰고 두 차례 그래미상을 수상한 작곡가 댄 윌슨Dan Wilson의 고향이기도 하다. 『소녀와 성Girls & Sex』『신데렐라가 내 딸을 잡아먹었다Cinderella Ate My Daughter』를 쓴 「뉴욕타임스」 베스트셀러 작가 페기 오렌스타인Peggy Orenstein과 (「타임」이 2007년 최고의 논픽션 도서로 선정한) 『인간 없는 세상The World Without Us』을 쓴 환경 저널리스트 앨런 와이즈먼Alan Weisman도 세인트루이스파크 고등학교에 다녔다. 호트먼 가족들도 그랬다. 피트 호트먼Pete Hautman이 쓴 『신이 없는 세상Godless』은 2004년 청소년 문학 부문 전미도서상을 받았고, 조, 제임스 그리고 로버트는 전국적으로 유명한 야생동물 화가들로 전국 오리 우표 공모전에서 모두 열 차례나 수상했으며 코언 형제의 영화 〈파고Fargo〉의 오리 우표와 관련된 부차적인 줄거리에 영감을 주었다. 코언과 호트먼 형제는 어릴 적 친구들이다. 하버드 대학교의 인기 교수인 철학자 마이클 샌델은 세인트루이스파크 경계선 바로 건너 홉킨스에서 자랐지만 세인트루이스파크 탈무드 토라 유대인 학교에 (나와 같은 반에) 다녔고, 오프라 윈프리가 가장 좋아하는 인테리어 디자이너 네이트 버커스도 같은 세인트루이스파크 유대인 학교 졸업생이다.

대략 15년에 걸친 시기에 세인트루이스파크에서 자랐거나 그곳의 공립학교 또는 유대인 학교에 다닌 우리 모두가, 그리고 다른 많은 이가 이 소도시에서 추진력을 얻었다. 코언 형제는 1967년경의 세인트루이스파크와 우리 유대인 학교를 2009년에 나온 영화 〈시리어스 맨〉의 배경으로 삼았다. 코언 형제는 어렸을 때 흔히 우리 집에서 몇 킬로미터 떨어진 미네통카 대로의 마이크 조스 약국에서 많은 시간을 보냈다. 그들의 영화 〈노인을 위한 나라는 없다〉(2007)를 자세히 보면 멕시코 국경과 바로 인접한 곳에서 하비에르 바르뎀이 연기한 살인마 안톤 시거가 주차된 차를 폭파한 다음 약을 훔치려고 들어간 약국이 '마이크 조스 약국'이다. 이는 코언 형제가 우리의 고향과 이 추운 평원에 정착한 가망 없을 것 같던 유대인 공동체에 경의를 표하기 위해 여러 영화 속에 집어넣은 많은 오마주 가운데 하나다. 당시 유대인들은 스스로를 '얼어붙은 선민Frozen Chosen'이라고 불렀다.

이때까지 우리 중 어느 누구도 이 모든 인간적인 에너지를 풀어놓은 힘이 무엇이었는지 몰랐지만 나는 그것이 다원주의와 관련이 있다고 생각한다. 1950년대 중반에 새로운 세대의 미국 유대인들이 미니애폴리스의 집단 거주지에서 풀려나고 진보적인 스칸디나비아 사람들과 함께한 작은 교외 도시에서 섞여 살 때 그 에너지의 연소가 일어난 것이다. 이스라엘과 핀란드가 만나 한 아기를 낳았다면 그것은 세인트루이스파크에서였다.

월터 먼데일 부통령은 정부를 떠난 후 나와 함께 미니애폴리스로 가서 연 만찬 행사를 위해 편지를 써달라고 코언 형제와 프랭컨, 온스타인에게 요청했다. 1950년대와 1960년대에 세인트루이스파크에서 무슨 일이 일어났다고 생각하는지 설명하는 편지였다. 나중에 그는 그 편지들을 1999년 12월 5일 「미네소타 스타 트리뷴」지에 냈다. 여기 그들이 쓴 편지의 초록이 있다.

부통령님께,

당신이 내 친구 톰 프리드먼을 소개할 때 큰 소리로 읽을 편지를 쓰게 되어 영광입니다. 이 편지가 당신이 직접 뭔가를 써야 하는 부담을 덜고 (당신의 로펌) 도시Dorsey의 엄청난 업무를 처리할 시간을 벌어주기를 바랍니다. (중략) 우리들 다섯이 모두 같은 교외에서 자랐다는 말을 들으면 사람들은 깜짝 놀랍니다. 그들은 가끔 "도대체 그 물속에 뭐가 있었던 거야?"라고 농담을 던지지요. 그러나 그것은 농담이 아닙니다. 우리가 어렸을 때 세인트루이스파크는 커다란 크레오소트 공장이 있던 곳이었고 그 공장은 엄청난 독성 화학물질을 지하수로 흘러보냈습니다. 여러 연구 결과 크레오소트를 많이 섭취하면 두 가지 증상에 이를 수 있는 것으로 드러났습니다. 지적으로 창의력이 높아지거나 전립선에 문제가 생기는 증상이지요. 두 가지 증상이 함께 나타날 수도 있고요. 그래서 톰은 우리 모두 정기적으로 전립선 검사를 받아야 한다고 주장하고, 노먼과 톰과 저는 코언 형제의 영화를 볼 때 다이어트 코크를 많이 마시지 않습니다.

점심 맛있게 드시기를 바랍니다(저녁인가요?).

앨 프랭컨 드림.

수신: 월터 F. 먼데일

발신: 노먼 온스타인

참조: 세인트루이스파크

저는 앨 프랭컨, 톰 프리드먼 혹은 코언 형제가 그곳에서 자라고 있는 걸 몰랐습니다. (제 누이가 톰과 데이트한 것은 맞지만요.) 그들은 저보다 몇 년 어립니다. (중략) 우리는 비슷한 배경과 경험뿐만 아니라 정치와 정부에 대한 사랑으로도 맺어져 있습니다. 우리는 세인트루이스파크가, 더 넓게는 미네소타가 만들어준 연결 고리를 느낍니다. 그리고 솔직히 그중 많은 부분을 당신과 동시대 사람들 덕분으로 돌립니다. 우리는 모두 험프리·먼데일·프레이저·프리먼 시대의 아이들입니다. 미네소타의 정치가들이 평범한 수준을 크게 뛰어넘는 시대, 불리한 처지에 있는 이들과 전 세계의 안정을 위해 뭔가 하기를 열망하는 시대였지요. (중략) 당신들이 잘생겨서가 아닙니다. 당신과 동시대인들은 머리를 잘 매만진 텔레비전 앵커맨이었기 때문이 아니라 당신들의 생각과 열정 때문에 선택된 것입니다. 우리는 미네소타가 험프리·먼데일·프레이저·프리먼과 연결되어 있기 때문에 특별하며, 그래서 우리도 특별해야 한다고 느꼈습니다. 크레오소트도 특별했지만요.

노먼 온스타인 드림.

톰에게,

흔히 기이한 일로 이야기되는 것이지만, 세기가 바뀔 무렵 당시 프란츠 요제프 황제의 온건한 보호 아래 있던 헝가리의 눈에 띄지 않는 작은 시골이 물리학과 수학 분야의 몇몇 이름 높은 인물들을 낳았습니다. 그중에는 에드워드 텔러, 조르주 드 에베시(헝가리명 헤베시 죄르지—옮긴이), 유진 위그너, 레오 질르드, 요한 폰 노이만이 있었지요. 모두 유대인 중산층 출신으로 그중 많은 이가 노벨상을 탄 이 그룹을 동포들은 '화성에서 온 남자들'로 불렀는데, 이는 잘 알려져 있지 않은 그들의 출신 지역과 강한 핀-우그르족 억양 때문이었습니다. 멀리 카르파티아 산맥의 한 귀퉁이에 있는 이곳에서 무엇이 폭발적인 불쏘시개가 되었기에 이처럼 천재들이 숲속의 불처럼 타올랐을까요? 아무도 알 수 없습니다. 오랜 시간이 흐른 다음 저 멀리 미네소타 세인트루이스파크라는 눈에 띄지 않는 지역의 유대인 중산층 역시 이민을 와서 이상한 억양을 극복하고 그들 스스로 성공을 이룬 일단의 사람들을 낳았습니다. 그들의 이교도 수호자는 프란츠 요제프 황제가 아니라 돈 프레이저, 휴버트 험프리, 그리고 물론 월터 먼데일이었습니다. 무엇이 이곳에 이처럼 기묘한 지적 활동의 꽃이 피게 해줬을까요? 왜 실제로 세인트루이스파크가 꽃의 도시로 불릴까요? 가는 곳마다 '로젠블룸(장미꽃이라는 어원을 가진 성—옮긴이)'이라는 문패가 붙어 있기 때문일까요? 단지 우연일까요? 그렇지 않다고 생각합니다. (중략) 우주 자체가 그러하듯이 세인트루이스파크도 쉽게 설명할 수 없는 것인지 모르지요. 비록 우주와 달리 홉킨스의 바로 이웃에 있지만요. 아마도 (이 지역 평론가인) 조지 라이스나 앨 오스틴은 설명할 수 있었겠지요. 아니면 라운드하우스 로드니(방송인 린 드와 이어가 연기한 극 중 인물—옮긴이)가 했을 수도 있겠지요. 그러나 이제 그들은 모두 가고 없습니다. 아마도 톰, 지금까지 그토록 많은 것을 설명한 당신이 관심을 가질 수 있겠지요.

여러분 모두의 행운을 빕니다.

조엘 코언, 이선 코언.

이 편지들의 내용과 행간에는 우리가 고향이라고 부르는 곳에 대한 애정만 드러나는 것이 아니다. 편지들은 여러 문화가 섞여 공동체가 형성되었으며, 그것이 우연히 일어난 일이 아니라는 사실을 인정하고 있다. 우리는 이 도시와 주의 뛰어난 지도자들과 학교장들 그리고 학부모들이 있어서 축복을 받았다. 그들은 포용적인 공동체를 건설하기 위한 수많은 결정을 내렸으며, 때때로 완고한 적대에 맞서 자신들의 가치를 위해 싸웠다. 다원주의는 다양한 사람이 함께 부딪히며 산다고 생기는 것이 아니다. 그 시대 미국의 다른 지역사회와 같이 이 지역의 지도자들에게도 사각지대가 있었다. 유대인들은 환영받거나, 아니면 적어도 용인될 수 있었지만 아프리카계 미국인들은 당시 많은 이에게 건너가기에는 너무 먼 다리 저편에 있었다. 어떤 사람들은 다른 이들보다 느리게 움직였지만 시간이 지나면서 그들은 잘 어울리지 않는 이들, 다른 생각들 그리고 이상한 억양을 가진 다른 사람들을 환영하는 공동체를 만들었다.

얼어붙은 선민

출발점부터 이야기해보자. 이 모든 유대인이 어떻게 미네소타 대초원으로 와서 세인트루이스파크라는 가망 없는 마을에 모여들게 되었을까? 가장 큰 산업체가 크레오소트 공장인 이곳에 말이다. 미네소타는 유대인들이 확실히 자연스럽게 정착할 만한 곳이 아니었다. 코언 형제의 영화 〈시리어스 맨〉의 보도자료를 보자. 이선 코언은 2009년 9월 25일 민포스트닷컴MinnPost.com에 실린 인터뷰에서 이렇게 말했다. "'평평한 중서부' 지대에 유대인들이 사는 게 이상해 보이는 것 아세요? 우리가 영화 시작 부분에 '유대인 마을을 배경으로 한' 이야기를 조금 넣은 것도 어느 정도는 그 점을 보여주기 위해서였지요. 당신이 유대인 마을을 보면 '맞아, 유대인들은 유대인 마을에 있지'라고 생각할 겁니다. 그러고 나서 미네소타의 대초원을 보면 '유대인들이 거기서 뭘 하고 있지?' 하고 의아하게 여길 겁니다. 아니면 그곳으로 이주를 한 우리는 어떤 특별한 관점을 가지고 그런 생각을 하겠지요. 그건 틀림없이 이상해 보일 겁니다." 조엘 코언이 덧붙였다. "멜 브룩스는 '우주의 유대인Jews in Space'이라는 노래를 영화 속에 넣은 적이 있지요. 대초원의 유대인도 그런 이상한 느낌을 준다고 생각합니다."

그들이 처음 정착한 곳은 세인트루이스파크가 아니라 미니애폴리스 북쪽 시내였다. 1880~1900년 그곳에 많은 유대인 이민자(우리의 조부모 세대)가 뿌리를 내렸다. 실제로 그곳은 내 부모님과 내가 태어난 곳이었다. 두 분이 다닌 미니애폴리스 북고등학교는 흑인과 유대인이 많이 섞여 있었다. 나보다 앞선 세대로 UPI와 「뉴욕타임스」에서 일한 해리슨 솔즈베리 역시 유대인 공동체의 일원이었고, 내 부모님들보다 몇 년 앞서 1925년에 미니애폴리스 북고등학교를 졸업했다.

나의 외할아버지는 고물상이었고 친할아버지는 사진사였는데 두 분 모두 대공황 때 사업이 망했다. 아버지는 친구가 시작한 볼베어링 공급 업체 유나이티드 베어링United Bearing의 상무였고 어머니는 시간제 회계원이었다. 내가 태어났을 때 우리는 미니애폴리스 노스 제임스가에 있는 두 세대용 주택에서 이모네 가족과 함께 살았다. 이모네는 등받이 없는 걸상 세 개와 식탁이 있는 시가 가게(버트네 담배 가게)를 갖고 있었고 부부가 아침과 점심을 차려냈으며, 가외로 투자 사업을 조금 해서 소득을 늘렸다.

미니애폴리스에는 상당히 활동적인 유대인 마피아가 있었는데 '키드 칸Kid Cann'으로 더 알려진 악명 높은 이사도어 블루멘펠드가 이끄는 조직은 금주법 기간 중 전성기를 맞았다. 마피아의 일원은 아니었지만 조직원들과 함께 자란 아버지는 가끔 그들에 관한 이야기를 해주었다. 실제로 내 어린 시절 기억에는 아버지가 징역형을 선고받은 친구에 관해 들려준 이야기도 있다. 어린 소년에게는 큰 충격이었다. 아버지가 실제로 감옥에 간 누군가를 알고 있다는 걸 상상할 수 없었다. 그래서 아버지에게 물어보았다. "그 사람은 왜 감옥에 갔나요?" 아버지는 내가 들어본 것 중 가장 뛰어난 완곡어법으로—너무나 훌륭해서 지금까지 기억하고 있다—그 친구가 징역형을 선고받은 건 '가게 문이 열리기 전에 쇼핑을 했기 때문'이라고 말했다.

가게 문을 부수고 들어간 것을 그토록 온화한 말로 표현한 이는 없었을 것이다.

레이철 퀘드너Rachel Quednau는 시티스페이스닷컴The-City-Space.com에 쓴 글 '미니애폴리스 북부 유대인과 흑인에 관한 약사略史'에서 당시 가장 큰 소수집단인 유대인과 흑인이 미니애폴리스 북쪽 지역에 정착한 이유는 그 지역이 주택 임대차 관행에서 노골적인 인종차별이 만연했던 시절에 집을 임대해준 몇 안 되는 곳 중 하나였기 때문이라고 지적했다.

러시아와 동유럽에서 온 유대인들은 1900년대 초 보편적인 이민의 시대에 북쪽 지역으로 이주했다. 그들은 1910년에 지금도 널리 알려져 있는 유대인 학교 '탈무드 토라'를 세웠다. 당시 이 학교는 학생들 교육에 그치지 않고 근처의 시민문화 회관에서 사회적 서비스를 제공했다. 유대인 기업들 역시 이 지역에서 생겨나기 시작했다. 한편 아프리카계 미국인들은 그때까지도 미니애폴리스 북부 전역에 걸쳐 살았지만 제2차 세계대전 후에는 그 수가 불어났다. (중략) 유대인과 아프리카계 미국인들은 미니애폴리스 북부에서 뉴딜 시절에 지은 공공 주택 섬너 필드 홈즈Sumner Field Homes 거주자들 중 큰 비중을 차지했다. 이런 공공 주택 거주자들은 인종에 따라 분리됐지만 당시 거주자들과 인터뷰를 해보니 서로 다른 배경의 아이들이 함께 뛰어놀았고 그 밖에 다른 형태로도 어울려 살았던 것으로 나타났다(이는 바로 내 부모님이 이야기해준 것과 같다).

미니애폴리스의 내 조부모와 부모 세대에 가장 큰 사회적 문제는 흑인들이 아니라 반유대주의 백인들과의 관계였다. 세인트루이스파크역사협회St. Louis Park Historical Society 웹사이트에 쓴 글에서 진 앤더슨Jeanne Andersen은 케리 맥윌리엄스Carey McWilliams의 논문 「미니애폴리스: 특이한 쌍둥이」

를 인용했다. 1946년 9월 「코먼 그라운드Common Ground」지에 발표된 이 논문에서 맥윌리엄스는 이렇게 주장했다. "미니애폴리스는 미국에서 반유대주의의 수도였다. 미니애폴리스에서는 생활의 거의 모든 측면에서 '철의 장막'이 유대인과 비유대인을 갈라놓았다." 이어서 이렇게 설명했다. "사람들은 인구의 4퍼센트밖에 안 되는 유대인들을 공개적으로, 그리고 미안해하지도 않고서 회원제 컨트리클럽과 로터리, 라이온스, 키와니스 클럽(미국과 캐나다 사업가들의 봉사 단체—옮긴이), 토스트매스터스(커뮤니케이션과 리더십 개발을 위한 모임—옮긴이) 같은 그룹에 가입하지 못하도록 배제했다. 유대인들은 심지어 미국자동차협회 미니애폴리스 지회에 가입하는 것조차 거부당했다." 나는 내 부모님이 AAA American Automobile Association(미국자동차협회—옮긴이)에 가입할 수 없었던 시절이 있었다는 이야기를 들으며 컸던 걸 기억한다. 맥윌리엄스는 1948년에 미니애폴리스 의료 시설 이용이 거부돼 좌절감을 느낀 유대인 의사들이 그들의 병원 마운트시나이를 열었다고 썼다. 나는 그런 곳에서 태어났다. 또한 유대인들은 뉴욕에서 유대인 지도자들이 만든 노동조합의 미니애폴리스 지부에 가입하는 것도 불가능했다고 이 논문은 지적했다. "미네통카 호수의 여름철 휴양 시설에는 '비유대인 전용'으로 서비스를 제공한다는 광고가 나붙었다. 몽고메리 워드 같은 백화점은 유대인 구직자의 면접을 거부했다. 많은 거주 지역이 유대인과 흑인, 심지어 가톨릭 신자와 이탈리아 사람까지 배제하는 '제한된' 구역이었다. 유대인 교사는 드물었다." 맥윌리엄스에 따르면 차별은 세인트폴보다 미니애폴리스에서 더 심했다.

그래서 제2차 세계대전 후 처음으로 그곳을 빠져나올 기회가 오자 유대인들은 미니애폴리스 북쪽 도심을 떠나 세인트루이스파크로 대거 이동했다. 쿼드너는 그들 중 많은 이가 본인 또는 부모들이 미국으로 이민

온 후 더 많은 부를 가진 계층으로 올라갔으며, 따라서 그들이 주거 문제에 더 많은 통제력을 가질 수 있게 되었고 주택 시장에서도 공정한 대우를 받을 기회가 더 자주 생겼다고 밝혔다.

그러나 교외로 옮겨가는 건 그리 쉬운 일이 아니었다. 미니애폴리스에 붙어 있는 서쪽 교외 중 대부분은 많은 집을 새로 지을 수 있게끔 구획되어 있지 않거나, 넓은 농지가 있거나, 아니면 흑인이나 '히브리인'에게 집을 파는 걸 거부하는 관행이 남아 있는 곳이었다. 하지만 세인트루이스파크는 20세기 초부터 12미터쯤 되는 크기의 작은 땅들로 구획되어 있었다고 역사협회의 진 앤더슨은 설명했다. 그녀는 나에게, 몇 가지 이유로 이 지역의 초기 개발자들과 공장 소유주들은 지역 경제의 성장을 중시하는 태도를 가졌다고 말했다. 그래서 그곳에는 거주할 만한 주택이 많이 있었고, 부동산 개발업자들은 유대인들에게 집을 파는 데 전혀 불만이 없었다고 한다. 그런 사정은 당시 골든밸리나 에디나 같은 교외 지역과는 대조적인 것이었다. 앤더슨은 제2차 세계대전 후 미니애폴리스 주변에서 성장한 교외 지역에 관해 이야기하며, 세인트루이스파크를 빼면 미니애폴리스의 반갑지 않은 유대인들에게 매트를 깔아줘가며 환영하는 곳을 찾아볼 수 없었다고 밝혔다.

내 부모님과 거의 모든 유대인 친구의 부모님들은 1950년대의 바로 그 대탈출에 동참했다. 내가 세 살 때 부모님은 짐을 꾸려 승용차에 싣고 서쪽으로(미니애폴리스 북쪽에서 11킬로미터쯤 떨어진 세인트루이스파크로) 가는 유대인 이주 물결에 합류했다. 우리는 알루미늄으로 벽을 두르고 침실이 셋인 두 세대용 주택에 살았다. 나에게는 누나가 둘 있었는데, 우리는 웨스트 23번가의 다른 아이들처럼 그 지역의 공립 초등학교와 중학교, 고등학교를 다녔고, 12년 내내 반 친구들이 거의 바뀌지 않았다. 부모님은 집을 마련하는 데 총 1만 4,500달러를 썼다.

주변의 모든 도시와 똑같아 보이고, 그들과 벽이나 해자로 나뉘어 있는 것도 아닌 이 작은 도시가 그토록 독특하게 개방적인 문화를 자체적으로 발전시킬 수 있었다는 사실이 믿기 어렵다. 그러나 이 도시는 그렇게 했다. 앤더슨은 세인트루이스파크가 처음부터 낯선 이와 별난 이, 술집과 바텐더를 환영했다고 밝혔다. "다른 교외 지역은 술집과 주유소가 들어오는 것을 막았지만 세인트루이스파크는 '노'라는 말을 하지 못했지요. 불결한 산업을 받아들이는 유감스러운 성향은 이 '진보적인' 태도의 일면이었고 우리 지역에 납과 리튬, 콘크리트, 그리고 물론 크레오소트를 처리하는 공장을 끌어들였습니다. 하지만 그런 산업들이 일자리를 제공하기도 했지요."

내 가족과 신앙의 공동체는 많은 동심원의 첫 번째 원을 이루며 내가 자란 여러 공동체를 강화했다. 삼촌은 우리 집에서 200미터쯤 떨어진 아파트에 살았다. 이모 부부는 세 집 건너에 살았다. 우리는 확대가족과 함께 모든 유대인 휴일과 비유대인 휴일을 축하했으며, 어머니들은 돌아가면서 맛초 볼matzoh ball과 팝오버popover를 만들고 추수감사절에는 칠면조 요리를 했다.

내 세대가 부모님과 내 딸 세대 사이에 낀 과도기적 세대임을 너무나 잘 알고 있다. 부모님 세대는 삶은 숨겨진 바닥이 있는 가방 같은 것이어서 무슨 일이 생길지 알 수 없으므로 너무 안심해서는 안 된다고 느끼고, 내 딸 세대는 반유대주의가 역사책을 통해서만 배울 수 있는 것이라고 느낀다. 우리 조부모들 대부분은 유럽의 숱한 대학살을 피해 이민을 왔고 부모들은 대공황과 제2차 세계대전 당시에 태어났다. 그래서 세인트루이스파크에 작은 '황금의 메디나'를 찾아내기는 했지만 언제나 경계하고 있다. 우리 부모와 조부모는 미국과 미네소타에서 편안함을 느끼는 유대인이지만 이는 긴장 가운데 오는 편안함이다. 그들은 언제나 현실이 진짜라고 믿기에는 너무 좋다고 걱정한다. 그들은 홀로코스트를 보았다. 또한 대공황의 바닥까지 가보았다. 그들은 바닥에는 언제나 악마가 숨어 있다는 걸 알았다. 그들이 보기에 유대인이 공동체에 받아들여지고 이스라엘이 존재한다는 것은 일상을 벗어나는 일이었다. 그건 자연스러운 일이 아니었다.

그것은 흔히 우리 세대의 마음에 박혀 있는 사소한 경험과 말에서 드러난다. 내 어릴 적 친구 하워드 카프는 그의 미네소타 유대인 할머니에 관해 이런 이야기를 하곤 했다. "우리 할머니에게 닭 한 마리는 수$_{Sioux}$족(아메리카 원주민—옮긴이)의 물소와 같았지. 목부터 꼬리까지 어느 한 부분도 버리는 법이 없어. 우리는 이렇게 묻곤 했어. '할머니 우리가 지금 먹고 있는 게 뭐예요?'" 하워드의 할머니는 언제 또 닭을 먹을 수 있을지 알 수 없었고, 그래서 모든 부위를 먹는 게 좋다는 걸 알았다.

내가 성장하는 대부분의 시기 동안 미니애폴리스 지역에서 인정받는 골프 클럽들은 유대인들을 받아들이지 않았다. 독자적인 유대인 골프 클럽 브룩뷰$_{Brookview}$가 있었는데 이는 유대인 공동체 안에 있는 또 하나의 공동체였다. 회원들은 매년 여름마다 그들이 쓴 연극을 공연 무대에 올렸다. 여름철에 정기적인 일요 만찬을 하고 빙고 게임, 팀 수영, 가족 장기자랑, 그리고 포커 클럽을 즐겼다. 포커 클럽은 매주 내기에서 딴 돈을 항아리에 넣었다가 돈이 충분히 모이면 남편들이 자기 아내를 데리고 멕시코 아카풀코로 여행을 갔다. 브룩뷰는 우리 삶에서 진정한 닻이었다. 겨울에는 그 골프 클럽이 일요일 아침마다 볼링 리그를 조직했고 참가자는 볼링 핸디캡 시스템을 이용해 상대방과 내기를 했다. 어린 소년인 나는 일요일이면 아버지를 따라 볼링장에 가서 시합을 보며 아버지를 응원했다. 하버드 대학교 정치학자 로버트 퍼트넘$_{Robert\ Putnam}$이 묘사한 이미지를 빌리자면, 그 시절 세인트루이스파크에서 '나홀로 볼링'

을 하는 이는 아무도 없었다.

나는 브룩뷰에서 아버지와 그의 친구들을 위해 캐디를 하고 다섯 살 때부터 골프 치는 법을 배우며 자랐다. 지금도 내 가장 절친한 친구들 중 몇몇은 그 당시 나와 함께 골프나 캐디를 했던 이들이다. 그리고 내가 캐디를 해준 남자들 대부분이 작은 기업체를 가지고 있었기 때문에 나는 그들이 골프 코스에서 하는 이야기를 통해 사업 세계에 관해 듣게 되었고 그때부터 기업가들과 위험을 감수하는 이들에 대한 존경심을 키우게 됐다. 나는 그들의 거래와 성공, 뜨고 있는 주식, 물론 손실에 관해 이야기하는 걸 어깨너머로 들었다. 내가 파산의 개념에 관해 처음 들었던 것도 그 골프 코스에서였다. 어느 날 아버지는 어떤 남자가 '파산을 해서' 클럽에서 탈퇴했다고 알려주었다. 그것이 무슨 뜻인지 정확히는 몰랐지만 그가 돈과 골프공이 떨어졌고 골프 클럽에서도 떨어져나갔다는 것, 그런 일은 우리 아버지에게 생기지 않으면 좋을 일이라는 것은 알 수 있었다. 캐디 일을 하면 많은 걸 배울 수 있는데 무엇보다 인성에 대한 통찰을 얻을 수 있다. 우리 캐디들은 누가 속임수를 쓰는지, 그리고 누가 정직한지 알았다. 누가 공을 잘못 쳐놓고 캐디를 탓하는지도 알았다. 그리고 특히, 뛰어난 아마추어 골프 선수 지미 던이 2011년 9월 8일 「골프 다이제스트」에서 이야기한 것처럼 전반 아홉 홀을 돌고서 음식을 파는 매점에 들렀을 때 사람들이 어떻게 다른지를 알았다. 던은 이렇게 말했다. "사이다를 사주는 사람들이 있습니다. 사이다와 핫도그를 사주는 사람들도 있습니다. 그리고 아주 드물지만 사이다와 햄버거를 사주는 사람도 있지요. 우리는 누가 그런 사람들인지 알았어요. 아주 잘 알았지요."

여름에 아버지가 일을 끝내고 집에 오면 나는 아버지와 함께 골프를 치곤 했다. 저녁을 먹고 해가 지기 전에 여섯 홀이나 일곱 홀을 도는 것이었다. 골프 클럽에 가려면 루이지애나 애비뉴와 12번 고속도로가 만나는 곳을 지나가야 했다. 그곳을 지나갈 때면 아버지는 거의 매번 대공황 때 10대였던 자기가 그곳에서 가까운 CCC, 즉 민간자원보존단Civilian Conservation Corps 캠프에서 일했다는 것을 상기시켰다. CCC는 루스벨트 행정부가 1933년부터 1942년까지 젊은 미혼 남성들에게 일자리를 주려고 시행한 공공 근로 지원 프로그램으로, 공공건물을 짓고 공원을 만드는 일을 했다. 아버지가 그곳에서 일하며 하루 1달러를 벌었다는 이야기를 한두 번 말한 게 아니었다. 그 돈은 대부분 식구들을 위해 저축했기 때문에 아버지가 먹을 빵을 한 쪽밖에 살 수 없었는데, 아버지는 아직도 그 빵이 목에 걸려 있는 것 같다고 말하곤 했다. 우리가 그 교차로를 지나갈 때면 나는 거의 매번 똑똑한 10대만이 할 수 있는 말을 하고는 했다. "알아요, 알아요. 아버지는 아직도 목에 빵 한 덩어리가 걸려 있는 걸 느낄 수 있지요." 아버지는 결코 잊을 수 없었다. 하지만 나도 그랬다. 다행히도 내 딸들은 절대 그런 느낌을 알지 못할 것이다.

브룩뷰는 나중에 서쪽으로 더 멀리 떨어진 하멜에 새로운 코스를 만들어 이전했고, 아버지는 내가 열아홉 살 때 그 코스의 열다섯 번째 홀에서 심장마비로 돌아가셨다. 파포par-four 홀에서 세 타를 친 다음이었다. 아버지가 돌아가신 다음인 1973년에 나는 오랫동안 유대인 소유였던 오크리지 컨트리클럽에서 아버지 친구 한 분과 골프를 치며 페어웨이를 걸어가고 있었다. 눈부신 여름날이었고 밝은 녹색 잔디와 곳곳에 핀 꽃들이 어우러진 코스는 상태가 굉장히 좋았다. 우리 가족의 친구인 그가 갑자기 내 어깨에 팔을 감싸고서 속삭였다. "토미, 우리가 이렇게 좋은 것을 갖고 있다는 사실을 비유대인들이 알면 빼앗으려 할 거야."

나도 학교에서 유치한 형태의 반유대주의를 경험한 터라(아이들은 유대인 친구들에게 동전을 던졌다. 유대인들이 너무나 천박해서 그걸 집을 거라고 생각했기 때문이다) 그런 문제에 대해 무지한 건 아니었지만 그의 말을 듣고는 깜짝 놀랐다. 이는 내 부모 세대의 유대인들에게 변치 않는 마음가짐이었다. 모든 건 항상 실제라고 믿기에는 너무 좋았다.

세인트루이스파크의 펄떡이는 심장이면서 가장 성스러운 것이 하나 있다면 그것은 유대교 회당이나 유대인 시민 문화 회관이 아닌, 흔히 '델'이라고 부르는 링컨 델리카트슨(조제식품 판매점—옮긴이)으로 나의 삼촌이 운영하던 불러바드 델의 경쟁자였다. 어머니는 누나 제인을 브린모어 대학에 보내려고 링컨 델의 회계원으로 일했고, 아직 어렸던 나는 제빵사의 나무 탁자에서 놀며 가끔 할라 빵의 꼬인 모양을 만들기도 했다. 링컨 델은 부모님과 절친한 모리와 테스 베런버그 부부가 소유하고 있었다. 모리는 매일 오후와 저녁나절에 식당 테이블에 앉아 델리의 판매대에서 눈을 떼지 않으면서도 재미있는 이야기로 고객들을 즐겁게 해주었다.

베런버그의 손녀인 웬디 젤킨 로즌스타인과 키트 네일러는 『링컨 델의 기억과 요리법Memories and Recipes from the Lincoln Del』이라는 책을 쓰려고 초안을 만들고 있었는데, 저술 계획서에서 이렇게 밝혔다. "그곳은 유대인과 비유대인 고객들 모두에게 미니애폴리스 편 〈치어스〉(미국 시트콤—옮긴이)였으며, 다른 점이 있다면 델에서는 사람들 모두가 당신의 이름을 안다는 것뿐이다." 이어서 로즌스타인은 델이 그토록 사랑받은 이유는 그곳이 미니애폴리스 유대인 공동체의 삶에서 진정한 중심이었기 때문이라고 밝혔다. "델은 학교를 마친 다음이나 영화를 보러 가기 전에 만나고, 버스를 타고 스포츠 경기를 보러 가기 전에 모이고, 약혼을 하며, 장례 후 누군가의 삶을 기리는 장소였다. 졸업식부터 사업상의 만남에 이르기까지 링컨 델은 미니애폴리스와 세인트루이스파크에서 자란 사람들의 진가를 보여주는 시금석으로 남아 있다." 또한 델은 비유대인들이 편안하게 유대인 음식을 먹고 유대인 문화를 경험하는 곳으로, 세인트루이스파크 지역사회에 결정적으로 중요한 어울림의 장소였다. 이 지역 사람들은 델의 베이글을 사려고 사방에서 차를 몰고 왔다.

여기서 처음으로 고백하건대, 나는 경쟁사인 불러바드 델에서 일할 때 매일 링컨 델 빵집으로 트럭을 몰고 가서 그 베이글을 가져왔다. 불러바드 델이 도매로 링컨 델의 베이글을 산 것이다. 나는 가끔 유혹을 이기지 못했다. 트럭 뒤쪽에서 퍼지는 따뜻한 베이글 냄새가 너무 좋아서 도저히 참을 수 없었다. 그래서 어쩔 수 없이 뒤쪽에서 플레인 베이글 하나를 삼촌 몰래 빼내 따뜻할 때 먹어치운 적이 한두 번이 아니었다. 나는 아직도 그 맛을 느낄 수 있다.

아버지가 갑자기 돌아가셨을 때 혼자가 된 어머니는 내 대학 등록금을 댈 수 없었기에 모리, 모리의 친구이면서 아버지의 상사였던 제이크 가버, 그리고 삼촌네 부부가 도움을 주었다. 모리는 모든 일에서 앞장을 섰다. 나는 도와달라고 그를 찾아가지 않았다. 그냥 어느 날 그가 나에게 와서는 "넌 그럴 형편이 안 되지."하고 말했고, 그다음 일은 그가 알아서 했다. 이는 내가 공동체에서 얻은 큰 교훈이었다. 진정으로 어려운 사람을 돕고 싶다면 결코 "도움이 필요하면 연락해."라고 말하지 말아야 한다. 누군가를 돕고 싶으면 그냥 도우면 된다.

우리의 유대인 학교는 진지했다. 우리는 그렇지 않았더라도 말이다. 3학년부터 7학년까지, 월요일부터 목요일까지 우리는 오후 3시 공립 초등학교 문을 나서면 바로 유대인 학교 버스를 타고 세인트루이스파크 탈무드 토라 학교로 갔다. 거기서 초콜릿 쿠키와 초콜릿 우유를 먹고 90분 동안 히브리어 수업을 받았다. 우리 세대는 그런 방과 후 수업을 받았고 열세 살이 되어서는 바르 미츠바$_{\text{bar mitzvah}}$(유대인 소년 성인식—옮긴이)와 바트 미츠바$_{\text{bat mitzvah}}$(유대인 소녀 성인식—옮긴이)를 치렀다. 내가 아는 거의 모든 유대인 아이가 지역 유대인 학교를 다니며 자랐다. 그런 활기가 결국 미니애폴리스 북부에서 더 많은 유대인을 끌어들였다.

그 결과 1960년대가 되자 세인트루이스파크 주민과 공립학교 학생의 약 20퍼센트를 유대인들이 차지했다. 앨 프랭컨이 2009년 7월 20일 「뉴요커」에 말했듯이, 꼭 유대인 마을이라고는 할 수 없어도 미네소타의 기준으로는 유대인이 많았다고 할 수 있다.

세인트주이시파크

그래서 미국적 다원주의의 작지만 대단한 실험이 우연히 이뤄지게 된 것이다.

마치 미국 건국의 아버지들이 다시 모여 이렇게 말하는 것 같았다. "재미있는 놀이를 하나 해보지요. 우리가 '다수에서 하나를' 얼마나 잘 만들 수 있는지 시험해봅시다. 도심 빈민가에서 해방되고 전후 시대의 활기를 갖게 된 (골드버그나 코언, 프리드먼 같은 이름을 가진) 머리가 검은 3세대 유대인들을 금발에 개신교와 가톨릭 신자인 (스웬슨Swenson, 앤더슨Anderson, 비에른손Bjornson 같은 이름을 가진) 스웨덴, 노르웨이, 핀란드, 독일계 미국인들과 한데 섞어놓으면, 미네소타의 아주 작은 지역에 거의 하룻밤 만에 섞어놓으면 과연 무슨 일이 벌어질지 봅시다." 사람들은 틀림없이 그곳을 '세인트주이시파크St. Jewish Park'라고 부르기 시작할 것이다(기독교 성인을 가리키는 '세인트St.'와 유대인을 뜻하는 '주이시Jewish'를 합성한 말—옮긴이). 코언 형제는 이러한 문화적 충돌을 포착해 영화 〈시리어스 맨〉에 잘 녹여냈다. 유대교회당의 소년 성인식 장면을 보자. 어떤 나이 많은 남자가 모든 유대교 의식에서 행하는 전통에 따라 토라 두루마리를 들어달라는 부탁을 받았지만 그에게 두루마리는 너무 무거웠다. 토라 두루마리를 제대로 들지 못하게 되자 그는 이렇게 소리쳤다. "아이고, 주여~Jesus Christ~!"

다수에서 하나를 만들어내는 다원주의는 미국의 훌륭한 전통이며 이는 저절로 형성되거나 쉽게 확립되지 않는다. 진정한 다원주의가 결코 쉽게 정착되지 않는 이유는 다원주의가 다른 이들에 대한 관용뿐만 아니라 존중과 신뢰를 바탕으로 확립되는 것이기 때문이다. 지난 몇 세기에 걸쳐 미국 이곳저곳에서 문화적 충돌이 일어난 것처럼 그곳에는 '다른 이들'에 대한 매혹과 거부가 있었고, 이끌림과 내침이 있었으며, 서로를 이해하는 멋진 순간과 서로를 오해하는 고통스러운 순간이 있었다. 그곳에서는 서로가 반하고 갈라서며 결혼하고 이혼하고 재결합했다. 어느 한 주일만 하더라도, 나는 숱한 편견이 사라지거나 나타나는 모습을 보았다. 우리는 서로 사귀고 경멸하고 참아내고 낮은 목소리로 조롱하고 껴안았다. 이 모든 일이 동시에 일어났다. 우리는 함께 연감과 신문과 스포츠팀과 학생회를 만들었다. 그리고 다른 건물에서 다른 신에게 다른 날 다른 방식으로 기도했지만, 시행착오를 거치면서도 어찌됐든 하나의 공동체를 건설했다. 그러나 그 과정에서 정서적으로 상처를 입지 않았던 건 아니다.

세인트루이스파크 역사협회에 따르면 이런 일도 있었다. "늘 그랬던 것처럼 세인트루이스파크 고등학교의 1949년 학급 무도회는 블루밍턴의 자동차 클럽에서 열릴 예정이었다. 그곳 관리자는 유대인 학생 한 명이 참석할 거란 걸 알고 그를 오지 못하게 막았다. 당시 세인트루이스파크 학교장인 해럴드 어네스트베트가 직접 그 클럽에 경고했다. 그는 모든 학생이 환영받을 수 없다면 무도회는 다른 곳에서 열릴 것이라고 말했다. 그러자 클럽은 방침을 바꿨고 예정대로 모든 학생이 무도회에 갈

수 있었다."

나의 가장 오래전 기억 가운데 한 장면은 내가 다니던 초등학교인 엘리엇 스쿨 뒤편의 아스팔트 코트에서 농구를 할 때 일어난 일이다. 나는 그때 일곱이나 여덟 살이었던 것 같다. 놀이터에서 싸움이 벌어졌고 비유대인 소년이 우리 이웃에 살던, 마찬가지로 비유대인인 키스 로버츠에게 얻어맞았다. 두들겨 맞던 소년이 키스에게 소리쳤다. "더러운 유대인 자식!" 그는 혀 짧은 소리를 냈다. 그는 키스에게 자기가 아는 최악의 모욕("더러운 유대인")을 퍼부으려고 했다. 키스는 그저 비웃으며 말했다. "난 유대인이 아니야."

틀림없이 둘 다 그 일을 금세 잊었을 것이다. 하지만 나는 결코 잊지 않았다. 그때도 나는 그 아이가 유대인과 비유대인을 구분도 못 한다는 걸 알 수 있었다. 하지만 그는 분명히 집에서 이 말을 배웠고 언제든 쓸 수 있는 일종의 모욕으로 생각하고서 놀이터에서 그 말을 끄집어냈다. 나는 키스가 그를 흠씬 두들겨 패자 속으로 박수를 보냈다.

1964년에 세인트루이스파크 고등학교를 졸업하고 나중에 경찰관이 된 폴 리니는 100번 고속도로 바로 옆에 나란히 나 있는 털리도 거리가 그가 자랄 때는 '가자 지구'로 불렸다고 상기시켜주었다. 그 길의 동쪽에는 주민 가운데 유대인이, 서쪽에는 비유대인이 많은 비중을 차지했다. 아프리카계 미국인들의 경우 그들의 구역 하나를 갖는 데에도 더 오랜 시간이 걸렸다. 폴 리니의 동생 수전은 나중에 AP통신에서 동아프리카, 서아프리카 그리고 스페인 지국장이 됐는데 그녀는 털리도 거리 2716번지에 있는 그들의 집에서 1962년 여름에 일어난 놀라운 일을 다시 이야기해주며 그 사실을 돌이켜보았다. 그녀는 이렇게 회상했다.

털리도 거리는 집들이 인도에서 같은 거리를 두고 떨어져 있지 않았다는 점에서 이례적이었어요. 어떤 집들은 뒤로 물러나 있었고 어떤 집들은 가지런히 있었고 또 어떤 집들은 오래전에 어느 누구도 인도를 생각하지 않았을 때 지어진 것이었지요. 그러나 그때 세인트루이스파크의 동네가 다 그랬듯이 전부 아주 하얀 색이었어요. 우리 집 남쪽으로 이웃한 스펄링 씨네 집은 동네에서 처음으로 유대인 가족이 사는 집이었는데, 그 전에 모든 집주인이 그 집을 팔지 못하도록 막는 캠페인을 벌였지요. 당초 그 집주인은 엄청나게 독실한 기독교 학자였는데 그는 누구(유대인)한테 집이 팔리는지는 눈곱만큼도 신경 쓰지 않았어요. 길 건너편의 주민 한 사람이 우리 엄마를 찾아와 청원서에 서명해달라고 했을 때 엄마는 돌아가 달라고 하면서 이렇게 말했지요. "이제야 이 동네가 재미있어지겠네."

수전은 이어서 이렇게 말했다.

아빠는 루터교회 신자로 컸어요. 어머니는 비스칸디나비아 감독교회 신자였고요. 부모님은 회중파 교회로 돌아섰는데 그쪽이 더 '자유주의적'이었기 때문이었지요. 부모님은 두 분 다 평생 민주당원이었고 아빠는 가톨릭 신자인 대통령 후보에게 투표하는 문제를 놓고 정말 고민했어요. 다른 많은 개신교 신자들처럼 '교황이 백악관을 움직일 것'이라는 두려움 때문이었지요. (중략) 우리는 식탁 옆에 『월드 북』 백과사전 한 질을 놓아두고 있었는데 (주로 나와 아빠 사이에) 어떤 논쟁이 벌어지면 그것을 해결하기 위해서였지요. 오빠와 나는 그 문제에 관해 몇 차례 이야기했어요. 교황에 대한 아버지의 두려움은 곧 사라졌어요. 우리는 공화당원들에 대해 말할 때 말고는 인종차별적이거나 편협한 말은 한 마디도 하지 않았습니다. 집은 물론 학교에서도요.

수전은 1960년에 세인트루이스파크 고등학교를 졸업하고 미네소타 대학교에 다녔다. 그녀는 당시 남자 친구를 통해 세인트폴의 매컬레스터 대학에 다니는 한 아프리카계 학생을 만났다. 수전은 트렌치코트를 입고 모자를 쓴 그가 프랑스 범죄 영화에 나오는 사람같이 보였다고 기억했다. 그래서 1962년 여름 어느 날, 그녀는 부모님들이 집을 비웠을 때 그 이국적인 아프리카계 학생과 다른 몇몇 친구를 세인트루이스파크에 있는 집으로 초대했다.

흑인 남자들이 수전의 집에 들어가는 걸 본 이웃 중 한 명이 경찰에 연락했다. 며칠 후 그녀의 아버지는 무슨 일이 일어났었는지 알아보려고 그녀와 마주 앉았다. 수전은 그때의 대화를 떠올려 나에게 들려주었다.

초저녁에 내 방으로 온 아빠는 아주 난처해하며 머뭇거렸어요. 아빠는 옛날 스웨덴 사람이었지요.

아빠: 음…… 최근에…… 어…… 흑인들이…… 찾아온 적 있니?

수전: 대체 왜 그러시죠? 왜 그런 걸 물어요?

아빠: 음…… 음…… 어…… 누군가 경찰에 연락해서 우리가 없을 때 흑인 남자들이 이 집을 방문했다고 말했고, 그걸 경찰이 나에게 알려주었거든.

수전: 뭐라고요? 누구죠? 누가 전화를 했죠?

아빠: 어…… 음…… 그건 이야기하지 않으려고 하던데…….

수전: 좋아요, 두 분이 안 계실 때 들렀던 '남자들'을 모두 알려드릴게요. 프레드, 코피, 데이비드…….

아빠: 잠깐, 코피가 누구지?

수전: 가나 사람이에요. 아프리카에서 온…….

아빠: 아프리카라고? 그럼 흑인이냐?

수전: 그렇겠죠…….

조금 뒤, 엄마: 그 사람들 모두 저녁 식사에 초대하자!

그래서 1962년 여름 어느 날 저녁에 매컬레스터 대학 학생인 코피 아난과 그의 친구 몇이 토마토 수프 색깔의 스튜드베이커Studebaker 차를 몰고서 다시 세인트루이스파크로 왔다. 맞다, 나중에 가나의 외교관이 되고 다시 유엔의 제7대 사무총장이 된 바로 그 코피 아난이었다. 하지만 그는 당시에는 포드 재단 장학금으로 매컬레스터에서 경제학 학위 과정을 끝내려 하고 있었다.

"그때 많은 사람이 밖에 나와 앞뜰의 잔디를 깎고 있었지요." 수전이 회상했다. "코피가 친구들을 이끌고 왔어요. 엄마와 아빠는 밖으로 걸어 나와 그를 만났어요. 그러고는 악수를 나눴지요. 모두 집으로 들어가 통째로 찐 옥수수를 먹었어요. 어머니는 2013년 4월 7일에 100세 나이로 돌아가셨습니다. 저는 코피에게 엄마를 기리기 위한 말을 해줄 수 있느냐고 물었고 그는 아주 침착하게 그렇게 해주었어요. 우리는 그동안 쭉 연락하며 지냈고, 나이로비에서 2007년과 2008년 대통령 선거에 따른 폭동이 일어난 후 그가 그곳에 있을 때 만났습니다. 그는 우리 어머니와 다시 만나지 않았지만 언제나 어머니 안부를 물었어요."

54년이 지난 다음 내가 아난에게 그때 일을 기억하느냐고 물었을 때 그는 작은 것까지 생생하게 기억하고 있었다.

"나는 아주 젊은 학생이었고 매컬레스터에서 인도네시아 학생 하나, 인도 학생 하나 그리고 다른 친구들과 어울리며 늘 함께 다녔지요." 아난이 말했다. "미네소타 사람들은 전체적으로 매우 친절하고 따뜻했어요. 내 아내는 스웨덴 출신인데, 그녀는 스웨덴에서 미네소타로 온 이민자들이 자기를 위해 나를 준비했다고 말하고는 했지요." 수전의 어머니에 관해 아난은 이렇게 덧붙였다. "그녀는 기개가 높았어요. '누가 내 집에 들어올 수 있는지, 내가 누구를 받아들일 수 있는지는 내가 결정하며 누구든 간에 그걸 가지고 나에게 간섭할 수는 없다.'는 태도를 갖고 있었지요." 흑인이 어떤 집에 들어가는 걸 봤다고 이웃이 경찰에 신고하는 인종차별은 아프리카 국가나 인도, 또는 인도네시아처럼 새롭게 독립된 나라에서 온 외국 학생들에게 상당한 충격이었다고 아난은 말했다. "독립한 지 몇 년 안 된 나라에서 왔고 그런 자신의 나라가 자랑스러운 가나의 젊은이에게 그런 차별을 인식하고 이해하는 데에는 한동안 시간이 필요했습니다. 우리 모두는 우리가 다수였던 문화에서 살다 왔고 그러한 차별은 겪어본 적이 없었지요. '우리 사회에는 차별이 없어요.'라고 말하는 걸 들을 때면 확실히 그럴 거라고 생각합니다. 그들이 차별할 대상을 찾기 전까지는 말이지요." 그러므로 그 차별에 용기 있게 맞서는 개인은 존경해야 한다고 아난은 말했다. "그리고 그들이 존경을 받으면서 결속과 우정이 단단해져야 합니다. 내가 수전과 그 가족들에게 느낀 건 바로 그것입니다. 다른 누군가였다면 달리 반응했을 수도 있었기 때문에 그들의 행동은 놀라운 것이었지요." 누군가는 분명히 그렇게 행동했다. 그러나 그가 세인트루이스파크와 미네소타에서 했던 모험을 돌이켜보면 대체로 "그것은 하나의 공동체였으며 바깥에서 온 우리는 그걸 느낄 수 있었다."고 아난은 결론지었다.

코피는 수전의 오빠 폴 리니가 두 번째로 본 흑인이었다. 폴은 처음 본 흑인에 대해 이렇게 회상했다.

1962년 어느 날, 내가 미네통카 대로 5125번지에 있는 놈스 텍사코에서 기름을 넣고 있을 때 캔자스 주 번호판을 단 거무스름한 62년형 시보레 벨에어 승용차가 주유기 앞에 멈춰 섰어요. 내가 작은 비로 차 안을 쓸어내고 있을 때 운전을 하고 왔던 상당히 덩치 큰 흑인 남자가 이 지역에 애완동물 병원이 있는지 물었습니다. 그는 말 그대로 내가 평생 처음으로 말해본 흑인이었지요. 나는 패스타임 경기장 뒤편의 피치네 애완동물 병원을 알려주었습니다. 그리고 얼마 안 돼 그가 피치 선생에게서 그 애완동물 병원을 사 개업했다는 이야기를 들었습니다. 그 병원은 아주 성공적이었지요.

그 남자는 수의사인 B. 로버트 루이스B. Robert Lewis 박사였다. 그는 나중에 세인트루이스파크 교육감에 출마해 당선됐고, 그다음 아프리카계 미국인으로는 처음으로 미네소타 주 상원 의원에 선출됐다. 또한 처음으로 트윈시티(미니애폴리스와 세인트폴—옮긴이)의 교육위원회에서 일한 아프리카계 미국인이며, 세인트루이스파크 인간관계위원회Human Relations Council 설립자 가운데 한 사람이었다. "그는 놈스 텍사코에 정기적으로 들르는 고객이 됐어요. 나는 그가 처음 만난 세인트루이스파크 사람이 나일 거라고 추측하지만, 내가 처음 만난 흑인이 그라는 사실은 분명했지요." 리니가 말했다.

리니는 놈스 텍사코가 종교 간 상호 이해를 위한 가장 이례적인 장소였다고 회고했다.

(주유소 주인인) 놈 월런스키는 특이했어요. 파크에서 내가 아는 유대인들은 대부분 '손을 더럽히지 않는' 전문 직업을 갖고 있거나 상업을 하고 있었습니다. 놈은 달랐어요. (중략) 놈은 나와 비유대인 10대 소년들 대여섯 명과 그보다 조금 더 나이가 많은 '녀석들'을 주유원 겸 정비공으로 채용했습니다. 그의 점포는 파크에서 하나뿐인 유대인 주유소였고 그래서 유대인 대부분이 다른 주유소보다는 그곳에서 차를 손보고 기름을 넣고 추운 겨울 아침에 시동이 걸리게 해달라고 부탁하는 것 같았습니다. 해마다 크리스마스 며칠 전에는 놈과 '그의 아이들'이 두 칸짜리 정비소를 말끔하게 단장한 다음 자동차를 들어 올리는 장치 위에 식탁보를 펴놓고 온갖 음식과 좋은 음료수를 차려내 모든 고객과 종업원을 위한 명절 파티를 벌였지요. 나는 성공한 유대인 의사, 치과 의사 그리고 변호

사 들이 해마다 명절 때 한자리에 모여 서로 기운을 북돋워주는 걸 언제나 잊지 못할 겁니다.

40년이 지난 다음에 당시 세인트루이스파크에서 유대인들의 유입이 비유대인에게 어떻게 비쳤는지 들어보는 일은 흥미로웠다. 세인트루이스파크 고등학교 1978년 졸업반에 있었던 제인 프랫 핵스트롬$_{Jane\ Pratt\ Hagstrom}$은 그곳에서 새로 개발된 지역 가운데서도 집들이 조금 더 컸던 웨스트우드 힐스에서 자랐다. 그녀는 이렇게 회상했다. "나는 아직도 부동산 중개업자가 부모님에게 '이 동네에 유대인들$_{Jews}$은 아무도 못 들어온다'고 말하던 것을 기억합니다. 사우스다코타와 아이오와 주 출신인 부모님은 그녀가 '나무들$_{trees}$'이라고 말했다고 생각했지요. 아무튼 몇 년 지나지 않아서 그곳은 유대인들이 다수를 차지하는 동네가 되었고, 부모님은 내가 줄곧 '오이$_{Oy}$(놀라움, 고통, 슬픔을 나타내는 히브리어 감탄사—옮긴이)'라고 말하기 때문에 유대인이 됐다는 농담을 하고는 했어요. (중략) 하지만 대학에 들어가자 편견에 부딪힌 것을 기억합니다. 사람들이 '너 세인트주이시파크에서 왔지?' 하고 물었지요."

하지만 그 차별이 모두 일방적인 건 아니었다. 어떤 사람은 자기의 유대인 친구 할머니가 손자에게 '식사$_{shiksa}$'와 결혼해서는 절대 안 된다고 주의하는 것을 들었다고 일러주었다. 식사는 이디시어(중부·동부 유럽과 미국의 유대인이 사용하는 언어—옮긴이)로 유대인이 아닌 여자를 가리킨다. 이처럼 같은 종족끼리 누군가를 가리키며 조그맣게 속삭이는 말을 그 누군가가 어릴 적에 듣고서 그것을 완전히 이해하지 못했으면서도 수십 년 후에 기억하고 있는 건 언제나 놀라운 일이다.

물론 유대인들도 때로는 다른 사람들을 화나게 할 수 있다. 1960년대와 1970년대 한 지역 텔레비전 방송국은 '퀴즈 볼'이라는 것을 후원했다. 지역 고등학교의 똑똑한 학생들이 팀을 이뤄서 수학과 과학, 문학, 역사에 관한 질문에 답하며 서로 경쟁하는 시합으로, 전국적으로 큰 대회인 'GE 칼리지 볼'의 지역 판이었다. 고등학교 심화 학습 과정의 역사 교사인 마저리 빙엄은 세인트루이스파크팀의 오랜 코치였는데 그녀가 내게 이런 이야기를 들려주었다.

우리는 선전했지만 몇 차례 지역 챔피언에 오른 세인트토머스 밀리터리 아카데미와 겨뤄야 했어. 다른 모든 팀은 시합 전에 교사의 지도를 받았는데, 우리가 방송에 들어가기 직전 세인트토머스팀의 지도교사인 신부가 유니폼을 입은 자기 팀을 빙 둘러 세우고는 기도를 이끌었지. 우리 팀은 유대인이 압도적으로 많았는데, 세인트토머스팀이 기도를 끝냈을 때 세인트루이스파크팀도 자연스럽게 한데 빙 둘러서서는 노래를 불렀어. 무슨 노래인지 기억이 안 나지만 아마 몬티 파이선(영국 코미디 그룹—옮긴이)의 노래였을 거야. 난 그 대목에서 꾹 참고 있었지! 신부는 나를 노려보며 '학생들을 통제할 수 없습니까?'라고 말하는 것 같았어. 하지만 솔직히 세인트토머스팀이 당해도 싸다는 생각을 안 할 수가 없었고 그래서 사과하지 않았어. 시합은 우리가 이겼어. 그 시절 파크 학생들이 어떤 일을 꾸밀지는 누구도 알 수 없었지.

마거릿 스트로벨은 노스다코타 주에서 태어났지만 1950년대에 가족이 세인트루이스파크로 옮겨 왔다. 그녀는 그곳에서 중학교를 다녔고 내 누나들보다 조금 이른 1964년에 파크 고등학교를 졸업했다. 그녀는 나중에 일리노이 대학교에서 여성 교육 프로그램을 이끌었고 페미니즘과 인종 문제, 아프리카 역사에 관한 책 여섯 권을 쓰거나 편집했다. 또한 제인 애덤스 헐하우스Jane Addams Hull-House 박물관의 관장이 됐다. 그녀는 이렇게 회상했다.

유대인 아이들이 많은 학교에 다닌 것이 나에게도 영향을 미쳤다는 걸 알고 있습니다. 그건 홀로코스트 후 (상대적으로) 얼마 되지 않은 때였습니다. 주말에 우리 장로교 청년부와 전통적인 유대교 청년부가 호라(유대인의 전통적인 원무―옮긴이)를 배우며 밤새도록 함께 어울렸던 기억이 납니다. 바로 그 청년부에 참여하면서 나는 시민의 권리를 찾는 운동을 위해 기금을 모으려고 세인트루이스파크의 집집마다 돌며 문을 두드렸습니다. 지금 생각하면 그때가 1964년 '자유의 여름Freedom Summer'이었던 게 분명합니다. 정확한 날짜는 기억할 수 없지만요. 어떤 집의 문을 두드렸는데 그 집 여자가 '그들이 그곳에서 자신의 문제를 알아서 풀게끔 내버려둬야 한다'는 취지의 말을 한 걸 기억합니다. 이는 내가 살아오면서 인종 문제와 관련해 유난히 선명하게 떠오르는 장면입니다.

또한 스트로벨은 제2차 세계대전 중 부모가 강제수용소로 보내졌던 일본계 미국인 학생 몇 명이 우리 학교에 있었다고 상기시켜주었다. "내 친구 다이애나 시미즈가 자신이 회원으로 있는 일본계 미국인 청년회에 날 초대했을 때 나는 처음으로 한 방에 백인이라고는 나밖에 없는 상황을 경험했습니다." 스트로벨의 회상이다. "나는 또 그녀의 부모가 어느 강제수용소에서 세인트루이스파크로 옮겨 왔을 때 집을 사려고 생각해둔 동네에서 집집마다 돌며 자기가 이웃으로 이사 와도 괜찮겠느냐고 물어보았다는 이야기를 듣고 격분했던 걸 기억합니다." '나와 다른 이들'의 저녁 식탁에 가보는 것보다 다원주의를 더 잘 가르쳐주는 것은 없다. 스트로벨은 경험을 통한 배움은 너무나 중요하다고 말했다.

다이애나의 집에서 저녁을 먹을 때 그들은 식탁에 간장을 차려놓고 있었어요. 나는 '식탁 위에 놓아둔 간장은 어떤 용도일까?' 생각했지요. 우리 가족은 밖에 나가서 저녁을 먹은 적이 없었거든요. (중략) 또 금요일 밤에 주디 라이트네 집에 갔을 때 그들이 안식일 만찬을 하던 기억이 납니다. 그 만찬이 호화로웠던 것으로 기억해요. 그녀의 엄마가 머리에 작은 수건을 쓰고서 촛불을 켜고 기도하던 것도 생각나고요. 그리고 이런 것들이 내가 다른 사람들과 함께 살아가는 법을 배우는 데 도움이 됐다고 확신합니다. 그런 분위기에서 적의는 전혀 없었습니다. 나는 그들 집에 초대된 손님이었지요.

하지만 모두가 그런 건 아니었다.

아프리카계 미국인 여성으로 나보다 한 학년 빠른—그녀의 동생 멜빈이 나와 같은 학년이었다—데브러 스톤은 2012년 6월 22일 제프 노먼Jeff Norman의 인터뷰에 응했다. 중서부 지방 북쪽의 유대인 역사협회가 추진하는 구전 역사 프로젝트의 일환이었다. 스톤의 가족은 유대인들처럼 미니애폴리스 북쪽에서 세인트루이스파크로 이사를 왔다. 그녀는 그곳의 다원주의 사회에 대한 자신의 모험담을 멋지게 표현했다.

스톤은 그녀의 가족이 1963년 미니애폴리스 북부에서 나와 내가 자란 곳과 멀지 않은 사우스 아이다호 거리 1637번지로 옮겨 왔으며, 스톤과 그녀의 오빠가 나와 같은 초등학교인 엘리엇 스쿨에 다녔다고 말했다. 노먼은 그녀의 가족이 어떻게 미니애폴리스의 다른 지역이 아닌 세인트루이스파크로 오게 되었는지 물었다.

"부모님은 먼저 미니애폴리스 북동부를 눈여겨보았어요. 하지만 주택 문제와 관련한 인종차별 때문에 세인트루이스파크로 가는 것이 더 쉬울 거라고 생각했지요." 그녀는 미니애폴리스 북동부에서는 심지어 부동산 중개인이 그녀의 부모에게 집을 보여주지도 않았다고 말했다. "그래서 부모님은 그 중개인과 거래를 끊고 새로운 중개인을 찾았는데 그가 세인트루이스파크의 집들을 소개해주었어요. 그 두 번째 중개인은 유대인이었지요. (중략) 내가 알기로는 그 지역에서는 우리가 처음이었어요.

(중략) 세인트루이스파크에 다른 아프리카계 미국인은 아무도 없었지요. 우리는 시더레이크로를 따라 걸어 내려가고, 세인트루이스파크 곳곳을 돌아다니고, 놀우드 쇼핑몰에도 갈 수 있었지만 얼굴색이 까만 사람은 볼 수 없었어요. 세파르디(스페인과 북아프리카의 유대인—옮긴이)계로 보이는 얼굴이 검은 유대인을 빼고는요. 그들이 아니고는 우리뿐이었어요. (중략) 내가 8학년이 되어서야 또 다른 아프리카계 미국인 가족이 이웃으로 이사를 왔지요."

그들 이웃의 반응은 어땠을까? 노먼이 물었다.

스톤이 말했다. "부모님은 우리를 철저히 보호했어요. 누군가가 우리 집에 찾아와 문을 두드리고는 당신들이 이사를 온 아프리카계 미국인이냐고 묻는 걸 들었어요. 아버지는 그렇다고 대답했지요. 그는 이사를 갈 생각이 없느냐고 물었고, 아버지는 없다고 말했어요. 그러고 나서도 몇 마디를 더 나누었는데, 나중에 어머니가 말하길 '네 아버지가 그 사람에게 이 집에서 나가지 않으면 총으로 쏴버리겠다고 말했다'고 하더군요. (웃음) 그게 다였어요. 더는 찾아오는 사람이 없었어요. 그 일이 있고 나서는 다른 모든 이가 아주 친절했지요. (중략) 나는 이웃집 아이들과 함께 그들의 집 마당에서 놀았고 그들의 집 안에서 인형 놀이를 했어요. 그랬습니다. 유대인과 비유대인 가족들이 어울린 것이지요."

그녀는 유대인 소년 소녀의 성인식에 참석한 적이 있었을까?

"네, 있었어요." 스톤이 말했다. "가까운 유대인 친구 팸 러스의 아들과 딸의 성인식에 갔었지요. 팸은 로빈스데일에서 자랐어요. 나는 조금 늦게서야 그녀와 친해졌습니다. 우리는 '이스라엘' 사원에 모였고, 거기서 성인식과 아이들을 위한 파티에 참석했지요. 팸은 아주 실용적인 사람이었고 그 자리는 조부모님들과 친척들, 친구들이 오고 비유대인과 유대인이 어울리는 정말로 훌륭한 잔치가 되었어요. 정말 감동적인 의

식이었고 나는 왜 아이들이 이런 과정을 거치는지 이해할 수 있었어요."

그럼 그 당시에 학급에서 한 명뿐인 아프리카계 미국인 아이로 지내는 건 전반적으로 어땠을까? 노먼이 스톤에게 물었다.

"문제없었어요." 스톤이 대답했다. 그러고는 이렇게 덧붙였다. "그렇지만 무슨 일이 생길 때마다 늘 엄마가 보살펴줄 거라고 믿고 의지했지요. 그런데 누군가가 '흑인 하녀'의 모습을 그린 포스터를 붙여서 작은 소동이 일어났던 적이 있습니다. 학교 게시판에 눈에 확 띄게 붙어 있었어요. 그게 무엇을 위한 것이었는지는 생각나지 않지만, 몇몇 아이가 킬킬거리며 보고 있었던 건 기억합니다. 집에 가서 엄마에게 이야기했지요. 이런 포스터가 있다고 했더니 엄마는 그건 전적으로 부적절한 것이라고 말했어요. 그러고는 교장을 찾아갔고 그 포스터는 다음 날 사라졌지요."

스톤은 고등학교에서 투표를 거쳐 치어리더로 뽑히고 몇 년 동안 내리 학생회 간부로 활동했던 것을 회상했다. "그러니까, 네, 별문제 없었어요. 격렬한 인종차별 사건 같은 건 없었습니다. 몇몇 아이가 우리를 '깜둥이'라고 부르면 두들겨 패기도 했지만 그게 전부였어요."

지금의 관점에서 그때를 돌이켜보며 그녀는 이렇게 결론지었다. "세인트루이스파크에서 (백인과 유대인만 있는 지역사회에서 자라는 아이로서) 내가 겪은 일들은 우리 가족의 단단한 결속력 덕분에 좋은 경험이었다고 말할 수 있습니다. 나는 그 경험에서 여러모로 혜택을 보았습니다. (중략) 대학에 갈 수 있었고, 세계를 여행할 수 있었고, 나와 같은 수많은 아프리카계 미국인 여성이 할 수 없었던 많은 일들을 할 수 있었지요."

어린 시절에 나와 가장 가까운 친구들 중 하나였고 지금은 샌프란시스코 주립대학교에서 유대인학과를 이끄는 프레드 애스트런은 흑인들이 너무나 적었기 때문에 유대인들은 스스로를 소수 인종이라 생각했다고 회고했다. "그곳에는 중국인 아이 셋, 일본인 아이 셋, 흑인 둘이 있었고 나머지는 모두 스칸디나비아 사람들 아니면 유대인들이었지. 우리는 진정으로 '다른 이들'을 만난 적이 없기 때문에 (시민적 권리에 관해) 자유주의적일 수 있었던 거야."

공적인 공간

세인트루이스파크 공립학교들의 높은 질적 수준에 대한 우리의 자부심은 더 넓은 의미에서 공적인 공간과 기관에 대한 존경과 찬사와도 같다. 이러한 공적인 공간들은 신뢰와 다원주의, 그리고 일반적으로 사회적 자본의 산물인 동시에 동력이다. 공공 기관들은 저마다 다양한 경제적·종교적·인종적 배경을 지닌 사람들을 한데 섞어주는 믹서기였다. 내가 아는 사람들 대부분이 공립학교에 다녔다. 사실 나는 크면서 사립학교는 어떤 사회적·정서적인 문제가 있는 아이들만 가는 곳이며 부모들이 일종의 벌을 주려고 보내는 곳이라 생각했다. 사립학교가 더 뛰어나기 때문에 아이를 그곳에 보내려고 세금 외에 추가로 돈을 더 낸다는 개념이 아예 없었다. 당시 우리는 깨닫지 못했더라도 그 후에는 많은 사람이 그 공립학교가 얼마나 훌륭한지 알게 되었다.

1968년 9월 세인트루이스파크 고등학교에 들어갔을 때, 나는 당시 전설적인 고등학교 저널리즘 교사였던 해티 M. 스타인버그Hattie M. Steinberg의 수업을 들었다. 사람들은 흔히 자기 인생을 바꾼 선생님들에 관해 이야기한다. 해티는 내 인생을 바꿨다. 나는 10학년 때 313호실에서 그녀의 저널리즘 입문 과정을 들었는데, 그 이후 저널리즘 과정은 더 들을 필요가 없었고 듣지도 않았다. 내가 그만큼 뛰어나서가 아니라 그녀가 그만큼 뛰어났기 때문이었다. 그녀가 별세한 후에 내가 어떤 칼럼에 썼듯이 해티는 인생의 성공 비결은 기본을 제대로 갖추는 것이라고 믿는 사람이었다. 그녀는 학생들에게 저널리즘의 기초를 다져주었다. 단순히 기사의 첫 문장을 쓰는 법이나 다른 사람의 말을 정확히 옮기는 법이 아니라 그보다 더 중요한 것으로서 어떻게 하면 스스로 전문가답게 행동하면서 언제나 수준 높게 일할 수 있는지를 가르쳐준 것이다. 나는 언젠가 우리 고등학교 학보를 위해 광고 업체 경영자를 인터뷰한 적이 있는데 그는 욕설을 썼다. 우리는 그 기사를 내보낼지 말지를 놓고 논쟁을 벌였다. 해티가 내보내라고 결정해주었다. 기사가 나갔을 때 그 광고 업체 사람은 일자리를 잃을 뻔했다. 그녀는 우리에게 기사의 영향을 가르쳐주려고 한 것이었다.

해티는 내가 만나본 선생님 중에 가장 엄했다. 학생들은 10학년 때 그녀의 저널리즘 과정을 마친 후 그녀가 지도하던 신문 「에코」에 들어가려고 노력했다. 경쟁은 치열했다. 11학년 때 나는 그녀의 글쓰기 기준에 이르지 못했고, 그래서 그녀는 나를 비즈니스 관리자로 앉혀서 그 지역 피자 가게들의 광고를 유치하게 했다. 하지만 그해에 나에게 기사 하나를 쓰게 했다. 6일전쟁(1967년 이스라엘이 아랍 국가들을 상대로 엿새 만에 승리한 3차 중동전쟁—옮긴이)의 영웅으로 미네소타 대학교에서 강연할 예정이던 이스라엘 장군에 관한 기사였다. 나는 그 강연을 취재하고 그를 간단히 인터뷰했다. 그의 이름은 아리엘 샤론Ariel Sharon이었다. 내가 교내 신문사에 있는 동안 처음으로 나간 기사였다. 15년 후 베이루트에서 우리가 얼마나 많이 마주치게 될지 그때는 몰랐다.

해티는 신문과 함께 연감 일도 지도했는데 그 일을 맡은 우리는 그녀의 교실에서 살다시피 했다. 우리는 수업 전후에 거기서 지냈다. 그때 해티가 예순 가까운 나이의 독신 여성이었고, 당시는 1960년대였다는 걸 이해해야 한다. 그녀는 '쿨'한 것과는 정반대였지만 우리는 그녀의 교실이 아이스크림 가게이고 그녀가 울프먼 잭(인기 디스크자키—옮긴이)인 것처럼 그곳에서 살았다. 그때는 우리 중 어느 누구도 분명히 표현할 수 없었지만, 그녀에게서 열변을 듣고 훈련과 가르침을 받는 걸 즐기고 있었다. 그녀는 불확실성의 시대에 명료함의 미덕을 보여준 여성이었다. 그녀가 지도한 고등학교 신문과 연감은 매년 전국 최우수상을 받았다. 해티가 기본을 가르쳐주기 위해 소개해준 것들 중 하나가 「뉴욕타임스」였다. 매일 아침 이 신문이 313호실로 (하루 늦게) 배달됐다. 그 전까지 나는 「뉴욕타임스」를 한 번도 본 적이 없었다.

해티 외에도 지금까지 소중한 친구들로 남은 뛰어난 선생님들을 만났는데 특히 영어 선생님인 미리엄 캐골Miriam Kagol과 심화 과정 미국사를 가르친 마저리 빙엄이 그랬다. 빙엄은 내가 케네디 암살 음모론에 빠져들게 했고, 일찍이 이스라엘과 6일전쟁 그리고 중동 문제를 파고들게 해주었다. 나는 이 두 선생님이 공립학교의 높은 수준에 관해 회상하는 걸 듣고서 흥미를 느꼈다. "사고 싶은 책은 무엇이든 살 돈이 있었어." 빙엄이 말했다. "NSFNational Science Foundation(미국 국가과학재단) 지원금도 있었고, 전국적인 콘퍼런스에도 갈 수 있었지. 교실에만 갇혀 있다는 느낌은 전혀 안 들었어. 마치 더 큰 강단에 서서 일리노이나 캘리포니아에서 온 사람들에게 이야기하는 것처럼 느껴졌지. 요즘에는 교사들이 교재를 구입하는 데 자기 돈을 400~500달러를 쓸 거야. 그때는 그럴 일이 없었어. 세인트루이스파크의 교사들은 행정 당국으로부터 창의적으로 일해 달라는 격려를 받았지."

그 시절에는 공립학교 교사들이 새로운 교육과정을 만들기 위해 해당 지역 교육 당국에 교육부령 제4편-C에 따른 지원금을 신청할 수 있었고, 다른 지역에서 적은 수수료를 내거나 수수료 없이 그 교과를 이용할 수 있었다. 그에 따라 열정적인 이들에게는 고등학교의 교육이 대단히 창의적인 일이 될 수 있었다. 그것은 단순히 중앙의 행정 당국에서 내려 보낸 교과를 손질해서 되풀이해 가르치는 일이 아니었다. 예를 들어 세계 지리 교사인 리 스미스와 그의 동료 웨스 보딘은 '세계의 종교'라는 과목을 만들었다. 이는 세인트루이스파크의 학생들이 지역 특성상 여러 종교를 가지고 있는 데다 이 지역 교육위원회가 1971~1972년에 그곳 학교에서 종교적으로 무엇을 할 수 있는지, 혹은 할 수 없는지 판단할 일종의 지침을 마련하고 싶어 한 데 따른 것이다. 그들의 교과는 전국의 학교들이 채택했다. 빙엄은 1977년에 북쪽으로 떨어진 교외 지역 로빈스데일의 교사인 수전 그로스와 함께 지원금을 받아서 이 지역 고등학생들에게 여성사를 소개하기 위한 '세계 속의 여성'이라는 교육 프로그램을 만들었다고 회상했다. 그들이 만든 과목은 전국으로 보급됐고 교재는 10만 부 넘게 발행됐다.

나는 고등학교의 마지막 학년 때 미리엄 캐골을 처음 만났다. 그녀는 자신이 만든 영국 문학 개론 과정을 가르쳤다. 캐골은 내게 바이런과 셸리, 키츠와 예이츠의 시들과 위대한 소설들을 폭넓게 감상하라고 가르쳤다. 쉽지 않은 일이었다. 그녀는 내가 이 위대한 낭만파 시인들에 대해, 왜 하고 싶은 말을 직설적으로 하지 않느냐고 여러 번 물었다는 걸 기억한다. 캐골은 미네소타 주 남부 출신인데, 그곳에 그녀의 가족이 하는 소일거리 농장이 있었다. 그녀는 당시 스물두 살이었고 가르치는 일은 처음이었다. 그녀는 이렇게 회상했다. "1967년 학교에 채용됐을 때 5,600달러를 받기로 계약했는데 아버지에게 그 이야기를 하니까 믿을 수 없다는 듯이 나를 보더니 '한 푼도 빼지 말고 다 받아야겠다.'고 말했지(1967년 미국의 중위 소득이 6,155달러였다—옮긴이)."

캐골과 나는 그 후 계속 친구로 지냈다. 가치를 정하는 공동체의 역할에 관해 돌이켜보면서 그녀는 생각에 잠기듯 말했다.

「만델라The Mandela」(고등학교 문학잡지)에 기고하려고 시를 표절했던 아이가 있었던 걸 기억해. 우리는 표절한 줄 모르고서 잡지에 그 시를 실었고 나중에야 알게 됐지. 그를 교장실에 데려갔을 때 교장은 그 학생에게 이렇게 말했어. "자네는 이 선생님이 지키려고 하는 가치를 무시했네." 나는 어떤 상황에서든 교장이 나를 지지하리란 걸 알았고, 학부모가 전화해서 만약 내가 자기네 아이를 벌줬으면 잘라버리라고 할지도 모른다는 걱정은 하지 않았지. 그 지역사회에는 교사와 교육 체제에 대한 존경심이 있었어. 설사 학부모가 생각하기에 교사가 잘못했더라도 말이야.

당시에 세인트루이스파크에는 진입로를 대문으로 막아놓은 동네가 없었고 이는 지금도 마찬가지다. 나와 친구들이 운전할 수 있을 때까지 우리는 버스 같은 대중교통 시스템을 이용했다. 우리가 열 살이나 열두 살로 아직 어릴 때(운전면허를 갖기 훨씬 전에) 주말에 누리는 가장 큰 즐거움은 '시내로 가는 것'이었다. 우리는 세인트루이스파크에서 버스를 잡아타고 당시 10~15센트쯤을 낸 다음 미니애폴리스 도심의 헤너핀 애비뉴로 갔다. 데이턴 백화점에 쇼핑을 하러 갔지만 무언가를 샀던 적은 한 번도 없었다. 그저 진열장 안을 구경만 했고 캐러멜 팝콘을 조금 사 먹고 미니애폴리스에서 가장 유명한 중국 식당에서 점심을 먹었다. 그러고 나서 영화를 한 편 본 다음 버스를 타고 세인트루이스파크로 돌아왔다. 우리는 아직 어린아이들이었지만 부모들은 우리가 이 도시를 멋대로 돌아다녀도 전혀 걱정하지 않는 것 같았다. 미니애폴리스에서 학교와 더불어 대중의 거대한 믹서기 구실을 한 건 일련의 호수들이었다. 이 도시의 가장 부유한 집들이 호수들을 둘러싸고 있었지만 각각의 호수

주위에는 걸을 수 있는 오솔길과 자전거 길, 그리고 모두에게 개방된 해변이 있었다. 나는 어머니와 함께 그 호수들 주변을 걸으며 자랐는데 거기서는 그 지역에서 아는 사람들 모두를 만날 수밖에 없었다.

그러나 미네소타의 일반적인 특성이 된 강력한 공동체 정신은 또한 해마다 겨울이면 찾아오는 이 지역 특유의 가혹한 날씨(영하의 기온과 얼어붙은 도로, 미끄러운 인도, 깨진 수도관, 그리고 치워야 할 눈)에서 오는 부산물이기도 했다. 지금은 샌프란시스코에 사는 프레드 애스트런은, 그 때문에 협력은 사람들이 친절해서가 아니라 필요해서 하는 것이 되었다고 말했다. "당신은 이웃을 좋아하지 않을 수 있지만 아침마다 그가 차를 움직일 수 있게 도와줘야 할 것입니다. 당신이 얼음 위에서 넘어지면 그가 도와줄 것입니다. 당신의 상사는 당신이 겨울철에 갑작스럽게 생긴 문제를 처리하러 일찍 집에 들어갈 수 있게 허락할 겁니다. 그 결과 이웃들을 불러 모을 만한 상황이 거의 없는 샌프란시스코와 달리 미네소타에서는 이웃들과 늘 알고 지내지요. 이곳에서 협력하지 않는 이웃은 드문데, 왜냐하면 도움이 필요한 추운 날이 오리라는 걸 모두가 알기 때문입니다. 겨울은 언제나 오는 법이니까요."

우리 바로 옆집에 살던 밥 반드는 가족 농장이 있는 교외로 이사를 갔는데, 해마다 겨울이 오면 뒷마당 주변에 눈을 쌓아 올리고 정원 호스로 물을 채워 아이스링크를 만들었다. 나는 거기서 스케이트를 타고 하키를 하는 법을 배웠다. 여름에는 그 터를 갈아엎어 텃밭을 만들고 옥수수와 당근, 상추, 토마토를 완벽하게 줄 세워 심었다. 내 누나 제인은 그 밭에 가만히 앉아서 말 그대로 당근이 자라는 모습을 지켜보며 밥에게 언제 뽑아 먹을 수 있느냐고 끊임없이 물어보면서 그를 성가시게 했다. 우리 집은 거리의 맨 위쪽에 있었다. 우리 집과 나란히 있는 집들의 뒷마당은 모두 건너편 집들의 뒷마당과 마주 보고 있었지만 그 사이에 담장은 하나도 없었다. 이런 배치 때문에 자연스럽게 잔디가 깔린 긴 축구장이 만들어졌다. 4월이 되어 눈이 거의 녹자마자 나는 골프채를 가지고 나가 조금 솟아올라 있는 우리 집 뒷마당에 서서 5번 아이언으로 공을 날리곤 했다. 공은 여섯 집의 뒷마당을 지나 160미터를 날아갔고 가끔은 확 트인 공터에 떨어졌다. 나는 한 번도 다른 집의 창문을 깬 적이 없었고 이웃들도 불만을 제기하지 않았다. 그 후 내가 5번 아이언으로 치는 공은 언제나 똑바로 날아갔다.

우리 구역 끝에 자리한 개발되지 않은 공터는 우리들에게 야생과 맞닿은 경계였다. 우리는 그곳의 키 큰 관목과 잡초, 나무 사이에서 숨바꼭질을 했다. 우리는 몰랐지만, 그곳은 리튬 코퍼레이션 오브 아메리카Lithium Corporation of America라는 회사가 소유한 거대한 공장과 우리를 갈라놓고 있었다. 이 책을 쓰려고 조사를 하던 중 2006년 11월 1일 「트윈 시티스 비즈니스Twin Cities Business」지의 기사를 읽고 그 사실을 알게 됐다. "1942~1960년 메탈로이Metalloy와 리튬 코퍼레이션 오브 아메리카, 이 두 회사가 미군을 위해 탄산리튬을 생산했다. 주로 배터리와 인명 구조 장치에 들어가는 탄산리튬은 세인트루이스파크의 시더레이크로에 붙어 있는 에지우드 거리 끝에 자리한 공장에서 생산했다(우리 집에서 몇 구역 떨어지지 않은 곳에 있었다). 그러나 그 회사가 애국적인 의무를 수행하는 동안 공장은 리튬과 연료유 그리고 갖가지 금속 물질을 공장 아래 토양과 지하수로 유출하고 있었다." 존 C. 마이어 3세John C. Meyer III는 그의 회고록 『더글러스에게 말하지 마Don't Tell Douglas』에서 메탈로이가 제2차 세계대전 중 그 공장을 '히로시마에 투하한 원자폭탄에 필요한 성분'을 생산하는 데 이용됐다고 주장했다. 맙소사! 그 공장과 몇 킬로미터 떨어진 크레오소트 공장 사이에서 자란 나와 내 누이들이 밤에 몸에서 빛이 나지 않는 게 놀라울 따름이다. 다른 쪽으로 두 구역 떨어진 곳에 큰 공원이 하나 있었는데 여름에는 야구장이, 겨울에는 하키 링크가 들어섰다. 그곳에는 나무로 마루를 깐 따스한 오두막이 하나 있었고, 우리는 거기서 부츠를 스케이트로 갈아 신거나 기온이 영하로 내려갈 때 추위를 피했다. 나는 아직도 그 가스난로 냄새가 기억난다. 어느 날이든 상관없이 오후나 저녁에 하키 시합을 하기로 일정을 잡으면 시는 밤까지 경기를 할 수 있도록 불을 켜주었다. 마크 트레스트먼은 세인트루이스파크 미식축구 팀의 쿼터백이었고 나보다 세 살 어렸다. 그는 나중에 미네소타 대학교에서 선수로 뛰었고, 대학팀 두 곳과 미국 프로미식축구연맹 NFL팀 열 곳에서 공격 전술을 지도하거나 쿼터백 코치의 대가로서 뛰어난 경력을 쌓았으며, 2013년부터 2014년까지 시카고 베어스의 수석 코치로 일하며 경력을 완성했다. 그 당시 미네소타에서 중산층에 속한다는 건 상상할 수 있는 거의 모든 일에 접근할 수 있다는 걸 의미했다. 트레스트먼과 동료 선수들은 가끔 주말 자정 이후 그 지역의 북미 프로아이스하키리그 소속 하키팀인 미네소타 노스 스타스가 경기하는 메트로폴리탄 스포츠센터의 링크를 빌렸다. 당시에는 소셜 메시지 서비스도 휴대폰도 없었으며 아무도 신용카드를 갖고 있지 않았었다고 그는 회상했다. "그때는 자동 현금 입출금기도 없었지요. 자정 이후에는 사용료가 시간당 150달러였어요. 이제 그때를 돌이켜보면서 생각하지요. '어떻게 토요일 새벽 4시에 남자 20명을 (전문적인) 빙상 경기장으로 불러서 현금을 모아 내고 코치도 없이 그냥 경기장에 들어가 잼보니(얼음판 고르는 기계)를 몰고서 편을 갈라 한 시간 동안 하키를 할 수 있었을까?'"

그 시절 중산층은 훨씬 더 자발적인 활동을 하며 살았다. 그때는 지금처럼 돈이 공적인 공간들을 완전히 접수하지 않았다. "어느 날 엄마가 갑자기 야구 경기를 보러 가자고 했던 게 기억납니다." 트레스트먼이 말했다. "트윈스팀과 레드삭스팀이 붙기로 되어 있었지요. 우리는 그냥 경기장으로 가서 2층 첫 번째 줄 표를 샀어요. 그때 레지 스미스가 파울볼을 쳤고 엄마가 일어나 한 손으로 공을 잡았지요."

1970년에 US 오픈 골프 토너먼트가 미네소타 주 채스카에 있는 헤이즐타인 내셔널 골프 클럽에서 열렸다. 미니애폴리스 도심에서 40분 떨어진 곳이었다. 11학년으로 고등학교에 다니고 있던 나는 그해 여름에 우리 클럽인 브룩뷰에서 캐디로 일하고 있었다. 미니애폴리스 주변의 클럽들은 대부분 US 오픈에 참가할 캐디 4명을 추천해달라는 요청을 받았는데 나는 우리 클럽에서 선정한 4명에 포함되었다. 그 시절에 (이는 정말 중요한 점인데) 미국골프협회는 프로 골프 선수가 '오픈'에 전문적인 캐디를 데려오는 것을 허용하지 않았다. 대회에 아마추어 선수들도 초대되었는데 전문 캐디를 데리고 오면 프로 선수들에게 유리할 것이라고 생각했기 때문이다. 토너먼트 몇 주 전에 이 지역의 캐디들 모두가 헤이즐타인에 모여 당시 수석 프로인 돈 웨어리언과 함께 그 코스의 18홀을 돌며 주최 측이 나눠준 거리 기록용 수첩에 여러 나무와 트랩에서 그린까지의 거리를 상세히 적었다. 그런 다음 클럽 회관의 식당으로 돌아왔다. 방 한가운데 은으로 만든 커다란 사발이 놓여 있었고 그 안에는 대회에 참가한 선수의 이름을 써서 접은 작은 종이쪽지들이 들어 있었다. 그들이 한 사람씩 이름을 부르면 사발이 있는 곳으로 가서 캐디를 맡을 선수 이름을 뽑았다.

그곳에는 평등주의가 있었다. 어떤 아이는 잭 니클라우스를, 다른 아이는 아널드 파머를 뽑았으며 또 다른 누군가는 최종 우승을 한 토니 재클린을 뽑았다. 나는…… 푸에르토리코의 대단한 골퍼이자 쇼맨인 치치 로드리게스를 뽑았다. 그는 첫날 공동 2위를 했고 커트를 통과했으며 26위로 경기를 마쳤다. 그는 나에게 약 175달러를 지불했고 가방에 있던 모든 공과 장갑을 주었다. 나는 인생 최고의 시간을 즐겼다. 오늘날 열일곱 살 소년에게는 결코 일어나지 않을 일이었다.

몇 년 후 미국골프협회는 오픈에 전문적인 캐디들을 데려오지 못하게 한 규정을 폐지했다. 그랬기 때문에 다시는 고등학교 3학년이 잭 니클라우스나 아놀드 파머의 이름을 뽑아 그와 함께 골프 코스 울타리 안쪽을 걸어볼 기회는 없을 것이었다. 지금도 헤이즐타인의 남성용 탈의실 밖에는 머리를 짧게 깎은 고등학생 소년들이 사발에서 프로들의 이름을 집어내는 사진이 걸려 있다. 멋지지만 오래된 기억이다. 내 어릴 적 친구인 마이클 샌델의 말을 조금 바꿔서 이야기하자면 여전히 '돈으로 살 수 없었던' 것들이 있던 시절의 기억이다.

중산층이 만든 도시

그러나 이러한 공적인 공간들이 존재할 수 있었던 건 두 가지 요인이 어우러졌기 때문이다. 바로 중산층의 부상을 촉진한 미국과 미네소타 경제의 전반적인 성장, 그리고 그 세대 특유의 진보적 정치가들이다. 이 두 가지는 다시 서로를 강화했다. 제대로 작동하는 공공 부문과 제대로 작동하는 포용의 정치를 유지하는 데 갈수록 커지는 파이만큼 중요한 건 없다. 나는 이제 제2차 세계대전이 끝난 뒤 1970년대 초까지 중산층으로 자란 우리들이 미국 역사상 특별한 시기에 성장한 것이라는 점을 충분히 이해한다. 스탠퍼드 대학교 미국사 교수인 데이비드 케네디David Kennedy는 이때가 미국 역사에서 집단적인 취기가 최고조에 이른 순간이었다면서 이 나라는 긍지와 기회로 들떠 있었다고 밝혔다. 그때는 '소득 격차가 크게 줄어들고 번영이 널리 공유되는 고성장과 대평등의 시기'였다.

2015년 2월 백악관 경제자문위원회Council of Economic Advisers의 연례 보고

서는 제2차 세계대전 이후 생산성 증가 추이를 살펴보고 1948년부터 1973년까지의 기간을 '성장 공유 시대'라고 이름 붙였다. 그 이유는 이렇게 설명했다.

1948년부터 1973년까지는 생산성 증가와 분배, 경제활동 참여라는 세 가지 요소가 모두 중산층에 유리한 방향으로 펼쳐졌기 때문이다. (중략) 소득 불평등이 줄어들어 전체 소득 중 최상위 1퍼센트가 차지하는 몫은 거의 3분의 1이나 감소했고 그동안 하위 90퍼센트에 돌아가는 몫은 약간 증가했다. 또한 여성의 노동시장 참여가 늘어나면서 가계소득이 더욱 증가했다. (중략) 이 세 가지 요소가 결합되면서 하위 90퍼센트 가계의 평균 소득은 이 기간 중 한 해 2.8퍼센트씩 늘어났다. (중략) 이 기간은 생산성 향상과 소득 불평등 완화, 경제활동 참여도 증가가 중산층에 유리한 힘을 발휘했음을 잘 보여준다.

나는 바로 그 시대에 성년이 되었다. 나와 다른 수많은 사람이 그 시대에 자란 덕분에 이처럼 널리 공유된 번영이 지속되어야 하고 실제로 그렇게 되리라는 기대를 갖는 낙관주의로 기울게 된 건 당연한 일이다. 이는 더 높은 곳으로 올라가는 하나의 선순환이다. 우리는 마주 부는 바람이 아니라 등 뒤에서 부는 바람을 느꼈다. 실제로 미니애폴리스 출신 하원 의원인 릭 놀런Rick Nolan은 그 당시 나처럼 미네소타에서 중산층으로 자란 세대에게 "실패하려면 일부러 계획을 짜야 했다."고 말하기를 좋아했다.

앨 프랭컨 상원 의원은 세인트루이스파크에서 공립 초등학교와 중학교를 다녔지만 고등학교는 그의 부모가 미니애폴리스의 대표적인 사립학교인 블레이크로 옮기게 했다. 그처럼 사립 고등학교에 간 사례는 매우 드물었다. 2015년 2월 28일 콜로라도 민주당원들에게 한 연설에서 프랭컨은 그 순간을 이렇게 묘사했다.

1957년에 소련이 인공위성 스푸트니크를 쏘아 올렸을 때를 기억합니다. 그들은 핵무기를 가졌고, 갑자기 우주 경쟁에서 우리를 앞섰습니다. 미국인들은 깜짝 놀랐지요. 나는 그때 여섯 살이었습니다. 형 오언은 열한 살이었고요. 그래서 미네소타 주 세인트루이스파크에 살던 부모님은 우리를 거실에 앉혀놓고 "너희는 수학과 과학을 공부해서 우리가 소련을 이길 수 있게 해라."라고 말씀하셨지요. 여섯 살짜리에게 큰 압박감을 주었다고 생각해요. 하지만 우리는 순종적인 아들들이었습니다. 형과 나는 수학과 과학을 공부했습니다. 그런데 그것이 재미있었어요. 그리고 우리는 잘했습니다. 형은 우리 가족 중 처음으로 대학에 가게 되었습니다. 형은 MIT에서 물리학을 공부하고 학위를 받았습니다. 그러고는 사진사가 되었지요. 나도 정말 괜찮은 대학에 들어갔습니다. 졸업도 했고요. 그러고는 코미디언이 되었습니다. 불쌍한 우리 부모님. 하지만 우리는 소련을 제쳤습니다. 얼마든지 와보라지요!

앞서 말했듯이 나는 중산층이 사는 지역인 세인트루이스파크에서 자랐습니다. 트윈시티 교외였지요. 아버지는 인쇄소 영업 사원이었습니다. 우리는 침실 둘, 화장실 하나인 집에서 살았습니다. 그리고 나는 세상에서 가장 운 좋은 아이라고 느꼈어요. 실제로도 그랬습니다. 나는 미국에서 중산층이 전성기를 누릴 때 중산층 가정에서 자랐습니다. 그 시절에 중산층에 속한다는 것은 참으로 안전하다는 걸 의미했지요. 식구들에게 보금자리를 만들어주고 식탁에 음식을 올려줄 수 있다는 뜻이었습니다. 아이들을 괜찮은 공립학교에 보내고 아플 때 의사에게 데려갈 수 있다는 걸 의미했습니다. 그리고 이따금 휴가를 갈 수 있다는 걸 뜻했지요. 우리의 휴가는 언제나 뉴욕으로 차를 몰고 가서는 삼촌 어원과 숙모 힌다, 사촌 적을 방문하는 것이었지만요. 또한 중산층으로 산다는 것은 늙었을 때 은퇴하고서 편안하게 살 수 있게 연금과 사회보장제도에 의지할 수 있다는 걸 의미했습니다. 그리고 스스로 운명을 걸고 도전해볼 수 있다는 걸 뜻했습니다. 열심히 노력하고 규칙을 지키면 나 같은 아이도 원하는 건 뭐든 할 수 있는 기회를 가질 수 있다는 걸 의미했습니다. 물론 코미디 작가와 상원 의원이 되는 것도 포함해서요. 그 순서대로 말이지요.

프랭컨의 이야기 중 가장 큰 울림을 남긴 부분은, 우리가 경제적인 안정과 더불어 공동체에 정착하고 있다는 정서적 안정감을 갖고 있었다고 한 부분이었다. 그는 이렇게 말했다. "그때 우리는 자신에게 운명을 걸어볼 수 있었습니다. '코미디언이 되면 다른 하버드 대학교 졸업생만큼 직업적으로 안전하지는 않을 것'이라는 걱정을 하지 않았습니다. 나는 어떻게든 살아갈 길이 있다고 믿지 않는 건 어리석은 일이라고 생각했습니다."

나는 앨처럼 코미디언이 되지는 않았지만 미네소타 대학교에서 신입생 때 아랍어를 배우기 시작했는데 친구와 가족에게서 많은 비웃음을 샀다. 그때는 대학에서 아랍어를 공부하는 유대인 학생이 많지 않았다. 부모님의 친구들이 대체 토미는 아랍어를 공부해서 어떻게 일자리를 구하려 하느냐고 물었다. 그 말이 나를 사정없이 괴롭히기는 했지만 공부를 하며 아무것도 얻지 못할 거라는 생각은 들지 않았기 때문에 내가 걱정할 일은 아니었다. 내가 STEM(과학, 기술, 공학, 수학) 교육을 받지 않으면 먹고살 수 없을 거라고 겁을 주는 이는 아무도 없었다.

미네소타 대학교 험프리 공공정책대학의 정치·지배구조연구센터 소장인 로런스 제이컵스Lawrence Jacobs는 미네소타의 기업 지도자들이 미네소타 방식을 이끌어가는 큰 동력이었다고 지적했다. 정부는 타협하고 결정하고 민간 부문을 지원하기 위해 있으며 민간 부문은 일자리를 만들어내고 공공의 이익에 기여하기 위해 존재한다는 걸 그들은 이해했다.

제이컵스는 이렇게 밝혔다. "역사적으로 미네소타에서는 기업들이 주를 건설하는 실질적인 협력자였으며 두 정당이 중도에 가까운 자리를 지키게 했습니다."

2007년 12월 22일 「뉴욕타임스」가 '에메랄드 같은 나눔의 도시가 실제로 있다'라는 기사에서 설명했듯이 그와 같은 전통의 뿌리는 깊다. 기사는 이렇게 지적했다.

1970년대 중반 미네소타의 기업 지도자들은 5퍼센트 클럽을 결성했다. 이 클럽에 가입한 기업들은 세전 이익의 5퍼센트를 자선사업을 위해 떼어놓는다는 데 합의했다. 믿든 말든―사실 이익을 극대화하고 월가를 기분 좋게 해줘야 한다고 강조하는 오늘날, 이는 조금 믿기 힘들다―그 클럽은 여전히 남아 있다. 지금은 키스톤 클럽으로 불리는 이 모임의 회원은 214개사에 이르고 그중 134개사가 이익의 5퍼센트를 기부하고 있다. (중략) 이 도시의 멋진 공연장인 거스리 극장은 최근 강변에 자리한 번쩍이는 새 건물로 옮겨 왔다. 주요 예술 단체 다섯 곳 가운데 하나가 얼마 전에 새 건물과 주요 부속 시설을 지은 것이다. 이 모든 과정에서 기업들의 기부가 적지 않은 기여를 했다.

내가 고등학교를 졸업하고 2년이 지난 1973년 8월 13일 「타임」지 표지에 미네소타 주지사인 웬들 앤더슨Wendell Anderson이 노던 파이크(강창꼬치 속 물고기―옮긴이)를 높이 들고 있는 사진을 실은 것도 이상할 게 없었다. 헤드라인은 '미네소타의 멋진 삶'이었다. 다른 지역들이 워터게이트와 높은 인플레이션, 베트남전쟁으로 고통을 겪고 있을 때 유일하게 '제대로 돌아가는 주'로 꼽힌 것이었다. 나는 그 표지를 생생하게 기억한다. 아버지가 돌아가신 지 얼마 안 되었고 나의 브랜다이스 대학교 편입이 받아들여졌을 때였다. 몇 주 후에 나는 그곳으로 옮겨 갔고 다시는 미네소타에 상주하지 않았다. 그러나 마음속으로는 그곳을 떠난 적이 없다. 나는 보스턴, 런던, 옥스퍼드, 베이루트, 예루살렘 또는 워싱턴에서 살았지만 사람들이 어디에 사느냐고 물을 때마다 "지금은 여기에 살지만 미네소타 출신"이라고 대답했다.

우리의 정치적 선조들

앞서 설명했듯이 미네소타가 늘 친절하고, 정치적·경제적으로 포용적이었던 건 아니었다. 특히 흑인과 유대인, 다른 소수 인종에 대해서 그러지 못했다. 이 지역이 더 포용적인 곳이 된 건 단순히 제2차 세계대전 후 경제가 좋아졌기 때문이 아니라 몇몇 용기 있는 정치적 선택이 이뤄졌기 때문이라는 걸 이해하는 것이 중요하다. 그러한 선택은 미네소타의 온건한 공화당과 민주농민노동당Democratic-Farmer-Labor Party 정치인들의 독특한 세대가 한 것이다. (미니애폴리스 시장, 상원 의원, 부통령을 지낸) 휴버트 험프리, (상원 의원과 부통령을 지낸) 월터 먼데일, (하원 의원과 미니애폴리스 시장을 지낸) 돈 프레이저, (상원 의원을 지낸) 유진 매카시Eugene McCarthy, (공화당 출신 주 의회 의장과 주지사를 지낸) 안 칼슨Arne Carlson, (내가 자랄 때 세인트루이스파크 지역구 하원 의원을 지내고 공화당 소속인) 빌 프렌젤Bill Frenzel이 대표적인 인물들이다.

세인트루이스파크 역사협회 웹사이트를 보자. "1936년 3월 실버 셔츠라는 광신도 소수 과격파 집단이 미니애폴리스에 몰려와 주 내에 6,000명의 추종자들이 있다고 주장하면서 반유대주의와 근거 없는 망상을 부르짖고 다녔다. CBS 뉴스의 전설적인 논설위원인 에릭 세버라이드는 당시 미니애폴리스 출신의 젊은 취재기자였는데, 그는 「미니애폴리스 저널」의 기자로서 자신의 실명 아널드를 써서 1936년 9월 11일부터 여섯 차례에 걸쳐 그 집단을 파헤치는 기사를 냈다. 그 조직은 노스캐롤라이나 애슈빌 출신인 윌리엄 더들리 펠리가 이끌었다. 그는 의도적으로 자신의 모든 문제를 공산주의자와 유대인 탓으로 돌렸다. (중략) 그들의 가장 어리석은 생각들 가운데에는 루스벨트 대통령의 진짜 이름이 유대식 이름인 로젠벨트라는 것도 있었다." 흑인들도 비슷한 어려움을 겪었으며 더 나쁜 일을 겪을 때도 많았다. 역사협회 웹사이트는 이렇게 지적했다. "1947년 7월에 주지사 직속 미네소타 인종문제위원회는 '미네소타의 흑인과 거주 문제' 보고서를 냈다. 보고서는 여론조사 결과 응답자의 63퍼센트가 흑인에게는 더 높은 가격을 제시하더라도 부동산을 팔지 않겠다고 답했다고 밝혔다."

그런 사정은 1940년대 말과 1950년대 초에 달라지기 시작했다. 휴버트 험프리는 주로 반유대주의 문제에 대응하는 방식 때문에 우리 집에서 영웅이 됐다. 그는 시장이 되자 시 정부 내에 반유대주의를 뿌리 뽑기 위한 태스크포스를 설치했다. 역사협회는 이렇게 전했다 "태스크포스는 반유대주의 관행을 확인했으며 흑인과 아메리칸인디언에 대한 차별도 부각시켰다. 험프리는 그 태스크포스를 상설화해 시장 직속의 인간관계위원회로 바꾸었다. 그리고 2년 안에 주택 거래와 고용에 있어서 반유대주의적이고 인종차별적인 관행들을 금지하는 조례가 통과됐다."

오늘날 우리는 휴버트 험프리가 흑백 인종 간의 관계에서 시민적 권리를 증진한 위대한 운동가라고 생각하지만 사실 그는 백인들 사이의 반유대주의와 싸우는 데에서 출발했다고 로런스 제이컵스는 설명했다. "미네소타를 규정하는 것들 중 하나는 이곳에서 시민권 운동이 시작됐다는 것이지만 그 운동은 흑인과 관련된 것이 아니었습니다. 유대인에 관한 것이었지요. 험프리가 1948년 민주당 전당대회에서 흑인들을 위한 평등을 부르짖는 유명한 연설을 하기 전까지 그는 미니애폴리스에서 반유대주의와 싸웠습니다. 당신이 자란 세인트루이스파크는 1930년대와 1940년대의 미네소타에서는 결코 존재할 수 없었을 겁니다. (중략) 당신은 능력을 바탕으로 성장하고 살아갈 수 있었던 시기에 자란 것입니다. 그리고 유대인이어도 그것이 가능한 시기에 자란 것이지요." 그러나 미네소타를 포함한 미국 전역에 유대인에 대한 장벽이 있던 1930년대와 1940년대에는 그것이 불가능했다. 제이컵스는 이렇게 덧붙였다. "험프리가 인종차별과의 전쟁을 선포하기 전에 그는 반유대주의와 전쟁을 선언한 것입니다. 그 덕분에 세인트루이스파크에 사는 이 집단의 사람들이 능력을 발휘할 수 있었고, 창의력과 영감이 자라날 공간이 만들어진 것이지요."

험프리는 반유대주의와 싸우다가 일반적인 인종차별과의 싸움으로 옮겨 갔는데 그 전환점은 1948년 7월 14일 필라델피아 컨벤션홀에서 열린 그해 민주당 전당대회에서 그가 한 연설이었다. 그로부터 50년이 지난 다음 휴버트험프리닷컴에서 작가 토머스 J. 콜린스Thomas J. Collins는 그 장면을 돌이켜보며 이렇게 묘사했다. "단순한 검은 양복을 입고, 땀 때문에 머리카락이 엉켜 붙은 험프리는 군중을 건너다보았다. 그중에는 그에게 그 말을 하지 말라고 조언했지만 말해주기를 간절히 바라는 전국적인 당 지도자들도, 그가 그 말을 하면 대회장 밖으로 나가버리겠다고 으름장을 놓은 이들도 있었다. 그다음 8분 동안 이 미네소타의 행복한 전사는 오늘날까지 간헐적으로 지속되는 시민 권리 투쟁에 처음으로 전국적인 정당을 끌어들이고 있었다." 그 연설에서 험프리는 자신의 주장을 펴며 이렇게 선언했다. "친애하는 동지 여러분, 우리가 이 시민권 강화를 너무 서두른다고 말하는 이들에게 나는 172년이 늦었다고 말할 것입니다. 이 시민권 강화 계획이 국가의 권리를 침해한다고 말하는 이들에게 나는 '이제 미국에서 민주당은 국가의 권리라는 그늘에서 벗어나 지금 당장 인간의 권리라는 밝은 햇빛 속으로 걸어가야 할 때'라고 말하겠습니다."

그 말들이 얼마나 급진적인 투쟁의 언어였는지 지금 회상하기란 어렵다. 남부에서 온 대의원 수십 명이 대회장을 박차고 나갔다. 앞장을 선 사람은 사우스캐롤라이나 주지사 스트롬 서먼드Strom Thurmond였다. 남부 사람들은 결국 해리 트루먼Harry Truman에 대항하는 후보로 조지아 주 출신 상원 의원 리처드 B. 러셀Richard B. Russell을 지지할 것이었다. 그리고 서먼드 자신이 민주당 탈당파의 티켓으로 대통령 후보에 나설 것이었다. 이러한 사건들은 남부의 보수주의자와 북부의 자유주의자들 간 연합으로서의 민주당의 종말이 시작되었음을 나타냈으며, 궁극적으로 1964년 민권법Civil Rights Act의 토대를 마련하는 것이었다.

험프리는 골수 진보주의자였고 한 세대의 민주당 정치인들을 감화시켰으며 심지어 미네소타의 많은 공화당 정치인에게도 큰 영향을 미쳤다. 내가 자라는 동안 미네소타 주 (그중에서 유대인과 민주당 지지자가 가장 많고 자유주의 성향이 짙은) 제3선거구에 속하는 세인트루이스파크를 대변하는 두 하원 의원은 모두 자유주의적인 공화당 의원이었다. 1961년부터 1971년까지 하원 의원을 지낸 클라크 맥그레거Clark MacGregor와 1971년부터 1991년까지 하원에 진출한 빌 프렌젤이 그들이다.

나는 2014년 여든여섯 살의 프렌젤이 별세하기 직전에 그를 인터뷰했다. 내가 그곳에서 자란 1950년대와 1960년대에 미네소타 정치가 어떻게 발전했는지 들어보려는 것이었다. 그는 지금은 멸종한 자유주의적 공화당 정치인의 전형적인 인물이었다. 프렌젤은 내가 고등학교 3학년이던 1970년에 처음으로 선출되었다. 나는 세계 어디를 가든 늘 그를 '우리 의원'이라고 불렀다. 그가 상주 학자로 있는 워싱턴 브루킹스연구소의 간이식당에서 마주 앉았을 때 프렌젤은 옛날에 대해 추억에 잠기듯이 말했다.

우리는 그때를 더 친절하고 온화한 시대라고 일컫습니다. 나는 세인트폴에서 태어났고 한국전쟁에서 돌아온 다음에는 미니애폴리스에 있는 가족 기업에서 일했습니다. 나는 내가 공화당 쪽인지 민주당 쪽인지 몰랐어요. 우리 집은 중상층에 속했고 별문제 없이 살았지요. 정치는 가족에게 별로 중요한 것이 아니었습니다. 아버지의 친구들 중 많은 이가 반루스벨트 성향이었지만 아버지는 내가 절대 알아채지 못하게 했습니다. 언젠가 루스벨트가 미네소타에 왔을 때 아버지가 나를 데리고 갔는데 아버지도 환호하고 나도 환호했지요. 나는 아버지의 어깨에 올라앉아 이렇게 물었습니다. "왜 모두 환호하고 있어요? 저는 우리가 이 사람을 좋아하지 않는다고 생각했는데요." 아버지가 말했다. "좋아하지 않는다, 아들아. 하지만 한꺼번에 모든 것을 얻을 수는 없단다."

프렌젤은 그가 의회에 들어갔을 때를 회상했다.

그곳에는 적지 않은 동지애가 있었습니다. 농촌과 주요 도시들이 대립할 때 우리 교외 거주자들은 주요 도시들을 지지한다는 데에서 많은 공통점이 있었고 실제로 많은 일을 함께 했습니다. 휴버트 험프리는 상원에서 자기 몫을 했지요. 그는 친절했어요. 거리에서 그를 만나면 편안하게 대해주었습니다. 모든 것이 지금과는 달랐습니다. 최대한 협력하려고 노력하며, 만약 그럴 수 없으면 반대표를 던졌지요. 미네소타 의회에서는 내가 그곳에서 활동하던 기간 중 이뤄진 500건이나 600건의 표결 중에서 당론에 따라 투표한 건 아마도 대여섯 건밖에 안 될 겁니다. 1963년부터 1969년까지 그랬지요. 그것은 비즈니스를 할 때와 같은 방식으로 이뤄졌습니다. 사람들은 의원들이 거래를 할 수 있을 거라고 기대했습니다. 우리 가업은 운송업과 배급업입니다. 계약이 필요하다고 상대방과 비즈니스를 할 필요는 없습니다. 필요한 건 단지 악수뿐이지요. 우리는 개인적으로는 보수적이었지만 전반적으로 자유주의적이었습니다. 미네소타 사람들은 세금을 내고 돈을 저축하고 아이들이 저축하도록 가르치지만, 또한 이웃을 돌보고 좋은 공동체를 건설하고 싶어 합니다. 오늘날 미네소타는 지난날과 같지 않지만 여전히 다른 곳보다는 낫습니다. 정치는 못쓰게 되었지만 사람들은 그렇지 않지요.

정치는 언제부터 바뀌기 시작했을까? 프렌젤에게 물었다.

레이건이 등장해 백악관을 차지하고 있던 민주당 대통령에게 도전했을 때 바뀌기 시작했지요. 그러고는 서로에게 욕설을 퍼붓는 비난전이 시작됐어요. 그리고 하원 은행 스캔들(미국 하원 의원들이 내부 결제계좌에서 수표를 초과 발행하고 무이자 특혜를 누린 사건—옮긴이)이 드러났지요. 그에 따라 선거운동은 인신공격적인 것이 되었습니다. 해가 갈수록 선거운동이 더욱더 추해졌어요. 내가 정치를 시작했을 때 멘토들은 제발 상대 후보의 이름을 언급하지 말라고 조언했는데 지금 정치인들은 상대가 얼마나 스컹크처럼 밉살스러운지 모두에게 말하기 시작했지요. (중략) 내 선거운동은 우리 집 주방에 모인 사람들이 이끌어갔습니다. 지금은 볼티모어나 로스앤젤레스에서 온 전문가를 고용합니다. 그들은 선거구에 거주할 필요도 없으며 자신이 파괴한 것의 잔해에 신경 쓰지도 않지요. 1994년 공화당이 하원을 장악했을 때 그들은 다수당이 어떻게 해야 하는지 알지 못했고 민주당은 소수당으로 행동하는 법을 몰랐습니다. 내가 하원에 있을 때 공화당 의원들은 '자기 자리'를 알았습니다. 우리는 다수당이었던 적이 없었고 앞으로도 없을 것 같았기 때문에 열심히 일하고 타협하려고 애쓰는 수밖에 도리가 없었습니다. 그리고 어떤 거래가 우리가 원하던 것의 반을 얻는 것인지 3분의 1을 얻는 것인지 판단하고 타협해야 했지요.

프렌젤은 유권자들의 태도도 도움이 되었다고 덧붙였다. "내 선거구의 유권자들은 관대했습니다. 일관성도 있었고요. 모든 일이 변덕스럽지 않았어요." 그의 지역구에서는 대부분의 가정이 맞벌이였고 상당히 잘 살아가고 있었다고 그는 덧붙였다. "그들은 교외로 옮겨 와 아이들을 괜찮은 학교에 보내고 자기들이 왜 그곳에 왔는지 알고서 계속 머무르기를 바랐습니다. 그들은 당당하고 용감하고 진정성 있는 의원을 원했고 내가 그들에게 관심을 기울이기를 바랐지요. 좌파와 우파 중 광적인 소수 과격파를 빼고는 사람들이 나를 정말로 압박한다고 느낀 적은 한 번도 없었습니다. 내가 그들에게 관심을 기울이면 사람들은 내가 공화당 소속인지 민주당 소속인지 크게 신경 쓰지 않았습니다."

실제로 골수 진보인 어머니는 언제나 프렌젤을 찍었다. 프렌젤은 재선을 위해 달릴 때는 고속도로의 큰 광고판을 사고는 했는데 거기에 '프렌젤을 의회로'라고만 썼지 공화당 소속이라는 건 표시하지 않았다고 말했다.

은퇴 후 프렌젤이 민주당 대통령 빌 클린턴의 특별 자문으로 일하면서 북미자유무역협정NAFTA 의회 비준을 도운 것도 놀라운 일이 아니다.

내가 자랄 때(1964~1976년) 미네소타 상원 의원을 지낸 월터 먼데일은 반대편에서 비슷한 이야기를 들려주었다.

나는 아이오와 주와의 경계에 있는 작은 소도시에서 자랐습니다. 아버지는 교회의 목사였습니다. 우리는 5년마다 이사를 했지요. 어머니는 음악가였는데 대부분의 젊은이들한테 피아노를 가르쳤고 엘모어에서는 합창단을 운영했어요. 우리 가족과 부모님은 늘 우리가 공동체에 참여해 무언가를 하길 기대했지요.

아버지는 옛 노동자농민당 사람이었습니다. 휴버트의 아버지는 거물 사회운동가였고 그의 어머니 역시 그랬어요. 돈 프레이저네 집도 마찬가지였지요. 우리는 고립주의적인 주였던 미네소타(그리고 한때 '반유대주의 수도'로 불렸던 미니애폴리스)에서 그 모든 것을 바꿔놓았습니다. 정치 문화를 바꾼 것이지요.

먼데일은 주 정치의 측면을 이야기하며 이렇게 덧붙였다.

그때는 낙관적인 시대였습니다. 우리 모두 인생에서 무언가를 이룰 수 있다고 생각했습니다. 교육이 그 길로 이끌어주었으며 모두에게 교육받을 기회가 있었지요. 제대군인원호법은 대학이나 그 이상의 교육과 전문적인 훈련의 기회를 주었습니다. 주 전역에서 사람들은 전문가가 되었습니다. 소득과 기회는 평등했지요. 우리가 살아가는 동안 모든 일이 점점 더 나아졌고, 모든 일이 제대로 돌아가는 걸 볼 수 있었습니다. 사람들은 갈수록 성공했고 경제도 갈수록 좋아졌지요. 교육을 받을 수 있는 사람들은 그것을 보고 느낄 수 있었습니다. 그리고 미네소타에는 초당적 협력의 전통이 있습니다. 이곳에는 진보적인 공화당 정치인들이 있지요. 우리는 어느 당이 미네소타 대학교에 가장 큰 도움을 주느냐를 놓고 싸우곤 했고, 그 싸움에서 (공화당 지도자인) 안 칼슨과 공화당원들은 결코 양보하려 하지 않았습니다. 물론 대학은 좋아했으며 경쟁을 부추겼지요. 마구잡이로 나무를 베어버리거나 불을 지르는 식의 정치는 없었어요. 누군가 그런 정치를 하며 등장하면 사람들이 즉시 거부할 겁니다.

제2차 세계대전이 끝난 다음부터 1970년대 중반까지 이어진 황금기에 관해 이야기하면서 먼데일은 이렇게 결론지었다.

우리는 계속해서 일이 더 잘될 것으로 기대했습니다. (중략) 제대군인원호법 시대에 태어난 아이들은 스스로 새로운 삶을 만들어갔고, 많은 이가 날개를 활짝 펴고 워싱턴으로 가면서 미네소타의 전통도 함께 지니고 갔지요. (중략) 나는 여러 주에서 핵심적인 문제인 인종 간 갈등이 미네소타에서는 그리 심하지 않았다고 생각합니다. 오리건과 워싱턴 주도 우리와 같았습니다. 그 덕분에 우리는 시민권 문제에 대해 일찍이 매우 진보적인 태도를 가질 수 있었습니다. 다른 지역 사람들은 우리 주가 백인 일색이었기 때문에 휴버트는 자신이 무슨 주장을 하고 있는지 진정으로 알지 못했다고 비판하고는 했지요.

그러나 미네소타는 백인 일색이 아니었다고 먼데일이 덧붙였다.

우리는 언제나 지역사회가 제대로 돌아가게 하고, 최저임금을 올리며, 유아교육에 투자하기 위해 노력해왔습니다. 전국적으로 우리는 그런 계기를 되찾아야 합니다. (중략) 지금의 무기력한 정치가 그 모든 것을 바꿔놓았다는 걸 생각하면 우울합니다. 오늘날에는 공동체로 모이는 대신 구분 짓기로 사람들이 갈라지고 있습니다. (중략) 가슴 아픈 일이지요. 요즘 선거운동에 거액의 돈이 뿌려지는 걸 보고 있는데 그 돈이 어디에서 온 건지는 아무도 모릅니다. 연방 대법원은 시민연합 판결(2010년 연방 대법원은 시민연합이 제기한 소송에서 기업과 노동조합을 비롯한 모든 단체가 선거 활동과 자금 제공에 제약을 받아서는 안 된다고 판결했다—옮긴이)이 이 나라 국민의 삶에 어떤 영향을 미쳤는지 알기나 할까요? 돈은 조금 필요하기는 했지만 중요한 건 아니었습니다. 지금은 돈이 전부가 됐지요.

이러한 정치인들의 보호 아래 정치적으로 성년이 된다는 것은 참으로 고마운 일이다. 그 경험은 내 친구인 마이클 샌델을 비롯한 많은 이의 정치적 사고에 영향을 미쳤다. 샌델은 이제 하버드 대학교에서 한 학기 강의에 수강생이 1,000명씩 몰리는 저명한 정치철학자다. 『민주주의의 불만Democracy's Discontent』『정치와 도덕을 말하다Public Philosophy』『정의란 무엇인가Justice: What's the Right Thing to Do?』『돈으로 살 수 없는 것들What Money Can't Buy』을 비롯한 그의 책 제목들은 이 시대 민주주의와 공동체, 그리고 시민적 미덕의 운명에 대한 지속적인 염려를 나타내는 것이다.

나는 미네소타에서의 경험이 그의 저술과 강의에 반영된 시민의식을 형성하는 데 어떤 영향을 미쳤는지 돌이켜봐달라고 부탁했다. 그는 이렇게 설명했다.

그 당시에는 거의 알아채지 못했더라도 우리가 미네소타에서 자라며 갖게 된 시민적 이상주의는 시민이 된다는 것의 의미에 대한 우리 견해에 영향을 미쳤지. 어린 소년들로서 알았던 미네소타는 노골적이고 강압적인 방식은 아니었지만 민주주의 의식을 배양해주는 곳이었네. 시민의식은 적절한 지원을 받는 지역 자치 기관들(탄탄한 공립학교, 공공 도서관, 공원, 여가 활동 시설)을 통해 전파됐지. 우리는 일상적인 생활 전반에서 시민 교육을 받아들였네. 미처 깨닫지 못하는 사이에 정치와 시민 활동이 세상을 더 나은 곳으로 만들어줄 수 있다는 신념을 받아들였어. (중략) 그러한 안정된 중산층의 공동체는 정치가 공공선을 위한 것이라는 믿음을 키워주었네. 미네소타의 민주당은 DFL(민주농민노동당)로 불렸지. 이 정당은 진보의 시대에 농민과 노동자들의 연대를 통해 농업개혁과 강한 노조, 사회보장, 그리고 철도와 공익사업의 공적 소유를 밀어붙이며 커왔네. 이 진보주의의 전통은 우리가 자랄 때에도 미네소타 정치에 스며들었지. 그러한 전통은 우리가 더 넓은 세계에 관심을 갖도록 고무했네. 이런 전통을 대표하는 인물들(휴버트 험프리, 오빌 프리먼Orville Freeman, 월터 먼데일)은 낙관주의와 이상주의로 가득 찬 대단한 정치인들이었어. 불행히도 오늘날 우리는 험프리가 베트남전쟁 기간 중 린던 존슨 행정부의 부통령으로서 기득권 정치인이 되었다고 생각하지. 하지만 그는 담대한 시민권 옹호자로서 정치 경력을 시작했네.

샌델은 이어서 이렇게 말했다. "우리가 아직 어릴 때 중서부 대중 정치의 전통은 전국 무대와 우리 지역의 정치에 흔적을 남겼네. 린던 존슨 대통령이 민권법에 서명할 때 우리는 열한 살이었고, 미네소타 상원 의원 유진 매카시가 베트남전쟁에 항의하며 뉴햄프셔 예비선거에서 존슨 대통령에게 도전했을 때는 열네 살이었지."

그는 우리가 받은 시민교육의 더 미묘한 원천을 지적했다. "우리가 어렸을 적 미네소타는 서로 다른 계층이 섞일 수 있는 일련의 공간과 경험을 풍부하게 제공했지. 적어도 교외 지역에서는 공립학교들이 강했네. 공원과 여가 시설이 많았고 다양한 사회적 배경을 가진 사람들이 이용할 수 있었지. 미네소타 주 축제는 온갖 분야의 사람들을 끌어들였어. 야구팬들이 미네소타 트윈스팀을 응원하러 모인 메트로폴리탄 경기장도 마찬가지였고."

샌델은 그 시절에는 야구 경기를 보러 가는 것이 '지금보다 더 민주적인 경험'이었다고 밝혔다.

물론 외야석의 싼 자리에 비하면 홈 베이스 뒤쪽 관람석은 언제나 더 비쌌지. 하지만 그 차이가 지금처럼 크지는 않았네. 외야석은 약 1달러였고 박스 자리는 3달러 50센트였어. 따라서 야구 경기를 보러 가는 건 여러 계층과 섞이는 경험을 하는 것이었네. 기업 경영자가 교사, 우체부와 나란히 앉았지. 다 같이 김빠진 맥주를 마셨고 눅눅한 핫도그를 먹었으며 화장실 앞에서 긴 줄을 서서 기다렸어. 물론 우리는 메트로폴리탄 경기장에 시민 활동을 경험하러 간 건 아니었네. 트윈스를 응원하고 하면 킬리브루가 홈런을 치는 걸 보러 갔지. 하지만 야구장에서 서로 다른 계층이 섞이는 상황은 민주주의 경험을 공유하는 데 기여했네. 또한 그러한 상황은 (완전하지는 않아도 대개의 경우에) 이웃 사이에서, 공립학교에서, 우리가 살고 있는 장소 대부분에서 이뤄졌네. 이는 자연스럽게 민주적 시민의식을 교육하는 데 도움이 되었지.

그는 이어서 지금 야구 경기장에 가는 건 그때와 다르다고 말했다. "대부분의 스포츠팀들과 같이 미네소타 트윈스도 이제 기업 이름을 딴 '타깃 필드'라는 야구장에서 경기를 하지. 그곳에는 스카이 박스석이 있어서 '미식가를 위한 식사와 바 서비스' 그리고 '고객별 전담자의 접객 서비스'를 제공하고, 아래쪽 스탠드의 일반 관중과 멀리 떨어져 있으며 에어컨이 돌아가는 자리에서 VIP들이 편안하게 경기를 볼 수 있지. 눅눅한 핫도그와 공유된 민주적 경험 이야기는 그쯤 해둬야겠네. 스카이 박스의 시대에는 비가 오면 다 같이 젖는 상황은 더 이상 없다네."

샌델은 우리 사회 곳곳에 비슷한 일이 벌어지고 있다고 본다. "오늘날 부유한 사람들과 가난한 사람들은 갈수록 떨어져 살아가고 있어. 서로 다른 곳에서 살고 일하고 쇼핑하며 놀고 있지. 아이들을 다른 학교에 보내고 있네. 나는 이를 두고 '미국인 삶의 스카이 박스화'라고 부른다네. 이는 우리의 젊은 시절 미네소타에서 이탈하고 있다는 표시일세. 이는 시민 정신과 민주주의적 평등이 부식되는 것이라네. 그 당시에는 이 민주적 시민사회의 지형을 거의 인지하지 못했지. 그것은 하루하루 살아가는 데 배경을 이루는 조건들이었네. 돌이켜볼 때 더 명백한 것이지만 이제 먼 기억이 되고 말았네."

샌델의 생각은 또 다른 세인트루이스파크 사람인 노먼 온스타인도 공감하는 것이다. 정치학자인 온스타인은 미국기업연구소American Enterprise Institute(워싱턴 D.C.의 싱크탱크)의 상주 학자이며 미국 정치와 의회에 관해 가장 자주 인용되는 분석가 중 한 사람이다. 그의 저서로는 『보이는 것보다 훨씬 더 나쁘다: 미국 헌법 체제는 새로운 극단주의 정치와 어떻게 충돌하나It's Even Worse Than It Looks: How the American Constitutional System Collided with the New Politics of Extremism』『영원한 캠페인과 그 미래The Permanent Campaign and Its Future』『집중 치료: 의회는 어떻게 의료 정책을 만들었나Intensive Care: How Congress Shapes Health Policy』가 있으며 이는 모두 토머스 E. 만Thomas E. Mann과 함께 쓴 것이다. 노먼은 나보다 다섯 살 위고, 사실 그의 아버지가 캐나다에서 이주해와 남성복 가게를 열었던 미네소타 주 그랜드래피즈에서 태어났다. 하지만 어머니가 미니애폴리스 북부 출신이며, 그의 가족은 노먼이 네 살 때 이 도시로 옮겨 와 그가 아홉 살이 돼서 세인트루이스파크 유대인 학교와 중학교에 다닐 때까지 살았다. 그 후 가족이 몇 년 동안 캐나다로 가서 살다 다시 세인트루이스파크로 돌아왔다. 열네 살 때 고등학교를 졸업하고 열다섯 살 때 미네소타 대학교 2학년으로 들어갔다.

세인트루이스파크에서 자란 것이 그에게 어떤 영향을 미쳤는지 물어보자 그는 대답하기 전에 먼저 지갑에서 표 한 장을 꺼냈다. 1965년 10월 14일, 그해 월드 시리즈 7차전 경기 입장권이었다. 메트로폴리탄 경기장에서 열린 그 시합에서 아메리칸 리그 챔피언인 미네소타 트윈스가 로스앤젤레스 다저스에 졌다. 그때 내 가슴은 무너졌다. 노먼도 마찬가지였다. 그러나 우리 가슴속에 오랫동안 남아 있는 건 그때의 상실감뿐만이 아니었다. 온스타인은, 그가 자라면서 본 것은 사회정의를 위한 열정과 공정하고 정중한 경쟁을 위한 열정으로 움직이는 정치였다고 말했다. 그것은 또한 '정치적 해법을 찾는 실용적인 태도'에 대한 대중의 기대와 '공적인 기관들에 대한 깊은 존경'으로 움직이는 정치였다. 그러므로 그는 정치학자로서 자신의 경력은 정부 기관을 보호하고 향상시키고 개선하기 위해 노력하면서 대중에게 그 과정에 참여하는 방법을 교육시키는 가운데 만들어진 것이라고 덧붙였다. 그는 어릴 적 미네소타에서 자랄 때 당시 정치가 그토록 많은 걸 심어주지 않았다면 그런 열정을 갖지 못했을 것이라고 말했다.

물속에 있었던 그것

나는 어린 시절이나 미네소타나 세인트루이스파크에 대해 순진한 생각만 갖고 있는 것은 아니다. 내가 자란 그때 그곳에서도 잘못된 것들이 많았다. 인종차별은 여전히 널리 퍼져 있었다. 성차별도 심했다. 만약 많은 선생님이 놀라운 재능을 가진 여성이었다면, 그건 한편으로 전반적인 직업 세계가 아직 여성들에게 완전히 열려 있지 않았기 때문이기도 했다. 동성애자의 권리는 사실상 누구도 공론화하지 않았다. 그래서 많은 사람이 골방 안으로 숨어야 했다. 안타깝게도 그 시대에는 그것이 온 나라의 지배적인 규범이었다. 이제 우리가 그걸 바꿔놓았으니 다행이다.

그러나 당신이 운 좋은 사람이어서 이러한 편견에 제약받지 않고 살아왔다면, 틀림없이 당시 미네소타와 세인트루이스파크에서 이뤄진 모든 올바른 것에서 영향을 받았을 것이다. 나는 그러한 영향을 받아 (사람들이 집단적으로 행동할 수 있고 그럴 준비가 되어 있다면) 인간의 힘으로 무엇이든 해결할 수 있다는 낙관적인 생각을 평생 동안 지니게 되었다. 그리고 건강한 공동체가 사람들에게 참으로 많은 안정감과 추진력을 갖게 해줄 수 있다는 믿음을 버리지 않고 평생 간직하게 되었다.

세인트루이스파크는 정치철학자 에드먼드 버크Edmund Burke가 1790년에 쓴 고전적인 책 『프랑스혁명에 관한 성찰Reflections on the Revolution in France』에서 묘사한 공동체와 정확히 맞아떨어진다. 책에서 버크는 그가 '작은 집단들little platoons'이라고 부른 공동체가 건강한 사회를 위해 신뢰를 만들어내는 핵심적인 구성 요소라며 반겼다.

버크는 이렇게 썼다. "작게 나뉜 집단에 애착을 갖고 우리가 속한 작은 집단을 사랑하는 것은 공적인 것에 대한 애정의 첫 번째 원리(말하자면 배아)다. 그것은 우리의 국가를, 그리고 인류를 사랑하는 길로 나아가기 위한 일련의 연결 고리 중 첫 번째 고리다. 사회제도 중 사회적 관계 맺기라는 이 고리의 흥미로운 점은 이것이 그 사회를 구성하는 모든 이의 손에 맡겨진 신탁이라는 점이다. 나쁜 사람들만이 그것을 남용하는 걸 합리화할 것이며, 배신자만이 개인적인 이득을 위해 그것을 팔아넘길 것이다."

세인트루이스파크와 미네소타는 최선의 상태로 작동하고 있을 때, 밀접하게 연결된 '작은 집단들'의 네트워크와 신뢰의 공동체들에 소속될 수 있는 기회를 많은 시민에게 제공했다. 이는 소속감과 시민적 이상주의, 그리고 자신과 다른 이들도 공동체에 소속될 수 있고 소속되어야 한다는 믿음의 토대를 이루었다. 오늘날의 세계는 우리에게 다른 이들과 연결을 끊고 숨어버릴 수 있도록 온갖 이유와 수단을 제공한다. 세인트루이스파크와 미네소타는 그와 반대되는 것들을 주었다. 우리가 서로 연결되고 협력할 수 있으며 그렇게 해야 한다고 믿을 만한 이유, 다원주의를 실현할 수 있으며 둘 더하기 둘은 다섯이 될 수 있다고 믿을 만한 근거를 마련해준 것이다.

그러나 돌이켜보면 그때는 우리 사이의 경제적·문화적 격차를 메울 다리를 놓기 위해 서로에게 다가가야 했던 거리가 비교적 짧았다는 걸 나는 깨닫는다. 오늘날에는 그렇지 않다. 지금처럼 글로벌 상호의존성이 갈수록 단단해지고 더욱 다양하고 낯선 사람 사이에 긴밀한 접촉이 이뤄지는 시대에 우리가 건설해야 할 이해의 다리는 더욱 길어졌고 메워야 할 골은 더욱 깊어졌다. 그에 따라 다양한 사람을 안정적으로 붙잡아줄 수 있는 건강한 공동체를 건설하는 일이 더욱 절실해졌다.

지금 그 다리를 놓아야 할 곳이 지나치게 많고 또 다리 길이는 지나치게 긴 것일까? 솔직히 그렇게 생각하지 않는다. 올바른 리더십만 있다면 그렇지 않다는 말이다. 그러나 내가 더욱 가팔라진 이 글로벌 도전 코스에 어떻게 오를지 생각이라도 해보려면 먼저 단기 재교육 과정을 밟아야 한다. 내 삶의 여정 가운데 정치가 제대로 작동하고, 진정한 공동체 정신이 살아 있으며, 공적인 기관들이 존경받고, 내 친구들이 트위터 '팔로워'들이나 페이스북 아이콘들이 아니라 정말로 내 친구들이고, 그리고 물론 무모한 운전자 때문에 거의 죽을 뻔해서 정말로 화가 난 사람들이 심지어 '경적까지 울릴 뻔했던' 바로 그때 그곳으로 돌아가 모든 것을 다시 연결해야 한다.

/ 13 /

사회적 혁신은 어떻게 가능한가

나는 주차장 관리원과 인연이 많은 것 같다.

2016년 초 미네소타에서 책을 쓰기 위한 자료 조사를 할 때였다. 나는 헤르츠에서 자동차를 빌렸고, 1월 9일 아침에 워싱턴 D.C.로 돌아가는 비행기를 타려고 공항에 가서 차를 반납했다. 날은 뼛속까지 시리도록 추웠고, 나는 두꺼운 솜털 파카를 입고 있었다. 헤르츠에 차를 반납할 때 그곳에는 근무자가 한 사람밖에 없었는데, 그는 나를 보자마자 미소를 지었다. 그는 마흔두 살의 카심 모하메드였는데 이전에도 날 도와준 적이 있었다. 그는 뉴스를 열심히 챙겨 보는 사람이었고 나를 정치 이야기에 끌어들인 적도 있었다. 그러나 나는 한동안 그를 보지 못했고 그가 아랍계인지 아프리카계인지 기억할 수 없었다. 그가 내 차 임대에 관한 서류 작업을 하는 동안 이야기를 조금 나눴는데 마지막에 그에게 이렇게 물었다. "어느 나라에서 왔다고 했죠?"

"소말리아요. 그러나 이제 여기가 고향처럼 편하게 느껴져요."

나는 그것이 얼마나 듣기 좋은 말인가 생각했다. 나는 그에게 미네소타에서 사는 것이 어떤지 물어보지 않았다. 그러나 그는 '고향처럼 편하게' 느낀다고 말했다. 그는 자신의 새로운 고향에 대해 내가 알아줬으면 하는 것이 하나 더 있었다. 그는 헤르츠 재킷에 달린 모자를 쓰고 있었고 우리는 이야기할 때 상대방의 입김을 볼 수 있었다. 그는 씩 웃으며 말했다. "날씨는 다르지만요."

그는 소말리아와 이곳 날씨가 다르다는 걸 느낀다고 했다. 하지만 이제 우리 둘 다 미네소타에 있다. 내가 떠난 지 40년이 지나서 돌아가도 여전히 편안함을 느낄 수 있고, 이곳에 온 지 10년이 지난 소말리아 난민도 편안함을 느낄 수 있는 곳이 바로 미네소타라는 생각이 들었다.

그와 잠깐 말을 주고받으면서 지난해 8월에 월터 먼데일 전 부통령과 나눴던 대화가 생각났다. 미니애폴리스 중심가에 있는 그의 법률 회사 내 생선 전문 식당에서 그와 점심을 함께했다. 대단히 품위 있고 정직한 먼데일은 내가 가장 좋아하는 이들 중 한 사람이다. 우리는 미네소타와 세인트루이스파크의 이러한 가치들 가운데 일부가 얼마나 지속성을 갖게 되었는지에 관해 많은 이야기를 나누었다. 일어나서 떠나려고 할 때 당시 여든일곱 살이라는 나이 때문에 걸음걸이는 느려졌지만 정신은 여느 때 못지않게 날카로웠던 먼데일이 이렇게 말했다. "그러니까, 그것은 스스로 지속됩니다. 연속성이 있지요. 험프리는 떠났지만 그가 뿌려놓은 요소들은 두 세대가 지난 지금도 살아 있습니다."

내가 대학에 가고 경력을 쌓으려고 미네소타와 세인트루이스파크를 떠난 지 거의 40년이 지난 후에 돌아와 보니 먼데일이 옳았다는 것이 명백했다. 어쩌면 그 이상이었다. 「포천」 500대 기업들 중 이곳에 본사를 둔 회사가 17개사이다. 패치 오브 어스 Patch of Earth 웹사이트는 가족과 함께 살며 아이들을 기르기에 좋은 '최고의 도시'를 선정할 때 일곱 가지 항목을 종합한 전국 도시 순위에서 트윈시티가 으뜸을 차지했다고 밝혔다. 이런 것들을 보면 이곳에서 여전히 뭔가 작동하는 것이 틀림없다. 특히 이곳이 한 해에 다섯 달 동안 얼어붙는 동토 지대가 된다는 것을 생각하면 그렇다.

이곳에서 지속되는 '그것'은 도대체 무엇일까? 나는 '그것'을 잘 간직하고 공유하고 싶었기 때문에 '그것'이 무엇인지 알아야 했다. 이 가속의 시대에 그보다 더 유용한 건 없을 것 같았다. 지난날 무엇이 이곳을 많은 시민이 안정감과 추진력을 가질 수 있게 해주는 포용적인 공동체로 이끌어줬는지 재구성해보기 위해 오늘날 무엇이 여전히 작동하고 있는지 이해하고 싶었다. 이 장은 그에 관한 이야기다.

나는 '그것'은 바로 미네소타에서, 그리고 세인트루이스파크라는 소도시에서 한 해가 가고 또 한 해가 올 때마다 적지 않은 지도자들이 정치계에 들어와 정부를 이끌어갈 영향력을 발휘했고 또 지금도 발휘하고 있다는 사실에서 시작된다고 결론지었다. 그들은 이 나라의 다른 정치인들 못지않게 논쟁을 벌이고 교착상태에 빠지지만 (그리고 때때로 이 지역을 혼란에 빠트리는 것을 막기 위해 제시 벤투라Jesse Ventura 지사 같은 이상한 싸움꾼을 내동댕이치기도 하지만) 결국에는 공동체의 더 큰 이익을 위해 타협에 이르는 경우가 많다. 물론 이는 의회의 지도자들이 마땅히 해야 할 일이지만 지난 20년 동안 미국 정계를 휩쓴 악의에 찬 대립의 문화에서 더 이상 일반적인 행동은 아니다. 워싱턴 D.C.에서는 더는 기대조차 하기 어려운 행동이다.

반면에 미네소타와 세인트루이스파크에서는 공공 부문과 민간 부문 간 이례적으로 높은 수준의 협력이 이뤄졌고 지금도 이뤄지고 있다. 적지 않은 기업인들이 스스로 단순한 고용주가 아니라 시민으로서 이 지역의 사회경제적 문제들을 해결해야 할 의무가 있다고 생각한다. 실제로 경영자들은 지역사회에서 그런 일을 자발적으로 할 것이라 기대되고 있다. 이 점에서도 2008년 이후 국가적인 문제에 대한 토론장에서 대기업들이 사라져버린 워싱턴 D.C.와 뚜렷한 대조를 이룬다. 이는 월가의 은행가들이 스스로에게 도덕적인 상처를 입혔기 때문이기도 하고, 다른 한편으로는 2008년 이후 대기업들이 부당하게 악마 같은 존재로 인식되었기 때문이기도 하며, 또 한편으로는 미국의 거대한 다국적기업들이 너무나 많은 고객과 종업원을 해외에 두고 있어서 '미국 시민'이라는 의식이 희미해졌기 때문이기도 하다. 그 결과 한때 교육과 무역, 그리고 이민과 같은 중요한 문제들에 대한 국가적 의제를 설정하려는 노력을 기울였던 대기업들은 이제 대개 그런 노력을 포기하기에 이르렀다.

그러나 미네소타와 세인트루이스파크에서는 일반 시민들이 정계와 기업계 지도자들 모두 이러한 모범적인 관행을 실천할 것으로 기대하고 있다. 정치인들이 마지막에 타협하리라고, 그리고 기업들이 지역사회에 기여하리라고 기대하는 것이다.

험프리 공공정책대학의 로런스 제이컵스는 이렇게 말했다. "이곳의 최고경영자들은 두 정당이 방해만 하지 말고 뭔가 일이 되도록 해야 한다는 점을 분명히 하고 있습니다. 입법부 내에 모든 것을 받아들이는 문화가 있는 건 아니지만 이곳의 정치 문화는 단지 훼방꾼이 되거나 현실을 무시하는 건 받아들일 수 없다는 거죠."

시간이 지나면서 '그것'의 모든 긍정적인 측면들이 공공 부문과 민간 부문 간에, 그리고 각 부문 내에 많은 '사회적 자본', 즉 신뢰를 쌓았다. 또한 그 신뢰는 거꾸로 이러한 긍정적인 관행들이 더욱 강화되고 지속될 수 있도록 각 부문에 배어들었다. 그와 대조적으로 워싱턴 D.C.에서는 정당 간이나 정당과 민간 부문 간 신뢰가 전혀 없으며, 그래서 미국의 성장을 위한 강력한 엔진(연구개발과 기반 시설 구축, 이민, 교육을 촉진하는 공공과 민간 부문 간 협력 관계, 위험을 감수하는 투자에 유인을 제공하고 무분별한 투기를 방지하는 규칙들)이 거의 멈춰버렸다. 그렇다면 내가 미네소타와 워싱턴 D.C.의 차이를 언급할 필요조차 없지 않을까?

그러나 솔직히 말하자면 미네소타가 잘 돌아가도록 한 '그것'에는 그다지 아름답지 않은 다른 측면도 있다. '친절한 미네소타'의 밈$_{meme}$(유전자처럼 기억되고 복제되는 문화 요소—옮긴이)은 주거와 치안 분야의 체계적인 인종차별을 감추고 있었다. 특히 아프리카계 미국인들에 대해서는 차별이 더했다. 미네소타의 아프리카계 미국인 소수집단은 상대적으로 그 수가 적었지만 적어도 1960년대 초까지 거슬러 올라가는 행동주의의 역사를 가지고 있었다. 1967년에 미니애폴리스에서 인종 폭동이 일어났고, 이 지역의 여러 사회운동 가운데에는 흑인 민권운동도 있었다.

그럼에도 불구하고 주택과 고용 문제에 고집스럽게 남아 있는 사실상의 인종 분리는 지금까지 이어지고 있으며, 흑인(그리고 아메리카 원주민)들을 백인들에게는 보이지 않게 얼마나 효과적으로 떼어놓았던지 많은 백인이 '친절한 미네소타' 문화가 실제로 모두에게 적용된다고 생각하고 있을 정도다. 최근 무장하지 않은 흑인 2명(2015년 11월 미니애폴리스 북부에서 1명, 2016년 7월 세인트폴 교외에서 1명)이 백인 경찰에게 사살된 사건은 인종 문제의 내막을 들여다볼 수 있게 해준다. 2015년에 미국시민자유연합$_{American\ Civil\ Liberties\ Union}$이 내놓은 연구 결과도 마찬가지다. "미니애폴리스의 흑인들은 무단 침입, 풍기 문란 행위, 공공장소에서의 취식 같은 가벼운 법규 위반이나 불심검문으로 체포될 가능성이 백인들의 8.7배나 되는 것으로 나타났다. 아메리카 원주민들은 (중략) 가벼운 위반으로 체포될 확률이 백인들의 8.6배에 달했다." 실제로 「뉴욕타임스」는 세인트폴 근처에서 정차 명령을 받고 운전 면허증을 꺼내려다 백인 경찰에 사살된 서른두 살의 학교 구내식당 종업원 필랜도 캐스틸은 그 전에 트윈시티 지역에서 적어도 49차례나 경찰의 검문을 받았는데 이는 대략

석 달에 한 번꼴이며 대부분 가벼운 법규 위반에 따른 것이었다고 보도했다.

다행스러운 건 오늘날 미네소타 사람들이 '그것' 가운데 지금까지 제대로 작동해온 (보존해야 할) 측면들과 더불어 더 이상 무시할 수 없는 문제들에 대해서도 훨씬 더 깊이 이해하고 있다는 점이다. 아프리카계 미국인과 아메리카 원주민은 더 이상 분리되고 불평등한 학교나 경찰의 부당한 대우를 참으려고 하지 않으며, 주 정부가 잘한 덕분에 이제 많은 백인 또한 차별을 용인하려 하지 않는다. 그러나 이 모든 것을 종합해볼 때 오늘날 미네소타가 안고 있는 통합과 공동체 건설의 과제는 이제 더 어렵고 절실해졌다.

그 일은 대규모 집단인 아프리카계 미국인과 아메리카 원주민, 그리고 남미계 사람뿐만 아니라 혼란의 세계에서 미네소타로 피난 온 소말리아 사람이나 라오스 몽족처럼 정신적 충격이 큰 사람까지 통합해야 하기 때문에 더욱 어렵다. 이는 또한 시카고와 인디애나폴리스, 디트로이트의 위험하고 혼란스러운 지역에서 미네소타로 '이주해 온' 아프리카계 미국인을 통합하는 일도 포함한다.

이를 달리 표현할 수도 있겠다. 나는 1973년에 세계를 발견하기 위해 미네소타와 세인트루이스파크를 떠났지만, 40년이 지나 이곳으로 돌아와 세계가 미네소타와 세인트루이스파크로 왔음을 알게 됐다. 구체적으로 말하면 세인트루이스파크 고등학교는 이제 백인 58퍼센트, 흑인 27퍼센트, 히스패닉 9퍼센트, 아시아인 5퍼센트, 아메리카 원주민 1퍼센트로 채워져 있다. 흑인 학생들은 아프리카계 미국인과 아프리카인이 같은 비율로 나뉘며, 아프리카인은 대부분 지난 20년 새 미네소타로 이민을 와서 1950년대에 우리 부모님이 그랬던 것처럼 이 세인트루이스파크가 가장 환대받으며 정착할 수 있는 공동체 중 하나라는 사실을 발견했다. 백인 학생들은 대다수가 개신교와 가톨릭 신자이고 이제 약 10퍼센트가 유대인이다. 내가 고등학교를 다닐 때에는 이슬람교도 학생이 한 명도 없었는데 이제 유대인보다 이슬람교도가 더 많다. 구내식당에서는 할랄 음식을 제공하며, 복도마다 머리를 감싼 젊은 여성들을 볼 수 있다.

트윈시티에서도 인구 구성의 변화가 일어났다. 오늘날 미니애폴리스 공립학교 학생들 중 67퍼센트가 히스패닉과 아메리카 원주민을 포함한 유색인종이다. 세인트폴에서는 그 숫자가 78퍼센트로 올라가며 단일 인종으로 가장 큰 집단은 몽족이다. 트윈시티 전체를 보면 학년이 낮아질수록 유색인이 많아지며, 이 추세대로라면 인구 구성은 더욱 다양해질 것이다. 이제 미니애폴리스 학교 전체에서 대략 100가지의 서로 다른 언어가 쓰이고 있다. 트윈시티 자치단체는 2040년이 되면 트윈시티 지역의 성인 5명 중 2명이 유색인종일 것이라고 전망했다. 다시 말해, 이 다채로운 인구가 미네소타의 「포천」 500대 기업들과 스타트업들, 소기업들에 갈수록 더 많은 노동자를 공급할 인재의 저수지가 될 것이다.

한편 소말리아인 모두가 헤르츠에서 일하는 내 친구 카심처럼 미네소타를 '고향처럼 편한' 곳으로 여길 수 있게 된 건 아니다. 2015년 11월 19일 CBS 뉴스는 의회 조사 결과 250명이 넘는 미국인들이 ISIS에 가입하려고 시도했던 것으로 드러났다고 보도했다. "미니애폴리스의 시더 리버사이드 지역은 (중략) 미국에서 소말리아 인구가 가장 많은 곳이다. 대부분 1990년대에 난민으로 이곳에 왔다." 시더 리버사이드 지역의 실업률은 주 평균의 세 배인 21퍼센트에 이른다. "놀랄 만큼 많은 젊은 소말리아 남자가 극단주의 집단에 들어가기 위해 이곳을 떠났다. 2007년 이후 20여 명이 소말리아의 테러 집단 알샤바브Al-Shabab에 들어갔다."

통합의 문제에 대처하는 것이 과거에 비해 더 어려워졌을 뿐만 아니라 앞서 말한 것처럼 그 어느 때보다 중요해졌다. 왜냐하면 이 문제는 지금 미국 (그리고 이 문제에 관한 한 유럽) 전역의 공동체들이 똑같이 직면한 도전이기 때문이다. 미국은 다수 인종이 소수가 되는 나라로 바뀌고 있으며, 혼란의 세계가 확장될수록 그러한 추세는 더욱 뚜렷해질 것이다. 그리고 이 모든 일이 중산층 일자리에 필요한 기술들이 늘어나고 그 일자리를 지키기 위한 평생학습이 요구되는 시기에 벌어지고 있다. 다시 말해 미네소타와 세인트루이스파크는 더 이상 이례적인 곳이 아니다. 이 도시들은 오늘날 미국이 직면한 핵심적인 문제들을 그대로 안고 있는 축소판이다. 그렇다면 우리는 과연 가속의 시대에서도 계속해서 '다수에서 하나를e pluribus unum' 만들 수 있을까?

나는 바로 그것을 알아보려고 고향으로 돌아왔다. 그리고 지금 당장은 아직 그 문제에 대한 배심원들이 평결을 내리러 자리로 들어오지 않았다고 해야겠다. 나는 어떤 예측도 하지 않을 것이다. 다수를 하나로 통합하는 건 어려운 일이며, 1960년대에 스칸디나비아 사람들과 유대인들을 통합하는 것보다 훨씬 더 어려운 일이다. 그러나 고향으로 돌아와서 알아낸 좋은 소식이 하나 있다. 이곳에서는 피부색과 신앙이 다른 많은 사람이 확실히 다음 세대에서도 통합의 체제가 제대로 작동하도록 노력하고 싶어 하며, 미네소타가 내가 자라던 때보다 훨씬 더 광범위한 집단들에 진정으로 '친절해지도록' 노력하고 싶어 한다는 사실이다.

에이머리 러빈스는 사람들이 그가 낙관론자인지 비관론자인지 물어볼 때마다 흔히 이렇게 대답한다. "나는 낙관론자도 비관론자도 아닙니다. 낙관론이든, 비관론이든 서로 다른 형태의 운명론일 뿐이며 미래를 선택이 아니라 운명으로 여기기 때문이지요. 그리고 그런 운명론은 우리가 원하는 미래를 창조할 책임에서 벗어나게 해주기 때문이지요. 나는 노력해서 찾아낸 희망의 가치를 믿습니다."

나는 미니애폴리스와 세인트루이스파크에서 다양한 배경을 가진 수

많은 사람이 여전히 최종적인 결과가 어떻게 될지 알지 못하면서도 간절히 희망을 '찾아내고' 싶어 한다는 걸(가속의 시대에 더 밝은 눈을 갖기 위해 지역사회 차원에서 혁신을 이루고 싶어 한다는 걸) 발견했다.

그러한 모습들을 간단히 둘러보자. 그러자면 세인트루이스파크 시청에서부터 시작하는 것이 좋겠다.

신뢰를 구축하는 일

2015년 8월, 나는 당시 세인트루이스파크 시장이던 제프 제이컵스, 시 행정 책임자인 톰 하머닝, 시청의 최고 정보 책임자인 클린트 파레스와 회의실에 앉아 있었다. 제이컵스는 1999년부터 시장으로 일했고 1991년부터 시의회에서 활동해왔다. 그는 앤디 그리피스(1960년대 시트콤 〈앤디 그리피스 쇼〉의 주인공—옮긴이)와 마키아벨리, 그리고 요기 베라(숱한 명언을 남긴 전설적인 야구 선수—옮긴이)를 합쳐놓은 것 같은 이례적인 인물이다. 다시 말해 소도시 의회의 창을 통해 정치와 인간의 행태에 관해서 엄청나게 많은 것을 배웠으며, 그의 지혜를 기억할 만한 한 줄로 압축하는 칭찬할 만한 능력을 갖고 있었다.

지역신문인 「선 세일러」는 2015년 12월 9일 제이컵스의 은퇴를 기념하기 위해 그가 남긴 어록 중 몇 가지를 모아서 실었는데 그중에는 이런 것도 있다. 그는 시의회에 관해서 이렇게 말했다. "우리가 하는 일은 7명을 불러 모아서 싸우게 하고 그다음 주에 또다시 그 일을 하는 것이다." 미네소타의 사나운 폭풍우로 전기가 나갔을 때는 이렇게 말했다. "우리 아이들에게 촛불을 켜고서 텔레비전을 봐야 한다고 말했다." 내가 가장 좋아하는 말은 이것이다. "나는 늘 소방서에 걸어 들어가 '영화야' 하고 외치고 싶었다(영화관에서 '불이야' 하고 외치는 것에 대비한 유머—옮긴이)." 이런 말도 했다. "쓰레기는 양 부모가 낳은 것이다. 둘 중 한쪽은 그걸 버렸고 다른 한쪽은 그걸 지나쳤다. 이곳 사람들은 마운틴듀 깡통 하나도 주을 것이다." 마지막으로 이런 말도 있다. "나는 공화당 가정에서 태어나 민주당을 선택했다. 그런데 지금은 어느 쪽에도 갈 시간이 없다."

우리는 세인트루이스파크를 올바르게 이끌어간 것들에 관해 이미 많은 이야기를 나누었으므로 나는 그들이 가장 잘못한 일이 무엇인지부터 물었다. 그들 세 사람은 다 알고 있다는 듯한 미소를 지으며 이야기를 풀어놓았다. 2006년에 시의회는 수십 차례의 공청회와 끝없는 연구·토론을 거쳐 미네소타 주의 도시로는 처음으로 세인트루이스파크에서 무료 공공 와이파이 서비스를 제공하기로 의결했다. 이는 세인트루이스파크가 할 만한 바로 그런 일이었다. 근소한 차이로 그 안이 통과되자 시의회는 메릴랜드의 에이링크$_{\text{Arinc Inc.}}$ 사를 선정해 미국에서 처음으로 시 전역에 태양광 패널을 이용한 무선 인터넷 서비스 설비를 구축해달라고 의뢰했다. 그러자 곧 독특하게 태양광 패널을 꼭대기에 설치한 무선통신 탑이 세인트루이스파크 곳곳에 들어섰다.

그리고 첫 번째 겨울이 왔다. 그러자 눈과 얼음이 태양광 패널 위에 쌓였고 당초 생각했던 것처럼 녹아 없어지지 않았다. 그래서 시스템 전체가 멈춰버렸다. 세운 지 여덟 달이 지난 그것들은 하루아침에 폐기해야 할 거대한 흰 코끼리(애물단지의 비유적 표현—옮긴이)로 바뀌었다. 시는 결국 에이링크 사를 상대로 소송을 걸어 그 프로젝트의 비용 약 170만 달러를 배상하라고 요구했다. 그 비용은 작은 도시에게는 결코 푼돈이 아니었다.

그들이 모든 태양광 패널과 전주를 철거한 다음 날을 제이컵스는 이렇게 회상했다. "그때까지도 전주 하나가 우리 뒷마당에 있었지요. 상공회의소 회의장에 참석한 나는 자리에서 일어나 말했습니다. '신사 숙녀 여러분, 그 시스템 설치는 찬성 네 표, 반대 두 표, 기권 한 표로 결정됐습니다. 이 안을 찬성하는 결정적인 한 표를 던진 바보가 누군지 알고 싶습니까? 바로 나입니다.' 표결 당시에 우리 의회에는 로런 패프로키라는 엔지니어가 있었는데 시스템 설치를 결정하는 회의 도중에 그는 이렇게 말했습니다. '나는 정말 동의할 수 없습니다. 제대로 작동할 것 같지 않습니다.' 그리고 그는 내가 살아 있는 한 결코 잊어버리지 못할 말을 했습니다. 그는 이렇게 말했어요. '우리는 치열하게 토론했습니다. 나는 이 안을 지지하지 않는다는 걸 여러분이 알아주기를 바랍니다. 이 안이 통과될 때까지는 반대할 것이라는 걸 여러분 모두가 알아주기를 바랍니다. 하지만 일단 통과되고 나면 나도 110퍼센트 지지할 것입니다. 왜냐하면 그것이 실패하기를 바라지 않으니까요.' 그 후에 그는 결코 '그것 봐, 내가 뭐랬어'라고 말하지 않았지요."

제이컵스는 의회가 하는 일은 함께 모여서 토론하고 논쟁하는 것이지만 그 일을 서로의 관계를 유지하는 방식으로 함으로써 다음 주에 다시 모여 또 그 일을 할 수 있게 하는 것이라고 덧붙였다. 이어 그런 일을 하자면 '태양광 와이파이가 제대로 돌아가지 않고 있다는 것이 명백해질 때 그 사실을 바로 지역사회에 알렸듯이' 늘 진실을 밝혀서 공동체의 신뢰를 얻는 일이 반드시 필요하다고 말했다.

그러나 이 사례에서 가장 흥미로운 대목은 모든 기술적 문제를 감독했고 시스템이 실패한 직후 실제로 심장마비를 일으켰던 파레스와 관련된 것이다. 파레스는 그 시스템이 해체될 거라고 발표하던 날(심장마비가 일어나기 전)의 경험을 내게 들려주었다. "그 발표를 한 후 나는 시청 옆에 있는 커피숍에 점심을 먹으러 갔습니다. 하비스트 문이라는 곳이었지요. 계산대에 있던 한 남자가 나를 알아봤습니다. 그는 '당신이 와이파이 담당자입니까?' 라고 묻더군요."

그러고 나서 그 남자는 파레스에게 참으로 인상 깊은 말을 했다. "그 회사가 시스템을 제대로 작동시키지 못한 건 정말 안됐네요. 그럼 시는 다음에 뭘 해볼 건가요?"

일이 잘 풀리지 않은 건 정말 안타깝다. 그럼 시는 다음에 무엇을 시도할 건가? 그는 그렇게 물었던 것이다.

"나는 결코 그 말을 잊을 수 없습니다. 지역사회는 우리가 그들을 위해 노력하고 그들에게 귀 기울인다는 걸 알고 있지요."

그것이 바로 신뢰가 작용하고 있다는 증거다. 이를 오늘날 워싱턴에서 벌어지는 일과 비교해보자. 오늘날 상원이나 하원의 어떤 의원이든 간에 특정 현안에 관해 다른 정당 출신의 대통령에게 이렇게 말하는 모습을 상상할 수 있겠는가? "당신의 구상이 제대로 작동하지 않아서 안타깝습니다. 당신이 국가를 위해 그 일을 한 걸 알고 있습니다. 그럼 이제 우리는 뭘 시도해봐야 합니까?"

2011년 미국의 납세자들은 한 스타트업 기업의 도산으로 큰 손실을 떠안았다. 오바마 행정부가 연방 정부 차원에서 태양광 패널을 만드는 벤처기업인 솔린드라에 5억 3,500만 달러의 지급보증을 해줬지만 그 회사의 기술이 실패로 끝나는 바람에 손실을 보았던 것이다. 그 후 공화당의 비난과 조사, 의혹 제기가 몇 년 동안 이어졌다.

5억 3,500만 달러의 손실을 대수롭지 않게 여길 수는 없지만, 벤처투자를 괜히 '벤처'라고 하는 게 아니다. 사업은 얼마든지 실패할 수 있다. 오늘날 워싱턴 D.C.에서는 (어떤 현안 어떤 정당이든 간에) 결백을 증명하지 못하면 유죄다. 건강한 공동체에서는 유죄가 입증될 때까지 무죄이며, 심지어 사람들은 당신이 선의로 노력했다고 생각하면 그다지 몰아붙이지도 않을 것이다.

제이컵스 시장의 말을 들어보자. "가끔은 비행기에서 날개가 떨어져 나가기도 하지요. 하지만 사람들은 받아들일 겁니다. 우리가 우주로 날아가려 한다고 생각한다면 말이지요. 우리는 올바른 일을 하려고 노력했습니다. 이를 지역사회는 이례적으로 흔쾌히 받아들여주었지요. 작은 실수에 대해 언론이 맹비난을 퍼부을 때마다 잔뜩 겁을 먹는다면, 글쎄요, 한 가지 알려드리자면 모든 진보는 가다 서다 하게 될 겁니다. (중략) 만약 처음으로 쏘아 올린 로켓이 폭발한 후 사람들이 이를 받아들여주지 않았다면 우주 프로젝트는 결코 실현되지 않았을 겁니다." 그는 또 이렇게 말했다. "사람들이 정부를 바라보는 관점을 바꾸길 바란다면 먼저 정부가 사람들을 보는 시각을 바꿔야 합니다. 당신이 그들을 필요악으로 본다면 그들은 당신을 신뢰하지 않을 겁니다. 그들도 당신을 그렇게 볼 것입니다."

그러나 정부는 그 작은 일들까지도 잘해야 한다고 제이컵스는 덧붙였다. "왜냐하면 그것들은 작은 일이 아니기 때문이지요. 정지신호, 굽은 길, 갓길 표시나 공원 잔디 깎기 같은 일은 사람들이 공동체 안에 살고 있다고 느끼게 해줍니다. (중략) 우리는 팔 수 있는 물건이 한 가지밖에 없습니다. 그것은 인도를 만드는 일도 도로 위에 눈을 치우는 일도 아닙니다. 신뢰를 구축하는 것이지요. 신뢰를 잃으면 아무것도 남지 않습니다."

세인트루이스파크가 그토록 높은 수준의 신뢰를 창출한 이유는 마이클 샌델이 극히 진지하게 이야기했던 형태의 시민적 참여를 이끌어낼 수 있었기 때문이다. 이 도시는 작은 지역에 수많은 민주주의 요소를 채워 넣었다. 인구가 4만 7,000명밖에 안 되지만 시의회가 있는 건 물론이고 35곳으로 나누어진 근린 구역을 두고 있으며, 그중 30곳에서는 자체적인 모임이 있어서 시장과 행정 책임자가 큰 결정을 내릴 때마다 합의를 도출하고 신뢰를 구축하는 데 활용하고 있다.

세인트루이스파크의 시의회는 초당적이다. 물론 유권자들은 각 의원이 입후보했을 때 그들의 정치 성향을 안다. 제이컵스는 말했다. "당신이 공화당이나 민주당 후보로 나서면 자연스레 일련의 틀에 박힌 사고방식을 갖게 되지요. 그러나 우리가 내리는 결정에 영향을 받는 사람들에게는 우리가 무엇을 하느냐보다 우리가 어떻게 하느냐가 더 중요합니다. 사람들이 신뢰할 수 있는 절차를 거치는 것이 중요하다는 말이지요. (중략) 그 과정은 매우 투명합니다. 우리가 결정을 내리기 전에 일반 시민과 일일이 연락하지 않더라도 그에 관해 의견을 듣습니다. 30곳의 모임에서 의견을 물어본다는 건 우리가 세이트루이스파크 내에 30곳의 작은 의회를 두고 있는 것과 같지요."

시는 각 구역에 한 해 2,000~3,000달러를 지원해 시민자치위원회를 만들어서 이웃끼리 야유회를 가고 동네 정원이나 녹지 공간을 만들며 포용의 정신을 북돋울 수 있도록 한다. 그러나 회장과 회계 담당자가 있는 위원회를 조직하지 않으면 지원금을 받을 수 없다.

"그동안 다른 도시들이 찾아와서 우리 사례를 연구하고 그대로 따라 하려고 했지요." 2016년에 제이컵스에게서 시장직을 넘겨받은 제이크 스패노가 말했다. "중요한 건 이웃 사람들과 알고 지내며 이웃을 위한 일을 찾는 것이었지요. (중략) 나는 캔자스 주 로런스에서 자랐는데 그곳은 매우 진보적인 곳이었어요. 나는 내가 자란 곳을 빼고는 그곳의 다른 동네들을 전혀 알지 못합니다. 하지만 세인트루이스파크에서는 내가 사는 동네뿐만 아니라 다른 모든 동네를 알지요. (중략) 그 동네들을 알 뿐만 아니라 그 동네의 지도자들도 다 압니다."

시의회는 매년 한 차례씩 주민 포럼을 여는데, 여기에서는 각 구역의 지도자들이 다 함께 모여 모범적인 관행들에 대해 토론한다. 예를 들어

자기 동네에서는 어떻게 중고 시장이나 동네잔치를 성공적으로 열었는지, 혹은 어떻게 동네에 정원을 만들었는지 이야기하며 경험을 나누는 것이다. 파레스는 이런 일이 하루아침에 이루어진 것은 아니라고 설명했다. "이는 20년 넘게 진화된 것입니다. 맨 처음에는 동네 사람들이 함께 정원 만들 공간을 마련하려고 한 데서 시작되었지요. 정원을 조성할 터와 정원을 공동으로 관리하는 방법을 찾는 과정에서 시작된 겁니다." 그것이 씨앗이 되어 다른 형태의 협력 사례들이 나타나고, 그것들이 같은 동네 사람들 사이를 엮어주고, 동네들끼리 엮어주며, 동네와 시를 엮어주는 '신뢰의 태피스트리'가 된 것이라고 파레스는 말했다.

오늘날 세인트루이스파크 시 정부에서 가장 중요한 직책 중 하나는 각 동네를 모두 접촉하는 (상근 직원인) 주민자치위원회 조정관이다. 시의회에서 오래 일했고 1990년대에 행정 책임자였던 짐 브리마이어는 이렇게 말했다. "우리는 주민위원회의 가치를 대단히 높게 평가했기 때문에 2000년대 초에 주 정부가 지방정부에 주는 지원금을 깎았을 때 경찰과 소방관, 그리고 공무원을 줄이면서도 주민자치위원회 조정관은 없애지 않았습니다."

이런 위원회들은 시의 지배 구조 전반을 개선하는 데 필수적일 뿐만 아니라 세인트루이스파크가 주로 세속적인 기독교인과 유대인만 살던 곳에서 훨씬 더 국제화되고 유색인이 많은 지역으로 탈바꿈하는 데 더욱 중요한 역할을 한다. 행정 책임자인 톰 하머닝은 이렇게 말했다.

공동체 내에서 서로 달라 보이는 모든 사람이 한 테이블에 앉을 수 있게 하려면 세인트루이스파크는 아직도 갈 길이 멉니다. 이 건물과 우리 경찰서에서 일하는 사람들 중 95퍼센트가 백인입니다. 일할 때 우리는 백인 중산층의 관점에서 생각합니다. 우리가 대표하는 지역사회를 그대로 반영하는 건 아니지만 그 지역사회를 대변하려고 노력합니다. (중략) 자신은 3교대 근무를 하면서 집에 있는 열두 살 된 아이한테 여섯 살 된 동생을 돌보라고 시켜야 하는 사람의 처지가 어떤 건지 나는 잘 모릅니다. 우리는 좋은 뜻을 갖고 사람들을 대하지만 매우 서투르고, 자신이 무엇을 모르고 있는지 모릅니다. 질문을 하는 것이 불편하거나 어떻게 질문을 던져야 하는지 잘 모릅니다. (중략) 하지만 우리는 그들을 돕는 방법을 찾고 있습니다. 여름철이면 매주 하룻밤 소말리아 여성들이 레크리에이션 센터에 모여 남자들이 없는 풀에서 수영할 수 있도록 해줍니다. 정통파 유대교 여성들에게도 그들만의 방식으로 지역사회의 시설들을 즐길 수 있게 해주고 있지요.

사실 내가 시청을 떠나려고 일어서기 전에 하머닝은 내가 그의 이야기를 알아들었는지 확인하려고 했다. "세인트루이스파크는 단지 어느 곳에 딸린 교외가 아닙니다. 그 자체로 하나의 공동체이지요."

내가 이런 이야기들 가운데 몇 가지를 마이클 샌델에게 들려주었을 때 그는 알렉시 드 토크빌Alexis de Tocqueville이 1830년대에 구대륙에서 온 방문자로서 미국을 그토록 칭찬한 건 바로 그 때문이라고 말했다. "미국 민주주의에 대한 가장 날카로운 관찰자들 중 한 사람인 토크빌은 지방 정부의 운영에 참여하는 것이 민주적 시민에게 필요한 '마음의 습관'을 기를 수 있다는 데 주목했지. 토크빌은 뉴잉글랜드의 군구township가 '시민들이 자신의 활동 범위 안에 있는 조그만 영역에서 정부 운영의 기술을 실행해볼 수 있게 해주었다'라고 썼지. 그리고 그러한 영역이 확장되면서 그들의 활동 범위도 넓어졌네. 시민들은 지역의 협의회와 동네 자치위원회에서 익힌 시민적 습관과 기술 덕분에 주와 국가 차원에서 자치정부를 운영할 채비를 갖출 수 있었지. 토크빌이 세인트루이스파크까지 오지는 못했지만, 미네소타에서 자란 정치인들이 전국적인 무대에서 우뚝 설 수 있도록 한 시민적 미덕을 인식했을 것이네."

세인트소말리아파크

2015년 8월 우리가 시청에 둘러앉아 이런 이야기를 하고 있는 동안 세인트루이스파크 고등학교 학생자치위원회가 옆방에서 회의를 하고 있었다. 그래서 나는 학교들이 지금까지 높은 수준을 유지하고 있는지, 아직도 필요한 만큼 그리고 늘 해왔던 만큼 지역사회에서 기금을 마련하고 있는지 물어봤다.

"지난 25년 동안 공립학교들을 개선하려고 7~8회 재산세를 올렸는데 모두 70 대 30 정도로(찬성 70퍼센트와 반대 30퍼센트로) 통과됐습니다." 제이컵스가 말했다. "이 지역 전체 가구의 13퍼센트나 15퍼센트만 12학년제 공립학교에 아이들을 보내고 있는데도 그랬지요. 시와 학교들은 언제나 서로 연계되어 있습니다. 만일 학교가 좋은 상황이 아니라면 도로를 아무리 잘 만들어도 소용없지요. 만일 도로가 허물어지고 집들이 낡아빠지게 되면서 정부가 기능 장애를 일으키면 당신의 삶도 고통을 겪게 됩니다. 그러면 학교들도 그 뒤를 따르겠지요."

다음 날 나는 세인트루이스파크 고등학교로 가서 교육감인 롭 메츠를 만났다. 그는 세인트루이스파크에서 초등학교 교장, 고등학교 교장과 교육감으로 19년 동안 일했다. 나는 그에게 이 지역이 어떻게 지난 3세대에 걸쳐 스웨덴 사람과 유대인, 남미계, 아프리카계 미국인, 그리고 이제 소말리아인까지 받아들이며 그토록 진보적인 공동체로 남을 수 있었는지 물었다. 그는 세인트루이스파크가 1950년대와 1960년대에 갑자기 밀려온 유대인들의 이주 물결을 받아들이고 그들의 교육열을 흡수하는 법을 배웠을 때 이 도시는 영원히 바뀌었다고 했다. 그때 사람들의 마음에 새겨진 포용의 정신이 이제 소말리아와 에티오피아에서 온 아프리카인, 남미인 그리고 아프리카계 미국인의 새로운 이주 물결이 나타나자 그들에게 적용되고 있을 뿐이라는 이야기다.

메츠는 이렇게 말했다. "지금까지 개방과 수용의 물결은 인종과 종교라는 서로 다른 측면에서 나타났습니다. 그러나 새로운 물결이 밀려올 때마다 그것을 수용하려는 욕구가 사라진 적은 없습니다. 어떤 한 세대에서 그 물결은 종교에 관한 것이거나 인종에 관한 것, 혹은 성별과 관련된 것일 수 있지만 그중 어떤 물결이든 학교와 시는 이리 들어와서 공동체의 일부가 되라고 말했지요. '배제'라는 건 추호도 없었습니다. 주변 지역에는 그와 같은 환영의 분위기가 없었습니다. 이 지역을 묶어주는 건 개방의 가치였어요. (중략) 만일 당신이 장벽을 쌓고 사람들을 떼어놓는다면 나중에 당신을 두고두고 괴롭히는 일이 생길 겁니다."

메츠는 이러한 포용의 의지 덕분에 학생들의 구성이 완전히 달라졌는데도 이 지역의 교육 성과는 1960년대 수준에 가까워졌다고 덧붙였다. 실제로「워싱턴포스트」가 평가한 '2015년 미국에서 가장 도전적인 고등학교' 순위에서 세인트루이스파크는 미네소타 주 고등학교 중 6위에 올랐다.

시 행정 책임자를 지낸 브리마이어는 학생들의 다양성은 믿을 수 없을 만큼 높아졌지만 그 밑바탕의 교육열은 달라지지 않았다고 말했다. 이제 세인트루이스파크 학교에서는 40여 가지 언어가 쓰이고 있지만 그들은 여전히 평균 이상의 성적을 내고 있는데 이는 그토록 다양한 학생을 데리고 하기에는 쉽지 않은 일이라고 한다.

그러고 나서 그는 얼핏 작은 부분으로 보이지만 훨씬 더 큰 의미를 갖는 이야기를 했다. 어떻게 해서 1950년대에 그런 문화가 이곳에 정착되고 또한 한 지도자에서 다음 지도자로 이어져 내려왔는지 알 수 있었다. 브리마이어는 교육구의 경계와 시의 경계가 같았기 때문에 모든 일에 서로 협력했으며 학교와 시가 같은 해에 공채를 발행한 적은 한 번도 없었다고 설명했다.

"내가 행정 책임자 자리를 넘겨받았을 때 교육감이 전화로 이렇게 말했지요. '우리가 이곳에서 일하는 방식은 이렇습니다. 우리는 지역사회 교육의 모든 일에 협력합니다. 우리가 학교를 위한 공채를 발행한 해에는 시가 기반 시설 건설을 위한 공채를 발행하지 않습니다. 반대의 경우도 마찬가지고요.' 그래서 새로운 교육감이 오면 나는 그와 마주 앉아서 이야기하지요. '우리가 여기서 일하는 방식은 이렇습니다.' 그리고 내가 그 자리를 떠나자 그는 내 후임에게 전화를 걸어 말했습니다. '우리가 여기서 일하는 방식은 이렇습니다.'"

그는 시의회를 움직이는 사람들이 세금을 더 걷지 않으려고 학교 밴드나 미술 수업을 없애자는 제안을 하는 법은 없으며, 세인트루이스파크에서는 결코 그런 말을 들어볼 수 없다고 말했다. "우리는 다만 유권자들에게 그것이 우리의 브랜드이며, 그것도 성공하는 브랜드이므로 계속 그렇게 할 수 있도록 도와달라고 말합니다. 우리는 이런 문제에서 각자가 해야 할 몫을 알고 있지요." 미니애폴리스가 줄곧 경제를 탄탄하게 유지하면서 그를 위한 재정적 기초를 제공한 것도 도움이 되고 있다.

그러한 태도는 학교의 교육 책임자에게 많은 재량을 주는 정책으로 이어진다. "우리가 위험을 감수하고 혁신하는 것뿐만 아니라 만약 실패하면 다시 모여서 시도하는 것도 당연하게 받아들여질 것입니다. 누구를 손가락질하는 건 우리의 문화가 아니지요." 세인트루이스파크 고등학교 교감인 카리 슈위터링이 말했다. "지역사회는 우리 뒤를 밀어주고 있습니다. 우리는 미네소타 주에서 가장 먼저 스페인어 몰입 교육 프로그램을 도입한 곳 중 하나입니다. 지역사회는 우리가 다른 이들은 어떻게 하는지 보려고 기다릴 게 아니라 맨 처음으로 하길 기대합니다. 남들이 먼저 하기를 기다리는 건 세인트루이스파크답지 않지요. 우리 계산이 빗나갈지도 모르지만 공동체는 우리가 첫 번째가 되기를 기대합니다."

시와 마찬가지로 메츠와 고등학교 교장인 스콧 마이어스는 충분한 대표성의 가치를 믿는다. 고등학교에는 백인 학생이 압도적으로 많은 학생회가 있지만 그와 더불어 흑인 남학생 리더 그룹과 여학생 리더 그룹이 있고 라틴계 학생과 아프리카·중동 학생들의 그룹도 있다. 마이어스는 이들 그룹이 격주로 만나서 학교에 대한 자신들의 책임을 논의하고 있으며 각자 회장을 뽑고 만약 고충이 있으면 그를 찾아온다고 말했다. 미주리 주 퍼거슨의 경찰 총격 사건이 일어나자 학생들은 휴업을 하고 '인종차별에 반대하는 학생 조직SOAR, Students Organizing Against Racism'이라는 단체도 만들었다. 마이어스는 학생들이 교사의 조언을 받으며 목소리를 내면 큰 변화를 만들어낼 수 있다면서, 그들이 학교에 오면서 남의 학교를 방문하는 것처럼 느껴서는 안 된다고 말했다.

메츠는 그가 고등학교 교장이었을 때 이야기를 들려주었다. "졸업반 학생들이 학교를 떠날 때 많은 이야기를 나누었는데, 학생들 대부분이 더 많은 친구와 어울리지 못했던 게 가장 후회스럽다고 말했습니다. 그들은 참으로 다양한 인종과 종교 집단이 모여 있는 학교를 다녔지만 다시는 그런 경험을 하지 못할 것 같다고 생각하고 있었습니다. 학교를 떠날 때가 되어서야 그걸 느끼게 된 것이지요. 그래서 '좀 더 친구들을 폭넓게 사귀었으면 좋았을걸' 하고 말합니다." 해마다 파크 고등학교 졸업반 학생들은 신입생들에게 메시지를 하나씩 남긴다. 공통적인 메시지는 밖으로 나가서 동급생들과 이야기하라는 것이며 자기는 너무 오래 주저했다는 후회도 많다고 마이어스는 전했다.

어느 날 오후 메츠와 마이어스는 나와 대화를 나눌 수 있도록 세인트루이스파크 고등학교 학생 지도부를 불러 모았다. 1971년 졸업반에 아프리카계 미국인이 딱 한 명만 있던 시절에 이 학교를 다녔던 나와 같은 사람들에게는 무지개 빛깔과 같은 얼굴들과 머리에 맨 색색의 스카프는 눈이 부실 정도였다. 이 그룹에 비하면 베네통 광고는 아무것도 아니다. 그러나 더 놀라운 건 그들이 서로 학교와 각자의 차이에 관해 이야기할 때 보여준 솔직함이었다. 그들이 아는 학교는 대단히 이례적인 곳이었다. 나는 그들의 말을 최대한 빨리 받아쳤다. 다음은 그들의 대화에서 추려낸 일종의 '말의 성찬'이다.

아프리카계 미국인 여학생은 어느 날 과학 수업 때 선생님이 그녀의 성 정체성에 관해 이야기해보라고 하자 "저는 동성애자입니다."라고 말했다. "커밍아웃을 한 뒤에도 친구들이 저를 얼마나 존중해주는지를 보고 감명받았어요. (중략) 그래서 저는 파크에 다닌다는 것이 자랑스러웠지요." 소말리아에서 온 여학생은 이렇게 말했다. "저는 소말리아 사람입니다. 이곳에는 아직도 배타적인 태도가 남아 있습니다. 많은 갈등이 눈에 띄는 건 아니지만, 점심시간에 식당에 가면 확실히 학생들이 분리되는 모습을 볼 수 있지요. 소말리아 학생들로 가득한 식탁도 여럿 있고 캅카스 학생들이 모여 있는 식탁들도 있습니다. 어떤 그룹들은 서로 어울리지 않습니다. 하지만 서로 끊임없이 어울리지는 않더라도 저는 여기서 누군가에게 말 거는 것이 불편하지 않아요." 어느 백인 여학생은 이렇게 말했다. "다양성이 가장 떨어지는 건 상급반입니다. 학생들 사이에는 성적 격차가 크고 그걸 좁히려면 갈 길이 멀지요. 하지만 사회적인 면을 이야기한다면 학생들이 갈라져 있지만 그건 인종과는 그다지 상관이 없습니다. 어떤 친구들과 같은 반이 되었느냐는 것과 관련이 있지요. 말하자면 우리는 모두 함께 자랐습니다. 저는 (아프리카 여학생을 가리키며) 저 친구를 2학년 때부터 알고 지냈어요. 친구는 에티오피아에서 왔습니다. 저는 이곳에서 모든 학생과 함께 잘 지내고 있고, 실제로 그렇게 하고 있어서 진전이 이뤄지고 있다고 느낍니다." 다른 백인 여학생이 말했다. "이토록 많은 클럽과 그룹이 있을 만큼 다양성이 높은 학교에 다니면서 사회정의에 관해 이야기를 하다 보면 정말로 '백인의 특권'이 있다는 걸 알게 됩니다. 저는 열두 살짜리 여학생을 돌봐주고 있는데 제가 세인트루이스파크에 다닌다는 말을 들은 그 아이 친구가 이렇게 말했어요. '와, 꽤 신기한 곳이겠네요.' 그래서 제가 말했죠. '그래, 미네통카와는 다른 곳이지.'" 미네통카는 백인들이 압도적으로 많이 사는 곳이다. "저는 이런 지역에서 자랐다는 사실이 너무 고마워요." 남미계 여학생이 말했다. "저는 네바다 주에서 자란 다음 미네소타로 왔어요. 주변에 히스패닉 사람들이 많은 곳에서 컸는데 세인트루이스파크에 와보니 분위기가 완전히 달랐습니다. 처음에는 겁이 났고, 적응하려고 정말 열심히 노력했지요. 제가 신입생일 때에는 히스패닉 학생들이 거의 없었지만 여기 온 지 몇 주 지나지 않아 모두가 서로 알고 지내는 걸 느낄 수 있었어요. 이곳 분위기는 달랐고 그건 정말 좋았어요. 이곳은 정말 다채로운 곳입니다."

이는 다원주의가 확립되고 있다는 신호다. 어렵지만 한 번에 하나씩 벽돌이 쌓이는 것이다. 소수 인종이 다수가 되는 나라인 미국에서 그것은 우리가 함께 살아가고 번영할 수 있는 유일한 길이다. 그러나 집단을 이루는 모든 사람에게 하루하루는 여전히 배움의 과정이다. 나는 학생들 대부분이 백인이었던 1960년대에 세인트루이스파크 중학교에 다녔다. 그 학교의 교장인 레스 보크는 이렇게 말했다. "1985년에 우리 학교에는 흑인이 5명밖에 없었는데 지금은 40퍼센트가 유색인 학생입니다. 그 이행 과정이 매끄럽지는 않았지요. 어떤 가족들은 자기네 아이들이 공부를 잘하지 못하는 건 우리가 인종차별주의자이기 때문이라고 비난했습니다. 하지만 이곳에는 지배적인 문화가 없습니다. 지배적인 것이 있다면 바로 포용의 문화입니다."

이것 역시 모두 신뢰라는 달아나기 쉬운 가치를 좇고 붙잡고 잃어버리고 되찾는 것에 관한 문제다. 보크가 말을 이었다. "거의 모든 불만 사항이 이메일로 오지만 나는 이메일로 답한 적이 없습니다. 늘 전화를 해서 얼굴을 마주 보며 만났고 내 휴대폰 번호를 알려주었지요. 학부모들은 깜짝 놀랐습니다. 학교에 있는 사람과 직접 이야기하기를 간절히 원했지만 그런 일은 정말 드물었기 때문이지요. 내가 회신 전화를 하면 그들은 대개 어리둥절해 했습니다. 그들이 먼저 하기 전에 내가 먼저 신뢰를 주려고 했습니다."

사갈과 잠잠

나는 세인트루이스파크의 카리부 커피숍에 앉아서 내가 물어보리라고는 생각지도 못했던 걸 묻고 있다. 2015년 파크 고등학교를 졸업한, 히잡을 쓴 열여덟 살의 소말리아 소녀 사갈 압디라흐만에게 한 번이라도 유대인 소년 소녀의 성인식에 가본 적이 있느냐고 물어봤다.

"한 번 소녀들의 성인식 파티에 초대된 적이 있어요." 그녀는 주저 없이 대답했다. "정말로 재미있다고 생각했어요. 그리고 저는 춤추는 것이 좋았어요."

세인트루이스파크에 온 걸 환영한다. 이는 2016년식으로 다시 하는 환영의 말이다. 사갈은 옥스버그 대학 1학년이며, 파크 고등학교를 졸업한 그녀의 언니 잠잠은 스무 살로 미네소타 대학교에서 생물학을 공부하고 있다. 둘은 10년 전 그녀의 어머니가 이곳으로 옮겨 와 보험 회사의 운전사 일자리를 찾은 후 줄곧 세인트루이스파크 학교들을 다녔다. 둘 다 세인트루이스파크 로터리클럽 장학금 그리고 미식축구 미네소타 바이킹스팀 선수 출신으로 주 대법원 판사를 지낸 앨런 페이지의 이름을 딴 페이지교육재단이 주는 대학 장학금을 받았다.

나는 사갈에게 세인트루이스파크 학교를 다닐 때 무엇이 가장 인상 깊었느냐고 물었다. "여기에서는 이 모든 기회가 열려 있다는 것을 명확히 보여줘요. 무엇인가를 하고 싶으면 그걸 할 수 있지요. 그냥 요청만 하면 돼요."

이들은 둘 다 파크 고등학교 무도회에 갔다. "제 가장 친한 친구의 아빠는 목사님입니다." 그녀의 언니처럼 미니애폴리스 남부의 모스크에서 기도를 하는 사갈이 말했다.

친구의 아빠는 저를 아주 반갑게 맞아주셨어요. 저는 그 친구를 2학년 때부터 알았는데 제가 영어 배우는 걸 도와줬지요. 저는 에디나에 있는 친구 아빠의 교회에 가본 적이 있어요. 제가 아이들을 갖게 되면 그 아이들은 세인트루이스파크에서 자랐으면 좋겠어요. 이곳은 사람들을 따뜻이 맞아주고 자라는 데 불편하지도 않습니다. 안전하고 재미있게 놀 수도 있지요. 학교는 훌륭합니다. 이곳은 전체적으로 좋은 공동체예요. 제가 느끼기에 에디나는 좀 지나치게 백인이 많아요. 그곳에 살면 편하지 않을 것 같아요. 사람들이 절 다르게 본다고 느낄 테고 그건 불편할 것 같아요. 세인트루이스파크에서 하는 것과 다른 방식으로 저 자신에 관해 설명해야 할 것 같은 느낌이 들어요.

잠잠은 이렇게 덧붙였다. "저는 정말 세인트루이스파크를 좋아합니다. 엄마가 미니애폴리스로 이사를 갈까 생각한 적이 한 번 있어요. 저는 절대 안 된다고 말했습니다. 저는 우리가 이 작고 조용한 동네에서 사는 것이 정말 좋습니다. 우리는 모두를 알아요. 미니애폴리스는 너무 도회지처럼 느껴져요."

이슬람교도를 위한 할랄 음식을 찾는 데 어려움은 없는지 내가 물었다. 잠잠은 할랄 음식을 취급하는 가게들이 있다며 이렇게 말했다. "급할 때는 그냥 코셔kosher(유대인 율법에 따른 음식—옮긴이)를 집어 들지요."

내가 차별에 부딪힌 일은 없는지 묻자 사갈이 대답했다.

어렸을 때는 종종 차별을 경험했어요. 그때는 이곳에 소말리아 사람들이 그다지 많지 않았어요. 하지만 사람들은 다 같은 사람들이었지요. 대부분의 경우에는 따뜻이 맞아주었습니다. 일반적인 유색인과 백인과 유대인, 소말리아에서 온 사람 사이에 약간의 불화는 있었지요. 우리는 단지 아프리카인일 뿐 아프리카계 미국인이 아니었습니다. (중략) 이는 복잡한 문제였지만 같이 잘 지낼 수 있는 사람들도 있었지요. 하지만 당연히 영어나 역사 수업에서는 토론해야 할 주제들이 있었고, 그 때문에 그들은 불편해지기도 했습니다. 때때로 사람들은 자기만의 의견을 갖습니다. 우리는 모두 예의 바르게 학교에 다녔지만 때로는 누군가를 머리로 치받기도 했지요.

나는 그 두 자매를 캐런 앳킨슨Karen Atkinson을 통해 만났다. 그녀는 세인트루이스파크의 몇몇 기업인이 아이들을 건강하게 키우기 위한 지역사회 차원의 노력의 일환으로 설립한 칠드런 퍼스트Children First를 이끌고 있다. 세인트루이스파크에 갈 때마다 지역사회의 누군가가 그만큼 운이 좋지 않은 누군가를 돕기 위해 새로운 사회단체를 조직한 모습을 보게 된다. 공동체란 바로 이런 것이다.

칠드런 퍼스트는 1992년 당시 학교 이사장이었던 칼 홈스트롬이 세인트루이스파크 로터리클럽에 이야기해서 같은 지역사회의 젊은 사람들과 그 가족들이 안고 있는 문제를 함께 풀어보자고 제안하면서 출범했다. 나이 많은 기업가이면서 로터리 회원인 두 사람, 컬리건 워터 컨디셔닝을 소유한 80대의 웨인 패커드, 그리고 우리 어머니가 늘 들르는 브론스 여성 의류점들을 갖고 있는 70대의 길 브론Gil Braun이 처음으로 기금을 출연해서 세인트루이스파크의 젊은 층을 지원하기 위해 기업과 시, 종교 단체, 의료기관, 교육계 사이의 협력 관계를 구축했다. 그들은 서치 인스티튜트Search Institute와 팀을 짜서 '젊은이들을 위한 40가지 자기 개발 자산' 점수표를 활용하기 시작했다. 이는 젊은이들이 성공하는 데 도움이 되는 관계와 경험, 기술, 기대를 항목별로 수치화한 것이다. 이 점수표에는 이런 항목들이 들어 있다.

- 가족생활에서 높은 수준의 사랑과 지원을 받는다.
- 젊은이가 부모 외에 3명 이상의 성인에게서 지원을 받는다.
- 젊은이가 이웃들의 보살핌을 받는다.
- 학교가 보살펴주고 격려해주는 환경을 제공한다.
- 부모 중 한 사람이(혹은 부모가) 자녀가 학업에서 성공을 거두도록 적극적으로 돕는다.
- 젊은이가 공동체 내에서 유용한 역할을 한다.
- 젊은이가 지역사회에서 주당 한 시간 혹은 그 이상의 봉사 활동을 한다.

많은 개발 자산을 가진 학생들은 학교생활을 더 잘하고 지역사회 일에 자발적으로 나서며 더 건전한 생활양식을 보여준다. 또한 위험한 행동에 끼어들 가능성이 더 낮다. 자산이 적은 학생들은 뒤떨어지거나 문제를 일으키는 경향이 있다. 이 계획은 모든 젊은이의 자산 점수를 높이는 데 집중한다.

앳킨슨은 이렇게 설명했다. "사실 성인들의 행동을 바꾸려는 것이므로 칠드런 퍼스트라는 이름이 조금 혼란을 줄 수도 있습니다. 이 계획은 지역사회가 젊은이를 지원하는 데 역량을 발휘할 수 있도록 하고 개인과 조직이 이 40가지 자산을 하나의 지침으로 활용하도록 합니다. 주민과 목사, 은행 상담원, 소방관을 포함해 250명 이상이 훈련을 받았습니다. 그들은 자신이 결정한 독특하고 계획적인 방식으로 아이들과 관계를 맺지요." 그 방식은 다양하다. 학교와 파크 니컬렛 헬스 서비스가 제휴해 아이들을 위한 무료 진료소를 설치하기도 하고, 어떤 노부부는 집 앞의 농구 골대를 이웃 아이들이 쓸 수 있도록 초대하기도 한다.

당연히 오늘날 세인트루이스파크에는 가난한 집이 과거보다 훨씬 더 많고—특히 최근에 아프리카에서 온 이민자의 경우에는 그 현상이 두드러진다—어떤 아이들은 학교 준비물을 살 여유가 없다. 그러나 어김없이 어떤 사회단체가 나타나 도움의 손길을 내민다. 메츠 교육감은 이제 해마다 학기가 시작되기 전에 세인트루이스파크 주민 중 노년층이 모여서 학교 준비물 봉투를 만들어(2015년에는 450개를 만들었다) 이 지역의 세인트 조지 감독교회에서 필요한 아이들에게 전달한다고 설명했다. 이 프로그램은 한 은퇴 교사와 그녀의 남편이 조직한 것이다. 이는 1975년에 음식과 옷, 보호가 필요한 지역 주민을 돕기 위해 결성한 STEP(세인트루이스파크 긴급 구호 프로그램)의 일환이다.

이처럼 조그만 것들이 새로운 주민과 오래된 거주자 사이에 신뢰를 만들어낸다. 가장 절실하게 도움이 필요한 위기 상황에서 도움을 받을 수 있다는 믿음이다. 2013년에 세인트루이스파크에 있는 피터 호바트 초등학교의 현장학습은 비극으로 끝났다. 학생들은 세인트폴의 미시시피 강가 절벽에 있는 화석 유적지를 방문했는데 언덕이 무너지는 바람에 세인트루이스파크 학생 둘이 산 채로 진흙 더미에 묻혀버렸다. 가파른 언덕은 그 주 초에 온 비로 흠뻑 젖어 있었다. 죽은 두 아이 모두 소말리아 이민자의 후손이었다. 2014년 3월 22일 학교는 두 소년을 위해 추모식을 열었다. 지역 텔레비전 방송국 KARE가 그 이야기를 보도했다. "두 초등학생이 현장학습을 갔다 산사태로 사망한 비극적인 사건의 일주기인 화요일, 그들을 기리는 추모식이 열렸습니다. (중략) 학생과 교직원은 이 교육구의 색깔인 오렌지색과 검은색 옷을 입고 학교 건물을 빙 둘러 띠를 만들었습니다. 그 띠 안에서 이 교육구의 교육감인 롭 메츠가 묵념을 청한 후 두 소년의 가족인 열 살 모하메드 포파나와 아홉 살 헤이셈 사니가 흰색 풍선들을 날렸습니다. 두 소년의 가족들은 언덕 아래에 있는 유명 화석 탐사지에서 일어난 사고와 관련해 세인트폴 시와 교육구 당국으로부터 보상금을 받았습니다. 그 돈의 일부는 동아프리카에서 학교 한 곳과 고아원 한 곳을 짓는 데 사용될 예정입니다."

혁신은 작은 꾸러미들로 온다

나는 이 조그만 도시 세인트루이스파크에서, 오늘날 사회적 혁신은 지역적 차원에서 전국에 걸쳐 일어나고 있다는 기디 그린스타인의 격언에 대한 증거를 여러 번 발견했다. 새롭게 발명해야 할 건 아무것도 없었다. 이미 있는 것들을 확산시키기만 하면 되었다. 내 동료 데이비드 브룩스는 2016년 6월 21일 「뉴욕타임스」 칼럼에서 이렇게 밝혔다. "이 나라 전역에서 사회라는 직물은 갈가리 찢기고 있지만 어디를 가나 치유자들이 나타나 그 작은 조각들을 수선하고 있는 것으로 보인다. 그들은 텅 빈 곳으로 들어가 공동체를 건설하고 한 사람 한 사람의 삶을 바꿀 친밀한 관계를 만들어가고 있다."

세인트루이스파크 지역사회는 공립학교를 대단히 중요한 것으로 느끼기 때문에 교사들에게 특별 프로젝트를 수행할 수 있도록 추가적인 지원을 해줄 재단을 만들었다. 내 영어 선생님이었던 밈 캐골은 2002년에 파크 고등학교에서 은퇴했다. 더 이상 세인트루이스파크에서 살지도 않고 근처 교외에서 살고 있다. 하지만 그녀는 여전히 세인트루이스파크 공립학교재단에서 자원봉사로 일하고 있다. 캐골이 말했다. "스스로 그 이유를 물어보았지. 해마다 우리는 세인트루이스파크의 공립학교를 위해 약 4만~5만 달러의 기금을 모으고 있어. 이 사람들은 그들 학교와 공동체에 강하게 결속되어 있지. (나도 이제 일흔 살인데) 내 나이의 은퇴한 교사들 중 어떤 사람들은 연금제도의 혜택을 아주 많이 받고 있기 때문에 학교 재단에 후한 기부자가 되었어."

조그만 지역사회 중 어떤 곳도 소말리아에서 전쟁을 피해 온 난민들이나 네다바 주에서 온 남미계 사람들, 혹은 도심 지역에서 온 아프리카계 미국인들을 하루아침에 통합할 수는 없다. 세인트루이스파크라도 마찬가지다. 문화와 종교의 차이는 너무나 크다. 이곳에는 아직도 다른 세계에서 살고 있는 사람들이 많이 있다. 그러나 나는 사람들이 스스로 일궈낸 희망이 충분히 살아 있고, 개별 가족과 연방 정부 사이의 간극을 메워줄 사회적 기업가 정신이 충분히 작동하고 있는 걸 보았다. 그래서 내가 충분히 오래 살아서 20년쯤 후에 돌아와 이 이야기의 결말이 어떻게 날지 보고 싶다. 그러기 전에 우선 1968년에 세인트루이스파크 고등학교를 졸업하고 여전히 이곳에 살고 있는 전문 사진작가인 제프 리스에게 마무리 말을 들어본다.

내가 이곳에서 자랄 때는 두터운 중산층이 있었고 식당에서는 모두 같은 식탁에 앉아 점심을 먹었으며 사회경제적 격차는 그리 중요해 보이지 않았습니다. 이제 내 두 딸들은 고등학교에 다닙니다. 그 아이들에게 들어보면 학생들의 배경이 그토록 다양한데도 학교는 우리가 다닐 때와 똑같이 아주 원활하게 돌아간다고 합니다. 이 주변의 다른 지역은 우리만큼 다양성을 받아들이지 않고 있지만 우리 지역에서는 포용의 가치가 사라진 적이 없지요. 그것들은 의식하지 못하는 사이에 전해져 내려왔습니다. 나는 지금껏 단 한 번도 딸들을 앉혀놓고 이래라저래라 말한 적이 없습니다. 이곳에서는 누구든 자신의 목표를 추구하고 꿈을 좇을 권리가 있다고 믿습니다. 그런 수용성이 부족하지 않습니다. 오히려 넘치지요. 세인트루이스파크에서만 독특하게 그런 건지는 잘 모르겠지만 이곳에서는 분명히 그 문화가 널리 퍼져 있습니다. 어느 날 홉킨스에서 축구 시합을 하는 딸을 보러 가서 (소말리아 아이들이 많이 포함된) 축구팀 동료들끼리 주고받는 이야기를 들으며 생각했지요. "이곳에서 좋은 일이 일어나고 있구나. 그리고 그건 예전과 그다지 달라지지 않았구나."

아이태스카 프로젝트

앞서 이야기했듯이 세인트루이스파크는 진공 속에 존재하지 않는다. 이곳에 사는 많은 사람이 미니애폴리스에서 일하기 때문에 트윈시티의 경제가 어떻게 되는지도 매우 중요하다. 경제적 파이를 키우는 것만으로는 포용적 사회를 만들어낼 수 없지만 경제성장은 분명히 그런 사회를 만드는 데 도움이 된다. 그러므로 트윈시티에서 만든 가장 혁신적인 지역사회·경제 건설 프로젝트에 관해 몇 마디 하지 않고 이 장을 마무리할 수 없다. 이는 아마도 오늘날 가장 중요한 프로젝트일 것이다.

아이태스카 프로젝트Itasca Project가 바로 그것이다. 미네소타 정치사에서 (1999년부터 2003년까지 레슬링 선수 출신의 제시 벤투라가 주지사를 지낸 후) 좋지 않았던 시기인 2003년에 지역사회를 다시 제 궤도로 돌려놓기 위해 이 지역의 기업 지도자들과 「포천」 500대 기업 경영자들, 교육자들, 지방정부 관료들, 자선 사업가들이 모여 느슨한 협력체를 만들었다.

2003년부터 2008년까지 아이태스카 프로젝트 회장이었던 메리 브레이너드Mary Brainerd 헬스파트너스 사장은 그 당시 이 주의 협력 정신이 '바닥으로 떨어졌다'고 설명했다. 정치의 유해성이라는 면에서 미네소타는 워싱턴 D.C.를 닮아가기 시작했다. 그것은 본질적인 정치 문화와 동떨어진 것이었다. "두 정당은 우리가 풀어야 할 문제들을 해결할 수 없었습니다. 모두가 단기적인 것들에만 집중했지요. 2년만 지나면 또 다음 선거가 있으니까요. 그래서 사람들은 이런 환경에서는 성공할 수 없다고 말했습니다." 브레이너드가 회상했다. "우리는 명백한 근거를 가지고 의사 결정을 할 필요가 있었습니다."

아이태스카의 첫 번째 목표는 지역 경제의 성장을 촉진하는 것이었다. 최근에는 이 지역의 인종적 분리 문제를 줄이는 목표도 추구하고 있다. 본질적으로 아이태스카는 미국의 기업 엘리트들이 한창 잘나갈 때 지방과 전국 차원에서 했던 일을 다시 하고자 출범한 것이었다. 그것은 정치인들에게 압력을 넣어 기반 시설과 교육, 운송 그리고 투자와 관련된 문제들처럼 가장 중요한 현안들에 대해 타협하게 만드는 일이다. 그런 다음에는 그들이 책임지고 더 많은 소수 인종 사람에게 일자리를 개방하는 것이다. 지난 20년 동안 더 많은 아프리카계 미국인과 라오스 몽족, 소말리아인이 미네소타로 옮겨 왔기 때문에 과거에는 쉽게 무시했던 인종 간 격차는 (도덕적으로나 경제적으로) 이제 더 이상 무시할 수 없게 됐다. 아이태스카는 정당이 아니다. 하지만 만일 정당이라면 (초당적이고 기민하고 이질적이고 혼성적이며 적응력이 뛰어나고 최선의 모범 관행을 확립하는 데 집중하는) '대자연의 당'일 것이다.

이 그룹은 미네소타 북부의 호수와 주립공원 이름을 따서 이름을 아이태스카로 지었다. 그 지역은 지난날 필스베리Pillsbury, 데이턴Dayton, 카길Cargill, 맥나이트McKnight 가문 사람들을 비롯해 미네소타의 진보적인 엘리트들이 함께 여름휴가를 보내던 곳이다. 아이태스카는 보기 드물게 시민의식을 가진 귀족적인 사람들의 모임이다. 또한 그들은 공동체의 삶을 개선하기 위해 기업의 기부를 의무화함으로써 스스로 모범을 보였다. 나는 넬슨 슈워츠가 2015년 12월 29일 갑자기 「뉴욕타임스」에 이 그룹을 자세히 소개하기 전에는 아이태스카를 어렴풋이만 알고 있었다. '그들이 방 안에 모였을 때 그 일이 일어났다'는 제목의 기사는 이렇게 시작된다.

미니애폴리스에서 가장 높은 빌딩의 38층에 있는 특별할 것 없는 회의실은, 몇 블록 떨어진 곳에 자리 잡은 벽돌 건물로서 이 지역 엘리트 구성원들이 한 세기 넘게 모였던 클럽하우스와 닮은 점이 거의 없다.
그러나 동양풍 양탄자와 화강암 탁자를 받치는 짙은 색 목재, 에어론 스타일의 의자만 다를 뿐 이 회의실은 한때 미니애폴리스 클럽이 했던 것과 같은 기능을 한다.
매주 금요일 아침이면 미니애폴리스와 세인트폴, 그리고 주변 지역에서 가장 큰 기업과 자선단체를 비롯한 여러 기관을 경영하는 14명의 남녀가 이곳에 모여서 아침을 함께 먹으며 조용히 이 지역 경제의 의제를 만들어간다. 이들은 이른바 아이태스카 프로젝트 추진팀이다. 아이태스카는 트윈시티의 성장과 개발을 촉진하기 위해 지역 지도자들 약 60명이 조직한 비공개적인 시민운동이다. 이들은 경제적 격차와 인종차별 문제처럼 다른 지역의 경영자들이 피하려 하는 골치 아픈 현안들도 더욱 도전적으로 다룬다.

이들은 기득권층 2.0이라고 할 수 있다. 과거의 기득권층이 거의 백인 남성이었던 것에 비해 확실히 훨씬 더 다양해졌지만 예전과 똑같이 강력하고 필요할 때는 눈에 띄지 않게 움직이는 것이다. (중략) 하지만 아이태스카의 영향력은 대단히 실질적이다. 그리고 합의를 중시하는 접근 방식은 중앙 정치에서 (그리고 많은 주의 의사당에서) 당파적인 노선에 따른 절망적인 분열이 나타나고 있는 때에 대안이 될 수 있는 길을 제시한다. (중략) 매주 도심에서 하는 조찬 모임의 초청자 명단에는 지역 의원들과 교육감들, 대학 경영자들뿐만 아니라 미니애폴리스와 세인트폴 시장들도 포함된다.

2008년에 도로와 운송 시스템을 다시 건설할 수 있도록 돕고자 휘발유 세금을 올리자는 제안을 당시 주지사인 팀 폴렌티Tim Pawlenty가 거부했을 때 이야기다. 아이태스카의 기업 지도자들이 전화를 걸어 설득함으로써 많은 공화당 의원이 입장을 바꿔 주지사의 거부를 무효화하도록 도왔다.

더 최근에는 아이태스카가 압력을 행사해 이 주의 단과대학과 종합대학교가 더 많은 기금을 확보하는 데 도움을 주었다. 또한 이전이나 확장을 하려는 기업들을 이 지역으로 끌어들이기 위한 새로운 기관을 만드는 데 앞장섰다. 그와 함께 타깃과 엑셀 에너지같은 이 지역 대기업의 구매 책임자들이 지역에서 더 많은 상품과 서비스를 사도록 장려하는 노력을 기울였다.

기사는 이어서 이렇게 설명했다. "아이태스카의 활동은 트윈시티가 활력 있는 경제 중심지로 부상하는 데 기여한 여러 요인 중 하나다. 이 대도시의 실업률은 2.9퍼센트로 전국 평균 5퍼센트를 크게 밑돌고 있다. 그와 동시에 미네소타는 임금 수준이 높은 지식과 기술 기반 일자리를 창출하는 데 뛰어났다. 이런 유형의 일자리는 오늘날 중산층으로 진입하는 데 입장권을 제공하는 것이다." 기사는 또 이렇게 지적했다.

대도시와 소도시에는 대부분 상공회의소와 경제개발 조직이 있다. 하지만 아이태스카는 명확한 데이터와 매킨지 방식의 분석을 중시하며 또한 여러 민간 부문 로비 단체들이 따르는 틀에 박힌 각본을 기꺼이 내다버린다는 점에서 독특하다고 참가자들은 말한다.

"우리는 그저 세금을 낮추고 규제를 줄이라고 요청하지 않습니다." 현재 아이태스카 프로젝트의 회장인 데이비드 모텐슨David Mortenson이 말했다. "우리가 기업 지도자들의 그룹으로서 교육이나 소득 격차 문제를 다룰 때 발상의 전환을 할 수 있기를 바랍니다." 할아버지가 창업한 전국적인 건설회사 M. A. 모텐슨을 2016년 초에 물려받은 그는 바로 그 점에서 이 지역이 다른 대부분의 도시와 차별화된다고 말했다. 모텐슨 씨는 2012년 미니애폴리스로 돌아오기 전에 시애틀에서 9년 동안 살았다. 시애틀에서 대부분의 큰 기술 기업들은 그 도시가 직원들이 살기에 편한 곳이라고 생각하지만 자기네 사업에 영향을 미치지 않는 일에는 관여하지 않는다고 그는 말했다.

이어 기술 기업의 리더들은 자선사업에 열심이지만 그 일을 자사의 사업과 떼어놓고 있다고 덧붙였다.

기사는 노르웨스트 은행과 웰스 파고의 최고위급 경영자로 일하다가 2002년 은퇴한 이 지역의 은행가 제임스 R. 캠벨James R. Campbell의 말을 인용하며 끝을 맺는다. 그는 스스로 묻고 답한다. "아이태스카를 다른 곳에서 복제할 수 있을까요? 내 대답은, 그럴 수도 있다는 것입니다. 하지만 이곳에는 기꺼이 서로 신뢰하는 독특한 문화가 있지요."

이 그룹이 어떻게 움직이는지 알아보고 싶어서 아이태스카의 창립자 중 한 사람으로 매킨지 앤드 컴퍼니 미니애폴리스 팀의 선임 파트너인 팀 웰시를 찾아갔다. 그는 2003년 9월 12일에 열린 아이태스카 그룹의 첫 회의 때 이야기를 들려주었다.

이 지역에서 25~30명의 유력 인사들이 모였습니다. 폴렌티 주지사가 왔고 우리는 인사말을 하면서 한 시간 넘게 보냈지요. 모두가 공동체에 대한 열정이 있었고 이를 보존하려는 기풍을 보여주고 있었습니다. 우리 모두 그걸 알고 있었지만 딱히 무엇을 해야 할지 집어내지 못하고 있었지요. 그러나 다 함께 공동체의 일에 참여하고 있으며 공익에 기여하겠다는 다짐을 공유하고 있다고 느꼈습니다. (중략) 우리는 일을 시작하면서 먼저 미네소타 대학교와 기업들 간 연계를 강화할 방안을 찾기 위한 태스크포스를 출범시켰습니다.

최근 몇 해 동안 아이태스카는 이 지역의 불평등 문제에 더 초점을 맞췄다. 그와 관련해서 할 일이 많았다. 2012년 사회경제적 격차에 관한 태스크포스는 미네소타 주에서 학사 학위를 가진 아프리카계 미국인의 실업률은 9퍼센트로 같은 학위를 가진 백인의 실업률 3퍼센트보다 훨씬 높다는 사실을 발견했다. 생산 연령대(16~64세)의 흑인과 백인 간 취업률 격차를 뜻하는 '컬러 갭color gap'에서 미니애폴리스는 겨우 디트로이트 바로 윗자리를 차지했다. 그건 좋은 실적이 아니었다. 2015년 공교육개혁센터Center on Reinventing Public Education의 연구에 따르면 미니애폴리스 고등학교에 다닌 흑인과 히스패닉 학생들이 4학년을 모두 마치고 졸업하는 비율은 전국 최저 수준이었다. 여러 조사에 따르면 미네소타에서는 2018년까지 10만 명에 이르는 노동 인력이 부족할 것이고 그 일자리는 대부분 중등교육 이상의 교육을 요구할 것으로 예상된다. 따라서 기업계는 인종 간 격차를 더 이상 무시할 수 없다.

아이태스카의 회원들이 이 문제를 풀기 위해 채택한 방안들 중 하나는 노스사이드 학업 성취지대NAZ, Northside Achievement Zone를 이끄는 손드라 새뮤얼스Sondra Samuels를 후원하는 것이었다. NAZ는 학업 성취도 격차를 줄이기 위한 단체와 학교 43곳의 협력체다. 이 협력체는 제프리 캐나다

Geoffrey Canada의 할렘 어린이 지대Harlem Children's Zone를 모델로 2008년에 설립됐다. NAZ는 1,100가구의 어린이 2,300명이 유아기부터 대학에 이르기까지 교육의 전 과정을 따라갈 수 있도록 학업과 생활 전반의 지원을 결합하고 가족 상담과 개별지도의 전체적인 연결망을 활용한다. 미니애폴리스 북부는 인종적으로 편중된 빈곤 지역으로 지정됐다. 이 지역은 주민의 50퍼센트가 유색인종이고 40퍼센트는 빈곤선 아래서 살고 있으며 학교들은 오랫동안 성취도가 낮았다. 2016년에 「스타 트리뷴」은 이 지역을 '전투 지역'이라고 표현했다. 새뮤얼스는 미니애폴리스에서 아프리카계 미국인 학생들이 4년제 고등학교를 졸업하는 비율이 52퍼센트에 불과한 상황에서는 건강한 공동체를 건설할 수 없다고 강조했다.

그녀는 2016년 7월 21일 「스타 트리뷴」에 낸 글에서 '우리는 처음부터 2세대 접근 방식의 중요성을 인식했다'고 설명했다.

우리는 지속적인 진전을 이루기 위해 학부모와 그 자녀들을 함께 상대했다. 부모들이 안정된 가정환경을 만들어줄 때 자녀들이 학업에 집중할 수 있기 때문에 가족 전체가 성공하도록 지원하는 일은 대단히 중요하다.
또한 우리는 학교 단독으로 그 일을 할 수 없다는 걸 인식했다. 그래서 보충학습 기회부터 학부모 교육, 유아 보육 서비스, 건전한 행동을 위한 상담, 주택과 경력 지원에 이르기까지 모든 것을 제공하는 팀을 이뤄 학생들을 에워싼다. NAZ 학생들에게 가장 많은 지원이 이뤄지는 협력 학교는 다른 학교들보다 읽기 성적에서 상당히 앞선다.

새뮤얼스는 미네소타에서 태어나거나 자라지 않았다. 그녀는 포드 자동차 영업부에서 일하려고 1989년에 미니애폴리스로 옮겨 왔으며 몇 년 동안 세인트루이스파크에 살고 나서 NAZ를 만들었다. 아마도 그녀가 뉴저지에서 태어나고 자랐기 때문에 미네소타에서 그토록 오랫동안 존재했던 조용한 인종차별을 직설적으로 비난하는 데 주저하지 않았을 것이다. 그리고 미네소타의 아이태스카와 같은 그룹에서 그녀를 지지하는 이들이 진심으로 그 문제를 해결하는 데 집중하는 것을 즉각적으로 칭찬했을 것이다.

어느 날 아침에 미니애폴리스 중심가에서 나와 커피를 마시며 새뮤얼스가 이야기했다. "나는 뉴저지에서 컸고 10대 후반에 인종 문제에 대한 정의감에 완전히 사로잡혔습니다. 아버지와 어머니는 짐크로법이 있던 남부에서 왔고, 노예와 소작인의 후손이었어요. 부모님은 이민자들이 미국에 온 것과 같은 이유로 북쪽으로 왔습니다. 남부에서 제공할 수 없는 기회와 더 나은 삶을 찾아온 거지요." 그녀의 아버지는 항만 노조에 가입했고 저소득층에서 중산층으로 올라섰으며, 1968년에 통과된 공정주택거래법 덕분에 우리가 미니애폴리스 북부에서 세인트루이스파크로 옮겨 왔듯이 가족들과 뉴어크에서 스카치플레인스로 이주했다. 새뮤얼스는 그녀가 자라면서 인종차별에 맞서 싸우려고 분노를 터뜨리려 했을 때를 회상했다. "아버지는 나에게 이렇게 말하고는 했지요. '샌디야, 이곳보다 더 나은 나라를 찾거든 내게 알려다오. 우리 모두 그곳에 가서 살자꾸나······.' 나는 그 말에 늘 난처해졌지요."

미니애폴리스에 관해 그녀는 이렇게 말했다. "이 지역은 커다란 격차의 문제를 안고 있습니다. '친절한 미네소타'라는 말로 많은 인종차별을 덮으려 하지요. 그러나 미니애폴리스에 실질적인 격차가 존재하며 (과거와 현재에) 우리를 지금의 상황에 이르게 한 구조적인 인종차별이 있다는 이야기를 할 수 있지만 다른 한편으로는 오늘날 이곳에는 다른 어떤 지역에서도 찾아볼 수 없는 기업 공동체가 있다는 말도 할 수 있습니다. 오늘날에는 사람들이 앞에 나서서 말합니다. '우리가 지켜보는 한 이런 일은 일어날 수 없어······.'라고 말이지요. 이건 아직 끝나지 않은 게임입니다." 아이태스카 회원들, 그리고 다른 기업 리더들과 함께하는 일에 관해 새뮤얼스는 이렇게 말했다. "우리는 이곳에서 서로 도우려고 애씁니다. 우리가 이 나라에서 잃어버린 건 바로 그런 문화입니다. 아니면 처음부터 진정으로 그런 문화를 가진 적이 없었을 수도 있지요. 우리 모두는 물러나지 않을 것이며 우리 아이들이 이런 식으로 퇴보하도록 내버려둘 수 없다는 인식을 공유하고 있습니다."

NAZ는 민간과 공공 부문 양쪽의 지원을 받고 있다. 우선 '이웃과의 약속(빈곤 지역 교육 개선 프로그램—옮긴이)' 실행을 위한 교부금으로 5년간 약 2,800만 달러를 받았다. 그리고 NAZ가 효과적으로 활동하는 데 필요한 자원을 계속해서 확보할 수 있도록 타깃과 제너럴 밀스General Mills가 각각 한 해에 약 300만 달러씩 3년간 지원하기로 약속했다.

새뮤얼스는 공공의 재정적 지원과 아이태스카와 같은 그룹의 협력 덕분에 고무돼 있지만 미니애폴리스 북부 지역에서 여전히 해결되지 않고 있는 체계적인 인종차별 문제에 관심을 갖지 않고는 이 지역을 변화시킬 수 없다는 것을 알고 있다. 또한 이 지역에 많이 살고 있는 아프리카계 미국인 가족들이 자신의 미래를 스스로 열어가지 않는 한 인종 문제 해결을 위한 노력이 지역사회를 바꿔놓을 수 없다는 걸 알고 있다. 다행스러운 건, 떠들썩하게 알려진 건 아니지만 NAZ의 가족들에게 이러한 일이 일어나고 있다는 많은 징후가 보인다는 점이라고 그녀는 주장했다.

내가 가장 희망적으로 여기는 건, 무엇보다 이 지역사회에서 아프리카계 미국인들이 (다른 누구도 자기들을 구하러 오지 않는다는 걸 깨닫고) 주인정신을 찾아가고 있다는 점입니다. 협력자들은 꼭 필요하지만 우리는 스스로를 구해야 합니다. 우리의 공동체는 스스로 바꿔야 하지요. 나는 가족들이 학업 성취도를 높일 계획을 짜고, 계획을 실행하려고 노력하고, 자녀들의 학교에 다른 모습으로 나타나고, 학부모 교육 프로그램에 열광적으로 참여하는 모습을 봅니다. "전에는 내가 우리 아이에게 책을 읽어주어야 한다고 미처 생각하지 못했습니다."라고 말하는 아버지들이 있습니다. 나는 개인적인 차원에서 진정으로 변화하려는 다짐들을 지켜보고 있지요. 사람들은 이렇게 묻습니다. "나는 이렇게 달라졌는데 이런 내가 이웃을 어떻게 도울 수 있을까요?" 모두가 자기 몫을 해야 하지요. 나는 미니애폴리스 북부에 사는 가족들이 '그건 우리가 할 일'이라고 말하는 모습을 봅니다. (중략) 우리는 적절한 도움을 줌으로써 사람들이 스스로 성공할 것이라고 믿는 문화를 만들어갈 수 있습니다.

이 문제와 관련해 아이태스카는 회원들이 단순히 재정적 지원 이상의 일을 해야 하며 주체적으로 변화를 이끌어가는 데에도 힘을 쏟아야 한다는 점을 이해하게 되었다. 그렇게 하기 위해 아이태스카는 근로자들의 다양성을 높이는 데 초점을 맞춘 세미나를 1년 내내 열었다. 이 지역의 최고경영자들은 그들 자신의 편견을 돌아보고(이 집단에는 백인들이 압도적으로 많지만 다른 인종의 경영자도 몇 명 포함되어 있다) 고용 부문의 격차를 줄이려는 지역사회의 노력에 동참하기 위해 조직을 움직여달라는 요청을 받았다. 이 프로젝트는 메이카오 Y. 항MayKao Y. Hang과 스라이번트 파이낸셜Thrivent Financial의 최고경영자인 브래드 휴잇Brad Hewitt이 공동 회장을 맡고 있다. 마흔네 살의 항과 단 10분만 이야기를 나눠보면 내가 그곳에서 자란 후 미네소타가 다양성 측면에서 얼마나 큰 진전을 이루었는지 (그리고 아직 앞으로 갈 길이 얼마나 먼지) 이해할 수 있다.

그녀는 라오스에서 살았던 몽족 난민으로서 1976년에 가족과 함께 미국에 왔다. 1978년에 세인트폴로 옮겨 왔을 때는 초등학교 1학년이었다. 그녀는 세인트폴의 각급 공립학교들을 차례로 거쳤는데, 이 학교들은 이제 전체 학생 중 31퍼센트가 (동남아 사람들이 압도적으로 많은) 아시아계 미국인이다. 항은 브라운 대학교에서 학사 학위를 땄고, 험프리 공공정책대학원에서 사회정책과 분배 정의를 공부해 석사 학위를 받았으며, 햄라인 대학교에서 공공 행정 전공으로 박사 학위까지 받았다. 현재 그녀는 시간을 쪼개 미니애폴리스 연방준비은행 이사회의 의장으로 일한다. 또 하루 대부분을 세인트폴 대도시권과 그 주변 지역 주민들의 삶을 개선하기 위한 비영리단체인 애머스트 H. 와일더 재단Amherst H. Wilder Foundation의 이사장으로 일한다.

"나는 3년 전에 사회경제적 격차를 줄이기 위한 아이태스카와 협력하자는 요청을 받았습니다." 항은 어느 날 오후 그녀의 세인트폴 사무실에서 나에게 말했다. 아이태스카가 모은 자료들은 친절한 미네소타를 보여주는 것이 아니었다. 미네소타의 노동시장은 공급이 빠듯한 상황이었다. 하지만 항은 학사 학위를 가진 유색인 학생들이 취업을 하지 못할 가능성이 백인의 세 배나 된다고 말했다. "이 지역에서 사람을 고용할 때 편견이 작용했는데 그건 이처럼 공급이 빠듯한 시장에서는 일어나선 안 될 일이었습니다. 고용에 장벽들이 있었던 거지요."

그래서 아이태스카와 항은 기업의 경영자들이 그들 자신과 채용 관행에 대해 깊이, 그리고 솔직하게 들여다볼 수 있게 도와줄 최고경영자 포럼을 만들었다. 대단히 많은 최고경영자가 등록해 자리가 모자랄 지경이었다. "그들은 다양성을 높이는 데 신경 쓰고 있지만 어떻게 해야 할지 모르겠다고 말했습니다." 항이 말했다. 두 번째 해에 최고경영자들은 스스로 이런 질문을 던져야 했다. 나는 다양성 문제를 자각하고 있는가? 나는 개인적으로 무엇을 바꿔가야 하는가? 그리고 우리 조직의 관행들을 바꾸기 위해 어떤 경영계획을 실행할 것인가? 항은 이렇게 덧붙었다. "우리는 그들이 자신을 들여다볼 거울을 들 수 있게 도와주지요."

이 그룹의 최고경영자들이 그들 삶에 관한 이야기들을 나누기 시작할 때 항도 자신의 이야기를 들려주었다.

다른 최고경영자들과 다를 바 없는 것처럼 보이지만 나는 아주 다른 문화권에서 왔고, 일이 끝나면 강제 이주와 정신적 외상과 전쟁을 겪은 씨족 기반의 공동체로 돌아갑니다. 그리고 몽족 여성으로서 나는 (그러한 환경에서) 많은 힘을 갖지 못합니다. 집으로 돌아가면 사회적 무력함과 지위 상실을 느낍니다. 그러므로 그런 걸 겪어본 적이 없는 누군가가 내 눈을 통해 세계를 본다면 우리와 신뢰를 쌓을 수 있고, 비슷해 보여도 사실은 매우 다른 것을 볼 수도 있지요. 당신은 이런 점에서는 나와 같고 저런 점에서는 나와 다르다는 식으로요. 누군가와 관계를 맺으면 그들을 심판하기가 훨씬 더 어렵습니다. 그리고 그것은 신뢰를 쌓아가는 과정의 일부이지요.

메리 브레이너드는 아이태스카의 다양한 훈련 프로그램이 그녀의 의료 업체에서 사람을 채용하는 데 큰 영향을 미쳤으며 기본적인 질문을 던질 수 있도록 해줬다고 말했다. "흑인 여성은 백인 여성만큼 자주 유방 촬영을 할까요? 그리고 아프리카계 미국인 남성은 백인 남성만큼 자주 대장암 검사를 받을까요? 이제 우리는 주 전체에 걸쳐 이를 측정할 수 있습니다."

미니애폴리스에 기반을 둔 「포천」 500대 기업 스라이번트 파이낸셜의 최고경영자이고 현재 아이태스카의 부회장인 브래드 휴잇은 훈련을 다 받고서 이렇게 결론지었다. "그 훈련은 나를 크게 바꿔놓았습니다. 우리는 모두가 갖고 있던 무의식적인 편견들을 드러냈고, 이제 다른 최고경영자 100명이 같은 종류의 훈련을 받게 하려고 노력하고 있습니다."

스라이번트는 루터교도공제조합과 루터교도보험협동조합에서 발전한 조직이다. 이 공제조합은 19세기 말 공장 폭발 사고로 많은 가장이 죽는 바람에 그 가족들이 빈곤에 빠진 독일과 노르웨이에서 온 이민자들을 돕기 위해 1899년에 처음 설립됐다. "우리는 스웨덴, 노르웨이, 독일, 핀란드 이민자들인 루터교도들을 돕는 협동조합을 순조롭게 아주 잘 꾸려왔습니다." 휴잇이 말했다. 이들은 소말리아와는 거리가 먼 공동체였다. "아이태스카의 다양성 촉진 운동은 우리가 무의식적인 편견과 특권을 지각하지 못했음을 인정해야 한다고 요구하고 있습니다. 그리고 정말로 다른 이들을 더 따뜻하게 맞아주고 싶다면 그 일을 체계적으로 해야 하지요. 우리 회사의 문화는 그런 면에서 매우 강했습니다. 우리는 해마다 크리스마스 파티를 크게 열고 루테피스크(미네소타의 스칸디나비아 사람들이 가장 좋아하는 말린 대구 요리)를 내놓았습니다. 이는 아주 당연한 일이었어요. 우리는 직원이 3,000명쯤 되는데 유색인은 1퍼센트나 그 이하였지요. 그런데 그 비율을 18개월 만에 두 배로 늘렸습니다."

당신이 루테피스크를 먹으며 자랐고 크리스마스 파티에 그 음식이 메인 요리로 나왔다면, 할랄 음식이나 다른 인종이 좋아하는 요리가 소개되는 건 상당한 변화라고 할 만하다. 휴잇은 이렇게 말한다. "그건 마치 다른 언어를 배우는 것과 같습니다. 늘 처음에는 제대로 알아듣지 못하지만 거기서 멈추면 안 되지요. (중략) 언어를 배울 때 가장 중요한 건 웃음거리가 될 각오를 해야 한다는 점입니다. 우리는 새로운 언어를 익히고 있습니다. 나는 다양성을 촉진하려고 애쓸 때 웃음거리가 되는 데 익숙해졌지요."

그러나 오늘날 이 나라의 한 부분인 미네소타에서 다양성을 받아들이는 건 단순히 아프리카계 미국인에 대해서만 감춰진 편견을 극복한다고 될 일이 아니다. 소말리아인이나 몽족과 같은 전혀 다른 문화를 통합하는 문제도 있다. 나는 이 조사를 하면서 '미네소타인'이 되기 위해 노르웨이인이나 유대인이 하는 것 이상으로 자신의 문화적 정체성을 포기하려는 소말리아인이나 몽족 사람은 한 명도 만나지 못했다. 그러나 미네소타에는 유럽을 사로잡은 일종의 세계주의적 다문화주의에 대한 강한 반감이 있으며 나도 그런 생각을 공유한다. 그곳에서는 모두가 자신의 방식을 고수하도록 내버려두었다가 어느 날 갑자기 인종의 용광로가 깨지고 진정한 공동체는 없었다는 걸 발견하게 된다. 미네소타의 방식은 모두가 자기 관습을 지킬 수 있도록 하되 타협의 여지가 없는 어떤 '근본적인 가치', 즉 여성을 존중하고 법의 지배와 다른 종교, 공적 기관, 공동체의 공간을 존중하는 가치가 있다는 걸 인정한다.

뉴욕 대학교 스턴 경영대학원의 사회심리학자인 조너선 하이트Jonathan Haidt는 2016년 7월 10일 「아메리칸 인터레스트」에 낸 '국가주의는 언제, 그리고 왜 세계주의를 이기는가'라는 글에서 그 이유를 밝혔다. "정체성과 각종 규범, 역사에 관한 인식을 공유하면 전반적으로 신뢰를 높일 수 있다. (중략) 신뢰 수준이 높거나 사회적 자본이 많은 사회는 시민들에게 많은 혜택을 줄 수 있다. 무엇보다 범죄율과 기업의 거래 비용은 낮아지고 번영의 수준은 높아지며 관용적인 성향이 뚜렷해진다. (중략) 그 비결은 (중략) 기존 공동체의 통합에 관한 당연한 염려, 그리고 낯선 이들, 특히 긴급한 도움이 필요한 낯선 이들을 환대할 의무 사이에서 어떻게 균형을 맞출지 알아내는 데 있다."

미국의 다른 지역과 마찬가지로 미네소타는 바로 지금 그 비결을 알아내려고 애쓰고 있다. 투자 펀드인 스플릿 록 파트너스Split Rock Partners를 이끌고 있으며 아이태스카 실행팀의 창립 회원인 마이클 고먼Michael Gorman은 이 문제를 둘러싼 미네소타의 도전과 긴장을 어떻게 보고 있는지 설득력 있게 들려주었다(전에는 미네소타가 이러한 도전에 직면하지 않았던 것처럼 이야기하는 건 아니다. 휴잇이 우스갯소리로 말했듯이 1960년대까지 독일인 루터교도들은 노르웨이인 루터교도들에게 물건을 팔지 않으려 했다!).

고먼은 여기에서 자란 대부분의 사람들은 미네소타 종족으로 일체감을 갖는다고 말했다.

우리의 시민적 문화에는 시간을 두고 발전해온 특별한 것이 있습니다. 미네소타 사람들과 미네소타 기업들은 공동체에 참여하고 책임을 지는 수준과 공익을 위해 재정적·인적 자본을 투입하려는 의지 면에서 독특합니다. 그 문제에 대해 느슨해져서는 안 된다는 인식이 있습니다. 미네소타에는 개척자 시대 이후 이 지역의 발전에 도움을 주었던 공동체와 연결성의 요소들이 여전히 남아 있어요. 그러나 북유럽에서 온 선조들과 배경이 아주 다른 최근의 이민자들이 유입되면서 문화적인 농도가 달라지고 있지요. 미네소타에서 오랫동안 잘 작동했던 주류 문화의 가장 좋은 요소들을 유지하면서 새로운 목소리와 관점을 포용할 방법을 알아내는 건 하나의 도전입니다.

한편에서는 미네소타의 공동체가 그 범위를 넓히고 더 포용적으로 변해야 한다고 그는 주장했다. 미네소타 사람을 더 광범위하게 규정해서 모든 사람이 출신 배경에 상관없이 미네소타를 그들이 자라고 번창할 수 있는 기름진 땅으로 여길 수 있게 해야 한다. 이는 단지 일방적인 이야기로 그쳐서는 안 된다.

"새로 도착하는 이민자들의 동화도 필요합니다." 고먼이 말했다. "우리의 메시지는 이래야 합니다. '우리는 당신이 와서 기쁘고 당신이 우리 공동체에 기여하기를 고대합니다. 그렇게 되려면 우리도 해야 할 일이 있지만 당신 또한 뭔가 해야 합니다. 당신이 새로운 고향으로 선택한 이 지역의 일원이 되려면 기존의 문화를 끌어안아야 하는데 그를 위해 무엇을 할 건가요?'"

이민자의 아들로서 고먼은 이처럼 균형을 맞추는 데 민감하다. "모든 시대의 이민자들은 고국에서 가져온 전통과 문화적 시금석에서 위안을 얻었습니다. 특히 사적인 영역에서 그랬지요. 그러나 그 문화적 유산이 어떤 것이든 간에 우리 모두 미국 사회에 참여해야 합니다. 성공적으로 참여하려면 영어를 배우고 교육을 받고 기여를 해야 하지요. 대부분 사람들은, 특히 더 나은 삶을 찾아 이주해 온 사람들은 평화로운 곳에서 살며 자녀들을 생산적인 시민으로 키우고 싶어 합니다. 우리는 가능한 모든 방법으로 그들이 그렇게 할 수 있도록 도와야 합니다."

고먼은 이 새로운 이민자들 가운데 일부는 고국에서 사회제도의 비참한 실패로 고통을 겪었다고 덧붙였다. 많은 이가 압박을 받고 기능 장애를 일으키는 사회에서 자랐거나 난민 캠프에서 살았다는 것이다. "그러므로 그들에게 신뢰가 부족한 것도 이해할 만합니다. 그들은 그저 생존하려고 애써왔지요. 이곳에서는 각종 기관이 제 기능을 하고 사법부는 공정하다고 믿을 수 있으며(우리 정부가 대체로 부패하지 않으리라고 기대할 수 있으며) 이는 이곳에 사는 타당한 이유가 됩니다. 이런 요소들이 미네소타를 규정하는 특성이지요. 하지만 새로 도착한 이들에게 이런 건 당연한 가정이 아닐 수 있습니다. 우리는 이곳에서 일이 어떻게 돌아가는지 명확히 알려주고 지역사회와 소통하면서 그들이 신뢰를 키워갈 수 있도록 도와줘야 합니다. 우리에게는 진실이 드러나는 순간들이 많이 있고 모두가 자신의 몫을 해야 하지요."

고먼은 새로운 이민자들과 본래 미네소타에서 태어난 주민들 모두가 같은 팀에 있는 것처럼 행동해야 한다고 결론지었다. "유럽의 많은 나라가 이민자들을 주류 문화에 통합하는 데 실패해서 비싼 대가를 치렀습니다. 우리는 그와 같은 실수를 하지 않도록 많은 주의를 기울여야 합니다. 가장 중요한 것은 우리가 함께하는 미래가 분리와 고립으로 점철된 미래보다 바람직하다는 믿음을 확립하는 것이지요."

이는 대단히 중요한 이야기다. 흔히 모든 정당이 피하려고 하지만 더 이상 그럴 수 없는 문제다. 이제 미네소타와 같은 주들은 혼란의 세계에서 충격을 받은 나라들로부터 대규모 이민이 유입되고 있기 때문이다. 바로 그 때문에 이곳과 비슷한 지역사회에서 어떤 일이 일어나고 있는지가 대단히 중요하다. 그리고 아이태스카와 같은 혁신적인 사회조직들이 공동체가 잘 작동하는 데 결정적으로 중요해진다.

하지만 나를 낙관론자로 그려도 좋다. 미니애폴리스나 세인트루이스파크 출신이라면 누구나 그렇게 이야기하겠지만 이 지역에서 가장 즐겨하는 야외의 소일거리 가운데 하나가 트윈시티를 점점이 이어주는 호수들 주위를 걷는 것이다. 호수들 대부분이 아름다운 오솔길과 자전거 길로 이어져 있다(시장실에 따르면 미니애폴리스에는 시가 관리하는 호수 22곳과 공원 170곳이 있는데 공원에서 여섯 블록 넘게 떨어져 사는 주민은 한 명도 없다). 말했듯이 이 호수들은 트윈시티의 거대한 믹서기 중 하나다. 소득 수준과 인종, 사회 계층과 상관없이 모두가 여러 호수의 둘레를 걷는다.

2016년 봄 어느 날 나는 아내와 친구들과 함께 시더 호수를 걷다 이 지역 아프리카 난민 사회의 지도자 3명과 마주쳤다. 2명은 소말리아, 1명은 에티오피아에서 왔는데 그중 한 사람은 미네소타 대학교 세미나에서 만난 적이 있었다. 그들은 이 따뜻한 5월의 오후에 우리와 똑같이, 그리고 지난날 어머니와 내가 여러 해 동안 수백 차례 걸었던 것과 똑같이 공원 길을 따라 걷고 있었다. 가끔씩 소말리아 여성들이 무리를 지어 지나간다. 호숫가를 걷고 있는 그녀들은 전통적인 소말리아 로브(길고 헐거운 겉옷—옮긴이)와 히잡 차림이지만 아래쪽으로 매우 현대적인 나이키 워킹화가 삐져나오는 모습을 볼 수 있다. 마치 윙크라도 하는 것처럼 보인다.

만일 내가 내기를 걸어야 한다면 나는 이 호수들에 걸 것이다. 나는 여전히 이 공동체의 핵심을 이루고 있는 기본적인 관대함을 믿어보려고 한다. 그 관대함이 널리 퍼져서 배제되고 낙오된 사람들을 포용할 수 있고, 그러한 포용이 서로 주고받는 것이 되리라는 데 내기를 걸어보려고 한다. 그중 어느 것이 '필연적'이어서가 아니라 희망을 거는 사람들을 너무나 많이 만나보았기 때문이다.

식탁에 둘러앉기

그러나 그 일은 '가정의 식탁'에서 시작할 때에만 제대로 될 것이라고 아이태스카의 공동 설립자이자 매킨지 파트너인 팀 웰시가 말했다.

"우리가 아이태스카에서 발견한 것은 가정의 식탁이 무척 중요하다는 것입니다. 어떤 문제들을 정말로 다루기 어려울 때 우리는 핵심적인 역할을 하는 모든 사람을 문자 그대로 누군가의 식탁으로 불러 모으지요." 2006년에 아이태스카는 회원인 찰리 젤Charlie Zelle의 집 식탁에서 토론을 거친 다음 당시 폴렌티 주지사의 운송법 거부권 행사를 뒤집어달라고 의회를 설득했다. 그 자리에는 자신이 소속된 당의 현직 주지사에 반대표를 던지려는 공화당 핵심 의원들도 참석했다. 그때 젤은 이 지역 버스 회사인 제퍼슨 라인스Jefferson Lines의 사장 겸 최고경영자였다.

웰시는 아이태스카가 그런 일을 정기적으로 한다고 말했다. "나는 우리 집 식당으로 차세대 지도자들을 두 차례 초대해 저녁 식사를 하며 우리 세대가 바라는 미네소타의 미래에 관해 이야기했습니다. 모두 함께 식탁에 둘러앉아 토론한 다음에 그들은 어떤 깨달음을 얻고 집을 나섭니다. 이 지역사회에는 그가 단지 개인 차원에서 생각한 것과 같은 (모두가 더 좋은 기회를 갖는 안전한 공동체를 만들고 싶다는) 바람을 가진 다른 지도자들이 있다는 걸 깨닫고 가는 것이지요. 그것은 자아와 자신의 정치적 관점을 문간에서 점검해보는 일입니다."

아이태스카 프로젝트를 단지 시민의식을 가진 개인들이 좋은 뜻을 가지고 모인 또 하나의 그룹 정도로 생각하기 (그리고 잊어버리기) 쉬울 것이다. 하지만 결코 그렇지 않다. 사실 나는 아이태스카가 가속의 시대에 (기업, 정부 그리고 핵심 시민단체 간의) 대화와 공동체 건설이 어떻게 이뤄질 수 있을지 보여주는 모델이 될 수 있다고 주장하려 한다. 그것은 당파적인 이념이나 뿌리 깊은 이해관계에 얽매이지 않는 (기민하고 혼성적이고 이질적이며 다양하고 사실에 기초한) 대자연의 킬러 앱에 따라 움직이고 있다.

실제로 아이태스카는 전적으로 21세기형 네트워크다. 이 그룹에는 어떤 내규나 이사회, 집행 임원, 최고경영자, 사무 공간도 없다. 어떤 형태의 공식적인 조직도 없는 것이다. 웹사이트는 우스울 정도로 어설프다. 실제로 이 그룹은 해야 할 일이 있을 때에만 존재할 필요가 있다고 스스로 밝힌다. 이 그룹을 '프로젝트'라고 부르는 것도 그 때문이다. 아이태스카는 대부분 자원봉사자들로 구성되어 있다. 봉사자들은 기업, 정부, 비영리단체를 비롯해 지역사회의 거의 모든 부문에서 온 매우 높은 선임자급 지도자들이다. 상근 직원이라고는 매킨지에서 아이태스카에 파견한 프로젝트 매니저 2명밖에 없다. 직원이 거의 없기 때문에 자원한 리더들이 실제로 일을 한다. 이 그룹은 매주 금요일 오전 7시 30분에 90분 동안 만나는 추진팀을 통해 스스로를 관리한다. "맞습니다. 아주 높은 고참급 봉사자들이 거의 매주 금요일 아침에 만나지요." 웰시가 말했다. "그들 모두 이 회의가 자신의 일정표에 있는 가장 흥미로운 회의 중 하나라며 '정말로 고대하는' 만남이라고 이야기합니다." 그처럼 특이한 구조에도 불구하고 아이태스카는 2003년 이후 트윈시티 지역의 경제와 시민사회의 활력을 높이는 데 실질적인 기여를 해왔다고 웰시는 주장했다. 아이태스카는 주의 운송 기반 시설을 성공적으로 발전시키고, 소수 인종을 포용하는 데 힘쓰며, 손드라 새뮤얼스와 메이카오 항 같은 사람들과 함께 최고경영자를 대상으로 다양성 교육을 실시한 것 외에도 다음과 같은 일을 했다.

- 이 나라에서 가장 혁신적인 인력 개발 계획 중 하나인 '리얼 타임 탤런트'를 출범시켰다. 이를 통해 중등교육 후 과정을 밟고 있는 40만 명 넘는 학생들의 교육·훈련을 미네소타주 내 고용 기업들이 요구하는 기술과 연결시킨다(웹사이트 Real-TimeTalentMN.org).
- 대기업들의 구매 기능과 잠재적인 공급 업체인 지역 내 소기업들 간 연결을 촉진하는 '비즈니스 브리지'를 만들었다. 그런 노력의 결과로 참여 기업들은 2년 안에(목표한 시점보다 1년 빨리) 납품 업체인 지역 기업들에 약 10억 달러를 추가로 썼다.
- 고등교육에 더욱 적극적으로 투자해야 하는 이유를 논리적으로 뒷받침했다. 기업과 고등교육 기관의 지도자들 간 관계를 강화하고, 점진적인 수준 이상의 투자 확대를 정당화하기 위해 사실에 기초한 일련의 조사 결과를 활용했다. 아이태스카가 조직한 연합은 주 내에서 연간 2억 5,000만 달러 이상 교육 투자를 늘리도록 도움을 주었다.

이는 아무런 예산도 사무실도 헌장도 없고 사실상 인터넷 노출과 직원도 없는 가운데 일단의 사람들이 한 일로는 나쁘지 않은 성과다. 이

프로젝트가 쌓은 신뢰는 엄청나다. 사람들이 누군가의 집 식탁에 둘러앉아 토론하고 공동체가 앞으로 나아가도록 밀어주기 위해 할 수 있는 일에 집중함으로써 신뢰를 쌓을 때 어떤 일이 벌어지는지 보면 놀랍다. 물론 그 과정에서 의견 불일치와 관점의 차이도 나타난다. 중요한 건 그러한 차이들을 해소해 앞으로 나아갈 수 있을 때까지 그 식탁에서 일어나지 않는다는 점이라고 웰시는 말했다. 여기서 인기를 노리는 일은 허용되지 않는다.

웰시는 이렇게 결론 내렸다. "신뢰는 저절로 나타나지 않습니다. 그것을 얻으려면 노력이 필요합니다. 수많은 사람이 계속해서 참여하며 끈질기게 노력해야 하지요. 그건 그저 마법처럼 일어나는 일이 아닙니다."

제4부
신뢰의 닻

Thank You

for Being Late

14   이상적 공동체를 위하여

이 책을 지금 쓴 건 우연이었다. 하지만 그것은 언젠가는 이루어질 우연이었다.

　이 책을 이루는 많은 생각은 한동안 내 머릿속을 휘젓고 다녔지만 내가 우연히 한 주차관리원을 만나고 나서야 그 모든 생각을 한데 모아서 정리해야겠다는 결심을 하게 됐다. 그건 도브 사이드먼이 말한 대로 '성큼성큼 걷다가 멈추는' 것이었다. 멈춰 서서 곰곰이 생각하고 더 많은 사람이 이 가속의 시대에 혜택을 누릴 수 있도록 도와줄 더 나은 길을 상상해보려는 것이었다.

　내가 미네소타에서 세계로 나아가고 다시 미네소타로 돌아오는 여정에서 개인적·철학적·정치적으로 예상하지 못한 것들을 얼마나 많이 배우게 되었는지를 생각하면 참으로 놀랍다.

　앞서 언급했듯이 나를 미네소타와 세인트루이스파크의 고향으로 돌아오도록 잡아끌었던 것은 단지 이 지역의 특별했던 정치에 대한 학구적 관심뿐만이 아니었음을 잘 알고 있다. 내가 그곳으로 돌아간 건 지난

40년 동안 중동과 워싱턴 D.C.를 취재한 데 따른 일종의 반작용이었다. 나는 이 두 투쟁의 장들이 서로 얼마나 많이 닮았는지를 보았다. 그리고 그것들이 성장기의 나를 만들어준 곳과 닮은 점이 거의 없다는 것을 깨달았다.

나는 중동에서 시간을 보내면서 몇몇 예외는 있지만 그곳의 지배적인 정치 이념은 '우리는 약한데 어떻게 타협할 수 있는가? 우리는 강한데 왜 타협해야 하는가?' 하는 것으로 귀결된다는 걸 깨닫게 되었다. 수니파와 시아파, 쿠르드족, 이스라엘인, 아랍인, 페르시아인, 터키인, 팔레스타인인 할 것 없이 다 마찬가지였다. 그곳에서는 (우리가 살아가는 데 필요한 공동체의 더 높은 차원의 소명의식은 말할 것도 없고) 우리 모두가 '공동선'을 위해 타협하거나 '중간 지대'에서 타협한다는 개념 자체가 아예 없었다. 그래서 해외에서 13년을 보내고 1988년 워싱턴으로 돌아왔을 때 나는 미국을 재발견해보겠다는 열의를 갖고 있었다. 하지만 30년 가까이 워싱턴에서 취재하면서 한 해 한 해가 지나갈 때마다 미국 정치가 점점 더 내가 떠나온 중동을 닮아간다는 걸 알게 되었다. 민주당과 공화당은 서로를 마치 수니파와 시아파, 아랍인과 페르시아인, 이스라엘과 팔레스타인 사람처럼 대하고 있었다. 두 진영은 스스로 자신과 상대를 분리하고 서로를 비난하며 결국은 자기 자녀가 '그들'의 자녀와 절대 결혼하지 않기를 바라는 충격적인 상황에 이르게 되는 것이다.

이는 끔찍한 일이며 우리에게 가장 좋지 않은 시기에 완전히 맥 빠지게 하는 일이다. 우리가 해야 할 일은 너무나 많다. 우리는 많은 분야에서 가속적인 혁신을 이뤄야 하며 이는 지속적인 협력과 신뢰가 있어야만 가능한 일이다.

그래서 나는 앞서 말했듯이 내 뿌리인 미네소타로 돌아갔다. 적어도 내가 기억하는 미네소타는 사람들이 '공동선'에 기초한 정치를 하고 신뢰 관계가 예외적이 아니라 일반적인 곳이었다. 나는 그런 곳이 여전히 존재하는지 확인해보고 싶었다. 그곳은 확실히 과거에 비해 더 복잡해졌지만 나는 그다지 실망하지 않았다. 그 이유는 지금까지 설명한 그대로다.

내가 얻은 가장 중요한 정치적 교훈은 그곳에서 더욱 포용적인 세인트루이스파크와 미네소타를 건설하기 위해 쏟고 있는 노력들이 (그 지역에 사는 사람들뿐만 아니라 오늘날 미국의 모든 지역사회에) 무척 중요하다는 사실이다.

우리가 목격한 추세들 중 몇 가지를 되짚어보자. 미국에는 지금 약 5,000만 명의 학생들이 12학년제 공립학교에 다니고 있으며 2015년에 역사상 처음으로 소수 인종 학생들이 다수를 차지하게 되었다. 그들은 주로 아프리카계 미국인, 히스패닉, 그리고 아시아인이었다. 또한 2016년에는 급식비 감면을 받는 학생 수가 사상 최대에 이르렀다. 조지타운대학교 교육고용센터 보고서는 2020년까지 전체 일자리의 65퍼센트가 중학교 졸업 후 교육과 고등학교 수준을 넘어서는 훈련을 요구하게 될 것으로 예측했다. 그리고 2013년에 나온 옥스퍼드 대학교 마틴스쿨의 연구는 미국의 일자리 가운데 47퍼센트가 앞으로 20년 안에 컴퓨터에 넘어갈 가능성이 높다고 결론지었다.

이 숫자들이 우리에게 말해주는 것은 지금과 같은 가속의 시대에는 모두가 평생학습을 통해 실력을 길러야 한다는 점이다. 이 숫자들은 더 이상 어떤 아이도 뒤처지게 해서는 안 된다는 점을 우리에게 일깨워준다. 또한 앞으로 다원주의가 그 어느 때보다 중요해지리라는 걸 우리에게 말해준다. 지금의 추세가 이어지면 미국은 앞으로 25년 안에 유색인이 다수를 차지하는, 그러나 인종 문제들은 여전히 해결되지 못한 나라가 될 터이기 때문이다. 우리는 바로 지금 지진의 초기 단계 충격을 느끼고 있으며 혼란의 지대를 탈출하는 이주자들이 늘어남에 따라 이 문제는 전 지구적으로 더욱 심각해질 것이다. 그러므로 진정으로 '다수에서 하나를' 만들 수 있는 사회는 더 많은 혁신을 이루는 건 물론이고 정치적으로도 훨씬 더 안정될 것이다.

이 숫자들이 우리에게 말해주는 것은 또한 리더십이 그 어느 때보다 중요하지만 그중에서도 한 가지 특별한 리더십이 무엇보다 중요하다는 점이다. 전국적인 차원과 지역적인 차원에서 포용과 적응을 촉진할 수 있는 리더십이 필요하다. 그것은 날마다 이렇게 자문하는 리더십이다. "나는 어떤 세계에 살고 있는가? 나는 어떻게 해서 가속의 시대에 직면하는 도전과 기회에 걸맞게 추진력과 명민함을 가지고 끊임없이 최선의 관행을 만들어가는 일에 참여하게 되었나?" 그것은 또한 사람들에게 지금 이 시대에 관한 진실을 알려주는 리더십이다. 단지 열심히 일하고 규칙을 따르는 것만으로는 더 이상 품위 있는 삶을 만들어가는 데 충분하지 않다는 걸 말해주는 것이다. 바로 그 때문에 이제 리더십은 개인적인 차원에서 더욱 중요하다. 1960년대의 미네소타 같은 곳에서는 등 뒤에서 부는 바람처럼 추진력을 더해주는 요인들이 많아서 '실패를 하려고 해도 일부러 계획을 해야' 할 정도였다. 하지만 더 이상은 그렇지 않다. 이제 성공하기 위한 계획이 필요하며 무엇보다 평생학습과 기술 향상을 위한 계획이 필요하다. 그것은 우리가 개인적으로 더욱 많은 리더십을 가져야 하며 모두가 자신의 미래에 대한 주인정신과 '내 안의 창업'을 위한 마음가짐을 가져야 한다는 걸 의미한다.

미국은 말할 것도 없고 우리들 중 누구도 그런 리더십을 보여주기에 너무 늦은 것은 아니다. 그러나 환경운동가인 데이나 메도스(Dana Meadows)가 기후변화를 완화하는 일에 관해 말했던 것처럼 "우리는 딱 맞게 충분한 시간을 갖고 있다. 지금부터 시작한다면" 말이다. 그리고 한순간도 허비할 수 없다. 모든 나라, 모든 분야, 모든 사람에게 실수나 지연을 허용하는 여유는 갈수록 줄어들고 있기 때문이다. 다시 한 번 말하지만, 세계가 빠르게 바뀔 때 진로에서 벗어나면 지도자, 교사, 학생, 투자자, 근로자로서 당신은 아주 멀찍이 뒤떨어지고 만다. 대시장, 대자연, 그리고 무어의 법칙이 모두 지금처럼 가속화할 때에는 항해 중에 작은 실수만 해도 심각한 결과를 초래한다.

마지막으로 철학적으로 말하자면 나는 사람들이 이 가속의 시대에 복원력과 추진력을 갖도록 돕기 위한 가장 좋은 방안들은 대부분 어디에서 간단히 내려받을 수 있는 것이 아니라 옛날 방식으로 한 사람이 다른 한 사람을 도와주는 것임을 알고 놀랐다.

나는 이 책을 쓰기 위해 했던 인터뷰들을 전부 다시 검토하면서 모든 젊은이의 인생에서 그들을 보살펴주는 어른이나 멘토를 갖는 것이 결정적으로 중요하다는 말을 얼마나 다양한 맥락에서 여러 번 들었는지 생각해본다. 월마트에서 첫 일자리를 얻으려고 지원하는 사람에게든 아니면 월마트를 경영하는 사람에게든 조언자가 있다는 것이 중요하다는 말을 얼마나 많이 들었는가? 사람들이 성공을 위해 필요한 자질로써 자발적인 동기부여와 실행력, 그리고 경력이나 교육을 스스로 이끌어가는 마음가짐이 중요하다고 강조하는 말을 얼마나 여러 번 들었는가? 미래에 가장 높은 소득을 올리는 일은 뛰어난 과학기술적 기능과 다른 이들과 공감하는 능력을 결합한 공감형 기술직 일자리임을 알게 된 것은 얼마나 흥미로운가? 닭장을 지어주거나 나무를 심고 텃밭을 일구는 것과 같은 단순한 일이 혼란의 세계에 속하는 어떤 지역을 안정시키는 데 가장 중요한 일일 수 있다는 건 얼마나 역설적인가? 우리 모두가 황금률을 그 어느 때보다 더 멀리, 그리고 더 넓게 확산시키는 것이 국가 안보와 개인의 안정에 긴요한 일이 되리라고 누가 생각이라도 했겠는가? 개인들이 이토록 강력한 힘을 가지면서도 서로에게 더 의존하게 될 때 우리의 이웃이나 낯선 이, 난민, 이민자의 얼굴을 들여다보고 그 안에서 형제나 자매의 얼굴을 볼 수 있는 것이 더욱 절실해졌음을 누가 부인할 수 있는가? 아랍의 봄에 튀니지가 성공할 수 있었던 것은 휴대폰이나 페이스북 친구들이 아니라 다른 아랍 국가들보다 조금 더 강한 '시민사회' 덕분이었다는 사실을 누가 무시할 수 있는가? 얼마나 많은 사람이 각기 다른 상황에서 모든 좋은 일을 가능하게 해주는 진정한 조력자로서 상호 간의 '신뢰'가 중요하다고 이야기했는가? 건강한 공동체를 건설하는 열쇠가 가정집의 식탁에 있다고 그 누가 생각했는가? 바로 그 때문에 의무감인 머시가 오늘날 미국에서 가장 심각한 질병이 무엇이냐는 물음에 주저 없이 이렇게 대답한 것이다. "그것은 암이 아닙니다. 심장병도 아니지요. 그건 바로 '고립'입니다. 오늘날 그토록 많은 사람이 경험하는 고립은 우리 삶에서 가장 큰 병리현상입니다." 얼마나 역설적인가? 우리는 인류 역사상 기술적으로 가장 잘 연결된 세대다. 하지만 더욱 많은 사람들이 그 어느 때보다 더 고립감을 느낀다. 이는 앞서 머시가 가장 중요하지만 가장 부족한 연결은 사람과 사람 사이의 연결이라고 한 주장을 뒷받침해주는 것이다.

오해하지 말기 바란다. 기술은 우리가 더 생산적이고 더 건강하고 더 많이 알고 더 안전해질 수 있도록 참으로 많은 도움을 준다. 나는 이 책을 쓰려고 조사를 하면서 발견한 똑똑한 도우미들에게 경외심을 느낀다. 그리고 그토록 많은 사람이 가난에서 벗어나고 재능을 발견할 수 있게 해주고 우리가 실제로 모든 문제를 풀어갈 수 있도록 해주는 그 도우미의 잠재력에 감탄한다. 나는 결코 기술을 두려워하는 사람이 아니다. 그러나 이러한 기술들이 우리가 이처럼 깊숙한 인간의 관계를 맺어주고, 열망을 다루며, 에너지를 발휘하게 해주는 것을 가로막지 않도록 할 때에만 우리는 그 기술에서 가장 큰 혜택을 얻을 수 있다. 그리고 그렇게 할 수 있느냐 없느냐는 우리가 간단히 컴퓨터에서 내려받을 수 없는 것들에 달려 있다. 그것은 코치의 하이파이브, 멘토의 칭찬, 친구의 포옹, 이웃의 손 인사, 경쟁자의 악수, 전혀 부탁하지 않았는데도 낯선 이에게서 받게 된 친절의 표시, 그리고 정원의 냄새가 주는 느낌 같은 것들이다.

나는 바로 지금 우리가 경험하고 있는 현기증 나는 가속의 순간에 선진국과 개발도상국에서 일하는 근로자들이 단 한 걸음만 더 내디디면 기계나 로봇이 자신의 일을 쓸모없는 것으로 만들어버리는 세상에 이르리라고 느끼고 있다는 사실을 깨닫는다. 이러한 전환기에는 사람들이 이미 얻은 것이나 앞으로 얻을 것들보다는 자신들이 잃을 것을 분명히 알아보기가 훨씬 더 쉽다는 걸 이해한다.

그러나 지금은 훨씬 더 많은 사람이 더 저렴하고 강력한 도구들을 가지고 발명하고, 경쟁하고, 창조하며, 협력할 수 있는 역량을 갖추었다. 이런 도구들은 우리가 사회적 상호작용과 상업적 거래, 그리고 정부와의 소통을 최적화할 수 있도록 해준다. 이런 상황에서 나는 우리가 이 세계의 큰 사회적 문제나 건강 문제를 풀 능력을 개발할 수 없을 것이라는 말은 도저히 믿을 수 없다. 그리고 그 과정에서 똑똑한 기계들 덕분에 인간의 역량이 강화되면서 우리가 더 강한 복원력과 높은 생산성을 통해 지금보다 번영할 수 있는 길을 찾을 수 있다고 믿는다.

물론 지금 바로 그것을 확인하기는 어렵다. 뉴욕의 거리를 걷기에 가장 위험한 시기는 자동차가 처음으로 도입되었지만 아직 말과 마차가 완전히 사라지지 않고 있던 때였다. 우리는 지금 그와 같은 전환기에 있다. 그러나 나는 우리가 필요한 사회적 기술들을 개발하기 위해 최소한의 정치적 협력을 이룰 수만 있다면, 그리고 경제를 계속해서 개방적으로 유지하고, 모두를 위한 교육 시스템을 계속해서 향상시킬 수만 있다면 그 어느 때보다 많은 이들이 더 나은 삶을 누리게 될 것이라고 확신한다. 그렇게 되면 21세기의 후반은 굉장히 살기 좋은 시대가 될 수 있을 것이다. 전환기를 거치는 건 쉽지 않을 것이다. 그러나 인류는 전에도 여러 차례 이런 전환을 이뤄냈으며 다시 그 일을 할 수 있다고 믿는다. '할 수 있다'는 것이 '할 것'이라는 걸 뜻하지는 않는다. 하지만 분명한 것은 '할 수 없다'는 걸 의미하지는 않는다는 점이다.

미네소타에서 나무가 자란다

이제 말 그대로 출발한 곳에서 정말로 이야기를 마무리하려 한다.

2015년 여름에 자료 조사를 하러 고향에 돌아갔을 때 나는 차를 몰고 세인트루이스파크의 옛집을 가보았다. 웨스트 23번가 6831번지에 있는 그 집은 1956년 부모님이 미니애폴리스 북부에서 옮겨 오면서 처음으로 살았던 집이다. 나는 한동안 그곳에 가보지 않았지만 한번 들러보기로 했다. 어떻게 보면 소박한 집들이 밀집해 있는 그 동네가 1970년대에 내가 대학에 가고 일자리를 얻기 위해 우리 집을 떠났을 때와 놀라울 정도로 같아 보였다. 우리 집은 여전히 밝은 파란색 페인트로 칠해져 있었다. 그러나 뭔가 달라졌다는 생각도 들었는데 처음에는 그게 뭔지 명확히 말할 수 없었다. 옛날에 살던 동네는 전체적으로 낯이 익었지만 조금은 낯설었다. 그 이유를 알아내는 데에는 시간이 조금 걸렸다. 그러다 결국 생각이 났다. 바로 나무들 때문이었다.

내가 작고 앙상했을 때 그 나무들도 작고 앙상했다. 내가 자랄 때 그곳은 활기찬 새 동네였다. 그런데 반세기가 지난 지금 모든 나무가 높이 자랐고 굵어졌으며 긴 가지에 이파리가 무성했다. 나무들이 무성해서 동네가 훨씬 더 그늘져 보였다.

그 나무들과 나는 모두 같은 토양에서 자라났다. 이번 여행에서 내가 얻은 가장 중요한 개인적·정치적·철학적 교훈이 이 책에 담겨 있다. 그것은 세계가 우리들에게 가지를 더 많이 뻗으라고 요구할수록 우리는 각자 신뢰의 토양에 더 깊이 뿌리내려야 한다는 것이다. 우리는 그 토양에서 풍요로워져야 하며, 다시 그 토양을 기름지게 만들어야 한다.

그 처방을 내리기보다 실행하기가 어렵지만 그것은 우리 시대의 사명이며 우리 세대의 과제다. 우리가 고향이라고 부르는 곳과 진정한 공동체에 여전히 결속되어 있다는 걸 알면 먼 곳으로 대담하게 나아가기가 (단지 거리상 더 멀리 갈 뿐만 아니라 기꺼이 실험을 하고 위험을 안고 다른 이들에게 다가가기가) 훨씬 더 쉽다. 미네소타와 세인트루이스파크는 나에게 그런 곳이었다. 그곳은 나의 닻이었고 돛이었다. 나는 여러분이 성큼성큼 걷다 잠시 멈추고 자신의 닻을 찾을 수 있도록 이 책이 어떤 영감을 줄 수 있기를 바란다.

그리고 그 때문에 조금 늦더라도 걱정하지 말기 바란다.

감사의 말

내가 이 책을 쓸 수 있도록 너무나 많은 사람들이 관대하게 자기 시간과 통찰을 나누어주었다. 진심으로 그들에게 감사를 표하고 싶다.

누구보다도 먼저 「뉴욕타임스」 회장이자 발행인인 아서 설즈버거 주니어Arthur Sulzberger Jr., 그리고 내가 이 책을 쓰고 있을 당시 논설실장이었던 앤디 로즌솔Andy Rosenthal에게 다시 한 번 감사한다. 그들은 내가 이 작업의 토대인 그 모든 조사와 인터뷰를 할 수 있도록 칼럼 쓰는 일을 절반으로 줄여주었다. 그러지 않았다면 이 책을 쓰는 건 불가능했을 것이다. 나는 1981년에 「뉴욕타임스」에 들어갔다. 이 신문은 여전히 세계에서 가장 훌륭한 신문으로 남아 있다. 이곳에서 나는 여러 다양한 임무를 맡으면서 참으로 많은 역사적 장면을 선두에서 지켜보고 여러 다른 상황에서 많은 여행을 하고 배울 기회를 가질 수 있었다. 40년 가까이 그런 기회를 갖도록 해준 아서와 작고한 그의 부친 아서 옥스 '펀치' 설즈버거Arthur Ochs "Punch" Sulzberger에게 영원히 빚을 졌다.

나는 운 좋게도 언론인 경력을 쌓는 동안 동반자로 삼을 수 있는 가장 훌륭한 친구들을 모아 작은 그룹을 만들 수 있었다. 다양한 생각을 놓고 그들과 의견을 주고받으며 날카롭게 벼려서 최종적으로 하나의 책 뼈대를 이룰 수 있는 수준까지 발전시켰다. 나는 이 책을 그들 모두에게 바쳤다. 하지만 이 책은 특별한 도움을 받았기 때문에 별도의 감사를 표한다.

내가 이 책을 구성하는 데 내 친구이자 선생님인 도브 사이드먼보다 더 많은 시간과 통찰, 그리고 격려로 도와준 이는 없다. 도브는 인간의 조건에 대한 참으로 독특한 관찰자이며 나는 그에게서 사람들과 조직과 가치에 관해 정말로 많이 배웠다. 이 책에 사이드먼의 말이 가장 많이 인용된 건 그 때문이다. 내 생각이 모양을 이뤄가는 과정에서 그가 미친 영향은 그 인용들을 훨씬 넘어선다. 우리가 끝없이 걷고 대화하는 중에 도브가 분명히 밝혀준 아이디어는 이 책 전체에 가득 차 있다. 도브 사이드먼을 친구로 둔 사람은 행운아다.

마이크로소프트의 고위 경영자였고 지금은 경영 코치인 크레이그 먼디는 내 선생님이자 친구로 내가 최신 세대의 기술 전반을 볼 수 있도록 가까이서 안내했다. 그는 내가 그 기술을 설명할 수 있을 만큼 확실히 이해할 뿐만 아니라 한 걸음 더 나아가 그것을 정확하게 설명할 수 있게 해주었다. 이 책은 크레이그가 도와준 나의 네 번째 책이다. 크레이그 먼디를 기술에 관한 개인 지도교사로 모시는 건 베이브 루스를 야구의 타격 코치로 모시는 것과 같다.

오랜 개인 지도교사에 대해 말하자면, 내 친구 마이클 샌델은 내가 낸 책에 일곱 차례나 그의 통찰을 보태주었다. 하지만 소년 시절에 미네소타의 유대인 학교 교실에서 공부할 때 그가 나와 함께 바로 그 자리에 있었기 때문에 이 책은 특히 의미가 있다. 건강한 공동체를 풍요롭게 하고 공동체에 의해 풍요로워지는 시민적 가치에 관한 샌델의 사상은 특히 값진 것이었다.

나의 이전 책『미국 쇠망론』의 공저자인 마이클 만델바움은 거의 매일 함께 뉴스에 관해 의논하고 그것을 이해하려고 하는 상대다. 그는 20년 넘게 자신의 생각을 나와 공유하고 내 생각을 예리하게 벼려주었다. 내가 지난 다섯 권의 책을 쓸 때 그랬던 것처럼 이 책에 들어갈 취재 내용을 들어주었으며 늘 내가 그 아이디어를 충분히 심사숙고할 수 있도록 친절하게 도와주었다.

『기계와의 경쟁』Race Against the Machine과『제2의 기계 시대』의 저자인 에릭 브린욜프슨과 앤드루 맥아피도 이 책에 언급한 것처럼 내 생각에 커다란 영향을 미쳤으며 그들의 통찰을 나에게 관대하게 나눠주었다.

그리고 물론 아옐레 보지아에게 진심 어린 감사의 말을 전한다. 이 책의 시동이 걸린 건 메릴랜드 주 베세스다의 공용 지하주차장 관리원인 그가 나를 멈춰 세워 그의 블로그를 어떻게 개선시킬 수 있는지 물어보았을 때부터였다. 그는 훌륭한 사람이며 언제나 자신이 태어난 나라 에티오피아를 모두를 위해 더 나은 곳으로 만들기 위해 싸우고 있다.

마리나 고비스는 이 책에 나오는 아이디어들에 관해 처음으로 이야기한 사람들 중 하나다. 그녀는 처음으로 팰로앨토에 있는 미래연구소에서 자신의 작은 보석 상자에서 꺼낸 것과 같은 주제를 놓고 나를 원탁회의에 초대했다. 고비스는 늘 자신의 통찰과 시간을 후하게 나눠주었다.

요한 록스트룀은 내가 스톡홀름에 있는 그의 멋진 연구소를 찾아갔을 때 친절하게도 나를 지구의 한계 지대로 두루 데리고 다녔다. 그는 또한 이 책 원고의 일부를 검토해주었다. 환경에 관한 그보다 더 나은 선생은 없다. 그때 스웨덴에 갔을 때 에릭슨으로 나를 초대해준 한스 베스트베리에게도 감사한다.

존 도어와 그의 동료인 빌 조이Bill Joy는 늘 그랬듯이 열린 마음으로 그들의 통찰을 나눠주었고 크로스컨트리 스키와 하이킹 길에서 내 생각을 검토해주었다. 야론 에즈라히도 내가 책을 쓰는 것을 일곱 차례나 도와주었다. 그는 나에게 새로운 것을 가르쳐주지 않은 적이 없었고 내가 이미 썼던 것들에 관해서도 더 깊이 생각해보라고 촉구했다. 앨런 코언Alan Cohan은 첨단 기술에 관해 지칠 줄 모르고 나를 가르쳤으며 중동에 관해서는 모셰 할베르탈Moshe Halbertal이 그렇게 해주었다.

그밖에도 나는 지난 2년에 걸쳐 수많은 사람과 대화를 나누었으며 그로부터 엄청난 도움을 받았다. 래리 다이아몬드, 에릭 바인하커, 리언 위절티어, 린 웰스, 로버트 워커, K. R. 스리다K. R. Sridhar, 사딕 일디즈, P. V. 캐넌, 케이본 베익포어, 조엘 하이엇, 제프 베저스, 와엘 고님, 난단 닐레카니Nandan Nilekani, 가우탐 무쿤다, 랍비 츠비 마르크스, 랍비 조너선 맬츠먼, 러스 미터마이어, 글렌 프리켓, 데니스 로스Dennis Ross, 톰 러브조이, 리처드 K. 밀러, 제프리 가튼Jeffrey Garten, 모이세스 나임Moises Naim, 칼라 디를리코프 커낼리스, 데이비드 로스코프David Rothkopf, 조너선 탤핀Jonathan Taplin, 데이비드 케네디, 자크 심스, 제프 와이너, 로라 블루멘펠트Laura Blumenfeld, 코피 아난, 피터 슈워츠Peter Schwartz, 마크 매든Mark Madden, 필 벅스바움, 빌 갤스토스Bill Galstos, 크레이그 차니, 애덤 스웨이든, 그리고 펜타곤의 총괄평가국 국장인 제임스 베이커James Baker가 그들이다. 내가 정치부터 윤리, 기후, 지정학에 이르기까지 모든 것에 대해 더 현명하게 생각할 수 있도록 시간을 나눠준 데 대해 그들 한 사람 한 사람에게 감사한다.

옥스퍼드 대학교 이언 골딘Ian Goldin은 마틴스쿨에 나를 초대해 사흘 동안 강한 자극을 받을 수 있게 해주었고 갈 버트Gahl Burt는 베를린의 아메리칸 아카데미에서 같은 일을 해주었는데 진심으로 감사한다.

런던에 있는 매크로 어드바이저리 파트너스Macro Advisory Partners의 네이더 무사비자데Nader Mousavizadeh와 동료들이 언제나 어떤 주제에 관해서든 토론할 수 있도록 해준 데 큰 소리로 고맙다고 말하고 싶다.

바이런 어거스트, 캐런 초프라, 스테퍼니 샌퍼드, 그리고 데이비드 콜먼이 관대하게 개인지도를 되풀이해주지 않았다면 나는 교육에서 직업으로 넘어가는 경로를 결코 이해하지 못했을 것이다. 그들은 교육과 직업 사이의 관계에 관해 생각하는 사람들로서는 단연 최고의 팀이다. 그리고 알렉시스 링월드가 런업LearnUp에서 다루는 주제에 관한 통찰을 공유하고 엘리오노라 샤레프가 하이어아트HireArt를 공동 창업하면서 배운 것들을 가르쳐 준 데 대해 특별히 감사한다.

미네소타에서 나는 시간을 내 통찰을 나눠준 월터 먼데일 전 부통령, 고 빌 프렌젤, 앨 프랭컨 상원 의원, 에이미 클로부처Amy Klobuchar 상원 의원, 샤론 이즈빈, 웬디 젤킨 로젠스타인, 그리고 노먼 온스타인에게 큰 빚을 졌다. 그리고 나를 초대해주었을 뿐만 아니라 오늘날 미네소타의 정치에 관해 가르쳐주고 이 책의 일부를 검토해준 미네소타 대학교 험프리스쿨의 래리 제이컵스Larry Jacobs에게 특별히 큰 감사를 전한다. 나는 또한 많은 사람들을 소개해주고 이 책의 일부를 읽고 생각을 공유해준 미니애폴리스 매킨지 앤드 컴퍼니의 팀 웰시와 동료들, 그리고 줄리아 실비스Julia Silvis에게 많은 빚을 졌다. 그들은 나를(메이카오 항, 브래드 휴잇, 마이클 고먼, 그리고 메리 브레이너드 같은) 적합한 사람들에게 소개해주고 아이태스카 프로젝트를 이해할 수 있게 도와주었다. 손드라 새뮤얼스는 노스사이드 성취 지대가 하는 훌륭한 일과 그녀와 아이태스카의 중요한 협력 관계에 관해 참을성 있게 가르쳐주었다. 세인트루이스파크 지역의 교육감인 롭 메츠와 고등학교 교장인 스콧 마이어스는 내가 그들의 학생들과 동료들을 만나도록 주선하고 그들 자신의 통찰을 공유하며 엄청난 도움을 주었다.

　세인트루이스파크 역사협회를 이끌어가는 진 앤더슨에게도 특별한 감사를 보낸다. 진은 이 지역사회의 흥미로운 인물들을 만나게 해주었다. 나는 그녀의 역사 서술에 의존했으며 그녀는 친절하게도 내 최종 원고를 검토해주었다. 그 모든 도움에 깊이 감사한다. '칠드런퍼스트'의 조정자인 캐런 앳킨슨에게도 똑같이 감사를 표한다. 그녀는 세인트루이스파크의 소말리아인 사회의 훌륭한 구성원들을 소개해주었고 그녀의 통찰을 나눠주었다. 폴과 수전 리니, 그리고 역사협회 이사회의 다른 구성원들도 마찬가지였다.

　내 고등학교 심화학습 미국사 선생님인 마저리 빙엄과 영어 선생님 밈 캐골은 내가 교실을 떠난 지 40년이 지난 지금도 나를 가르쳐주고 있다. 세인트루이스파크 고등학교의 어제와 오늘을 이해할 수 있게 도와준 그들에게 정말로 감사한다. 비범한 선생님이자 평생 친구인 그들과 함께할 수 있어서 얼마나 큰 행운인지 모르겠다. 세인트루이스파크 시장인 제프 제이컵스와 제이크 스패노, 행정 책임자 톰 하머닝과 짐 브리마이어, 그리고 기술책임자 클린트 파레스는 같이 이야기하고 배우기에 참 재미있는 사람들이다.

　특별히 고맙다는 인사를 전한다. 내 어릴 적 친구인 프레드 애스트런에게도, 그는 내 원고 중 일부를 주의 깊게 읽고 그의 통찰을 보태주었다. 펜실베이니아 애비뉴 포커 클럽의 다른 회원들(마크 그린, 하워드 카프, 스티브 트래거, 그리고 제이 골드버그)도 평생 우정을 간직하며 나를 도와주었다. 우리는 모두 세인트루이스파크 시절부터 50년 넘게 친구로 지냈다. 일요일 아침이면 나와 브래드 레어먼은 각자 아버지와 함께 볼링을 했는데 그는 기꺼이 옛날 살던 동네에 대한 생각을 이야기해주고 내가 홀로 볼링을 친 적이 없다는 걸 확인해주었다.

그리고 늘 그랬던 것처럼 나의 절친한 벗 켄 그리어와 그의 아내 질은 맨 처음 이 작업에 관해 듣고 격려해주었고 자주 미니애폴리스의 호수들 중 한 곳을 돌며 나와 이야기를 나누었다. 그들과 의견을 나누는 것보다 더 재미있는 일은 없다.

기업 쪽에서는 AT&T를 이끄는 랜덜 스티븐슨과 그의 동료 존 도너번, 랠프 드 라 베가, 빌 블레이즈, 그리고 크리슈 프라부에게 크게 감사한다. 스티븐슨은 AT&T의 인적자원 정책과 최신 기술에 관한 그들의 생각을 들려주었다. 내가 오늘날 직업의 세계를 이해하는 데 엄청나게 유익했다. 존 도너번은 지구상의 어느 곳에 있든 내 보충 질문에 전부 답을 해주었다. 그의 식대로 말하자면 전화가 따르릉 울리자마자 받아준 것이다.

데이비드 욘과 존 E. 켈리 3세를 비롯한 IBM의 왓슨팀은 내가 그 회사를 두 차례 방문했을 때 왓슨의 지혜를 이해할 수 있도록 참으로 친절하게 도와주었다.

구글에서는 특히 X 혁신센터를 이끄는 애스트로 텔러에게 빚을 졌다. 애스트로가 즉석에서 그려준 간단한 그래프는 이 책의 핵심적인 주제가 되었다. 그가—그리고 그의 동료 코트니 혼Courtney Hohne과 글래디스 히메네스Gladys Jimenez가—내가 제대로 이해했는지 확인하는 치밀함을 보여준 것은 참으로 인상적이었다. 내가 여러 차례 유다시티를 찾아갔을 때 교육 문제에 관해 많은 걸 가르쳐준 서배스천 스런에게도 대단히 감사한다.

내 친구 앤디 카스너는 나를 애스트로와 만나게 해주었을 뿐만 아니라 이 책과 칼럼 곳곳에 쓸 수 있도록 모든 방면에 걸친 아이디어를 내주었다. 아이디어를 놓고 앤디와 신나게 토론하는 건 나의 가장 큰 즐거움 중 하나다.

인텔에서는 고든 무어, 브라이언 크르자니크, 빌 홀트, 마크 보어, 그리고 로버트 마네타Robert Manetta가 더할 나위 없이 큰 도움을 주었다. 페이스북의 엘리엇 슈라지Elliot Schrage, 그리고 그의 동료 댄 마커스와 저스틴 오소프스키는 값진 통찰로 가득 찬 사람들이었다. 톰 우젝과 칼 바스는 오토데스크에서 굉장한 하루를 보내도록 초대해주었다. 매킨지 앤드 컴퍼니 글로벌연구소의 제임스 마니카와 그의 동료 수전 런드, 리처드 돕스, 조너선 워첼Jonathan Woetzel, 그리고 봄베이의 알록 크쉬르사가는 이 책의 여러 부분에 걸쳐 내용을 풍부하게 해주는 훌륭한 자료를 제공해주었다. 특히 제임스는 어떤 주제에 대해서든 내가 통찰을 얻으려고 급하게 연락하면 어김없이 답을 주었다.

마이크로소프트에서는 빌 게이츠, 사트야 나델라Satya Nadella, 브래드 스미스Brad Smith, 그리고 조지프 시로쉬가 모두 이 책을 쓰는 동안 내내 내 생각을 풍부하게 해주는 아이디어들을 공유해주었다. 휼렛패커드 엔터프라이즈의 멕 휘트먼과 하워드 클래보Howard Clabo는 그들의 사고와 혁신의 세계로 나를 안내하는 대단한 친절을 베풀었다. 제너럴일렉트릭에서는 나와 아이디어를 공유해준 윌리엄 루와 메건 파커, 그리고 그들이 나에게 소개해준 GE 기술자들 모두에게 크게 감사한다. 월마트에서 더그 맥밀런, 닐 애시, 댄 토포레크와 동료들은 내가 월마트의 모바일 앱을 이용해 텔레비전을 사려고 할 때 막후에서 일어나고 있는 모든 디지털 상호작용을 정확히 보여주었다. 그들은 또한 아칸소 주 최고의 갈빗집을 나에게 소개해주었다.

나는 하둡의 더그 커팅과 깃허브의 크리스 완스트래스에게 큰 빚을 졌다. 그들은 각자 참을성 있게 자기 회사의 진화 과정을 보여주고 내가 확실히 사실을 제대로 이해할 수 있게 해주었다. 그 회사들은 다른 이들이 뭔가를 만들 수 있게 도와주었는데 나는 그것을 충분히 이해하기 위해 몇 차례 더 그곳을 찾아가야 했다. 나는 그들의 개인 지도를 정말로 고맙게 생각한다.

퀄컴의 공동 창업자 어윈 제이컵스도 내가 그의 캠퍼스를 두 차례 찾아갔을 때 그런 후의를 베풀었다. 그와 그의 아들 폴, 그리고 퀄컴의 모든 팀은 대단히 관대하게 시간을 내주었다. 나는 누구보다 특별히 애써준 조 슈먼과 네이트 티비츠에게 고마움을 표한다.

기디 그린스타인은 이스라엘에서 공동체를 강화하는 감동적인 일에 관해 말 그대로 몇 시간 동안 이야기해주었다. 기디는 특별한 사상가이자 멋진 친구이며, 공동체에 관한 그의 생각은 나에게 많은 영향을 미쳤다. 또 다른 소중한 친구이자 진정으로 독창적인 사상가인 할 하비와 여러 차례 대화한 것에 대해서도 같은 말을 하고 싶다. 물리학자인 에이머리 러빈스가 없었다면 대자연과 정치에 관한 장을 쓸 수 없었을 것이다. 그는 늘 훌륭한 유머와 정밀한 사고를 결합하는 뛰어난 선생님이었다.

그리고 언제나 그런 것처럼 나의 골프 친구들인 조얼 핑켈스타인, 톰 오닐, 조지 스티븐스 주니어, 제리 타드, 그리고 고 앨런 코츠(보고 싶다, 친구)에게 특별히 고맙다는 말을 하고 싶다. 마지막으로, 그러나 똑같이 고마운 이들로서 다큐멘터리 〈기후변화: 위기의 시대〉의 제작팀(존 배치, 데이비드 겔버, 시드니 트래트너, 그리고 존 패퍼스)은 꿈에서도 가보기 어려운 곳으로 나를 데려가주었다(그리고 무사히 집으로 돌아올 수 있게 해주었다).

이 책은 내가 출판사 FSG의 사장이자 발행인인 조너선 걸래시와 함께한 일곱 번째 책이다. 그의 격려와 지원은 나에게는 인생을 바꾸어놓을 만큼 컸다. 그 이상 어떤 말로도 고마움을 다 표할 수 없다. 내 저작권 대리인 이스터 뉴버그는 늘 내 편에서 모든 세부적인 일을 훌륭하게 처리해주었다. 조너선과 이스터, 그리고 나는 1988년부터 함께해온 사이다. 나는 그들 없이 책을 쓰는 건 상상도 할 수 없다. FSG에서 이번

책을 맡은 편집자는 알렉스 스타Alex Star인데 뛰어난 손길과 날카로운 지성을 가진 그는 조용하지만 단호하게 이 책의 모든 점이 확실히 연결되고 밝게 빛나도록 해주었다. 그가 다시 볼 때마다 이 책은 좋아졌다. 나의 오랜 보좌역인 그웬 고먼Gwenn Gorman은 이 책을 위한 자료 조사부터 일정을 짜는 것까지 나에게 필요한 어떤 일이든 언제나 도움을 주었다. 그녀가 이토록 오래 나와 함께 일할 수 있었던 건 나에게 행운이다. 사랑하는 누나 제인과 셸리는 고맙게도 세인트루이스파크에서 보낸 우리의 어린 시절 이야기에 대해 사실관계를 확인해주었다.

그러나 나의 빛나는 아내 앤 프리드먼Ann Friedman보다 더 감사를 받을 만한 사람은 아무도 없다. 그녀는 이 책을 일일이 편집하고 책의 구성과 표현에 대해 멋진 제안을 해주었으며 내가 하는 모든 일을 개선해주었다. 나는 3년에 걸쳐 이 책을 썼는데 그 중간에 어깨를 다쳤다. 그래서 앤은 많은 것을 참고 견뎌야 했으며 그러는 사이에 자신의 박물관 플래닛 워드Planet Word를 시작하려 했다. 뮤지컬 〈해밀턴〉에서 알렉산더 해밀턴Alexander Hamilton이 그의 아내에게 말한 것처럼 앤은 "최고의 아내이자 최고의 여성"이다. 물론 내 딸 올리Orly와 내털리Natalie는 언제나 아빠를 응원하며 영감을 준다.

이토록 여러 곳에 이토록 오랫동안 이토록 많은 관대한 친구와 가족이 있는데 내가 어떻게 낙관주의자로 남지 않을 수가 있겠는가?

2016년 8월
메릴랜드 주 베세스다에서(하지만 진심은 여전히 미네소타에서)
토머스 L. 프리드먼

찾아보기

ㄱ

가속의 시대(age of acceleration) 46, 60-61, 187, 241, 244, 250, 288, 293, 314, 317-318, 321, 353, 358, 366, 370, 378, 381-382, 390-391, 394, 401, 410, 412, 431, 433, 435, 448, 452-456, 467-469, 478, 490-491, 493, 506-507, 512, 522, 525, 537, 542-543, 549, 613, 618-619, 658, 663, 665-667

개인의 힘(power of one) 150-151, 178, 180, 286, 288, 310-311, 422-423, 431

거듭제곱 법칙(power law) 330

검은 코끼리(black elephant) 254-255, 259, 262

게리맨더링(gerrymandering) 503

경제 그래프(economic graph) 362-363

공감형 기술직(STEMpathy job) 368, 667

공유 경제(sharing economy) 182, 187, 311

광대역(broadband) 64, 125, 128, 137, 142, 156, 160, 163, 251, 444

교정강간(corrective rape) 248-249

구조화된 질의 언어(SQL, Structured Query Language) 107

근로장려세제(EITC, Earned Income Tax Credit) 494

급조폭발물(IED, Improvised explosive Device) 423-424

기계의 힘(power of machine) 150, 155, 180, 286, 288, 310-311, 431, 519

기계학습(machine learning) 52

기술 부족(skill gap) 326, 350

기술화석(technofossil) 275

기후변화(climate change) 28, 45, 60-61, 204, 255-256, 269, 271, 276, 278, 282, 285-286, 383, 386, 389, 395, 400-404, 406-407, 409, 435, 442, 454, 501, 535

기후어(climate-speak) 256, 258-260, 262, 267

ㄴ

냉전(cold war) 255, 300, 311, 375-376, 378, 380-381, 383-384, 386-387, 390-392, 430, 433, 444, 453, 491
네트워킹(networking) 54, 125, 132-133, 155, 158, 168, 177, 332, 361, 461
녹색 봉사단(Green Corps) 443

ㄷ

다수에서 하나를(e pluribus unum) 567-568, 618, 666
다수의 힘(power of many) 151, 255-256, 260, 263-264, 274-275, 286
다원주의(pluralism) 432, 459, 449-450, 477-480, 540, 545, 548, 552, 555, 567-568, 577-578, 581, 609, 632, 665
다종재배(polyculture) 481-484
단종재배(monoculture) 481-484
대가속(Great Acceleration) 61, 263-264, 275, 285, 311, 493

대공황(Great Depression) 290, 557, 561-562, 564
대기계(the Machine) 42-46, 56-58, 60-61, 73, 153, 287, 544
대시장(the Market) 60-61, 73, 152, 199, 255, 287, 316, 377-378, 381, 391, 411, 452, 480, 539, 542, 667
대자연(Mother Nature) 60-61, 73, 152, 255-256, 259, 262-264, 267-269, 273, 285, 287, 289-290, 316, 377-378, 391, 394-395, 411, 452, 455-467, 469-470, 493-494, 497, 502, 507, 514, 529, 534, 539-540, 545, 642, 658, 667, 680
대전환(Big Shift) 210-211, 218, 228
대침체(Great Recession) 376
동기 격차(motivational divide) 319
똑똑한 도우미(intelligent assistant) 315, 329-330, 350-351, 353-355, 358-359, 361, 371, 338
똑똑한 알고리듬(intelligent algorithm) 329, 358, 360-364
디지털 격차(digital divide) 318-319
딥러닝(deep learning) 339-340

ㅁ

맞춤형 근로자(on-demand worker) 372
메아리방 효과(echo chamber effect) 418
무어의 법칙(Moore's law) 52-53,

58-61, 63, 72-75, 78-82, 84-86, 99, 102, 109, 124-125, 127, 131, 133-134, 139-140, 146, 166-168, 189, 230, 233, 252, 255, 281, 286-289, 312, 316, 340, 377-378, 381, 391, 394, 411, 452, 480, 520, 539, 542, 667
무크(MOOC, Massive Open Online Course) 109, 200, 220, 242, 242-243, 342,
미소 지분 투자(micro-equity investment) 366

ㅂ

벗어날 자유(freedom from) 412-413, 416-417, 421
변곡점(inflection point) 28, 46, 160, 367, 452
복원력(resilience) 46, 311, 452, 455, 456, 463-464, 466-468, 470, 474, 477, 482-483, 485-486, 488-490, 493, 507, 523, 537, 542, 667, 669
복잡성(complexity) 85, 110, 111-114, 153, 155-157, 159-160, 169, 175, 178, 192, 221, 317, 367, 452, 456
분산형 버전 관리 시스템(distributed version control system) 116-117, 120,
분열 체제(disintegrationism) 380, 381, 432-433

블록체인(blockchain) 237
빅데이터(big data) 50-51, 57, 64, 81, 91, 96-97, 99-100, 105-108, 110, 145, 162, 168, 189, 193, 235-236, 319, 328, 332, 336, 339, 351, 425, 480

ㅅ

사막화(desertification) 401-402, 409, 439, 442-443, 505
사물인터넷(IoT, Internet of Things) 88, 206, 331, 335
사회적 기술(social technology) 250, 311-313, 369, 505-506, 542, 669
사회적 자본(social capital) 540, 581, 614, 653
산업혁명(Industrial Revolution) 58, 163, 196, 202, 261-263, 269-270, 295, 310, 367, 406, 453
상변화(phase change) 159-160
상처 수집자들(wound collectors) 475-476
상호의존성(interdependence) 60, 186, 205, 228-229, 233, 378-380, 382, 431, 433, 456, 459, 464-466, 470, 483, 486, 523, 525, 527, 530, 609
상호확증파괴(MAD, mutual assured destruction) 385, 423
상황적 가치(situational values) 523

생물 다양성(biodiversity) 254-255, 270, 457, 459-460

생체모방(biomimicry) 456

생태계(ecosystem) 152, 224, 256, 262-263, 272-273, 287, 371, 420, 456, 459-466, 468, 482, 485, 490

세계화(globalization) 27-28, 44-45, 60-61, 65, 153, 186, 199-200, 205, 216, 218-219, 221, 223, 228, 230, 237, 241, 247, 249-251, 255, 264, 270, 284, 286, 309-310, 316, 367, 393-394, 411, 423, 453-454, 506

소셜 미디어(social media) 193, 205, 209, 389, 414, 415-420, 519

소프트웨어 기반 네트워크(software-enabled network) 51, 330, 335

소프트 파워(soft power) 430

순위선택투표(ranked-choice voting) 504

슈퍼노바(supernova) 146, 150-153, 156-157, 159-161, 163-168, 171, 173, 175, 178, 181, 186-189, 192-193, 195-196, 199-201, 205, 211, 221-223, 228, 247, 251, 263, 286, 288, 290, 302-303, 319, 326, 331, 342, 356, 367, 381, 422, 425, 509, 514-515

스톡(stock) 210-211, 212

시분할다중접속(TDMA, Time Division Multiple Access) 128, 135

신흥 시장(emerging market) 389

ㅇ

아웃소싱(outsourcing) 221, 316, 328,

아이태스카 프로젝트(Itasca Project) 640-642, 644, 658, 676

아랍의 각성(Arab Awakening) 284, 400, 415, 420, 436

아랍의 봄(Arab Spring) 312, 399, 417, 668

알고리듬(algorithm) 43, 52, 105, 168-173, 190, 192, 227, 229-232, 236, 302, 305, 307-308, 329, 339, 340, 358, 360-364, 372, 517-519,

약한 국가(weak state) 380-381, 391

약화 체제(weakism) 380-381, 432-433

애플리케이션 프로그래밍 인터페이스 (API, application programming interface) 113

역동적 안정성(dynamic stability) 73, 293, 310, 318

연결성(connectivity) 51, 60, 66, 125, 141, 145, 155-156, 159-160, 195-196, 206, 221, 246, 320, 452, 654

예측적 관리(predictive maintenance) 90

오픈소스 커뮤니티(open-source community) 104, 106, 109, 118-119, 121-122, 339

오픈소스 소프트웨어(open-source software) 118, 120, 123, 212, 219, 223

온디맨드의 세계(on-demand world) 318

유령 앱(ghost app) 520

이슬람국가(ISIS, Islam State) 283-284, 377, 380, 423, 429, 446-447, 483, 510, 515, 517-518, 617
인공지능(artificial intelligence, AI) 52, 58, 64, 69, 85, 92, 100, 118, 149, 172, 174, 226-227, 294, 322, 329, 338, 351, 353-355, 372
인구배당(demographic dividend) 387
인류세(Anthropocene epoch) 61, 64-266, 274-276, 288
인적 자본(human capital) 321-322, 365-367, 479, 654
인지 컴퓨팅(cognitive computing) 167-168, 172

지구한계(planetary boundary) 264, 267, 269-273, 276, 285, 287-289
지배 구조(governance) 62, 139, 217, 309, 313, 376, 440, 444, 453, 468, 505, 512, 542, 625
지속적 가치(sustainable values) 522-523
지하디스트(jihadist) 247, 381, 384, 405, 423, 427, 430, 435, 521
직업 그래프(professional graph) 362
질서의 세계(World of Order) 375, 380, 402, 407-408, 445, 505
짐크로법(Jim Crow laws) 647
집적 회로(integrated circuits) 53, 75-80, 83

ㅈ

자신의 스타트업(start-up of you) 318, 340
자유주의(liberalism) 42, 382, 477, 484, 491, 545, 570, 581, 598, 600
자율주행 자동차(self-driving car) 63-64, 68, 81, 132-133, 304, 308, 506
작은 집단들(little platoons) 609
적응력(adaptability) 67-68, 71-72, 456-457, 465, 467, 482, 507, 524, 642
적응력 곡선(adaptability curve) 342, 355
주인 정신(ownership) 338, 461, 465, 468, 485-486, 488-489, 540, 648, 666

ㅊ

창조자(maker) 181, 201, 381, 412, 422-423, 429
청정에너지(clean energy) 53 285, 288-289, 506
초강력 파괴자(super-empowered breaker) 381-382, 425, 433, 446
초단타매매(high-frequency trading) 230-232
친절한 미네소타(Minnesota nice) 548, 615, 647, 650

ㅋ

코드분할다중접속(CDMA, Code Division Multiple Access) 136
크라우드소싱(crowdsourcing) 121, 343, 418, 420
크리스퍼(CRISPR) 426, 514
클라우드 컴퓨팅(cloud computing) 65, 86, 144, 158, 206, 216

ㅌ

탄소세(carbon tax) 289, 501
탈탈냉전(post-post-Cold War) 375, 377-379, 381-382, 393, 412
탐험학습(expeditionary learning) 345
티핑 포인트(tipping point) 51, 268-269

ㅍ

파괴자(breaker) 201, 247, 310, 412, 421-423, 425, 427, 429-437, 450
평생학습(lifelong learning) 70, 311, 315, 317, 328-330, 334, 337, 339, 353, 370-371, 412, 457, 497, 497, 543, 618, 665-666,
포퓰리스트(populist) 377, 434, 453
플로(flow) 210-212

ㅎ

한국(South Korea) 138, 202, 219, 384
행동할 자유(freedom to) 413, 416-417, 421
확정급여형(defined benefits) 319
확정기여형(defined contributions) 319
황금률(Golden Rule) 522-524, 526, 537, 540, 667
혼란의 세계(World of Disorder) 375, 379, 381, 390-391, 402, 407-408, 410, 421, 433, 434, 435, 438-439, 446, 448-449, 453, 505, 616, 618, 656, 667
홀로세(Holocene epoch) 261-262, 264, 267, 271-272, 274, 276, 288, 316, 326, 371, 383, 387
흐름의 힘(power of flows) 151, 256, 286, 288, 310, 367, 431, 529

기타

STEM(과학, 기술, 공학, 수학) 332, 335, 368, 593

Nous 사회와 경제를 꿰뚫는 통찰
'nous'는 '통찰'을 뜻하는 그리스어이자 '지성'을 의미하는 영어 단어로,
사회와 경제를 꿰뚫어 볼 수 있는 지성과 통찰을 전하는 시리즈입니다.

Nous 07
늦어서 고마워

1판 1쇄 발행 2017년 7월 17일
1판 8쇄 발행 2024년 11월 1일

지은이 토머스 프리드먼
옮긴이 장경덕
펴낸이 김영곤
펴낸곳 (주)북이십일 21세기북스

정보개발팀장 이리현
정보개발팀 이수정 강문형 박종수 최수진 김설아
디자인 표지 디스커버 **본문** 박숙희
출판마케팅팀 한충희 남정한 나은경 최명열 한경화
영업팀 변유경 김영남 강경남 황성진 김도연 권채영 전연우 최유성
해외기획팀 최연순 홍희정 소은선
제작팀 이영민 권경민

출판등록 2000년 5월 6일 제406-2003-061호
주소 (10881) 경기도 파주시 회동길 201(문발동)
대표전화 031-955-2100 **팩스** 031-955-2151 **이메일** book21@book21.co.kr

ISBN 978-89-509-7108-3 03320
KI신서 7061

(주)북이십일 경계를 허무는 콘텐츠 리더

21세기북스 채널에서 도서 정보와 다양한 영상자료, 이벤트를 만나세요!
페이스북 facebook.com/jiinpill21 **포스트** post.naver.com/21c_editors
인스타그램 instagram.com/jiinpill21 **홈페이지** www.book21.com
유튜브 youtube.com/book21pub

서울대 가지 않아도 들을 수 있는 명강의! 〈서가명강〉
유튜브, 네이버, 팟캐스트에서 '서가명강'을 검색해보세요!

• 책값은 뒤표지에 있습니다.
• 이 책 내용의 일부 또는 전부를 재사용하려면 반드시 ㈜북이십일의 동의를 얻어야 합니다.
• 잘못 만들어진 책은 구입하신 서점에서 교환해드립니다.